Real Estate Management

부동산 관리론

이창석(李昌錫) 저

신광문화사

전정판을 내면서

필자가 「부동산관리론」을 처음 펴낸 때는 1984년이었다. 그로부터 벌써 20여년이란 세월이 흘러 어느덧 30년을 향하고 있다. 요즈음 우리나라는 많은 대학들이 부동산학과를 개설하여 교육하고 있다. 그렇지만 부동산학과의 양적인 확대에 걸맞은 응용분야에 대한 이론서의 개척은 매우 미흡한 현실이다. 특히, 「부동산관리론」 분야는 부동산의 기술적 · 경제적 · 법률적 제측면을 기초로 하여 관리체계를 구축하기 때문에 어려움이 있다.

외람되게도 필자의 저서에 대한 그동안 독자들로부터 많은 격려와 사랑때문에 개정작업이 이루어져 왔다. 이는 신생학문에 대한 관심과 애정의 격려라고 볼 수 있겠다. 그동안 본 저서는 인용한 자료의 내용이 시대의 변화를 반영하는데 미흡하다거나, 새로운 부동산환경에 부응하기 위한 기초적 개념의 보완이 끊임없이 요구되어 왔다.

이번 개정판에는 '부동산자산관리'와 '공동주택관리실무' 분야를 대폭 보완하여 정리하였다. 이와 같은 작업을 함에도 불구하고, 독자제위께 죄송스럽게 생각하는 것은 충분한 시간을 가지고 완벽한 작업이 이루어지지 못한 점이다.

무엇보다도 금번 전정판 개정작업에는 수년 동안 「부동산관리론」 분야의 교육을 담당하신 교수님들의 헌신적인 노력으로 이루어졌음을 밝히면서, 이에 깊은 감사를 드린다. 또한, 출판업계의 어려움에도 불구하고 우리 학문에 대한 발전과 애정을 갖고 좋은 책을 만들기 위해 노력하시는 신광문화사 전귀연 사장님, 최병훈 부사장님, 많은 시간을 할애하면서 교정을 보아준 교·강사 제자분들께 감사드리면서 또한 신광문화사의 편집부 직원들에게도 깊은 고마움을 간직하고 있다.

아무쪼록 독자제현들의 건강과 큰 발전 및 소원성취를 충심으로 기원한다.

필자 李昌錫 올림

개정판 머리말

부동산활동은 부동산 입지 · 개발 · 관리 등을 비롯하여 기타 서비스활동에 이르기까지 다양하다. 이러한 다양한 활동이 합리적으로 전개되지 못하면 활동의 주체뿐만 아니라 사회 · 경제적으로도 예산의 낭비, 부동산노후화의 가속화 등이 발생한다. 따라서 부동산활동의 효율화를 위한 관리적 접근은 부동산을 다루는 분들에게 주어지는 우선적인 과제가 아닐 수 없다.

특히 부동산을 소유하고 있는 사람들은 누구든지 자신의 재산을 바람직하게 관리하고자 한다. 뿐만 아니라 삶의 질이란 관점에서 건강하게 살기 위해 쾌적한 생활을 원하고 있다. 더불어 편리한 생활을 추구하고자 하는 것이다.

무엇보다도 부동산관리는 재산을 보호 · 증식하고, 건강한 삶을 추구하며, 편리한 생활을 원하는 사람들을 위해 존재하는 분야이다. 부동산관리에 관한 이론적인 연구 역시 사람들이 좀 더 나은 공간활동을 영위하려는 노력의 일환으로 구축된 영역이다. 이 분야가 본격적으로 활발하게 연구되기 시작한 때는 오래되지 않는다.

인류 역사의 대부분은 자연친화적인 정주생활이었다. 그러나 최근에 들어와서는 급변했다. 흔히 환경극복의 정주생활로 바뀐 지는 최근의 현상인 것이다.

1960년대 이후 우리나라는 가파른 도시화를 경험해왔다. 21세기인 지금도 크게 다르지 않다. 전 국토 곳곳에는 수많은 상가 · 빌딩 등 건물들이 생기고 있다. 사회 간접자본 역시 계속 늘어나는 중이다. 이러한 추세는 앞으로도 계속 되어질 것으로 전망된다.

우리들 땅 위에 조형물들이 늘어나면 늘어날수록 그의 관리문제가 더욱 높은 사회적 관심거리가 된다. 부동산은 재산가치가 큰 편이다. 더불어 내구성이 길다. 특히 주택이나 빌딩, 공장 등은 사람들의 생활과 건강의 주요 기반이다. 따라서 오늘날은 부동산관리의 중요성이 매우 높아질 수밖에 없는 시대가 되었다. 이 책은 이와 같은 흐름 속에서 발간된 것이다.

한편, 이미 대학에서는 부동산학 교육이 정착되었다. 그러한 가운데 부동산학 응용분야에 대한 이론서의 개발이 절실히 필요해졌다. 그렇지만 수많은 세월이 흘렀음에도 불구하고 각 응용분야의 이론인 교재개발은 지지부진한 상태이다.

시대적인 상황과 학계의 교재개발이라는 필요성에 의하여 필자는 이미 「부동산관리론」을 발간한 바 있었다. 이 분야는 제도, 회계, 커뮤니티, 규약, 건축구조와 설비 등 기술적 · 경제적 · 법률적 측면이 혼재해 있다. 그래서인지 누군가 선뜻 이 분야의 이론서 개발에는 나서지 않는 듯 하다. 그렇지만 이 분야 교육을 담당하고 있는 한 사람으로서 마냥 팔짱만 끼고 앉아만 있을 순 없었다. 그래서 졸서나마 서둘러 발간된 것이다.

다행히 이제 안정화 단계로 진입하고 있는 주택관리사는 물론이거니와 제도화되는 자산관리사, 빌딩관리사 등 수험생들의 수험서로서 이 책은 외람되지 않을 것 같다. 좀 더 많은 독자들의 질책과 조언을 얻을 수 있으리라 기대해본다.

이 책의 초판부터 오랫동안 출판을 맡아왔었던 「기공사」에서의 출판을, 새천 년에 들어 개정작업을 거쳐 「신광문화사」에서 맡게 되었다. 새 출판사에서는 앞으로 부동산분야 전문서 쪽에 많은 관심을 기울이겠다고 한다. 필자도 좀 더 개선된 내용으로 독자들 앞에 서기 위해 더욱 노력할 예정이다.

이 책을 펴냄에 있어서 고마움을 표할 분들이 많다. 우선 이 책의 구성에 있어서 참고가 된 수많은 저술들의 저자분들께 감사드리며 교정 등 수고를 하여준 교 · 강사 제자분들께 감사드린다. 또한 우리 학문에 대한 애정을 갖고 좋은 책을 만들기 위해 노력하시는 신광문화사 전귀연 사장님, 최병훈 부사장님, 그리고 편집부 직원들에게도 깊은 고마움을 간직하고 있다.

아무쪼록 독자제현들의 건투를 삼가 빈다.

2001. 1. 10

시내산 연구실에서 저자 올림

머리말

본서의 서문에 서(序)하여 강조하고 싶은 점은 부동산은 '우리' 라는 면이다. 부동산은 우리가 살아가는데 있어서 필요로 하는 모든 것들을 제공해 준다. 그것은 우리에게 먹고, 입고, 쉴 수 있는 모든 것들을 주는 것이다.

우리가 필요로 하는 모든 것들을 주는 존재자로서의 부동산은 반면으로, 우리가 필요로 하지 않는 모든 것들 마저 수용한다. 그것은 우리에게 먹을 것을 주는 대신에 배설물을, 입을 것을 주는 대신에 쓰레기를, 석유를 주는 대신에 매연을, 쉴 곳을 주는 대신에 파괴된 생태계를 받는다. 뿐만 아니라 우리가 살아있을 때에는 지상에서, 죽으면 지표에서 유기물로서의 우리의 몸까지 수용하는 것이다.

이와 같이 우리에게 기초물 존재로서의 부동산은 인간과의 관계에 있어서 개인보다는 공동체를, 국가보다는 세계를 상대로 반응한다. '나' 의 대(對) 부동산활동이 '나' 만의 관계로 그치는 게 아니고, 언제나 '나' 를 포함하는 '우리' 와의 관계로 옮겨진다.

오랫동안 지속되어 왔던 인류의 평면적 이용의 개념에 머무르던 부동산활동이 인구의 증가와 과학기술의 진보로 인한 일인당 생활공간의 크기가 확대됨에 따라 점차 퇴보하는 대신 입체적 이용으로서의 부동산활동이 늘어나게 되었다. 이와 함께 많은 부동산문제가 발생되었고 악화되어 가고 있다. 이들 부동산문제들을 보면서 더욱 절실하게 인식되어 오는 점은, 부동산은 '우리' 라는 이름의 공간적 존재자라는 것이다. 물론 이러한 인식은 일면 가치론적 개념이며 소위 이기적인 부동산의 폐해를 탄(嘆)하는 면이 도사리고 있기는 하다. 그러나 그러한 가치론적 측면을 완전히 배제한다 할지라도 부동산은 '나' 가 아닌 '우리' 라는 점을 이미 부동산현상들이 밝혀주고 있다. 그러므로 부동산관리활동의 많은 부분들에 있어서도 위와같은 인식이 스며들도록 해야 된다는 기초적 명제가 세워지게 된다. 즉, 이 기본적 명제는 모든 부동산관리활동에 있어서 방향을 알리는 상징이 되는 것이다.

이제 우리나라에서도 부동산에 관한 연구에 있어서 종래의 평면적인 접근을 떠나 입체적인 접근을 시도하는 분위기가 일고 있는 듯 하다. 부동산현상은 수많은 전문영역들이 어떤 체계적인 복합성으로 수렴될 때 적용하고 능률적인 인식을 기(期)할 수 있게 된다.

그러므로 부동산에 관한 전문적 연구열이 일고 있음은 바람직스러운 일이다.

본 서는 그간의 대학강의의 경험과 연구를 바탕으로 부동산을 효율적으로 관리하기 위한 내용을 담으려 하였다. 부동산관리에 있어서는 많은 부동산현상을 이해하는 일이 중요하므로 그에 필요한 분야들에 대한 소개를 넣게 되었다. 부동산학의 인접과학에 대한 이론들을 유용성있게 응용해야 된다는 과제 아래서 일정한 체계를 꾀하려 하였으나, 워낙 부족한 필자인지라, 그만 졸서로서 독자들께 올리게 되었음이 송구스럽기 짝이 없다. 현금(現今)에 있어서 무엇보다도 부동산학계에서 절실하게 요구되는 것들 가운데 하나는 부동산학의 응용 제분야에 있어서 교재의 개발이다. 이러한 요구에 접하여 작은 힘이나마 쏟아보려는 정열에 힘입어 본 졸서나마 독자 제위께 과감히 올리는 용단을 내렸던 것이다.

본서는 부동산관리에 있어서 총론적인 것이라 할 수 있는 영역과 각론적인 것이라 할 수 있는 영역을 한 데 묶었다. 그러므로 본서를 대학강의용 교재로 이용할 때에는 부동산학의 각론분야에 들어가기 전에, 부동산총론과 함께 또는 그에 이어서 학습에 사용되도록 한다면 좋을 것 같다. 특히 부동산학총론에서 미흡하게 다루어지기 쉬운 분야들에 대한 보완서로서도 적합을 꾀하였다. 이와 함께 각종 부동산전문직 경험을 준비하거나 부동산에 관한 관리활동을 하는 실무가들에게서도, 제반 부동산관계를 쉽게 이해할 수 있는데 유용하게 활용될 수 있도록 힘을 기울였다. 어쨌든 본서가 강의용 교재로 활용되거나 또는 부동산에 관한 각종 전문 자격시험에 대비한 수험총서의 하나로, 그리고 실무계의 유용서로서 조금이나마 도움이 된다면 바람직한 일이 될 것이다. 다만 부족한 점은 후일 더욱 연구를 해가며 보완하기로 하고, 이와 함께 강호제현의 기탄없는 비판과 지도편달이 있으시기를 진심으로 기대한다.

본서가 나오는데 있어서 도움을 주신 많은 분들을 잊을 수 없다. 부동산학분야에 있어서는 김용민교수님을 비롯한 각 대학의 여러 교수님들의 고견이 있었다. 본서 발간에 애쓰신 기공사 성영배 사장님을 비롯한 편집부 직원들의 노고에 감사드린다.

끝으로 본서가 햇빛을 보는 것은 평소에 저자를 아껴주시고 학문적 뿐만 아니라 생활에 이르기까지 늘 산 교훈을 주시는 전 서울대학교 총장이시었던 유기천 박사님과 Helen Silving 박사님의 은혜임을 밝히지 않을 수 없다.

아울러 본서의 발간에 대한 기쁨을 사랑하는 내자 최순진, 그리고 아들들과 함께 하는 것을 양해하여 주시기를 바란다.

독자제위의 건승과 발전을 충심으로 기원한다.

1984. 5. 15

동숭동 연구실에서 저자 올림

차례

PART 01. 부동산관리 총론

CHAPTER 03 부동산관리제도

CHAPTER 04 국 · 공유지 관리와 관리제도

PART 02. 부동산관리활동

CHAPTER 05 자산설계와 부동산관리활동

차례

차례

PART 03. 공동주택관리

Real Estate Management

01

부동산관리 총론

CHAPTER 01 부동산관리의 기초

I 부동산관리와 부동산관리활동

01 부동산관리의 의의

1.1 관리의 의의

자본주의 사회에서 생활하는 인간은 이윤 극대화라는 경제적 합리주의에 따라 행동하는 호모 에코노미쿠스(homo economicus)라고 볼 수 있다. 인간의 행동이 이윤 극대화를 원칙으로 삼는다면 유용성이 있는 물건을 보유하고 있다면 그 물건의 유용성이 지속되기를 원할 것이며, 더 나아가 그 유용성이 더욱 증대될 것을 추구하게 될 것이다. 우리는 일반적으로 존재하는 것의 유용성이 유지되도록 하거나 증진시키는 행위를 관리라고 부른다.

현대는 인간생활에 있어 관리적 지식과 기술성의 응용은 불가피한 시대이다. 예를 들면, 인생이나 사업문제는 물론이거니와 건강 문제에 이르기까지 관리는 중요하다. 결국 현대사회에는 관리(management)를 떠나서는 모든 것을 효율적으로 이룰 수 없다.

관리가 지니는 현대사회에서의 중요성으로 말미암아 관리학이 등장하였는데, 19세기말에 테일러(F. W. Taylor)에 의해 강조된 과학적 관리론(scientific-management theory)이 그 예이다. 관리란 가능한 모든 자원을 유용하게 하여 보다 효율적인 업무의 완성을 목표로 하는 것이다. 따라서 정도의 차이는 있을지라도 부동산을 다루는 활동 등 거의 모든 인간의 활동부분에 있어 여러 가지 필수요건으로 인정되고 있는 것이다. 이는 개인적 업무처리의 경우에도 마찬가지이다.[1]

특히 어떤 집단적 업무달성의 경우에는 더욱 더 그 필요성이 요망된다고 하겠다. 관리는 한 개의 실체와는 구별된다. 그것은 연구하여 얻을 수 있는 지식이며, 실제로 응용함으로써 체득할 수 있는

1) 이창석, 「부동산관리론」 (서울 : 신광문화사, 2001), pp. 3~4.

기술이다. 관리행위(managing)를 함에 있어 전문적 지식을 지닌 관리자(manager) 또는 관리요원(members of management)은 비관리자(non-managers) 혹은 비관리요원(non-management members)보다 효율적인 업무를 수행할 수 있다.

관리(管理, management)는 하나의 수단으로 간주되며 목적이 되지는 않지만, 본질적으로 어떤 하나의 목적 혹은 일련의 목적을 달성하기 위해 응용되는 하나의 방침이자 규율(discipline)인 것이다. 관리는 "사상과 행동에 대한 지침을 제시하는 근본적인 기술이며 일반적인 권리이다"라고 볼 수 있다. 여기서의 근본적인 기술이란 검토 중에 있는 관리적 기법을 일련의 이상에 적용시킴으로써 그 원리를 적용할 때 어떤 결과가 나타날 것인가를 명시하는 기법이다. 따라서 관리자는 관리의 원리를 적용함으로써 업무상의 근본적인 과오를 피할 수 있으며 자신을 가지고 그의 노력의 결과를 예측할 수 있는 것이다.

STORY TIP 1.1 부동산학의 정의

미국의 링과 다소(Alfred A. Ring & Jerome Dasso) 교수는 부동산학이란 "토지와 토지상에 부착되어 있거나 연결되어 있는 여러 가지 항구적인 토지개량물에 관하여 그것과 관련되어 있는 직업적 · 물적 · 법적 · 금융적 제 측면을 기술하고 분석하는 학문연구의 한 분야"라고 정리하였다. 또한 최근 실링(J. D. Shilling) 교수는 "토지와 개량물에 대한 부동산활동의 능률화를 위해 직업 · 물적 · 법적 · 경제적인 분석을 행하는 학문분야"라고 했다.

이러한 정의에서도 부동산학이 부동산활동과 직접 관련된 면, 즉 토지 · 주택 · 빌딩 등의 문제와 부동산활동의 문제 등을 탐구하는 영역임을 명확히 기술하고 있다.

이상에서 살펴본 바와 같이 부동산학에 관한 다양한 정의들을 함축해 볼 때, 부동산학(不動産學)이란 "부동산현상(不動産現象)의 정확한 인식을 기하고, 바람직한 부동산활동(不動産活動)을 전개해 가기 위해 부동산의 기술적 · 경제적 · 법률적 제 측면을 기초로 하여 연구하는 종합응용과학(綜合應用科學)" 이라고 정의할 수 있다.

자료 : 이창석, 「부동산학개론」 (서울 : 형설출판사, 2009), p. 35

1.2 부동산관리의 의의[2)]

부동산관리(不動産管理, real estate management, land and building management)는 개인의 단독주택에서 국가의 토지 자원에 이르기까지 필요하거니와 주로 도시의 각종 부가물(improvements)

2) 이창석, 상게서, pp. 4~7.
3) 김영진, 「부동산평가론」 (서울 : 건설연구사, 1977), p. 115. ; F. W. Taylor, The Principle of Scientific Management(New York : Harper & Row, 1911), pp. 1~72. ; 이창석, 「부동산학개론」 (서울 : 형설출판사, 2007) 참조

에 대한 관리활동을 능률화하는 원리 및 활용기술을 개척하는 여러 학문 분야에서 더욱 필요하며,[3] 그 업무영역도 넓어지고 있다.[4] 도시 토지 이용의 집약도(intensity of urban land use)가 높아져서 도시의 여러 improvements의 규모가 증대해 가는 오늘날에는 부동산관리활동의 사회적, 경제적 역할이 커지게 되는 것은 물론 그 업무 범위나 전문적인 지식도 증대되어 하나의 독립된 전문적 직능 분야로 발전되었고, 타인의 부동산에 대한 관리를 전문적으로 대행하는 부동산관리전문업이 제도화되어 가고 있다.

현실에서 부동산관리자는 다양한 업무를 수행하고 있어 부동산관리 혹은 부동산관리활동이 어떤 것인지에 대해서는 학자들마다 다양한 정의를 내리고 있다.

다운(James C, Downs Jr.)은 전문적인 부동산관리(professional real estate management)를 부동산소유자의 목적에 따라 대상 부동산을 관리상 운용 · 유지하는 것이라 했으며[5], 아브라함(S. V. Abraham)은 부동산의 관리란 "타인의 부동산을 맡아 관리 · 유지하고 임료의 수납(collection of rents) 등을 하는 것"이라고 규정하였다. 알렌(R. D. Allen)과 올프(T. E. Wolfe)는 부동산관리(property management)란 "이용 가능한 기간에 가장 많은 소득을 올릴 수 있는 부동산 운영 측면에서의 총체적 관리(supervising every aspect of the property's operation)이며, 임대, 임차인 관계, 빌딩유지와 개수, 인사 및 고용원, 회계 및 광고 관리를 포함한다"고 정의하고 있다.[6] 시설관리(facilities management)를 포함한 운영관리(operation management)[7] 수준으로 규정하고 있다. 이는 부동산 자산관리에 대한 시각을 보다 광범위한 수준으로 정의한 것이다.

한편, 랑젠돈(Grary Langendon) 교수는 자산관리를 '부동산의 최유효이용(the highest and best use)을 달성함으로써 투자자에게 세후 수익을 최대로 제공하기 위하여 부동산의 여러 가지 재정적 대안들을 조작하는 것'[8]이라고 정의하였다. 또한 버제(Eugene J. Burger) 교수는 '자산관리는 물리적인 측면에서의 부동산 관리와 소유자의 재정적 목표(financial goals)를 달성하기 위한 자산관리를 통합한 개념'[9]이라고 정의하였으며, 메로이(Richard G. Meloy)는 부동산 자산관리를 '부동산 투자에 가치를 부가하는 과정'[10]이라고 하여, 자산관리(asset management)의 의미를 포함하여 정의하고 있다.

이는 최근 부동산이 지닌 자산(asset)으로서의 속성을 중시하여 부동산 관리의 개념에 소유자나

4) 松間勝博, 「集合住宅團地管理業務とその特性」(增刊綜合特輯 第17卷), 2000, p. 68.

5) James C. Downs Jr., CPM Principles of Real Estate Management(Chicago : IREM, 1987), p. 7.

6) 방경식, 「부동산학개론」(서울 : 범론사, 1988), p. 361.

7) 학자에 따라서는 부동산관리 중 운영관리를 '부동산관리(Property Management)' 혹은 '부동산재산관리'로 표현하기도 하나, 자산관리나 운영관리 모두 부동산관리의 범위에 포함되는 것으로 운영관리(Operating Management)로 통일하여 사용한다.

8) Grary Langendon, "The Asset Manager", The Journal of Property Management, March-April 1980.

9) Eugen J. Burger, "Asset Managers ; Why the Demand", The Journal of Property Management, November-December 1981, pp. 309~312.

10) Richard G. Melody, "An Asset Management Framework for Corporate Real Estate", Real estate Review, Spring 1982, pp. 99~103.

기업의 부를 극대화시키기 위하여 부동산 가치를 증진시킬 수 있는 다양한 방법을 모색하는 것도 포함되어야 한다는 주장에서 기인한 것이다. 따라서 부동산을 자산으로 인식하는 부동산 자산관리(asset management)는 위험회피를 위한 분산투자, 보유 부동산의 매각과 재활용, 개별 부동산의 특성을 고려한 보유기간책정, 레버리지의 활용 등을 통하여 부동산 소유자의 가치를 극대화를 추구하는 적극적인 관리방법이라고 정의될 수 있다.

부동산관리협회(IREAM)는 부동산관리란 소유주의 목적을 충족시키기 위하여 부동산을 행정적으로 운영하고 유지하고 관리하는 것[11]으로 정의하고 있으며, 메로이(Richard G. Meloy)는 부동산관리와 같은 의미에서 "자산관리는 부동산투자에 가치를 부가하는 과정"이라고 정의하고 있다. 와이머(A. M. Weimer)와 호이트(H. Hoyt)는 부동산의 관리를 "넓은 뜻으로 생산(production), 재무(financing), 마케팅(marketing) 등의 3가지 측면의 경영활동"이라고 접근하고 있다. 일본의 아베마코트(阿部 淳)는 부동산관리를 "부동산을 보존하고 성질을 변경시키지 않는 범위에서 이용하고 개량하는 것"으로 설명하고 있다.[12] 김영진 교수는 "부동산의 '처분'에 대응하는 개념으로 부동산의 '보존' 및 성질이 변하지 않는 범위 내에서 그 유용성을 증대시키기 위하여 부동산을 '이용, 개량' 하는 활동"이라고 정의하고 있다.[13] 도표 1.1

이와 같은 부동산관리는 다양하게 정의되고 있는 것으로 이들 주장을 종합해보면 부동산의 관리는 부동산의 취득 및 유지, 보존과 그 운용하는 활동으로 정의된다.[14]

도표 1.1 부동산의 관리

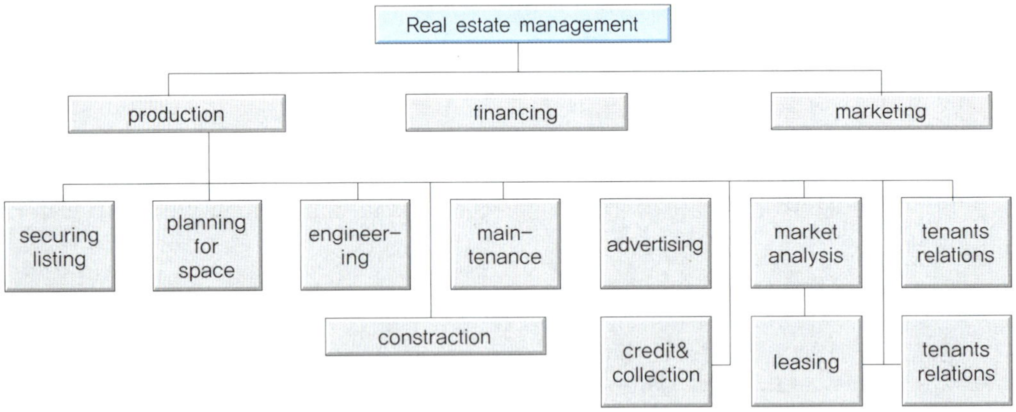

자료 : Arthur M. Weimer and Homer Hoyt, Principles of Real Estate (New York: The Ronald Press, 1972), p.156.

11) "Principles of Real Estate Management", 14th Edition, IREM, 2001, p. 1.
12) 阿部淳, 「ビルの管理」(東京 : 商社法務研究會, 1984), pp. 1~3.
13) 김영진, 「부동산학총론」(서울 : 경영문화원, 1984), p. 27.
14) 이원준, 「부동산경영관리」(서울 : 대광문화사, 1979), p. 49.

논자에 따라서는 부동산관리의 개념에서 부동산의 취득을 별도의 개념으로 보는 경우도 있다. 이는 부동산의 취득이란 부동산활동주체 입장에서는 새로운 물건의 새로운 발생이므로 주어진 부동산을 대상으로 하는 부동산관리의 범위에 포함되기 어렵다는 것이지만, 부동산관리는 관리주체가 부동산을 취득하는 시점부터 처분할 때까지 이루어진다는 측면에서는 취득도 관리활동의 범위에 포함되는 것이 타당하다.

최근에는 부동산이 지닌 자산(資産, asset)으로서의 속성을 중시하여 부동산관리의 개념에 소유자나 기업의 부(富)를 극대화시키기 위하여 부동산가치를 증진시킬 수 있는 다양한 방법을 모색하는 것도 포함되어야 한다는 주장들이 제기되고 있다. 이런 주장에 따르면 부동산을 자산으로 인식하는 '부동산의 자산관리(asset management)'는 위험 분산을 위한 부동산의 유형이나 지역별 분산투자나, 보유 부동산의 매각과 재활용, 개별 부동산의 특성을 고려한 보유 기간 책정, 레버리지 활용 등을 통하여 부동산소유자의 가치극대화를 추구하는 적극적인 관리방법이라고 정의된다.[15] 즉 부동산관리자(자산관리자)는 임대료를 수집하고 대상 부동산의 유지 · 보수 등 단순한 업무만을 취급하는 것이 아니고, 소유자의 법적 대리인으로서 상당한 재량권을 가지고 광고나 임대차 계약, 부동산시장분석, 포트폴리오(portfolio) 설계, 자산관리계획 수립 등 전문적인 일을 수행하여 대상 부동산의 효용성과 수익성을 증진시킴으로써 부동산의 가치를 극대화하기 위해 노력한다.

부동산은 입체공간을 형성한다는 공간으로서의 속성뿐만 아니라 부동산을 경제적 가치를 지닌 자산의 일종으로 보는 자산으로서의 속성도 지니고 있으며, 자본주의 사회에서는 부동산의 경제적 가치가 중시되는 점을 감안할 때, 부동산의 관리는 부동산의 취득 및 유지, 보존, 운용, 처분을 통하여 부동산의 가치를 증진시켜 소유자의 부를 극대화하는 활동으로 정의할 수 있다.

부동산관리에서 '유지(維持, maintenance)' 란 외부적인 관리행위로서 부동산의 외형이나 형태를 변화시키지 않고 양호한 상태를 지속시키는 행위를 말한다. '유지' 와 '보존' 은 서로 구별할 실익이 많지 않으나, '유지' 는 수리 또는 개량을 가하고 도난, 분실 방지 등으로 부동산의 효용을 높이려는 관리상의 주의를 요하는 것이라고 하겠다. 이때의 '수리(修理, repair)' 란 본래의 기능을 회복시키는 행위를 의미하며, '개량(改良, reform)[16]' 이란 용도가 변화하지 않는 범위 안에서 본래의 기능보다 더 좋은 기능을 발휘할 수 있도록 하는 인간의 적극적인 노력을 의미한다.

'보존(保存, preserve)' 이란 이러한 관리상의 주의를 계속 가하여 부동산의 경제적 가치를 증가시키는 행위 및 부동산의 권리를 확보하고 실태를 파악하려는 행위로서, 파괴된 건물을 보수하거나 미등기부동산의 보존등기를 하는 행위 등을 의미한다.

15) 전용수 · 이창석, 「부동산자산관리론」(서울 : 형설출판사, 2004), pp. 16~17.
16) 부동산학에서 부동산의 용도 변화를 수반하는 '개량(improvement)' 은 개발활동으로 취급되는 점에 유의한다.

부동산의 '운용(運用, operation)' 이란 소유자 자신이 스스로 사용 · 수익하거나 또는 타인에게 이용시켜 부동산을 활용하는 행위를 의미하므로 부동산 임차인이 계약내용에 따라 적정하게 이용하는가의 여부를 확인하는 행위도 이에 속한다.[17] 부동산학에서는 부동산의 운용활동을 '부동산이용활동' 으로 통일하여 사용하고 있다.

따라서 부동산관리란 부동산을 다루는 관리를 말한다. 그리고 부동산관리활동이란 부동산에 대한 보존활동, 이용활동, 개량활동의 총칭이라고 볼 수 있으며,[18] 부동산관리활동의 효율화를 위해서는 부동산복합개념의 이론에 입각한 사고방식을 활용하는 것이 능률적이라 할 수 있다. 또한 부동산관리에 있어서의 "보존, 이용, 개량"의 개념은 각자 법률적 · 경제적 · 기술적인 3측면으로 구분하여 분석할 수 있다.

1.2.1 보존활동

부동산보존활동이란 재산으로서 부동산이 지니는 본래의 상태를 유지 · 보존함으로써 그 부동산이 갖는 기능을 지속시키고자 하는 노력이라 할 수 있는데, 이 보존활동은 경제적 보존활동, 법률적 보존활동, 기술적 보존활동 등으로 구분할 수 있다.

1.2.2 이용활동

부동산이용활동이란 부동산이 제공하는 기능에 따라 이익을 획득하는 것이다. 소유자가 직접 이용하는 경우는 경제행위의 주체가 직접 관리하는 것이 되고, 타인에게 임대하여 임대수익을 얻기 위한 임대차계약 및 이의 갱신 등은 법률행위를 수반한다.

1.2.3 개량활동

부동산개량활동이란 부동산의 기술적 · 경제적 · 법률적 하자를 제거하고 이의 유용성을 극대화하는 노력을 말한다. 따라서 이러한 관리활동을 전개해나가기 위해서는 부동산의 제 측면에서 개량을 필요로 하는 하자 발생의 원인을 제거해 나가야 한다.

부동산개량활동을 위해 이루어지는 부동산하자발생요인과 대책들을 보면 제도적, 경제적, 물리적인 각종 지식들을 활용해야 한다는 것을 알 수 있다. 그러므로 부동산관리란 부동산의 법률적 · 경제

17) 이창석, "부동산관리사제도의 필요성에 관한 연구" 논문집, 제10집, (서울 · 강남대학교, 1983), p. 340.
18) 이창석, 상게논문, p. 340.

적 · 기술적 측면의 복합개념으로 이해하여, 부동산의 취득, 보존, 이용, 개량, 처분을 행하는 것이라 할 수 있다. 이것은 본질적으로 어떤 하나의 목적 혹은 일련의 목적을 달성하기 위한 하나의 방법이며 규율인 것이다. 도표 1.2

도표 1.2 자산관리자의 주요기능

구 분		발생 원인	제거 대책
기술적 하자	물리적 하자	• 마모와 파손 • 노후화 • 우발사고로 인한 손상	• 수리 또는 보완
	기능적 하자	• 건물과 부지의 부적응 • 외관과 내부 및 design의 악화 (인접건물과 비교하여) • 설계 · 설비의 구식화 또는 부족	• 부적응의 원인제거 • 개량과 개축
경제적 하자		• 임료와 비용의 부적응 • 시장성의 저하 • 경제적 이용의 인접환경과의 부적응	• 임료조정과 관리개선 • 부적응의 원인 제거 • 용도와 이용규모 및 방법의 조정
법률적 하자		• 소유권 등 권리의 무효 및 불완전성 • 공법적 규제를 위반한 부동산	• 원인의 제거

자료 : 김영진, 「부동산학원론」, (서울 : 건설연구사, 1972), p.28.

1.3 부동산관리의 개념적 구분

1.3.1 부동산관리업무의 다양성

부동산관리(不動産管理, real estate management)는 다양한 의미를 지니고 복합적인 것으로 부동산관리활동 역시 부동산을 대상으로 한 취득, 보전, 유지, 운용, 개량, 처분활동의 총칭이 된다.

부동산관리업무는 부동산의 운용과정에서 발생하는 부동산 및 관련 권리의 관리, 임대차계약, 마케팅, 부동산 세금관리, 담보대출, 부동산보험, 계약, 회계, 재무 분석, 부동산가치평가, 고객관계관리 등 부동산운용 및 관리의 전반에 걸친 포괄적인 업무가 포함된다. 아울러 넓은 의미로는 매입 · 매각 및 개발업무와 관련된 사업성 분석, 적정 매각시점의 파악, 임대 보유 판단을 통한 의사결정 등 전략적인 자문 업무를 포괄하기도 한다.[19] 도표 1.3

19) 전용수 · 이창석, 「부동산자산관리론」(서울 : 형설출판사, 2004), pp.45~46.

도표 1.3 자산관리자의 주요기능

구 분	주 요 내 용
부동산 매입	• 투자 대상 물건의 탐색 • 현황조사, 권리분석, 지역지구 · 규제사항 조사 • 가격조사 및 사업성 분석 • 매도자와 협상 및 물건취득 • 소유권 이전 · 관리 인수
부동산 운용	• 현장 관리자 선정, 관리업무 위탁 • 부동산관리자의 감독 • 비용계획 승인 • 자본적 지출 계획 및 실행 • 현지 시장상황관찰 • 추가개발 및 개수 계획 검토 및 실행 • 해당 부동산 잠재성에 대한 전략적 의사결정의 정기적 검토
부동산 매각	• 부동산의 임대 및 매각 양 측면 검토 • 부동산 시장경기순화주기를 감안한 매각 최적시기 관찰 • 시장상황을 감안한 매각방안 및 부동산마케팅 • 부동산 매각 추진 및 시장의견의 평가
부동산 임대차	• 임대전략수립 • 임대계약의 검토 및 승인 • 임차인 · 고객 관계(customer relation) 관리 • 공실 해소를 위한 추진계획 수립 • 현지 시장상황관찰
총괄 관리	• 관련 법률 · 조세 · 보험의 검토 및 이의신청 • 회계(재무)분석 · 현금흐름(cash flow) · 리스크(risk) 관리 • 주기적인 관리보고서 작성

1.3.2 시설관리

과거의 부동산관리활동은 다양한 관리 업무 중 각종 부동산 시설물의 유지나 운용, 개량을 중심으로 이루어졌다. 이와 같은 소극적인 관리활동은 부동산을 토지 위에 부가된 건물이나 구축물 등 부가물(improvement)의 일종으로 보고, 이들 부가물을 구성하는 구조체(기초, 기둥, 벽, 바닥, 지붕 등)와 부가물에 포함된 각종 설비(전기, 상하수도, 방재 등) 등의 기능을 유지하거나 개량하는 기술적(물리적) 측면에서의 관리 활동을 내용으로 한다. 여기에서는 이와 같은 소극적 관리활동을 '시설관리(Facilities Management)'라고 부른다. 시설관리는 시설물의 위생관리와 설비관리, 보안관리, 보전관리를 내용으로 한다.

결국, 시설관리는 부동산을 물리적 시설물로 보고 부동산이 제공하는 기능을 극대화함으로써 부동산의 유용성을 극대화하기 위한 활동으로 볼 수 있다.

1.3.3 부동산관리 또는 운영관리

부동산관리 활동자는 주어진 혹은 존재하는 공간으로서의 부동산의 유용성을 극대화하기 위한 노력을 한다. 부동산의 유용성을 극대화한다는 것은 주거용 부동산의 경우에는 거주의 편리성이나 쾌적성을 극대화한다는 의미가 되며, 상업용 부동산의 경우에는 수익성을 극대화하는 것으로, 공업용이나 농업용 등 산업용 부동산의 경우에는 생산성을 극대화하는 것으로 볼 수 있다. 이와 같은 유용성의 극대화의 결과는 부동산에서 산출되는 수익의 극대화로 표현된다. 수익의 극대화를 위해 부동산이라는 시설의 기능이 최고도로 발휘하는 것은 물론 부동산의 운용과정에서 비용을 극소화하고 수익을 극대화하는 제반활동도 포함된다.

부동산의 수익을 극대화하는 활동에는 시설물의 기능을 극대화하는 시설관리(facilities management)는 물론이며, 부동산의 보유 과정에서 이루어지는 현금흐름(cash flow) 업무(회계업무)와 관리 인력의 고용이나 채용 등 인력관리, 임대용 부동산의 경우 임차인을 선정하고 임대차계약을 체결하는 임대차관리, 부동산권리에 발생할 수 있는 하자를 제거하거나 각종 관련 법령에 적합하도록 노력하는 법률적 측면의 관리가 포함된다.

이와 같은 부동산관리업무는 주어진 부동산에 대한 수익을 극대화하기 위한 활동으로, 주어진 부동산공간의 운용업무(operation)에 관심이 집중되는 것으로, 일종의 '운용관리(operation management)'라고 할 수 있다.

종래의 부동산활동이나 이론은 이와 같은 운용관리를 중심으로 전개되었으며, 이를 복합개념으로 구분하여 기술적 측면의 관리(유지관리)와 경제적 측면의 관리(경영관리), 법률적 측면의 관리(보존관리)를 포괄한다.[20]

기술적 측면의 관리(유지관리)란 대상부동산에 대한 물리적 · 기능적인 하자발생에 따른 필요한 기술적인 조치 및 이에 대한 사전예방 행위, 즉 대상부동산의 기능과 수명을 보전하기 위한 관리행위를 말하는 것으로 그 대상물에 따라 다음과 같이 구분된다.

① 토지의 기술적 관리 : 측량을 통한 경계표시 등의 경계확정, 사도(私道)의 방지(철조망 설치 등), 경사지 대책(옹벽설치, 배수시설 등) 등 토목분야

② 건물의 기술적 관리 : 위생관리, 설비관리, 보안관리, 보전관리 등

법률적 관리(보존관리)는 대상부동산에 대해 행정적 내지 법률적 측면에서 법이 보장하는 최대한

20) 이창석, 「부동산학개론」(서울 : 형설출판사, 2003), pp. 479~484. ; 방경식 · 장희순, 「부동산학개론」(서울 : 범론사, 2002), pp. 557~560.

의 권리를 보장받고자 하는 것이다. 다음과 같이 주로 부동산권리분석에 관한 것과 계약관리가 중심을 이룬다.

① 토지의 법률적 관리 : 권리관계의 조정, 토지도난 대책, 법률적 이용가치의 개선(지목변경) 등
② 건물의 법률적 관리 : 임대차 계약, 기타 시설이용에 관한 계약, 권리의 보존 · 관리, 공법상 규제사항에 관한 관리 등

경제적 관리(경영관리)는 부동산을 활용하여 발생하는 총수익에서 제비용(관리비)을 뺀 순수익이 합리적으로 산출되고 있는가의 여부를 검토하는 것을 말한다.

① 토지의 경제적 관리 : 나지(갱지)의 활용방안을 모색(예를 들면, 모델하우스, 주차장, 자재 적치장, 테니스 코트 등)
② 건물의 경제적 관리 : 임대건물의 손익 분기점 파악, 회계관리, 인력관리 등

1.3.4 자산관리

① 자산으로서의 부동산[21]

부동산은 자산(資産, assets)이다. 즉, 사용가치로서의 자산성과 교환가치로서의 자산성을 가지고 있다. 부동산은 특히 개인의 소유가 거의 전면적으로 인정되고 있는 나라에 있어서는 공적으로 뿐만 아니라 사적으로도 자산으로서의 높은 가치를 지닌 존재가 된다.[22] 자본주의 국가에서는 사유자산 중 부동산이 차지하는 비중이 매우 크다. 앤드류 카네기(Andrew Carnegie)는 미국 재벌의 90%가 생산 활동이 아닌 부동산의 소유를 통해서 재벌이 되었다고 한다.

자산으로서의 부동산은 자산관리의 면에서 보아도 하나의 조건처럼 생각되고 있다. 마치 수학에서 많은 숫자를 콤마(comma)로 정리하는 것처럼 많은 자산을 동산만으로 관리한다는 것은 능률면에서나 자산의 실질적 가치유지라는 면 등에서 어려움이 없지 않기 때문에 부동산을 중심으로 하는 자산의 선택 문제(portfolio selection)가 필연화 된다.

자산선택 또는 자산배분이라는 것은 개인이나 기업 등이 보유하려는 자산의 종류－대부분의 경우에는 예금 · 채권 · 주식 등의 금융자산(재무자산)을 말하지만 토지나 건물 · 귀금속 등의 실물자산을 포함하는 경우도 있다－와 그 구성을 선택하는 것을 말한다. 부동산을 자산으로서 접근하는 경우에 부동산활동은 주로 사익 활동에 비중을 많이 두게 된다. 따라서 활동 주체의 측면에서 본다면 공익

21) 전용수 · 이창석, 「부동산자산관리론」(서울 : 형설출판사, 2004), pp. 12~13.
22) Raleigh Barlowe. 「Land Resource Economics」(third ed.), Prentice-Hall, Inc., Englewood Gliffr, N.J., 1961, pp. 7~10. 즉, Barlowe는 important among these are the concepts of land as ⅰ) space, ⅱ) nature, ⅲ) a factor of production, ⅳ) a consumption good, ⅴ) Situation, ⅵ) Property, ⅶ) capital로 표현하고 있다.

부동산활동과는 달리 부동산의 사회성 · 공공성이 상대적으로 덜 중요시된다. 즉 부동산의 자산 측면에서의 관리가 강조된다. 개별 투자자의 입장에서는 합리적인 사익 추구에 연구의 주안점이 놓이기 때문이다.

부동산관리활동의 대상으로서의 자산에는 빌딩과 같은 개개의 부동산인 경우와 어떤 부동산을 중심으로 하는 집합재산의 두 가지 유형으로 나누어 볼 수 있다. 앞은 개개의 부동산이 하나의 관리대상이 되고 있으나, 후자의 경우에는 여러 가지 자산이 관리 대상이 되는 점에서 관리의 방법이나 실무 활동 측면에서 상호간에 많은 차이가 있다. 또한 앞의 경우에는 부동산관리활동으로서의 접근에 머무르나, 후자의 경우에는 보다 풍부한 부동산학의 지식과 경험을 필요로 하게 된다.

선진국에서는 부동산관리대행업이 활발하게 기업화되고 있다. 그 대상은 역시 빌딩이나 농장과 같은 개개의 관리 단위가 되는 자산이 많은데 영국과 같은 예외적인 나라를 제외하면, 다양한 집합재산의 관리를 대행하는 것은 일종의 신탁업의 범주에 속하는 것으로 파악되고 있다. 이와 같이 선진국에서 부동산관리업이 활발한 이유는 부동산이 자산이기 때문이다. 물론 그 자산은 반드시 사적 소유의 대상일 뿐만 아니라 공적 주체에 있어서도 아주 중요한 자산이기도 하다. 그러므로 그의 관리에 있어서는 사적 주체나 공적 주체나 합리적인 관리방법을 구하기 위해 노력하게 된다.

또 '소비재로서의 부동산' 으로 설명되기도 한다. 토지, 즉 부동산은 마치 무생물로서의 성격을 지닌 듯 여기는 경우가 많으나, 그것이 지닌 가치 측면에서의 존재는 몇 가지로 나누어 살펴볼 수 있는데, 우주 · 자연 환경 · 공간 · 위치 · 자산으로서의 가치를 지닌다.

물론 학자에 따라서는 경제재로서의 부동산을 여러 가지로 그 가치를 분류 · 함축하기도 한다. 그 중에서도 토지경제학자인 바로웨(Raleigh Barlowe) 교수는 토지의 경제적 함축을 공간 · 자연 · 생산요소 · 소비재 · 위치 · 자산 · 자본으로 나누어 설명하고 있다.[23]

이러한 분류는 부동산이 경제재로서의 수급에 직접 관계하는 측면에서만 살펴보는 입장이라 할 수 있다. 부동산의 제도적 측면과 그의 기술적 측면을 고려하여 그 가치를 파악할 때에는 위에서 제시한 바와 같이 우주 · 자연 · 환경 · 공간 · 위치 · 자산의 개념 등으로 함축할 수 있는 것이다. 이러한 함축은 토지가 지니는 상대적인 특성이라기 보다 토지 자체가 스스로 지니고 있는 절대적인 성격이라고 할 수 있다.

② 자산관리

부동산을 경제적 가치(價値, value)를 지닌 자산(assets)의 일종으로 볼 경우 부동산관리는 자산으로서의 가치 유지는 물론 가치 증진에도 목표를 두는 것이 합리적이다. 자산으로서의 가치는 장래에

23) 이창석, 「부동산학원론」 (서울 : 형설출판사, 2003), p. 133.

부동산으로부터 발생할 이익을 현재가치로 할인하여 합산한 것이다. 따라서 부동산을 자산으로 본다는 것은 부동산이 지닌 유용성(수익성 부동산의 경우에는 수익성)을 극대화하는 경제적 측면을 중시하는 접근이 된다.

부동산의 가치는 그 부동산에서 발생하는 장래의 현금수지(cash flow)에 의해 결정되는 것으로, 장래의 현금수지(수익)를 극대화하는 업무는 자산 가치를 극대화하려는 부동산관리자의 주된 업무가 될 것이다.

부동산의 현금수지는 부동산의 운영(임대영업)을 통한 수지(영업수지)와 매각으로 인한 수지(매각수지)로 구성된다. 영업수지는 부동산의 운영과정에서 발생하는 것으로 부동산의 유지나 보존활동 이외에도 개량활동과 같은 적극적인 활동을 통해 극대화 될 수 있다. 때에 따라서는 용도변경을 수반한 개량(개발)도 영업수지 극대화를 위해 필요하다. 또한 매각수지는 부동산의 처분으로 인한 수익으로, 부동산관리자의 업무에는 매각수지 극대화를 위한 다양한 업무도 포함되어야 할 것이다. 매각수지의 극대화를 위해서는 부동산에서 발생하는 영업수지의 극대화는 물론 시장 환경 변화를 감안한 취득시점이나 매각시점의 선택, 부동산의 개량을 통한 매각수지의 증대 등의 전략들이 반영되어야 한다.

부동산소유자에게 중요한 현금수지는 자신에게 운영활동으로 인해 발생하는 전체 현금수지 중에서 자신에게 복귀하는 현금수지가 가장 중요하다. 부동산소유자에게 복귀하는 현금수지는 부동산의 운용이나 매각으로 인해 발생하는 현금수지 중 각종 경비나 대출이자, 각종 세금을 모두 공제한 세후 현금수지를 기준으로 해야 한다. 따라서 부동산관리자의 업무에는 부동산수익을 극대화하는 업무는 물론 자금조달이나 세금과 관련된 업무도 포함되어야 할 것이다.

부동산소유자는 부동산 이외에도 예금이나 주식, 채권, 보험, 펀드(fund) 등 다양한 자산을 보유하고 있다. 부(富)의 극대화를 추구하는 자산 투자자는 보유 또는 취득할 자산으로부터 안정된 현금수지가 극대화되는 것을 원하며, 안정된 현금수지란 위험이 극소화된 현금수지를 의미한다. 부동산소유자가 합리적인 투자자라면 개별 자산으로부터 발생하는 현금수지와 위험만을 판단하지 않고 전체 자산 집합에서 발생하는 현금수지와 위험을 기준으로 자산 보유 여부를 결정하게 된다. 따라서 부동산관리자는 전체 자산 집합을 감안하는 분산투자(portfolio 투자) 시각에서 부동산을 관리해야 한다. 이와 같은 부동산관리자의 포트폴리오(portfolio)투자 시각은 복수의 부동산을 동시에 보유하는 자산집합투자, 즉 분산투자의 경우에도 필요한 것으로, 위험 분산 차원에서 관리 대상 부동산의 유형과 지역적 측면에서의 혼합투자를 통한 위험 극소화와 수익 극대화를 추구하는 포트폴리오 관리 계획을 필요로 한다.

결국 부동산의 자산관리(asset management)는 위험분산 차원에서 부동산의 유형과 지역의 혼합, 보유부동산의 매각, 개량, 개별 부동산의 특성을 고려한 보유기간산정, 레버리지 활용 등을 통하

여 소유자의 가치극대화를 추구하는 적극적인 관리방법이 된다.[24]

③ 자산관리업무

자산관리는 투자 측면에서 보면 부동산을 하나의 투자대상으로 규정하고, 이러한 투자과정 전반에 걸쳐 일어나는 모든 사항을 전략적으로 접근함으로써 투자에 따른 수익성을 극대화하는 일련의 관리 행위를 말한다.

부동산투자는 주식이나 채권 투자와는 달리 집중적인 관리가 필요하다. 매입 전의 자산실사에서부터 보유에 따른 일상적인 부동산관리, 적절한 개수공사 혹은 재건축 여부의 결정, 성과와 경제적 가치에 대한 모니터링 및 자산구조의 재편, 부채 조정 및 전략적인 매각의사 결정 등 많은 부문에서 체계적 관리가 요구된다. 따라서 원활한 부동산관리를 위해서는 체계적인 조직을 구성하고 이를 통한 의사결정체계의 구축이 필요하다.

소유자가 추구하는 경제적인 목적으로는 현금흐름관리, 세금절감, 투자 포트폴리오의 위험관리, 향후 가치상승을 위한 잠재력의 활용 등이 있다. 물론 자산관리에 있어서 비경제적인 목적이 없는 것은 아니지만 부동산의 의사결정에 결정적인 영향을 미치는 중대한 요소는 경제적 이익이며, 따라서 자산관리의 핵심도 경제적 이익의 실현이 될 것이다.

또한 자산관리자는 이러한 역할을 효과적으로 수행하기 위해 부동산 소유권과 관련된 전문지식과 기술을 보유하고 있어야 한다. 자산관리자는 소유자에게 기술적인 서비스를 제공해주며 결국 자신의 업무성과와 일치하는 수준의 보상을 얻게 된다.

④ 부동산자산관리의 기능과 영역[25]

가. 기능

부동산자산관리는 부동산 자산의 상대적인 운영 성과와 전반적인 포트폴리오에 대한 개별 부동산의 관계에 관심을 기울인다. 금융 재조달, 지분의 매입, 주요 시설의 수선 또는 매각과 같은 의사 결정이 포트폴리오에 대한 고려 하에 결정된다. 자산관리의 기능은 투자자의 궁극적 목표를 달성하기 위한 자산의 운용에 초점을 두고 있다. 일반적으로 부동산자산관리의 기능은 크게 취득단계, 보유(운용)단계, 매각단계로 구분할 수 있다. 여기서 중요한 것은 투자자가 부동산을 소유하는 목적이다. 부동산의 소유 목적에 따라 운용 계획이 수립되고, 이를 달성하기 위한 전략이 도출된다. 도표 1.4

24) 전용수 · 이창석, 「부동산자산관리론」(서울 : 형설출판사, 2004), pp. 12~13.

25) 학문적으로 조직 활동에 있어서 관리의 기능을 처음 강조한 사람은 Taylor로 관리직무를 실시기능과 관리기능으로 구별하였고, 이후 H. Fayol과 L. Gulick은 관리작용을 체계적으로 분석하였다.

도표 1.4 부동산 자산관리의 기능

구 분		내 용
취 득		• 취득 대상 후보 부동산들에 대한 검토에 참여 • 투자 이행 계획서에 대한 검토 • 장래의 재임대 및 재건축 기회에 대한 평가
보 유	부동산관리	• 상주 관리인(on-sitemanagers)의 선택 및 감독 • 운영비용의 지출 권한 • 임대차 계약의 검토 및 승인 • 지역 부동산 시장의 상황에 대한 감시
	재임대 재건축	• 재임대 및 재건축에 대한 건의 • 계획된 재임대 및 재건축의 이행
	주변지역의 개발	• 확장의 여지가 있는 부동산에 대한 검토 • 개발 계획의 준비 • 부가적 건축(증축 또는 부속건축물의 신축)의 이행 • 부동산의 일부에 대한 매각 또는 임대
	투자성과에 대한 감시 및 통제	• 관리상 정보의 주기적 보고(월별, 분기별 및 년별) • 대상 부동산에의 주기적 방문 • 부도안의 잠재력에 대한 전략적 점검의 규칙적인 수행 • 장기적 자본 지출 예산에 대한 준비 • 재산세의 과세 평가 가약에 대한 분석 및 이의 신청
	재금융 조달	• 국내 금융 시장 및 금융 기법에 대한 감시 • 저당 대출의 유리한 갱신 • 자기 자본을 감축하거나 부동산 계량에 투자하기 위한 새로운 금융 조달 계획
	소유권의 재구성	• 구분 소유 건축물의 매각 후 임대에 대한 고려 • 합작 투자(jointventure)에서 매입 옵션(buy-out option)에 대한 평가
처 분		• 최적매각을 위한 부동산의 생애 주기(life-cycle)의 상황에 대한 감시 • 지역 부동산시장의 상황이 위험한 경우 매각 고려 • 자발적인 매매 제의에 대한 평가

자료 : 오병호, 「부동산 자산관리의 특성과 과제」, 한국감정원, 부동산리서치, 2001. 3, p. 7.

나. 부동산자산관리의 영역

부동산자산관리의 영역은 개별 건물의 시설관리부터 전체 자산의 총괄적인 포트폴리오 관리까지 다양한 영역을 포함한다. 그 영역은 AM(asset management)의 업무 아래에 PM의 업무가 있고, PM(property management)의 업무 아래에 FM의 업무가 포함된 형태이다.

FM(facilities management)의 목표는 단순한 유지관리의 소극적인 영역인 반면, PM과 AM의 경우 비용이나 외부환경에 대한 위험관리를 포트폴리오의 관점에서 관리하는 적극적인 방법으로 그 영역을 넓히고 있다. 주요업무는 FM의 경우 유지보수 및 에너지관리 위주로 영세 시설관리회사에 관리하는 경우가 대부분이나 PM과 AM의 경우, 체계적이고 효율적인 관리를 위해 경제성 분석 이용과 전문적인 부동산자산관리 회사에서 별도 관리하는 추세이다.[26] **도표 1.5**

26) 송희라, "부동산자산관리 트렌드에 따른 효율적인 운영방안에 관한 연구", 한양대학교 석사학위논문, 2006.8, p.11.

도표 1.5 부동산 자산관리의 영역

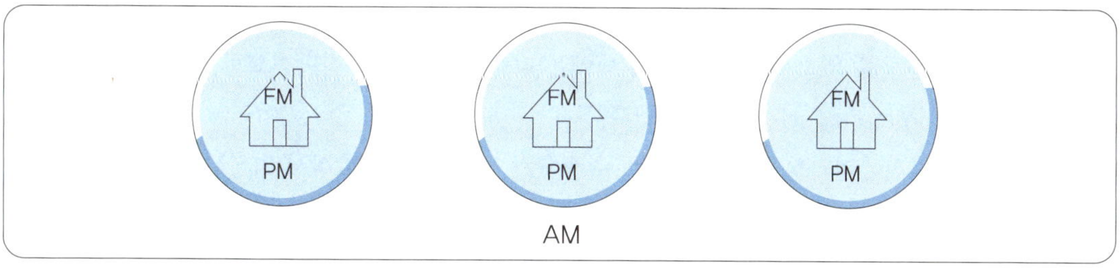

⑤ 시설 · 부동산 · 자산관리의 구분

가. 상호 관계

부동산관리에 대한 시설 · 부동산 · 자산의 3가지 측면의 시각을 종합해 볼 때, 자산관리란 부동산의 가치 극대화에 목적을 두고, 운영관리에서는 수익의 극대화에 목적을 둔다. 그리고 시설관리에서는 유용성 극대화에 목적을 두는 것으로 볼 수 있다. 또한 유용성의 극대화는 수익 극대화에 기여하며, 수익 극대화는 자산 가치 극대화에 기여하게 된다. **도표 1.6**

도표 1.6 부동산관리업무 영역

부동산관리(PM)		
자산관리(AM)	운영관리(OM)	시설관리(FM)
자산으로서의 부동산	공간으로서의 부동산	시설물로서의 부동산
자치극대화	수익극대화	유용성 극대화

또한 그 업무의 체계와 범위를 보면 다양한 자산관리업무의 범위 안에 운영관리업무가 포함되며, 운영관리업무 안에 시설관리업무가 포함되는 것으로 볼 수 있다. 즉, 부동산관리업무를 하나의 부동산을 기준으로 시계열적으로 나열하면 '자산설계(분산투자 계획 포함) → 취득 → 운영 → 가치 증진 → 처분의 업무' 의 흐름을 갖게 된다. 운영관리업무는 자산관리업무의 일부분이 되며, 시설관리업무는 운영관리업무의 일부분이 된다. 이와 같은 업무의 범위를 기준으로 할 경우, 부동산관리는 협의의 관리인 시설관리와 광의의 관리인 운영관리, 최광의의 관리인 자산관리로 구분될 수 있다. **도표 1.7**

도표 1.7 부동산관리업무 체계

<table>
<tr><th colspan="7">최광의의 부동산관리</th></tr>
<tr><td rowspan="2">자산설계</td><td rowspan="2">취득업무</td><td colspan="3">광의의 부동산관리(운영관리)</td><td rowspan="2">가치증진</td><td rowspan="2">처분업무</td></tr>
<tr><td>경영관리업무
(경제적 측면)</td><td>시설관리업무
(기술적 측면)</td><td>보존관리업무
(법률적 측면)</td></tr>
</table>

나. 업무의 구분[27]

부동산관리업무에 종사하는 전문가는 편의상 그 업무의 영역에 따라 시설관리자와 운영관리자[28], 자산관리자로 구분될 수 있으며, 자산관리자 중에는 다수의 부동산을 집단적으로 관리하는 포트폴리오관리자(portfolio manager)가 있을 수 있다.[29]

자산관리자는 자산관리과정을 전반적으로 수행하는 전문가이다. 따라서 자산관리자는 정보와 의사결정과정이 효율적이고 유익하게 활용될 수 있도록 투자하기에 적절한 자산운영체제를 제안할 뿐만아니라 효과적인 관리, 계획, 조정 등을 행하는 능력을 지니고 있어야 한다. 도표 1.8

자산관리자는 투자 대상 부동산 전략적 계획의 개발, 부동산 보유 · 판매 분석, 주요 지출 항목의 관할 및 제공 및 투자 대상 부동산 재포지셔닝(repositioning) 기회 검토, 투자부동산관리수행 모니터링, 특정 시장에 속한 투자 부동산 운영과 비교하며 운영관리자의 관리 및 평가, 임차인관계 마케팅보조 등의 직무를 수행한다.

도표 1.8 부동산 자산관리회사의 목표와 일반적 요소

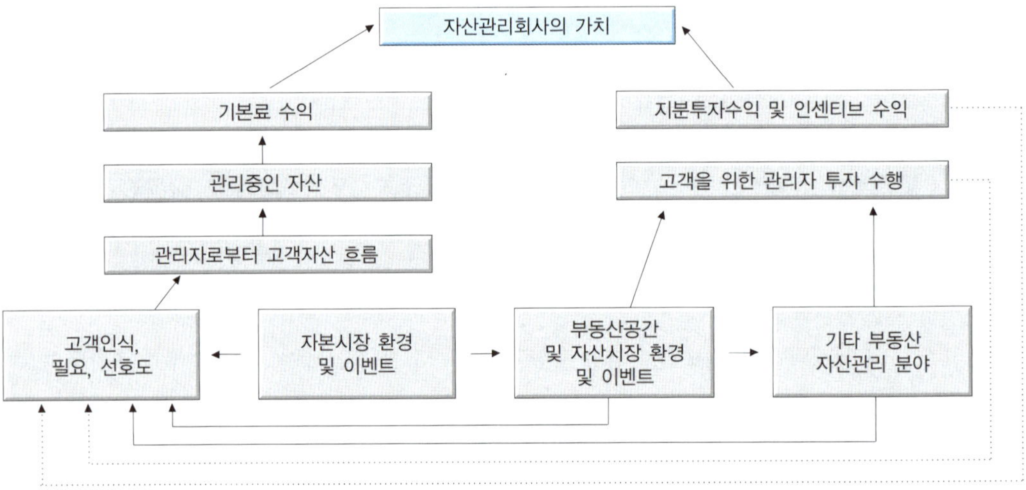

자산관리자와 유사한 역할을 담당하는 기능으로 운영관리자가 있다. 자산관리자와 운영관리자는 부동산 자산에 관해 기본적으로 동일한 목표를 가지고 있으므로 이러한 목표를 달성하기 위해 함께 일하게 된다. 그러나 자산관리자와 운영관리자의 근본적인 차이점이 존재하는데, 일상 운용에의 세

27) 전용수 · 이창석, 「부동산자산관리론」(서울 : 형설출판사, 2004), pp. 46~49.

28) 학자에 따라서는 부동산관리 중 운영관리를 '부동산관리(Property Management)' 혹은 '부동산재산관리'로 표현하기도 하나, 자산관리나 운영관리 모두 부동산관리의 범위에 포함되는 용어이다.

29) 이때의 포트폴리오(portfolio)관리자란 상기에서 보듯이 다양한 종류의 자산에 대한 투자를 관리하는 자의 의미도 포함되나, 여기에서는 다수의 부동산을 집단적으로 관리하는 자의 의미로 축소하여 설명한다.

부사항과 관련 정도, 투자 활동에 대한 전반적인 인식 등의 입장 차이가 바로 그것이다.

운영관리자는 일상 운용으로부터 나타나는 모든 문제점에 주로 관여하여 관리하게 되고, 자산관리자는 투자의 장기 진로를 제시하는 데 주안점을 두게 된다. 보다 구체적으로 보면 운영관리자는 단기적인 부의 축적, 단기 계획에 의한 일상 활동관리 및 정보관리, 자산운용계획의 전달 등의 업무를 수행하게 되고, 자산관리자는 장기적인 부의 축적, 소유자와의 의사소통, 전략적인 정책과 의사결정 수행 및 정보 관리 등의 업무를 수행하게 되는 것이다. 또한 소유 구조가 복잡하거나 규모가 큰 부동산의 경우 높은 자격수준과 다년간의 경험을 지닌 자산관리자를 필요로 한다.

부동산관리에 경영의 개념이 도입된 경제적 관리로 주목적은, 수익의 극대화에 있다. 부동산 소유자를 대신하여 수익용 부동산을 운영하여 개별 부동산으로부터 얻어지는 현금흐름방향(cash flow)을 증가시키고 위험을 통제하여 중장기적으로 그 물건의 자산가치를 높인다.[30] 최적의 부동산관리(optimal property management)란 부동산투자자의 투자수익률이 극대화되도록 임대료와 운영비를 책정하여 운영 및 관리하는 것[31]이라고 할 수 있다.

부동산관리자(property manager)의 주요한 기능은 소유자를 위해 수익을 창출하며 투자부동산의 가치를 유지·증가시켜 부동산 소유자의 목표를 달성하는 것[32]으로 주요업무는 다음과 같다. 도표 1.9

도표 1.9 부동산관리자 주요업무

구 분	주 요 내 용
빌딩관리 (Building Management)	• 부동산의 유치관리업무 감독 및 수행 • 개·보수 공사 감독 • 정기적인 점검 실시 • 대관업무 및 마케팅 • 리스크 관리
재무관리 (Financial Management)	• 연간 운영예산 작성 • 관리계획서 작성 • 비용계획 승인 • 수입 및 비용 관리 • 현지 시장상황관찰 • 정기적인 재무보고 및 기록유지
임대 및 입주관리 (Lease & Tenancy Management)	• 임차인 모집, 선정 및 임대계약, 재계약 • 임대료, 관리비 청구 및 수금 • 임차인 유지전략(Tenant Retention Program) 시행 • 주변 시장조사(임대료, 공실률 등)
인력관리 (Personal Management)	• 관리사무소 직원 선발 • 외주용역에 대한 입찰 준비 및 실시 • 외주 용역업체 선정(시설, 미화, 경비 등) 및 감독 • 고객서비스 교육

30) 김재용, "부동산관리의 효율성 제고 방안에 관한 연구", 건국대 석사학위논문, 2006, p. 9.
31) Peter F. Colwell, et. al., Optimal Property Management Strategies, International Real Estate Review, 2001, Vol. 4, No. 1 : pp. 1~2.
32) Robert C, Kyle, & Floyd M. Baird, Property Management Fifth Edition (Dearborn Financial Publishing, Inc., USA), 1955, p.1

따라서 운영관리자는 임차인 관계 마케팅 및 임차인 관리, 임차인으로부터의 임대료 징수, 운영경비의 통제, 회계보고 및 기록 관리, 부동산 유지 · 보수, 자본지출계획에 의한 현금흐름 예측, 부동산의 리스크 관리, 대상 부동산 및 임차인의 안전관리, 홍보 활동 등 직무를 수행한다.[33)]

한편 시설관리는 부동산관리에서 가장 기본적이며 기술적인 분야로서, 부동산의 사용 환경을 쾌적하고 편리하도록 유지 내지 발전시키는 것을 주목적으로 한다.

도표 1.10 자산관리와 운영관리 및 시설관리의 차이점

구 분	자산관리 (Asset Management)	운영관리 (Operation Management)	시설관리 (Facilities Management)
단 계	부동산관리 기반의 종합서비스업적 성격	부동산관리의 중간적, 이행적 단계	부동산관리의 도입기 국내 일반적 빌딩 관리
개 념	부동산 투자 전체 과정에서 전략적 의사결정을 통해 부동산 가치를 보전 · 증식하고 수익 극대화 방안을 모색하는 적극적 관리	부동산 관리 · 보유와 관련하여 통상적으로 발생하는 서비스(자산 증식 및 효율화)의 제공	시설 사용자나 기업 내 타부문의 요구에 단순히 부응하는 정도의 소극적 관리
주요 업무	• 시장 및 지역경제 분석 • 경쟁요인 및 수요분석 • 증 · 개축을 통한 경쟁력 재고 방안 검토 • 임대 전략 및 임대차 유지 • 재무 · 법무 · 세무 관리	• 경리보고(월간/연간) • 임대실행 및 임차인관리 • 일상적인 건물운영 및 관리(시설물, 청소, 보안 경비 등 협력사 관리)	• 건물의 물리적 관리 • 설비 · 설계의 운영 • 예방적 유지 · 보수 • 에너지 관리
주변 업무	• 매입/매각 및 자금조달 • 자산평가 및 투자분석 • 포트폴리오 관리 및 분석 • 지분투자 검토 및 실행	• 증 · 개축 및 내장 공사 관리 • 건물주가 요구하는 기타 건물관련 업무	• 시설 보수공사 실행 • 보안 및 방재 등
중점 목표	• 투자자산의 포트폴리오 관점에서의 종합적 관리	• 수익성(임대 마케팅) • 비용 절감	• 안정성 • 단기생산성 향상
근무 지역	• 운영관리자의 빈번한 접촉을 통한 건물 관련 문제점 파악 및 대책 수립 • 지역거래선 구축 통한 지역정보 입수 및 분석	• 통상 건물에 상주 • 복수의 건물 관리사는 관리 부담이 큰 건물에 상주	• 통상 건물에 상주 • 전문 기술 인력의 경우 인력 풀(pool)을 구성 순회 점검 및 보수
대상 고객	• REITs, 연 · 기금, 은행, 보험사 • 해외투자가 기타 기관투자가	• 건물주 • 자산관리회사	• 건물주 • 자산관리회사

이를 위하여 부동산, 특히 건물의 경우 설비 · 기계운영 · 예방적 차원의 유지 · 보수, 에너지관리, 보안, 가구나 집기 등의 관리에 대한 관리시스템을 운영하는 것이다. 즉, 시설 사용자나 사용과 관련한 타 부문의 요구에 단순히 대응하는 정도의 소극적이고 기술적인 측면을 중시하는 부동산관리라 하겠다. 도표 1.10

33) BOMA International, Fundamentals of Real Property Administration, Building Owners and Association Institute, 1996, pp. 53~55.

이들의 관계를 부동산투자자(소유자)와 포트폴리오관리자, 자산관리자, 운영관리자, 시설관리자 등의 관계를 도표로 살펴보면 다음과 같다. 도표 1.11

도표 1.11 **투자자, 포트폴리오관리자, 자산관리자, 재산관리자, 시설관리자와의 관계**

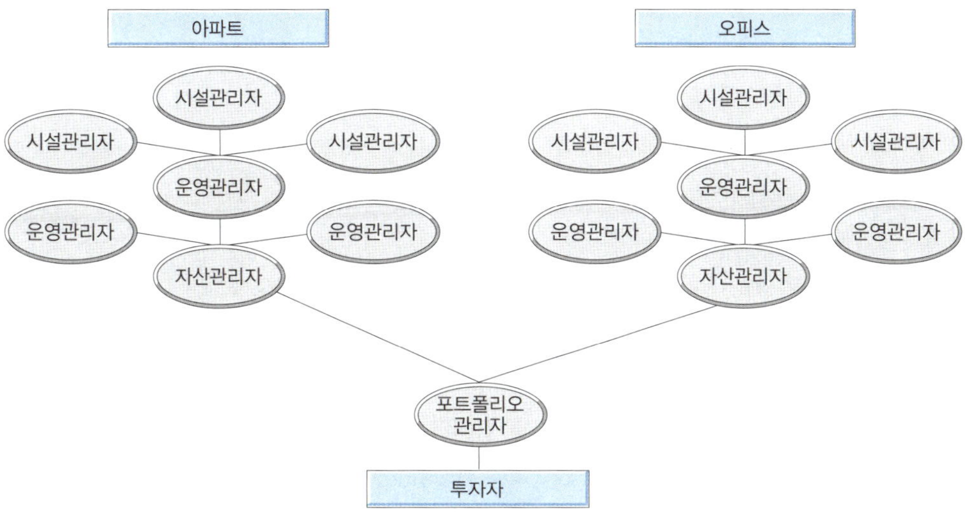

포트폴리오관리자(portfolio manager)는 투자자와 가장 밀접한 관계를 가진다. 그 주된 직무는 투자자와의 대화 및 포트폴리오 목적 및 투자기준 설정, 포트폴리오 투자전략 수립 및 실행, 취득, 처분, 자산관리, 투자결정에 관한 감독, 포트폴리오 수행에 관한 설명, 투자자에 대한 보고 및 현금관리 등의 업무를 수행한다.

자산관리자의 주요기능은 부동산 소유자의 목적을 파악하는 것, 부동산 소유자에게 수입을 창출해 주는 것, 투자 부동산의 가치를 보전하거나 증대시키는 것 등의 세 가지이다. 다시 말해 자산관리자는 자산이 존속하는 한 부동산 투자자에게 순이익을 최대한 많이 창출해 주기 위해 노력해야 한다. 자산관리자는 실내공간을 보여 주고 계약을 성사시키며 임대료를 징수하는 운영관리자의 업무 범위보다 훨씬 더 복잡하고 다양하다.

다. 부동산관리이론의 전개방향

과거의 우리나라 부동산관리이론은 공동주택관리에 중점을 둔 이론이었다. 이는 우리나라의 경우 부동산관리전문가로서 국가로부터 공인된 전문가는 주택법에 의한 국가자격사인 주택관리사를 중심으로 이론이 구성되었기 때문이다. 주택관리사는 주택법에서 정한 공동주택의 관리업무를 수행하는 전문가이다. 주택법에서의 주택관리업무는 시설관리를 중심으로 규정되고 있으며, 그 운영과정에서 운영관리에 대한 지식도 필요하다. 그러나 현대사회에 있어 부동산관리의 이론은 주택관리뿐만 아니라 분양관리, 자산관리, 재산관리, 시설관리 측면 등으로 확대되고 있다.

02 부동산관리의 복합개념

부동산활동의 구성을 3대 측면으로 집약화 할 경우 부동산의 개념 또한 3가지 개념으로 각각 정리할 수 있다.[34] 즉, 부동산의 개념은 경제적 개념(economic concept), 법률적 개념(legal concept), 기술적 개념(engineering concept)의 세 가지 복합개념으로 이해될 수 있는데, 이들 각 측면의 개념을 확대 · 해석하는 것이 효과적이다.[35]

이러한 복합적인 측면의 전문지식 내지는 기술이 부동산관리활동에도 요구된다. 그러나 실질적으로 부동산의 완벽한 복합관리란 불가능할 것이다. 그러나 복합적인 관리의 어려움을 극복하고 문제를 해결하려는 노력으로 개발된 것이 전문화 활동이다. 전문화 활동을 통하여 여러 가지 문제점들이 능률적으로 수행될 수 있다.

STORY TIP 1.2 부동산의 복합개념

학문의 종합 즉, pan은 모든 것의 뜻이고, sophy는 지식의 뜻이다. 그래서 pansophy란 용어를 사용한다. 부동산학은 종합응용과학이다.

부동산학의 3대 측면에서 본 바와 같이 부동산현상을 이해하고자 하거나 부동산결정을 행하기 위해서는 여러 가지 필요한 지식들이 하나의 현상분석이나 결정에 쓰여지게 된다는 것을 알 수 있었다.

예컨대, 부동산에 대한 매각결정, 매입결정, 교환결정, 임대결정, 중개결정, 이용결정, 개발결정, 입지선정결정, 정책결정, 가격결정 등 실로 수많은 부동산결정에 있어서 분석 및 판단의 최종적 작용은 부동산에 관한 3대 측면들의 상호 영향력을 다양한 분석도구로 분석하여 하나의 통일적인 행동으로 전개해 나가는 과정이라 할 수 있다.

이와 같이 어떤 부동산의 결정 또는 행동을 유발시키게 되는 논리적 작용은 법적 판단이나 경제적 판단, 기술적 판단에만 의존되지 않는다. 즉, 그들 측면들이 하나의 여과장치에 의해 걸러진 상호 혼입된 일정한 활용과정을 거쳐 부동산에 관한 결정이나 행동을 하도록 하는데, 이것을 소위 복합개념의 논리라 한다. 그리고 여러 측면들이 부동산 결정이나 부동산에 대한 행동을 함에 있어서 하나의 지적 관념(知的 觀念)처럼 존재할 때 이를 복합개념이라 할 수 있다.

자료 : 이창석, 「부동산학개론」(서울 : 형설출판사, 2009), p. 46

34) 이창석, 「부동산관리론」(서울 : 신광문화사, 2001), pp. 7~8.
35) 김영진, 「부동산학총론」(서울 : 범론사, 1988), pp. 39~43. ; 김영진, 「부동산평가론」(서울 : 건설연구사, 1977), p. 115. ; 이창석, 「부동산학원론」(서울 : 범론사, 1991), pp. 50~54.

2.1 경제적 측면에서의 부동산관리

경제적 관리(economic management)에는 부동산의 가치, 가격, 유용성, 이윤극대화의 추구, 부동산의 수요와 공급현상, 유효수요 등을 비롯하여 사회적 측면, 즉 인간을 중심으로 하는 여러 가지 사회현상도 포함된다. 따라서 어떻게 하면 부동산가치(property value)를 증대하느냐에 경제적 관리의 중요성이 있으며, 이에 더하여 자산관리 측면에서 포트폴리오의 관리도 포괄한다. 즉, 경제적 관리는 수익부동산(income property)의 가치 유지 및 증진과 위험의 극소화를 위해 중요하다.

결국 경제적 측면에서의 부동산관리란 부동산을 활용하여 발생하는 순이익의 합리화 등 수익의 극대화와 위험의 관리를 통한 위험의 극소화를 통한 자산 가치의 증진을 위한 활동이 된다.

경제적 측면에서 부동산관리자는 그 지표로서 부동산의 정상가격의 파악을 위한 감정평가를 실시해야 한다. 취득시에 지불한 가격은 일단 무시하고 감정평가에서 평가된 가격을 지표로 하여 경제적 하자유무를 판단한다. 평가된 정상가격에 비추어 부동산에서 현재 발생하고 있는 수익이 부적당한 것으로 판정되면 경제적 하자로 보고, 그에 대한 인상 대책 또는 비용의 절감 등을 통한 하자의 제거 대책을 수립해야 한다. 그리고 현재의 수익이 적정수준 이상의 것이라면 그것을 마련하여 수익의 하락을 방지해야 한다.

또한 레버리지(leverage)를 동원한 투자자의 수익극대화에 대한 노력은 물론 부동산의 개량 등을 통한 가치 증진 방안 업무, 복수의 부동산에 투자할 경우에는 포트폴리오의 수익이 극대화되고 위험이 극소화되는 방안도 강구해야 한다.

2.2 법률적 측면에서의 부동산관리

법률적 관리(legal management)는 부동산에 관한 소유권 관계, 기타 권리관계, 등기, 법률효과, 계약행위, 세제, 도시계획상의 지역 · 지구제 등을 포함함은 물론 행정과 정책, 제도, 사회적 규범, 그 외에 이에 준하는 제 요인을 분석 · 대체하는 것으로 부동산권리분석(title examination)에 관한 것과 계약관리(contract management)가 중심을 이룬다. 이와 더불어 부동산관리 업무에는 부동산의 취득과 처분이라는 법률행위도 포함되는 것으로, 부동산관리자는 부동산의 거래와 관련된 제반 법률적 지식이나 임대차와 관련된 지식도 습득해야 할 것이다.

법률적 측면의 부동산관리란 부동산의 취득과 처분, 운용과정에서 법률 · 행정적 등의 모든 측면에서 대상 부동산에 대한 최대한도의 권익을 확보하려는 것으로 표현될 수 있다.

부동산관리자는 법률적 측면에서의 하자 제거를 위해서 소유권과 소유권 이외의 권리 · 이익에 대하여 그 가치를 새로운 측면에서 분석하여 유익한 것은 보호하고 불리한 것(법적 하자)은 제거하는 방향으로 조사한다. 또한 법률적 지배와 경제적 지배간에 불일치가 있으면 신속히 일치시킨다. 예를 들면 소유권등기가 미필된 경우 또는 원인 없는 저당권설정등기가 존속하는 경우에는 이를 정리해야 한다. 대상부동산에 일부라도 법률상 원인 없이 점유당한 부분이 있으면 점유회복 조치를 취해야 하고, 건폐율 · 용적률 공법상의 토지이용규제를 확인하여 장기적인 안목에서 보다 높은 이용도를 찾을 수 있다.

또한 부동산의 취득과 처분, 임대차 과정에서 발생할 수 있는 각종 거래사고를 예방하고 발생된 거래사고의 경우에는 능률적인 처리 방법을 마련해야 한다.

2.3 기술적 측면에서의 부동산관리

기술적 측면에는 일반적으로 공학적 개념에 속하는 사항들이 포함되는데 여기에는 부동산의 설비, 설계, 구조, 측량 등을 비롯하여 자연조건은 물론, 그 외 공학 분야에서 취급하고 있는 각종 물리적 요인들을 함께 포함하는 것이다. 기술적 관리(engineering management)에는 주로 위생관리, 보존관리, 설비관리, 보안관리 등이 해당된다.

일반적으로 시설관리는 기술적 측면을 중시하나, 부동산의 가치 증진을 위한 용도변경을 통한 개량활동은 조성개량이나 건축개량 등 개발활동이 포함되는 것으로 자산관리 활동에서도 기술적 측면에 대한 배려도 필수적이다.

기술적 측면의 부동산관리란 대상부동산의 물리적 · 기능적 하자의 유무를 판단하여 필요한 조치를 취하고, 자산가치 증진을 위하여 부동산을 개량하는 것이다.

이를 위해 부동산관리자는 새로운 증 · 개축의 계획이 있더라도 1차적인 관리조치를 해두는 것이 유리하며, 나대지(裸垈地)의 경우에는 그 경계사항을 명시하고, 건물의 경우에는 그 기능의 보존을 위하여 건물 전체에 대한 점검, 수리를 해야 한다. 또한 부동산의 가치를 높일 수 있는 다양한 개량 방법에 대한 조사 · 분석과 개량업무 수행을 위한 전문가의 활용도 기술적 측면의 관리 업무에 포함된다.

03 부동산활동과 부동산관리활동

3.1 부동산활동과의 관계

3.1.1 이용활동과 관리활동

부동산이용활동은 현실적으로 주어진 여건 하에 부동산을 그 용도와 이용목적에 따라 활용함으로

써 토지의 유용성을 추구하는 행위라 할 수 있다.[36]

부동산이용활동은 부동산을 주어진 상태에서 운용하는 업무를 의미하는 것으로, 부동산에 대한 유지나 보존, 개량 등 부동산의 현상을 변경하는 행위가 수반되지 않는다는 점에서 관리활동과 구분된다.

다만 부동산의 관리활동에는 대상부동산은 운용하는 업무도 포함되는 것으로, 부동산관리활동자는 부동산이용활동과 관련된 일반적 지식을 습득하고 활용해야 한다.

3.1.2 개발활동과 관리활동

부동산개발활동이란 인간에게 생활, 작업, 쇼핑, 레저공간 등을 제공함을 목적으로 부동산을 개량하여 용도를 변경시키는 활동을 말한다.[37] 이때의 개량이란 조성에 의한 개량과 건축에 의한 개량을 포함한다.

일반적으로 부동산관리를 운영관리에 축소할 경우 관리활동은 용도변경을 수반하지 않는 개량을 포함하나, 개발활동은 용도변경을 수반하는 개량이므로 상호 구분될 수 있다. 그러나 부동산관리를 자산관리로 확대할 경우 자산으로서 관리활동은 가치증진을 위한 개량이 포함되는 점에서는 개발활동과 관리활동을 구분할 실익이 적다.

따라서 자산관리업무를 수행하는 부동산관리자는 부동산개발과 관련된 기초 지식을 습득해야 하며, 관리업무 수행 과정에서 전문적인 개발업무가 개입될 경우에는 개발전문가의 조력을 받아야 한다.

3.1.3 투자활동과 관리활동

부동산투자(real estate investment)란 기대이윤(期待利潤)의 획득을 목적으로 생산적인 부동산 활동에 자본을 투입하는 행위를 말한다.[38] 부동산투자 역시 일반 투자와 같이 투자로 인한 장래의 기대 수익과 현재의 현금 지출을 교환하는 행위로 볼 수 있다.

부동산투자자는 투자로 인한 부(富, wealth)의 극대화를 목표로 하는 것으로, 투자자에게 기대되는 부는 영업수지와 매각수지의 합계액이 된다. 따라서 부동산투자자는 영업수지와 매각수지의 합계액이 극대화하는 투자방안을 선택해야 하는 것으로, 부동산투자자의 목표나 부동산관리자의 목표는 같다고 볼 수 있다.

36) 김영진, 「부동산학총론」, p. 298. ; 이창석, 상게서, pp. 114~120.
37) Larry E. Wofford, Terrence M. Clauretie, Real Estate(3rd ed)(Hoboken NJ : John Wiley & Sons, 1992), pp. 413~414. 참조
38) 김영진, 상게서, pp. 182. f.

다만 부동산투자이론은 부동산투자의 타당성분석에 중점을 두고 있는 것으로, 자산관리이론은 부동산에 발생하는 영업수지와 매각수지가 극대화되는 방법에 중점을 둔다는 점에서 구분될 수 있다.

3.1.4 기타 부동산활동과 관리활동

부동산관리자의 관리활동을 위해서는 다양한 부동산활동에 대한 기초 지식을 필요로 한다. 부동산 개량을 위한 개발활동에 대한 지식이나, 부동산의 취득과 관련된 입지선정활동의 지식, 부동산의 가치를 정확하게 판단할 수 있는 감정평가활동의 지식, 뿐만 아니라 거래사고를 방지할 수 있는 권리분석활동의 지식, 투자 수익의 극대화에 기여할 수 있는 금융활동에 대한 지식 등을 보유해야 할 것이다.

부동산관리자의 다양한 업무에 필요한 지식 중 개발이나 금융, 투자 등에 관한 전문지식은 관리전문가보다는 해당 분야 전문가의 지식수준이 높은 것이 일반적이다.

따라서 능률적인 관리업무 수행을 위해서는 수행하는 업무 내용에 정통한 전문가의 도움을 받는 것이 필요하다. 부동산관리업무와 관련된 전문가는 개발, 입지선정, 투자, 금융, 중개, 컨설팅 분야의 전문가들이 있으며, 기타 회계사 또는 세무사, 변호사, 법무사 등도 관련 전문가의 범위에 포함될 수 있을 것이다. 다음은 자산관리의 조직과 관리업무내용이다. 이와 같이 자산관리는 전문적인 관리체제이어야만이 효율적인 관리가 이루어진다.[39] 도표 1.12, 1.13

도표 1.12 Assets Management의 조직

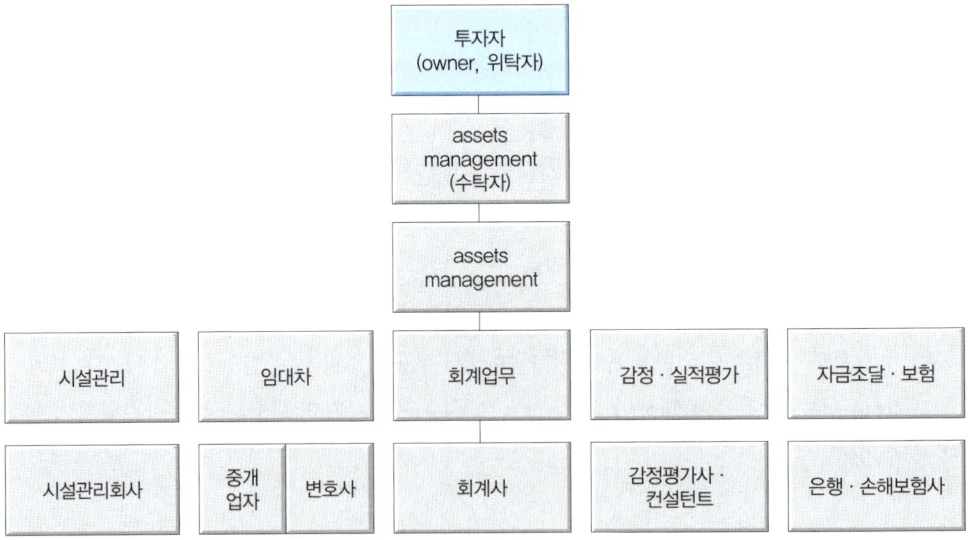

39) 전용수 · 이창석, 「부동산자산관리론」(서울 : 형설출판사, 2004), pp. 39~40.

도표 1.13 Assets Management의 업무내용

1. 현상파악 및 검증	① 임대차 계약 내용의 검증 ② 임대료 및 임차인 부담비용의 검증 ③ 수지와 손익계획과 실적의 비교검증 ④ 서비스 업무계획(청소, 엘리베이터 보수 등) ⑤ 운영관리에 관한 관리실적보고서 ⑥ lease중개업자에 관한 영업실적보고서 작성 ⑦ 건물의 구조에 관한 검사, 기계설비, 전기계통의 검사 등
2. 투자계획의 책정	① 단 · 중 · 장기적인 투자계획의 실정 ② 임차인 유치계획입안 ③ 영업비용절감 계획의 입안 ④ 영업수입, 비용계획서 및 자금조달계획서 작성 등
3. 투자계획의 설정	① 임대차 중개업자의 감독, 임대조건 등에 관한 조언 ② 법률사무소, 회계사무소 및 보험회사 등과 절충 ③ 물건관리회사 등과의 정례회의 출석 ④ 자산관리 정리보고서 작성 ⑤ 수익극대화 전략의 재검토
4. 회계업무의 관리	① 자금계정의 개설 및 집행 ② 임대료 등 징수 ③ 관리회사가 행한 거래업자에의 지불승인 ④ 재무제표, 영업보고서의 작성 등

자료 : 日本興業銀行産業調査部, 「Assets Management」, 2001, 2008

3.2 부동산업과 부동산관리업

3.2.1 부동산업의 의의 및 분류

부동산업에 대한 정의는 명백하게 그 개념이 정립되어 있지 않고 시대, 국가 및 학자에 따라 다양하게 거론되고 있다. 여기에서 외국 및 우리나라 학자들의 정의를 설명하고자 한다.

① 외국의 경우

일본의 浦池紀生 교수는 부동산산업을 '중개 · 매매업(유통업)', '개발 · 분양업', '임대경영업', '관리업' 으로 4분류하고 있다.[40] 도표 1.14

40) 浦池紀生, 「不動産業界」(東京 : 教育社, 1987), p. 13. 종래에는 浦池紀生 교수는 3분류하였으나 최근의 저서에는 "관리업"을 추가하여 4분류하고 있다. 浦池紀生, 「日本의 不動産産業」, (東京 : 日本經産新聞社, 1967, pp. 1~9.)

도표 1.14 부동산업

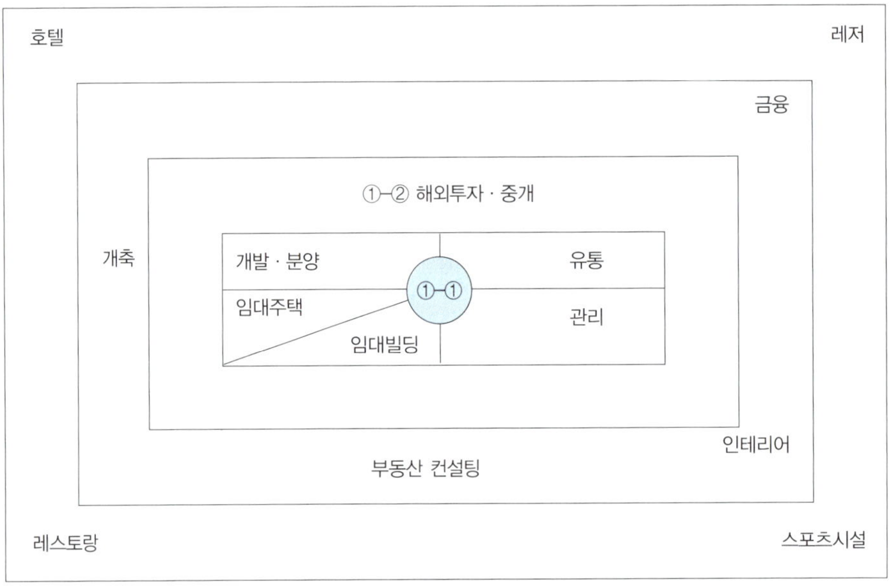

(1) 부동산업 : ①-① 부동산업의 본래 업무, ①-② 부동산업의 신규업무
(2) 주변 분야 : 소비자의 다양한 요구에 정확히 대응하기 위하여 본래의 부동산업을 원활하게 수행하기 위한 업무
(3) 기타분야 : 물건의 소비에서 서비스의 소비라는 변화에 대응하기 위한 분야

자료 : 浦池紀生, 「不動産業の 未來戰略」(東京 : 住宅新報社 2000) 필자정리.

田村 · 村松 교수는 부동산업을 '부동산임대업(빌딩임대, 점포임대, 주택임대), 주택분양업(건설업, 아파트업), 부동산매매업, 부동산중개업' 등으로 분류하고 있으며[41] 미국의 링(A. A. Ring) 교수는 부동산업을 '대행업, 투자업, 매매투자업, 빌딩건축업, 행정서비스업, 중개업, 관리업, 감정평가업, 컨설팅업, 재산보험업' 등으로 분류하고 있다.[42] 그 외 다소(J. Dasso)[43] 엉거(M. A. Unger)[44], 센켈(W. M. Shenlcel) 교수[45] 등도 같은 분류방법을 설명하고 있다.

UN에서 발행한 국제표준산업(ISIC)의 분류에 의하면 부동산업이란 '각종 부동산, 즉 오피스빌딩, 아파트, 주택 등의 대여 및 운영, 기타 판매와 주택개발까지 포함한 부동산의 개발 및 분양, 임차, 부동산중개업자 및 계약에 의하거나 수수료를 받는 부동산임대, 매매, 관리, 부동산감정평가에 종사하

41) William M. Shenkel, Modern Real Estate Principles (Texas : Business Publication, 1984), p. 4.
42) A. A. Ring, Real Estate (N.J. : Prentice-Hall, Inc., Englewood Cliffs, 1972), p. 23.
43) Alfred A. Ring & J.Dasso, Real Estate, 10th ed., (N.J. : Prenti-Hall, Inc., Englewood Cliff, 1985), p. 29.
44) Maurice A. Unger & George R. Karvel, Real Estate, 6th, (Cincinnati : South-Western Publishing Co., 1979), pp. 17~23.
45) William M. Shenkel, Modern Real Estate Principles (Texas : Business Publication, 1984) p. 4.

는 경영자를 총칭하나 여기서는 호텔업, 여관업, 기타 하숙업은 포함하지 않는다고 정의' 하고 있다.[46]

② 우리나라의 경우

우리나라 표준산업분류에 의하면 부동산업이란 '주거용 건물 및 비주거용 건물의 임대 및 운영, 자기 계정으로 표시 또는 주택지를 개발 및 분할 판매하는 산업활동과 수수료 또는 계약에 의한 부동산임대, 구매, 판매, 관리 및 평가에 종사하는 부동산대리, 중개업, 관리활동 등의 산업이다' 라고 규정하고 있다.

김영진 교수는 부동산업을 '부동산거래업과 부동산공급업' 으로 분류하고 있고,[47] 이태교 교수는 부동산업을 '부동산개발업과 부동산서비스업' 으로 규정하고 있으며,[48] 김재덕 교수는 부동산업을 '부동산개발업, 부동산임대업, 부동산서비스업' 으로 분류하고 있다.[49] 도표 1.15

이창석 교수는 부동산업을 크게 '부동산공급업' 과 '부동산서비스업' 으로 분류하고 있다. 부동산공급업은 주거용 부동산공급업, 개발업, 비주거용 부동산공급업 등이 포함되며, 부동산서비스업은 부동산거래업에 관련된 부동산서비스업과 부동산임대업 등 광범위한 분야를 이에 포함시키고 있다.

도표 1.15 부동산업의 분류

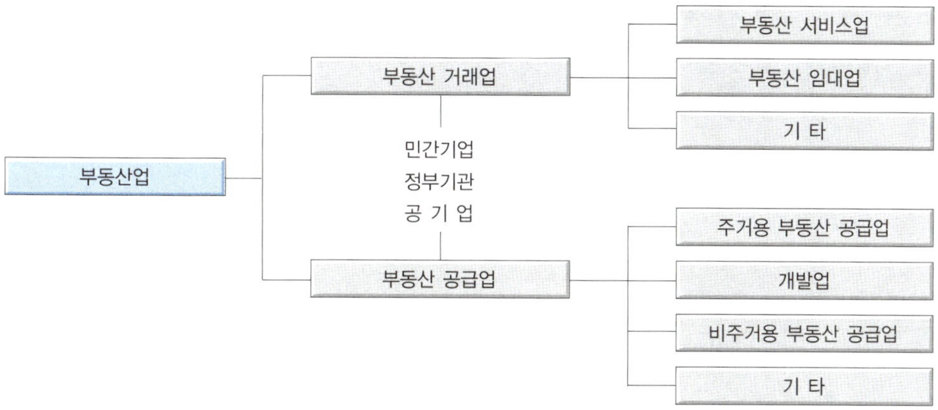

자료 : 金永鎭 「不動産學汎論」 (東京 : 東京法經學院, 1979), p. 213.

46) ISIC : Statistical Paper Series No. 4, Rev. 2 Department of Economic and Social Affairs, Statistical office of the United Nations, (New York :1968.), p. 37.
47) 金泳鎭, 不動産學汎論 (東京 : 東京法經學院, 1979), p. 213.
48) 이태교, 「부동산마케팅」 (서울 : 경영문화원, 1990), p. 47.
49) 김재덕, "부동산업의 분류에 관한 연구", 부동산정책, 창간호(서울 : 건국대학교부설부동산정책연구소, 1991), p. 89.

Ⅱ 부동산관리업

01 부동산관리업의 연혁

1.1 부동산관리업의 대두[50)]

부동산은 인간생활에서 매우 중요한 위치에 있다. 부동산은 인간의 경제활동과도 직결되는 요소인 동시에, 이윤추구의 수단으로 널리 의식되기 때문에 자본주의 사회에서는 자산으로서 차지하는 비중도 매우 크다.

최근 우리나라는 급격한 경제발전을 지속하면서 도시화 · 공업화를 초래하였고, 이러한 과정에서 부동산문제 및 부동산활동에 대한 관심이 점차 커져왔다. 이와 함께 국토가 협소하고 인구밀도가 높은 우리의 현실로서 부동산문제에 대하여 쉽게 간과 할 수 없는 엄연한 사실에 직면하게 되었다.

1960년대 이후 대도시로의 인구집중현상은 결국 농촌에는 주택이 남으며, 심지어는 공가현상까지 발생하고 있으나, 도시에서는 주택부족이 심화되어 왔으며 소득의 상승은 양적 측면과 더불어 질적 측면에서 부동산수요를 크게 높여왔다.

한정된 토지에서 국토의 효율적 이용을 위해서는 전국토의 계획적인 이용이 요구되었다. 그 가운데 도시생활의 합리화와 함께 근대화를 촉진하는 방향에서의 공공주택건설, 분양 및 임대주택 확대 등의 조치들이 늘어났다. 이에 따라 주의식의 변화를 몰고 왔으며, 그 원인의 뼈대는 좁은 토지에 근거를 둔 생활공간의 확대현상이었다.

생활공간의 확대현상은 공공주택이 일반화되어 가고 있는 추세에 있음에도 불구하고 아직 공동주택의 주거생활에 대한 우리들의 인식과 관행은 부족하고, 공동주택거주자 및 공동주택 보호를 위한 제도적인 뒷받침이 미비한 상태에 있다. 물론 국민복지 향상을 위한 부동산의 양적인 공급활동도 중요하지만, 장기적으로는 바람직한 제도의 도입으로 안전하고 쾌적한, 질적인 부동산활동이 중요시되어야 한다.

공동주택의 각종 분규 및 관리에 있어서 사회적 문제 등이 제기되고 있는 실정이다. 문제의 내용으로서는 구분소유권문제, 현행 집합건물의 관리 및 등기문제, 그리고 기타 부동산관리와 효율화 등 여러 가지가 있다. 전문적인 공동주택관리를 위해 우리나라에서는 주택관리사제도를 두고 있다.

부동산의 관리에 있어서 많은 외국에서는 전문화가 되어있다. 예컨대 미국의 부동산관리는 전문적

50) 이창석, 「부동산관리론」 (서울 : 신광문화사, 2001), pp. 13~18.

인 부동산활동의 한 부분이고, 전문부동산관리업자가 참여하는 영역이다. 단독주택, 연립주택, 소형 아파트, 사무실용 건물(office building) 및 쇼핑센터(shopping center) 등의 부동산들 가운데 많은 부분이 부동산전문가가 관리하는 경향이 나타나고 있다.[51] 이들 부동산관리전문가는 부동산의 법률적 측면에서 뿐만 아니라 회계, 광고, 기업, 행정, 부동산의 유지 · 보수 · 취득 등에 대해서도 관여하고 있는 등 자산관리를 중심으로 한 부동산관리가 행해지고 있다.

이러한 부동산관리전문화에 있어 부동산관리의 전문화가 요구된 원인을 4가지로 함축해보면 첫째 도시화, 둘째 건축산업의 기술적인 발전, 셋째 부재자 소유 부동산의 급격한 증가, 넷째, 부동산의 자산화(資産化) 등을 들 수 있다. 이를 나누어 살펴보기로 한다.

STORY TIP 1.3 아담 스미스와 분업관리

「국부론」에서 분업을 강조한 아담 스미스가 어느 날 옷핀 만드는 소규모 공장을 방문했다. 공원 열 명 각자가 똑같은 작업을 하고 있는 것이 아주 비능률적으로 보였다.

그래서 아담 스미스는 각자 일을 나누어 맡아 전문화하도록 하였다. 나중에 찾아가보니 전에는 열 명이 하루 240개를 만들었는데 이제는 하루 48,000개의 옷핀을 만들었다. 어떻게 가능했을까? 철사 자르는 사람은 온종일 철사를 자르다 보니 숙달이 되어 자 없이도 5cm씩 정확히 자를 수 있었고, 도구를 들었다 놓았다 할 필요도 없고 어디 두었는지 찾아다니며 시간 낭비할 필요도 없었다. 나머지 사람들도 마찬가지였다. 이것이 분업의 위력이다. 옷핀공장을 좀 더 넓게 해석해 보자. 우리의 기업이나 사회가 분업화되지 않았다면 아직도 인류는 옷핀 240개만을 가지고 살아갈 수밖에 없을 것이다. 그러나 오늘날은 한 기업 안에서도 수천수백 가지의 노동이 분업화되어 진행되고 있기 때문에 이만큼의 물질문명과 문화생활이 가능해진 것이다.

자료 : A. Smith, The Wealth of Nations, Chicago Henry Regency Co., 1953, pp. 8~9 ; 임창희, 「조직 행동」(서울 : 비앤엠북스, 2009) pp. 28~29

1.1.1 도시화와 부동산관리

윌슨(R. A. Wilson)과 슐츠(D. A. Schulz)는 도시화에 대하여 "도시는 풍부한 삶의 장소라는 인식이 계속되는 한 도시로 향한 물결은 계속될 것이다"라고 하였으며,[52] 레이스만(L. Reissman)은 도시화의 과정은 "물리적, 공간적, 사회적, 정치적, 경제적 변화를 수반하는 전체적 변모(total

51) H. G. Mercer & H. Davey, National Guide to Real Estate (N.Y : Prentice-Hall in Englewood Cliffe, 1972), p. 252.
52) R. A. Wilson & D. A. Schula, Urban Sociology, (N.Y : Prentice Hall, lnc., 2978), p. 5.

transformation)이며, 이는 하나의 도시화과정(urban process)이다"라고 했다.[53] 이러한 도시화 현상은 다양한 현상을 통해 나타나는 것이 아니고 다면적인 요인으로 이루어지고 있다.

우리나라의 경우 과거 급격한 공업화에 의한 농촌인구의 대도시 유입과 전국 인구의 증가에 기인, 소위 '향도리촌(向都離村)' 형으로 표현하는 도시화는 수출지향적 제조업 중심의 경제개발에 따른 값싼 노동력을 대량으로 제공하였고, 농촌지역에 있어서 취업 기회의 부족과 절대적 빈곤이 압출요인(pushing factor)으로 작용하였다. 이러한 경향은 정보산업의 발달와 함께 점차 안정기로 접어들면서 도시화가 심화될 것이다.[54]

도시화는 도시로의 인구와 기업의 집중을 가져왔으며, 한정된 토지의 집약적 이용을 촉진하게 된다. 토지의 집약적 이용에도 불구하고 도시화는 주택문제나 공공시설이나 업무시설 등 각종 시설의 부족문제를 유발하고 있다.

1.1.2 건축산업의 기술적인 발전과 부동산관리

도시가 성장하면서 한정된 토지의 집약적 이용을 가능케 하는 건축산업의 기술이 더욱 발전하였다. 대도시에서는 도시기능상 전문화와 분업화 경향이 발생하였고, 건물이 고층화되었으며 철근콘크리트(reinforced concrete), 철골구조, 철골철근구조 등의 철제금속의 건축공법은 부동산의 대형화 · 고층화를 초래하였다. 또한 부동산의 대형화, 고층화는 거주를 위한 다양한 첨단 편의시설을 필요로 한다. 대형 건축물과 다양한 편의시설물을 능률적으로 관리하기 위해서는 전문적인 관리지식과 전문가가 요구된다.

1.1.3 부재자 소유와 부동산관리

부재자 소유 부동산의 증가는 전문적인 부동산관리자를 필요로 하게 되었다. 많은 부동산에 투자하였으나 시간이나 거리, 지식적인 문제로 인해 자기가 직접관리를 할 수 없다든가, 부득이한 사유로 관리를 타인에게 위탁할 때 이러한 문제가 대두된다.

어떤 부동산소유자라도 타인에게 부동산을 위탁할 경우에는 전문적 지식수준을 갖춘 자에게 위탁할 것이며, 동일한 전문가 중에서도 자신에게 보다 더 많은 이익을 제공할 수 있는 전문가에게 위탁하려 할 것이다. 따라서 부동산관리전문가는 단순히 관리에 대한 전문적 지식뿐만 아니라 소유자의 부(富)를 극대화 할 수 있는 노력을 겸비한 자가 되어야 한다.

53) L. Reissman, The Urban Process(N. Y : Free Press, 1970), p. 11.
54) 노춘희, 「도시행정론」(서울 : 형설출판사, 1989), pp. 52~54.

1.1.4 부동산의 자산화와 부동산관리

부동산은 자산(property)이다. 즉, 사용가치로서의 자산성(資産性)과 교환가치로서의 자산성을 갖고 있다.

부동산이 주요한 자산이기 때문에 부동산을 중심으로 하는 자산의 선택문제(portfolio)가 필연화된다. 자산선택 또는 자산배분이라는 것은 개인이나 기업 등이 보유하려는 자산의 종류(대부분의 경우에는 예금, 채권, 주식 등의 금융자산(재무자산)을 말하지만 토지 · 건물 · 귀금속 등의 실물재산을 포함하는 경우도 있다)와 그 구성을 선택하는 것을 말한다.

부동산관리활동의 대상으로서의 자산에는 빌딩과 같은 개개의 부동산인 경우와 어떤 부동산을 중심으로 하는 집합재산의 두 가지 유형으로 나누어 볼 수 있다. 전자는 개개의 부동산이 하나의 관리대상이 되고 있으나, 후자인 경우에는 여러 가지 자산이 관리대상이 되는 점에서 관리의 방법이나 실무활동면에서 상호간에 많은 차이가 있다. 또한 전자인 경우에는 부동산관리활동으로서의 접근에 머무르나, 후자인 경우에는 보다 풍부한 부동산학의 지식과 경험을 필요로 하게 된다.

1.2 자산관리업의 발달과 조직[55)]

부동산관리업의 발달은 다른 전문조직과 비교하면(회계, 법, 의학 등), 초기단계라고 할 수 있다. 미국의 경우 부동산관리업 조직에 있어 초기 단계의 조직은 1907년 사무용 빌딩에 중점을 둔 전미빌딩소유자 및 관리자협회(National Association of Building Owner and Managers)에 의해 기초가 세워졌다. 1923년까지는 임대아파트관리나 다른 종류의 상업적 부동산에 있어 특별한 조직이 없었다.

전미부동산협회(National Association of Real Estate Board, 1907)가 부동산관리부서(Property Management Division)를 조직하였을 때, 그 회원들은 지역부동산회원들이었다. 21세기초 16층짜리 시카고 고층빌딩의 소유자이자 관리사였던 홀트(George A. Holt)가 주축이 되어 시카고의 빌딩관리사협회(Chicago Building Managers Organization)의 구성을 추진하였고 1908년 전국 협회에 75명 정도가 참가하게 되었다. 이후 1921년에는 전국 대도시에서 수많은 관련 단체가 조직되었다.

부동산관리의 전문적인 국면은 긴박한 상황으로 인해 사실상 하룻밤만에 개설된 셈이다. 1929년의 주식시장의 붕괴에서 살아남은 부동산소유자는 불확실한 위치에 있었다. 그들은 이미 상당한 손해로 고통을 겪었고, 부동산소유자에 의한 비전문적 관리는 그들의 손실을 지속시키게 했다. 표준적

55) 전용수 · 이창석, 「부동산자산관리론」(서울 : 형설출판사, 2004), pp. 22~24.

인 관리 업무방법의 필요성에 의해 부동산관리자의 표준화된 업무방법은 그 후에 부동산재산관리부(Property Management Division)가 재조직한 전문가들에 의해서 승인되었다.

1933년에 100개의 부동산관리회사가 전미부동산협회(Notational Association of Real Estate Boards - 오늘날에는 National Association of Realtors)에 모여 부동산관리협회(IREM, Institute of Real Estate Management)가 탄생했다. 각 회사는 다음과 같은 윤리규정에 서약할 것을 요구한다.

첫째, 회사의 자금과 고객의 자금을 분리 계산한다. 어떤 상황 하에서도 자금을 합쳐서는 안 된다.

둘째, 회사는 모든 적절한 직원들과의 계약을 엄수해야 한다.

셋째, 회사는 부동산 소유자의 명확한 의견이나 허가 없이는 고객의 자금으로부터 재정적인 이득을 취득할 수 없다.

이러한 윤리규정은 부동산관리협회(IREM)조직의 초기에 알맞은 업무의 윤리적 기준을 채택한 것이었으나, 규범의 내용은 지속적으로 확대되고 있다.

1938년에 부동산관리협회(IREM)의 설립자들은 이미 이전부터 영업을 해온 인정된 관리회사의 중간단계보다 공인된 개인 부동산관리자가 더 기본적이고 유익하다는 것을 인정했다.

관리회사의 표준은 직원의 변화나 설립자의 이유에 의해서 변화할 수 있지만, 개인적인 표준은 일반적으로 삶을 통해서 받아들여졌다. 그러므로 부동산관리협회(IREM)는 개인적인 협회로 재조직되었고, 전문자격제도로 부동산관리사(CPM, Certified Property Manager)가 탄생되었다. 부동산관리협회(IREM)의 부동산관리사(CPM) 회원은 전문적인 윤리규정에 동의했고 부동산관리업무를 성공적으로 완성하는 능력을 증명하였다. 상세 규범으로 필요한 전문적인 규정도 작성하였다.

협회가 성장할수록, 또한 개발의 두 가지 더해진 인가에 의해서 부동산관리의 전문성이 변화에 대한 책임과 조절을 해야 했다. 공인관리기구(AMO, Accredited Management Organization)의 지사는 1945년에 만들어졌고 부동산관리회사로 공인된 초기협회의 프로그램과 연관된다. 게다가 초기의 자격의 규정은 적어도 회사가 IREM의 CPM이어야 하는 규정이었다.

또한 규정에는 회사조직의 보험과 특별한 재정적 요구이다. 부동산관리의 주요 부분은 거주용지관리이다. 이 특별함을 인정하는 공인주택관리사(ARM, Accredited Residential Management)의 제도가 1974년 실시하게 되었다.

1.3 부동산관리분야에서 전문가의 성장[56)]

1.3.1 전문직업으로의 성장

1930년대의 미국의 대공황은 부동산관리업의 발전에 많은 영향을 미쳤다. 수많은 사업들의 실패와 부동산의 권리상실로 당시의 많은 부동산의 소유권이 신탁회사, 보험회사, 신용조합, 은행 같은 부동산 담보대출기관으로 넘어갔다.

초기에 이들 대규모의 수익성 부동산을 인수한 담보대출기관들은 인수 부동산을 관리할 부동산관리담당부서를 신설하게 되었다. 신설된 부동산관리부서는 부동산관리를 위해 계약담당자와 건축담당자를 고용했지만 수익성 부동산의 경제적 원리와 광고, 상품화에 대해서는 많은 관심을 기울이지 않았다. 그러나 이들 기업들은 단순히 임차인을 입주시키고 그들에게 임대료를 징수하는 것 외에 보다 종합적인 관리의 필요성을 느끼게 되었다. 이와 같이 보다 종합적인 관리기술의 필요성이 분명해짐에 따라 이를 위한 부동산관리 분야의 필요성이 대두되었다. 그러나 부동산관리 분야에 대한 전문적인 교육기관은 거의 없었다.

오늘날 점점 더 전문적인 관리를 요구하는 부동산의 유형이 다양화되고 투자자들이 투자하는 부동산의 소유형태가 점차 다양해짐에 따라 전문적 부동산관리를 위해 요구되는 기술이 어느 때보다도 중요해졌다. 부동산관리자에게는 관리 대상 잠재임차인의 규모 증가와 복잡성의 증가로 인해 종합적인 관리기술과 전문적인 기법이 요구되었다. 따라서 부동산관리자가 이 분야에서 성공하기 위해서는 지속적인 전문교육이 반드시 필요하게 되었다. 발전하는 부동산관리기술과 전문교육의 필요성에 따라 전문적인 부동산관리자들에게 발전하는 부동산관리기술과 프로그램을 제공하기 위해 많은 관련 기관들이 등장했다.

미국은 부동산학 교육이 매우 활발하기 때문에 부동산관계협회와의 산학협동 또한 활발하다. 특히 부동산에 대한 관리를 전문적으로 대행하는 기능이 제도화되었으며 그 예로 CPM(certified property manager)제도 등이며,[57)] 전문기업에는 AMO(accredited management organization) 등이 있다.[58)]

부동산자산관리사란 수수료(Fee)를 받고 부동산 소유주를 대신하여 수익용 부동산의 운영(operation)을 감독, 관리하여 임대수입을 높이고 부동산관리의 제반 비용을 절감시켜 대상 부동산

56) 전용수 · 이창석, 「부동산자산관리론」(서울 : 형설출판사, 2004), pp. 29~34.

57) CPM은 미국의 부동산관리협회(TREM)가 소정의 경력연수, IREM의 강습회에 의한 시험, 인물에 관한 증명 등 여러 가지 자격조건을 갖춘 자에게 주는 부동산관리사 칭호로 MAI와 더불어 교육적 · 윤리적 수준이 높이 평가되는 업종이다. 이와 ARM(Accredited Resident Manager)의 자격증도 있다.

58) 부동산관리회사(AMO)는 부동산관리협회가 인정하는 우량전문기업 CPM이 그 기업의 책임부서에 임용되고 있다.

의 투자가치를 극대화시키는 사람을 말한다.[59)]

그리고 부동산자산관리사는 입주자에게 각종 서비스를 제공하도록 부동산자산을 운영 기획하고 이를 시행하며, 피드백을 통해 제반 업무를 수행한다.

STORY TIP 1.4 테일러의 과학적 관리

미국은 1864년 남북전쟁이 북부 상공업 중심지역의 승리로 끝나면서 정치 · 사회적 변화와 기술혁신을 계기로 유래없는 경제 호황기를 맞게 되었다. 전보와 같은 통신수단과 대륙 횡단철로의 확장, 유전과 금광의 발견 등 통신, 운송, 섬유, 철강, 기계, 화학 등 산업 전 분야에서 발명이 연이어지고 기업 규모도 급속도로 대형화되어 가고 있었다.

세계적인 갑부 앤드류 카네기와 존 데이비슨 록펠러가 철강산업과 석유산업에서 기반을 다지고 발명왕 토마스 에디슨이 특허를 쏟아내기 시작하던 때가 바로 이 시기였다. 이처럼 기술변화가 급속하게 진행되는 시기에 기술자들이 경영에 미치는 역할은 클 수밖에 없다. 경영학의 시조로 칭송받은 테일러도 바로 기술자 출신이었다.

테일러는 자신의 현장경험을 통해 근로자들은 능력의 3분의 1 정도밖에 발휘하지 않는다고 믿었다. 근로자의 이와 같은 근무 태만(soldiering)은 두 가지 유형으로 나눌 수 있는데 첫째는 사람이면 누구나 다 편해지고 싶어하는 성향 때문에 나타나는 자연적 태만(natural soldiering)이라고 보았다. 테일러는 또 자연적인 태만은 경영자가 의욕을 불어넣는다든지 강제적으로 더 일을 시킴으로써 해결할 수 있는 문제인 데 반해 조직적 태만은 좀더 복잡해서 해결책을 쉽게 찾을 수가 없는 성질의 문제라고 판단하였다.

이와 같은 조직적 태만에 대해서 테일러는 그 책임이 전적으로 관리자에게 있으며 작업 설계를 합리적으로 하고 적절한 보상제도를 마련함으로써 이 문제를 해결할 수 있다고 믿었다. 이러한 노력이 결실을 맺으면서 관리학의 탄생을 가능하게 하였다.

자료 : Daniel A. Wren, The Evolution of Management Thought, John Wiley & Sons, Inc. 1994

1.3.2 부동산관리회사의 조직

대규모의 부동산회사의 지역관리자(regional manager)는 보통 몇 개 도시의 사무실을 관장하고 하급관리자들을 감독하는 역할을 한다. 부동산관리기능은 간부기능(executive function)과 행정기능(administrative function)을 대별할 수 있다. 간부기능은 상급관리자가 행하는 기능을, 행정기능은 하급관리자가 행하는 기능을 일컫는다. 지역관리자는 이 같은 간부기능을 수행하는 대표적인 사람으로 예산의 편성, 부동산관리(real estate management), 포트폴리오 구성, 광고 프로그램의 개발, 소유자와의 접촉, 하급관리자들에 대한 지휘 · 감독과 같은 고급기능을 수행한다. 도표 1.16

59) Peter F. Colwell, et. Al., "Optimal Property Management Strategies, International Real Estate Review", 2001, Vol. 4, No. 1 : pp. 1~2.

도표 1.16 부동산관리회사의 조직

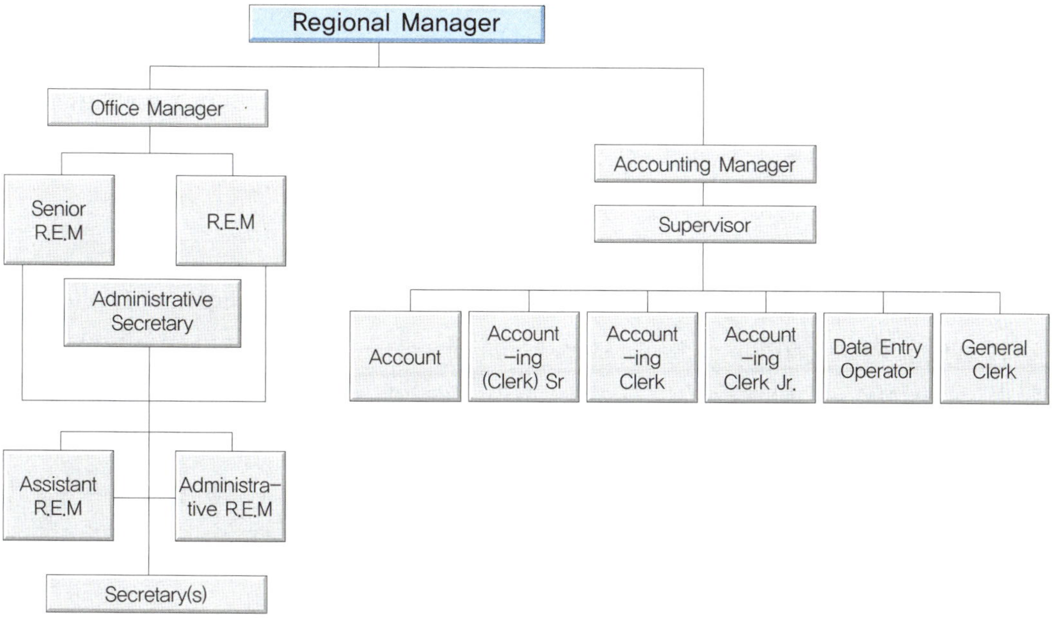

지역관리자 또는 간부관리자(executive manager)가 되기 위해서는 반드시 CPM과 같은 높은 수준의 자격증을 소지하고 있어야 한다. 사무실관리자(office manager)는 당해 사무실의 총 책임자로서 회계관리자(accounting manager)와 더불어 업무를 조정하고 감독하는 역할을 한다. 사무실관리자도 간부기능을 부분적으로 수행한다.

사무실관리자 밑의 여러 관리자들은 각각의 업무분담에 따라 주어진 행정기능을 수행한다.

1.3.3 전문자격제도와 관련조직

① 미국의 경우

가. BOMA International

초기의 BOMA회원은 아파트와 오피스빌딩관리사들이 대부분이었다. 그 후 캐나다, 영국, 남아프리카, 일본, 호주에서 지부가 조직되면서 명칭을 Building Owners and Managers Association International로 바꾸었다. 1970년에 독립기관인 BOMI(Building Owners and Managers Institute)가 자산 소유자와 상업용 부동산의 부동산관리자들에게 교육프로그램을 제공할 목적으로 창설되었다. 이 BOMI에서 수년간의 부동산관리경력을 쌓고 교육프로그램을 성공적으로 마친 사람들에게는 부동산관리자(RPA, Real Property Administration) 증서가 수여되었다.

건물 유지 · 보수담당자와 시설관리사를 교육시키기 위해 BOMI는 시스템유지관리사(SMA, Systems Maintenance Administrators)와 시설관리사(FMA, Facilities Management Administrators)를 위한 연구과정을 개설했다. 소매용 부동산관리 분야의 전문가를 양성하기 위해 국제쇼핑센터협회(ICSC, International Council of Shopping Centers)는 쇼핑센터관리사(CSM, Certified Shopping Center Manager)과정을 개설했다.

나. IREM

1933년 부동산관리회사들이 모여서 전미부동산협회(NAR, National Association of Realtors)의 산하단체로서 IREM(Institute of Real Estate Management)을 창설했다. IREM은 부동산관리자들에게 아이디어를 공유할 기회를 제공할 뿐만 아니라 신규창업자를 위한 창업교육 프로그램을 제공했다. 현재 IREM에 가입하려면 교육을 이수하고 일정기간 동안 부동산관리업무를 수행한 경력조건을 갖추어야 하며 IREM이 주관하는 관련시험을 통과하여야 한다. 이 시험을 통과함으로써 부동산관리자로서의 지위를 인정하는 IREM의 회원증서인 부동산관리사(CPM, Certified Property Management Organization)를 받게 된다.

또한 IREM은 일정한 자격조건을 갖춘 부동산관리회사에는 AMO(Accredited Management Organization)를 부여하고, 주거용 자산을 전문적으로 관리하는 부동산관리자들에게는 ARM (Accredited Residential Manager)을 부여한다.

다. 전미주거용부동산관리사협회(NARPM)

1988년 단독주택을 전문적으로 관리하는 부동산관리자들을 중심으로 전미주거용부동산관리사협회(NARPM, National Association of Residential Property Managers)가 설립되었다. 전국 단독주택 중 약 10% 정도가 소유자가 입주하지 않고 임대형태로 운용한다. 회원들은 부동산관련자격증을 소지한 사람들로서 단독주택을 관리하고 NARPM의 윤리규정을 준수한다. 이 협회는 개인에게는 PPM (Professional Property Manager)과 MPM(Master Property Management Company)으로 지정한다.

라. 전미아파트협회(NAA)

임대용 주거시설의 경우에도 1930년대 대공황의 영향을 받았다. 전미아파트협회(NAA, National Apartment Association)가 1939년 창설되어 공인아파트부동산관리자(CAM, Certified Apartment Managers), 공인아파트보수기술자(CAMT, Certified Apartment Maintenance Technicians), 공인아파트감독관(CAPS, Certified Apartment Property Supervisors)을 양성하는 교육과정을 지원했다.

마. 전미다가구주택건축자협의회

전미다가구주택건축자협의회(National Association of Home Builders Multi-Family Housing Council)는 대규모 아파트단지관리사를 위한 다양한 교육인증프로그램을 제공한다.

등록아파트관리사(RAM, Registered Apartment Manager) 프로그램은 미국에서 가장 오래된 주거용 부동산관리인증프로그램이며 다가구 임대주택, 분양아파트, 조합아파트, 정부보조주택을 관리하는 부동산관리자에게 양질의 교육훈련을 제공함으로써 미국 도시주택개발성(HUD, Home and Urban Development)의 승인을 받았다. 이 밖에 전문임대차관리사(CLP, Certified Leasing Professional), 등록아파트관리사(ARAM, Advanced Registered Apartment Manager), 그리고 최근 비효율적인 현장관리로 인해 공제세금이 징수당하는 일이 없도록 주택 소유자들을 돕기 위해 공인조세전문가(TCC, Tax Credit Certification)가 신설되었다.

② 일본의 경우

일본의 부동산업의 역사는 메이지(明治) 중기부터 발생하였으며, 그 이후 업무내용은 세분화 혹은 종합화의 형태로 발달하고 있다. 이미 제도화된 공인중개사, 부동산감정사, 빌딩관리사, 토지가옥조사사, 부동산컨설턴트 등이 있으며 이를 뒷받침하는 업계 또한 다양하다. 부동산관리업계의 내용은 다음과 같다.[60)]

가. 부동산협회

협회의 전신은 토지이용관계의 목적으로 11개 신탁회사가 설립한 관민동동연구기관이었던 '부동산간담회(임의단체)'이다. 1941년에 회의명칭을 '부동산협회'로 개정하였는데, 그 후 크게 발전하여 1962년 11월에 사단법인으로 개편하였다. 이 협회는 특히 부동산관련 법제와 정책에 대하여 정부에 대한 정책활동, 부동산사업 일반의 조사연구활동을 추진하고 있는데 조직은 전국규모로 확대되어 부동산업계에 있어서 중추적인 역할을 수행하고 있다.

나. 일본고층주택협회

민간기업에 의한 고층주택사업이 일반화하기 시작한 1969년 6월 고층주택건설 분양전업회사 설립되었는데, 다음 해 11월에 문호를 개방하여 많은 회사가 가입하게 되었다. 그 후 급속한 발전 속에 대규모화되어 지금은 '부동산협회'와 함께 괄목한 만한 활약을 하고 있는 업계단체이다. 협회활동으로는 중·고층주택의 건설, 도시주택의 고층화(토지이용의 고도화, 도시재개발 등)의 촉진을 도모하

60) 이창석, 「부동산학개론」(서울 : 형설출판사, 2008), pp. 406~408

기 위하여 관련 정책활동, 중 · 고층주택의 건설 · 관리 · 경영 등에 관한 조사연구, 중 · 고층주택에 대한 사회적 홍보 등을 하고 있다.

다. 일본빌딩협회연합회

1930년 동경(東京) 번화가 일대의 빌딩경영 10여 개 회사가 모여 '빌딩 다화회(茶話會)'를 발족시켰다. 다음 해에 연합회가 결성되었는데 주요 사업활동으로는 도시재개발의 필요성에 대응하기 위하여 각 도시의 도심부 및 시가지에 어울리는 빌딩건설과 도시만들기 운동을 전개하고 있으며 이를 위해 정책활동 등도 추진하고 있다.

라. 일본주택 · 빌딩협회

1963년 6월 동경지구(東京 地久)의 유력한 주택업자 14개 회사가 '일본분양주택경영자협회'라는 임의단체를 설립하였으며, 다음 해 12월에 '사단법인 일본분양주택협회'로 개칭하였다. 그 후 조직이 전국적으로 확대되어 현재에 이르고 있는데 1974년에는 현재의 명칭으로 바뀌게 되었다. 주된 사업활동에는 정책활동 이외에 전국 12개 협동조합결성운영, 협회대부의 실시, 주택건설기술 · 시스템의 연구, 주택건설에 관한 조사 등이다.

마. 주택산업개발협회

1964년에 설립된 '근대부동산경영협회'를 중심으로 1969년 9월에 협회를 설립하였다. 사업활동으로서는 회원회사의 자질향상, 우량한 주택 · 택지의 공급촉진, 각종 연수회의 개최 등을 주축으로 하고 있다.

02 부동산관리업무

2.1 부동산관리자의 기술과 주요 책임[61)]

2.1.1 부동산관리자의 기술

부동산관리자는 임차인과 부동산 소유자와 근접하여 일하며, 이러한 두 그룹을 성공적으로 서비스하기 위해서는 많은 기술이 필요하다.

61) 전용수 · 이창석, 「부동산자산관리론」(서울 : 형설출판사, 2004), pp. 24~29.

관리하고 있는 부동산시장과 친밀한 것과 경쟁상대는 부동산점유와 마찬가지로 부동산으로부터, 경제, 회계, 통계 그리고 가치 있는 계산으로부터 재정 회수를 극대화하는 데 결정적이다. 경제, 회계, 통계 그리고 가치 있는 계산법을 이해하는 것은 현재와 미래에 실제적 임대를 형성하는 본질이며 건전한 부동산의 경제적 삶을 확신하게 한다.

교육은 전문적인 부동산관리자가 되기 위해서 극히 중요한 능력이다. 보통 부동산은 유일하며 경제적이고 사회적이며 정치적인 변화에 각각 다른 영향을 받는다. 이러한 변화를 훈련한 관리자는 일반적으로 다른 요소들과 격리시키는 능력이 있고, 어떻게 그 요소들이 부동산에 영향을 미칠지 결정하며 적당하게 반응하는 프로그램을 만든다. 이러한 융통성의 기초와 선견지명이 교육이다.

비록 부동산관리 전문업이 1930년 초기부터 급격히 성장했다 할지라도, 여전히 핵심적인 전문적 개인 서비스가 남아 있다. 왜냐하면 빌딩 소유자와 임차인간의 관계를 가진 개인은 신중한 부동산관리자로 자질향상과 엄격한 윤리의 규정에 충실한 것이 필요하다는 것을 알고 있기 때문이다.

2.1.2 부동산관리자의 주요책임

부동산은 토지와 토지의 부가물(improvement)을 의미한다. 농장, 탄광, 골프 코스, 숲, 그리고 사막까지도 부동산이다. 이러한 정의는 종종 사옥이나 가족 혹은 상업, 공업, 전문직 혹은 다른 활동을 수용하는 비농경지에서 제한된다. 이러한 부동산사용자 간의 어떤 변화나 새 경향은 직접적으로 부동산과 관리에 영향을 미친다. 사회적 확장과 변화에 따라서 부동산관리는 다양한 문제에 대응해야 한다.

부동산관리전문가는 세 가지 주요한 동향에 의해서 전문직으로 꾸준히 성장한다.

첫째, 인구와 공간의 필요처럼 동시에 일어나는 성장은 빌딩의 모든 종류의 층수를 증가시킨다. 둘째, 자산에서 부동산이 차지하는 비중이 증대되어 부동산투자의 중요성이 증대된다. 셋째, 부동산관리는 특별한 훈련과 교육을 요구한다는 사실이 광범위하게 알려지고 있다.

훈련, 교육 그리고 부동산관리자로서의 의무는 물리적인 용지의 관리, 직원이 사용하거나 사용할 수 없는 용지의 관리, 자금과 회계의 관리, 임대 활동과 임차인 서비스의 관리, 이렇게 네 가지의 책임으로 분류할 수 있다. 이러한 의무의 다른 형식은 소유자의 대리인으로서, 모두 관리자의 전체적인 책임요소이다. 대리인은 소유자에게 합법적이고 신뢰할 수 있는 사람이며, 소유자를 대신하여 행동할 권한을 부여받는다. 대리인의 역할은, 관리자가 소유자의 신탁을 받고, 소유자의 최대 이익을 위해 행동하도록 위임되는 것이다. 부동산관리는 종종 자산과 현금 자금에서 수억 원에 대한 신용상의 책임을 포함한다. 이런 까닭에 부동산 소유자는 부동산관리자를 강한 윤리적 의식이 뒷받침되는 전문가 중에서 선택한다.

2.2 부동산관리업무

2.2.1 대상부동산관리

부동산관리자는 규칙적으로 적당한 점검 목록을 사용하여 그들이 관리하는 부동산을 점검한다. 비록 유지업무 담당직원이 규칙적으로 부동산의 특별한 부분이나 요소를 조사하기도 하지만, 관리자는 기록된 어떤 문제들에 있어서는 직원이나 소유자와 상의해야만 한다. 관리자는 중요한 프로젝트의 유지나 리모델링을 확인하고, 분석하고, 추천하고, 실행한다. 왜냐하면 관리자는 궁극적으로 그러한 행동의 책임을 가지며, 정당한 물건의 모든 국면에서 노련함을 필요로 하지는 않기 때문에, 관리자는 지식 있는 직원이나 전문적인 기술자 혹은 신용 있는 계약자의 충고에 의지해야 한다.

대상부동산관리(site management)라는 용어는 종종 물리적 구조의 유지를 의미하지만, 문서와 기록을 개선하는 것 또한 중요하다. 회계기록을 제외하고, 수많은 다른 형식과 문서(보험 약관, 임차인 파일, 관리계약서, 그리고 다른 부동산 관련 문서와 정보)를 법률과 연대순으로 유지해야만 한다. 모든 보험기록은 필요한 일이 일어났을 때 즉시 찾아볼 수 있는 곳에 두어야 하고, 관리자는 관리사무실에 찾아오는 임차인의 파일을 신속하게 찾을 수 있어야 한다. 게다가 교차된 참고자료시스템은 관리자가 앞으로 만기가 되는 문서를 특별한 시간적 감각으로서 이해하도록 하는 데 필요하다. 보험은 일반적으로 매년 갱신되며 나은 거주 임대 또는 이런 형식을 따른다. 기록을 보존하는 노력은 시간적으로 부동산관리에 있어 영속성을 유지시키며, 관리자가 다른 관리 업무에 더 많은 투자할 수 있는 시간을 제공한다.

소유자는 부동산을 고려한 법령을 준수하는 중요한 책임을 가져야 하지만, 부동산관리자는 준수하지 않아서 발생하는 어떤 불이익을 방지하기 위해서(혹은 적어도 최소화하기 위해서) 이 분야의 지식을 가져야만 하는 것은 물론 소유자에게 적절한 법률에 관해서 충고해야 한다.

소득세법의 변화는 주택법이나 환경규정, 지역조직, 혹은 부동산세법처럼 모든 단계에서 정부가 부동산 수입의 구조에 영향을 미치는 몇 가지 방법일 뿐이다. 이는 소유자가 부동산관리자에게 합법적인 조언을 구할 경우 부동산관리자가 사전에 숙지하고 있어야 하는 지식이 된다. 비록 부동산관리의 책임이 광범위하게 적용되고, 기술이 이러한 책임들을 수용하도록 요구되어서, 부동산의 특별한 형태에 따라 세밀히 구분되고 목적에 맞도록 해야 할 것이다. 초고층의 오피스빌딩 소유자에게 요구되는 의무와 기술은 다가구주택의 관리에 필요한 의무나 기술과 충분히 다를 수 있다. 아마도 부동산관리의 가장 어려운 유형은 사무실, 소매점포, 오락시설, 그리고 주거공간을 혼합하여 개발한 주상복합건물이 될 것이다.

2.2.2 자산관리

부동산관리의 일부로서 자산관리(asset management)란 부동산관리자의 소유지에 대한, 현 상황과 잠재적인 가치의 판단으로부터 오는 부동산에 대한 견해이다.

비록 부동산이 투자 시점에서 단독으로 숙고되지만, 자산의 효과적인 관리는 부동산점검의 절차로 작업의 지식을 요구하고, 점검을 통해서 자산관리 대상부동산의 용도변경에 대한 확인과 분석을 필요로 한다. 만약 용도변경(예를 들어, 거주 단위에서 오피스빌딩으로 전환)이 가능하게 보이면, 관리자는 부동산사용의 효과적인 변화를 위한 계획을 수립해야 한다. 그러나 다른 자산관리의 부분에서는 부동산을 분석하여 확인하고 무엇을 사거나 팔아야 하는지 혹은 가능한 사용의 변화를 통해서, 시장에서 이미지전환을 해야 하는지에 관하여 고객에게 추천하는 것이다. 이것은 자산시장뿐 아니라 지역상황에 관한 지식을 요구한다.

2.2.3 시설관리

공공 소유의 부동산(정부와 군대), 비영리단체(대학과 대학교), 그리고 재단법인(영리를 위한 법인회사)은 종종 시설관리자를 고용한다. 일반적으로 시설관리(facility management)를 하는 자는 물리적 작업환경, 부동산관리와는 약간 다른 규칙 안에서 사람, 설비, 그리고 조직적행동의 필요에 의한 임무를 수행한다. 그러나 법인회사를 위해 일하는 시설관리자는 자산관리자의 책임과 유사한 책임이 있다. 시설관리자는 물리적인 유지, 기록보전, 그리고 회사 소유 부동산에 관한 보고서뿐 아니라 취득과 매각에 관련된 업무도 수행된다.

2.2.4 직원관리

부동산관리의 다양한 업무들은 사실 고용된 직원에 의해 행해진다. 만일 관리자의 업무가 소규모가 아니라면 개인이 필요한 회계, 유지, 임대, 관리 기능의 모두를 처리하기 힘들게 된다. 보조 직원은 고객에게 효과적인 서비스를 제공하기 위해서 필요하다.

어떤 직원이 특별한 관리대상물을 선정하면 다른 사람들은 그 부동산에 관한 일을 하지 않게 될 것이다. 때에 따라서는 종종 규칙적이지 않은 일을 처리하는 특별한 기능을 행하는 비정규의 일용직원을 고용할 때도 있다. 정규직원과 일용직원은 기본적으로 매일 관리되어야 하고, 부하직원이 그러한 업무 또한 관리 표준에 적합한가를 확인하기 위해서 관리가 필요하다. 회사의 조직은 다양한 조직의 효율성과 융통성이 효과적으로 유지되고 있는지 관찰되어야 한다. 확실한 커뮤니케이션은 작업의 실행과 특별하고 안전한 규칙을 충실히 이행하는 다양성에 대한 평가를 하는데 결정적이다.

정규직과 일용 직원을 위해 조직에서의 그들의 작업과 관련된 규율과 절차가 필요하다. 그러한 규율과 절차는 새로운 제도로 개편할 수 없을 만큼 너무 엄격하거나 전혀 지도할 수 없을 만큼 너무 탄력성이 있어서는 안 된다. 관리 규율과 절차는 미리 설정되어야 하고 관찰되어야 하며, 부동산관리회사의 모든 조직부서에서 실시되어야 하고 동시에 각각의 작업명을 가져야 한다. 이러한 것들은 작업시간, 훈련절차, 생산성 예측, 도구와 설비의 책임을 포함한다. 직원(일용직을 포함)의 현장업무와 사무업무를 위한 관리 규칙의 개발은 부동산관리자의 책임이다.

2.2.5 재정관리

부동산관리는 보통 수익극대화를 목적으로 하는 것으로, 부동산관리자의 업무는 수익극대화와 관련된 업무가 가장 큰 부분을 차지한다. 관리자의 업무는 회계의 관리업무를 포함한다. 관리자는 소비를 지출하고, 어떤 단일의 소비와 달리 한계를 규정하는 권한을 가져야 한다. 관리자는 어떤 물품이나 서비스를 구매할 것인지 승인하고 구매의 질과 양을 결정하고, 구매서류에 서명하며, 사전에 승인된 예산 안에서 소유자에게 제공할 서비스를 협의하거나 승낙해야 한다.

관리자는 모든 출납 기입, 회계 기록, 은행 예치금, 미납과 연체된 거래를 종합하여 보고서를 작성하며, 일관성 있게 정확하고 정직하게 영수증을 정리한다. 영수증을 모으고 지불하는 업무 또한 관리정보시스템을 통해서 통제된다. 관리자는 매달 관리보고서를 준비하고 재조사하거나 확인하여 소유자에게 제출해야 한다. 관리자는 부가된 자본이 소비되고, 변경될 때 재정 계획 변경을 요구하기 위해 소유자를 만나야 한다. 소유자는 부동산의 가치에 대한 정확한 조언을 해 주어야 하며, 부동산의 가치와 관련된 이러한 추정은 유사한 부동산과 비교해야 할 것이다. 자금과 회계에서 부동산관리자의 책임의 한 부분으로 부동산의 적당한 평가된 가격(부동산세)을 결정해야 한다. 관리자는 또한 소유자에게 부동산에 가장 적합한 보험프로그램을 제안하고, 이런 과정을 통해 자격 있는 보험중개인을 추천해야 한다.

2.2.6 임대차 및 임차인 관리

부동산관리자의 대부분의 업무는 부동산 소유자를 위해 시행되지만, 관리자는 효과적인 서비스를 임차인에게 제공하는 것 또한 염두 해 두어야 한다. 임차인의 임대공간은 그들이 살고, 일하고, 상품을 교환하는 장소이기 때문에 관리자는 임차인의 요구에 성실하게 응답하여야 한다. 그러한 임차인에 대한 직접적인 주의는 부동산소유자에게는 간접적인 서비스로, 좋은 서비스로 재계약(renewal)

을 촉진하고 임차인의 이동을 최소화시키게 된다.

관리자의 책임 중 가장 중요한 것은 임대와 재임대의 관리이다. 상업용 부동산에서 임대는 관리회사나 임대 대리 자격을 지닌 개인에게 분리된 부서에 할당해야 한다. 부동산에서 수익을 극대화하는 것은 관리자가 부동산의 임차에서 임대료를 청구하고 허가하는 총합을 결정하는 것이다. 만약 특별한 개발이나 임대 서비스가 더해졌다면 관리자가 부가된 임대의 적절한 합을 결정하는 것이 필요하다. 관리자는 관리 문제를 논의하기 위해서 빌딩 점유자를 사적으로 만나야 한다. 또한 관리자에게는 모든 점유자나 임차인들을 동시에 만나는 것도 필요하다. 임대 가능한 공간을 만드는 노력은 종종 관리자의 시장계획에서 포함되어야 하고 그러한 계획을 수행할 광고 매체, 구성과 크기를 선택해야 한다. 임대차계약에서 포함되어야 할 내용들로는 다음과 같은 것이 있다.

관리 목적물(Properties), 계약일(Commencement Date), 관리자 책임(Manager's Responsibilities), 보험(Insurance), 회계보고 및 기록관리(Financial Reporting and Record Keeping), 소유자의 감사권(Owner's right to Audit), 은행 계정(Bank Account), 비용 지급(Payment of Expenses), 공실 및 대손충당금(Insufficient Gross Income), 부동산 매각(Sale of a Property), 협조사항(Cooperation), 보상(Compensation), 계약의 종료(Termination), 보조금과 제휴업체(Subsidiaries and Affiliates) 통지(Notices), 기타 조항(Nonassignables, etc) 등이다.

STORY TIP 1.5 부동산관리와 자산

부동산은 자산(property)이다. 즉, 사용가치로서의 자산성(資産性)과 교환가치로서의 자산성을 갖고 있다. 부동산은 특히 사인의 소유가 거의 전면적으로 인정되고 있는 나라에 있어서는 공적으로 뿐만 아니라 사적으로도 자산으로서의 노은 가치를 지닌 존재로 생산요소(2원설, 3원설, 4원설)가 된다.

자본주의의 여러 나라에서는 부동산이 사유자산으로서 점하는 비중이 매우 크다. 앤드루 카네기(Andrew Carnegie)는 미국 재벌의 약 90%가 생산활동이 아닌 부동산의 소유를 통해서 재벌이 되었다고 한다. 미국의 부동산은 그 나라 가처분재산의 삼분의 이 (2/3)에 해당한다고 한다. 한 나라의 부동산은 그 나라 부(富)의 주요 원천인 것이다. 주식과 채권도 중요한 투자대상이다. 그러나 이들의 실질적인 가치의 많은 부분은 부동산에 귀속되어 있다.

부동산이 주요한 자산이기 때문에 부동산을 중심으로 하는 자산의 선택문제(portfolio selection)가 필연화된다. 자산선택 또는 자산분배라는 것은 개인이나 기업 등이 보유하려는 자산의 종류(대부분의 경우에는 예금, 채권, 주식 등의 금융자산(재무자산)을 말하지만 토지 · 건물 · 귀금속 등의 실물자산을 포함하는 경우도 있다)와 그 구성을 선택하는 것을 말한다.

자료 : 이창석, 「부동산학개론」 (서울 : 형설출판사, 2009) , p. 161

2.3 부동산관리자의 윤리와 관리업무역할

2.3.1 부동산관리자의 윤리

부동산관리전문가와 부동산소유자의 관리계약은 일종의 위임계약으로, 부동산관리자는 고객에 대해 수탁자로서의 의무에 관한 규정을 준수해야 하지만 윤리적 기준은 종종 법적 기준을 넘어서 사회적, 문화적인 분야와 관련된다. 윤리는 도덕적 원칙의 체계 혹은 성실, 정직, 능력과 관련된 행동규칙이다. 윤리적 행동은 종종 공정함과 동일시되며, 전문가적 윤리는 일종의 사업상의 황금률로 받아들여져야 한다. 소유자의 대리인으로서 부동산관리자는 완벽한 윤리기준을 유지하고 있어야 한다.

부동산관리자에게 정직과 성실은 기술, 지식, 경험만큼이나 중요하다. 부동산관리자는 윤리적인 태도로 고객과 직원을 대해야 하고, 그들의 직원 또한 윤리적인 태도로 행동하도록 지도해야 한다. 대부분의 부동산관리자들은 그들의 업무지침서에 몇 가지 윤리적 행동규칙을 규정해 놓고 있다. 예를 들면, 업무지침서에 언급되어야 하는 비윤리적인 관행들에는 직원에게 부동산관리자 자신 소유의 부동산을 관리하도록 한다든지 납품업자로부터 선물을 받는 것 등이 있다.

대부분의 전문적인 주택협회들은 회원들이 준수해야 하는 윤리규정이 있다. 미국의 부동산관리협회(IREM)도 전미부동산협회(NAR)의 윤리규정을 토대로 해서 모든 빌딩관리사(CPM)의 업무행동기준에 대한 윤리규정을 제정했다. 빌딩관리사(CPM)가 되기 위해서는 윤리과정을 이수해야 한다. 대부분의 윤리규정 하에서 부동산관리자는 소유자의 이익 극대화를 위해 행동할 것과, 정직하고 성실하게 모든 부동산 관련 업무를 수행할 것을 맹세한다. 본질적으로 부동산관리자는 그 직업상의 정직성과 전체적인 자산관리 전문성 수준을 유지하고 증진시킬 것을 반드시 약속한다.[62)]

2.3.2 부동산관리업무 역할

부동산시장에 있어서 부동산관리업무는 사회 · 경제적 측면에서 기여하는 역할이 크다. 그 내용을 살펴보면 다음과 같다.[63)]

① 부동산관리업무의 신뢰확보

부동산은 생활이나 산업 활동의 기초적인 요소일 뿐만 아니라 주요한 자산이고 사회경제질서를 형성하는 주축의 하나이기도 하다. 따라서 그 적정한 이용이 실현되어가는 것은 생활이나 경제 활동을

62) 전용수 · 이창석, 「부동산자산관리론」(서울 : 형설출판사, 2004), p. 34.
63) 전용수 · 이창석, 상게서, pp. 34~35.

원활하게 질서를 갖추고 전개하는 기본적 조건이라고 생각할 수 있다. 생활 · 경제 · 사회의 기초에 부동산의 신뢰가 있는 것을 생각한다면 그의 안심스러운 거래, 적정한 이용을 유지하는 부동산의 관리업무에 대한 사회적인 신뢰는 대단히 중요한 것이다. 관리업무가 개발 · 분양업무와 함께 그 업무 수행을 통하여 부동산전문업에 대한 신뢰를 확보해 나가는 것이 기대된다.

② 주거생활 향상에의 공헌

주거생활의 향상을 위해 양호한 주택, 토지의 공급이 중요한 것은 물론이나 공급만으로는 불충분하다. 부동산 제반활동이 원활히 이루어짐으로써 주택 선택의 폭을 넓혀 주택수준의 향상을 기할 수 있다. 또한 양호한 관리를 확보함으로써 주택 스톡(stock)의 질이 추진되고 특히 공동주택의 커뮤니티 운영에도 도움을 주게 된다.

이와 같은 부동산의 관리업무를 통한 주거생활 향상과 공헌은 주택 스톡이 많아짐에 따라 향후 점점 더 중요하게 될 것이고 그 기능발휘 또한 기대된다.

③ 자산의 적정한 이용추진

부동산이 적정하게 이용되어야 한다는 사회적 합의가 형성되는 가운데 그 유효활용을 촉진하고 양호한 관리를 확보해야 한다는 필요성이 높아지고 있다. 부동산 소유자가 그와 같은 책임을 다하기 위해서는 적절한 관리서비스가 원활하게 제공되는 것은 불가결하다고 할 수 있다. 유통 · 관리업무는 개발 · 분양업무와 함께 그 수행을 통하여 부동산의 적정한 이용을 추진해 가는 기능을 가졌다고 할 수 있다. 특히 도시공간은 부동산스톡의 형성으로 강조되고 있으며 그 질을 높이는 것이야말로 도시형성의 기본이라고 할 수 있다. 이런 의미에서 부동산의 적정이용을 떠맡고 있는 부동산관리업은 동시에 도시환경의 창조와 운영에도 기여하게 된다.

03 부동산관리업의 과제[64)]

부동산관리업도 양에서 질의 시대의 전환이다. 일본도 주택공급에만 급급하다가 부동산관리에 관심을 가지게 되었다. 그 예로 일본은 대도시권의 인구집중이 급증함에 따라 1940년대 주택의 대량공급을 목표로 1951년 '공영주택법' 공포 하에 공영주택을 발전시켰으며, 1955년에 '일본주택공단법'을 제정하여 도시 주택의 수준향상(level up)과 보건위생 문제 등의 개선을 도모하였다.

64) 이창석, 「부동산관리론」(서울 : 신광문화사, 2001), pp. 30~34.

우리나라의 경우 1960년대부터 경제개발 5개년계획을 시발로 주택대량공급의 목표로 추진하여 왔다. 그러나 양적인 주택공급문제에도 아직 충분히 해결된 상태에 이르지 못하고 있음에도 불구하고, 재건축이나 리모델링의 욕구가 증가되는 등 양에서 질(質)로의 전환이 이루어지고 있다.

이와 같이 공급과 함께 개발업자의 노력이 구현되기 위해서는 개발된 부동산의 적정한 관리가 필수적이다. 부동산관리업은 증가되는 부동산의 양 뿐만 아니라 질에 대한 관리서비스 수요자들의 욕구에 알맞은 관리서비스를 제공할 수 있도록 해야 할 것이다. 이를 위해서는 단순한 부동산 유지 · 보수업무에서 벗어나 부동산의 개선 및 리모델링 등 다양한 주거서비스 질 향상 방안을 검토하고 제안할 수 있어야 할 것이다.

다음은 관리업무의 고도화이다. 스톡경제화의 진행과 함께 부동산스톡의 질적 유지나 유효한 이용을 위한 요구는 크게 확대되었다. 연간 GDP(Gross Domestic Product, 국내총생산)에 대한 스톡(stock)인 실물자산액의 비율은 매년 증대되고 있다. 이의 배경으로 부동산관리업무의 요청에 대응하도록 부동산관리업은 그 기술을 향상시키고 필요한 인재를 양성하며 전문 인력을 확보함으로써 업무의 고도화를 달성할 필요가 있다. 이 경우 부동산관리업무가 이행해야 할 역할에 대한 사회적인 인식을 높이고 그 업무를 정당하게 수행하기 위한 관계형성이 병행하여 이루어져야 할 것이다.

다음은 커뮤니티문제에 대한 대응이다. 부동산관리는 주택의 공동이용과 공동주택에 따라 형성되는 커뮤니티의 유지 · 운영을 지지해 나가야 된다는 필요에 직면하고 있으나 이 업무는 자산관리 없이 주택생활을 종합적으로 지탱해가는 산업으로서 확대하는 데에도 중요하다. 또 고령자나 사회적 약자가 자연스러운 형태에서 거주할 수 있는 사회참가가 되는 커뮤니티를 형성 · 운영해 가는 것은 향후 주목되는 중요한 업무이기도 하다. 따라서 많은 어려움은 있겠으나 부동산관리업이 이것을 적극적으로 지지하고 나가야 할 것이며 이를 위해 노력할 것이 기대된다.

이와 더불어 부동산관리업의 관리강화이다. 부동산관리업이 그 기대되는 역할을 다하기에는 인재의 확보 · 양성, 기술향상 등에 몰두하여야 하나 그를 위한 관리력은 아직도 취약하다. 향후 관리능력을 한층 강화하는 것이 필요하며 부동산관리업이 독립된 업무로서 자립할 수 있는 구조의 확립을 이룩하도록 하여야 한다.

그 다음은 감가의 문제이다. 인간이 거주하는 부동산은 토지 위에 인위적으로 구축된 부가물(improvement)로서 토지와는 달리 일정한 수명을 지니고 있으며, 부가물의 수명은 건설 자재나 방법, 기술력 등에 의해 크게 차이가 나며, 동일한 부가물이라도 관리 방법에 따라 수명이 달라진다.

이와 같은 토지 부가물의 수명은 시간이 흐름에 따른 감가를 수반한다. 따라서 부동산관리자는 대상 부동산의 감가의 최소화에 노력해야 하며, 이를 위해서는 여기에는 무엇이 낡아서 노후화되는 것인가를 살펴보아야 한다. 관리의 관점에서는 첫째, 주요구조부이고, 둘째, 건축설비이고, 나머지는 내 · 외장이다. 그리고 이 세 가지의 내용연수를 같은 척도로 측정한다는 것은 어려운 일이다.

부동산관리업의 수행에 있어서 소유권과 사용권이다. 현재 살고 있는 건물의 소유권의 인식과 관리에 대한 의무의식과는 상당히 밀접한 관계가 있으나, 건물의 사용권의 인식과 관리에 대한 의무의식 사이에는 서로 연결이 안 될 경우가 많다. 건물의 관리는 소유자의 책임이며, 사용자에게는 책임이 없다는 것이 일반적인 견해이다. 그러나 구분분양 집합주택에 있어서는 사용자측이 공동 관리하지 않으면 안 될 부분이 많다. 미국이나 일본과 비교해 보면 우리나라가 뒤지고 있다는 '커뮤니티' 의식의 확립이 시급히 요청되는 것도 당연한 일이다. 공동부분의 유지관리는 사용자측의 관리에 대한 의욕에 따라 크게 차이가 나타남은 명백한 일이다.

다만 고층집합주택의 유지관리로서의 중요한 포인트는 건물의 주요구조부와 건축설비에 있고 대부분은 공유부분으로 성립되고 있다. 사유재이기 때문에 자기 스스로 관리하는 것이 당연하다는 의식을 확대시켜서 사용하기 때문에 관리한다는 의무가 따른다는 인식을 깊이 할 필요가 있다.

관리에 있어 관리비용 부담의 과제이다. 특히 고층집합주택은 오늘날 도시의 주거용 부동산으로서 일반국민들의 뇌리 속에 부각되어 새로운 주거시대로 접어들었으며, 도심지의 높은 지가는 고층빌딩의 양산을 불러왔다. 고층건물은 다양한 인위적 설비에 의해 환경(온도, 공기, 물, 조명 등)이 형성되는 경우가 많고 기타 거주의 편의를 위한 설비들이 가동된다.

이들 설비의 가동과 빌딩의 유지보수는 관리비용의 부담을 불러오며, 노후 된 고층건물의 경우 개수 · 수선에 대한 과다한 비용으로 인해 입주자의 공감을 얻는 것이 사회문제로까지 발전되어 가고 있다. 빌딩의 관리에서 부적절한 관리나 물리적 하자에 대해 관리에 필요한 적정 시기를 경과할 때까지 관리조치를 소홀히 할 경우 거주자의 생명을 위협하는 요소가 되기도 한다. 그러나 공동주택의 경우 '가주거(임시 거주장소)' 라는 의식이 뿌리 깊게 박혀있어서 관리 의무 의식에 저해가 되고 있으며, 소유자 한 사람마다 수선비 등에 대한 부담능력에 차이가 있는 점 등으로 인해 관리상의 문제가 발생될 가능성이 높다.

업의 과제 중 하나는 자산의 유지 · 관리자이다. 부동산의 하자담보기간이 지나면 건물의 설계자와 시공자는 그 건물과 인연을 끊는 상태가 된다. 동시에 그 건물의 유지 · 관리문제에 비추어 하자담보기한이 다 되었다 해서 설계자나 시공자와는 무관하게 되는 경우도 많게 될 것이다. 그러나 건물을 유지 · 관리함에 있어서 설계와 시공 사이에 가로놓이게 될 공법의 선택이 유지 · 관리의 원점으로 간주되기 때문에 그 건물을 숙지하고 있는 당사자들의 의견이 필요하다는 것은 당연한 것이다.

계획적인 수선에 대해서도 실제로는 그 건물의 계획 · 시공문제에 대해서는 당해 건물을 짓기 위해 채택된 공법을 잘 알고 있는 사람들의 의견을 존중하여 입주자 주체가 수선해 나가는 자세가 중요시 된다.

Ⅲ 부동산의 관리유지비용

01 건물의 특성과 유형별 건물의 관리

1.1 건물의 특성과 관리유지비용

1.1.1 건물의 라이프 사이클

건물의 라이프 사이클(life cycle)이란 건물이 토지상에서 배타적 공간으로서 지니는 일생을 뜻한다. 건물은 배타적 이용을 위해 사용한 건축재료의 사용 · 마모에 따라 그 배타성의 수명이 다한다.

위와 같은 현상은 수많은 부동산연구가들에 의해 관찰된 바 있다. 수많은 관찰 가운데서 손크로프트(Michael Thorncroft)는 빌딩의 수명기간을 관찰하여 건물의 연령성(buildings age cycle) 또는 건물의 수명(buildings life cycle)이라고 명명하였는데 이에 의하면 수명기간이 60~100년 정도이다. 우리나라의 빌딩은 일반적으로 50년 전후인데, 건물에 따라 시대에 따라 수명이 달라진다. 현대에 들어설수록 그 수명이 단축되고 있다는 연구보고도 있다.

여기서는 손크로프트(M. Thorncroft)의 관찰을 중심으로 그 일생을 몇 단계로 나눠 보기로 한다. 이러한 단계는 일반적으로 적용될 수 있는 것이다.[65]

1.1.2 건물의 개발단계

건물의 라이프 사이클은 다섯 단계로 설명되고 있다.

첫째, 전개발단계이다. 전개발단계(the pre-development stage)란 신축전(新築前)용지로서의 단계로 된다. 다음은 신축단계이다. 신축단계(the newly developed stage)란 건축되어 새 건물인 상태의 단계이다. 건물의 물리적인 유용성은 이 단계에서 가장 높다. 그러나 경제적인 유용성은 낮을 수도 있다. 그리고 안정단계이다. 안정단계(stable stage) 또는 중년단계(middle age)란 건물의 경제적 유용성이 안정되는 단계이다. 건물의 수명 중 가장 장기간을 차지한다. 그리고 잠재적 건물 이용자들이 당해 건물을 대부분 기억하고 있다. 안정단계를 지나면 노후단계이다. 노후단계(old age stage)는 빌딩의 구조 · 기능 등의 상태가 계속 악화되어가는 단계다. 다음과 같은 점이 중요시된다.

65) 이창석 「부동산학개론」(서울 : 형설출판사, 2008), p. 243

노후단계는 개축 또는 재축의 필요성 및 보존의 필요성이 제기된다. 끝으로 완전폐물단계이다. 완전폐물단계(total obsolescence stage)[66]란 물리적으로 건물의 유용성이 극히 저하되어 개선의 여지가 거의 없는 단계다. 보통 건물은 이 단계까지 이르기 전에 재건축이 행해지지만 지역의 쇠퇴 등으로 이 단계까지 이르게 되는 건물도 많다. 다음과 같은 사항이 중요시된다.

STORY TIP 1.6 부동산관리와 주거수준

주거의 상태에 대해 포괄적으로 지칭하는 개념으로 과거에는 주택수준이라는 용어가 일반적으로 사용되었다. 그러나 최근에는 '주거수준' 또는 '거주수준' 이라는 용어가 흔히 사용되고 있다. 이러한 용어는 상호 엄밀히 구별하지 않고 사용되고 있지만, 학문적으로는 구별하여 사용할 필요가 있다.

주거(주택)는 영어로 'dwelling house' 에 상당하며 사람이 살아가는 용기로서의 한 건물을 나타낸다.

주거수준(住居水準)은 건물의 규모 · 구조 · 설비와 같은 물적 수준(物的 水準)을 나타낸다. 주거는 영어로 'dwelling' 에 상당한 것으로 'house' 이외의 아파트 · 맨션주택의 한 단위 (dwelling unit)를 포함하는 개념인 동시에 건물과 함께 정원을 포함하고 있다. 주택이 존재하지 않는 장소, 예를 들면 동굴에 살고 있는 경우에는 주거이지만 주택은 아니다. 따라서 주거수준은 비주거 · 공동주거를 포함한 거주용 건물의 규모 · 구조 · 설비 외 정원 등 옥외 부대시설을 포함한 물적 수준을 나타내는 것이다.

이에 대해 거주는 '물(物)' 을 대상으로 하는 것이 아니라 사람의 '주거' 라는 행위의 측면에서 사용되는 개념으로 '거주지' 란 용어를 사용함과 같이 건물과 전혀 관계없이 사용되는 경우이다.

자료 : 이창석, 「주거복지의 이해」 (서울 : 형설출판사, 2009), p. 187

1.2 부동산의 관리유지비용

라이프 사이클 코스트(life cycle cost)란 그 자산의 운용기간을 통한 계속적인 관리유지비(running cost)를 포함하는 총비용(total cost)을 말한다. 이 기법은 자산의 라이프 사이클 코스트(LCC)를 명확하게 계산하는 수법으로 다음과 같은 4가지 이유로 효과적인 의사결정을 하고자 할 때 쓰인다.

첫째, 자산 취득시에 총비용이 초기투자비에 편중되어있지 않은가를 확인할 수 있다.

둘째, 주어진 과제를 달성하기 위한 두 가지 방법 중, 예로서 오피스빌딩 건축에 대한 두 개의 설계

66) 이때 나타나는 법칙적 현상은 대상부동산의 구조, 위치, 관리상태 등에 따라서 다르다. 손크로프트(M. Thorncroft)와 같은 영국의 학자는 보통 100년이라고 하는데 우리나라의 경우는 50년 전후로 측정되어진다. 예를 들면 조선호텔은 53년, 중앙도서관은 50년, 반도호텔은 38년 등이다.

가 있을 때 어느 것을 선택하는 것이 효과적인가를 초기투자비와 관리유지비의 비율이 다른 몇 개의 대체안을 비교하여 선택할 수 있다.

셋째, 건축물 구성의 요소(난방시스템, 지붕방수 등), 혹은 건축물 전체로서의 자산의 운용비를 상술할 수 있는 관리의 도구이다.

넷째, 관련한 시스템을 변경하고자 할 때 관리비를 절감할 수 있는 곳이 어딘가를 검증하는데 쓰이게 된다.

이와 같이 이 기법은 경영상의 의사결정을 하는 모든 분야에 응용할 수 있다.

이것은 특히 내구성이 있는 자산의 제비용을 검증하고, 평가하는데 쓰인다. 오피스빌딩 전체가 되던 개개의 구성요소가 되던 긴 세월을 존속해서 사용되는 자산을 취득하기 위해서는 소요되는 제비용을 정확히 평가해서 의사결정을 하는 것은 대단히 중요한 일이다.

이와 같은 자산은 소유자(Owner) 또는 사용자(User)에 초기투자비 뿐만 아니라 보전비, 정기적인 수선, 교체비의 부담이 있기 마련이다. 그리고 초기설계단계에서 결정되는 사항은, 장래의 관리유지비나 건축물의 경제적인 사용에 반드시 영향을 미치게 된다. 따라서 건축물의 라이프사이클(life cycle)을 통해서 수반하는 총비용을 초기 설계단계에서 계획하고 관리하는 것은 대단히 중요한 일이다.

경제적인 관점에서의 건축물에 관한 의사결정은 토탈 · 라이프 사이클 코스트를 기반으로 해야 하고, 초기투자비만을 바탕으로 해서는 안 될 것이다.

이와 같이 라이프 사이클 코스트 기법의 주요한 특징은 현재 및 장래의 비용을 동일조건으로 취급하는 것이 아니고 등가환산(等價換算)해서 취급한다는 것이다.[67]

건축물에 투자하려는 사람은 당연히 총비용을 자세히 검토해야 할 것이다.

그러나 현재 우리나라에서는 설계자나 건축주가 오피스빌딩을 설계할 때 초기 투자비로서 대지소득비, 건설비, 설계비 등에 대한 것만을 고려하고 보다 많은 비용이 소요되는 운용비, 보존비, 에너지비, 수선비 등의 관리유지비에 대한 것을 도외시하는 경우가 많다. 성능을 좋게 하려면 초기투자비 C_1은 높게 되고, 성능이 좋게 되면 관리유지비 C_2는 적게 든다. 따라서 C_1과 C_2의 합이 되는 LCC를 최저가 되게 설계하는 것이 가장 이상적이다. 최근 인건비, 재료비, 에너지비 등의 상승으로 총 투입자금 중 관리유지비가 차지하는 비용이 점점 증가된다는 사실이다. 도표 1.17

따라서 초기투자비와 운용비를 각각 별도로 취급했기 때문이다. 그러나 초기투자비와 운용비는 밀접한 관계가 있는 것으로 결코 별도로 취급할 수 없는 것이다.

67) 이창석, 「부동산관리론」 (서울 : 신광문화사, 2007), pp. 73~75

도표 1.17 LCC의 중요성

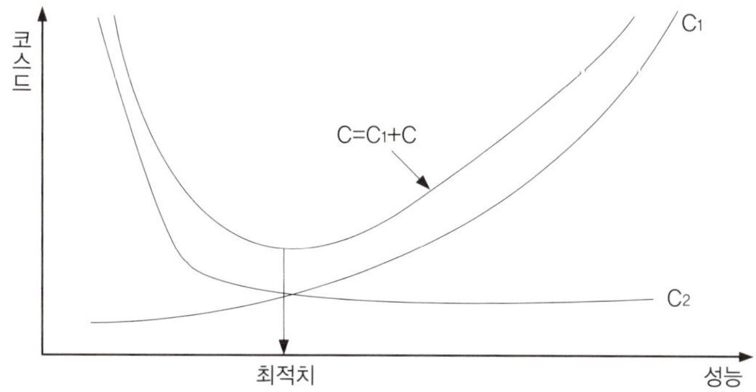

1.3 라이프 사이클 코스트의 비용요소

라이프 사이클 코스트 기법은 어느 건축물, 설비 시스템 등에 대해서 소유자에게 중요한 제비용을 경제적 수명 안에서 그 가치를 등가환산하여 경제성을 평가하는 방법이다. 또한 총비용을 적당히 분석해서 사용자의 요구를 만족시키는 기법이기도 하다.

라이프 사이클 코스트 기법에 관한 하나의 중요한 포인트는 각 대체안의 경제성 평가시에 시간적 등가환산을 하는 것이다.

일반적으로 설계자는 각 대체안 중에서 최적안을 선택해야 한다. 따라서 라이프 사이클 코스트 계산이란 각 설계대체안에 대해서, 그 소유로 발생하는 중요한 제비용을 건축물의 경제 수명 범위에서 등가환산한 값으로 각 안의 경제성을 평가하는 수법이다. 이 기법은 소유자(owner)가 예산 편성시 이미 의사 결정된 결과를 평가하기 위해서 쓰일 수 있다. 도표 1.18

도표 1.18 LCC의 비용요소

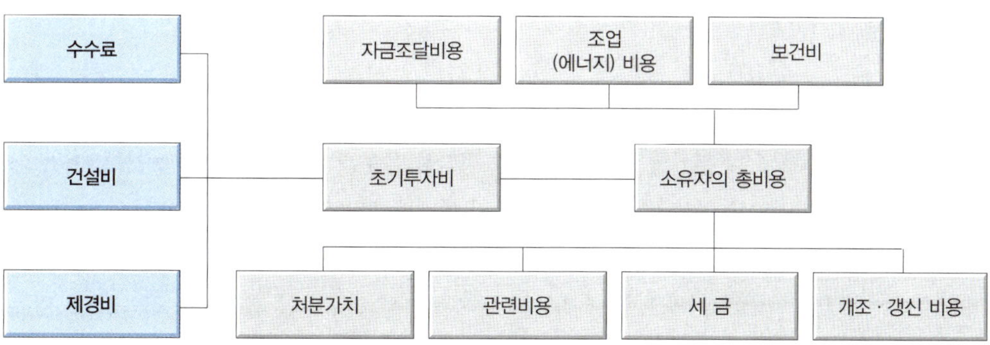

라이프 사이클 코스트분석을 할 때 중요한 비용요소는 다음과 같다.

첫째, 초기투자비(initial cost)이다. 프로젝트에 부수하는 제비용(설계비 · 대지비 등)과 건설비용을 포함하는 초기개발에 쓰이는 비용을 말한다.

둘째, 자본조달비용(financing cost)으로서 건축물, 설비의 자본비용에 관련된 차입금의 비용이다.

셋째, 조업비용(operation cost)으로 시설을 운영할 때 소요되는 비용, 즉 연료비, 임금 등의 비용이다.

넷째, 보존비(maintenance cost)로 정기적인 점검, 개조, 유지보수계약 또는 이들 작업에 참여하는 인원의 임금 등 제반비용이다.

다섯째, 개조비용과 갱신(교체)비(alteration and replacement cost)이다. 개조비용은 공간의 기능을 변경할 때 소요되는 비용이다.

여섯째, 세금, 감가상각비 등을 포함하는 제비용이다. 이들 비용은 세법이 개정되는 경우가 있으므로 재검토할 필요가 있다.

일곱째, 관련 비용으로서, 건축물에 대한 의사결정에 수반해서 새롭게 발생하는 제비용이다. 예로서 기능코스트(functional use cost), 기회손실코스트(denial of use cost), 방범(security)과 보험 등이다.

여덟째, 잔존가치(salvage value)로서, 건축물 또는 설비의 사용기간이 끝난 시점의 가치(잉여가치가 있을 때는 +, 파괴해서 필요 없을 때는 −)이다.

02 건물의 유형별 관리

2.1 주택

2.1.1 서설

부동산은 주로 토지와 건물에 대하여 구체적인 용도, 활동, 목적 등에 따라 다양한 용도로 거론된다. 특히, 토지를 활동상으로 분류할 때 토지이용과 정착물 유무관계 등에 의해 나누기도 한다.

토지가 활용되기 이전의 분류는 나지(나대지), 부지(敷地), 공지(空紙), 대지(垈地) 등이 있다.

이중, 나대지(裸垈地, vacant site)란 대지 중에 건물 등 정착물이 없는 것을 의미한다. 이는 법적인 개념보다는 실무적인 개념이라고 할 수 있다. 즉 지적법상 영구적인 건축물을 건축할 수 있는 지목의 "대(垈)"에 현재 아무런 건축물이 없다는 것을 의미하기 위해 벗을 "裸"를 붙여 "나대지"라고 명명하고 있는 실정이다.

그러나 나대지가 어떠한 법률에도 규정되어 있지 아니한 것은 아니다. 헌법재판소의 헌법불합치 판단에 의해 사라진 "택지소유상한에 관한 법률 제2조"정의에 따르면 '나대지란 지적법 5조 규정에 의한 지목이 대인 토지 중 영구적인 건축물이 건축되어 있지 아니한 토지로서 대통령령에서 정한 토지'를 말한다고 규정하고 있다.

다음 도표는 나대지를 포함한 토지의 활용방향을 설명하고 있다.

도표 1.19 토지의 활용방향

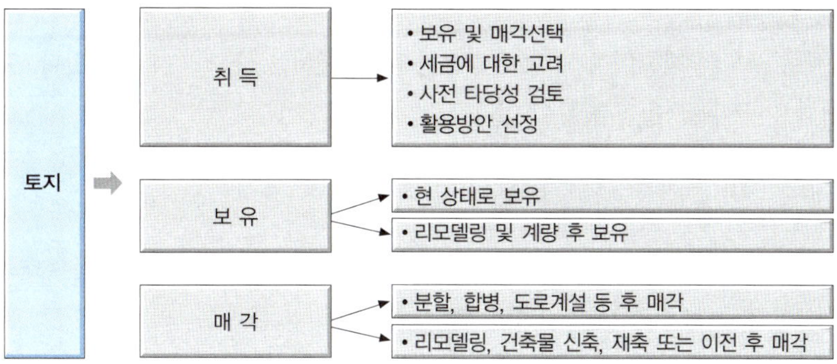

토지의 활용방향은 취득부터 보유와 매각으로 구분할 수 있다. 토지는 취득하면서부터 보유할 것인지, 아니면 개량 후 매각할 것인지 판단하는 것이 중요하다. 왜냐하면 토지는 현재 건축물이 전혀 없는 상태이므로 언제든지 최유효이용을 할 수 있기 때문에 보유로 활용할 경우 현 상태에서 임대차할 것이지, 개발 후 임대차 할 것인지 결정하여야 하며 매각의 경우에도 현 상태대로 매각할 것인지, 개발하여 매각할 것인지를 결정하는 것이 중요하다. 도표 1.19

토지상에 건축된 주택은 인간생활을 담는 그릇이다. 주택은 각 시대 · 각 나라 · 각 지역에 따라 주택양식들이 존재한다. 특히 과거에는 기후에 따라 주택들이 큰 차이를 보이며 그 지역의 기후에 가장 적합한 형태로 지어진다. 그러나 종종 지역의 기후에 적합하지 않거나, 동일한 기후 조건에서도 주택의 형태가 다른 경우도 있다. 이는 주택의 양식은 기후 이외에도 사회 · 문화 및 종교적인 영향을 받는다는 것을 알 수 있다.

이에 사람들은 주거공간이 형성되면 이러한 생활공간에서 일상생활을 하며 그들만의 주거문화를 형성하게 된다.[68] 도표 1.20

68) 이창석, 「부동산학개론」(서울 : 형설출판사, 2007), pp. 837~838

도표 1.20 주택의 문화 · 형성 요인

자연환경적 요인	→	사회기술적 요인	→	사회문화적 요인
• 기후 • 지형 • 토목활동, 환경		• 건축재료 • 건축기술		• 종교 • 가족구성 • 생활양식

2.1.2 단독주택과 공동주택

① 단독주택의 개념

건축법상에서는 규모의 제한이 없지만 주택건설촉진법에서는 규모의 제한이 있다. 이외 단독주택에는 다중주택, 다가구주택 및 공관 등이 있다.

② 건축법상 단독주택과 공동주택

건축법상의 주택의 분류는 다음과 같다. 여기에 정리한 내용은 단독주택과 공동주택의 소유, 종류, 층수, 세대수, 연면적, 기타로 구분한 것이다. 도표 1.21, 1.22

도표 1.21 단독주택과 공동주택

구 분	단 독 주 택			공 동 주 택		
소 유	독립	개별소유 불가능		개별소유 가능		
종 류	단독주택	다중주택	다가구주택	다세대주택	연립주택	아파트
층 수		3층 이하	3개층 이하	4개층 이하	4개층 이하	5개층 이상
세대수	1		190가구 이하			
연면적		330m²	660m²	660m²	660m²	
기 타	층수, 규모, 면적을 제한하고 있지 않다	학생 또는 직장인이 장기간 거주할 수 있는 구조	지상 1층을 피로티형식의 주차장 사용시 4층이하	19세대 초과 시 사업승인 득해야 함	19세대 초과 시 사업승인 득해야 함	19세대 초과 시 사업승인 득해야 함

도표 1.22 주택법에 의한 분류

주택법	"공동주택"이라 함은 건축물의 벽 · 복도 · 계단 그 밖의 설비 등의 전부 또는 일부를 공동으로 사용하는 각 세대가 하나의 건축물 안에서 각각 독립된 주거 생활을 영위할 수 있는 구조로 된 주택을 말한다.

2.1.3 저층집합주택과 타운하우스

① 저층집합주거

가. 저층집합주거의 개념

저층집합주거란 대지와 직접적인 관계를 갖는 3층 이하의 저층으로, 전주호(全住戶)가 사적(私的) 또는 준사적 외부공간(準私的 外部空間)을 가지는 주거로서 접지(接地), 준접지 형태의 주거를 의미한다고 호프만(H.Hoffmann)은 정의하고 있다. 독시아디스(C. A. Doxiadis)는 저층집합주거의 층수를 시각적 거리감에 관련시키며 부모가 지반면에서 놀고 있는 아이들의 얼굴을 시각적으로 식별하기 곤란한 높이를 대략 50feet(15.24m) 정도로 보았고, 이 높이를 저층집합주택의 한계로 보고 있다. 저층주거에 대한 개념은, 접지성이나 층수 등이 중요한 판단기준이다.

나. 저층집합주거의 종류

저층집합주거를 건축 계획적으로 분류하면 2호 연립주택(Semi-Detached House), 로우하우스(Row House), 타운하우스(Town House), 중정형주택(Patio House), 테라스하우스(Terrace House) 등이 있으며, 단독주택에 비해 토지효율성이 우수하며 경제적이라 할 수 있다.

② 타운하우스

타운하우스의 사전적 의미는 common space라고 하는 공동정원에 연속저층(底層)으로 건축된 주택이다. 이는 단독주택과 공동주택의 장점을 겸한 것으로 1~2층의 단독주택이 10~100가구씩 모여 정원과 울타리를 공유하는 단독주택군(群)이다. 초기 영국에서는 여러 개의 주택을 합벽식으로 붙여 하나의 건물을 이루고 중정(中庭)과 같은 외부공간을 공유하는 방식이었다. 미국에서는 단독주택을 옆으로 붙인 공동주택 즉, 로우하우스(Row House : 병렬주택) 형태를 말한다.

국내에서의 타운하우스 정의는 단지 내 정원과 커뮤니티 그리고 주차 등의 공간을 공유하는 4층 이하로서 단독형, 연립형, 레저 등의 테마형 등의 형태를 가지는 넓은 의미로 쓰이고 있다. 도표 1.23

도표 1.23 국내 타운하우스의 분류

단독형	1~3층짜리 단독주택을 여러 동으로 구성하는 형식으로 사생활 보호에 유리하고 넓은 정원을 확보할 수 있으나 분양가가 높은 단점이 있다.
연립형	4층 이하의 저층주택으로서 일반적으로 국내의 고급빌라의 개념을 적용한 것으로 토지이용효율이 가장 좋지만 단독형에 비해 평면구성의 제약을 받을 수 있다.
테마형	국내는 주로 골프장과 연계되는 타운하우스의 형태로서 단독형과 연립혼합형을 볼 수 있다. 입지 환경은 상당히 좋으나 도심지에 적용하기는 한계가 있다.

타운하우스는 저층주거에 포함되므로 저층주거의 법적인 기준에 의하면 건축법시행령 별표 1 제1호 "단독주택", 제2호 "공동주택"의 기준에 의해 분류되며, 주택법에 의한 분류는 주택법 제2조 규정의 "공동주택의 정의"와 주택법령 제2조 "공동주택의 종류와 범위"에 의해 분류된다.

이러한 분류는 타운하우스의 특성인 접지성, 개별정원, 커뮤니티 형성, 독립성, 친환경적인 요소, 다양성 등이 충분히 반영되어 있지 않은 채 단순히 건물의 높이와 동별 면적, 그리고 세대수 등으로만 단순하게 구분되어 있다. 따라서 실제 계획적용 시 많은 문제가 노출되며 허가권자의 해석여부에 따라 많은 영향을 받을 수밖에 없는 상황이다.

우리나라의 타운하우스 유형은 연립주택형, 단독주택형, 레저형 및 합벽식 등 여러 종류의 형태가 있다. 참고로 각 형태마다 건축양식과 특징을 설명하면 다음과 같다. 도표 1.24

도표 1.24 타운하우스의 유형

구 분	건축방식	비 고
연립주택형	• 한 층에 여러 가구가 사는 4층 이하 • 3, 4층 정도의 규모	• 건축비가 저렴하다. • 개별정원이 없으며 중간 소음이 존재 • 토지의 이용률이 높다.
단독주택형	• 한 가구가 한 건물을 사용 • 2층 정도의 규모	• 가구별 완전분리로 주거의 독립성이 높다. • 건축비가 가장 비쌀 수 있다. • 가구별 정원을 가질 수 있다.
레저형	• 한 가구가 한 건물을 사용 • 3, 4층 정도의 규모(연립)	• 단독주택처럼 4면이 개방된다. • 일조, 통풍 등이 양호하다. • 설계의도에 따라 가변적이다.
합벽식	• 모든 층을 사용하는 가구를 옆으로 붙인 주택 • 2, 3층 정도의 규모	• 유럽에서 가장 많이 사용했던 방식 • 계단면적 등 공간 손실이 많은 편이다. • 연립주택에 비해 사생활보호가 좋다.

2.1.4 주상복합주택

① 주상복합주택의 개념

주상복합건물(Mixed Use Building)이란 복합용도개발(Mixed Use Development)에서 파생된 건축형식으로 단일기능의 건축물이 가지는 문제점을 해결하기 위해 주거기능을 중심으로 업무, 상업, 위탁 쇼핑, 문화 등의 다양한 활동이 가능하도록 복합된 건축형식을 뜻한다. 한편 주상복합의 유형은 다양하게 나타난다.[69] 형태별 분류로는 단일고층형, 다발형 콤플렉스, 도시블록 연계형 등으로 분류

69) 이재현, "주상복합건물의 귀족마케팅 전략에 관한 연구", 연세대 석사학위논문, 2006, p. 5, 재인용.

할 수 있으며, 구성형식상의 분류로는 수직분리형, 수평분리형, 수평분리 독립형 등으로 분류할 수 있다. 도표 1.25

도표 1.25 주상복합건물의 내용

주상복합건물		
탄생배경	• 교통문제해결 • 도심지 과밀화 현상 • 개발이익의 제고	• 도시문제해결 • 쾌적한 삶 • 도심부 활성화 • 토지이용률 제고 • 신규 주택지 개발 한계 등
수용기능	• 업무(사무소, 오피스), 상업공간(근린, 판매, 생활편익시설) • 오락시설, 문화시설 • 근린시설, 숙박시설	
특 징	• 구성요소들의 물리적 결합으로 효율적인 토지이용 : 주택 부족현상 해결 • 주거와 업무용도의 결합으로 나타나는 도심교통난과 편리성 완화, 녹지공원화 • 경제적 효과 : 지역경기 부양효과, 고용창출 등	

자료 : 신영섭, "주상복합아파트 로비공간에 관한 연구", 홍익대 대학원 2008, p. 6.

② 주상복합건물의 분류

가. 형태별 분류

형태별 분류는 단일고층 건물형, 다발형 컴플렉스, 도시블록 연계형이 있다.

단일고층 건물형은 한 개의 건물 내에 건축기능의 유형으로 지하주차장과 지상에는 저층부와 고층부로 나뉘어져 있으며, 상업기능과 업무, 주거공간으로 나뉘어져 있다. 저층부인 5층 내외는 공적공간을 부각시키고, 10층 내외의 사무공간을 확보하고, 나머지 20~30층은 콘도미니엄 유형의 아파트가 배치되어 있다. 상업공간시설에는 휴게공간과 체육시설 등을 배치하여 완충 공간을 마련하였다.

다발형 콤플렉스는 몇 개의 고층 건물로 주거공간, 사무, 호텔 등의 건물로 대규모 복합건물을 구획 후 여러 가지 생활시설을 하나로 묶는 형태이다. 대규모의 재개발사업 또는 신도시 중심부의 종합개발 사업 등에 채택될 수 있다.

도시블록 연계형은 중점 중심으로 연결배치하고 서유럽의 도심지역에서 추진된 방식이다. 4~5층 건축물을 한 개의 중점 중심으로 연결배치하고 기능의 배치는 층별로 중첩하거나 인접도로의 성격에 따라 분산배치하게 된다. 도표 1.26

도표 1.26 형태별 분류

유 형	형 태	구 성	특 징
단일고층 건물형 (단독형)	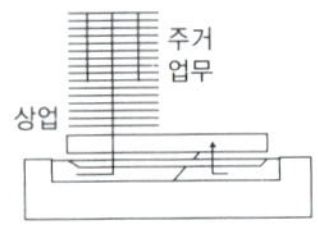	저층부에는 사업기능, 중층부에는 업무, 고층부에는 주거를 배열하는 것이다.	복합용도를 수용하고 저층부분을 도시의 공적공간의 방식을 도심부의 지가, 건설 수의 임대 및 분양 등을 감안하여 정립된 계획방식이다.
다발형 콤플렉스 (중정형)	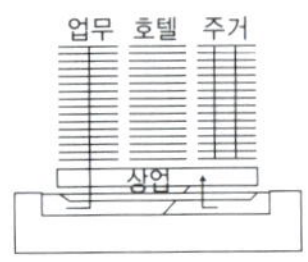	몇 개의 고층 건물(주거, 사무소, 호텔 등)을 배치하고, 상업용도의 저층부를 묶고 그 하단부에 공공지원시설, 주차시설 등을 구획되어 있다.(주거+업무+호텔 등의 기능이 몇 개의 타워로 배치	대규모 재개발 사업, 신도시 중심부의 종합개발사업 등에 채택될 수 있으며, 대규모 공간 내에 상업, 주거, 업무 이외의 다양한 기능을 수용할 수 있다.
도시블록 연계형 (단지형)	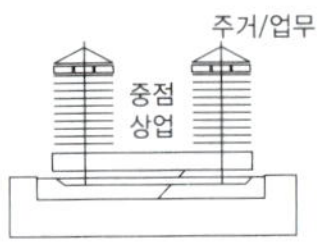	저층 건물이(4~5층) 한 개의 중정 중심으로 연결배치되어 있다. 층별로 중첩하거나 인접도로의 성격에 따라 분산배치하게 된다.	상업, 업무, 주거기능을 배치하며 지하층에는 공용시설이나 주차장으로 처리한다. 블록 전체를 대상으로 하는 주상복합 건축물군 계획으로 발전된다.

자료 : 신영섭, "주상복합아파트 로비공간에 관한 연구", 홍익대 대학원, 2008, p. 7

나. 구성형식

주거부의 구성은 수직분리형, 수평분리형, 수평분리독립형의 3가지로 나눌 수 있다. 그 특징은 아래와 같다. 도표 1.27

수직분리형은 업무기능과 주거기능이 한 건물에 형성되어 있어 동선처리가 요구되며, 주거공간으로 침입되지 않게, 원활한 흐름이 중요하다. 그러나 업무, 상업기능과 주거기능의 분리가 되는 곳에 PIT층을 두어 구조적 문제의 해결, 배관의 효율적 배치 및 기계실 등을 두어 주거부분의 고층부와 업무, 상업기능의 저층부의 문제점들을 합리적으로 해결할 수 있다. 수평분리형은 구조와 설비 체계의 독립성이 있으며 각 기능 상호간의 연계성은 수평 통로가 가능하고 프라이버시가 양호하다. 그리고 수평분리 독립형은 주거와 업무기능이 독립된 건물로 동선이 제안이 없다. 동선과 기계실의 분리로 설계와 관리가 용이다.

③ 주상복합건물의 관리포인트

주상복합건물의 관리포인트는 기술적 측면, 경제적 측면, 법률적 측면에서 살펴볼 수 있다. 도표 1.28, 1.29

가. 기술적 측면의 관리포인트

주상복합건물에서의 부대, 복리시설은 공동주택과 같을 수는 없으므로 공용공간이라 명하기로 하고 주거기능과 상업, 업무 등의 다른 여러 가지 기능이 있다. 공용공간의 성격은 다음과 같이 두 가지로 볼 수 있다.

도표 1.27 구성 유형

유 형	형 태	특 징
수직분리형	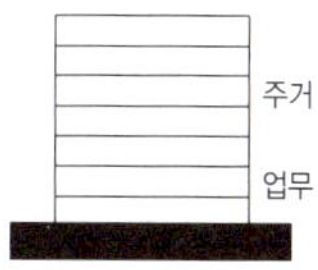	• 주거와 업무의 수직 분리와 중간 완충 층 설정기능 • 주거와 업무의 독립된 동선의 처리와 코어의 처리의 어려움
수평분리형	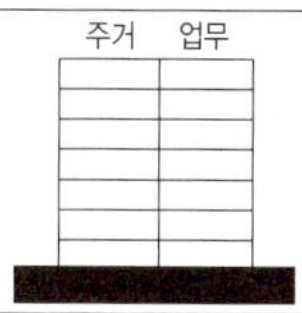	• 동선 및 구조, 설비의 분리로 프라이버시 양호 • 두 개 이상의 매스의 접합으로 입면구성의 어려움 및 기능 차이로 인한 층고의 불일치
수평분리독립형	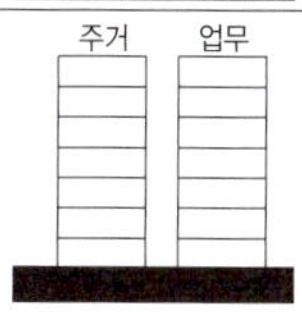	• 한 대지 내에 광장을 중심으로 주거와 업무를 완전 분리 • 외관, 동선, 기능의 제약은 없으나 대규모 대지 필요

자료 : 신영섭, "주상복합아파트 로비공간에 관한 연구", 홍익대 대학원, 2008, p. 8

첫째, 주상복합건물의 경우 상이한 용도가 동일 건물 내에 수용됨으로서 진입상의 혼란, 이용 동선의 중첩, 거주민의 프라이버시 침해 등 다양한 문제가 발생한다. 이를 해결해 주기 위한 건축적 수단으로 서로 다른 성역의 공간이 결합되는 곳에 완충작용을 할 수 있는 매개공간을 설치하게 된다. 이러한 기능을 수행하는 장소를 공용공간이라 한다. 매개공간으로서의 공용공간은 거주자와 근린사회와의 상호 교류를 도모하여 사회적 교류가 일어나는 성격을 갖는다.

둘째, 거주자들의 커뮤니티 형성 및 삶의 질 향상을 위한 공간으로 조경시설, 실내외 운동시설, 주민 공동시설(도서실, 멀티미디어실, PC방 등) 역시 필요로 하게 된다. 이러한 용도로 사용되는 공간을 공용공간이라 정의할 수 있으며 이는 아파트의 부대 · 복리시설과 같다고 할 수 있다. 공용공간은 입주민의 여가활동 지원, 이웃간의 교류가 가능하며 주거공간의 독립성을 갖는 성격을 갖는다.

공용공간은 여러 가지 시설을 통하여 아파트 단지 내부의 생활을 좀 더 풍요롭게 할 수 있는 환경을 제공해 줄 수 있다. 아파트의 공용공간은 질적인 향상과 함께 단지 내부에서 차지하는 면적도 증가하고 있다. 외부공간(조경, 휴게소 등)은 주민들에게 편안함과 커뮤니케이션을 할 수 있는 고급스런 정원으로 바뀌어 가고 있다. 내부공간(유치원, 주민운동시설 등)은 다양한 프로그램의 제공을 위한 다양한 시설로 세분화되어 입주민들이 생활을 즐기고 여유를 누릴 수 있는 공간으로 변해가고 있다. 이러한 기술적 관리가 요구된다.

도표 1.28 주상복합건물의 관리 포인트

기술적 측면	• 주거기능과 상업, 업무 등의 다기능 • 거주자들의 커뮤니티 형성 및 삶의 질 향상
경제적 측면	• 구매자 중심의 금융전략을 다양하게 제공 • 금융기관과 협력하여 다양한 금융 지원 방안
법률적 측면	• 입지지역 여건에 따라 용적률이 높음 • 아파트에 비해 비교적 큰 상가를 확보

나. 경제적 측면의 관리포인트

주상복합건물의 가격은 다양한 영향 요소에 의해 결정되어진다. 또한 주상복합건물은 고가(高價)라는 상품의 특성상 사람당 구매활동은 매우 제한적이며, 횟수가 낮으며 가계 지출의 대부분을 차지하게 되므로 가격을 결정하는 요인보다는 가격의 지불방법이 주상복합건물의 경제적 관리포인트의 요점이 된다.

가격은 여러 단계를 거쳐 지불되는데 분양금액은 계약금, 중도금, 잔금으로 나눈다. 따라서 계약금의 액수, 중도금의 분납횟수, 잔금의 액수와 지불 시기는 구매 자금을 마련하려는 소비자에게 중요한 요소가 된다.

그래서 주택금융이나 등기비용 지원, 중도금의 무이자 지불 등의 금융전략이 다양하게 제공되고 있는 것이다. 기업의 입장에서는 단위세대당 생산원가가 높기 때문에 투자 자금의 빠른 회수가 목적이다. 따라서 다양한 금융기관 등과 협력하여 다양한 금융 지원 방안과 더불어 같은 평형이라도 단위세대의 위치에 따른 가격 차이를 두고 있다.

주상복합의 가격이 여러 환경요인에 의해 갈수록 세분화되기 때문에 초기 분양 시에 이를 활용할 수 있는 전략이 필요하다. 분양 계약 후 대금 납부는 중도금 제도의 시행으로 장기간에 걸쳐 납부하여야 하기 때문에 계약 단계별 가격할인 정책 및 중도금 제도의 납부 조건의 완화를 도입해 볼 수 있을 것이다.

미분양 주상복합을 가장 효과적으로 분양할 수 있는 정책은 바로 가격할인 내지 분양 대금 중 일부를 금융지원으로 병행하는 것이다. 부동산 가격은 실수요자의 연간 소득에 비해 월등하게 높기 때문에 실수요자들은 구매에 있어 경제적인 부담을 느낀다.

따라서 금융과 연계한 주택 자금 지원은 자기 부담 비율을 낮추어 실수요자로 하여금 주택 구매 의욕을 갖도록 함도 중요하다.

다. 법률적 측면의 관리포인트

입지조건에 따른 차이로서 주상복합건물은 상업지역이나 준주거지역에 입지하게 되며, 일반아파트의 경우에는 주로 일반주거지역에 위치하게 된다. 주상복합건물의 경우 주택법의 규제를 받지 않고 건설되나, 일반아파트의 경우에는 주택법의 규제를 받아서 그 설계와 시공, 그리고 분양에 이르기까지 규제를 받게 된다.

또한, 주상복합건물의 경우 상업지역이나 준주거지역에 입지하기 때문에 용적률이 매우 높게 적용되기 때문에 고층형태의 건물이 불가피하다. 반면 일반아파트의 경우에는 주거환경을 보전하기 위해 상대적으로 낮은 용적률과 건폐율을 유지함에 따라 주상복합정도의 고층은 법적으로 어렵다. 주상복합건물의 경우 단지내에 건설되는 상가 등의 규모가 상대적으로 아파트단지내의 상가 규모를 상회하는 규모로 건설되어 커다란 상권을 유지하는 것이 가능하다. 하지만 일반아파트의 경우에는 주택법에서 규정하는 소규모의 상업시설만이 입지할 수 있도록 규정하여 일반상업시설로부터 입주민의 주거환경을 보호하도록 되어 있다.

따라서 주상복합건물의 경우 한 부지에 상업시설과 주거시설이 복합적으로 이루어져 생활하는 것이며 일반아파트의 경우는 철저하게 주거시설을 위주로 건설됐다. 그러므로 주거환경을 보호받도록 건설하는 형태가 되도록 법률적 차원에서 관리가 필요하다.

도표 1.29 관리전략 – 통합서비스 체계 구현

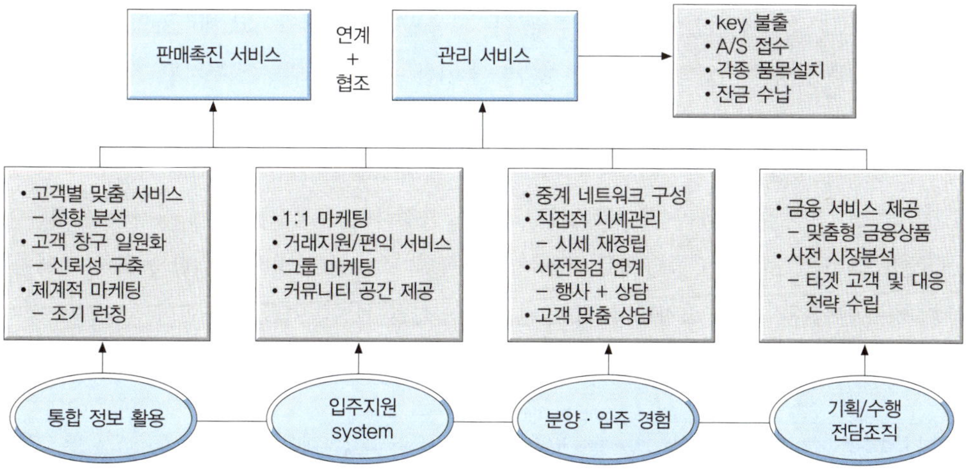

2.2 빌딩

2.2.1 빌딩의 의의와 분류

① 빌딩의 개념

빌딩(Building)이란 철근을 써서 높고 크게 지은 현대식 건물을 말한다. 영어로는 일반적으로 건물·가옥을 뜻하나, 한국에서는 특히 사무실용의 철근콘크리트 또는 철골구조 등에 의한 중층(中層) 이상의 대형 건축구조물을 말한다. 또 이 밖에 큰 규모의 건축물을 빌딩이라고 한다.

초고층빌딩은 사무실용 건물이나 호텔 등 특히 높은 건물을 말하는데, 구조역학의 진보, 컴퓨터에 의한 설계계산의 촉진, 커튼 월(curtain wall)공법 등 기술의 발전과 시가지의 토지의 고도 이용의 목적에 의해 건물이 초고층화 되고 있다. 초고층빌딩의 확실한 정의는 없으나 보통 수십층 빌딩을 초고층이라고 한다. 구조역학의 진보, 컴퓨터에 의한 설계계산의 촉진, 커튼 월(curtain wall)공법 등의 기술이 발전됨에 따라 시가지 내의 토지고도 이용의 목적으로 도심 내의 건물은 초고층화 되어가고 있다.[70)]

② 빌딩의 분류

빌딩은 공공용 빌딩과 영업용 빌딩으로 분류할 수 있다. 영업용 빌딩은 다시 기업용 빌딩과 임대용 빌딩으로 세분할 수 있다. 임료의 수입(income gain)이 발생하는 임대용 빌딩은 주로 사무실 임대업을 할 목적으로 고층빌딩 건설에 자본을 투자하는 고층빌딩업용 건물이고 매각차익(capital gain)이 발생하는 기업용 빌딩은 기업의 투자력을 강화하기 위한 수단으로 빌딩에 투자된 건물이다.[71)]

빌딩의 분류는 규모를 기준으로 분류하기도 한다. 규모별 구분은 다음과 같다. 도표 1.30

또 다른 분류는 등급을 기준으로 분류하기도 한다. 빌딩 등급을 결정하기 위해 사전에 등급 분류기준을 설정하고 그 기준에 따라 각 항목별로 점수를 산정하여 총점으로 상대 평가하여 점수대별로 Prime등급, A등급, B등급, C등급으로 나누어 분류한다. 점수를 산정하기 위한 등급 분류기준은 빌딩의 가치(특히 임대가치)를 평가할 수 있는 인자(항목)들을 선정하여 점수화 한다.

70) 1931년에 건설된 뉴욕의 엠파이어스테이트 빌딩은 지상 102층, 높이 381m나 되는 철근콘크리트구조로서 세계 최고층빌딩으로 유명하였으나, 1973년에 완성된 시카고의 시어스타워(442m)에 그 자리를 내어주었다. 그리고 2004년 4월 타이완에 지상 101층, 높이 508m의 타이베이101이 완공됨에 따라 현재 세계에서 가장 높은 빌딩으로 알려져 있다. 이 외에도 계속 고층빌딩이 건립되고 있다.

71) 한국에서는 지상 73층 높이 264m의 도곡동 타워팰리스Ⅲ가 가장 높고, 두 번째가 지상 69층 높이 256m의 목동 하이페리온이고, 세 번째가 지상 60층 높이 249m의 63빌딩이다. 최근 국내에 초고층개발 열기가 한창이다. 특히 100층 넘는 초고층개발이 큰 화두가 되고 있다. 50층이 넘어가는 빌딩은 그 용도에서 한 번 더 고려해야 하루 요소가 관리비이다. 오피스용으로 사용된다면 30층 빌딩에서의 관리비와 100층 빌딩의 관리비는 두 배 이상 비용이 들게 된다. 따라서 업무용 빌딩으로서의 비용한계를 넘어서므로 100층 빌딩에서의 조닝은 1~10여층은 판매용, 10~30여층은 업무용 오피스, 30~60여층은 주거용인 아파트, 60~80여층은 가족호텔, 80~100여층은 특급호텔 구역으로 용도조닝(zoning)을 기획할 필요가 있다.

도표 1.30 빌딩 분류 규모

구 분	면적기준(m^2)
소 형	6,612 미만
중 형	6,612 이상 ~ 16,529 미만
중대형	16,529 이상 ~ 33,058 미만
대 형	33,058 이상 ~ 66,116 미만
초대형	66,116 이상

자료 : SAMS Office Market Report(09.1Q: 통권75호), p. 31.

물리적 특성과 입지적 특성으로 구분하고 세부적으로 물리적 특성으로는 연면적, 임대료 수준, 건축년도, 관리회사유무, 층수, 지능설비 등이며 입지적 특성으로는 용도지역, 주요도로 입지여부, 대로변 전후면 입지, 지하철역으로부터의 거리, 사거리 입지여부, 접도수, 도로차선 등이다. 빌딩 등급의 결정은 등급 분류기준에 따르면 다음과 같다. 도표 1.31

도표 1.31 빌딩 등급 결정

등 급	Prime	A	B	C
등급 확정 기준	각 항목별 종합점수 상위 10%	각 항목별 종합점수 상위 10~30%	각 항목별 종합점수 상위 30~60%	각 항목별 종합점수 상위 60~100%

등급 분류의 기준은 임대료에 영향을 미치는 항목을 물리적 특성, 입지적 특성으로 나누어 각 항목별 배점기준을 산정한다. 그 내용은 아래와 같다. 도표 1.32

도표 1.32 빌딩 등급 분류기준

구 분		내 용
물리적 특성	연면적	건축 연면적이 많을수록 높은 점수 부여
	임대료 수준	임대료 수준이 높을수록 높은 점수 부여
	건축년도	건축년도가 짧을수록 높은 점수 부여
	관리회사유무	빌딩관리회사가 관리하는 빌딩의 경우 가산점 부여
	층 수	층수가 높을수록 높은 점수 부여
	설 비	인텔리전트 설비수준이 높을수록 높은 점수 부여
입지적 특성	용도지역	상업지역, 준주거지역, 주거지역 순으로 높은 점수 부여
	주요도로	서울시 경우, 태평로 · 청계천로(CBD), 테헤란로(KBD), 동여의로(YBD) 입지 빌딩에 가산점
	대로변	대로변에 입지한 빌딩에 높은 점수 부여
	지하철역	지하철역으로부터 가까울수록 높은 점수 부여
	사거리 입지	사거리 교차로에 입지한 경우 가산점 부여
	접도수	접도수가 높을수록 높은 점수 부여
	도로차선	도로차선이 넓을수록 높은 점수 부여

2.2.2 빌딩의 입지와 교통

산업혁명을 시작으로 경제는 산업화와 도시화가 가속화 되었고 필연적으로 도시는 과밀화 되어 많은 도시문제를 야기시켰다. 그 중 하나가 도시기능상 업무의 전문화와 분업화에 따른 건물의 고층화와 대형화가 이루어져 왔다.

이는 입지의 집적화와 연관이 깊다. 인구의 집중화로 도시입지에 대한 수요가 몰리면서 지가는 폭등하였고 이의 해결책으로 건축기술의 발전과 함께 건축물의 고층화가 조성되었다. 일반건물과 달리 고층건물인 빌딩은 입지조건이 한정된다.

즉, 고층건물은 '교통의 편리'와 '집적의 경제성' 때문에 도심지나 도심지 가까운 곳에 입지하게 된다. 대도시는 인구가 조밀한 도심이 형성되며 이 도심지를 중심으로 빌딩들이 들어서게 된다. 이는 곧바로 접근성을 제고시켜야 하는 도시교통의 문제를 야기한다. 따라서 빌딩의 입지는 대량의 교통량 유발을 고려한 균형있게 개발되어야 한다.

2.2.3 빌딩의 관리

빌딩을 사용하기 위해서는 매입이나 임차의 법적 행위를 통해 입주하여 사용하게 된다. 따라서 빌딩의 관리는 매매 또는 임대차를 그 대상으로 한다. 빌딩의 관리포인트는 매수자나 임차자에게 빌딩의 가치를 부각하여 유인하는 관리 전략 포인트가 요구된다. 이를 기술적 측면, 경제적 측면과 법률적 측면으로 구분할 수 있다.

① 기술적 측면의 관리

기술적 측면의 관리는 일반 부동산에 모두 적용되지만, 특히 빌딩에서의 기술적 관리포인트는 더욱 중요시 된다. 빌딩은 부동산 유형상 복합용도로 사용되기 때문이다. 주로 업무공간인 오피스로 사용되지만 한 빌딩 안에 판매, 업무, 주거, 숙박 기능 등이 복합적으로 사용되기 때문에 다양한 기능에 부합하는 기술적인 요소들이 중요하다.

특히 고층화된 건물에서 승강기의 기술적 차별성 또는 우월성이 강조되면 그 사용성의 빌딩관리의 핵심적 요인이 된다. 또한 인텔리전트 빌딩의 등급을 갖추고 최근 도입되고 있는 유비쿼터스(U-City) 설비를 갖추었을 때 그 사용성의 제고는 고부가가치를 창출하는 중요한 셀링 포인트가 된다. 정보통신 기술이 급속도로 발전하고 있는 현대사회에서 정보통신설비는 매우 핵심적인 관리요소가 된다.

냉난방과 공조시스템은 고층 빌딩에서 매우 중요한 기술적 사항이다. 공간만 임대하고 냉난방을 개별적으로 처리하게 되면 실외기 처리로 외관도 흉해지고 공조에 한계가 있다. 고층에서는 창문을 열 수 없다. 외벽인 커튼월에는 통풍용 창문이 없다. 재난시에 대피할 비상창문만이 있는 것이 통상적이다. 따라서 중앙집중식 공조시스템은 매우 중요한 기술적 관리포인트가 된다.

전력설비의 면에서도 빙축열설비를 갖추어 심야전력을 활용해 주간에 저렴하게 사용한다면 관리비 절감요인이 되기 때문에 가격 경쟁력을 갖추어 유효한 관리포인트가 된다.

주차 시스템 또한 입주자들의 접근성과 기동성 편의제공 차원에서 중요한 관리포인트이다. 충분한 주차 대수 제공과 자주식 주차장 확보로 진출입이 자유롭다면 주차와 출차의 대기 시간면에서 차별적인 우월성을 확보한다면 경쟁 빌딩 대비 유력한 관리포인트가 된다.

② 경제적 측면의 관리

경제적 측면에서의 관리는 재무적인 측면으로 접근할 수 있다. 매수자를 유치하고자 하는 경제적 측면의 측정지표로는 순현재가치(Net Present Value : NPV)와 내부수익률(Internal Rate of Return : IRR)이다.

이는 순운영소득(Net Operating Income : NOI)에 의한 보유기간 동안의 운영이익(income gain)과 재매도가치인 자본이익(capital gain)의 경상이익을 현재가치로 할인하여 합한 순현재가치로써 표현될 수 있다.

풍부한 임차자가 찾는 우수한 입지로 공실률이 적고 고가의 임대료 수입이 검증된 곳이라면 훌륭한 관리로 활용할 수 있다. 수익률과 함께 경제적 측면의 관리는 공실률이다. 통상적으로 이사에 소요되는 기간 등을 감안할 때 5% 공실률은 정상으로 받아들여지고 있다.

③ 법률적 측면의 관리

우리나라는 부동산 등기의 공신력이 없기 때문에 권리관계를 명확히 하거나 권리 하자 없음을 보증하는 것이 빌딩관리로서 중요한 요소이다.

법률적 위험을 재무적으로 헤지할 수 있는 방법으로 권원보험 가입과 에스크로우를 통한 거래일 것이다. 권원보험은 매매계약 이전에 권리의 하자가 있었던 것을 몰랐을 경우에 발생할 수 있는 리스크를 방지하여 준다.

STORY TIP 1.7 공실률 · 임차분쟁 위험 낮은 역세권 유망

본격적인 저금리 시대로 접어들면서 소액 투자로 꾸준한 임대수익을 올릴 수 있는 오피스텔 투자에 대한 관심이 커지고 있다. 그러나 일반인들의 경우 막상 오피스텔 시장에 관심을 가지면서도 실제 투자에는 쉽게 뛰어들지는 못하는 경우가 다반사다. 주택보다 용도를 구분하기가 다소 복잡한데다 수익률을 따지는 것도 어렵고, 임차인과의 분쟁 등 관리상의 어려움이 있어 주저하는 경우가 많기 때문이다.

◇ 오피스텔 어떻게 구분하나 – 오피스텔은 크게 업무형 오피스텔과 주거형 오피스텔로 나눌 수 있다. 업무형 오피스텔은 원룸형 오피스텔을 말하는데 주로 면적이 $33m^2$ 정도의 소호 사무실 또는 싱글족을 위한 직주근접형 데드룸 형태다. 반면 주거형 오피스텔은 아파트 대체 수요로 욕조와 베란다만 없을 뿐 평면구성이 일반 아파트와 비슷하다.

◇ 급증하는 1인가구 오피스텔 임대유망 – 서울시의 인구통계연보를 보면 서울 내 5가구 중 1가구가 혼자 사는 '나홀로 가구'인 것으로 나타났다.

통계청의 조사를 봐도 우리나라 1인 가구 비중은 95년 12.7%, 2000년 15.5%, 2005년 20%, 2008년 22.4% 등으로 꾸준히 증가하는 추세다.

◇ 공급물량 감소로 귀해진 오피스텔 – 초창기 오피스텔은 주거면적이 30% 미만이었고 난방시설 설치 금지 등 갖가지 제약이 있었다.

이 후 정부가 외환위기 시절 경기 부양을 위해 오피스텔은 50%, 주상복합은 90%까지 주거면적을 늘려주면서 '대체 주거지'로 인기가 크게 치솟기 시작했다. 그러나 과다투자 열기가 이어지자 정부는 다시 오피스텔 건축을 규제하기 시작했다. 주거용 오피스텔은 기난 2004년 바닥난방 금지, 업무시설면적 확대 등을 내용으로 하는 오피스텔 건축기준 개정안이 시행에 들어가면서 공급이 사실상 급격히 감소한 상태다.

◇ 고층보다 저층, 환경보다 교통 공략해라 – 로열층 아파트는 환금성이 뛰어날 뿐 아니라 전세도 잘 빠져 프리미엄이 높게 형성된다. 하지만 오피스텔의 경우 셈법이 약간 다르다.

저층일 경우 아파트와 마찬가지로 분양가는 저렴하지만 임대료 차이는 고층과 별 차이가 나지 않는다. 때문에 실제거주가 아닌 임대목적의 오피스텔을 구입할 때는 굳이 비싼 가격에 조망권이 훌륭한 상층부를 분양 받을 필요가 없다. 업무용 오피스텔을 이용하는 사람들은 오히려 이동이 편리한 저층을 선호하는 경우도 많기 때문이다. 매매나 분양을 통해 오피스텔을 구입한 후에 임대를 놓을 생각이라면 저층에 위치해 있는 오피스텔을 공략하는 것이 더 높은 수익류을 거두는 좋은 방법이다.

자료 : 서울경제, 2009. 6. 15

2.3 상가건물

2.3.1 상가건물의 의의와 특징

① 상가건물의 의의

상가(Commercial Building)란 거주공간(Residential place)이 아니라 상업용도(Commercial use)를 위하여 사용되는 부동산을 말하며, 근린상가, 단지내상가, 주상복합상가, 테마상가, 역세권상가, 택지개발지구내상가, 상가주택, 쇼핑몰 등으로 구별하기도 한다. 그러나 이러한 구분은 관행적인 구분일 뿐이다. 건축법 제19조에 따른 건축물의 시설군에 따른다면, 영업시설군, 근린생활시설군에 해당하는 용도로 사용하는 것이 상가라고 볼 수 있고, 건축법 시행령 별표 1에 따라 용도별로 분류해 본다면, 주로 제1종 근린생활시설, 제2종 근린생활시설, 판매시설 등의 목적으로 사용되는 것이 상가라고 할 수 있을 것이다. 도표 1.33

상가는 개발, 소유형태, 입지, 업종 등에 따라 그 유형과 특성이 상이하고, 소비자의 기호, 구매행태, 개발환경 등의 변화에 따라 다양한 유형의 상가가 등장하고 있다.

도표 1.33 상가건물의 분류

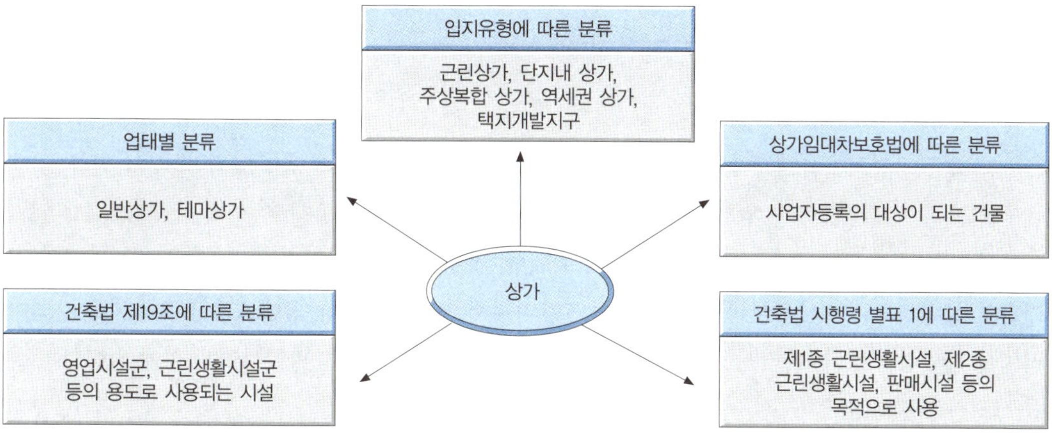

② 상가건물의 특징

상가와 거주용 부동산의 차이는 수익성에 있다. 상가의 가장 큰 매력은 임대수익을 창출한다는데 있다. 특히, 상가의 신규공급물량이 공간적인 제약이나 법적인 규제 때문에 제한을 받는 곳에서는 기존 상가는 안정적인 수익을 제공하는 원천이 된다. 상가의 임대료는 상가의 특성에 따라 다양한 요인들이 복합적으로 작용을 한다.

가령 단지내 상가의 경우는 배후세대의 수나 상가에 입점 가능한 업종에 따라 임대료가 달라지며, 대형 복합 상가의 경우는 주요테넌트의 입점여부나 경쟁 상가의 거리가 임대료 결정에 중요한 역할을 한다. 상가 임대료 결정요인으로 고려되는 항목을 나열하면 다음과 같다. 도표 1.34

도표 1.34 상가 임대료 결정 요인

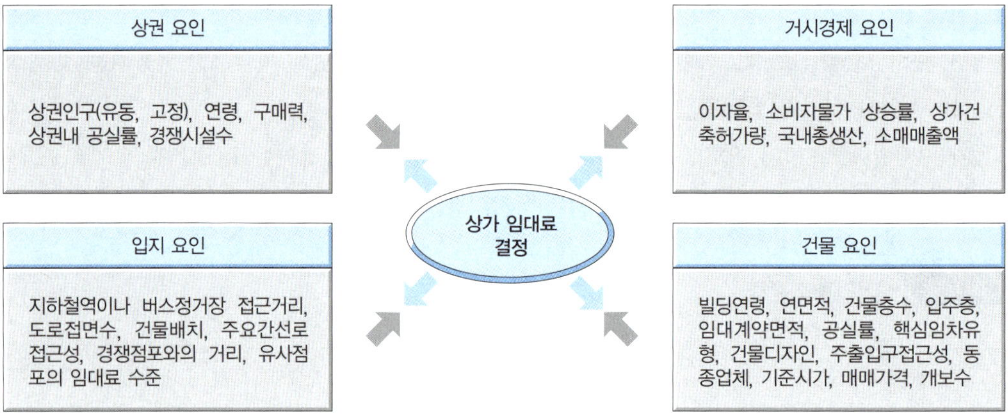

또한 상가는 규칙적인 운용수익(임대료)뿐만 아니라 자산가치 상승의 효과도 누릴 수가 있다. 경우에 따라서는 재매각에 다른 투자수익이나 은퇴후 창업의 공간으로 활용할 수 있다.

한편 상가는 그 종류별로 각각의 특성을 갖고 있다. 가령, 택지개발지구내 상가는 상권형성과 조정기간이 상대적으로 더 길어서 공실위험이 높고, 따라서 분양조건이나 임대조건이 유리해도 수익이 떨어질 가능성이 있다. 따라서 상가투자를 위하여는 각 상가의 특징을 파악하여 목적에 적합한 대상을 선정하는 것이 중요하다.

③ 상가와 상권

상가의 가치는 수익성에 의존하고, 수익성은 상가의 입지에 의해서 결정된다. 따라서 해당상가를 둘러싼 상권(商圈)의 특징을 파악하는 것이 상가투자에 있어서 무엇보다도 중요하다. 상권이란 점포와 고객을 흡인하는 지리적 영역이라고 말하며 모든 소비자의 공간선호의 범위를 의미하기도 한다. 상권은 대상 상가의 지배력이 미치는 범위이므로 무한정 확대할 수가 없으며, 고객화가 가능한 지역범위로 한정될 수밖에 없다.

일반적으로 상권의 특징은 해당 지역의 유동인구와 고정인구, 연령별 구성, 상가임대료 수준, 주변상가의 업종 등에 의해서 결정된다. 가령 상가는 임대면적이 넓을수록, 지하철이나 버스정류장 등이 가까이 위치할수록, 대로변에 위치할수록, 주변에 경쟁상가가 없을수록 임대수익이 커질 수 있으며, 건물노후화가 많이 진행될수록, 공실면적이 넓을수록, 구매자 혹은 잠재구매자의 수가 적을수록 임대수익은 작아질 것이다.

또한 상가 임대료는 상가건물의 기준시가나 매매가격의 변동추이, 대출금리, 정부의 대출정책, 인플레이션율, 이자율수준, 경기변동, 국민소득수준 등 거시변수의 영향도 받는다.

상권은 상가위치에서부터 고객까지의 거리, 또는 접근소요 시간에 따라 1차 상권, 2차 상권, 3차 상권 등으로 분류하고, 그 크기에 따라 대형상권(밀집번화가 상권), 중형상권(대학가 상권, 오피스가 주변 상권, 역주변 상권, 대형소매점 상권), 소형상권(동네 상권) 등으로 구분하기도 한다. 도표 1.35

도표 1.35 고전적 상권이론과 상가입지

구 분	내 용	상가입지
중심지이론 (W.Christaller)	인구증가, 경제력 향상 등에 의하여 중심지의 수가 증가. 교통 발달에 따라 고차원 중심지 성장, 저차원 중심지 쇠퇴	인구 밀도가 높은 곳 접근성이 좋은 곳
소매인력법칙 (W.J. Reilly)	두 중심지가 미치는 영향력의 크기는 두 중심의 크기에 비례하고 거리의 제곱에 반비례	상점수, 인구수가 큰 지역
소매지역이론 (D.L. Huff)	소비자가 특정점포를 이용할 확률은 거리와 경쟁점포의 수, 점포의 크기에 의해서 결정	소비자의 기호나 소득관계를 참작
소매입지이론 (Nelson)	소매점포의 경영주체가 최대의 이익을 얻을 수 있는 매출을 확보하기 위하여 입지하여야 하는 장소	동일, 동종의 업종은 집중 경쟁점포가 과다하면 수익 감소 보완관계에 있는 점포는 인접

2.3.2 상가건물의 관리

① 기술적 측면의 관리

가. 건물의 노후화

준공된 지 오래된 건물은 실내 시설도 노후화 되어 상가를 찾는 고객들에게 좋지 않은 인상을 줄 뿐만 아니라, 엘리베이터, 에스컬레이터, 화장실, 에어컨 등 부대설비도 노후화 되어 이용고객들에게 불편함을 주게 된다. 따라서 노후화된 건물은 고객의 흡인력이 떨어질 수 있다. 이러한 측면에서 신축 상가 혹은 리모델링 상가는 노후화된 상가에 비하여 경쟁력을 가진다.

나. 고객 동선에서의 노출도

동일한 상권에서도 고객의 동선이 몰리는 상가와 그렇지 아니한 상가가 있다. 동일한 상가내에서도 고객의 접근성이 용이한 점포가 있고, 고객에게 잘 노출되지 아니하는 점포가 있다. 전철역 출구에 따라, 그리고 골목에 따라 유동인구의 차이가 난다. 상가에 있어서 고객의 동선에서의 노출도는 상당히 중요한 요인이다. 해당 지역의 중심상권으로부터 거리가 멀수록 고객의 수는 감소하게 되며, 다른 경쟁자가 출현하는 경우 많은 영향을 받게 된다. 또한 여러 상가가 함께 사용하는 주차장 안쪽에 놓여 있는 상가나 주변 고층건물에 가려진 상가, 기타 지형지물로 가려진 상가, 지하철 양쪽 출입구 사이에 위치한 상가 등은 가시성이 떨어진다. 또한 지하층이 깊거나 층간격이 높은 건물의 경우,

건물 내부에 기둥이 많아질 수 있는데, 점포앞에 기둥이 위치하는 경우 그렇지 아니한 점포에 비하여 고객 노출도는 현저히 떨어진다.

다. 랜드마크로서의 기능

그 건물이 어디에 위치해 있는지는 일반인들에게 널리 회자되는 건물이 있다. 상가는 그 지역의 랜드마크(Land Mark)가 되거나 아니면 최소한 주변상권에 거주하는 주민, 혹은 수요자들에게 랜드마크 기능을 하는 건물과 근거리에 위치한다면 인지도 상승의 효과를 얻을 것이다. 최근의 대형복합상가들은 다양한 고객의 욕구를 충족시켜주는 기능 이외에 랜드마크로서의 경쟁도 치열하다. 도표 1.36

도표 1.36 기술적 측면에서의 관리

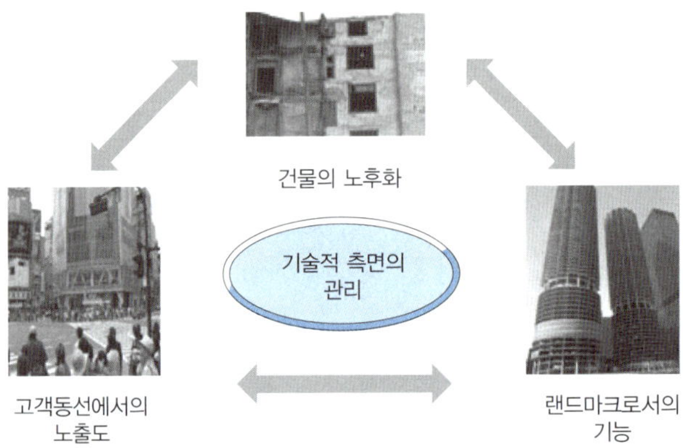

② 경제적 측면의 관리

가. 정확한 상권분석 제시

상가는 단기 시세차익보다는 임대수익이나 자영을 위한 공간, 혹은 장기 투자의 목적으로 보유하는 경우가 대부분이다. 따라서 상가에 대하여는 수익의 가능성이 특히 중요하다. 여기서 수익이란 상가 수요자의 입장에서 살펴보아야 한다. 왜냐하면 상가 수요자는 상가의 입지조건과 주변상권의 크기, 활성화정도, 상권의 주된 업종, 주변에 위치한 시설, 유동인구수, 자기가 하고자 하는 업종, 타겟(target) 고객층, 이동인구의 연령층, 성별, 고객들의 주된 이동시간 등에 대한 고려가 선행될 것이기 때문이다. 따라서 상가의 경제적 측면의 관리는 상권분석에서 시작하여야 한다. 더불어 당해 상가건물이 해당지역에서 다른 상가건물보다 입지조건이 유리한가, 개별상가가 당해 상가건물에서 입지조건이 유리한가, 상가 인근의 배후지 규모 및 고객의 양과 질은 어떠한가, 상가건물내 다른 상가의 활성화는 어느 정도인가, 상권내의 업종분포는 어떠한가 등을 검토해야 한다. 도표 1.37, 1.38, 1.39

도표 1.37 경제적 측면에서의 관리

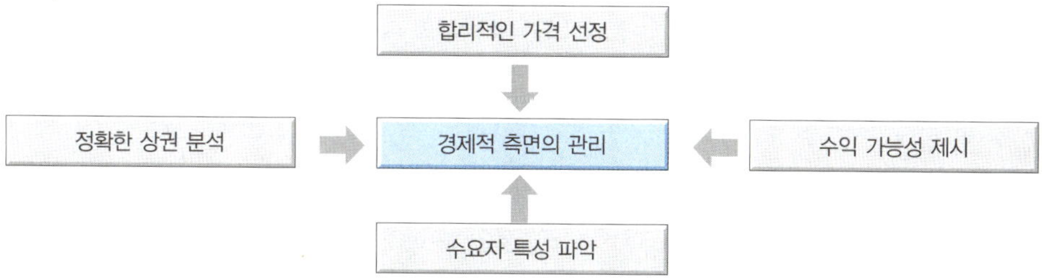

도표 1.38 상권분석에 따른 상가별 관리

구 분	특 징	관리포인트
단지 내 상가	고객층이 얇다.	배후 세대수, 소득 수준
근린 상가	주변 업종의 영향이 크다.	주변 업종
테마 상가	미분양, 경매물건이 많다.	주변 상가 활성화 여부
복합 상가	상권 중복 가능성이 있다.	배후 세대수, 주변 상권 중복 여부
택지개발지구 상가	공실위험이 높다.	상권 정착 예상 소요기간
대형 복합 쇼핑몰	랜드마크 경쟁이 치열하다.	주요 테넌트의 입점 여부

도표 1.39 상권분석의 허와실

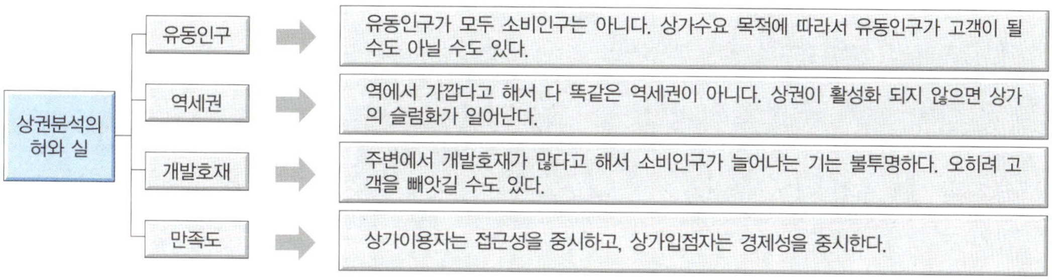

STORY TIP 1.8 좋은 상가 고르는 5가지 방법

1. 좋은 상가는 대부분 낮은 곳에 있다. – 고객의 동선은 낮은 지대로 형성되게 마련이다. 일반적으로 높은 곳에 위치한 상가보다 낮은 곳에 있는 상가가 수익률이 높다.
2. 유동인구가 많은 업종 근처를 주목하라. – 대형 패스트푸드점 커피 전문점이나 할인점으로 가는 길목은 북적거리게 마련이다. 스타벅스 이용객들의 동선을 밟아봐라.
3. 출근길보다 퇴근길이 유리하다. – 출근길에는 한눈을 팔지 않는다. 출근길 상권은 시설이 좋더라도 제 몫을 하기 힘들다. 여유롭게 소비할 시간이 있는 퇴근길이 좋다.
4. 유동인구의 허와 실을 주의하라. – 상가는 유동인구만 많다고 잘 되는 것이 아니다. 한적한 서울 청담동 상가들이 왜 잘되겠는가. 유동인구의 질도 따져야 한다.
5. 배후단지가 튼튼해야 한다. – 대규모 아파트 단지가 있거나 인구 증가가 예상되는 곳이 좋다. 여성 비율이 높을수록 유리하고 10~30대 소비계층이 많아야 한다.

자료 : 신한은행, 한국경제신문, 2009. 6. 8

나. 합리적인 가격 산정

신규분양상가의 경우 분양은 경쟁입찰, 수의계약, 추첨계약, 등기분양, 임대분양 등 다양한 형태로 이루어지고 있다. 분양가격 결정은 원가기준법, 수요공급분석법, 경쟁제품기준법 등의 이론을 통하여 설명할 수가 있다.

신규분양상가나 기존상가 모두 가격의 결정요인으로는 경기변동, 금리와 같은 거시경제 변수외에 상가의 입지(상가내 점포입지 포함), 경제성(인근 배후지의 규모, 고객의 양과 질), 접근성(중심지로부터의 거리), 가시성(상권을 축소시키는 장애물), 활용성(건물내 업종분포) 등을 들 수 있다. 합리적인 가격의 제시는 수요자들로 하여금 대상부동산에 대한 선택을 결정짓는 중요한 요인이 된다. 도표 1.40

도표 1.40 분양상가 가격결정 요인

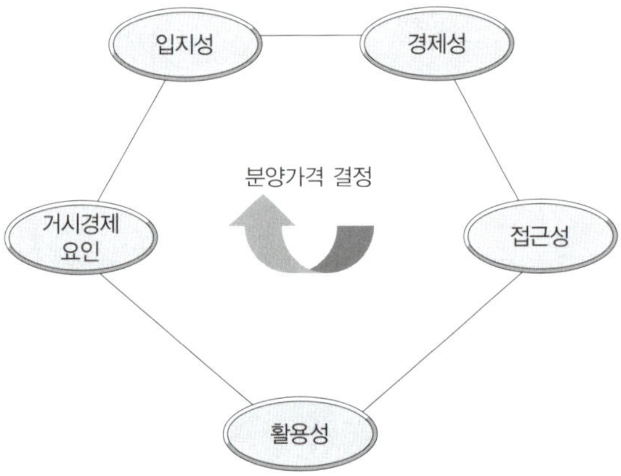

다. 수요자 특성 파악

상가는 다른 부동산들과 마찬가지로 경기변동에도 민감하지만, 수요자들의 성향, 소득, 수요목적 등에도 민감하다. 일반적으로 부동산은 주식에 비하여 변동성이 낮기 때문에 위험도가 낮은 것으로 생각을 하고, 위험소지정도가 낮은 투자자들에게 권하고 있다.

그러나 부동산 수요자중에서도 위험이 적은 정도는 세분화 될 수 있을 것이며, 가령 그 중 Risk Averse정도가 높은 수요자에게는 선임대 상가를 권할 수가 있을 것이다. 선임대 상가의 장점은 안정성이다. 상가건물이 완공이 되고, 입점도 되어 있는 상태이기 때문에 상가투자 초기에 발생할 수 있는 시행사, 시공사의 부도나 임대여부의 문제에서 부담이 덜할 뿐만 아니라 즉각적인 수익확보도 가능하다. 또한 완공된 건물이므로 건물의 내 외부를 직접 확인할 수 있기 때문에 건축예정인 상가에 비하여 분석이 용이하다.

수요자의 상가 구입자금이 자기자본이냐 타인자본이냐도 중요한 고려사항이다. 레버리지효과로 인한 수익률의 차이뿐만 아니라, 예기치 못한 상황에서 차입금에 대한 이자비용을 감당할 수 있느냐 여부도 고려되어야 하기 때문이다.

또한, 수요목적이 임대수익이냐, 자본이득이냐, 창업용이냐에 따라 대상 상가의 위치, 업종이 상이할 수가 있다. 특히 수요자의 목적에 따라서는 동일상권에서도 고객층이 달라진다. 도표 1.41

도표 1.41 손익분석에서 고려해야 할 항목

라. 수익가능성 제시

수요자에게 상가 선택에 따른 예상가능매출액, 미래가치상승가능성, 비용수익분석, 투자수익률 등을 제시할 수 있어야 한다.

③ 법률적 측면의 관리

수요자의 입장에서는 주거용 건물과 마찬가지로 상가도 구입단계에서 매도인의 권리여부, 건물의 등기여부, 대리인의 대리권 여부, 세금 등을 확인하는 절차를 거쳐야 하지만, 상가는 주거용과는 세금부분에서 차이가 나고, 또한 기존상가를 구입하느냐 분양상가를 구입하느냐에 따라 살펴볼 내용은 다소 차이가 난다.

신규상가의 경우 건설사 부도로 공사가 중단되면 새로운 시공사가 선정될 때까지 분양예정시기가 무기한 연기될 뿐만 아니라, 법적 보증의무가 없는 탓에 수분양자는 분양대금을 돌려받을 법적 보호장치도 없다. 시공사가 교체되는 경우에는 기존 계약조건의 이행여부문제나 완공후에는 하자보증문제 등이 남는다.

따라서 시공사의 재무건전성, 보증여부 확인이 필요하며, 이중분양의 피해를 입지 않도록 유의해야 한다. 도표 1.42, 1.43

도표 1.42 법률적 측면의 관리포인트

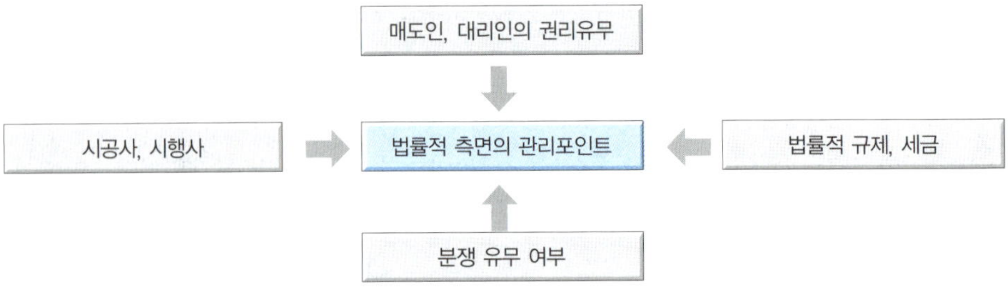

도표 1.43 상가분양계약서 주요 점검 사항

약 관	공정거래위원회가 제시한 상가분양 계약서 표준약관 사용여부
수익보장	계약서상 명시여부
계약해제	위약금의 범위 및 사유, 조건 확인
설계변경	변경 조항 명시 및 해제조건 여부
기 차	시행사, 시공사의 재무건전성, 보증여부, 추가비용 요구여부

또한 상가에 대한 법률적 규제의 변경여부는 상가투자수익에 큰 영향을 미칠 수 있으므로 정부정책의 변화에 따른 규제변동에도 신경을 써야 한다.

한편, 리모델링의 경우에는 건물의 물리적인 증축 가능성을 일단 확인해야 하고, 증축에 따른 임대수요의 조사와 공사기간 등에 따른 수익성 여부를 고려해 관리하여야 한다. 그 외에도, 상가내부 혹은 주변상가와의 분쟁여부 등도 중요한 고려사항이다. 결국, 상가투자는 상권분석, 자금계획, 투자회수계획, 임대계획, 정책변화검토 등 종합적인 전략이 필요한 계획이다. 도표 1.44

도표 1.44 상가관리시 고려사항

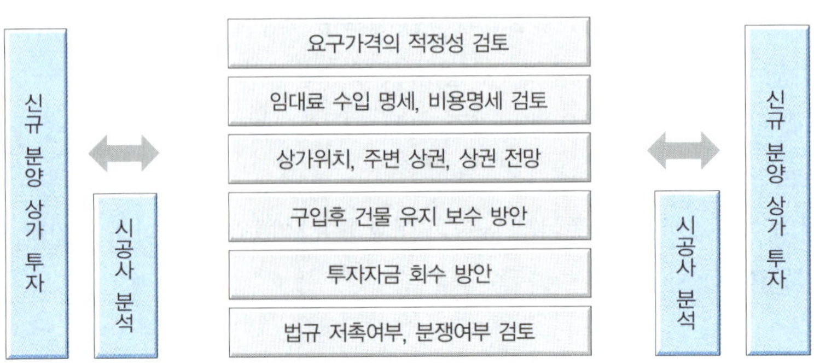

2.4 오피스건물

2.4.1 오피스건물의 의의와 분류

① 오피스건물의 개념

사전적 의미로 오피스(office)는 공장과 구별하여 사무실 혹은 사무소를 의미한다. 일반적으로 오피스는 업무시설을 통칭하는 말로서, 업무활동을 수행 · 지원하는 핵심공간이다. 넓은 의미로 오피스는 중추적 사무기능과 일반 사무기능, 이를 지원하는 업무 서비스 및 부대기능을 수행하는 공간이다. 요컨대, 오피스는 업무기능을 원활하게 수행할 수 있도록 다양한 서비스 시설을 갖춘 사무 공간 내지 업무시설이다.

② 오피스건물의 분류

오피스는 여러 기준으로 다양하게 분류할 수 있다. 크게 수행기능에 의해 구분하는 방법, 집적형태에 의해 구분하는 방법, 자리와 규모에 따른 분류, 질적 수준에 의해 구분하는 방법 등이 있다.

가. 오피스건물의 수행기능에 따른 분류

업무시설로 불리는 오피스는 수행기능에 따라 일반사무기능, 업무서비스기능, 부수적인 기능으로 분류할 수 있다. 도표 1.45

도표 1.45 오피스건물의 수행기능에 따른 분류

일반사무기능	업무서비스기능	부수기능
관공서 국영기업체 기업체의 본사, 본점, 지점	행정 · 법률서비스 금융 · 보험서비스 상업서비스 의료 · 보건서비스 사회 · 문화서비스 위락서비스 유도생산서비스 공급서비스 호텔 등의 숙박서비스	연구 · 개발서비스 정보 · 통신서비스

자료 : 주종원, "서울시 미래형 비즈니스타운 개발구상", 서울대공학연구소 · 상성종합건설, 1992, p. 48

나. 오피스건물의 집적형태에 따른 분류

오피스 기능의 집적형태는 수행 기능의 성격, 업무량, 군집의 필요성 및 가변성 등을 고려하여 분류할 수 있다. 대단위와 소단위는 수행기능의 성격과 규모를 기준으로 구분되고, 단일형태와 집적형태는 단일건물에 집적해 있는지 아니면 개개의 조직체가 고유한 성격을 지니며 집적해 있는가에 따라 구분된다.[72] 도표 1.46

도표 1.46 집적형태에 따른 분류

구 분	집적형태	유 형
대단위	단일형태	- 국가적 차원의 대표적인 조직체 - 대규모의 기업단체 등이 단일건물에 집적하는 형태 - 중추적인 기능과 상징적인 의미
	집적형태	- 개개의 조직체로서 고유한 성격을 가지고 있으면서도 상호 유사한 목적을 가지며 밀접한 관계를 가지는 기구들이 군집한 형태 - 연구소, 도서관, 정보센터, 매스컴, 대단위 교육, 문화시설 등 업무지구의 중심
소단위	단일형태	- 소규모의 기업 및 단체들 - 고유한 특성과 상징성을 가지며 단일건물로 집적하는 형태
	집적형태	- 소규모의 기업 단체 등이 집적된 구상의 집적 - 독립성과 가변성을 가지며 유사성격의 군집으로 지역의 성격을 형성
	균배형태	- 공공서비스 기능 및 소단위의 교육, 문화 기능이 개개의 소단위로 업무 지구 내에 균등하게 집적하는 형태

다. 오피스건물의 자리와 규모에 따른 분류

도시공간위에서 오피스가 자리 잡는 위치와 규모에 따른 분류이다. 오피스는 일반적으로 층수에 따라 5층 이하의 소형, 5~9층의 중형, 10층 이상의 대형으로 구분된다. 아울러 오피스가 자리잡는 위치에 따라 도시의 중심부인 도심, 그 다음 중심부인 부도심, 기타지역으로 구분된다. 도표 1.47

도표 1.47 오피스건물의 자리와 규모에 따른 분류

자리 / 규모	도 심	부도심	기타지역
대 형 (10층 이상)	• 도심 중심부내 대형건물로서 대기업본사 등이 자리 잡음 • 금융, 보험 등 전문업종이 자리 잡음	• 지가, 재개발 등 특수요인에 의해 개발되는 경우 대형오피스가 자리 잡음 • 도심으로부터 이전한 업무시설이 자리 잡기도 함	• 오피스의 기능상 자리 잡기가 어려움
중 형 (5~9층)	• 중형기업의 본점이나 전문 업종이 자리 잡음	• 중소기업의 본점이나 대기업의 지점이 자리 잡음	• 오피스의 기능상 자리 잡기 어려움
소 형 (5층 이하)	• 재개발의 대상이 되는 구식 건축물이 주가 되며 보조서비스 기능을 담당	• 보험회사, 건축설계사무소 등 전문직종이 많이 자리 잡음 • 저층부는 판매서비스기능이 자리 잡음	• 근린업무시설이 주로 자리 잡아 주거지역에 근린서비스 등을 제공함

자료 : 대한주택공사, "과천신도시 중심상업지구 계획 · 설계 · 개발," 1982, p. 102

72) 강인덕, "오피스 수요와 공급의 동태적 분석을 통한 시장안정화에 관한 연구", 강원대학교 대학원 박사학위논문, 2007, p. 24~25. ; 조덕훈, 「부동산입지론」(부연사, 2009), p. 226.

라. 오피스건물 공간의 질적 수준에 따른 분류

오피스의 위치, 편의시설의 질적 수준, 건물의 노후상태, 건물구조의 물리적 상태 임대범위에 따라서 아래의 도표처럼 A, B, C로 분류할 수 있다. 도표 1.48

도표 1.48 오피스의 질적 수준에 따른 분류

분 류	특 징
A	- 우수한 위치 및 접근이 용이한 건물 - 우수한 물리적 조건으로 이익이 있고, 모든 조건들을 만족
B	- 좋은 위치를 가지고 있는 건물 - 건축과 물리적 조건들이 적합하나, 약간의 기능적 위축과 물리적 저하로 애로
C	- 노후 된 건물(15~20년)이 특징 - 모든 조건들을 만족시키지 못함 - 물리적인 퇴보와 기능적으로 위축되나, 공급의 일부로서 존재

자료 : Neil Cam 외, Real Estate Market Analysis, Prentice Hall, 1988, pp. 240~241.

2.4.2 오피스건물의 관리

① 기술적 측면의 관리

가. 인텔리전트화

인텔리전트화란 빌딩자동화, 사무자동화, 정보통신시스템을 하나로 접목시킨 개념이다. 정보화 사회로 이전되어가면서 첨단 정보통신 기술의 발달 및 장비가 출현하게 되었고, 사무업무의 비율 증대와 사무생산성의 증대가 요구되었다. 따라서 빌딩관리비의 절감을 위한 에너지절감이 요구되고, 점차 관리 인건비가 상승되는 등 변화를 적극적으로 수용하고 해결하기 위한 해결책이 필요하다. 그러므로 빌딩경영 수입의 대부분을 차지하는 임대료 수입과 임대율을 높이기 위하여 인텔리전트화되고 있다.

나. 표준화

오피스빌딩 임대시장의 기존 관행은 진부화된 형태로 변화의 속도가 느리고 전근대적인 틀을 벗지 못하고 현재에 이르렀다. 그러나 최근 트랜드는 최첨단을 도모하기 위하여 모든 업무의 규격화, 매뉴얼화가 시도되고 있다. 인증제와 도입은 많은 부분을 표준화로 업무효율을 증대하고, 전반적 빌딩관리의 체계를 구축함으로서 원가절감을 통하여 저렴한 임대가로 임차자를 직접 유인하는 풀(pull)전략으로 변화하고 있다.[73] 도표 1.49

73) 조인하, "J사의 오피스 임대율 제고를 위한 마케팅전략 사례 연구", 인천대 대학원, 2003, pp.71~72.

도표 1.49 기술적, 경제적, 법률적 관리

기술적	• 인텔리전트화 – 빌딩자동화, 사무자동화 • 표준화 – 모든 업무의 규격화, 매뉴얼화 시도
경제적	• 시가정책 – 경쟁업자와 동일가격 • 가격할인정책 – 현금할인과 특별할인의 혜택
법률적	• 리모델링 – 15년 된 건물의 리모델링 허용 • 증축면적 – 20% → 30% 상향조정

② 경제적 측면의 관리

가. 시가정책

경쟁업자의 가격과 동일가격으로 하든가 혹은 경쟁업자의 가격을 추종하지 않으면 안 되는 경우에 취하는 가격정책이다. 몇 개의 경쟁업자들이 매긴 가격은 사실상 타기업이 따라야 하는 가격이 되는 것이 보통이다. 인근지역에 비해 가격이 상대적으로 높다면, 경쟁력에서 앞서 나갈 수 없을 것이다.

나. 가격할인정책

할인정책에는 현금할인, 특별할인 등이 있다. 할부정책에는 년 · 월 할부정책이 있다. 현금할인은 판매대금을 신속히 지급하여 주는 구매자에게 제시하는 가격인하인데, 일시불은 몇 % 할인, 며칠 내, 몇 달 내 지불은 몇 % 할인하는 방식으로 할인을 받게 해주는 방법이다. 기일 전에 대금 지급을 받으면 실질적 금리를 부담하지 않아도 되므로 금리의 절약분 만큼 할인해준다.

③ 법률적 측면의 관리

오피스빌딩도 일반적으로 15년 넘으면 리모델링이 허용된다. 아파트 등 공동주택은 중간층에 주민공동시설을 들일 경우 그 면적만큼 증축할 수 있게 된다. 이외 부동산 공 · 사법상 법률적 측면에서의 제반관리가 요구된다.

용어 정리

- 개량 (改良 : Reform)
- 경제적 관리 (經濟的管理 : Economic management)
- 관리 (管理 : Management)
- 관리요원 (管理要員 : Manager of management)
- 관리자 (管理者 : Manager)
- 관리행위 (管理行爲 : Managementing)
- 규율 (規律 : Discipline)
- 기술적 관리 (技術的管理 : Engineering management)
- 법률적 관리 (法律的管理 : Legal management)
- 보존 (保存 : Preserve)
- 부가물 (附加物 : Improvements)
- 부동산관리 (不動産管理 : Real-estate management)
- 부동산관리자 (不動産管理者 : Property manager)
- 수리 (修理 : Repair)
- 수익부동산 (收益不動産 : Income property)
- 시설관리 (施設管理 : Facility management)
- 운용 (運用 : Operation)
- 유지 (維持 : Maintenance)
- 임료수납 (賃料受納 : Collection of rent)
- 자산관리 (資産管理 : Asset Management)

생각해 볼 문제

1. 부동산관리의 필요성과 부동산관리의 의의에 관하여 설명하시오.
2. 부동산관리활동상 부동산하자발생요인과 그 대책에 관하여 논하시오.
3. 부동산자산관리의 영역과 그 내용에 관하여 약술하시오.
4. 부동산자산관리회사의 역할과 각 부서별 업무내용에 대하여 설명하시오.
5. 부동산자산관리자의 주요업무는 무엇이 있는지 그 내용을 논하시오.
6. 부동산관리업의 문제점과 그 과제에 대하여 설명하시오.

CHAPTER

02 부동산의 관리방식

I 부동산의 소유와 관리의 분리

01 부동산관리제도의 확립

부동산 중 공동주택이나 분양상가 등 집합건물은 구분소유권이 인정되지만, 구조상 전유부분과 공용부분 및 이들에 부속한 부속시설물로 구성된 복합시설물로서 구조상 일체성을 확보하고 있다.[1]

건물에 대하여 구분소유가 성립하려면 그 건물이 반드시 한 동(棟)의 건물이어야 하고 두 동(棟) 이상의 건물이어서는 안 된다. 이러한 의미에서 건물의 한 동성(즉, 하나의 건물)은 구분소유의 논리적 전제이며 기초가 되는 것이다.[2] 그런데 근래 대도시 등에서는 공중이나 지하로 연결된 복잡한 구조의 건물이 등장함에 따라서, 이러한 건물에서 건물의 일체성(즉, 한동성)이 어디까지인지가 애매하게 되었다. 여기서 한 동의 건물인가 여러 동의 건물로 보아야 하는가의 구별이 어려운 경우가 있어서 그 판정기준이 문제로 된다.

집합건물법(集合建物法) 제1조에 대응하여 부동산등기법 제15조 1항은 집합건물에 있어서는 한 동의 건물에 속하는 전부에 대하여 1용지를 두도록 하고 있는데, 이러한 등기부의 기재는 건물의 일체성 판정에 하나의 자료로서의 의미를 가질 수 있을 뿐이며 그에 의할 것만은 아니다.[3] 결국 건물의 한 동성은 사회통념에 따라서 정할 수밖에 없다.

그러나 사회통념이라고 하는 것만으로는 너무 추상적이고 막연하므로 구체적인 경우에 있어서 1동의 건물이냐의 판정기준이 무엇인지 실질적으로 문제될 것이다. 이에 대하여 일본의 玉田弘毅 교수는 건축구조상의 일체성, 외관상(외장)의 일체성, 건물기능의 공통성(외부와의 출입구 · 복도 · 계단실 · 엘리베이터 · 수도 · 전기 · 가스 · 집중냉난방시설 등), 용도 내지 이용상의 일체성(생활공간으

1) 이창석, 「부동산관리론」(서울 : 신광문화사, 2007) 참조.
2) 구분소유가 성립되려면 1동의 건물이 전제가 되므로, 결국 구분소유는 1동의 건물을 수인이 소유하므로 공동소유의 하나의 유형이라고 볼 수 있다.
3) 이태운 등, 「주석민법 물권(2)」, 121면(박준서 등 편, 한국사법행정학회, 2000).

로서의 일체성)[4] 등의 기준을 제시하고 있다.[5]

집합건물법 제1조의 해석과 관련하여 종래부터 건물의 일부분이 구분소유권의 목적물이 되려면 이른바 '구조상의 독립성'과 '이용상 독립성'이라는 두 가지의 요건을 갖추어야 한다고 주장되었다.

여기서 통설적 견해는 구조상 독립성은 물적 지배의 범위의 명확성(또는 공시의 원칙)과 관련시켜 구분소유의 목적인 전유부분이 다른 전유부분과 구조적으로 구획되어 있음을 말한다.[6] 일부 견해는 구조상독립성을 "건물의 구성부분인 벽 · 문 · 계층 등에 의하여 다른 건물부분과 완전히 차단되는 것"[7]을 의미한다고 하여, 구조상독립서을 차단성으로 보는 견해도 있다.

구분소유물 전유부분의 소유권을 취득하거나 제한물권 또는 임차권의 설정에 의하든, 전유부분 이외의 공용부분에 대한 일정한 사용권이 인정되는 것으로, 집합건물의 사용 · 수익에는 단체성과 공동성이 지배하게 된다. 따라서 구분건물에 있어서는 각종 공용부분에서와 같이 그 부속물은 물론 각개의 전유부분에 관하여도 단체성 공동성의 원리에서 그 적극적 관리체제를 수반해야 된다. 이러한 의미에서 공동주택이나 분양상가는 일종의 복합건물이라 할 수 있고, 이에 따른 적합한 관리체제가 요구된다.

집합건물에서 요구되는 관리체제는 민법의 특별법으로서의 「집합건물의 소유 및 관리에 관한 법률(이하 '집합건물법'이라고 함)」이 적용되며, 공동주택의 경우에는 공법상 규율로서 「주택법」을 바탕으로 하여 세부적 사항을 동법 시행령과 동 규칙에서 일정한 의무규정을 둠으로써 공법과 사법에서의 이원적 관리체제를 마련하고 있다.

특히, 집합건물법에서는 민법상 공유 법리를 바탕으로 한 법정관리체제로서 관리단에 의한 공공관리체제를 원칙으로 하고 있다. 그러나 주택법에서 정한 사업주체가 분양하는 대규모의 집합건물법에 있어서는 그 시설 · 규모 · 설비 등으로 보아 집합건물법이나 민법이 규정하는 법정관리체제만으로 관리함이 곤란할 경우가 많다. 따라서 여기에는 관리의 원활화를 위하여 법정관리체제를 수정 혹은 보충하기 위한 특별관리체제로서 규약 · 관리인 · 관리소유 · 관리단 등으로 구성하는 것이 일반화되고 있다.[8]

특히, 집합건물은 분양 후 세월이 경과함에 따라 외형적으로는 건물의 외관 · 시설 · 설비 등의 노

4) 우리의 판례도 "건물의 개수를 판단함에 있어서는 물리적인 구조뿐만 아니라 거래 또는 이용의 목적물로서 관찰한 건물의 상태도 그 개수판단 표준의 중요한 자료가 될 것이고, 이러한 상태를 판별하기 위하여는 건물 접근의 정도, 주위의 상황 등 객관적인 사정은 물론 건축한 자의 의사와 같은 주관적인 사정도 고려하여야 할 것으로서 단순히 건물의 물리적 구조로서만 그 개수를 판단할 수는 없는 것이…"라고 하여 대체로 이러한 입장을 취하고 있다(대판 1961.11.23, 4294 민상 623, 624).

5) 玉田弘毅「注解建物區分所有法(1)」(第一法規出版, 1979). p. 44.

6) 이춘원, "건물의 구분소유 성립요건에 관한 연구" 제2집, 집합건물법학, 한국집합건물법학회, 2008, pp. 41~43.

7) 박종두, 「물권법」(서울 : 삼영사, 2007), p. 390.

8) 구 집합주택에 알맞은 관리기구로서 의결기관과 감독기관으로 나누고 그 직원으로는 사무직원, 회계직원(financier), 기술직원(technique), 사무원(deservice) 등이 있다; 星野英一, 「フランスの住宅管理」, (東京; 東京大學出會, 1967), p. 66; "박종두, 집합건물의 관리에 관한 법리연구," 중앙대학교 박사학위논문, 1988, pp. 19~21.

후화 · 비거주 이용 및 기능 저하가 발생하고, 주체적으로는 구분소유권자의 교체 · 구분소유권자의 소득수준의 저하 등으로 인한 임대용 주택이 증가한다. 이 결과 구분소유권자의 집합주택에 대한 관리에 관한 의욕이나 능력, 수준, 비용부담 등이 쇠퇴하여 관리체제의 형식화 또는 관리부재로 인한 주택의 슬럼(slum)화가 나타난다. 이와 같은 상황은 현실적 측면에서 부득이한 것이지만, 그렇다고 이를 방치할 수 없음은 명백하다. 따라서 이러한 현상에 비추어 볼 때 체계적인 관리체제가 더욱 요청된다.[9] 도표 2.1

도표 2.1 집합건물의 관리체계

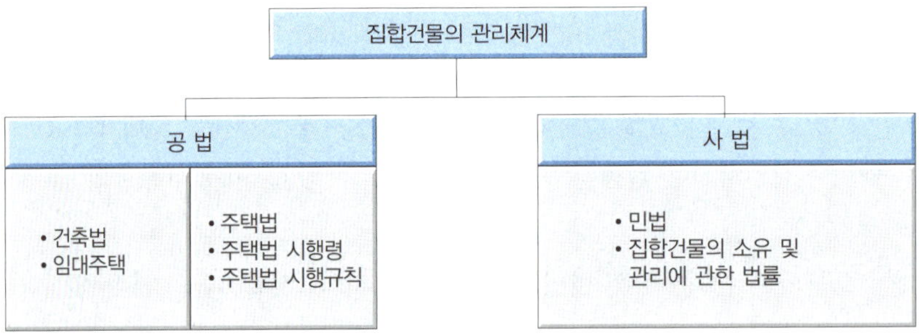

부동산관리제도의 필요성은 빌딩과 주택의 문제에서 제기되고 있다. 특히 공동주택은 우리에게 비교적 생소한 주거형태로서 그 구조 및 소유관계의 특성상 주거생활을 하는 데에는 편리성은 있지만, 주거생활의 제약과 개인의 프라이버시가 보장되지 않는 등 많은 문제가 존재한다. 특히 공동주택에서의 생활양식에 익숙하지 못한 주민들이 협동체에 대한 연대의식의 부족과 각자가 단독주택처럼 자기의 편의대로 생활을 영위한다면 자칫 이웃에게 피해를 끼치게 되며 입주자 상호간에 분쟁이 야기될 수 있다.

또한 부대시설과 복리시설 등의 공용부분에 대한 무관심과 관리비용의 절감을 이유로 유지관리를 소홀히 하게 된다면 공동주택의 노후화는 급속하게 진행되어 주거의 안전뿐만 아니라 재산상의 피해를 가져올 수 있다.

특히 주택정책에 있어서 주택의 건설 및 공급과 아울러 이미 전국민의 50% 이상이 거주하고 있는 공동주택의 사후관리의 문제가 대두되면서 건설된 공동주택에 대한 유지관리와 슬럼화 방지를 위한 효율적인 관리에 대한 관심을 제고시키지 않을 수 없게 되었다.[10]

9) 김겸익, "집합주택의 구분소유법리에 관한 연구", 부산대학교 박사학위논문, 1983, p. 77.
10) 이창석 외, 「공동주택관리실무」(서울 : 경록, 2009), p. 18.

STORY TIP 2.1 조직인과 부동산관리

화이트(William H. Whyte)는 1956년 그의 저서, 「조직인(The Organization Man)」에서 현대조직인의 비참한 모습을 그리고 있다. 조직 속에 있는 구성원들은 자신의 개성은 무시당한 채 조직에 대한 완벽한 복종(total surrender of individuality to the organization)을 요구받는다는 것이다. 이러한 조직인의 탄생은 개인이 문제가 아니라 조직의 규율 때문이며, 구성원 스스로는 자기파괴적(self-destructive)인 조직의 규율에서 벗어나지 않으려는 습성 때문이라는 것이다. 폐쇄적인 조직 자체를 지나치게 숭배하는 관습에서 비롯되는 이 조직인 모델(organization man model)은 그가 제시하는 새로운 사회윤리모델(socialethic model)로 해결될 수 있다고 지적하고 있다. 사회윤리모델은 집단(group)이 창의의 근본이고, 개인의 궁극적 필요는 소속감(belonging)이며, 소속감을 고취시키기 위한 과학의 적용(application of science to achieve belonging)이어야 한다는 것이 요체이다.

그는 이 모델의 대표적 조직이 IBM과 AT&T와 같은 대규모 기업조직이라고 주장한다. 조직인 모델은 Chestr Barnard의 단체정신론(esprit de corps), Elton Mayo의 협동지직론(cooperative bodies)과 같은 맥락이며, 1940년대 이후 주요 흐름인 신고전조직이론인 인간관계론의 흐름과 같은 논리이다. 이는 후일 사회학자 Robert K. Merton이 관료제의 병폐를 주장하는 데도 비판의 대상이 되었다. 머톤은 정부관료제도 조직인 현상이 팽배하여 관료제의 병폐가 생겨나는 것이라고 하였다.

자료 : 황윤원, 「행정학원론」 (서울 : 형설출판사, 2009), p. 218

02 부동산소유와 관리의 분리

2.1 관리의 기업화

구분건물의 경우 공용부분에서는 물론 전유부분에서도 구분소유물의 공공성에 입각하여 단독소유에서와 달리 계속적이고 제도적인 관리가 요청된다. 그러나 최근의 주택소유경향은 단지 자기 소유 목적보다는 일시거주로 사용되거나 임대 등의 방법에 의해 사용되는 경우가 많다. 이로 인하여 공용부분 및 그 부속시설물에서는 물론, 자기점유의 전유부분에서까지도 제도적 관리가 요청될 뿐만 아니라, 특히 고층아파트의 경우 구분소유자 사이에 관리 분쟁이 적지 않게 발생되고 있다.[11]

이와 같은 현상은 개인주의적 자본주의사회에서는 불가피한 현상이지만 이들을 보다 효율적으로 관리, 또한 분쟁을 방지하기 위하여서는 주택의 소유와 그 관리의 기업화 및 고도화 현상이 초래되고 있다.[12]

11) 玉田弘毅, マンションの法律(下), (東京 : 一粒社, 1978), p. 2.
12) 上井長タ, 「區分所有法の後割と限界」, ジュリスト, 第17巻, 1980, p. 113.

그 구체적인 사례를 보면, 먼저 공공주택에서는 물적 관리자체가 전문적 지식 · 기술 및 경험과 집약적인 관리가 요구되는 관리에 전문화가 필요하게 된다.[13]

2.2 관리조직의 사단화

집합건물로서의 특수시설물(난방 · 가스 · 전기) 등에 있어서는 구분소유자 사이에 긴밀한 협력이 있다 하더라도 용이하게 관리될 수 있는 것은 아니고 전문적 지식을 가진 관리조직을 구성하거나 전문관리업자에게 위탁하여 관리되는 것이 일반적이다. 따라서 구분소유자들은 공개적으로 관리조직을 결성하거나 때로는 독립된 관리조직에 인격을 부여한 관리조직을 구성하게 되는데, 이것은 곧 '관리조직의 사단화' 현상이며, 관리의 조직화를 통한 전문적 관리를 도모하고 있다. 또한 '관리의 임대화' 현상이다.

관리를 위탁하기 위한 단체의 형성 또는 이들의 운영 등에 수반하는 사무 및 관리권의 공동결정 그 자체가 구분소유자에게 번거롭게 때로는 복잡할 때가 많다. 이를 위한 제도적인 구상으로 관리업자 또는 관리인이 구분소유자와는 별개인 존재로 선임될 것이 요구되었다. 구분소유자는 관리에 아무런 관심이 없고 관리인의 관리행위에 대한 보수를 단순히 의무적으로 지급함에 불과하다. 구분소유자들의 의식에는 관리비는 지급하지 아니할 수 없고, 나아가 통상의 전기료 · 수도료와 같이 정기적으로 각 구분소유자가 지출하여야 할 일종의 고정비용의 항목이었다. 즉 구분소유자와 관리인의 관계에서는, 임차인과 임대인의 관계와 유사한 의존의식이 형성되어 관리에 관한 주체 의식은 현저하게 희박해지는 현상을 드러내고 있어 구분소유자들은 자기 소유 구분소유권을 하나의 상품화의 수단으로 생각하는 경향이 있다.

따라서 관리와 소유가 분리되는 구체화 현상으로 독립된 관리조직(관리조직 또는 관리조합법인)이 형성되었고, 또 관리인은 적어도 물적 기술적 관리뿐만 아니라, 장기적 수선과 개량, 복구 등 통상 관리에 있어서 실질적 주체로 되고 있다.[14]

13) 長業運, 「住宅管理人の養成」, 有泉亭 編 「集團住宅의 のその管理」, (東京 · 東京大學出版社, 1967), p. 149.
14) 김겸익, 전게논문, p. 77 ; 박종두, p. 21.

Ⅱ 부동산의 관리체제

01 법정관리체제와 임의관리체제

구분소유물의 전유부분에 있어서는 각 구분소유자가 자기 관리권의 범위에 상호 공동이익이 침해되지 않도록 관리할 책임을 진다. 건물의 공용부분 및 공용시설 등 부속물에 대하여는 전부 또는 일부 구분소유자들의 공유에 속하므로 공동으로 관리해야 한다.

구분소유물 중 비교적 규모가 작은 구분소유물에서는 그들 간에 자치적으로 관리할 관리체로서, 특히 특별법의 적용이 배척되는 민법상 공유 법리에 따라 임의적 관리가 가능하다. 그러나 대규모의 집합건물이나 수십 호의 구분소유권을 가진 집합건물에 있어서는 민법의 공유규정만으로는 관리가 불가능하므로 복잡하고 필수적 · 전문적인 관리체계가 요구된다. 따라서 집합건물의 관리는 구체적 관계 법률을 두어 그 관리체계를 법정관리체제와 임의관리체제로 나누어 그 관리기능의 합리화를 기하고 있다.

1.1 집합건물법상 관리체제

우리 집합건물법 제1조는 "1동의 건물 중 구조상 구분된 수개의 부분이 독립한 건물로서 사용될 수 있을 때에는 그 각 부분은 이 법이 정하는 바에 따라 각각 소유권의 목적으로 할 수 있다."고 하여 구분소유권의 목적물로 될 수 있는 건물부분의 요건을 정하고 있다. 따라서 구분소유권이 성립되려면 '1동의 건물'이어야 하고, '구조상 구분된 수 개의 부분이 독립한 건물'로서 사용될 수 있어야 한다. 이를 구체적으로 보면, ① 1동의 건물이어야 하고, ② 건물의 일부분이 구조상 구분되어야 한다는 「구조상의 독립성」 및 ③ 독립한 건물로서 이용될 수 있어야 한다는 「이용상의 독립성」을 갖추어야 한다.

판례도 같은 취지에서 구분소유의 목적인 건물의 일부를 전유부분으로 볼 수 있기 위하여는 그 건물부분이 구조상으로나 이용상으로 다른 부분과 독립되어 있을 것을 요한다.[15]라고 한다.

집합건물법에서는 건물에 대하여 구분소유관계가 성립하면 구분소유자는 전원으로써 건물 및 그 대지와 부속시설의 관리에 관한 업무의 시행을 목적으로 하는 관리단을 의무적으로 구성하게 한다. 또한 일부 공용부분이 있는 경우에는 그 일부분의 구분소요자는 그 공용구분의 관리에 관한 업무의

15) 집합건물법 제1조 및 일본 大阪 1993.3.9. 92941214등 다수

시행을 목적으로, 구분소유자의 이해에 관계가 없는 일부 공용부분의 경우를 제외하고 다른 부분의 구분소유관계가 성립하면 관리단의 당연설립을 규정한다. 이들 중 구분건물의 공용부분에 관하여는 공용법리에 의한 공동관리를 법정관리체제로 규정하였다.[16]

집합건물법에 의하면 공용부분의 관리는 공유자의 지분 가격에 따라 과반수로 결정하는 것이 원칙이다. 다만, 공용부분의 변경은 공유자 4분의 3이상의 합의를 요한다. 또한 공용부분의 변경이 개량을 위한 것으로써 과다한 비용이 드는 것이 아닌 경우에는 공유자 지분의 과반수로 정할 수 있다. 관리에 필요한 비용은 각 공유자가 그 지분의 비율에 따라 공용부분의 관리비용, 기타의무를 부담하여, 공용부분에 대한 이익을 취득한다. 이 경우 지분은 공용부분에 있어서는 구분소유자 각각의 전용부분의 면적의 비율에 의하나, 그 공유지분의 비율을 규약으로서 달리 정하는 것이 허용된다. 그러나 공용부분대지의 보존행위는 각 구분소유자가 단독으로 할 수 있다. 그 외에도 구분소유자가 공용부분대지에 다른 구분소유자에 대하여 가지는 채권은 그 특정승계인에 대하여도 행사할 수 있게 하였다. 또한 민법에서도 집합건물의 공유성을 감안하여, "각 공유자가 1년 이상 관리비의 지불이행을 하지 않을 때는 다른 고유자가 상당한 가액으로 지분을 매수할 수 있다"라고 하여 구분소유자의 다른 공유지분의 강제매수건을 규정하고 있다. 이것은 일반적 공유 법리와는 다른 구분소유에서의 특수성에 기인한다.

구분소유자집회는 구분소유자가 일정한 장소에서 집합하여 그들 사이의 공동의 문제를 협의하기 위하여 결합한 의회체로서 구분소유자단체의 최고의사결정기관이다. 이것은 공용부분의 보존 · 관리에 관한 구분소유자 사이의 합의 · 결정 · 집회의 결의 등을 실행하고, 구분소유물을 관리하는 권한 등을 가진 관리인을 선임 해임하는 경우에 적용한다.[17] 도표 2.2

도표 2.2 관리단 관리의 절차

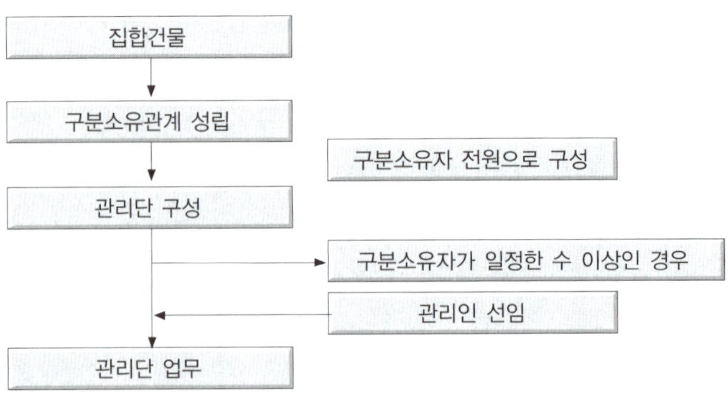

16) 황수윤, "집합건물의 소유관리에 관한 연구", 조선대학교 박사학위논문, 1986, p. 86.
17) 집회를 의사결정기관으로서 설정하고 있다.

1.2 주택법에 의한 관리체제

주택법에 의한 관리체제로서 입주자대표회의가 있다. 공동주택관리에 관한 동법의 기본적 방향을 보면 정부는 공동주택관리와 관련하여 발생하는 각종 분쟁과 사고를 제도적으로 사전에 예방하기 위해 기본적인 사항만을 동령에서 규정하고 지도 · 감독하고 있다. 입주자는 주택법시행령에 근거 입주자대표회의를 구성, 관리규약을 제정하고 이에 따라 기구를 조직하여 관리업무를 수행하게 하고 있다. 따라서 입주자대표회의는 당해 공동주택단지 내 주민의 공동 이해 관계 사항 및 주민의 공동 관심 사항을 결정하기 위하여 단지 내 동별 대표자로서 구성된다.

일정한 세대 이상의 공동주택승강기가 설치된 공동주택, 중앙 집중식 난방방식의 공동주택 중 어느 하나에 해당하는 공동주택 등의 관리는 입주자가 자치적으로 관리하는 경우 이외에는 주택관리업자에 의하여 관리한다. 즉, 입주자는 공동주택관리를 함에 있어서 자치관리기구를 통하여 하든가 주택관리업자를 선정하여 하든가 결정하여야 한다, 이에 대한 아무런 결정이 없을 때는 사업주체가 주택관리업자를 선정하여 입주자에게 그 사실을 통지하여야 한다. 한편 사업주체는 의무 관리 기간 중의 관리업무를 주택관리업자에게 대행하게 할 수 있다. 이 관리업무는 전문업자인 주택관리업자에게 맡기고 주택건설사업체는 주택건설이라는 본연의 업무에만 전념할 수 있게 하고자 하는 것이다.

공동주택관리는 PART 03 참조

공용부분의 관리를 위하여 구분소유자는 규약의 설정, 관리인의 선임, 관리소유권의 설정, 기타의 조치를 취할 수 있다. 이들의 어느 것이나 모두 임의적인 기관으로서 구분소유건물의 유지 · 관리에 있어서 중요한 요소이다. 특히 규약과 더불어 관리인은 집합건물의 관리를 위하여 필수불가결한 기구로서 중요한 역할을 하고 있다. 임의적 관리기구의 설치목적은 구분소유자가 스스로의 판단에 의하여 관리조직을 구성하는 것이 가장 바람직한 운영방법이라는 데 있다. 그러나 현실에 있어서는 구분소유자는 대체로 관리지식이 풍부하지 못하기 때문에 임의 관리기구로서는 관리의 기능을 발휘하지 못하고 있다. 그러므로 집합건물법은 구분소유자의 이와 같은 적극적 · 자발적 관리를 기대하면서 규약에 특별히 정하지 않는 경우에 적용할 보충적 규정을 두고 있다.

공동주택의 관리방식은 관리주체[18]에 따라 자치관리, 위탁관리, 사업주체 관리로 나누어지며, 임대주택의 경우 사업주체에 의한 자체관리와 위탁관리[19]로 구분한다. 국민임대주택 관리방식은 영구임대, 장기임대 등 임대주택유형에 따라 차이가 없이 동일한 제도와 관리체제하에서 적용되고 있다.[20]

18) 공동주택을 관리하는 자치관리기구의 대표자인 공동주택의 관리사무소장, 관리업무를 인계하기 전의 사업주체, 주택관리업자, 임대사업자 등이며, 임대사업자(임대주택법 제2조 제4호)는 국가 · 지방자치단체 · 대한주택공사 · 지방공사 · 주택임대사업을 하기 위하여 등록한 자 또는 임대주택조합 등을 의미한다.

19) 임대주택의 자체관리는 대통령령이 정한 기술인력 및 장비를 갖춘 임대사업자가 직접 관리하는 것이며, 위탁관리는 임대사업자가 주택관리 전문업체에게 관리를 위임하는 것이다.

20) 박신영 · 권치홍, 「국민임대주택백서」 대한주택공사 주택도시연구원, 2006, p. 269.

「임대주택법」 제17조에 근거하여 300세대 이상의 공동주택 등 일정규모 이상의 임대주택에 대해서는 기술 인력과 장비를 갖추고 인가를 받은 임대사업자가 자체관리하거나 주택법 제53조에 의한 주택관리업자에게 위탁 관리하도록 규정하고 있다. 현재 한국토지주택공사는 임대 업무를 기준으로 자체관리와 위탁관리의 이원화된 체제로 공공임대주택 관리를 운영하고 있다. 도표 2.3

도표 2.3 공공임대주택 관리체제 개요

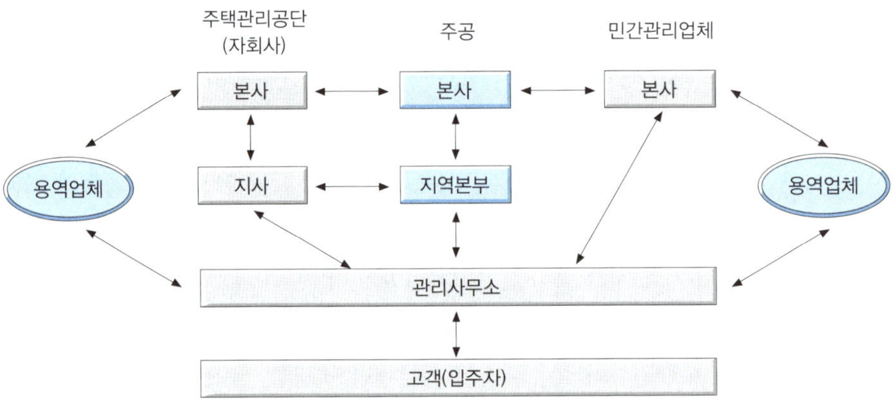

자료 : 김종림 · 박근석, "공공임대주택 대량공급시대의 관리체제 개선방안", 주택도시연구원, 2006, p. 8.

임대업무와 주택관리업무 모두를 자회사인 주택관리공단에게 위탁하고 있는 반면, 국민임대주택은 임대 업무를 주공에서 직접 수행하고 주택관리업무만을 민간관리업체에게 위탁하고 있다.

정부관계조직으로부터 임대업무 혹은 관리업무를 위탁받은 주택관리공단이나 민간관리업체 모두 단지의 경비, 청소, 소독 및 시설물 보수업무 등은 외부 용역업체에게 아웃소싱을 하고 있는 상태이다.[21)]

02 부동산관리 조직체계[22)]

2.1 외국의 부동산관리 체계

미국을 중심으로 싱가포르, 중국, 일본, 영국 등의 경우 외국 부동산 투자 또는 개발을 목적으로 부동산개발회사(Real Estate Development Company)를 설립한다. 회사는 투자금을 공모하여 조성

21) 이동영, "공공임대주택의 효율적 관리를 위한 이해 당사자의 갈등구조분석", 강남대학교 박사학위논문, 2008, pp. 58~59.
22) 김일효, "건물자산관리제도 개선방안에 관한 연구", 극동대학교 박사학위논문, 2007, pp. 63~69.

한 거대 자본을 우리나라 국내에 상륙시켜 국내법에 의한 명의의 회사[23]를 설립하고 자산관리사(Portfolio Manager)[24]를 파견한다. 그 휘하에 자산관리자(AM Manager)를 두어 투자대상 건물자산을 변호사, 회계사, 부동산컨설턴트 등 전문가[25]의 자문을 거쳐 매입한 후 국내 관리회사(PM) 또는 외국의 관리회사(PM)를 선정한다. 투자계획에 따라 건물자산의 임대(운용)를 통하여 현금흐름(Cash flow)[26]의 순이익금을 극대화하고 자산을 경제적 방법으로 개량[27]하여 자산의 경제적 가치를 높인 후 타이밍이 맞는 매각 시점을 잡아 매각한다. 이로 인해 양도 차익을 얻어 투자자들에게 약정 이익금을 배당한다. 외국 부동산 투자(개발)회사 경우, 자산관리조직은 1원화 관리조직, 2원화 관리조직, 그리고 3원화 관리조직으로 나타나며 이를 그림으로 정리하면 다음과 같다. 도표 2.4, 2.5, 2.6

도표 2.4 외국 RDC 1원화 부동산관리 조직체계

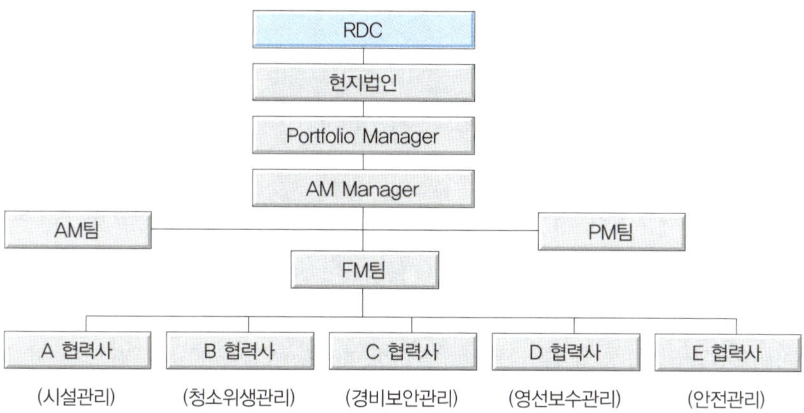

도표 2.5 외국 RDC 2원화 부동산관리 조직체계

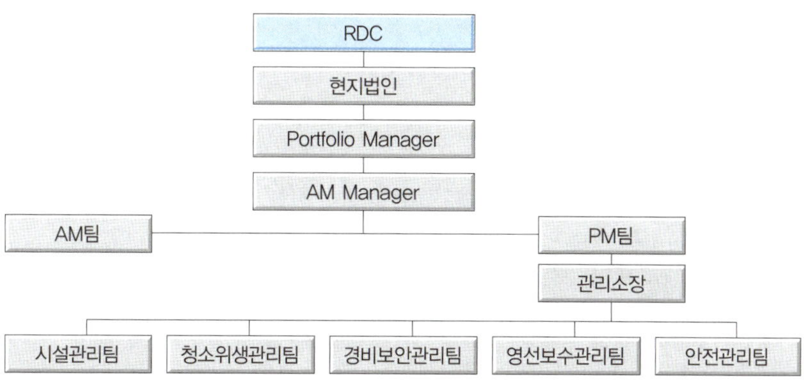

도표 2.6 외국 RDC 3원화 부동산관리 조직체계

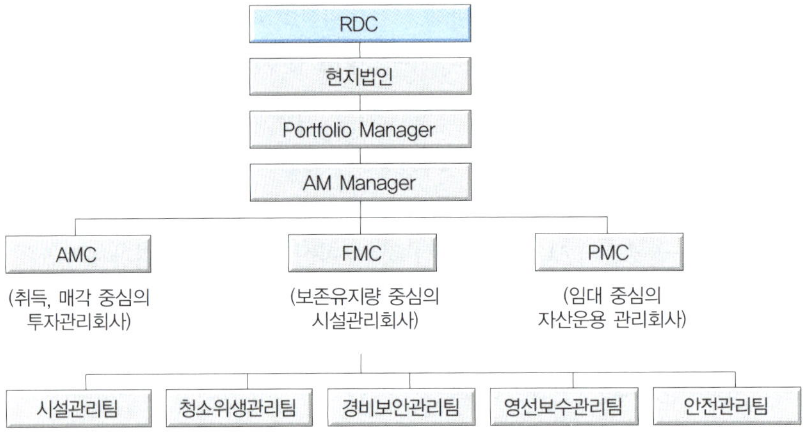

2.2 우리나라 CR-REITs 부동산관리 체계

우리나라의 경우, 1997년 IMF 경제 여파로 기업이 도산하고 건물자산이 금융기관 또는 국세청 등에 의하여 강제 매각하는 사태가 생기자 부동산 투자관리법을 통과시켜 리츠(REITs) 시장을 신설하였다. REITs의 한 형태인 CR-REITs를 설립케 하여 자금을 공모 또는 사모하여 모집된 자금을 실체가 없는 CR-REITs의 특성상 필연적으로 필요로 하는 AMC를 Fee 조건으로 선임하고 선임된 AMC로 하여금 조성된 자금을 운용하였다. 이를 토대로 구조조정 부동산에만 투자하게 하여 취득된 자산을 관리하는 시스템으로서 CR-REITs 역시 1원화, 2원화, 그리고 3원화의 자산관리조직체계를 구성하고 운용하고 있다. 도표 2.7, 2.8, 2.9

23) 명의사는 실체 조직이 없는 상법상의 회사로 이름만의 바지회사를 의미한다. 그러나 법인으로 등기되며 부동산의 권리주체가 될 수 있고 소송사의 당사자 자격과 능력이 인정된다.

24) Portfolio Manager란 RDC의 자국 파견 자산관리 책임자로 조성된 자금으로 투자의사를 결정하고 자산을 위험 분산 기법을 사용하여 운용하는 자이다. 자산관리실무 중 일부는 휘하에 AM Manager를 두고 AM Manager를 지휘하여 추진하게 된다.

25) 건물자산 전문가란 투자에 관계되는 의사결정에 도움이 되는 국내 변호사, 회계사, 세무사, 부동산컨설턴트, 건물자산경영관리컨설턴트, 법무사, 감정평가사 등을 의미한다.

26) Cash flow란 현금흐름을 의미하는 것으로 취득한 자산을 효과적으로 운용(임대)하여 현금흐름 중 순이익금을 극대화 시키는 것을 의미한다.

27) 건물의 개량(Improvement)에는 기술적 개량 외 경제적 개량, 법률적 개량, 환경적 개량 등이 있다. 여기서 말하는 개량은 경제적 개량으로서 관리대상 건물자산의 경제가치를 제고하는 개량을 의미한다.

도표 2.7 CR-REIRs 1원화 부동산관리 조직체계

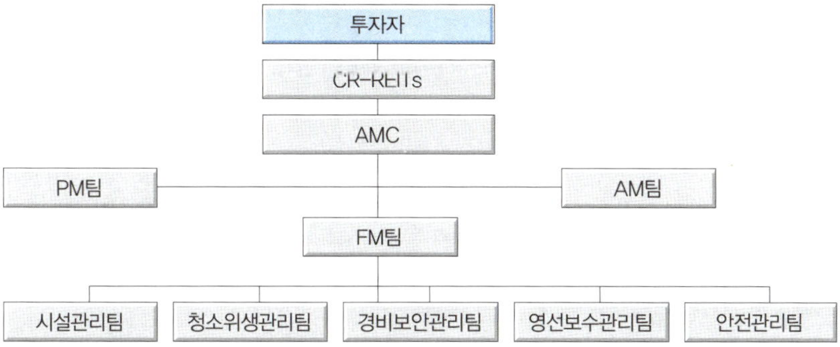

도표 2.8 CR-REIRs 2원화 부동산관리 조직체계

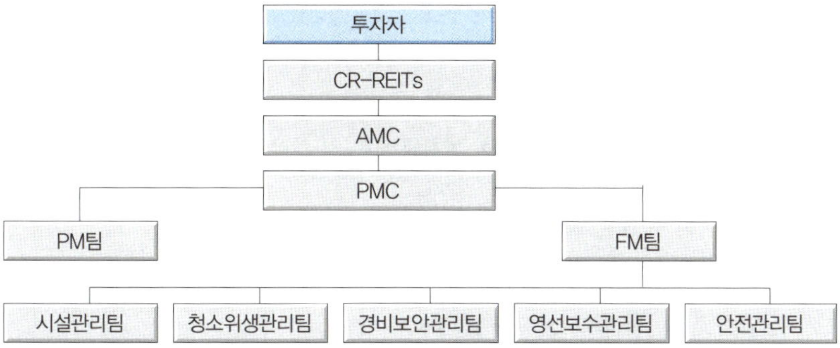

도표 2.9 CR-REIRs 3원화 부동산관리 조직체계

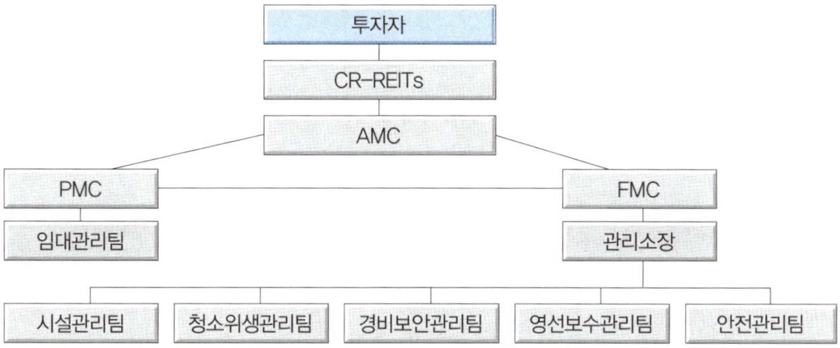

2.3 개인소유 상업용 임대건물 자산관리 조직체계

개인소유상업용 임대건물의 경영관리조직체계는 1원화, 2원화, 3원화 자산관리조직체계의 형태를 가지고 있다. 특이한 것은 2원화 조직체계 중 AMC(또는 소유자)가 고용하는 관리회사가 PMC의 경우 P형 2원화 조직체계가 되고 FMC를 고용하는 경우는 F형 2원화 조직체계가 된다는 점이다. F형 2원화 조직체계에서는 관리소장이 임대 업무를 담당하게 된다. 도표 2.10, 2.11, 2.12

도표 2.10 개인소유 상업용 임대건물 1원화 관리 조직체계

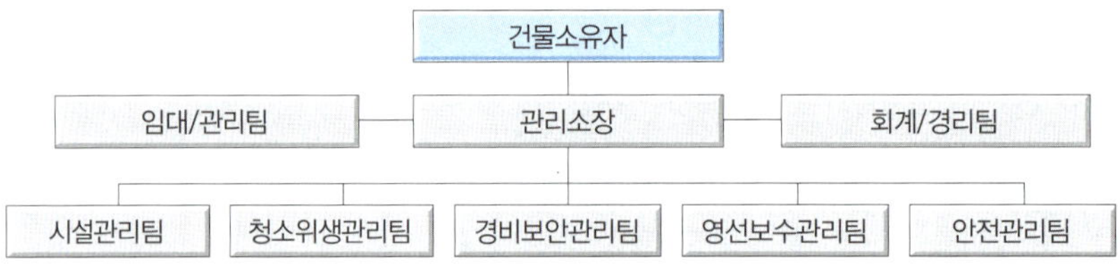

도표 2.11 개인소유 상업용 임대건물 2원화 관리 조직체계

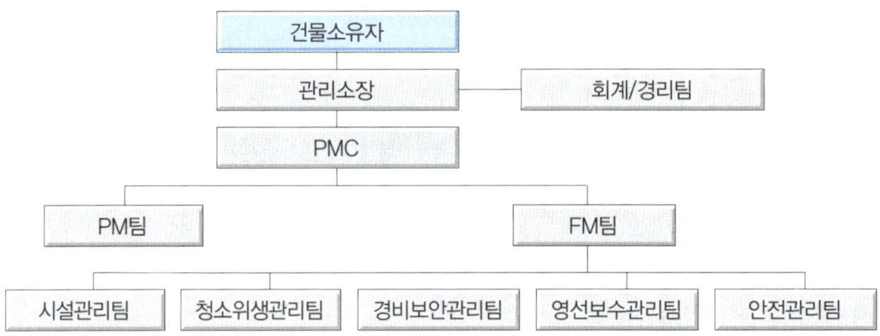

도표 2.12 개인소유 상업용 임대건물 3원화 관리 조직체계

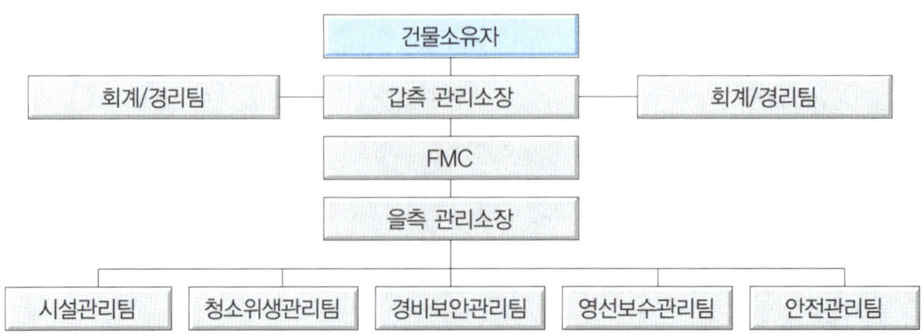

03 부동산의 관리방식

3.1 관리방법

3.1.1 관리방법의 결정

관리방법에는 사업주체관리, 자치관리, 위탁관리 등의 3가지 방식이 있다. 공동주택의 경우 입주 시에 사업주체가 관리하는 사업주체관리방식 이외의 관리방법은 입주자대표회의 또는 입주자등의 10분의 1 이상의 제안에 의하여 입주자등의 과반수의 서면동의로 결정한다. 위탁관리의 경우 주택관리업자의 선정은 입주자대표회의에서 제안하고 입주자 등의 과반수의 서면동의로 결정한다.[28]

3.1.2 공동관리와 구분관리

① 입주자 등의 서면동의

부동산관리에 있어 공동주택의 경우, 입주자대표회의는 공동주택을 인접한 공동주택단지와 공동관리하거나 500세대 이상의 단위로 구분하여 관리하고자 하는 경우에는 다음 사항을 입주자 등에게 통지하고 입주자 등의 서면동의를 얻어야 한다.

첫째, 공동관리 또는 구분관리의 필요성

둘째, 공동관리 또는 구분관리의 범위

셋째, 공동관리 또는 구분관리를 하는 경우의 입주자등이 부담하여야 하는 비용변동의 추정치

넷째, 그 밖에 관리규약으로 정하는 사항

이 경우 공동관리의 경우에는 주택단지별로 입주자 등의 과반수의 동의를 얻어야 하며, 구분관리의 경우에는 구분관리 단위별 입주자 등의 과반수의 동의를 얻어야 하되, 관리규약으로 달리 정한 경우에는 그에 의한다. 공동주택을 공공관리하거나 구분관리할 것을 경정한 때에는 지체없이 그 내용을 주무부서행정청에 통보하여야 한다.

② 공동관리 기준

가. 세대수

1천5백세대 이하를 기준으로 하여 관리한다. 다만, 의무적 관리대상의 공동주택단지와 인접한

28) 이창석 외, 「공동주택관리실무」 (서울 : 경록, 2009), pp. 44~50.

300세대 미만의 공동주택단지를 공동으로 관리하는 경우를 제외한다.

나. 단지수

3개 단지 이하를 기준으로 하여 관리한다.

3.2 임대주택의 관리

3.2.1 임대주택의 관리방법

① 임대주택의 관리대상

임대사업자는 300세대 이상의 공동주택, 승강기가 설치된 공동주택, 중앙집중식 난방방식의 공동주택에 해당하는 임대주택을 주택관리업자에게 그 관리를 위탁하거나 이를 자체관리하여야 한다. 다만, 국가 · 지방자치단체 · 한국토지주택공사 또는 지방공사의 경우에는 대통령령이 정하는 방법에 따라 관리할 수 있다.

② 자체관리방법

가. 자체관리의 인가

자체관리를 하고자 하는 임대사업자는 자체관리 인가신청서에 기술인력의 인적사항조서 및 장비명세서, 관리인력의 인적사항에 관한 서류, 단지배치도 등의 서류를 첨부하여 주무부서행정청에 제출하여야 한다.

나. 공동관리

둘 이상의 임대사업자가 동일한 시(특별시 및 광역시를 포함함) · 군지역에서 임대주택을 자체관리하는 경우에는 임대주택단지가 서로 인접하여 공동으로 관리하는 것이 합리적이라고 시장(특별시장 및 광역시장을 포함함) · 군수가 인정하는 경우에 공동으로 관리할 수 있다.

이 경우 기술인력 및 장비의 기준을 적용함에 있어서는 이를 1개의 임대주택단지로 본다.

다. 혼합된 임대주택의 관리

임대주택이 아닌 주택과 임대주택이 동일한 건축물안에 있거나 동일한 주택단지를 구성한 경우에는 임대주택이 아닌 주택의 관리방법에 따라야 한다.

3.2.2 임차인대표회의

임대사업자가 20호수 이상의 임대주택을 공급하는 공동주택단지에 입주하는 임차인은 임차인대표회의를 구성할 수 있다.

① 임차인대표회의 구성 및 운영

동별세대수에 비례하여 선출한 동별대표자로 구성하며, 동별대표자로 될 수 있는 자는 당해 단지 안에서 계속하여 6월 이상 거주하고 있는 임차인으로 한다. 다만, 최초로 임차인대표회의를 구성하는 경우에는 예외로 한다.

임차인대표회의는 회장 1인, 부회장 1인 및 감사 1인을 구성원 중에서 선출하여야 한다.

임차인대표회의를 소집하고자 할 때에는 소집기일 5일전까지 회의의 목적 · 일시 및 장소 등을 임차인에게 통지하거나 공시하여야 한다.

임차인대표회의는 그 회의를 개최한 때에는 회의록을 작성하여 보관하고, 임차인이 그 열람을 청구하거나 자기의 비용으로 복사를 요구하는 때에는 이에 응하여야 한다. 임차인대표회의는 그 회의에서 의결한 사항, 임대사업자와의 협의결과 등 주요업무의 추진상황을 지체없이 임차인에게 통지하거나 공시하여야 한다.

② 임대사업자와 협의

임차인대표회의는 다음 사항에 관하여 임대사업자와 협의할 수 있다. 임대사업자에게 협의를 요청하는 경우 임대사업자는 협의에 성실히 응하여야 한다.

첫째, 임대주택 관리규약의 제정 및 개정

둘째, 관리비

셋째, 임대주택의 공용부분 · 부대시설 및 복리시설의 유지 · 보수

넷째, 하자보수

다섯째, 공동주택의 관리에 관하여 임대사업자와 임차인대표회의가 합의한 사항

3.2.3 입주자대표회의

① 근거법령

공동주택 및 부대시설 · 복리시설의 소유자, 입주자, 사용자, 입주자대표회의 및 관리주체는 주택법시행령의 규정에 따라 공동주택을 관리할 것과 주민자치를 위한 의결기구로 입주자대표회의를 구

성 · 운영하도록 규정하고 있다.

② 구성시기 및 구성원

사용검사를 받거나 임시사용승인을 얻어 입주예정자의 과반수가 입주를 완료한 경우 동별 세대수에 비례하여 입주자들 스스로 동별 대표자를 선출한다. 동대표회의에서 회장 1인을 포함한 3인 이상의 이사 및 1인 이상의 감사를 그 구성원 중에서 선출하여야 한다. 그러나 하나의 공동주택단지를 수개의 공구로 구분하여 순차적으로 건설하는 경우에 먼저 입주한 공구의 입주자 등은 입주자 대표회의를 구성할 수 있으나 다음 공구의 입주예정자의 과반수가 입주한 때에는 다시 입주자대표회의를 구성해야 한다.

③ 입주자대표회의의 의결사항 및 업무

입주자대표회의는 입주자 등이 공동주택의 관리방법을 결정하거나 주택관리업자를 선정하는 때에는 입주자대표회의(관리방법을 변경하는 경우에는 입주자대표회의 또는 입주자 등의 10분의 1 이상)의 제안에 의하여 입주자 등의 과반수의 서면 동의로 결정한다.

이밖에도 입주자대표회의의 업무로는 회의시 회의록을 작성하여 관리주체에게 보관하게 하고, 관리주체는 공동주택의 입주자 또는 사용자 등이 이의 열람을 청구하거나 자기의 비용으로 복사를 요구하는 때에는 이에 응해야 한다. 여기에서 입주자란 당해 공동주택의 소유자 또는 그 소유자를 대리하는 배우자나 직계존비속을 말하고 사용자란 입주자 등을 말한다. 입주자가 입주자대표회의를 소집하고자 할 때에는 소집일 5일 전에 회의의 목적과 일시 및 장소를 입주자에게 개별 통지하거나 공시하여야 한다.

그러나 이 규정은 관리단소집에 관한 집합건물의 소유 및 관리에 관한 법상 집회 소집은 늦어도 1주전까지 통지하게 하고 있음과 구별된다.

입주자대표회의가 결성되지 않은 경우에도 공동주택을 분양받은 자(입주예정자)들은 10인 이내의 입주예정자대표를 선정하여 시장, 군수, 구청장에게 신고하면 중간검사 및 사용검사에 입회 · 참여할 수 있다. 사업주체가 파산하여 시공을 보증한 자가 사용검사를 받게 된 경우 사업주체 변경없이 사용검사를 받아 보증한 자 명의로 건축물관리대장 등재가 가능하다.

입주자대표회의가 시장등과 사업주체에게 신고 또는 통지하여야 할 사항은 공동주택단지의 명칭 및 위치와 입주자대표회의의 명칭 및 소재지, 입주자대표회의의 구성상황, 공동주택의 관리방법, 관리규약, 기타 정부조직의 관계 령으로 정하는 사항 등이 있다.[29]

29) 이창석 외, 「공동주택관리실무」(서울 : 형설출판사, 2005), pp. 28~31.

STORY TIP 2.2 부동산업과 관리전략

최근의 기업활동에서 두드러진 변화는 기업가치가 해당 기업 구성원의 지식으로부터 나오고 있다는 것이다. 종전에는 제조·영업활동 등 실물자본부문을 중심으로 기업가치를 평가했으나 지금은 구성원의 지식과 핵심역량을 중심으로 한 무형의 자본이 평가기준이다.

다시 말해 고품질의 제품을 싸게 생산해 값싸게 다량 판매함으로써 얻고자 했던 종래의 기업가치들이 이제는 서비스의 품질, 상품개발 능력, 신규사업 개발, 네트워킹 등 창조적인 활동을 통한 가치창출의 의미로 전환되고 있다. 이는 조직 구성원들의 창조적 활동을 통한 부가가치의 극대화가 21세기 경영의 주요 과제임을 의미한다. 또 기업가치의 핵심이 양(量)에서 질(質)로 전환되고 있음을 나타낸다. 새로운 관리 패러다임 아래에서는 숙련되고 충성스런 직원보다는 창조적이고 효율성을 추구하는 인재가 요구된다. 또 관리와 통제 위주의 하드웨어 중심적 조직구조보다는 사고의 유연성과 창의성을 극대화할 수 있는 소프트웨어 중심적 조직구조가 요구된다.

21세기 성공기업에게는 기존 피라미드형 조직형태보다는 아메바형 조직형태가 요구된다. 관리 중심의 피라미드형 조직은 효율적인 조직형태이기는 하지만 비용구조가 아주 탄력적이어야 한다는 단점을 안고 있다. 맥도널드나 월마트는 여전히 피라미드형 조직형태를 갖추고 있다. 이들 기업이 피라미드형 조직형태를 갖추고도 우량기업으로 인정받는 것은 파트타임 근로자 중심의 인력구조를 갖춰 비용구조가 효율적이고 탄력적이기 때문이다. 하지만 의사결정의 스피드와 탄력성을 강조하는 21세기 무한경쟁에서 우수한 비용구조나 탄력성을 갖추지 못한 통제 위주의 피라미드형 조직이 계속 성공할 수 있을지는 의문이다. 이에 대한 대안으로 논의되는 조직형태는 요즘 많은 벤처 기업들이 채택하는 아메바형 조직이다. 아메바형 조직은 새로운 틈새사업 기회에 신속하게 대응하고 가치창출의 기회를 직원의 창의성과 기업가 정신을 통해 달성하려는 역동적 형태의 조직이다.

자료 : '왓슨 와이어트의 리서치 노트', 매일경제신문, 2000. 1. 19

3.3 사업주체관리

3.3.1 의의

사업주체란 국가 또는 지방자치단체, 한국토지주택공사 및 등록된 건설사업자를 말한다. 사업주체관리란 입주예정자 과반수가 입주할 때까지 공동주택을 건설한 사업주체가 공동주택을 관리하는 방식으로서 입주 초기에 단지의 질서확립과 입주자의 관리능력을 배양하기 위하여 단지 내에 관리사무소를 개설하여 직접 관리하는 것을 말한다.

사업주체관리의 취지는 입주 초기에 입주자대표회의의 구성이나 관리조직의 구성이 용이하지 아니하여 효율적인 관리행위가 이루어지지 못하게 되고, 또한 건설초기의 건축물의 하자처리와 시설물의 운영과 조정 등 사업주체가 직접 관리함으로써 제반 문제점을 용이하게 처리할 수 있도록 하는데 의의가 있다.

사업주체 직접관리의 초기단계에는 입주자들의 자발적인 참여가 용이하지 않으나 사업주체가 일정한 기간동안 직접 관리를 통하여 입주자의 관리능력을 배양시키면서 입주자대표회의가 구성되고 자치관리나 위탁관리 등으로 체계적인 관리형태를 구축하게 된다.

3.3.2 사업주체의 관리전환

① 관리전환의 의의

사업주체는 입주예정자 과반수의 입주가 완료하면 입주자들에게 통지하고, 입주자들의 결정에 따라 구성되는 자치관리기구 또는 입주자가 선정한 주택관리업자에게 관리업무를 인계하여야 하는데 이를 관리의 전환이라고 한다.

② 사업주체의 관리기간

사업주체는 사용검사일 또는 임시사용승인일로부터 입주예정자 과반수가 입주 완료한 날까지 공동주택을 직접 관리하거나 주택관리업자로 하여금 관리하게 하여야 한다.

③ 입주사실의 통지

사업주체는 입주예정자의 과반수가 입주완료한 때에는 서면으로 통지하고 당해 공동주택을 관리할 것을 요구하여야 한다.

④ 관리업무의 인계

사업주체는 입주자대표회의로부터 통지가 있을 때에는 자치관리기구 또는 주택관리업자에게 당해 공동주택의 관리업무를 인수 · 인계하여야 한다. 사업주체는 관리방법 결정을 요구한 날로부터 3월 이내에 입주자대표회의에서 관리방법의 결정통지가 없거나 자치관리의 경우 요구일로부터 6월 이내에 자치관리기구의 구성이 없을 때에는 사업주체는 주택관리업자를 선정하여 관리업무를 인계하고 그 사실을 입주자에게 통지하여야 한다.

사업주체는 관리업무를 인계하는 때에는 인수 · 인계서를 작성하고, 입주자대표회의를 대표하는 자의 입회하에 인수 · 인계서에 서명날인을 하고 서류를 인계하여야 한다.

3.3.3 사업주체관리의 장 · 단점

① 장점

건물의 구조 및 시설의 내용을 가장 잘 알기 때문에 효율적이고 체계적인 유지 · 보수 활동이 가능하고, 사업주체의 대외적인 신용에 영향을 주게 됨으로써 부실공사를 어느 정도 막을 수 있어 건물의 유지 및 보수에 드는 비용의 절감효과를 극대화시킬 수 있다.

② 단점

주택공급에 전념해야 할 사업주체에게 관리부담까지 가중시키게 되어 건설공급업무에 지장을 초래할 수 있으며, 관리사무소가 사업주체의 통제를 옹호하는 입장에 서기 쉬우며, 관리자의 경직성으로 입주자와의 마찰요인이 있다. 또한 입주자의 사업주체에 대한 의존도가 높다.

04 직접관리체제와 간접관리체제 등[30)]

부동산의 관리체제로서의 또 하나의 분류는 그 관리주체를 중심으로 보면 거주자 관리에 의한 직접관리체제와 위탁관리 등을 통한 간접관리체제 및 혼합관리체제로 나누어 볼 수 있다. 이들 중 어떤 관리체제에 의하느냐는 여러 가지 사정이 참작될 것이지만 그 대표적인 고려사항은 다음과 같다.

첫째, 주민 자신의 사정과 의향

둘째, 주민의 자치능력 및 주민의 경제적 수준

셋째, 토지의 규모나 집합건물 자체의 설비구조 및 형태

넷째, 토지의 위치 및 원하는 '사후관리' 의 종류와 수준 등이다.

현재 우리나라에서는 우선 소유권에 의한 구분에서 '임대주택의 관리' 와 '분양주택의 관리' 로 구분되며, 또한 관리주체에 의한 구분에서 자치관리와 위탁관리 및 혼합관리로 구분할 수 있다.

4.1 직접관리의 방식

직접관리의 방식이란 개인의 소형주택이나 적은 면적 토지 등의 소유자가 직접 관리하는 방식을 말한다. 직접관리를 자영관리라고도 하며, 자영관리는 작게는 자용의 건물이나 크게는 자가의 빌딩

30) 이창석, 「부동산관리론」(서울 : 기공사, 1986), pp. 467~469.

을 직접관리하든가 또는 타인에게 임대한 토지나 건물 및 기타시설물 등을 자기가 직접 관리하는 행위 등을 포함하는 것으로 자치관리라고 한다.

직접관리가 지니는 대표적인 장점은 입주자들이 관리에 직접 참여함으로써 공동의식을 고취시킴과 동시에 입주자의사에 따른 자율관리로 관리비에 대한 분쟁을 막고 필요 없는 비용지출을 억제함으로써 관리비를 절감할 수 있는 것이다.

직접관리의 장 · 단점은 다음과 같이 논할 수 있다.

직접관리의 장점은 소유자의 의사능력 및 지휘통제력이 발휘되며, 하자발생 등의 유사시에 관리요원의 협동이 신속하고, 각 부분의 종합적 관리가 용이하며, 기밀유지 · 보안에 안전하다. 또한 사용자에게 친절한 사후관리가 제공되고, 양호한 환경보존이 가능할 뿐만 아니라 관리요원의 건물 및 설비에 대한 애호정신이 높고, 관리요원의 다양한 관리기법이 숙련된다.

직접관리의 단점은 관리요원이 관리사무의 안일화를 초래하기 쉽고, 개혁이 곤란하며, 인건비가 불합리하게 높아지기 쉽다. 또한 임대의 결정, 수납상태가 불합리하기 쉽고, 관리의 전문성을 결하기 쉬우며, 건물소유자가 다른 직업에 종사할 수 없을 뿐만 아니라 관리요원이 무사안일주의에 빠지기 쉽다.

이와 같은 논리적인 결점 외에도 현실적으로는 관리단 또는 입주대표자회의의 구성 및 그들의 대표 또는 자치관리기관의 구성 및 사무처리 등에 대한 법적 절차를 결정하기 어렵다. 또한 주민의 관리참여의식의 결핍으로 주민의 절대적 지지에 의한 관리가 어려울 뿐만 아니라, 관리자가 비전문적 관리조직의 대표 또는 입주자대표의회에 의하여 지휘 · 통제되므로 관리자가 자기 업무를 전문적 연구 개발할 여유가 없어 매사 적당주의로 인한 불모지대화가 되고 있다.

4.2 간접관리의 방식

급격한 경제성장에 따라 인구의 도시집중현상이 두드러지고 있기 때문에 부동산의 이용효율을 극대화하려는 연구가 많아지고 있다. 특히 대도시의 인구밀도가 높아감에 따라, 최소의 토지에 최대의 시설을 마련하는 방안으로 건물을 차츰차츰 고층화 또는 밀집화하는 개발경향이 선진제국은 물론, 세계 각 국의 도시에서 이루어지고 있다. 이에 따라 사무용 또는 사업용의 대형건물들과 집단화된 공동주택들이 급격하게 증가하고 있다.

고층건물의 경우 방수시설을 비롯하여 위생, 난방, 전기, 기계 등 복잡한 시설이 설치될 뿐 아니라 이에 따른 기술적인 관리는 물론, 임대건물의 경우 경영상의 관리와 매매에 의한 소유권의 이전상태 및 임대에 대해 당사자 사이의 권리관계 보호와 기타 각종 세금에 관한 대책 등, 각 분야에 걸친 전문적인 지식과 기술 없이는 효율적 관리가 불가능하다.

그러므로 부동산관리를 전반적으로 전문가 또는 대행업자에게 위탁하게 되는 것이다. 위탁관리란 타인에게 위임하는 행위라 하여 외주관리 또는 간접관리라고도 한다. 위탁관리는 일반적으로 부동산관리를 전문적으로 하는 대행업자에게 위탁하는 것이 보통이지만, 이때에 주의할 것은 사회적으로 신뢰도가 높고 성실한 대행업자를 선정하도록 하여, 불의의 사고 또는 부실한 관리로 인한 피해를 사전에 방지해야 한다.

4.2.1 주택관리업의 등록

공동주택의 관리를 업으로 하고자 하는 자는 시장 · 군수 · 구청장에게 주택관리업을 등록하여야 하며, 등록을 한 자가 그 등록이 말소되고 2년이 경과되지 아니한 때에는 등록을 할 수 없다.

4.2.2 간접관리의 장 · 단점

간접관리의 장점은 건물관리의 전문성으로 인하여 전문업자의 활용이 합리적이고, 전문적인 계획관리를 행함으로써 시설물은 노후화를 최소화할 수 있고, 적정기의 시설점검으로 안전사고를 미연에 방지할 수 있다. 그리고 건물관리를 위탁함으로써 관리회사의 참모체계를 일원화할 수 있으며, 전문가의 관리는 우수한 관리로서 효율적 관리를 행할 수 있을 뿐만 아니라, 관리비용이 저렴 · 안정되게 한다. 그리고, 대형부동산의 경우 관리가 지니는 규모경제의 이익으로 인하여 관리비가 절약되고, 건물주는 본인이 관리 이외의 업무에 전념할 수 있다.

간접관리의 단점은 위탁관리제도는 공동주택관리의 가장 이상적인 관리방식이나, 구분소유자 사이에 무난한 인간관계를 형성하기 어렵게 하기도 한다. 그리고 관리회사의 경우 업자의 수익상한선이나 용역비에 대한 법제가 없으므로 영리목적에만 치우지게 되면 입주자들에게 막대한 손해를 끼칠 우려가 있다.

4.3 혼합관리의 방식

혼합관리는 직접관리제도인 자영관리와 간접관리제도인 위탁관리를 병용하여 관리하는 방식이다. 즉, 중형의 빌딩이나 상당히 복잡한 기능을 가진 부동산일 경우 일부는 소유자가 직접관리하고 일부는 제3자에게 관리를 위탁하는 경우이다. 혼합관리의 장 · 단점은 다음과 같다.

혼합관리의 장점은 건물소유자의 강한 지휘 · 통제력이 그대로 지속된다. 그리고 필요한 부분만 위탁하므로 건물소유자에게 유리한 경우가 많고, 자치관리에서 위탁관리로 이행하는 과도적 조치로서 편리할 뿐만 아니라 관리가 합리적이며 직접관리와 위탁관리의 장점을 최대한 살릴 수 있다.

혼합관리의 단점은 관리책임소재가 불명확한 경우가 발생하고, 전문가의 능력이 부분적으로만 활용된다. 그리고 자치관리요원과 수탁관리자의 요원 사이의 원활한 인간관계를 결하기 쉬우며, 자치관리자체가 미흡하면 양방식의 결점만 노출된다.

4.4 부동산관리의 내용에 따른 유형

부동산관리대행업무는 법률적으로 대리행위에 해당된다. 부동산관리는 본인인 소유자에 대하여 대리인으로서 보존행위, 이용행위 및 개량행위를 하는 것으로 보통사무처리, 물적설비의 유지, 관할과 기타의 사항까지도 관리한다.[31)]

구체적으로, 관리대상물의 운영, 계획단계별업무에 따른 유형은 다음과 같다.

먼저, 기획관리이다. 부동산의 활용에 있어서 제조건을 검토하고 부동산의 활용방안을 기획한다. 구체적으로 입지조건을 검토하며 건축물의 기획설계, 자금계획 및 수지계획을 작성하여야 한다.

다음, 일상관리이다. 건물이 완성되었을 때에는 관리업무자체가 단순한 업무가 아니라 환경, 방범, 방재 등의 안전, 냉난방 설비상태 및 일상관리에 필요한 제반사항을 관리한다.

셋째, 대상부동산의 관리이다. 대상부동산관리는 토지 및 건물 등으로 크게 나눌 수 있다. 예를 들면 건물이 경우 건물의 효율적 운영을 기하기 위하여 부동산의 가동기간을 연장시키는 업무로 내용연장에 관한 타당성 있는 활동을 전개한다.

넷째, 경영관리이다. 경영관리는 부동산의 보존, 이용 및 개량의 합리적인 방안을 강구하기 위하여 임대차, 임차관계의 인간관계, 계약문제, 관리비 등 효율적인 경영을 하여야 하기 때문에 전문적인 이론과 경험이 필요하다.

다섯째, 부동산의 종합관리이다. 기획관리, 일상관리, 대상 부동산관리, 경영관리를 종합적으로 관리하는 것으로 부동산의 복합개념을 포함한 경제적 측면에서의 부동산관리업무, 법률적 측면에서의 부동산관리업무, 기술적 측면에서의 부동산관리업무 등의 점검을 계획적으로 실행한다.

31) 松田剛, 「不動産の管理」 (東京 : 週刊住宅新聞社, 1980), pp. 25f.; 이창석, 「부동산관리론」 (서울 : 신광문화사, 2001), pp. 88~90.

Ⅲ 부동산의 신탁관리

01 부동산신탁의 의의

신탁(信託)이란 신탁설정자(위탁자)와 신탁을 인수하는 자(수탁자)와의 특별한 신임관계에 의거하여 위탁자가 특정의 재산권을 수탁자에게 이전하거나 기타의 처분을 하고 수탁자로 하여금 일정한 자(수익자)의 이익을 위해서 또는 특정의 목적을 위해서 그 재산권을 관리·처분하게 하는 법률관계를 말한다. 「신탁법」에서 정하고 있다.[32] 도표 2.13

도표 2.13 부동산신탁의 구조

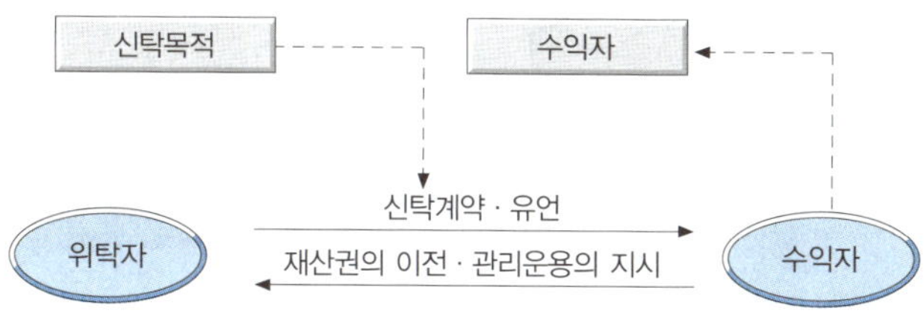

부동산신탁이란 위탁자와 수탁자간의 약정에 의해 위탁자가 부동산을 수탁자에게 이전하고 수탁자가 그 부동산을 관리·운용하는 법률관계가 된다. 신탁법과 별도로 신탁영업에 대해서 규율하고 있는 「신탁업법」에서는 신탁의 인수(引受)를 업(業)으로 하는 때에는 이를 상행위(商行爲)로 하는 것으로, 영업을 목적으로 하는 영업신탁의 경우에는 「신탁업법」상 신탁회사로 제한하고 있다.

신탁은 위탁자와 수탁자간의 계약(契約) 또는 위탁자의 유언(遺言)에 의하여 설정할 수 있는 것으로, 신탁은 「신탁법」에 근거하여 재산권을 중심으로 하는 법률관계로 볼 수 있다. 신탁은 수탁자가 재산권의 이전을 받아 그 명의인이 되고, 수탁자만이 신탁약정의 범위 안에서 재산에 관한 관리·처분의 모든 권한을 갖는다. 따라서 수탁자의 권한은 배타적이고 독점적이며, 수탁자의 권한은 수탁자를 위한 것이 아니라, 수익자를 위하여 행사되어야 한다. 신탁약정을 체결한 경우 부동산과 같이 등기 또는 등록하여야 할 재산권에 관하여는 신탁은 그 등기 또는 등록을 함으로써 제3자에게 대항할 수 있으며, 신탁약정기간이 끝나면 신탁재산의 귀속권리자가 신탁행위에 정하여 있지 아니한 때에는 그 신탁재산은 위탁자 또는 그 상속인에게 귀속한다. 따라서 신탁재산은 수탁자의 상속재산에 속하지 아니하며, 신탁재산에 대하여는 강제집행을 또는 경매를 할 수 없다.

32) 이창석, 「부동산컨설팅」 (서울 : 형설출판사, 2006), pp. 319~339

STORY TIP 2.3 욕구이론과 부동산관리

존재욕구가 충족되면 관계욕구의 중요성이 강조되며, 관계욕구가 충족되면 성장욕구의 중요성이 강조되고 성장욕구를 추구하게 된다. 한편, 성장욕구가 좌절되면 관계욕구가 강조되고, 관계욕구가 좌절되면 존재욕구가 강조된다.

직무충실화 등에 직무설계와 동기요소의 결합을 가능하게 하여 조직의 민주화와 직무재설계 문제에 시사성을 주었다.

알더퍼는 욕구가 만족으로 진행될 뿐만 아니라 좌절시 그 하행욕구를 더 강화하는 좌절퇴행욕구를 동시에 갖는다고 보았다. 마슬로우는 하위욕구가 만족되어야 상위욕구가 만족된다는 만족 · 진행모형인데 비해, 알더퍼는 한 가지 이상의 욕구가 동시에 작용할 수 있다고 주장한 면에서 차이가 있다. 또한 마슬로우는 인간의 욕구를 무의식 수준에서 주장하였음에 비해 알더퍼는 의식수준에서 다루어야 한다고 하였다.

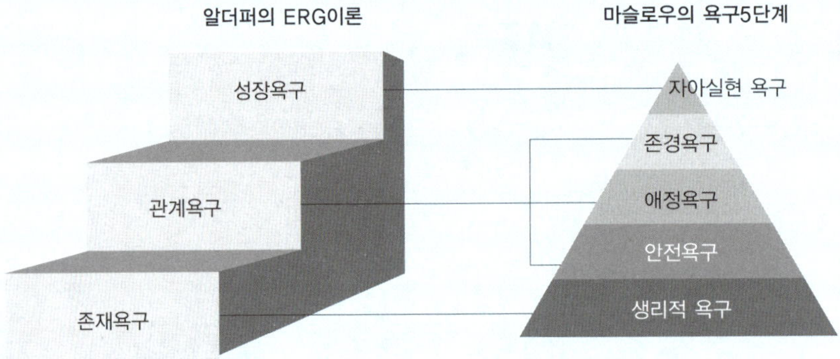

자료 : 김영곤 · 오준석 · 이창석 · 정상철, 「부동산업경영론」 (서울 : 형설출판사, 2009), p. 156

02 부동산신탁의 종류[33)]

부동산신탁을 목적에 따라 분류할 경우 관리신탁과 담보신탁, 처분신탁, 개발신탁의 4가지로 구분할 수 있다.

2.1 관리신탁

부동산의 관리만을 위하여 위해 수탁자에게 소유권을 이전하는 부동산신탁을 관리신탁(管理信託)이라 하며, 관리신탁에 의한 부동산관리 방식을 신탁관리(信託管理)라고 한다. 신탁관리에서는 소유

33) 이창석, 상게서, pp. 324~325.

권을 취득한 수탁자는 당해 부동산의 관리업무를 위해서만 소유권을 행사하게 된다. 관리신탁은 수탁자가 신탁부동산을 보존 또는 개량하고 임대 등의 부동산사업을 시행하여 발생된 수익을 수익자에게 배당하여 주는 등 관리를 대행하게 된다.

관리신탁은 부동산소유자 소유권만을 관리해주는 부분관리형(을종)과, 소유권 이외에도 부동산의 현상을 유지 · 관리하는 종합관리형(갑종)으로 나누어 볼 수 있다.

갑종 관리신탁(종합관리형)은 부동산 소유자가 맡긴 부동산을 총체적으로 관리 · 운용하여 그 수익을 부동산 소유자 또는 수익자에게 교부하는 것을 말한다. 임차인 관리, 건물 관리, 소유권 관리 등 일체의 관리업무를 수탁자가 수행한다. 을종 관리신탁(부분관리형)은 수탁재산의 관리의 일부(소유권 관리)만을 관리하는 방식으로 일명 명의신탁이라고도 하나, 불법적인 명의신탁과는 구분된다.

2.2 처분신탁

토지의 처분을 목적으로 수탁자에게 소유권을 이전하는 신탁을 처분신탁이라 한다. 이 처분신탁에도 수탁자가 소유권 관리만을 하다가 처분하는 경우도 있고(을종), 소유권관리 이외에 부동산관리도 스스로 하다가 처분하는 경우가 있다(갑종). 갑족 처분신탁은 소유자가 신탁한 부동산에 대해 처분시까지의 총체적인 관리 및 처분을 수탁자가 행하며, 처분대금 중 신탁수수료를 제외한 금액을 부동산 소유자 또는 수익자에게 교부한다. 반면에 을종 처분신탁은 처분시까지의 소유권 관리 및 단순한 처분행위만을 수행하며, 처분대금은 부동산 소유자 또는 수익자에게 교부한다.

2.3 담보신탁

부동산의 담보신탁(擔保信託)이란 부동산소유자가 수탁자(신탁회사)에게 부동산을 수탁하고, 수탁자로부터 받은 신탁증서를 금융기관에 제출하여 융자를 받는 방식을 말한다. 만약 차입자가 금융기관에 약정된 원리금을 지급하지 않을 경우, 금융기관은 신탁회사에 원리금 변제를 요청하게 되고, 신탁회사는 수탁 부동산을 공매하여 금융기관에 원리금을 변제한다. 반면에 차입자가 금융기관에 원리금을 모두 변제하면 수탁 부동산의 소유권은 위탁자에게 반환된다.

이와 별도로 채권담보를 위하여 토지소유권에 저당권을 설정하는 전형담보방법 이외에 소유권을 이전하는 방법에 의한 변칙적 담보방법이 대륙법에서는 양도담보론으로 발전되어 왔으며, 이를 일종의 담보신탁으로 보는 경우도 있다. 이것은 채권담보의 경제적 목적을 위하여 채무자가 채권자에게 토지소유권을 이전하고 채권자는 담보목적의 범위 안에서만 소유권을 행사할 의무를 부담하며, 채무자가 채무를 이행한 경우에는 그 토지를 채무자에게 반환하는 것이다.

2.4 개발신탁

개발신탁은 토지의 개발을 목적으로 한 신탁을 말한다. 신탁재산으로 토지 등을 수탁한 수탁자는 신탁계약에 따라 토지 등에 유효한 시설을 조성한 다음, 분양 · 임대 등의 사업을 시행하고 그 수익을 수익자에게 교부해 주는 것을 말한다. 수탁자가 토지개발에 필요한 소요자금조달, 공사발주, 분양(임대), 관리 · 운영을 대신하고, 개발수익을 수익자에게 배당하는 신탁제도이다.

개발신탁은 개발단계에 따른 분류로 크게 세 가지로 나눌 수 있다. 첫째, 개발자가 토지를 조성한 후 그 조성된 토지를 처분하는 개발 신탁, 둘째, 택지조성과 건물을 완공하여 처분하는 개발신탁, 셋째, 건물완공 후 관리를 계속하는 개발신탁으로 나눌 수 있다.

03 관리신탁의 특징

부동산의 관리방법으로서 관리신탁 즉 신탁관리가 다른 관리방식과 구분된다. 부동산의 소유권이 이전된다. 다른 관리방식과는 달리 부동산의 소유권이 수탁자의 명의로 이전됨에 따라 부동산소유자는 소유권 행사에 제한을 받게 되나, 수탁자의 입장에서는 신탁 기간 동안 안정된 소유권을 보유하게 되므로 보다 적극적인 관리 활동을 할 수 있어 높은 수익이 보장된다. 아울러 부동산이 수탁자의 명의로 이전되어 있으므로 위탁자의 채권자가 신탁부동산을 압류할 수 없는 장점도 있다.

소유와 이용의 분리이다. 신탁관리는 부동산의 운용을 신뢰할 수 있는 전문가인 부동산신탁회사에 위탁함으로써 관리의 전문성이 높아질 수 있는 것으로, 이는 앞에서 본 위탁관리 방식과 유사한 장점이 된다.[34)]

수탁자에 의한 운영이다. 운영의 계획부터 실행 등 필요한 업무를 수탁자가 맡아서 하고 필요한 업무는 물론 필요자금도 수탁자가 조달하므로 부동산소유자는 자금의 부담 없이 높은 수익을 획득할 수 있다. 따라서 부동산의 개량에 많은 자금이 소요되는 경우에 적합한 방식이다.

위탁자는 사업시행기간 중 자금조달이 가능하다. 신탁기간이 만료되지 않았다고 하더라도 자금이 필요한 경우에는 자신이 보유한 수익권을 매각 또는 담보로 하여 별도의 자금조달이 가능하다.

실적배당주의다. 부동산신탁은 대상 부동산에 따라 운영성과가 다르고 사업결과에 따라 배당액이 증감된다.

34) 이와 유사한 제도로 대리(민법 제 114조, 136조 및 소비임차(민법 제 702조) 명의신탁 등이 있다.)

용어 정리

- 간접관리 (間接管理 : Indirectness management
- 계약일 (契約日 : Commencement date)
- 계약종료 (契約終了 : Termination)
- 관리목적물 (管理目的物 : Properties)
- 관리제도 (管理制度 : Management system)
- 관리조직 (管理組織 : Organization of management)
- 관리체제 (管理體制 : Management structure)
- 대상관리 (對象管理 : Site management)
- 보상 (報償 : Compensation)
- 보험 (保險 : Insurance)
- 비용지급 (費用支給 : Payment of expenses)
- 신탁관리 (信託管理 : Committing management
- 위탁관리 (委託管理 : Trust management)
- 은행계정 (銀行計定 : Bank account)
- 임차인관리 (賃借人管理 : Tenant management)
- 재정관리 (財政管理 : Financial management)
- 직원관리 (職員管理 : Personnel management)
- 직접관리 (直接管理 : Direction management)
- 집합건물 (集合建物 : Set building)
- 혼합관리 (混合管理 : Mixing management)

생각해 볼 문제

1 부동산의 소유와 관리의 분리에 관하여 그 의의를 약술하시오.

2 부동산 법정관리체제와 임의관리체제에 대하여 논하시오.

3 부동산 직접관리체제의 장 · 단점에 관하여 설명하시오.

4 부동산 위탁관리체제의 장 · 단점에 관하여 설명하시오.

5 부동산 혼합관리체제의 장 · 단점에 관하여 설명하시오.

6 부동산관리의 내용에 따른 유형에 관하여 약술하시오.

CHAPTER

03 부동산관리제도

I 외국의 부동산관리제도

01 영국

1.1 부동산관리와 관리법규

영국의 부동산관리 상황을 이해하기 위해서는 영국의 부동산정책을 개관해 볼 필요가 있다.

영국의 부동산정책은 제2차세계대전이 끝난 후 파괴된 주택을 신속히 건설하기 위하여 모든 주택사업을 정부 통제하에 둔 것이 특징이다.

특히 1950년도부터는 불량주택을 철거하고 주거생활에 적합한 부대시설이 완비된 주택으로 개조하기 위하여 불량지역철거(Slum Clearance Act)를 위한 전담기구를 만들어 수행하였으며, 인구밀도가 높은 지역은 연차적으로 단계적인 분산책을 시도하면서 주택개량 및 주택건설을 실시하였다.[1)]

흔히 영국은 주택정책의 선진국이라 불린다. 이는 주택정책의 수립과 정책과정에서 중앙정부와 지방정부, 정부와 주민, 공공과 민간의 역할분담이 효율적으로 이루어지는 민주적 정치를 중요시하기 때문이다.[2)] 그만큼 주택정책과 그 정책의 수행이 순조롭고 이에 대한 관리도 철저히 잘 이루어지고 있다.

주택정책의 근간이 되는 법률은 1890년에 제정된 노동계급주택법(Housing of the Working Classes Act)으로, 산업근로자(working classes)들의 주택조건을 개선하려는 목적에서 시도한 주택공급에 관한 최초의 일반법(Public General Act)이다. 이것은 영국의 부동산관리에 관한 최초의 법이다. 그 후 보완법을 만들어 적용하여 왔으나 1925년 주택법(Housing Act, 1925)을 제정, 이를 통

1) 영국건설협회의 발표에 의하면 1974년 신주택은 4.5%, 40년을 넘지 않는 주택은 3%, 40년을 넘는 주택은 6%의 상승추세를 나타내고 있다. (대한주택공사 주택연구소, 「외국의 주택정책」, 1978, p. 20)

2) 하성규, 「주택정책론」 (서울 : 박영사, 1991), pp. 621. ; P.N.Balchin, Housing Police : An Introduction, London, Croom Helm, 1958 ; P.Malpass & A, Murie, Housing Policy & Practice, London, Macmillan, 1982.

합하였다.[3)]

주택법의 운영을 담당하는 중앙기관으로는 정부에 주택성이 있고, 그 주택성에 중앙주택자문위원회(Central Housing Advisory Committee)가 있으며, 그 하부기구로서 지방공공단체에 주택관리위원회를 설치하였다.

부동산관리를 위한 부동산관리인의 선발은 왕립측량사협회(The Royal Institution of Charter Surveyors ; RICS) 및 주택관리인협회(The Society of Housing Managers ; SHM)에서 실시하고 있으며, 부동산관리인에게 전문적 훈련이 행해지고 있다.[4)]

1.2 전문관리인의 양성제도

영국에 있어서 부동산관리는 단순히 가임을 수금하여 주택을 수선하는 채권관리와 재산관리의 범위에 머무르지 않고, 직업분류상으로 보면 명확하게 사회사업(social work)에 속하는 직종 가운데 하나라고 생각된다. 부동산관리가 사회복지사업이라고 하는 것은 영국의 주택입법이 원래 빈민, 노동계급의 부동산문제해결에서 유래되었고 또한, slum clearance를 그 중요한 업무의 하나로 하는, 뿌리 깊은 전통에 따른 것으로 보인다.

더 구체적으로 부동산관리인의 자격훈련을 상세하게 보기로 한다.

1959년 간행된 중앙주택위원회의 주택관리소위원회(The Housing Management Sub-Committee of the Central Housing Advisory Committee)의 보고서, '지방공공단체와 그 주택'(councils and their houses)에 의하면 부동산관리의 기본적 업무는, 단지의 배치계획 및 주택설계의 계획단계에서 시설책관 혹은 조사관에게 조언하는 일, 입주등록부의 관리, 주택의 임대, 주택변경과 부동산교환, 임대료의 수익과 수금계획에 조언하는 일, 부동산의 유지 수선, 단지와 그 시설의 일반적 보전, 부동산복지와 법령 혹은 임의의 사회서비스기관과 연락하는 일 등이다.

그리고 이러한 일을 행하기 위해서는 주택법, 부동산법, 주택금융, 단지정리, 건축구조, 수선방법과 재료, 지방행정단위에 대한 사회봉사를 이해하는 일 등의 여러 가지 지식이 필요하다. 이러한 일들을 감독하는 것은 부동산관리에 관한 판단력과 이해력이 필요하다. 또한 주택관리전반에 있어서 책임 있는 주택관리인은 광범위한 기술적 능력과 관리능력을 겸비해야 한다.[5)]

주택관리인에 필요한 적성 혹은 지식을 보면, 주택관리인은 일정이상의 자격을 가지고 교육훈련을 받지 않으면 안 된다는 것을 알 수 있고, 실제의 부동산관리인에게는 그것이 요구된다.

---

3) 有泉亨 編, 「集團住宅とその管理」(東京 : 東京大學校出版會, 1961), p. 96.
4) 이창석, "부동산관리사제도의 필요성에 관한 연구", 논문집, 제10집(서울 : 강남대학교, 1983), p. 96.
5) 有泉 亨 編, 전게서, pp. 128~137.

즉 주택법, 주택금융 등의 법률 · 경제학 등에 속하는 것과 건축구조, 수선방법과 재료 등의 공학 분야에 속하는 것들이 있는데, 보통의 교육으로는 동시에 받을 수 있는 것이 못되고 대학의 부동산관리(estate management) 과정을 거쳐야 하는 경우가 있다. 이러한 지식 또는 그 외의 지식이 주택관리인에게 필요하면 특수의 교육 훈련이 불가피하다. 그래서 영국에서는 부동산관리인에게는 법정자격과 자격시험이 있고 또 이를 위한 교육훈련이 관련 직업단체에서 행하여지고 있다.

1.2.1 자격의 내용

부동산(주택)관리에 관한 자격시험 응시자에게는 그 수험자격은 영어, 수학, 역사 및 지리 과목 등에 대하여 보통성적을 취득하고 있다는 일반수학증명서(general certificate of education)를 요구하고 있다. 수험연령은 18세 이상이어야 한다. 또한 여기에 적응할 수 있는 육체적 조건도 요구된다.

1.2.2 시험의 내용

시험은 1차, 중간, 최종의 3차까지 있는 경우와 중간, 최종의 2차의 시험만 있는 경우가 있다.[6)]

왕립측량사협회(The Royal Institution of Chartered Surveyors ; RICS)에 의한 시험과목의 제1차 시험에서는 측량, 구적법, 삼각법, 건축구조(I), 제도, 부기, 중앙정부와 지방행정, 토지법, 경제학, 계약과 사권법 등이며, 그 범위는 넓고, 내용은 기본적인 것이다.

별도로 회원의 자격을 취득하기 위한 직접입회시험이 있는데 이 수험자격은 아주 높은 것으로서 연령도 보통에서는 18세 이상으로 만족하지만 35세 이상으로 높여 놓고 있으며, 경험도 15년간의 훈련경험이 필요하고, 최후의 5년간은 조사사의 자격을 갖고 있지 않으면 안 된다고 하는 등의 엄격한 제한이 있다.

부동산관리(estate management)에 관한 학위를 가지고 있는 자는 협회가 인정하는 실시훈련을 2년간 받으면 시험을 면제받는다.

협회는 학위(graduate degree)를 가지고 있는 자, 특히 직업과 직접 연관되는 학위를 가지고 있는 자에 대해서는 직접입회시험에 응시할 자격을 인정한다. 시험과목중에 지원자가 그 과제에 관한 학위과정을 마친 경우에는 해당과목에 대한 시험은 면제된다.

그리고 협회가 인정하는 대학학위(university degree)를 소지한 자 혹은 협회의 주택관리인의 면허(certificate)를 가진 자는 제1차 전문시험을 면제받는다. 주택관리인협회의 회원은 특별회원

6) 김교갑, "공동주택의 효율적 관리제도에 관한 연구", 건국대석사학위논문, 1979, p. 40.

(fellow), 보통회원(ordinary members), 면허회원(licentiates), 준회원(associaties), 실습생(students)으로 구분하고 있다. 도표 3.1

도표 3.1 왕립측량사협회의 회원과 시험

회 원	시 험	응시자격	시험과목	시험면제대상
연구생	제1차 시험	R.I.C.S의 등록연구생 ≧ 17세	(1) 측량 (2) 구적법, 삼각법 (3) 건축구조(I) (4) 제도 (5) 부기 (6) 중앙, 지방행정 (7) 토지법(I) (8) 경제학(I) (9) 계약, 사법	대학에서 부동산학 교육을 이수한 자로 RICS가 인정하는 실질 훈련을 2년간 받은 자
준회원 정회원	중간 시험	Technicla College에 1~3년간 전일제의 과정을 연구	(1) 관리(역사, 원리) (2) 평가(기초, 지식) (3) 도시, 지방계획(법률, 절차) (4) 토지법(II) (5) 토지법(III) (6) 배수, 위생 (7) 건축구조(II) (8) 가옥 등의 황폐대책 (9) 시가지단지의 기록, 회계	
특별 회원	최종 시험		(1) 관리실무(건물의 유지 수선 포함) (2) 주택재정 (3) 건축의 측정 (4) 보정, 보상 (5) 보고서의 작성 (6) 행정, 공중위생법 (7) 도로법, 주택법 (8) 지방세, 국세 (9) 강제매수, 보상법 (10) 단지 개발, 부시 계획	
	직접입회 시험	≧ 35세 15년간의 훈련경험 최후 5년간	(1) 관리실무(건물의 유지 수선포함) (2) 단지 개발, 부지 계획 (3) 토지법(II) (4) 주택재정 (5) 시가단지의 기록계획 (6) 건축구조(II) (7) 관리(역사, 원리) (8) 평가(기초지식) (9) 도시, 지방계획(법률, 절차) (10) 도로법, 주택법	
	주택관리인 면허시험 S.H.M의 훈련에 대한 자격시험	≧ 19세 2년간의 실지훈련(대학졸업자는 18개월)	(1) 주택구조 (2) 유지 · 수선 (3) 주택위생 (4) 단지의 문서기록, 회계 (5) 보고서의 작성 (6) 차가법, 주택법 (7) 세대수입과 지출 (8) 사회서비스	

자료 : 有泉亨, 「集團住宅とその管理」(東京: 東京大學出版會, 1961), p. 157.

1.2.3 훈련의 방법과 내용

주택관리인을 훈련하는 보통의 방법으로서는 다음 몇 가지가 있다.

첫째, 지방공공단체, 주택조합, 신도시개발공사, 개인기업에 하급고용원으로서 고용되어 실무를 배우면서 파트타임제(part time system)의 공부로 왕립측량사협회의 주택관리부문의 시험이나 주택협회 그 외 기관의 시험에 대한 수험준비를 하는 방법

둘째, 주택관리인협회(The Society of Housing Managers; SHM)에 의하여 설치된 훈련과정을 이수하는 방법

셋째, 기술전문학교에서 2~3년간 전일제(full time system)의 과정을 배워서 왕립측량사협회의 주택관리부문의 중간시험을 치고 다시 최종시험에 응시하기 위해 파트타임제의 공부를 인정해 주는 조건으로 단지 소유자에 고용되어 2년간의 실무경험을 쌓는 방법

넷째, 대학에서 단지 관리학위 등 부동산분야의 학위를 받고 2년간 실무경험을 쌓는 방법 등이 있다.

주택관리에 관련되는 사람들에게 필요한 훈련내용은 왕립측량사협회나 주택협회들의 각 단계시험과목에 명시되어 있으나 주택협회는 하나의 훈련계획을 작성하여 이것을 지방공공단체에 제안하고 있다.[7)]

실지훈련의 내용은 3부로 구분되어 있다. 훈련기간은 제1부는 2개월, 제2부는 약 18개월, 제3부는 약 2개년으로, 3부는 그 훈련과목에 따라서 기간이 세분된다.

제1부는 2개월로 새로운 환경에의 순응기간이다. 그 내용은 주택관리역 혹은 주택관리업무에 관계하는 국장에 의한 업무설명과 당국의 일반적 책임, 신청서교부와 입주결정, 임대료결정과 임대료수납, 임대료경리, 단지관리이다.

제2부는 약 18개월인데 중간시험을 치르게 하기 위한 훈련이다. 훈련내용은 6단계로 분류되어져 있다. 그 내용은 신청자에 대한 방문조사, 임차인의 선정, 주택변경과 주택교환 및 점포, 주차장, 그 외의 임대차 결정, 임대료의 결정, 임대료 수납과 그 경리 및 임대료대장의 정리이다. 또한 단지관리, 문제가정의 보살핌과 사회복지기관과의 연락, 임차인조합과의 연락 및 단지의 보전, 철거재개발(slum clearance)을 행하는 지구의 거주세대를 방문하여 주택교환을 조언하고, 일상수선과 특별수선 · 기회적인 구조변경 · 개량보조금 및 검사와 견적, 일반사무 · 인사급여기록 · 문서정리 및 여론조사 등이다.

제3부는 약 2년간인데 최종시험을 치르기 위한 마무리 기간이다. 이 내용을 또 3단계로 하여 기간이 별도로 정해져 있다. 첫째단계로 주택자금과 경리, 자금과 세입, 주택세입과 수선기금, 원가 및 개량보조금 등(이상 6개월간), 둘째단계로 보전과 수선, 창고근무, 건축현장출장, 측량실습, 제도 및 사양과 견적(이상 6개월간), 셋째단계로 관리와 사회복지, 신청접수와 입주결정, 주택수요의 추계, 주거수준, 단지 관리와 사회복지업무, 가임수납과 경리 및 특별한 단지 시설과 설비(이상 12개월) 등이다.

7) 有泉亨 編, 전게서, p. 159.

이상과 같은 교육내용은 주택협회가 각 지방공공단체에 장려하는 훈련계획이고 이 훈련을 통하여 중간시험과 최종시험을 치르고 각각 유자격자가 되는 것이다. 도표 3.2

도표 3.2 영국의 부동산(주택)관리인 양성제도

자 격	지원자는 영국면허조사협회 연구생으로 등록한 일정조건의 연령이어야 한다.	
시 험	1차시험 중간시험 최종시험	관련학교에서 2년 혹은 3년간 full time course과정을 학습하면 1차 시험을 면제한다.
	직접입회 시험	35세 이상으로 협회가 인정하는 훈련 및 경험시험(15년), 경험연수 중 마지막 5년간은 관련분야에 근무하여야 한다.
	부동산(주택) 관리인면허시험	19세 이상으로 주택관리인협회의 훈련에 대한 자격시험이다.
실시 훈련	1부 2부 3부	2개월간 새로운 환경(부동산관리)에 대한 적응기간 18개월간 중간시험준비를 위한 기간 약 2년간 최종시험을 위한 정리기간

1.2.4 관리제도

영국의 공공임대주택관리주체는 공공임대주택에 대한 영향력과 관리책임이 지방정부의 주도하에 이루어졌다.[8] 이러한 업무를 담당하는 관리직들이 1990년대에 약 55,000명에 달하는 그 수는 도시계획분야보다 많은 것으로 이들이 공공주택 정책의 전문가이자 이 분야 국가정책의 중요한 자원이었다.[9]

영국에서 공동주택단지를 소유하고 있는 주체는 지방자치단체나 정부 각 부처, 주택조합, 공공기업체, 개인 등 여러 주체가 있으나 그 주택단지를 전문적으로 관리하는 것은 지방자치단체에 소속되어 있는 주택관리인이다. 주택관리인은 각 공동주택단지에 소속되어 있는 주택관리인이다. 주택관리인은 각 공동주택단지에 대리인으로 고용되어 그 주택단지 관리에 관한 사무적인 업무와 사회적인 서비스를 담당하고 있다.

주택관리인에 대한 교육훈련은 여러 단체에서 행하고 있으며 교육훈련기간이 다양한 만큼 이들에게 자격을 부여하기 위한 시험제도 역시 매우 다양하다.[10]

8) 영국건설협회의 발표에 의하면 1974년 신 주택은 4.5%, 40년을 넘지 않은 주택은 3%, 40년을 넘은 주택은 6%의 상승추세를 나타내고 있다. 대한주택공사 주택연구소, 「외국의 주택정책」, 1978, p. 20.

9) 한국도시연구소, "공공임대주택 관리 전문화 방안", 2001, p. 44.

10) 서울대학교 행정대학원 부설 행정조사연구소, "공동주택관리사 양성 및 제도화에 관한 연구", 1983 ; 이동영, "공공임대주택의 효율적 관리를 위한 이해당사자의 갈등구조분석", 강남대 박사학위논문, 2008, p. 84.

주택법의 운영을 담당하는 중앙기관으로는 정부에 주택성(住宅省)이 있고, 그 주택성에 중앙주택자문위원회(Central Housing Advisory Committee)가 있으며, 그 하부기구로서 지방공공단체에 주택관리위원회를 설치하였다.

부동산관리를 위한 부동산관리인의 선발은 왕립측량사협회(The Royal Institution of Charter Surveyors : RISC) 및 주택관리리인협회(The Society of Housing Managers : SHM)에서 실시하고 있으며, 부동산관리인에게 전문적 훈련이 행해지고 있다.[11)]

주택관리인은 단순히 건물을 관리하거나 징수하는 업무뿐만 아니라 사회 복지업무 차원에서 충분한 인격적 조건과 경험을 갖춘 자라야 한다. 그 업무의 주요내용을 살펴보면 입주민 선정, 임대료 및 관리비 등의 수금, 유지수선에 관한 업무, 입주민의 사회복지적 측면 업무 및 기타 일반 업무로 나누어 볼 수 있다.

지방자치단체나 주택관리협회 모두 공급 및 관리주체로서 공공임대주택을 직접 관리하고 있다. 일부 주택에 대하여 임차인들이 부분적으로나 전반적으로 직접 관리업무를 담당하는 단지가 있으나 소수이고 이러한 임차인에 의한 관리는 입주민에게 충분한 정보제공과 논의 및 입주민 의견을 최대한 수렴하고 타당성 분석 후 추진여부를 결정하고 입주민에게 교육과 훈련을 통한 치밀한 준비과정을 거쳐 임차인관리조직에 의한 관리를 수행하게 된다. 이렇게 구성된 임차인 관리조직은 정해진 등록절차에 따라 법적인 자격이 부여된다.

또한 영국의 주택관리조직은 계속해서 진보하고 있으며 그 중심에는 공공임대주택사업주체의 다양서와 이에 따른 입주민의 의사결정권이다. 입주민 전체의 의사결정에 따라 임대사업자를 선택하고 있다. 이는 민간부문의 주택관리 역량이 성장과 함께 사회정책적 기능을 유지하도록 정부의 개입이 적절히 이루어지고 있다는 점이다.

02 프랑스

2.1 부동산관리와 관리법규

프랑스는 주택산업의 공업화를 위해 1945년 건설성 건축연구소가 설립되어 건축공업의 촉진, 부동산의 개발공급 등 부동산정책이 활발히 이루어졌다. 그 후 1948년 건축과학기술연구소 중심으로 새로운 공법을 제안하여 건축기술의 과학화에 크게 기여하게 되었다.[12)]

11) 이창석, “부동산관리사제도의 필요성에 관한 연구”, 논문집, 제17집 (서울 : 강남대학교, 1983), p. 96.
12) 홍관희, “공동주택의 관리제도에 관한 연구”, 건국대, 석사학위청구논문, 1978, pp. 46f.

부동산관리에 관한 법률로 1965년 '건물부동산의 구분소유내규를 확정하기 위한 법률' 과 1967년 '건물부동산의 구분소유내규를 확정하기 위한 1965년 법률의 적용을 위한 공적관리규칙' 을 새로이 제정하였다. 이로서 1938년 법은 1965년 법 제48조에 의하여 폐지되고 1965년 법이 프랑스의 구분소유관계를 규정하는 기본법으로 되어 있다.[13]

동법은 사용되는 건물부분을 전유부분(parties privatives)과 공용부분(parties communes)으로 구분된다.[14] 전유부분은 구분소유자의 전속적 소유에 속하고, 공용부동산은 구분소유자 전원 또는 일부의 공유(propriete indivise)에 속한다. 이때 공유는 통상의 공유와는 달리 분할청구가 금지된 공유기간으로서 전유부분과 공용부분의 일체성을 확보하여 불가분적 관계로 하고 있다. 특히, 프랑스민법은 건물을 독립된 부동산으로 취급하지 않고 토지와 일체성으로 파악하므로 그 전유부분 또는 공용부동산의 범위는 건물관계에만 국한하지 않고 당연히 토지관계에도 그대로 적용된다.[15]

2.2 부동산의 관리체제

프랑스에서는 법률에 의거 건물의 구분소유관계가 성립하면 그 관리를 위한 모든 구분소유자는 법인격을 갖춘 조합(syndicate)을 당연히 결성하여야 한다. 조합관계의 구성을 의결기관으로써의 총회(assemblee generale), 집행기관으로서의 관리자(syndic), 감독기관으로서 조합공사회(conseil syndical)로 구성하며, 상법상 주식회사와 유사한 조직을 가진다. 이 경우 조합은 당연히 인격을 갖춘 사단기법인 형태로서, 조합은 구분소유자들의 건물을 관리하기 위한 독립된 권리주체이며, 그 관리부분은 공용부동산에 국한하나 공용부분의 관리를 독자적으로 행하게 된다.

관리자(syndic)는 총회의 결정사항 및 규약의 집행 등 집합건물을 관리에 관한 제반사항을 관리할 뿐만 아니라, 법률상 조합을 대리한다. 관리자가 되는 자격에는 아무런 제한이 없고, 관리자는 총회에서 모든 구분소유자 의결권의 과반수로 선임되며, 그 임기는 최장 3년을 초과하지 못하게 하고 있다.

총회는 조합의 의결기관이고 관리자에 의하여 적어도 연 1회 이상 소집되고, 구분 소유자의 의결권은 공용부분 지분비율로 결정한다. 또한 조합이사회(conseil syndical)는 관리자의 업무에 조언을 주고 그 관리를 감독하기 위하여 총회의 결의에 의하여 구성하게 된다.[16]

13) 김준호, 「구분소유법」(서울 : 대왕사, 1984), p. 30.

14) 1965년 법은 전문부분은 특정구분소유자의 전속적사용에 제공되는 건물 및 토지 부분이고, 공용부동산은 구분소유자전원 또는 일부의 사용에 제공되는 건물 및 토지 주변으로 하고 있다.

15) 玉田弘毅 · 森泉章 · 半田正夫(編), "建物區分所有權法" (東京 : 一粒社, 1975), 자료 pp. 27~59 ; 古田克己, "つランスの區分所有權法", 法律時報, 第53卷 第11號(1981) pp. 42~48 ; Dalloz, Code Civil, pp. 385~410; 김준호, 상게서, p. 31.

16) 박종두, "집합건물의 관리에 관한 법리연구", 중앙대 박사학위논문, 1988, pp. 37~39.

03 독일

3.1 부동산관리와 관리법규

독일은 제2차 세계대전 후 전쟁으로 파괴된 도시를 재건하기 위하여, 그리고 주택난을 극복하기 위하여 주로 입주자로부터의 선급을 받아 고층아파트 형식의 임대부동산을 건설하여 단순히 임차인의 지위로서가 아닌 출자자로서의 소유적 주거를 인정함으로써 계층적 소유제도를 인정하였다. 따라서 독일은 1951년 '주거소유권 및 계속적 주거권에 관한 법률' 을 제정하였다.

독일의 주거소유권법에 의하면 건물 중 거주목적으로 제공된 부분에 대해서는 주거소유권이, 거주목적으로 제공되지 않는 부분에 대해서는 부분소유권이 성립될 수 있다. 이 경우 주거소유권은 건물 중 주거목적으로 제공된 부분에 대한 특별소유권과 그에 속하는 공동재판에 있어서의 공유지분이 결합한 것으로 부분소유권은 건물 중 주거목적으로 제공되지 않는 부동산에 대한 특별소유권과 그에 속하는 공동재산에 있어서는 공유지분이 결합한 것으로 구성하고 있다. 그리고 그 공유재산은 "대지의 특별소유권 또는 제3자의 소유권에 속하지 않는 건물의 부분, 시설 및 설비"를 의미하는 것으로 규정하고 있다.

결국, 독일주거소유권법은 집합건물의 전유부분에 대한 권리(특별소유권)와 대지 및 집합건물의 공용부분에 대한 권리(공유특별권)를 하나로 결합, 일체 · 불가분으로 구성하여 주거소유권 또는 부분소유권이라는 단일한 권리를 설정하고 있다.[17] 따라서 공동주택 또는 집합건물에 있어서 그 전유부분만을 그에 속하는 공동재산(대지와 건물의 공용부분)에 있어서의 공유지분과 분리하여 양도하거나 각종 부담관계를 설정할 수 없다. 이와 같은 독일의 주거소유권의 개념은 기본적으로 프랑스의 구분소유권과 그 법적 구성을 같이 한다고 볼 수 있다.[18]

또한 독일민법은 주지하는 바와 같이 건물을 토지의 본질적 구성부분으로 보고, 또 건물에 있어서의 본질적 구성부분은 독립된 권리의 목적으로 될 수가 없다. 따라서 토지가 양도되면 원칙적으로 그 지상 건물도 당연히 함께 양도되고 토지에 대한 저당권 설정은 당연히 그 토지 위의 건물에도 효력이 미치게 된다.

이런 점에서 독일의 주거소유권법이 건물부분에 대해 전속적 소유권리, 즉 특별소유권을 인정한다는 것은 일단 위 민법의 규정에 반한다고 볼 수도 있을 것이다. 그러나 그 특별소유권은 토지에 대한

17) 상게논문, pp. 415 ; Fritz Banuer a.a.O, S.268.; Soergel-Sieert, a.a.O, 422.

18) 최종길, "집합주택의 구분소유에 관한 비교법적 실태적", 고찰, 문교부학술연구조성비에 의한 연구보고서, 사회과학계(3) 1969, p. 10 참조. 김준호, 전게서, p. 36

공유지분과 필연적으로 결합시켜 일체로 거래되도록 함으로써 결과적으로는 위 민법 규정 본래의 취지에 부합하도록 운용케 하는 기술적 규제를 강구하고 있다.[19]

3.2 부동산의 관리체제

독일의 주거소유법은 프랑스에서와 같은 법인격을 갖춘 관리조합까지는 필요하지 않지만 일종의 사단적 특성을 가진 주거소유권자집회, 관리인, 관리고문회로 구성된 관리단에 의하여 부동산이 관리되고 있다.[20] 주거소유권법에 의하면 관리인은, 구분 소유관계가 성립하면 주거소유권자집회를 구성하고 그 주거소유권자 다수결에 의하여 관리인 선임이 강제된다. 관리인의 자격에는 제한이 없고 주거소유권자이거나 제3자이거나를 불문한다. 또한 법인 및 조합도 관리인이 될 수 있다.[21] 다만, 관리인은 한 사람 또는 하나의 단체이어야 하고 여러 사람이 관리인이 될 수 없다.[22]

관리인의 임기는 5년을 초과하지 아니하는 범위에서 주거소유권자의 결의에 의하고, 연임할 수 있으나 임기 만료 1년 전에 주거소유권자집회의 결의가 있어야 한다. 또한 관리인의 권리 · 의무는 주거소유권법과 민법의 위임 · 고용에 관한 규정에 의하나 관리인은 대외적으로 주거소유권자를 대리하는 법정대리인으로의 권한을 가지며, 주거소유권자의 결의에 의하여 수권된 범위에서 재판 외 또는 재판상청구권을 행사할 수 있다.[23]

'주거소유권자집회'는 주거소유법 또는 주거소유권자의 약정에 의하여 그 결의를 요하는 사항을 결의하며, 관리인에 의하여 적어도 연 1회 소집된다.

결의권의 행사면을 보면 주거소유권자 사이에 특약이 없는 한 모든 주거소유권자는 의결권을 가지며, 이때 주거소유권이 여러 사람의 공유에 속하는 경우에도 그 결의권은 단일하게 행사된다. 따라서, 주거소유자 간의 지분의 비율에 의한 의결권의 행사는 허용되지 않는다.[24] 또한 의결권은 대리인에 의하여 행사될 수 있으나 주거소유권과 분리하여 양도하지 못한다.

'관리고문회'는 주거소유권자 다수결에 의하여 둘 수 있는 관리인의 주의적 감독기관이다. 관리고문회는 3인의 주거소유권자로 구성되며 제3자나 관리인은 관리고문회의 위원이 되지 못한다.[25] 특히, 관리고문회는 관리인의 업무집행을 지원하여, 예산 · 결산 등 주거소유권자집회에서 결의되기 전에 그 내용을 검토하여 의견을 표시할 수 있는 권한이 부여되고 있다.

19) 丸山英氣, 「西ドイツにおける住居所有權法の諸問題」, 전게서, p. 36.
20) 박종두, 전게논문; Fritz Banuer, a.a.O., S, 269.
21) 상게논문, p. 41. Friedrich Quack, a.a.O., S. 414~415.
22) 김준호, 전게서, p. 42.
23) 박종두, 전게논문, p. 41; Soergel-Siebert, a.a.O., S. 459.
24) 상게논문, p. 41; Soergel-Siebert, a.a.O., S.457, ; 김준호, 전게서, p. 42.
25) 김준호, 전게서, p. 42.

04 미국

4.1 부동산의 관리체제와 관리법규

4.1.1 부동산의 관리체제

미국은 부동산투자 경향을 경제지표의 하나로 평가하고 있으며, 부동산산업이 차지하는 비중은 매우 크기 때문에 미국 시민의 근대화된 주거의식이 주택시장에 민감한 유동성으로 반영되는 것(stock된 유통재산이라는 관념)이 그 특징이다.

미국은 민간의 자유로운 투자활동을 정부가 측면에서 지원하는 형태를 취하고 있으며, 지금은 양적 · 질적 수준에서 괄목할 만한 성장을 보였고, 역대 정부의 이에 대한 관심과 노력도 지대하였다. 특히 직주분리의 조류에 편승하여 크게 성장한 교외의 주택자본이 다시 도심부로 이동되고 있는 리턴(return) 현상으로 미국의 주택시장은 새로운 국면에 들어서고 있다.[26)]

미국의 구분소유관계를 규율하는 법으로는 1977년 제정되고 1980년 개정되어 현재에 이르고 있는 통일 콘도미니움법(Uniform Condominium Act)이다.[27)]

미국의 콘도미니움은 다수의 독립성 있는 사용단위로 구성된 건물 즉, 집합건물에 있어서 각 주거자가 그 전용단위부분(unit)에 관하여 완전한 소유권을 갖고, 또 그 소유권은 건물의 공용부분 및 토지에 관한 지분과 불가분적으로 결합된 특수한 관리 관계로 이해되고 있다.[28)] 한편, 공동주택은 개인의 소유하는 법적 형태에 따라 cooperative(stock cooperative)와 condominium으로 구분되는데, 전자는 건물을 모든 거주자를 구성원으로 하는 비영리사단법인 또는 회사의 소유에 속하게 하고, 각 거주자는 그 한 구획을 임차하는 형식으로서, 각 주거자가 그 전용부분을 단독으로 거래의 대상으로 하는 것은 많은 제한이 있는데 반해, 후자는 완전히 독립된 개별적인 소유권으로서 자유로이 거래의 대상으로 할 수 있다는 점에서 보다 발전된 형태라고 말할 수 있다.

---

26) 김영진, 「부동산경영 · 정책론」(서울 : 건설연구사, 1972), p. 238.

27) 이른바 Apartment Ownership, Unit Ownership, Flat Ownership은 소위 condominium의 문제로 논의되고 있고, 이것은 속령 푸에르토리코에 있어서의 1951년의 입법(이 법은 1958년에 Horizontal Property Act로 됨)을 효시로 하여 1961년경부터 미국의 여러 주가 condominium을 인정하는 입법을 하게 되었다(Condominium Act, Condominium Ownership Act, Horizontal Real Property Act, Horizontal Property Act, Unit Ownership Act, Apartment Ownership Act 등). 그리고 1962년에는 연방주택국(Federal Housing Administration)이 본문 29개 조문으로 된 '아파트소유권창설의 모델법'(Model Statue for the Creation of Apartment Ownership)을 제출한 바 있다(박종두, 상게논문, p. 29 재인용).

28) 본래 condominium이라는 말은 emphyteusis, superficies, pignus, hypotheca, usufructus에서 기원하는 것으로서, 토지의 전면적 지배권이 질적으로 분해된 분할소유권적인 관계를 의미하는 것이나, 오늘날에 있어서는 위와 같은 의미로 전용, 사용되고 있다. [김준호, 건물구분소유법, p. 45 재인용].

콘도미니움은 일정한 사항을 기재하여 등기함으로써 독립된 소유권의 객체가 된다. 그리고 콘도미니움의 관리에 관해서는 구분소유자에 의해 구성되는 구분소유자단체(unit owner's association)가 당연 구성되어 관리업무의 주체자로 된다. 다만, 그 성격을 영리 또는 비영리사단(a profit or nonprofit corporation)으로 할 것인지 또는 조합(unincorporated association)으로 할 것인지에 대해서는 각 주(洲)의 사정을 감안하여 선택하도록 하고 있다. 한편 구분건물을 매수한 구분소유자를 보호하기 위하여 구분건물의 하자에 대한 담보책임(warranty)규정을 두고 있다.

4.1.2 부동산의 관리법규

콘도미니움법 제3장(management of the condominium)에서는 콘도미니움의 관리를 위한 구분소유자단체의 조직과 책임관계, 규약(bylaws), 집회를 규정하고 있다. 그 관리체제에 관하여는 구분소유자를 구성원으로 하는 구분소유자단체(Unit Owner's Association)가 당연 구성되어 관리업무의 주체자로 된다. 다만, 그 성격을 영리 또는 비영리사단(a profit or nonprofit corporation)으로 할 것인지에 대해서는 각주의 사정을 감안하여 선택하도록 하고 있다. 한편 구분건물을 매수한 구분소유자를 보호하기 위하여 구분건물의 하자에 대한 담보책임에 관한 규정을 두고 있음도 같다.[29]

미국은 부동산학 교육이 매우 활발하기 때문에 부동산 관계 협회와의 산학협동 또한 활발하다. 특히 부동산에 대한 관리를 전문적으로 대행하는 기능이 제도화되었으며 그 예로 CPM(certified property manager)제도 등[30]이며, 전문기업에는 AMO(accredited management organization) 등이 있다.[31]

4.2 부동산관리회사의 조직

대규모의 부동산관리회사의 지역관리자(regional manager)는 보통 몇 개 도시의 사무실을 관장하고 그 밑의 하급관리자들을 감독하는 역할을 한다. 부동산관리기능은 간부기능(executive function)

29) 미국의 condominium에 관한 문헌으로는 Curtis J.Nerger, Condominitm; Shelter on a Statuory Foundation, 63 Colum. L. Rev. 987(1963).; John E. Cribbet. Condominium-Home Ownership for Megalopolis?, 61 Mich.L. Rev. 1207(1963).; Patrick J. Rohan, Condominium A P-unchaser's Perspective, 17 Stan. L. Rev. 842(1964).; Recent Statute-Condominium, 77 Harv. L. Rev. 777(1964).; Robert Kratovil. Real Estate Law(1974).; Alfred A. Ring Jerome Dasso, Real Estate Principles and Practices(1981) 등이 있다.; 機代通, 'アメリカにおける建物區分所有(condominium) について アメリカ법' (1966. 1); 김준호, 전게서, p. 54.

30) CPM은 미국의 부동산관리협회(IREM)가 소정의 경력연수, IREM의 강습회에 의한 시험, 인물에 관한 증명 등 여러 가지 자격조건을 갖춘 자에게 주는 부동산관리사칭호로 MAI와 더불어 교육적, 윤리적 수준이 높이 평가되는 업종이다. 이외 ARM(Accredited Resident Manager)의 자격증도 있다.

31) AMO는 부동산관리협회가 인정하는 우량전문기업 CPM이 그 기업의 책임부서에 임용되고 있다.

과 행정기능(administrative function)으로 대별할 수 있는데, 간부기능은 상급관리자가 행하는 기능을 행정기능은 하급관리자가 행하는 기능을 일컫는다. 지역관리자는 이 같은 간부기능을 수행하는 대표적인 사람으로 예산의 편성, 부동산관리(real estate management) 포트폴리오구성, 광고프로그램의 개발, 소유자와의 접촉, 하급관리자들에 대한 지휘 · 감독과 같은 고급기능을 수행한다.

지역관리자 또는 간부관리자(executive manager)가 되기 위해서는 반드시 CPM과 같은 높은 수준의 자격증을 소지하고 있어야 한다. 사무실관리자(office manager)는 당해 사무실의 총책임자로서 회계관리자(accounting manager)와 더불어 업무를 조정하고 감독하는 역할을 한다. 사무실관리자도 간부기능을 부분적으로 수행한다.

사무실관리자 밑의 여러 관리자들은 각각의 업무분담에 따 주어진 행정기능을 수행한다.[32]

32) 안정근, 「현대부동산학」(서울 : 법문사, 1990), pp. 433~434. : 안정근, '해외부동산백서', 일간부동산 1990년 11월호 (서울 : 부동산경제사, 1990), pp. 160~163.

4.3 부동산관리에 관한 전문자격증

4.3.1 부동산관리 협회와 직업윤리강령

① 부동산관리협회의 시험제도와 관련 전문단체

IREM(Institute of Real Estate Management : 부동산 관리 협회)은 부동산 활동에서의 전문화를 장려하며 50개 주의 600,000명이 넘는 회원을 보유하며 회원들에게 엄격한 윤리강령 준수를 요구하는 NAR(Nationals Association of Realtors)[33] 산하의 협력기관으로 부동산 관리회사들만의 모임으로 출발했지만 현재는 회원자격을 개인으로만 부여하고 있다.

IREM은 CPM(Certified Property Managers : 공인 자산관리사), ARM(Accredited Resident Manager : 공인 주택관리사) 그리고 AMO(Accredited Management Organization : 공인 부동산 관리협회) 등 세 가지 자격증을 주고 있다.

CPM의 취득을 위해서는 260점을 따야 하는데, 160점은 필수과목에서 100점은 선택과목에서 따야 한다. 구체적으로 살펴보면, 160점의 필수점수는 IREM Course 80점, Management Plan 20점 그리고 Experience 60점으로 이루어져 있으며 선택과목의 경우에는 IREM의 여러 과목 중에서 본인이 선택하여 참여하고 시험을 통과해서 취득한 100점으로 이루어져 있다. 그리고 CCIM, RPA, CSM, PCAM 등의 자격을 가지고 있는 경우에는 가산점수를 부여한다. 합격자는 빌딩관리 전문가로 인정을 받으며 빌딩경영 관리자로서 고수익을 보장 받는다.[34]

다음은 CPM의 시험과목이다. 도표 3.3

도표 3.3 자산관리자의 주요기능

구 분	시험과목	비 고
1	부동산 자산관리자를 위한 윤리	ETH800
2	부동산 시설관리 및 운영론	MNT402
3	사무용 빌딩 마케팅 및 임대전략	MNT406
4	부동산 자산관리를 위한 인적자원 개발전략	HRD402
5	부동산 자산관리자를 위한 재무관리 및 운영전략의 이해	FIN402
6	부동산자산 금융 및 가치 상승전략	ASM603
7	부동산자산에 대한 업무수행평가	ASM604
8	부동산자산 투자결정의 운용	ASM605
9	자산관리계획서 작성 및 활용	BDM602
10	CPM 자격시험 세미나	

자료 : IREM, KCPM 안내서

ARM은 협회에서 제공하는 주택관리에 관한 교육과정을 성공적으로 이수하고 시험에 합격한 자에게 주어진다. 주로 주거용 부동산을 관리하며 AMO는 부동산관리분야에서 오랫동안 적극적으로 활동하고 있는 IREM에서 정한 부동산 관리 윤리규정을 성실히 준수하고 있는 관리회사 중 그 지역에서 평판이 좋은 회사에게 주어진다.

미국에서의 빌딩 관리업은 빌딩관리(Building Management), 임대차관리(Rental Management) 그리고 자산관리(Asset Management)로 구분된다.[35]

미국의 빌딩경영관리와 전문기술분야는 구분되는데 빌딩경영관리는 경영관리회사가 관리하고 전문기술분야는 유지관리회사가 관리한다.[36] 경영관리회사는 소유주로부터 제시된 계약의 범위 내에서 직무를 수행하며 그 직무내용은 각종의 종언, 임대차관리, 임대료의 징수, 유지관리회사의 선정, 입주자관리, 관공서, 정보관리 등 빌딩보전을 위한 제반업무를 수행한다. 유지관리회사는 경영관리회사로부터 의뢰를 받아 특정부분만을 전문적으로 담당하는 회사이다. 빌딩 내에서 관리에 직접 관여하는 기업이며 실제 관리 종업원은 거의 유지관리회사의 종업원, 즉 현업 중심의 회사이다. 건물보수 관리회사는 빌딩에 있는 기계에 대한 보수 관리 및 기계운전을 주로 하는 빌딩의 기술 관리회사이다. 전기, 기계, 보일러 등의 엔지니어들로 구성되어 있고 구인이나 임금 등의 대우 면에서 제약이 따르기 때문에 보수만을 주 업무로 하는 유지관리회사는 드물며 대부분 빌딩 소유주가 엔지니어를 직접 채용한다.[37]

다음은 미국의 부동산관리에 관련된 전문단체와 자격증 현황이다. 도표 3.4

② 부동산관리 협회와 직업윤리강령

앞에서 설명한 바와 같이 부동산에 관한 자격증을 수여하는 전문협회는 많이 있으며, 자격증도 부동산의 종류에 따라 상당히 세분되어 있다.

IREM에서는 부여하는 자격증에 있어,[38] 이 중 두 가지는 개인을 상대로 부여하는 것이며, 나머지 하나는 부동산관리회사를 대상으로 하고 있다. IREM에서 주는 자격증으로서 부동산관리부문에서 최고의 권위를 자랑하는 것이 바로 '공인부동산관리사'(certified property managers ; CPM)이다.

---

33) Jack P. Friedman, Jack C. Harris and J. Bruce Lindeman, Dictionary of Real Estate Terms, New York : Barron' s, 2004, p. 300.
34) 박성원, "우리나라 임대용 빌딩 관리제도의 개선에 관한 연구", 명지대학교 경영학석사학위논문, 1998, p. 18 ; 오인철, "빌딩관리 제도에 관한 일고", 사회과학논총, 제24집, 강남대학교 사회과학연구소 2008, pp. 101~135.
35) 김원희, 외국의 부동산 관리 방식, 월간빌딩문화, 1995, p. 102.
36) 양철모, 21세기 미국은 한국인의 부동산 시장, (서울 : 범론사, 1996), p. 46.
37) 현원찬, 빌딩산업의 경영관리 합리화에 관한 연구, 건국대학교 석사학위논문, 1999, p. 52.
38) AMO을 가리킨다. 특히 AMO로 지정된 부동산관리회사는 회사의 상호에 AMO라는 표시를 붙여서 사용할 수 있으며, 반드시 IREM이 주니까 CPM과 ARM을 소지한 직원이 반드시 몇 명으로 고용되어야 한다. 특히 IREM에서는 JPM(Journal of PropertyManagement)라는 책자를 간행하고 있다.

IREM이 CPM이라는 자격증을 처음으로 주기 시작한 것은 1983년부터였다. CPM은 IREM의 후보회원들 가운데 신청자에 한하여 소정의 절차를 거쳐서 선발된다. 따라서 CPM이 되기 위해서는 먼저 후보회원(candidate for membership)의 자격[39]을 획득해야 한다.

도표 3.4 미국의 부동산관리 관련 전문단체와 자격증 현황

전문단체	설립일	관리부동산	자격증
IREM(부동산협회) Institute of Real Estate Management	1933	상업용 부동산 산업용 부동산 주거용 부동산	CPM (Certified Property Manager) ARM (Accredited Residential Manager) AMO (Accredited Management Organization)
BOM(빌딩 소유자 및 관리자 협회) Building Owners and Managers Institute	1970	상업용 부동산 (오피스빌딩)	RPA (Real Property Administration) SMA (Systems Maintenace Administrators) FMA (Facilities Maintenace Administrators)
ICSC(국제쇼핑센터협회) International Council of Shopping Centers	1957	쇼핑센터	CSM (Certified Shopping Center Manager)
NARPM(전국주거용 자산관리자협회) National Association of Residential Property Managers	1988	임대주택 (단독주택)	PPM (Professional Property Manager) MPM (Master Property Manager) CRMC (Certified Residential Management Technicians)
NAA(전미아파트협회) National Apartment Associoation	1939	임대아파트	CAM (Certified Apartment Manager) CAMT (Certified Apartment Maintenance Technicians)
NHMC(전국공동주택협회) National Multi Housing Council	1977	대형 임대아파트 단지	CLP (Certified Leasing Professional) ARAM (Advanced Registered Apartment Manager)
IFMA(국제 FM협회) International Facility Management Association	1980	공공기관 외 소유 부동산	CFM (Certified Facility Manager)
CCIM Institute(부동산투자분석가협회) Certified Commercial Investment Member	1954	상업용부동산 주거용부동산 산업용부동산	CCIM (Certified Commercial Investment Member)

자료 : Robert C. Kyle and Floyd M. Baird, Property Management, Fifth Edition, Dearborn Financial Publishing, Inc., 1995, pp. 14~15.

다음은 '부동산관리협회의 직업윤리강령'이다.

부동산관리협회(institute of real estate management)는 CPM에 갖추어야 할 직업윤리강령(code of professional ethics of the certified property manager)을 다음과 같이 설명하고 있다.

39) 후보회원이 되기 위해서는 법적으로 성년이 되어야 하고 부동산관리자로서 1년 이상의 경력과 고졸 이상의 학력을 소지하고 있어야 한다. 후보회원인자가 CPM을 신청하기 위해서는 1) ○○○○○○ 부동산학이나 경영계통의 대졸 이상의 학위가 있어야 하며, 2) 부동산관리부문에서 3년 이상의 실무경력이 있어야 한다. 만약 신청자가 대졸 이상의 학력을 소지하지 못하였을 경우에는 5년 이상의 실무경험이 요구된다. 3) 또한 NAR 회원자격을 소지하여야 한다. 4) 이상의 자격을 갖춘 후보회원은 입회위원회의 추천을 거쳐 세 가지 시험을 치르게 되는데 여기에 합격하여야만 CPM의 자격이 주어진다[안정근, 상게서, pp. 435~436].

[Introduction]

부동산관리사(CPM)는 정직, 성실, 전문성, 능력에 대한 공공의 신뢰를 확고하게 유지하는 것이 중요하다. 다음의 윤리강령과 각 조항에 의거하여 실행을 하면 일반 공중(general public)에 유익하며 이에 관련된 분야에도 상호 유익한 관계를 지속적으로 발전시키는데 기여하게 될 것이다.

IREM는 일반 공중의 이익을 보호하고 상호관계를 증진시키기 위해 부동산업의 다른 분야와도 긴밀하게 협조하여야 한다. CPM은 다음과 같이 직업윤리강령을 준수하여야 하며, 그리고 이를 준수하기 위해 다음의 선서에 서명하여야 한다.

본인은 IREM회원들과 상호노력을 함은 물론 본인 스스로 준수할 수 있는 적절한 방법을 강구, 전문인으로서 부동산관리에 최선을 다한다.

본인은 회원 상호간에 교류, 공정하고 명예롭고 협조적인 상호교류를 추구하고 유지할 것을 선서한다. 본인은 무엇보다 정직(honesty), 성실(integrity), 근면(industriousness)할 것을 선서하며, 아울러 최선을 다해 고객에게 봉사할 목적으로 끊임없는 연구와 헌신의 노력을 한다.

본인은 IREM의 규칙, 규정, 그리고 직업윤리강령(bylaws, regulations and this code of professional ethics)을 이행한다.

첫째, 고객에 대한 신용의무(fiduciary obligation to clients)이다. CPM은 항상 고객의 이익을 위해 최선을 다해 사무적으로 충실하고 고객의 자산을 유지하고 보호하는 데에 성실해야 한다.

둘째, 공개(disclosure)이다. CPM은 법률의 규정이나 강제되는 경우를 제외하고 는 어떠한 경우라도 고객의 사전 동의 없이 고객의 사업이나 사적인 문제(business or personal affairs of a client)에 대해 고객에게 불리하게 하거나 손상을 끼칠 수도 있는 기밀정보를 제3자에게 공개하여서는 안 된다.

셋째, 회계와 보고(accounting and reporting)이다. CPM은 항상 고객을 위해 관리되고 있는 자산에 대해 정확히 회계 · 기록하고 그 기록은 적절한 시기에 고객으로부터 확인받아야 한다. 그리고 때때로 고객에게 자산(client's properties)에 관한 정규적인 보고서를 제출하여야 한다.

넷째, 재원과 자산의 보호(protection of funds & property)이다. CPM은 고객의 재원과 자산을 보호하기 위해 모든 예측 가능한 우발적 사고 혹은 손실을 사전에 방지토록 노력하여야 한다.

다섯째, 협회원과의 관계(relations with other members of the profession)이다. 다른 회원과의 원만한 관계가 요구된다.

여섯째, 계약(contract)이다. CPM와 고객사이의 계약서는 상세한 내용이 제시되어야 한다.

일곱째, 회사 또는 고용주와의 의무(duty to firm or employer)이다. CPM은 언제나 회사 또는 고용주에 최대한 충실하여야 하고 그 고용주나 회사의 교육과 자산을 보호하는데 근면 · 성실하여야 한다.

여덟째, 고객의 자산에 대한 보전과 보호(preserving and protecting property of the client)이다. 임차인의 권리, 책임, 이익을 존중하면서 고객의 자산을 효율적으로 관리하는 것이 CPM의 의무이다.

아홉째, 과거의 고객, 회사 혹은 고용주에 대한 의무(duty to former clients and former firms or employers)이다. 여기 윤리강령에 명시된 CPM의 고객, 회사, 고용주에 대한 의무는 과거의 고객, 회사 · 고용주와의 관계에서도 역시 적용된다.
열째, 전문분야에 대한 지속적인 교육(continuing professional education)이다. CPM은 전문가로서의 기술을 지속적으로 보유, 개발시키기 위해 끊임없는 직업의식과 관리기술(management skills)이 요구된다.
열하나째, NAR의 윤리강령(code of ethics)과의 관계이다. NAR의 윤리강령이 CPM의 윤리강령에 관계되기 때문에 CPM에도 그 효력을 발휘한다.
열두번째, 집행(enforcement)이다. 위 윤리강령의 위반여부는 IREM의 규정에 따라 결정된다.

4.3.2 기타관리협회와 전문자격증

IREM와 버금가는 명성을 지닌 BOMAI(Building Owners and Managers Association International)[40]는 주요 도시별로 산재되어 있는 지역별 건물 소유자 및 관리자 협회의 연맹체 형태로 RPA(Real Property Administrator : 부동산경영사) 프로그램과 SMA(System Maintenance Adminstrator : 설비유지경영사) 프로그램 그리고 FMA(Facilities Management Adminstraror : 시설관리경영사) 프로그램 등 세 가지 전문프로그램을 통해 전문 자격자를 배출하고 있다.[41] RPA의 소지자들은 주로 사무실건물(office building)의 관리를 전문으로 하고 있다. 회원들 중 아파트건물소유자와 관리자들은 1930년대에 독자적인 조직을 만들어 이탈해 나갔으며, 1940년대에는 이들 위주의 전국적인 조직이 결성되었다. 이것은 바로 '미국아파트협회' (National Apartment Association : NAA)이다. 주거용 부동산에 관한 관리자 양성과정과 자격증제도를 실시하고 있는 전문협회는 세 군데가 있다. 그중 하나는 IREM이다. IREM에서 ARM이라는 자격증을 부여하고, 나머지 두 단체는 '전국주택건설업자협회' (National Association of HomeBuilder : NAHB)와 '전국아파트협회' (National Apartment Association : NAA)이다.[42] NAHB 산하의 '아파트평의회' (Apartment Council)에서는 두 종류의 아파트관리자 양성과정을 운영하고 있다. 일반과정과 간부과정이 그것인데, 일반과정을 이수한 사람에게는 RAM(registerd apartment manager)이라는 자

40) BOMAI회원이 되기 위해서는 최소한 고졸 이상의 학력이 있어야 하며 나이는 21세 이상이어야 한다. 그리고 BOMAI에서는 회원들의 자질을 향상시키기 위해 1924년 이래 해마다 경험교환보고서(experience exchange report)를 발행하고 있다.
41) PRA자격증을 신청하는 사람들은 수년간의 업무경험을 구비하고 있어야 하고 협회에서 실시하는 일곱 과목의 교과서과정을 이수하고 시험에 합격해야 한다.
42) NAA에서는 NAHB와 마찬가지로 일반관리자과정과 간부관리자과정이 있는데 NAA의 자격증은 공인아파트관리사(CAM : Certified Apartment Manager), 공인아파트감독관(CAPS : Certified Apartment Property Supervisor), 공인아파트관리기사 (CAMT : Certified Apartment Maintenance Technician) 등의 3가지가 있다.

격증이 주어진다. 이렇게 아파트관리사에 관한 자격증을 높고 낮은 두 단계로 나누는 것은 우리나라 공동주택관리제도에서 주택관리사보와 주택관리사로 나누는 것과 비슷한 것으로 이해할 수 있다.

쇼핑센터나 백화점과 같은 상업용 부동산에 관한 소유자와 관리자들의 모임으로는 국제쇼핑센터 협회(ICSC : international council of shopping centers)가 있다.[43]

콘도미니엄이나 조합주택 등을 전문적으로 취급하는 부동산관리자들의 양성과정 이 CAI(Community Association Institute)라는 기구에 의해 관장되고 있다. CAI에서 제공해 교육프로그램을 이수한 이들에게는 PCAM(Professional Community Association Manager)이라는 자격증이 주어진다.

이외에도 자격증을 주지는 않지만 부동산관리 분야에 관한 중요한 협회나 연구소들이 많이 있다. 예를 들어, 모빌홈제조업자협회(mobile home manufacture's association)와 미국호텔협회(american hotel association) 및 도시 토지 연구소(urban land institute) 등이 있다.[44]

05 일본

5.1 부동산의 관리제도와 관리법규

일본은 세계 제2차대전 후 어느 나라에서 보다 주택난이 심각하였다. 전쟁으로 인한 도시가 파괴되자 당시 전 인구의 4분의 1에 해당하는 2천여만 명의 주민이 주택을 상실하여 거리로 방황하자 정부는 1945년 주택긴급조치령을 반포하고, 이어 1946년 이재(罹災)도시차지차가임시처리법을 제정하는 등 획기적인 부동산정책의 수립에 노력하였다.

그러나 근본적인 대책이 되지 못한 채 중 · 고층아파트의 건립이 급증하였다.[45] 더욱이 일본의 급진적인 경제성장과 더불어 주택수요가 날로 증가함에 따라 일본의 연간 주택생산량은 미국과 함께 세계에서 가장 많은 주택건설이 행하여지고 있는 나라 중의 하나에 속하고 있다.[46] 또한 일본은 지가 상승이 매우 높은 국가이다.[47]

일본은 민법 제정당시부터 프랑스 민법을 본받아 건물의 구분소유를 인정하여 왔으나, 전쟁 후 급증하는 중 · 고층건물의 발생으로 많은 법률상 분쟁이 빈번하였다.[48] 이에 대응하여 건물의 구분소유

43) ICSC에서는 공인쇼핑관리사(CSM : Certified Shopping Center Manager)라는 자격증을 수여하고 있다.
44) 안정근, 상게서, pp. 416~420.
45) 有泉明, 「住宅復興, 戰後法制の變遷一回顧展望」, ジコリスト, 제100호, pp. 19~138.
46) 김충진 · 정시춘, '저렴주택공급방안, 일주택산업공업화를 중심으로' (대한주택공사 : 1975), p. 345.
47) Kazuo Hayakawa, "Japan", Housing Policy & Practice in Asia, London, Croom Helm, 1987, p.125.
48) 川島一郎, 「建物の區分所有等に關する法律」(住宅民法(7) (東京 : 有斐閣, 1968), p. 356.

에 관한 종래 민법 규정을 삭제, 1962년 전문 37개조로 된 '건물의 구분소유 등에 관한 법률'을 제정 · 공포하고 이어 1983년 5월 이를 개정하여 1984년 1월 1일부터 시행하여 오고 있다. 일본의 개정 구분소유법은 옛날 법과 대체로 동일한 태도를 취하나, 먼저 건물만을 대상으로 하여 전유부분은 한 동의 건물 중 구조상 구분된 부분으로써 독립하여 주거 · 점포 · 사무소 또는 창고 등 기타 건물로서의 용도에 제공될 수 있는 건물의 부분을 구분소유의 대상으로 하고 있다. 그리고 공용부분은 전유부분 이외의 건물부분으로서 이것은 구분소유자의 대상이 될 수 없고 구분소유자 전원의 공유에 속하지만, 공용부분에 대한 공유지분은 전유부분의 처분에 따르게 한다. 처분의 일체성을 확보하여 한 건물의 대지에 관한 권리(대지이용권)가 여러 사람이 가지고 있는 소유권 기타 권리인 경우에 구분소유자는 규약에 별도로 정함이 없는 한 그가 가지고 있는 전유부분과 그 전유부분의 대지이용권을 분리하여 처리하지 못하게 하고 있다.

일본의 부동산의 관리제도를 보면, 당초에는 입주자 공동에 의해 자주적으로 관리하도록 하였으나, 이에 따른 구분소유자들의 조직이나 전문지식이 미숙하여 효율적 관리가 어려웠다.[49] 그 후 건물의 구분소유 등에 관한 법률이 1962년에 제정됨에 따라 입주자 전원이 조합원으로 된 주택관리조합을 설립하여 자주적 관리체제를 확립토록 하였다. 그래서 입주자는 누구나 조합원이 되었고, 주택관리조합은 조합원의 합의에 따라 주택관리조합규약 · 건축협정 · 공동생활의 유지에 관한 협정 등을 제도화하였다. 그에 따라 이사 등 임원을 선출하고 조합비를 징수하며, 나아가 공용부분의 유지 · 관리 및 이용을 규제함으로써 구분소유자들의 단지 주택을 스스로 노력과 책임하에 관리토록 하였다. 그러나 공동주택관리의 전문기관으로서 단지 서비스기관이 설치됨에 따라 대부분 공동주택 또는 집합건물에서는 이들 기관에 위탁함으로써 위탁관리체제를 취하고 있다.[50]

특히 1984년 개정 구분소유법상 관리체제는 구분소유자를 당연 구성원으로 하는 관리조합과 대단위 집합건물의 경우에 법인격이 부여된 관리조합법인이 주체가 되어 관리하게 하고 있다. 또한 일본의 관리체제는 다른 입법례에서 볼 수 없는 관리소유자 및 관리자와 관리인을 구별하고, 특히 관리자의 관리단책무에 대한 선취득권를 부여하고 있음이 특색이다.

'구분소유자단체(관리조합)'는 구분소유관계가 성립되면 구분소유자의 관리조합의 일종인 관리단을 구성하고 임의적이지만 관리자를 선임하고 이를 관리한다.[51]

여기서 관리자는 단순히 관리보조원인 관리인과 구별되는 구분소유물의 공용부분을 보존하고 집회의 결의사항 및 규약을 실행할 권리와 의무를 지며, 그 직무에 관하여 대외적으로 구분 소유자를

49) 대한주택공사주택연구소, 「도시주택문제」, 제1집 (서울 : 대한주택공사, 1977), p. 113.

50) 일본주택공단의 관리세대수의 증가와 관리업무의 증대 및 다양화로 공단이 업무를 수행하기에는 어려워서, 이 분야의 전문기관을 신설함으로써 단지 내 주거환경의 정비 및 생활여건이 개선을 효과적으로 하기 위하여 1961년 6월 공단(손해보험회사 · 생명보호회사 · 은행)과의 합의로써 "단지 서비스"를 설립하였다.

51) 尹藤歲史 外, 「區分所有法改正要綱詩眼について」〈座談會〉, "ジコリスト" (米倉喜一郎 :1928), p. 16.

당연히 대리할 권한을 가질 뿐 아니라 규약 또는 집회의 결의에 의하여 구분소유자를 위하여 자기 명의로 소송상 원고 또는 피고로 될 권한이 주어진 자이다.

관리자의 자격에 대하여는 특별히 제한이 없으나 구분소유물의 관리에 관하여 구분소유자를 대리 또는 소송상 원고 또는 피고로서의 자격을 가지는 구분소유자 한 사람 또는 여러 사람일 수 있고 제3자도 가능하다.[52)]

구분소유자집회는 구분소유자 또는 소수 구분소유자에 의하여 연 1회 이상 소집된다. 또한 그 결의권은 집회에서 그가 소유하는 전유부분의 면적의 비율에 의한다.

'관리조합법인' 은 구분소유자로 구성된 단체로서 구분소유자의 수가 30인 이상인 때에는 구분소유자 및 그 결의권의 3/4 이상의 다수에 의한 집회의 결의로서 법인으로 한다는 취지와 명칭 · 사무소 소재지를 정하고 그 주된 사무소 소재지에서 이를 등기하므로 성립되는 조합법인에 의하여 관리된다. 이때 관리조합법인은 반드시 법인이란 명칭을 사용해야 하고, 또한 관리조합법인이 아닌 관리조합은 법인이란 명칭을 사용하지 못함을 명백히 하고 있다. 도표 3.5

도표 3.5 일본의 부동산관리(주택관리)제도의 변천과정

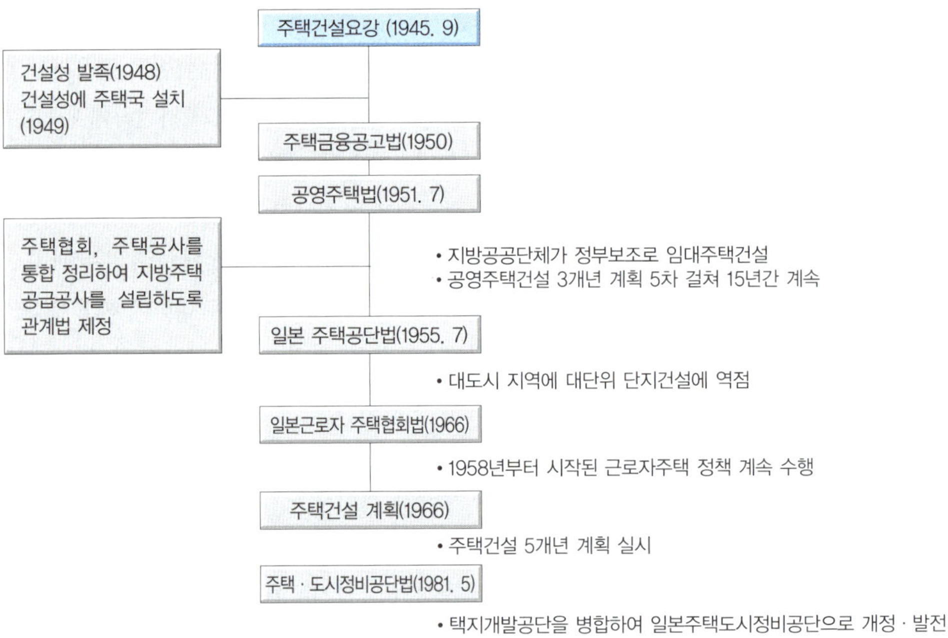

52) 玉田弘毅 · 森泉章 · 半田正夫 編, 「建物區分所有法」(東京 : 一粒社, 1975), p. 249.

5.2 공단과 (주)단지 서비스

당초에는 공동주택의 분양주택은 입주자 공동으로 자주적 관리를 하도록 하였으나 이에 대한 조직이나 전문지식이 미숙하여 공단에 위탁 관리하였다. 공단에서의 부동산관리는 입주시까지의 주택공급업무와 공급 후의 관리업무로 나누어진다. 그러나 집단주택관리의 전문기관으로서 '(주)단지 Service'가 있어 대부분 여기에 위탁함으로써 공단은 주택관리보다는 주택건설 및 택지개발업무에 치중하게 되었다.

단지 서비스의 업무운영조직을 보면 본사의 공단본부에, 지사는 공단지사에, 지점은 공단영업소에 각각 설치되어 있으나 공단과 밀접한 관련을 갖고 있으며 일상 업무를 보고 있는 '단지 Service(주)'의 경영상 특징이 조직 측면에서도 잘 나타나고 있다. 결국 일본의 '단지 Service(주)'는 공단의 단지 관리 업무의 보조자로서 그 역할을 수행함으로써 오늘날 종합관리기업의 임무를 담당하고 있는 것이다.[53]

'단지 Service(주)'가 하는 구체적인 업무는 다음과 같다.

공단건설주택의 특색은 대단위 집단주택 단지란 점이다. 이러한 단지는 도시교외에 건설되는 경우가 대다수이다. 단지 내 주거생활의 필요한 부속시설과 편익시설을 정부투자금과 융자금으로 사업을 진행하는 공익사업기관이 공단이다.

부속시설 및 관리에까지 손이 미치지 못하자 1961년 2월 자본출자근거로서 '공단법'을 개정하여 자본금 3천만엔으로 일본종합주생활주식회사를 설립하였다. 이 중 자본금 3분의 2는 공단이 부담하고 3분의 1은 민간회사에서 출자하였다. 도표 3.6

부동산관리에 있어 수탁업무에는 단지 내 · 전용수도의 유지 관리업무, 청소업무, 오수처리장의 유지관리업무, 모집관계 업무, 분양주택관리업무, 단신주택관리업무, 공동부분의 보호점검업무, 기타(공사감리업무) 등이다. 보전업무에는 건설업자로서 공단에서 발주한 계획수선, 특별수선, 환경정비공사, 공가수선 기타의 소규모 수리 청부공사, 입주자 발주에 의한 수리공사, 임대 또는 분양 등이다. 상업업무에는 단지 입주자를 대상으로 한 생활용품의 판매, 물품의 수리 및 대부업무, service corner, show room 등의 경영, 기타 은행점포의 건설 및 임대 등이다.

그리고 관리업무의 효율화를 위해 중앙감시탑을 운영하고 있다. 중앙감시탑에는 모든 기능이 자동으로 되어 있는 전광판이 있어, 감시요원 2명이 24시간 교대 근무함으로써 단시간 내에 발생하는 긴급보고에 즉각 대처할 수 있도록 되어 있다.

53) 이창석, 전게논문, p. 349.

도표 3.6 도시기반정비공단의 조직편제

조직계층	주요 업무	비 고
본사 (관리업무부)	• 주택 · 시설의 경영 · 관리 및 주택 · 시설 · 택지의 공급 관련 기본방침, 업무처리기준 책정	• 주택 · 시설 · 택지의 공급 • 주택 · 시설의 관리
7개 지사 (관리업무부)	• 주택 · 시설에 관련된 구체적인 경영 · 관리 · 공급계획의 기획 · 입안 및 세부 업무처리	• 주택 · 시설 · 택지의 공급 • 주택 · 시설의 관리
26개 주택관리센터	• 지역마다 현지에 설치하고, 관할구역내의 주택 · 시설 관련 기획 · 입안 및 세부업무처리	
관리서비스 사무소 또는 관리연락원제	① 관리서비스 사무소(200호 이상 단지) – 단지 내 설치하여 민원접수, 임대료 징수, 집회소 사용 접수, 열쇠 불출 ② 관리연락원(200호 미만 단지) – 입주자중 선임하여, 경미한 문서수발, 집회소 사용 접수, 열쇠 불출	
관리 전문 기구 (재)주택 관리 협회	• 현지관리업무 수탁, TV전파 수신 장애 시설관리, 신문(관리회보)발행 등 지역 커뮤니티 지원 사업 • 조사연구사업, 관리요원의 교육훈련 사업 • 신규모집업무 및 임대료 징수독려 수탁 • 재건축사업 관련 입주자 대응 등 업무 • 단체신용 생명보험업무, 분양주택 분양대금 상환업무 • 주택 등의 입퇴거 접수 등 현지 관리 업무 • 지역행사 등에의 협찬 등 지역커뮤니티 지원 사업	• 주로 주택관리 관련 일반 행정 업무 위탁 관리
관리 전문 기구 일본 종합주 생활(주)	• 주차장 등 편의시설 관리운영 • 급배수시설의 유지관리 • 주택 및 임대시설의 안전점검 및 법정점검 등 주택 관리 관련 수탁업무 • 주택 및 임대시설의 소규모 · 긴급 수선 및 공용부분의 환경정비업무	• 주로 시설관리 관련 업무의 위탁 관리

자료 : SH공사, 「임대주택 관리의 전문화를 위한 직무분석」, 2003, p. 249.

5.3 부동산(빌딩)관리사제도와 관리협회

부동산관리사인 '빌딩관리사'는 특정건축물의 유지 관리를 담당하는 관리자이다. 빌딩관리사의 자격증을 취득하기 위해서는 ① 국가시험에 의하는 방법과 ② 국가가 지정하는 협회 교육에 의한 경우가 있다. 국가시험에는 학력과 교육등 관계없이 누구나 응시할 수 있으나, 협회(재단법인 빌딩관리교육센터)의 경우는 학력과 교육을 요구하고 있다.

그리고 관리회사는 일반적으로 관리조합의 업무를 행함과 동시에 관리인을 파견시켜 건물의 감시, 관리보전을 하기도 하고 관리조합의 운영에도 협력한다. 관리회사는 분양 맨션의 증대와 더불어 발전하여 왔다.

1979년 10월 관리업무의 향상 개선을 목적으로 고층주택관리업협회가 성립되었으며, 동 협회는 오늘날 맨션관리업의 주류를 이루고 있다. 대규모 수선을 적절히 실시하기 위하여 고층주택관리업협회는 1985년 4월 '맨션진단보전센터'를 성립하였다. 그 후 건설성(우리나라의 건설교통부)은 맨션관리업무의 질을 향상시키기 위하여 1985년 8월 관리업무협회와 협력하에 '맨션관리업자등록제도'를 실시하여 효율적인 관리제도를 수행하고 있다.

아파트 관리사는 일본 국토 교통성(國土交通省)의 지도하에 1985년 재단법인 일본 맨션관리센디가 공입법인으로 설립되었으며, 2001년부터 아파트관리사 자격제도가 민간자격으로 시험 · 운용되고 있다. 업무내용으로는 아파트관리사는 아파트 관리조합의 운영 건축 관리상의 기술적 문제 등 아파트 관리와 관계가 있는 관리 조합을 관리하는 자 등으로서 아파트 구분 소유자들에게 필요한 상담과 지도 · 조언을 통해 전문가로서의 업무를 수행한다.

이와 별도로 '재단법인 일본빌딩경영센터'가 실시하고 있는 '빌딩경영관리사'와 '사단법인 일본 FM추진협의회' 등 3개 단체가 인정하고 있는 시설관리사(facility manager)가 있고 미국의 부동산 관리사(CPM)도 일본에 도입되었다. 조직단체도 2001년 2월 JREM, 국제CPM협회가 발족되었다.[54]

이외 일본의 공인된 단체의 빌딩관련 주요 자격제도의 현황은 다음과 같다. 도표 3.7

도표 3.7 일본의 빌딩관리 관련 주요 자격제도

자격명칭	빌딩경영관리사 (국토교통 대신 인정자격)	퍼실리티매니저 (특정단체 인정자격)
목 적	빌딩 관리계획, 수선계획에 필요한 회계 · 경영에 관한 지식, 임대차 등의 계약에 관한 지식, 설비관리에 관한 지식 등	기업의 시설 및 환경을 경영적 시점에서 종합적으로 기획 · 활용하는 경영관리활동에 관한 전문지식의 습득에 도움이 됨.
시험과목	① 기획 · 입안업무 ② 임대영업업무 ③ 관리 · 운영업무	① FM의 기초지식 ② FM의 업무 ③ FM의 기술
자격취득 절차	연면적 1,000m²를 넘는 5층 이상의 임대빌딩의 경영관리업무에 종사하여 이하의 조건을 충족하는 자 ① 임대빌딩경영관리에 관하여 3년 이상의 실무경험 ② 임대빌딩경영관리에 관하여 2년 이상의 실무경험 + 센터의 빌딩경영강좌를 수료한 자 ③ 부동산경영관리에 관하여 5년 이상의 실무경험 + 그 기간동안에 임대빌딩의 경영관리에 관한 2년 이상의 실무경험이 있는 자 ④ 부동산경영관리에 관하여 5년 이상의 실무경험이 있고, 센터의 빌딩경영관리강좌를 수료한 자	※ 합격 후 협회등록에 일정의 자격을 충족할 필요 없음 ① 4년제 대학 또는 이에 준하는 자 → 실무 3년 ② 3년제 단기대학 → 실무 4년 ③ 2년제 단기대학(전문대학) → 실무 5년 ④ 고등학교 등 → 실무 7년 ⑤ 기타 → 실무 10년
비 고	(재)일본빌딩경영센터 / www.bmi.or.jp	(사) 일본퍼실리티메니지먼트추진협의회 / www.fis.jfma.or.jp

54) 김재용, "부동산관리의 효율적 제고방안에 관한 연구", p. 57.

06 싱가포르

6.1 부동산의 관리체계

동남아에서 가장 높은 인구밀도와 가장 심각한 주택문제를 내포했던 싱가포르은 정부가 강력한 중앙집권적 주택개발청(housing and development board)을 설립하고, 충분한 건설자금의 조달과 치밀한 주택건설계획에 의하여 공공주택을 설립함으로써 놀라운 주택공급률을 확보하였다.[55]

싱가포르 부동산관리제도의 특징의 하나는 정부의 주택정책을 효율적으로 수행할 수 있기 위한 대규모의 주택관리조직을 통하여 관리되는데 있다. 관리조직을 지역관리사무소와 본부관리사무소로 조직하여 지역관리사무소는 자체행정계열과 참모(staff)에 의하여 단지 내 일정 행정업무 및 개발사업을 수행하고 입주자들의 민원을 처리한다. 본부관리사무소에서는 지역관리소의 사업수행을 위한 단지 관리계획을 수립하고 지역관리사무소를 지휘 · 감독한다.

그 외에도 싱가포르의 부동산관리제도는 철저한 입주자관리제도와 관리자의 직업훈련제도를 마련하고 있다. 부동산관리를 위한 입주자감독자는 새로이 입주하는 입주자를 일일이 방문하여 입주자가 주거환경에 적응하는데 필요한 단지 재시설 및 주택기관청의 정책 등을 소개하고 입주자의 각종 준수사항을 설명할 뿐만 아니라, 아울러 단지 내 입주자의 일반복리후생과 보조받는 주택의 적절한 사용을 계속 보장하기 위하여 노력한다. 또한 싱가포르는 입주자관리를 위한 블록대표제도(block representatives scheme)를 두어 주택개발청과 입주자 사이에 보다 긴밀한 관계를 확보하기 위한 소위 매개체적 역할을 담당하는 기관으로서 그들의 구성원은 단지 내 공동주택의 입주자들로부터 선출된다.[56] 그러나 무엇보다 중요한 싱가포르의 주택관리제도 중의 하나는 관리자의 직업훈련제도이다.

관리사무소에는 주택관리검사원(resident housing and maintenance inspectors)을 두어 약 10년간 운영하여 좋은 성과를 거두었다. 그중 중요한 제도는 새로 입주하는 사람에게 새로운 주택에서 안락하게 생활할 수 있는 지도와 교육을 실시하는 것이다. 이를 통하여 입주자의 대부분은 건물을 스스로 관리 · 장식하고 주변을 정리하는데 서로 협동하게 함으로써 생활에 보람을 느끼게 한다.

주택관리검사원은 아주 광범한 실무교육, 즉 입주건물의 유지 · 보수와 기타 영선 행정처리에 관한 제반규정과 그 외에도 원만한 인간관계를 갖기 위한 교육을 받는다. 이들은 같은 분야에 간부들과 약 4~6개월간 합동실무교육을 받고, 주택관리검사원으로서 수개의 동을 관리하게 되나 간부직원들의 감독하에 관리하고 일년이 지나면 완전한 관리인으로 독립된다.[57]

55) 대한주택공사주택연구소, "주택관리"(서울 : 대한주택공사, 1978), pp. 139~148 ; 홍관희, 전게논문, p. 60.
56) 싱가포르의 관리사무소는 전국 5개, 지역 18개 지부주택단지 관리사무소를 두고 본부관리사무소는 이들을 지휘 · 감독한다. 본부관리사무소의 관리업무에 종사하는 직원 수는 고급간부직원 73명, 중견간부직원 61명, 행정직 1,400명, 기술직 420명, 보조원 1,540명으로써 총 3,500명이 전국 350,511세대를 관리하고 있다[대한주택공사, 상게서, pp. 139~148].

6.2 부동산관리의 내용

6.2.1 입주자선정

주택의 입주신청자격은 임대주택이든 분양주택이든 간에 성년의 싱가포르 국민으로서 세대주이어야 한다. 주택개발청에서는 임대주택이나 분양주택을 원하는 사람들에게 신청서를 받아 신청등록일자를 기준한 선착순(first come, first serve) 제도에 의하여 입주를 시킨다. 또 이전부(transfer bureau)를 설치하여 다른 지구주택으로 이전을 희망하는 사람의 이전신청업무를 처리하고 있다. 이러한 이전신청은 경제, 환경, 가족, 직장 또는 학교의 변동으로 인하여 발생하므로 가능한 한 입주자 상호간의 교체가 이루어지도록 하나, 대부분 전산으로 처리한다.

6.2.2 자가 소유계획

1960년도 초기에 주택개발청은 임대주택을 공급함으로써 심각한 주택난을 해소했으나, 주택건설계획을 위하여 1964년부터 자가소유계획제도를 시행하였다. 그 후 1968년에 동제도를 적극 추진하기 위하여 중앙준비기금(Central Provident Fund : CPF)을 실시하였다.

6.2.3 입주자의 관리제도

① 입주자의 감독

관리사무소에 주택관리검사원을 두어 효율적 관리운영을 꾀하고 있다. 새로 입주하는 사람에게 새로운 주택에서 안락하게 생활할 수 있는 제도와 교육을 실시하는 것이다. 주택개발청은 이들에게 community hall을 제공하고 이들로 하여금 화목한 공동생활을 영위하도록 도와준다. 또한 "Our Home"이라는 격월간지를 발간하여 입주자에게 무료 배부함으로써 입주자와 지상을 통하여 대화를 나누게 할 뿐만 아니라, 주택개발청의 정책홍보활동용으로도 쓰이기도 한다.

② 블록대표제도

1967년 처음 창안된 블록대표제(block representatives scheme)는 주택개발청과 입주자간에 보다 가까운 관계와 이해를 촉진키 위한 것이다. 이 대표자들은 단지내 단지주택의 입주자들로부터 선

57) 대한주택공사 주택연구소, 전게서, pp. 23~29 ; 박종두, pp. 50~51, 재인용

출되며 입주자와 주택개발청과의 긴밀한 연락을 취하고, 입주자의 공동생활을 위하여 운동회와 같은 각종 행사를 주관하고, 입주자의 Community정신을 함양하고, 반사회적 행위나 습관을 단속하는 일을 한다. 1970년도에 이 제도에 대한 평가를 한 결과 입주자들의 일반적인 참여의식의 결의와 대표자들의 미온적인 활동으로 좋은 성과를 거두지는 못했다. 대표자들이 그들의 시간을 빼앗기지 않으려 했기 때문이다.

6.2.4 단지(團地)의 관리제도

① 노점센터

1960년도에는 단지 주변에 노점상인들이 몰려들기 시작하여 문제점으로 대두하였는데 단지 주변에 환경보호를 위하여 일정한 장소에 수용할 필요를 느껴, 1965년에는 노점센터를 설치하게 되었다. 이 노점센터는 노점단속반의 직원들이 통제하였는데 그 후 이에 관한 법적 근거(1968년 환경위생법)를 마련하였다.

② 보수 및 유지 관리

보수 및 유지 관리를 하기 위하여 긴급보수반(emergency repair unit)을 두었는데 1971년 9월부터는 24시간 운영하는 기동보수반(essential maintenance service unit)을 신설하였다. 특히 기동보수반 접수센터에 근무하는 교환원들에게는 '인간관계론', '사회학', '사회심리학' 등의 기본이론과 간단한 기술 및 보수분야들을 교육시켜, 완전한 교양인으로서의 자질을 갖고 입주자의 불만을 친절하게 설득 내지 해결하게 하고 있다.

6.2.5 직원훈련제도

1966년부터 전문적인 단지 관리요원을 양성하기 위한 직원훈련제도가 실시되었다.

피교육자들은 전문적인 지식을 보유한 간부직원에 의해서 이론과 실무를 통한 교육을 받고, 전문시험을 위하여 싱가포르의 왕립측량사협회(royal institute of chartered surveyors)라는 기관에 등록한다.

직원 관리 분야에는 견습제도가 있다. 이 제도는 1968년에 도입되어 여러 차례 수정 개선이 되었다. 훈련과정은 12개월로서 이 과정이 끝나면 Singapore Botanic Gardens에서 실시하는 필기시험에 응시하고, 이에 통과되면 3년 계약으로 주택개발청에 임명된다. 지금까지 이 제도는 주택개발청에서 많은 훌륭한 인재를 배출했다.

Ⅱ 우리나라의 부동산관리제도

01 부동산관리의 중요성

부동산관리(不動産管理)에는 부동산을 어떻게 보존하고, 그 유용성을 증대시키며 이용 · 개량하며, 그 가치를 어떻게 증진해야 하는가에 대한 과제가 있다. 일반적으로 부동산이라고 하면 토지와 건물 즉 유형적 측면(물리적 측면)만을 생각하는 경향이 있다. 그러나 부동산의 유형적 측면 못지않게 중요한 것은 부동산의 무형적 측면이다. 부동산 또는 부동산현상을 에워싼 요인에는 법률적 측면, 경제적 측면 등 여러 가지 측면이 있다. 이러한 각 측면을 어떻게 하면 적극적으로 유지 관리하여 효율적인 보전에 만전을 기하는가의 문제점이 있다.

오늘날 부동산은 보다 쾌적한 거주생활의 만족을 위하여 생활 행위를 시간적 · 공간적으로 분석하며, 거주생활의 내용을 이해하고 그 실질을 거주공간설계에 도입하기 때문에 사익과 공익을 존중하는 관점에서 부동산관리를 제도적으로 규제 · 지도해야 한다.

관리사무 주체가 우후죽순 격으로 난립하게 된다면 부동산 소유나 이용 주체뿐만 아니라 사회 · 경제적으로도 막대한 손실을 초래하게 된다. 때문에 부동산관리의 제도적 뒷받침이 요구되는 것이다.

현대의 부동산관리에는 높은 전문성이 요구되고 있다. 일반적으로 말하는 전문성이란 높은 전문지식과 경험이 요구되는 것을 의미하지만 전문직업(profession) 또는 직업(leaned profession)과의 연관성을 갖는 개념이며, 외국의 문헌에 따라서는 부동산활동이라는 표현 대신 부동산 전문직업 활동이라고 표현하는 경우도 있다.[58]

이러한 전문직업은 의뢰인과의 신뢰관계를 중요시하며 높은 수준과 직업윤리가 요구되는 것이다. 부동산의 전문직업은 이미 거의 모든 나라들에서 시행되어 왔으며 그 사회 · 경제적 효용도가 무척 높은 것으로 인정되었다.[59]

따라서 부동산관리는 빌딩 등을 대상으로 한 전문적 부동산관리사 또는 빌딩관리사, 주택 등을 대상으로 한 주택관리사, 그리고 모든 자산관계를 다루는 자산관리사가 필요하다.

58) 김영진, 「부동산학총론」, p. 212.

59) 우리나라의 주택관리사보 자격시험과목은 1차 시험은 ① 민법총칙 ② 회계원리 ③ 공동주택시설개론(목구조 · 철골구조 · 특수구조를 제외한 일반건축구조와 공기조화 · 냉동설비를 제외한 건축설비개론 및 장기수선계획 수립 등을 위한 건축적산을 포함한다), 2차 시험은 ① 주택관리관계법규(주택법 · 임대주택법 · 건축법 · 소방법 · 승강기 제조 및 관리에 관한 법률 · 전기사업법 · 시설물의 안전관리에 관한 특별법 · 민법(물권 · 채권) · 집합건물의 소유 및 관리에 관한 법률 중 주택관리에 관련되는 규정) ② 공동주택관리실무(시설관리 · 환경관리 · 공동주택회계관리 · 입주자관리 · 대외업무, 사무 · 인사관리, 안전 · 방재관리 및 리모델링 등)로 되어 있다.

STORY TIP 3.1 부동산관리와 대안선택

소비자가 자동차를 구입하는 경우에 일반적인 선택의 기준은 자동차의 비용과 성능일 것이다. 비용에 해당되는 것은 차량의 가격과 유지비이고 성능에 해당되는 것은 출력, 디자인, 편의성 등이다. 이 때 차량의 구입비와 유지비가 적으면 경제적 효율(economical efficiency)이 좋다고 하고, 출력과 기능이 우수하면 물리적 효율(physical efficiency)이 좋다고 한다. 그러나 어떤 시스템에 대하여 이러한 물리적 효율과 경제적 효율을 함께 분석하여 종합평가하는 것은 쉬운 일이 아니다. 따라서 설계된 여러 가지의 가능한 대안을 물리적 효율면과 경제적 효율면으로 각각 나누어 분석하고, 시스템이 요구하는 우선순위와 이들 양면의 균형을 고려하여 최선안을 선택하는 것이 일반적이다.

이렇게 최선안을 결정하는 데 있어서 경제성공학은 여러 대안의 경제적 효율면을 분석하고 평가함으로써 최선안의 선정에 기여하는 학문이다. 다시 말하면 경제성공학이란 경제성 분석과 경제성 평가의 원리를 경영 및 공학문제 해결에 응용하여 경제적으로 유리한 의사결정을 수행하는 기술이다. 그렇다면 경제성 분석과 평가에 이용되는 기법에는 어떠한 것이 있는가? 이 기법은 여러 가지 대안을 평가하는 기술로, 가장 경제적으로 이익이 큰 것을 판별, 결정해 주는 평가방법과 기준을 제시한다. 그러므로 이들 기준에 따라 선택 여부와 우선순위가 결정된다.

경제성공학에서 이용되는 이들 기준과 방법은 크게 세 부류로 나눌 수 있다. 첫째, 일반적 대안선택방법, 둘째, 전통적 대안선택방법, 셋째, 현금할인 대안선택방법이 그것이다.

자료 : 유일근, 「최신 경제성공학」 (서울 : 형설출판사, 2006), pp. 26~27

02 부동산의 관리제도

2.1 빌딩관리제도

우리나라는 '빌딩관리사'의 자격제도는 아직 없다. 다만, 미국의 부동산관리사(CPM)제도를 도입하여 이를 국내에서 자격증을 부여하고 있다. 부동산 공인중개사단체중의 하나인 대한공인중개사협회가 미국 부동산관리협회(IREM)과 국내 교육지정업체로 협약을 맺고 교육을 실시하고 있으며[60] 교육 이수자에 대하여 부동산관리협회(IREM)에서 평가시험을 거쳐 부동산관리사(CPM) 후보자 자격증을 수여하고 있다.[61]

기타 빌딩관리와 관련된 민간 교육기관으로는 '재단법인 한국빌딩경영관리협회'와 '재단법인 한국산업교육원' 등이 있으며, 이들 기관은 교육사업을 실시하고 있으며 자체 시험을 거쳐 자격증을

60) 김재용, "부동산관리의 효율적 제고 방안에 관한 연구", 건국대 석사학위논문, 2006, p. 28.

61) 동 협회의 자료에 의하면 2002년도에 제1기 CPM교육 수료생을 배출한 이래 2006년 9월 현재 348명이 교육을 수료하였으며 총 118명의 CPM이 한국에서 배출되었다.

수여하고 있다.[62] 이들 자격의 종류와 취득절차는 다음과 같다. 도표 3.8

도표 3.8 부동산관리(빌딩관리) 자격의 종류

자격명칭	CPM	빌딩경영사	빌딩경영관리사
자격관리자	IREM 한국지부	(재)한국빌딩경영관리협회	(재)한국산업교육원
시험과목	윤리시험 CPM인증시험(재무관리, 인적자원관리, 위험관리, 마케팅, 임대, 유지관리 등) 자산관리계획서	빌딩경영론 경영학 회계학 빌딩관계법규 빌딩관리일반	빌딩관리개론 빌딩행정관리론 빌딩관계법규 빌딩경영위험관리론 빌딩경영관리실무
자격취득 절차	'대한공인중개사협회' 의 CPM교육 수료 및 시험 합격 후 부동산관리경력 3년 이상시 자격취득	객관식 시험 합격시 자격 취득	객관식 시험 합격시 자격 취득
자격취득 현황	2002년부터 연 2회 교육 및 시험 실시 2006.9 현재 자격취득자 118명	2001년부터 연 3~4회 시험실시	2000년부터 연 2회 시험 실시 2006.9 현재 자격취득자 12,000명
비 고	미국 IREM이 수여하는 민간자격	민간자격 자격기본법상 국가공인 미취득	민간자격 자격기본법상 국가공인 미취득

자료 : IREM http://www.irem.org, IREM 한국지부 http://www.kcpm.co.kr, 한국공인중개사협회 http://www.kreba.or.kt, 한국빌딩경영관리협회 http://www.kabam.or.kr, 한국산업교육원 http://www.keta.net

2.2 주택관리제도

우리나라의 주택관리제도에 있어서 집합건물의 관리와 공동주택의 관리에 대한 제도가 있다. 그리고 '건축법' 에서 건축물의 유지 · 관리 관련된 규정만 두고 있다. 또한 대형시설물의 안전점검과 적정한 유지관리를 위한 '시설물안전관리에 관한 특별법' 이 있다.

집합건물에 대한 구분소유권에 대해서는 1958년 5월 28일 제정된 민법 제215조가 구분소유권의 성립에 관한 근거 규정을 두고 있다. 집합건물에 속한 공유물의 변경 · 관리에 관하여는 민법 중 공유에 관한 규정을 적용하여 왔다. 그러나 민법 중 공유에 관한 규정만으로는 통합 건물의 거주자들을 중심으로 발생되는 법률관계를 해결하기 어려우므로 이들 관계를 보다 구체적으로 규율할 목적에서 1984년 4월 10일 법률 제3725호로써 전문 제4장 66개조와 부칙 6개조로 구성된 '집합건물의 소유 및 관리에 관한 법률' 을 공포하였다.

62) 이밖에 한국빌딩경영협회에서 자격제도 도입을 추진중이며, '사단법인 한국건축물유지관리협회' 에서 '건물종합관리사' 자격제도를 시행하였으나 원활하게 이루어지지 못하고 있다.

또한 공동주택의 관리를 위한 공법으로서 '주택법'과 동법 시행령 및 시행규칙 등이 있다. 주택법(1977년 12월 31일 제정 법률 제3075호)은 주거생활에 필요한 주택의 건설·공급·관리와 이를 위한 자금의 조달·운용 등에 관한 사항을 정한 법률이다. 동 법률 제42조에서 제59조에 이르기까지의 규정이 주택관리를 위한 관계 규정에 속하는 것으로, 주택의 관리방법과 주택관리업(주택관리사)에 대하여 규정하고 있다.

2.2.1 시험제도

① 주택관리사보와 주택관리사

주택관리사보는 관계장관이 시행하는 자격시험에 합격한 후 시·도시자로부터 합격증서를 교부받은 자이다. 그리고 주택관리사는 주택관리사보자격시험에 합격하고 대통령령이 정하는 주택관련실무경력, 그밖에 주택관련 경력을 갖춘 자로서 시·도지사로부터 주택관리사의 자격증을 교부받은 자이다. 도표 3.9

도표 3.9 주택관리사 시험제도

시험구분	시 험 과 목	문제출제
제1차 시험 (3과목)	1. 민법총칙 2. 회계원리 3. 공동주택시설개론(목구조, 철골구조, 특수구조를 제외한 일반 건축구조와 공기조화·냉동설비를 제외한 건축시설개론 및 장기수선계획수립 등을 건축적산을 포함한다)	• 과목벽 40문항 • 객관식 5자 선택형
제2차 시험 (2과목)	1. 주택관리관계법규(주택법·임대주택법·건축법·소방기본법·소방시설 설치유지 및 안전관리에 관한 법률·승강기 제조 및 관리에 관한 법률·전기사업법·시설물의 안전관리에 관한 특별법·민법(물권, 채권)·집합건물의 소유 및 관리에 관한 법률 중 주택관리에 관련되는 규정) 2. 공동주택관리실무(시설관리·환경관리·공동주택회계관리·입주자관리·대외업무·사무·인사관리, 안전·방재관리 및 리모델링 등)	• 과목별 40문항 • 객관신 5자 선택형에 일부 주관식(단답형 또는 기입형 가미

② 주택관리사보의 채용의무 규정

공동주택의 관리주체, 즉 아파트단지는 주택법(제55조제1항)의 규정에 의하여 주택관리사 또는 주택관리사보(이하 '주택관리사 등'이라 한다)를 공동주택의 관리사무소장으로 배치하여야 한다.[63]

첫째, 의무적 관리대상 공동주택은 300세대 이상의 공동주택, 150세대 이상으로서 승강기가 설치된 공동주택, 150세대 이상으로서 중앙집중식 난방방식(지역난방방식을 포함)의 공동주택이다.

둘째, 주택관리사보 또는 주택관리사를 관리책임자로 두어야 할 공동주택의 규모는 500세대 미만의 공동주택이다.

셋째, 주택관리사를 관리책임자로 두어야 할 공동주택의 규모는 500세대 이상의 공동주택이다.

'건축법' 에서 건축물의 유지 · 관리에 대해서는 건축물의 소유자 또는 관리자는 그 건축물 · 대지 및 건축설비를 건축법령에 알맞도록 유지할 의무만 정하고 있다. '시설물 안전관리에 관한 특별법' 에서는 각종 시설물과 16층 이상 혹은 연면적 3만m^2 이상 건축물과 연면적 5천m^2 이상 다중이용시설에 대해서는 정기적으로 안전점검을 실시하도록 의무화하고 있다. 관리주체는 시설물의 구조상 공중의 안전한 이용에 미치는 영향이 중대하여 긴급한 조치가 필요하다고 인정되는 경우 사용제한, 금지, 철거 등의 조치를 취하도록 규정하고 있다.

전문인력 자격제도에 관한 기본법령은 자격기본법[64]이다. 이 법에서는 자격을 국가자격과 민간자격으로 구분하고, 민간자격은 법령의 기준과 절차에 따라 국가의 공인을 받을 수 있도록 규정하고 있다. 도표 3.10

도표 3.10 주택관리업의 등록기준(주택법시행령 제68조 별표)

구 분		등록기준
자본금		2억원 이상
기술능력	전기분야기술자	전기사업기사 이상의 기술자 1인 이상
	연료사용기기 취급관련 기술자	열관리산업기사 이상의 기술자 또는 보일러시공 · 취급기능사 1인 이상
	고압가스관련 기술자	가스기능사의 자격을 가진 자 1인 이상
	위험물취급관련 기술자	위험물관리기능사 이상의 기술자 1인 이상
주택관리사 등		주택관리사 또는 주택관리사보 1인 이상
장 비		5마력 이상의 양수기 1대 이상 절연저항계(누진측정기를 말한다)1대 이상

2.3 간접투자자산운용업법에 의한 전문인력 제도

간접투자자산운용업법에서도 자산운용회사는 일반 자산운용 전문인력을 5명 이상 두도록 되어 있다. 부동산투자펀드를 운용하고자 하는 경우, 관리 추가로 부동산운용 전문인력을 3명 이상 확보하도록 하고 이 인원을 자산운용협회에 등록하도록 규정하고 있다. 이의 자격 요건은 다음과 같다. 이

63) 공동주택관리와 관련하여 민법 제32조 및 "건교부장관의 주관에 속하는 비영리 법인의 설립 및 감독에 관한 규칙"에는 단체를 설립할 근거를 마련하고 있으며, 이에 따라 공동주택관리와 관련된 사단법인이 활동하고 있다. 사단법인은 대한주택관리사협회, 한국공동주택전문관리협회, 전국아파트연협회, 한국공동주택문화연구소 등이 있다. 주택관리는 자치관리에서 위탁관리로 옮아가고 있다. 위탁관리의 증가와 함께 주택관리업자도 증가 추세에 있으며, 매년 28~72개 정도의 업자가 신규로 등록하고 있으며, 누적수로는 2001년 말 기준으로 385개이다(주택산업연구원, 2001). 주택관리사(보)의 배출방법은 시험 및 경력 인정 두 가지 방식으로 운영되고 있다. 주택관리사는 주택관리사보에 한해 일정기간 이상의 경력이 인정되는 자(3년 이상)에 한해 주택관리사 자격을 부여한다.

64) 자격기준법 제17조

는 공동주택관리나 부동산 간접투자상품 관리를 위하여 전문인력의 확보를 관리회사의 설립요건으로 하고 있다.[65)]

도표 3.11 부동산 간접투자자산 운용전문인력 요건

1. 부동산투자회사법 자산운용전문인력 요건

1) 감정평가사 도는 공인중개사로서 해당분야에 5년 이상 종사한 자
2) 부동산관련분야의 석사학위 이상의 소지자로서 부동산의 투자 · 운영과 관련된 업무에 3년 이상 종사한 자
3) 대통령령이 정하는 자
 • 부동산투자회사, 자산관리회사, 부동산투자자문회사, 그 밖에 이에 준하는 부동산관계 회사나 기관 등에서 5년 이상 근무한 자로서 부동산의 취득 · 처분 · 관리 · 개발 또는 자문 등의 업무에 3년 이상 종사한 경력이 있는 자
 • 부동산자산의 투자 · 운용업무를 수행하는 외국의 부동산투자회사 또는 이와 유사한 업무를 수행하는 기관에서 5년 이상 근무한 자로서 부동산의 취득 · 처분 · 관리 · 개발 또는 자문 등의 업무에 3년 이상 종사한 경력이 있는 자
 • 「간접투자자산 운용업법 시행령」 제17조1항 각호의 어느 하나에 해당하는 요건을 갖춘 자

2. 간접투자자산운용업법상 운용전문인력 요건

1) 감정평가사로서 감정평가분야 또는 부동산 관련분야에 5년 이상 종사한 경력이 있을 것
2) 부동산 관련분야의 석사학위 이상 소지자로서 부동산의 취득 · 관리 · 개발 또는 자문 등 부동산의 운용과 관련된 업무(이하 이 항에서 "부동산운용업무"라 한다)에 3년 이상 종사한 경력이 있을 것
3) 부동산의 투자 · 운용업무를 주된 업무로 수행하는 외국의 부동산투자회사에서 5년 이상 근무한 자로서 부동산운용업무에 3년 이상 종사한 경력이 있을 것
4) 「부동산투자회사법」에 의한 부동산투자회사 · 부동산투자자문회사 · 자산관리회사. 「신탁업법」에 따른 신탁회사(신탁재산의 경우에 한한다.) 그 밖에 금융감독위원회가 정하여 고시하는 부동산관계회사나 기관 등에서 부동산운용업무에 3년 이상 종사한 경력이 있을 것
5) 시행령 제17조제1항의 규정에 의한 운용전문인력으로서 재정경제부령이 정하는 교육을 마칠 것

자료 : 부동산투자회사법 제22조 제1항, 간접투자자산운용업법 제17조 제2항

65) 부동산투자회사법 제22조, 제22조의3, 제23조, 동법 시행령 제18조, 제24조

용어 정리

- **경쟁군집** (競爭群集 : Competitive cluster)
- **공급개요** (供給槪要 : Supply overview)
- **공용부분** (共用部分 : Parties communal)
- **관리법규** (管理法規 : The management law)
- **대학학위** (大學學位 : University degree)
- **부동산정책** (不動産政策 : Real estate policy)
- **불량지역철거** (不良地域撤去 : Slum clearance act)
- **수요창출자** (需要創出者 : Demand creator)
- **왕립측량사협회** (王立測量士協會 : The Royal institution fsurveyor
- **자격시험** (資格試驗 : Aqualifying examination)
- **잠재구매자** (潛在購買者 : Potential purchaser)
- **잠재임차인** (潛在賃借人 : Potential tenant)
- **재고조사** (在庫調査 : Inventories survey)
- **전문관리인** (專門管理人 : Professional management)
- **전유부분** (專有部分 : Parties privatives)
- **전일제** (全日制 : Full-time system)
- **조합이사회** (組合理事會 : conseil syndicate)
- **주택관리인협회** (住宅管理人協會 : The Society of Housing manager)
- **주택자문위원회** (住宅諮問委員會 : Housing advisory committee)
- **총회** (總會 : Assembly generate)

생각해 볼 문제

1. 영국의 제도적인 측면에서의 부동산관리연혁과 그 내용을 약술하시오.
2. 영국의 공공임대주택 관리제도에 관하여 설명하시오.
3. 독일의 주거소유법에서 본 부동산관리제도에 관하여 정리하시오.
4. 미국의 IREM의 자격제도에 관하여 설명하시오.
5. 미국의 CPM, ARM, AMO를 비교 설명하시오.
6. 일본의 빌딩관리관련 주요 자격제도에 관하여 논하시오.

CHAPTER

04 국 · 공유지 관리와 관리제도

I 우리나라의 국 · 공유지 관리제도

01 국 · 공유지 구분과 관리기관

1.1 국 · 공유지 구분과 종류

1.1.1 국유지의 구분과 종류

국유지(國有地, sate owned land)는 용도에 따라 행정재산과 일반재산으로 구분한다. 행정재산의 종류로는 공용재산 · 공공용재산 · 기업용재산 · 보존재산이 있고, 일반재산은 행정재산 외의 모든 국유지를 의미한다. 국유지의 구분과 종류는 다음과 같다. 도표 4.1

도표 4.1 국유재산의 구분과 종류

구분	분 류	종 류	내 용
구분	행정재산	공용재산	국가가 직접 사무용 · 사업용 · 공무원의 주거용으로 사용하거나 대통령령으로 정하는 기한까지 사용하기로 결정한 재산
		공공용재산	국가가 직접 공공용으로 사용하거나 대통령령으로 정하는 기한까지 사용하기로 결정한 재산
		기업용재산	정부기업이 직접 그 사무용 · 사업용 또는 그 기업에 종사하는 직원의 주거용으로 사용하거나 대통령령으로 정하는 기한까지 사용하기로 결정한 재산
		보존재산	법령이나 그 밖의 필요에 따라 국가가 보존하는 재산
	일반재산		행정재산 외의 모든 국유재산

자료 : 국유재산법 제6조

1.1.2 공유지의 구분과 종류

공유지(公有地 ; public land)의 구분과 종류는 국유지와 마찬가지로 용도에 따라 행정재산과 일반재산으로 구분된다. 행정재산으로는 공용재산 · 공공용재산 · 기업용재산 · 보존재산의 종류가 있고 일반재산은 행정재산 외의 모든 재산을 말한다. 공유재산의구분과 종류는 다음과 같다. 도표 4.2

도표 4.2 공유재산의 구분과 종류

	분 류	종 류	내 용
구분	행정재산	공용재산	지방자치단체가 직접 사무용 · 사업용 · 공무원의 거주용으로 사용하거나 대통령령으로 정하는 기한까지 사용하기로 결정한 재산과 사용을 목적으로 건설 중인 재산
		공공용재산	지방자치단체가 직접 공공용으로 사용하거나 사용하기로 결정한 재산과 사용을 목적으로 건설 중인 재산
		기업용재산	지방자치단체가 경영하는 기업용 또는 그 기업에 종사하는 직원의 거주용으로 사용하거나 사용하기로 결정한 재산과 사용을 목적으로 건설 중인 재산
		보존재산	법령 · 조례 · 규칙에 따라 또는 필요에 의하여 지방자치단체가 보존하고 있거나 보존하기로 결정한 재산
	일반재산		행정재산 외의 모든 국유재산

자료 : 공유재산 및 물품관리법 제5조

1.2 국 · 공유지 관리기관

우리나라 현행법상 국 · 공유지관리기관은 총괄청과 관리청으로 구분하고 있다. 이로부터 국 · 공유지관리 및 사무를 위임받은 소속 공무원을 재산관리관이라 한다. 국 · 공유지관리기관인 총괄청과 관리청은 국 · 공유지를 관리 · 처분하는 기관이다. 총괄청은 국 · 공유재산을 총괄은 기획재정부장관이 되고, 관리청은 각 국가재정법 제6조에 따른 중앙관서의 장(長)이 된다. 도표 4.3, 4.4

도표 4.3 국유재산의 관리기구

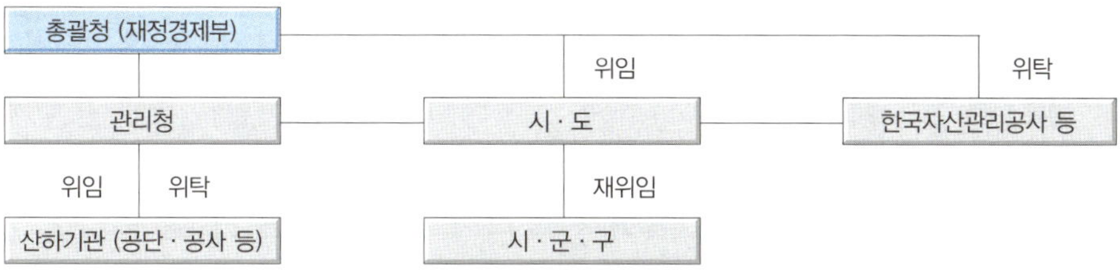

도표 4.4 부동산 종별 관리체계

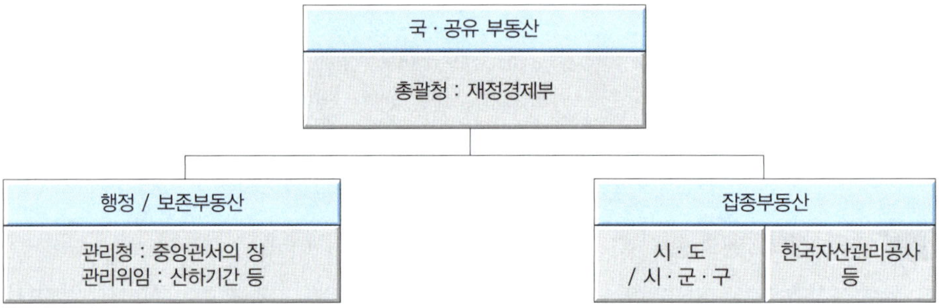

1.2.1 총괄청

총괄청은 국유재산법 제6조에 의거 관계장관이 된다. 동법 제19조 및 제22조에 의하여 총괄청은 국유재산의 총괄에 관한 사무 및 잡종 · 보존재산의 관리 · 처분에 관한 사무의 일부를 관리청 또는 지방자치단체의 장에게 위임하거나 한국자산관리공사 등에 위탁할 수 있다. 도표 4.5

도표 4.5 국유자산에 관한 총괄청의 권한

국유재산에 관한 제도의 정비	• 국유재산 관리 · 처분에 관한 제도의 조사 · 연구와 개선 • 국유재산에 관한 볍령의 협의와 해석
국유재산 관리처분의 통일 · 정비	• 국유재산의 관리계획의 수립 • 소관청의 지정(관리청 지정) • 관리환 재정 및 관리청 재정 • 주요관리 · 처분에 대한 협의 • 보고 또는 자료의 재출 요구 • 관리상환의 감독
국유재산의 현황파악 및 권리보전	• 국유재산의 가격재정 및 실태조사 • 국유재산총괄부 작성 • 국유재산증감 및 현재액총계산서 작성
출자재산의 집중관리 · 처분	
잡종재산의 관리 · 처분	
은닉 · 무주재산의 관리처분	
국유재산 관리의 전산화 추진	

1.2.2 관리청

관리청은 국유재산법 제21조의 2 제1항과 동법 시행령 제 21조에 의하여 관리를 위하여 필요한 경우 국가기관 외의 기관에 국유재산의 관리를 위탁할 수 있다. 이 경우 그 재산의 관리를 위하여 특별한 기술과 능력이 필요한 경우에는 그 기술과 능력을 갖추는 등 국유재산을 관리하기에 적합한 기관에 위임하여야 한다. 관리청은 그 소속에 속하는 국유재산을 그 구분과 종류에 따라 국유재산 법령에 의하여 적정하게 관리 · 처분하여야 할 권한과 의무가 있는 기관이다.[1] 각 관리청은 총괄청에 대하여 국유재산의 관리상황에 관한 보고 또는 자료를 제출하고 총괄청이 요구하는 조치를 최대한 이행하여야 하지만 지위상 총괄청의 하위기관으로 지휘감독을 받는 기관은 아니다.

따라서 총괄청의 조치에 대해여 관리청이 이의가 있을 때는 총괄청이 단독으로 처리하지 않고 국유재산법 제15조에 규정하는 바에 의해 국무회의의 심의를 거쳐 대통령의 승인을 받아 처리한다.

1.2.3 지방자치단체

총괄청은 총괄청이 관리 처분하는 잡종재산 및 보존재산이 있다. 이중 총괄청에 의해 따라 지정한 재산을 제외한 재산의 관리 · 처분에 관한 사무는 재산의 소재지를 관할하는 장에게 위임한다. 시 · 도지사는 이를 시장 · 군수 · 구청장에게 재위임하고 있다. 잡종재산 중 관리청이 관리처분하게 되는 재산은 행정재산의 경우와 마찬가지로 위임 또는 위탁할 수 있다.

1.2.4 위탁관리

국유재산법 상 국가에서 납세의무자에게 부과한 세금이 금전 외의 부동산 등으로 납부됨에 따라 취득한 국유재산은 위탁관리 한다. 이중 총괄청이 따로 지정하는 재산, 국유재산법 시행령 제60조의 규정에 의한 청산법인의 청산종료로 인하여 국가에 현물 증여되는 재산, 기타 재산의 특성상 시 · 도지사가 직접 관리 · 처분하기 곤란하다고 인정하는 재산이다.

이는 총괄청이 따로 지정하는 재산 등은 공공기관으로 하여금 일부 국유재산관리업무를 위탁하여 수행할 수 있도록 하고 있다.[2] 도표 4.6

1) 예산회계법 제14조에 의한 55개의 중앙관서의 장을 말한다.

2) 송근필, "지적공부관리시스템을 이용한 효율적인 국공유부동산관리방안에 관한 연구", 한성대, 2006, p. 16. ; 황은택, "국유재산관리의 발전방안에 관한 연구", 군산대, 2008, pp. 27~29.

도표 4.6 토지 이용을 결정하는 요인들

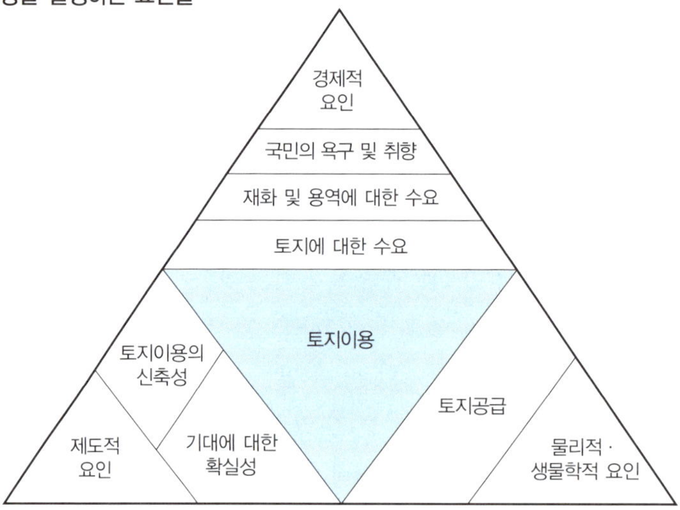

자료 : 이창석, 「주거복지의 이해」, (서울 : 형설출판사, 2008), p. 107.

02 관리시스템의 활용정도

국공유지관리제도운영의 일환으로 1975년 지적법 전문개정시 전산화를 위한 서식의 표준화와 면적단위의 미터법환산, 업무처리내용 분류를 통한 코드화, 등록번호 일제조사 등 지적정보화의 제도적 기반을 마련하였다. 이후 1978년까지 전국 토지 · 임야대장 3천6백만 필지에 대한 카드화사업[3]이 완료된 것을 지적정보화사업의 효시로 볼 수 있으며, 가장 성공적인 성과를 거두었다. 지적정보화사업은 원시자료작성 이후 발생한 변동자료를 정기적으로 일괄처리(Batch)하는 방식에서 탈피하고 전국 온라인화를 통해 지리변동 자료를 즉시 처리할 수 있는 계기를 마련하였다.

이후 도면정보에 관하여는 지도데이터를 활용하여 지적도면 전산화를 하게 되었는데 이것이 국가지리정보체계(NGIS; National Geographic Information System)이다. 이로써 우리나라 토지에 관한 전산화로서의 기초사업인 지적공부(地籍公簿)의 대장(臺帳)과 도면(圖面)전산화가 완료되었다고 볼 수 있다. 이에 따라 대장과 도면이 통합될 수 있었고 이를 토대로 1필지를 중심으로 하는 건물 · 도시계획 등 각종 정보를 연계하여 저장 · 관리 · 처리할 수 있는 필지중심 토지정보 시스템이 구축되었다.

다음은 우리나라 국 · 공유재산관리를 위한 활용시스템이다.

3) 기존의 부책식(簿冊式)의 토지 · 임야대장을 장래에 전산화하기 위하여 1필지당 1장의 표준화된 포맷인 토지 · 임야대장 카드로 활용하는 기초사업이다.

첫째, 지리정보시스템(GIS; Geographic Information System)이다. 지리정보시스템은(GIS) 다른 컴퓨터 정보시스템과 마찬가지로 데이터를 투입, 저장 · 편집 · 조작 · 산출할 수 있으나 다른 정보시스템이나 그래픽기술과는 구별되는 특징이 있다

둘째, 필지중심토지정보시스템(PBLIS; Parcel Based Land Information System)이다. 토지관련 정책수립을 위한 지적정보의 기반으로서 최초의 종합토지정보시스템이라는데 그 의의가 있다. 지적공부(地籍公簿)는 대장(臺帳)과 도면(圖面)으로 이뤄지고 있는데 대장만을 텍스트로 전산화하는데 성공하였다. 다만, 도형정보가 제외된 아쉬운 점이 있었으나 신속한 정책정보를 제공하는 데는 기여했다 할 것이다. 도면정보에 관하여는 지도데이터를 활용하여 지적도면 전산화를 하게 되었는데 이것이 우리나라 국가지리정보체계(NGIS; National Geographic Information System)를 이루었다. 이로써 우리나라 토지에 관한 전산화로서의 기초사업인 지적공부(地籍公簿)의 대장(臺帳)과 도면(圖面)전산화가 완료되었다고 볼 수 있다.

셋째, 토지관리 정보체계(LMIS; Land Management Information System)이다. LMIS는 국토해양부(전 건설교통부)의 사업추진 주관하에 종합적 토지정보인 토지이용 도면자료 및 지형도, 연속지적도 · 지형지적도 · 용도지역도 · 용도지구로 등의 조사 자료를 DB화하여 전국 시런벤구의 국가표준 도면을 생성하여 관리하는 시스템이다.

넷째, 한국토지정보시스템(KLIS; Korea Land Information System)이다. KLIS는 기존의 필지중심 토지정보 시스템(PBLIS)과 토지정보 관리체계(LMIS)를 통합하여 국가 기본지리정보의 각 부 · 처간 공동 활용을 위한 도로명 및 건물번호 부여 등의 기초업무 프로그램을 포함하여 재개발된 시스템이다.

다섯째, 국가재정정보시스템(NAFIS; National Assets Finances Information System)이다. 기획재정부(구 재정경제부)의 주관하에 운영되고 있는 국가재정 정보시스템은 국공유지의 운영을 위한 지번 · 지목 · 면적 · 가격 등 기본적인 데이터를 집계하는 기능에 있지만 토지의 형상과 인근 토지상황 등의 상세한 실태파악이 곤란한 것이 단점이다. 또한 국공유지 관련 각 · 부처 또는 기관별로 토지관련 정보시스템을 구축하여 운영 중임에도 국공유지 관련 정보의 연계운영을 통한 종합적이고 입체적인 관리가 되지 못하고 있는 실정이다.

여섯째, 국공유부동산관리시스템(PLAMS; Public Land Assets Management System)이다. 지적공부를 기반으로 하는 국공유부동산관리시스템은 기존의 국가재정 정보시스템보다 그 기능이 한층 강화된 시스템이라고 할 수 있다.

일곱째, 전자자산처분시스템(On-Bid System)이다. 전자자산처분시스템은 한국자산관리공사에서 위탁하여 관리 중인 재정경제부소관 잡종재산 중 임대 가능한 유휴 국유재산에 대한 상세정보를 전자입찰시스템을 통해 일반 국민들에게 공개 후 전자입찰을 실시하는 시스템이다.[4)]

4) On-Bid시스템 홈페이지(http ://www.onbid.co.kr/e-project.html)

여덟째, 지방행정정보은행(Local Administration Information Bank)이다. 지방행정의 효율성을 높이고 국민의 알권리 충족 등을 위한 행정서비스 수준을 향상시키고자 1997년부터 지방자치단체의 행정 · 정책 및 현황통계 자료를 D/B로 구축하여 전 지방자치단체가 공동으로 서비스 하고 있다.[5)]

Ⅱ 외국의 국 · 공유지 관리제도

01 미국

미국의 경우는 모든 정부부처의 국 · 공유재산 관리 활용도를 극대화시키기 위한 별도의 기관은 없다. 그러나 미국의 토지관리국(Bureau of Land Management; BLM) · 삼림청(Forest) · 어류 · 야생동물보호국(Fish and Wildlife Service) · 국립공원관리국(National Park Service)에서 연방정부 소유토지의 대부분을 관리하고 있다, 이는 연방정부 재산관리 규정(FPMR; The Federal Property Management Regulations)에 따라 각 부처가 소관 재산에 대해 발행하는 부록지침서에 의해 개별적으로 관리되고 있는 것이다.

따라서 개별적으로 내무성의 APM(Office of Acquisition and Property Management)과 같이 부처 내 보유자산을 효율적으로 관리하고 운영비용을 절감하기 위하여 각 부서의 자산과 인적 · 물적 자원관리 역할을 담당하는 기관을 두고 있다.

미국은 국유재산관리를 위하여 1976년 연방토지정책관리법(Federal Land Policy and Management)을 제정하여 연방정부 국 · 공유지관리의 기본법으로 적용하고 있다.[6)] 이에 따라 연방정부재산관리규정과 내무성재산관리지침(IPMD; The Interior Property Management Directives) 등의 부록규정을 제정 · 시행함으로서 각 부처의 국 · 공유재산관리에 있어서 신축성을 도모하고 있다.[7)]

5) 방종식, "지적현황측량에 의한 국 · 공유지의 관리실태 분석", 서울시립대, 2006, p. 33.
6) 이태일, "미국의 토지소유 · 역사적 전개와 실태", 국토정보 제7호, 1994.7, pp. 41~44.
7) 미국 site www.GovernmentGrantList.com 참조

02 영국

영국은 1990년대 이전에는 국 · 공유재산관리에 독자적 권한을 갖는 PSA(Property Service Agency)라는 기관이 있었다. 이 기관은 환경부 소속으로서 모든 국 · 공유재산을 총괄 관리하는 막강한 조직이었다. 그러나 1개 조직에 막강한 권한을 부여하는 것은 국 · 공유재산 관리에서 많은 비효율성을 야기한다는 비판과 아울러 영국정부의 방침이 정부조직의 분권화로 정책방향이 변화함에 따라 1990년부터 PSA의 조직은 점차적으로 민영화되기 시작하였다.[8] 이후 영국정부가 1994년 자체적으로 시행한 "일반재산 관리에 관한 효율성 조사보고서"[9]에 따르면 정부부처 보유 일반재산 관리의 비효율성을 지적하였다.

이에 따라 1996년 4월 1일 이후의 일반재산 관리는 효율적 관리를 위하여 각 부처의 책임으로 전환되면서 관리조직이 필요하게 되었다. 기존환경부소속의 조직이었던 PH(Property Holding)를 내각의 행정부서인 PACE(Property Advisers the Civil Estate)[10]로 승격시켜 어느 정도 독자적인 권한을 부여하게 되었다. PACE는 2000년 4월 1일부터 영국재무성(財務省) 산하의 조달청에 소속되어 정부의 일반재산관리를 수행하고 있다.

03 독일

독일의 국 · 공유재산은 연방(Bund)이 직접소유하고 있는 부동산과 주(Land)가 소유하고 있는 부동산 양자(兩者)가 될 것이며, 이점에서 이원적인 시스템을 지니고 있다.[11] 국 · 공유지를 포함한 국 · 공유재산은 행정재산과 보통재산으로 분류되며, 보통재산은 연방재무부가 관리하고 있다. 연방정부의 기본방침은 필요할 때에 한해서만 국 · 공유재산을 취득하도록 하는 것으로 연방정부 소유의 토지면적 비율은 전국토의 2.8%에 불과하여 주(州)정부나 시(市)정부에 비하여 매우 낮다. 반면 소도시를 중심으로 한 지방정부들은 20세기 초부터 공유지를 적극 매입하였으며, 프랑크푸르트시는 한 때 전체 도시면적의 52.7%를 보유하기도 했다. 지방정부의 공적토지비축 비율은 비교적 높은 편이며, 이는 지방정부에 의한 토지선매가 제도화되어 있기 때문이다.

8) PSA의 일부는 현재 Building & property Facilities Manager(BPFM)라는 민간회사로 이관되어 있고 다른 일부는 1996년까지 환경부 소속의 Property Holdings(PH)라는 자문기구로 존속하였다. PH는 환경부 소속기구로서 국유재산 관리의 자문역할만 하였고 정부부처에 아무런 영향력도 행사하지 못하였다.

9) Efficiency Unit's Scrutiny report on the Management of the Government's Civil Estate

10) PACE는 영국 재무성 산하의 조달청(Office of Government Commerce ; OGC)에 소속되어 있는 일반 재산관리 자문기관이다.

11) 한국토지공법학회(편), "국유부동산관리 발전방안 연구", 2001.9, p. 118.

지방정부는 통상 별도의 기구 없이 직접 토지비축을 담당하며, 지방정부예산의 3~5%가 토지선매를 위해 할당된다. 선매 취득된 토지는 개발 후 재양도 내지 일반분양을 통해 사유화되는 것을 기본원칙으로 한다.[12)]

04 프랑스

프랑스는 국 · 공유재산 총괄 · 관리를 위해 관리법전(Code Du Domaine De L'Etat)을 제정하여 국 · 공유재산 관리의 일반사항을 명시하고 있다. 이에 따라 모든 국 · 공유재산 관리주체는 해당 부처에 위임되어 있다. 프랑스의 중앙정부재산 중 불용재산(不用財産)에 대해서는 매각하는 것이 원칙이지만, 특별한 경우 지방정부나 공기업에 무상으로 양여할 수 있다. 매각시에는 경매를 원칙으로 하나, 지방정부에 매각하거나 상업시설로 이용하기 위해 매각하는 경우에는 수의계약을 한다.

프랑스 경제재정 산업부(MINEFI)의 국세청 산하조직인 Le Domaine는 정부부처의 국유재산 매각 · 매입 · 처분 및 임대 시 필요한 거래통보(written notification of sale)와 재정상의 조건설정 등을 담당하고 있다.[13)]

05 일본

일본은 국 · 공유부동산을 일본재무성에서 관리하고 있다.[14)] 행정재산 또는 국 · 공유부동산을 대부 · 교환 · 매각 · 양어 · 신탁 또는 출자의 목적으로 하거나 이것에 사권을 설정할 수 없다. 이에 반하는 행위는 무효이다. 그러나 예외적으로는 대부하거나 지상권을 설정할 수 있다. 또한 그 용도 또는 목적을 방해하지 아니하는 한도 내에서 사용 또는 수익을 허가할 수 있다.

12) 양은식, 국유재산의 효율적 관리방안 연구, 단국대학교, 2003 참조.
13) 지대식, 「국공유재산 관리체계의 효율화 방안」 국토연구원, 2004.
14) 송근필, 상게논문, p. 43.

용어 정리

- 국유지 (國有地 : State-owned land)
- 공유지 (公有地 : Public land)
- 행정재산 (行政財産 : Administration property)
- 공용재산 (公用財産 : Public property)
- 기업용재산 (企業用財産 : Company wealth)
- 보존재산 (保存財産 : Conservation wealth)
- 국유재산 (國有財産 : National property)
- 총괄청 (總括廳 : Oversight office)
- 관리청 (管理廳 : Intendance)
- 관리기구 (管理機構 : Management framework)
- 사유재산 (私有財産 : Private property)
- 위탁관리 (委託管理 : Trust management)
- 지리정보 (地理情報 : Geography information)
- 필지중심토지정보 (筆地中心土地情報 : PBLIS; Parcel Based Land Information System)
- 토지관리정보 (土地管理情報 : LMIS; Land Management Information System)
- 국가재정정보 (國家財政情報 : NAFIS; National Finance Information System)
- 국공유부동산관리 (國公有不動産管理 : National Land Management)
- 전자자산처분 (電子資産處分 : Onbid)
- 지방행정정보은행 (地方行政情報銀行 : LAIB; Local Administration Information Bank)

생각해 볼 문제

1. 국유지의 구분과 종류에 관하여 설명하시오.
2. 공유지의 구분과 종류에 관하여 설명하시오.
3. 국 · 공유지관리기관에 관하여 약술하시오.
4. 국 · 공유부동산관리시스템의 활용과 시스템에 관하여 약술하시오.
5. 영국 · 미국의 국 · 공유지관리제도에 관하여 설명하시오.
6. 일본의 국 · 공유지관리제도에 관하여 설명하시오.

Real Estate Management

PART 02

부동산관리활동

CHAPTER

05 자산설계와 부동산관리활동

I 부동산관리계획과 수립절차

01 서설

부동산관리계획은 지속적인 부동산관리를 위한 재무적, 운영상의 전략이다. 관리계획을 수립하면서 부동산관리자는 지역 및 근린시장분석, 특정 부동산에 대한 분석, 소유자의 목표분석 세 요소에 중점을 둔다. 이 세 가지 요소를 기초로 해서 부동산관리자들은 관리계획과 현재와 미래의 사업 및 부동산사업 주기에 맞는 현실적인 예산을 수립할 수 있다.[1] 도표 5.1

도표 5.1 부동산관리계획의 3대 요소

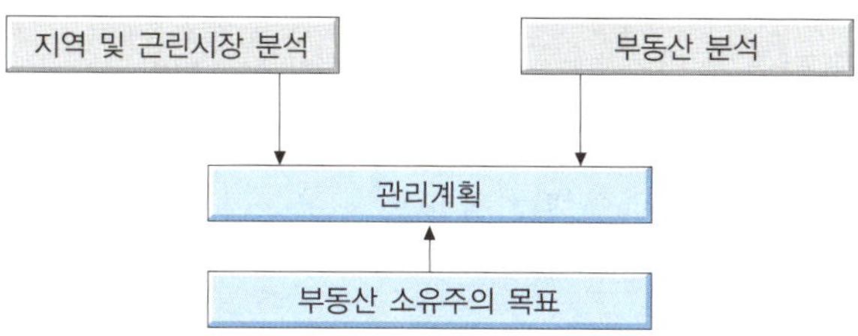

상기 내용에서 본 바와 같이 관리계획은 지역 및 근린시장분석과 부동산분석의 두 축에 의한 영향과 부동산소유주의 목표라는 축을 종합적으로 고려하여 관리계획을 수립하게 되는 것이다.

1) 전용수 · 이창석, 「부동산관리론」(서울 : 형설출판사, 2004), p. 74.

02 부동산관리계획의 절차[2)]

부동산관리의 업무는 일반적으로 첫째, 현장관리(site management)업무(해당 부동산에 대한 유지보수, 점검, 기록, 보험, 법적 상태 유지 등) 둘째, 인력관리(personnel management)업무(직원에 대한 것으로 운영정책, 절차 개발 및 감독 등) 셋째, 재무관리(financial management)업무(재무제표 작성 및 보고, 임대료 수납, 연체관리, 구매절차 등) 넷째, 임대계약 및 임차인관리(leasing and tenant management)업무(임차인관리, 임대차계약 협상 및 계약, 마케팅 계획의 준비 등)로 구분한다.[3)]

한편, 부동산관리자는 임차인 및 소유자와 긴밀한 관계를 맺고 있으며 두 그룹간의 성공적인 업무수행을 위해 많은 역량이 요구되고 있다. 간혹 일어날 수 있는 민감한 사안에 대하여 효과적인 협상을 위해서는 협상자가 갖추어야 할 자질[4)]을 충분히 갖춘 후 업무를 수행하는 것이 필요할 때도 있다.

소유자의 목표와 관련하여 현재의 물리적, 재정적, 운영의 상태 그리고 경쟁부동산과의 비교 등이 표현된 전문적인 부동산관리계획은 부동산관리에 있어 매우 중요한 요소이다. 만약에 그러한 상태들이 소유자의 목표달성에 적합하지 않다면 부동산관리자는 부동산관리기획을 통하여 물리적, 재정적, 운영적 변화를 추천할 것이다. 한편 부동산관리기획은 투자대상으로의 타당성분석 또는 부동산 기획의 실효성을 평가하기 위하여 작성되어 자산관리자(AM)에 제공되기도 하며, 운영 기간 중 특별한 자본적 지출의 의사결정, 연간 보고(annual report)로 작성되어 소유자에게 보고되기도 한다.

부동산관리계획의 서론은 부동산에 투자한 소유자의 목표를 언급한다. 만약에 소유자가 운영수익의 극대화가 최우선 목표라면 순영업소득(net operating income)의 극대화를 위하여 실천방안을 강구하여야 할 것이다. 예를 들면 적정한 유지보수를 통해 높은 점유율(occupancy rate)을 유지하며 꾸준한 현금흐름의 증가를 위하여 임대료 인상 및 성공적인 임대차계약의 갱신 등을 들 수 있을 것이다.

일반적으로 전문적인 부동산관리계획을 작성하려면 평가를 수행하여야 할 항목은 지역 및 근린지역분석(regional and neighborhood analysis), 부동산분석(property analysis), 시장분석(market analysis), 대체방안의 분석(analysis of alternative), 재무적 분석(cost benefit analysis), 결론 및 추천(conclusions and recommendations) 등이다.

2) 유원상 · 정상현 · 이창석, "부동산관리계획의 이론적 고찰 및 작성사례", 부동산학보, 제32집, 한국부동산학회, 2008.2., pp. 108~115.

3) Richard F. Muhlebach, "Principles of Real Estate Management" 15th (Chicago : IREM), pp. 14~19, 전용수 · 이창석, 상게서, p. 29. : 유원상 · 정상현 · 이창석, 상게논문, pp. 101~118.

4) 학습기술(Learning Skill), 글로벌리더십(Global Leadership), 듣는 기술(Listening Skill), 감정통제기술(Emotion-Control Skill) 등이 주요 자질로 꼽힌다. Raiffa Howard. The Art and Science of Negociation. The Bellknap Press of Havard University Press, 2000. p. 121. : 안세영, CEO는 낙타와도 협상한다. 서울 : 삼성경제연구소, 2005, pp. 163~172.

한편, 투자타당성분석(investment feasibility analysis)[5]의 내용과 비교해 보면 상당한 유사점을 발견할 수 있으며 관리계획에는 부동산관리자로서의 전문영역인 대체방안의 분석이 추가되는 것을 알 수 있다.

부동산 투자타당성분석의 내용은 지역 및 도시분석(regional and city analysis), 위치 및 부지분석(location and site analysis), 시장분석(market analysis), 재무부석 및 현금흐름 계획(financial analysis and cash-flow chart), 결론 및 추천(conclusion and recommendations) 등이다.

다음은 부동산관리계획의 절차에 따른 내용이다.

부동산관리계획의 절차[6]

부동산관리의 목적은 소유자의 목표를 달성하는 것이다. 소유자들은 여러 이유로 부동산에 투자하고 많은 형태로 소유한다. 소유자의 목표를 달성하기 위해서는 우선 소유자가 어떻게, 왜 소유하게 되었는지 알아야 한다. 대체적으로 부동산을 소유하는 이유로서 자본의 보존, 증가, 운영수익, 세제혜택, 소유에 대한 자긍심 등을 들 수 있다. 절차는 1단계에서 6단계의 순이다. 이를 기술하면, 다음과 같다.

STORY TIP 5.1 기획과 계획

기획(planning)은 흔히 계획(plan)이라는 용어와 혼용되기 쉽다. 우리나라에서 대부분의 학자들은 과정론적인 개념을 기획으로 설명하고 그 결과로서 나타나는 산출물인 안(案)을 계획이라고 하는 것이 일반적이다. 이와 같은 관점에서 보면 기획은 어떤 개인 또는 조직이 자신의 원하는 방향으로 나아가기 위한 방법을 모색하는 추론(reasoning)의 과정이라고 정의할 수 있다.

그러나 기획에 대한 여러 학자들의 정의가 모두 같은 것은 아니다. 뉴만(W.H.Newman), 채드윅(G. Chadwick) 등은 극히 일반적인 시각에서 기획을 정의하고 있다. 뉴만은 '기획이란 무엇을 할 것인가를 사전에 결정하는 대단히 광범한 인간형태' 라고 규정하였다.

한편, 쿤츠(H. Koontz)와 오도넬(C.O' Donnell) 등은 '기획은 여러 가지 대안 중에서 목표, 예산, 절차 및 사업계획 등을 선택하는 관리자의 기능이며, 장래의 노선을 좌우하는 의사결정이고 지적인 과정' 이라고 함으로써 기획을 관리기능의 한 단계로 보기도 한다.

자료 : 권기철, 이창석, 「부동산이용론」 (서울 : 형설출판사, 2006), p. 60

5) Phillip T. Kolbe / Gaylon E. Greer, Investment analysis for real estate decisions, 6th ed, Dearborn Real Estate Education, 2006, pp. 342~343.

6) Handbook for writing your management plan, Chicago : IREM, 2002, Richard F. Muhlebach, 전게서, 재정리.

1단계 : 지역 및 근린지역 분석

지역 및 근린지역에 대한 간결한 묘사를 한다. 부동산에 직접적인 영향을 주는 범위 내에서 교통의 유형, 산업개발, 교육 및 공공기관, 문화적 측면, 기후, 인구, 고용, 소득수준 등을 설명한다.

정확한 경계를 설정함으로써 지역 및 근린지역을 정의한다. 한편 지역 및 근린지역시장의 특징은 지속적으로 변화하고 있으며 그 변화는 부동산에 영향을 주고 있다. 이에 관리자는 변화되는 추세를 인지하고 그 변화를 야기하는 원인에 대하여 설명하여야 한다. 예를 들면, "인구의 변화는 부동산의 가격과 임대료에 반영되어 경제적 변화를 야기한다" 등을 들 수 있다. 부동산관리자는 지역 및 근린지역에 대하여 항상 최신의 정보[7)]를 유지하여야 하고, 현재의 변화되는 추세가 상승, 유지, 하락되는지 알아야 할 것이다. 현재와 같은 추세에 대하여 미래를 예측하며, 지역 내의 특징이 대상 부동산에 어떤 영향을 미칠 것인지, 대상 부동산을 항상 지역과 근린지역시장과 연관시켜 기술한다.

2단계 : 부동산분석

부동산분석은 주의 깊은 분석을 통한 임대공간의 상세내역과 공용부분, 건축적 디자인 등의 물리적 조건과 최근의 운영과 관련한 요소들을 기술한다. 부동산 연면적, 공간 등의 물리적 조건(지붕, 조적, 승강기, 공조설비, 전력, 창문 및 장식품 등)이 현대적인지, 기능적으로 적합한지에 대하여 기술한다. 또한 임대료 및 운영경비의 적정성, 관리정책 및 절차, 직원의 태도 등 임대료에 영향을 주는 여러 가지 요인에 대하여 기술한다.

3단계 : 시장분석

시장분석은 경쟁부동산의 임대수요를 비교함으로써 대상 부동산의 임대공간에 대한 수요의 수준을 결정한다. 관리자는 현존하는 부동산의 리포지셔닝(repositioning)을 위한 필요한 식견 및 정보를 얻기 위해 사용한다. 리포지셔닝은 완전한 리노베이션(renovation) 또는 마이너업그레이드(minor upgrades)를 포함하기도 하는데, 이는 시장의 상황에 따라 부분적으로 의존한다.[8)] 시장분석은 지역분석, 근린지역분석, 부동산분석에 기반을 두어 대상 부동산의 장단점을 평가할 수 있다. 관리자는 경쟁부동산과 비교하여 지역과 근린지역에 어떻게 영향을 주고 받는지 분석한다. 경쟁부동산을 결정[9)]하고, 대상부동산과 경쟁부동산과의 비교표를 통하여 비교를 수행하며, 비교에 근거하여 임대료를 결정하여 부동산에 대하여 기술하여 분석한다.

비교표[10)]를 작성하기 위하여 대상부동산과 비교부동산의 특징들을 범주화하고 최소 10개 이상의

7) IREM, BDM602, Chicago : IREM, 2002, p. 317.
8) Adrienne Schmitz, Real estate market analysis (a case study approach), the Urban Land Institute, 2001, p. 7.
9) 전게서, p. 327.
10) Comparison-Grid 또는 Com-Grid라고도 한다. IREM, Handbook for writing your management plan, Chicago : IREM, 2002.

항목을 다루는 비교표를 사용하여 시장 임대료 수준에 대하여 객관적으로 입증한다.

대상부동산과 진정으로 유사한 부동산을 사용하며, 반드시 모든 주요 경쟁부동산들을 포함한다. 비교표의 결과를 사용하여 대상부동산의 권장할 만한 임대료를 산정한다. 그리고 시장분석에서 지적한 사항에 대하여 주요한 이슈와 관심사항에 대하여 집중하여 기술한다. 그런 후에는 임대계약의 양허조건과 시장임대료에 대하여 명확히 기술하며 주요한 이슈와 관심사항들을 소유자의 목표와 관련시킨다.

4단계 : 대체방안의 분석(관리 이슈사항 포함)

관리 이슈사항은 고객의 목표를 달성하기 위한 대체방안들을 모색하는 것으로, 이는 1단계의 지역 및 근린지역분석, 2단계의 부동산분석, 3단계의 시장분석의 결과이며, 부동산시장의 통찰과 해당부동산의 관찰을 통해 이루어지는 관리자의 전문성이 드러나는 단계이기도 하다. 어떤 부동산은 운영의 변경 또는 물리적인 변경으로 인해 임대료의 인상, 점유율의 증가, 비용이 통제가 이루어지며 그렇게 함으로써 해당 부동산이 최유효이용(highest and best use) 상태가 되기도 하는 것이다.

부동산의 개량을 수행하기 전에 관리자는 가능성 있는 변경의 범위를 조사하여야 하며 예상되는 영향을 평가하여야 하는데 때로는 임차인을 상대로 조사를 하기도 한다. 개량으로 인한 변화는 관리계획서상에 순영업소득의 증대로 반영되기도 하며 자산 가치의 상승 요인이 되기도 한다.

대체방안은 있는 그대로 두는 것이며, 다른 하나는 작은 변화부터 상당한 변화까지 여러 가지가 있을 수 있다. 이는 다른 임차인을 구성하기 위하여 리포지셔닝(repositioning)하는 것을 수반하거나, 관리자의 변경, 대규모의 외형 개조, 자금 조달의 조정 등을 수반할 수 있다.

5단계 : 재무적 분석

각 대체방안은 재무적인 영향(비용편익 분석)이나 결과가 있어야 한다.

각 대체방안을 실행함에 있어 다음 항목들을 감안하여 정확하게 어떤 것들이 수반되는지 설명한다. 대체방안들의 비교편익 분석(cost-benefit analysis)은 여러 방법[11]에 의거하여 검증하여야 한다. 그런 후 각각의 대체 방안에 대해 이행할 것을 가정하여 현금흐름을 추정하여 운영예산을 작성하며 상세한 항목별 지출 예산을 보유기간에 걸친 현금흐름을 통하여 분석하여야 할 것이다. 도표 5.2

6단계 : 결과 및 추천

마지막 결과에서는 합리적인 특별한 변경사항과 기대되는 결과에 대하여 포함되어야 한다. 또한

11) 투자수익률(Return On Investment), 회수기간(Payback Period), 순현재가치법(Net Present Value), 내부수익률(Internal Rate of Return), 가치향상(Value Enhancement) 등이 있다.

지금까지의 모든 분석을 통하여 부동산을 어떻게 운영할 것인지 다음 항목에 대하여 설명한다.

따라서 결과 및 추천 내용은 변경사항에 대한 이행시기, 단계적인지 즉시 시행할 것인지 여부, 부동산에 대한 운영계획, 대체방안과 관련하여 예상되는 위험에 대한 설명, 자금 조달방법에 대한 권장사항, 추천하는 결과를 달성하기 위한 마케팅 및 임대전략 등이다.

도표 5.2 재무적분석을 위한 재무활동과정

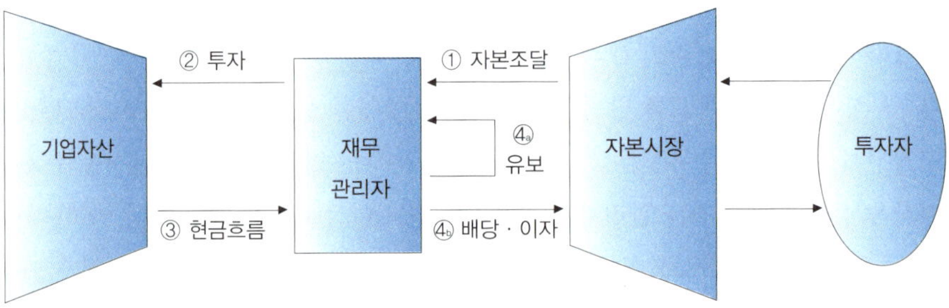

자료 : 이해영 외, 「재무관리」, (서울 : 청람, 2008), p. 25.

03 토지와 건물 등의 부동산관리계획

3.1 토지 등 공유재산의 관리계획

재산이란 일정한 목적 하에 결합된 경제적 가치의 총체로서 이는 소유와 연결되는 법률적 개념이다. 토지의 공유란 토지의 소유권을 국가나 지방자치단체가 보유하고 있는 상태를 말하며, 토지의 사유와 상반되는 의미를 지닌다.

우리나라 재산의 소유형태는 개인이 소유하는 사유재산과 지방자치단체가 소유 · 관리하는 공유재산 그리고 국가가 소유 · 관리하는 국유재산으로 나눌 수 있다. 이 중 국유재산과 공유재산은 1950년 4월 8일에 국유재산법이 제정되고 1963년 11월 11일에 지방재정법이 제정된 이후 수차례에 걸쳐 개정되었다. 그 중 지방재정법의 경우 그동안 공유재산의 생산적 활용도를 제고하고 분권화 · 자율화 취지에 맞게 제도를 개선하기 위해 "공유재산 및 물품관리법"을 제정, 공표하여 2006년 1월 1일부터 시행되고 있다.[12]

12) 박우서 외「국유잡종재산의 관리 및 운영개선 방안에 관한 연구」, 국토계획 제31권, 제5호, 1996, p. 44.

3.1.1 공유재산의 개념 및 구분

공유재산이란 일정한 행정목적을 수행하기 위해 지방자치단체가 소유하는 부동산과 동산을 포함한 현금 외의 모든 재산적 가치가 있는 물건 및 권리를 말한다. 또한 공유재산은 그 용도에 따라 분류된다.

3.1.2 공유재산관리의 정책결정률

공유재산의 관리목적은 재산의 유형에 따라 "공익성"과 "수익성"이라는 상충되는 두 가지의 행동목적을 달성하기 위한 것이다. 즉, 행정재산에 있어서는 직접적인 행정목적 추구가 주된 것이어야 하고, 이러한 행정목적 달성에 장애가 되지 않는 범위에서만 수익성이 추구되어야 한다는 것이다. 반면에 잡종재산에서는 재산적인 성질이 더 강조되므로 수익성 추구에 더 큰 가치가 부여되어야 하며, 이를 위하여 불필요한 자산은 매각하는 등 적극적인 방안을 모색할 필요가 있다.[13]

그러나 현실적으로는 이러한 구분 없이 공유재산이 이용되고 있어 공익적 목적은 물론 수익적 목적도 제대로 달성하지 못하여 자원관리의 비효율성을 초래하고 있다.[14] 여기에서는 공유재산 관리에 있어 새로운 정책결정기준을 마련하기 위해 개인이나 조직이 어떠한 결정이나 행동을 하기 위한 기준으로, 무엇이 옳고 그르냐의 문제와, 어떤 것이 이익이 되고 손해가 되는가를 따져서 판단하고 결정하는데 대한 4가지 결정 유형을 정리한 "개인의 결정률(決定律) 이론"을 도입하여 "공유재산관리 정책결정론"의 기준을 마련하고자 한다.[15] 공유재산관리의 행동 결정에 있어 가장 중요한 영향을 미치고 있다고 판단되는 공익성과 수익성을 기준으로 이를 도식화 하면 다음과 같다. 도표 5.3

도표 5.3 공유재산관리 정책결정률

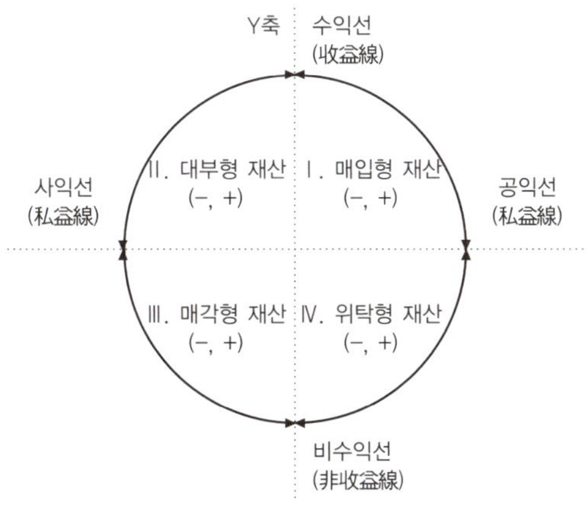

공유재산 관리에 있어 가장 이상적인 유형으로 I상한에 위치한 "매입형 재산"을 들 수 있다. 이 유형은 재산의 공익성을 유지하면서 재산운영에 필요한 유지관리 재원을 자체적으로 충당할 수 있다는 장점을 가지고 있음을 알 수 있다. 오늘날 각 지방자치단체에서 지향하고 있는 현대형 공유재산 관리모형이라 할 것이다.

그리고 II상한에 위치한 재산의 경우 공익성은 미약하나 수익발생이 가능한 재산으로 "대부형 재산"으로 구분할 수 있다. 이러한 재산은 비교적 면적이 커서 장래에 주변여건의 변화로 인해 공익성이 증대되면 I상한의 현대형 공유재산 관리모형으로 변환될 가능성이 많은 재산으로 현 단계에서는 매각보다는 대부 · 임대 등을 통한 수익증진을 도모하는 방향으로 재산관리가 이루어져야 할 것으로 판단되는 재산이다. 그러나 III상한에 위치한 재산의 경우 비교적 면적이 협소하고 수익성과 공익성 모두가 부족하여 공유재산으로 계속 관리하기에 부적합한 범주의 재산들로서 이러한 유형의 재산은 토지의 무단점유 등으로 공유재산으로 계속 유지해야 할 가치가 미약하므로 용도폐지 후 매각하여야 할 "매각형 재산"이라 할 수 있을 것이다.

한편, 현재 관리되고 있는 대부분의 공유재산은 IV상한에 위치하고 있다고 볼 수 있을 것인데 IV상한의 "위탁형 재산"의 경우 과거 전형적인 공유재산 관리 유형으로 공익성을 우선하고 수익성을 등한시함으로써 지방자치단체의 부담을 가중시키는 한 원인이 되어 왔다.

빌딩이란 일반적으로 건축물을 의미하지만, 우리나라에 있어서 빌딩이란 일반적으로 "철근 등을 사용하여 튼튼하게 지은 고층건축물"을 의미하며 구체적으로 층수를 지칭하고 있는 관계법규는 없다. 빌딩은 건축법상 높이가 31미터(약 5층) 이상인 건축물의 주요 구조부에 대해서 철근을 사용하도록 하고 있는 구조제한(건축법 제11조)이 있고, 5층 이상의 방화용 내장자재 등의 사용 규정이 있으며, 건물에 대한 지방세, 과세 지가표준액 산정 시에도 가산대상에 고층건물의 범위를 5층부터 포함시키고 있는 점을 고려할 때 5층 이상의 건축물이 빌딩에 해당한다고도 볼 수 있다.[16]

한편 빌딩관리의 개념을 빌딩이 지니고 있는 고유의 유용성을 최상의 상태를 유지하면서 경제성, 효율성, 기능성을 보장하는 것과 설비, 환경공간을 최대로 활용하여 경영주, 관리자, 입주자, 출입인원 및 사용자에게 쾌적한 환경을 제공하고 최상의 수익성을 구현할 수 있도록 빌딩을 이용, 개량, 운영 유지하는 것을 의미한다[17]고 정의하고 있다.

이러한 빌딩에 대하여 자산관리의 개념은 아직 학문적으로 명확히 정의되어 있지 못하고 있으나 부동산 자산관리의 이론과 빌딩관리의 성격이나 내용 및 활동과 목적에 기초하여 빌딩 자산관리의

13) 안종욱, "지방자치단체 공유재산관리", 윤정길교수 정년기념논문집, 한국학술정보, 2006. 8. 31, pp. 289~302.
14) 류지태, "현행국유재산관리의 법적문제", 토지연구, 제12권, 2001, p. 51.
15) 윤정길, 「관리와 PR」(서울 : 대영문화사, 2000), p. 132.
16) 박성원, "우리나라 임대용 빌딩 관리제도의 개선에 관한 연구", 명지대학교 증권보험대학원, 1999, p. 10.
17) 박치성, "빌딩경영관리의 개선방안에 관한 연구", 건국대학교 부동산학석사학위논문, 2003, p. 6.

개념을 정의하면 다음과 같다.

빌딩 자산관리란 빌딩자산의 취득, 보존, 유지, 개량과 운용 그리고 처분 등에 관한 업무를 가장 경제적이고 안정적이며 효율적으로 수행하는데 필요한 부동산 활동인 동시에, 빌딩 경영목표를 효과적으로 달성하기 위한 기술이며 빌딩 자산관리조직에 궁극적 목적을 달성케 하는 경영관리를 의미한다. 즉 빌딩에 대한 경영과 관리의 복합개념으로서 투자관리, 운용관리, 시설관리와 같은 관리 조직의 목표를 달성하기 위하여 인적 · 물적 자원을 효과적으로 활용하는 활동이다. 또한 관리 수단을 효과적으로 활용하는 기술이며 빌딩경영활동의 궁극적 목적을 최유효 관리기법으로 달성하기 위한 빌딩자산관리 활동의 원리이다.[18]

3.2 부동산관리계획과 설계

CHAPTER 05

3.2.1 빌딩의 의의와 건물의 설비조건

고층빌딩의 특성의 하나는 입체공간형태라는 것이다. 공간에는 지표와 같은 수평적 공간(horizontal space)과 빌딩과 같은 입체적 공간(cubic space)의 두 가지 뜻이 있다.[19] 또 입체적 공간은 지중공간과 공중공간으로 나타나는데 지중공간과 공중공간에는 인간의 생활과 관련되는 자원이 있으며, 인간이 제조하는 부가물(improvements)이 위치하는 곳이 된다.[20]

오늘날과 같이 도시토지이용의 집약도가 높은 곳에서는 도시토지의 다목적 · 다층적 · 입체적인 이용을 촉구하며, 날로 발전하는 토목 · 건축기술은 다층적(고층) · 입체적 공간형태를 가능하게 만들었다. 고층빌딩의 공중연결 등 지중과 공중공간의 이용도는 날로 증대되고 있는 것이 사실이며 따라서 공간의 거래에 있어서도 수평적 공간으로부터 분리된 지중과 공중구역(air lot)의 거래가 성행될 것으로 본다.[21] 이에 따라 우리 민법규정도 지중공간과 공중공간의 일정한 범위에 대한 이용권을 공시할 수 있도록 구분지상권의 조문을 신설하였으며, 이는 도시가 하나의 공간적인 존재이기 때문이다.

고층건물을 분류하면 다음과 같다.[22] 도표 5.4

18) 그러나 우리나라는 주택법 제42조와 제55조에서 주택관리인의 전문성을 인정하는 주택관리사(보)를 두어 공동주택 관리에 관한 제도적 장치를 마련하고 있지만, 이와 달리 고조의 전문성을 요하는 빌딩관리에 대한 체계적인 법 규정이 없을 뿐 아니라 이를 전문적으로 관리할 수 있는 전문 인력도 부족한 실정이다.

19) 김영진, 「부동산학개론」, (서울 : 건설연구사, 1976), pp. 121~127.

20) 자동차산업, 주택산업, 빌딩산업을 공간산업이라고 한다.

21) 토지소유권은 정당한 이익이 있는 범위 내에서 토지의 상하에 미친다. (우리나라 민법 제212조)

22) 김영진, 「부동산평가론」, (서울 : 건설연구사, 1979), p. 203.

도표 5.4 고층빌딩의 분류

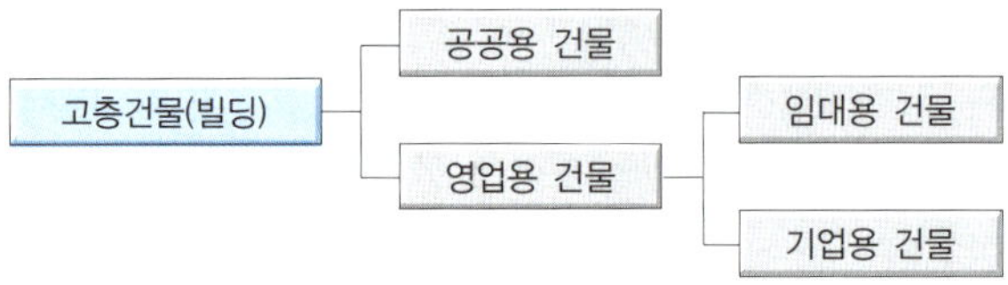

고층빌딩은 공공용 빌딩과 영업용 빌딩으로 분류되고 영업용 빌딩은 기업용 빌딩과 임대용 빌딩으로 세분된다. 임료의 수익이 발생하는 임대용 빌딩은 주로 사무실 임대업을 할 목적으로 고층빌딩 건설에 자본을 투자하는 고층빌딩업용 빌딩이고, 매상수익이 발생하는 기업용 빌딩은 기업의 투자력을 강화하기 위한 수단으로 빌딩건설에 투자된 빌딩이다. 순수한 임대용 빌딩과는 달리 기업용 빌딩이면서 빌딩 전체의 일부 또는 일부층을 임대용으로 사용하는 고층빌딩은 임대빌딩으로 보는 것이 타당할 것이다.

빌딩관리상 빌딩업이라 하면 임대용 빌딩을 의미한다. 빌딩업은 서비스업이며 고층빌딩에서 산출될 수익이 중요한 것이다. 임대빌딩업이 성공하기 위한 수익을 보면 첫째, 보통 일반적인 이용으로 인하여 산출된 수익, 둘째는 계속적 · 규칙적으로 발생하는 수익, 셋째는 안전 · 확실한 수익 등이 보장되어야 한다는 점이 고려되어야 한다.

고층건물 각 부분에 사용되는 자재의 종별, 질의 양부, 수량이 고층빌딩의 풍취나 내구성에 크게 영향을 미치는 것과 같이, 건물 내부에 있는 제반설비는 중요성을 가지고 있다. 주요설비로 승강기(엘리베이터), 전기, 가스, 급배수, 냉난방, 위생시설, 소방시설 등이 있다. 이러한 제반설비가 고층빌딩의 용도에 적합하게 설치되어 있어야 고층빌딩이 최유효이용의 상태가 되는 것이다.

앞에서 말한 바와 같이 고층빌딩은 입지조건의 한정성의 특성이 있기 때문에 지가가 매우 높은 것이 일반적이다. 지가가 높은 곳에 세운 빌딩이 아무리 최신식 빌딩이라도 설비가 수요에 대하여 양 · 질적으로 불충분하면 높은 임료를 받기가 힘들다.

오늘날과 같이 도시건물이 대형화 · 고층화되어 있는 때일수록 제반설비가 건물의 용도나 규모에 필요한 여러 가지 종류의 기능이나 용량(capacity)에 부족함이 없도록 가설되어야 한다. 여기서 중요한 사실은 건물의 내용연수와 설비의 내용연수가 불일치한다는 사실이다. 설비는 교체의 필요성이 있을 때에는 교체해서 설비의 내용연수를 연장시켜 설비기능의 발휘상태를 증가시켜 줄 수 있지만, 건물자체의 물리적 내용연수에는 별로 영향을 미치지 못한다. 그러나 건물의 경제적 내용연수는 연장시켜 준다.

설비는 건물의 세부적 내용인 실(사무실)의 배치 · 일조 · 채광 · 통풍 · 외관 등에도 영향을 미치는 만큼 숙고하여야 한다. 설비의 중요성을 주요 설비중의 하나인 승강기를 예로 들어 설명하여 보기로 한다.

현대의 대형화, 고층화된 건물에 적합한 엘리베이터의 조건을 보면 첫째, DC전동기 엘리베이터일 것, 둘째는 gearless식일 것, 셋째는 문의 개폐 등을 자동조종해주는 DC조종장치이어야 할 것이다. 건물 내에 필요한 엘리베이터 수는 계단과 복도를 뺀 유효면적 2,000m²당 16~20인승 엘리베이터 1대가 있어야 한다.

고층건물의 필요한 엘리베이터 수는 다음과 같다.

A B C

첫째, (128,443m²×22%)×2,000m² = 필요 엘리베이터 수(16~20인승)

(128,443m²×0.22)×2,000m² = 15대

※ A : 연면적, B : 공용면적률

즉 1,780kg을 올릴 수 있는 엘리베이터 15대가 되어야 승강기의 기능을 발휘할 수 있다.

둘째, 엘리베이터 교통수(사람수)의 산출근거는

교통량 = 빌딩 전체면적×10m² = 128,443m²×10m² = 12,844명

즉 하루에 12,844명이 고층빌딩 전체면적이 128,443m²인 빌딩에 엘리베이터를 이용하는 인원수라는 것이다. 엘리베이터가 위에 예로 든 I과 II에 부족할 때에는 그 엘리베이터는 고층빌딩 내에서 100% 기능을 발휘하지 못하여 부적합한 상태에 놓이게 되어서 설비상의 문제점이 되는 것이다.

3.2.2 빌딩 등 부동산관리의 계획과 내용

① 빌딩관리의 범위

빌딩의 관리는 설계, 취득, 운용, 개량, 및 처분과 이에 부수되는 업무 등을 통하여 빌딩의 가치를 증진시켜 소유자의 부를 극대화하는 활동[23]이다. 이러한 빌딩의 관리 활동은 시계열적으로 이루어지지만 각각의 과정마다 관리업무가 상이하므로 과정별 특성에 맞게 활동하여야 하며 최종단계에서는 각각의 효과를 통합하여 평가해야 한다. 빌딩관리의 업무범위를 구체적으로 설명하면 다음과 같다.

가. 빌딩의 취득(Acquisition of property)

취득의 사전적 의미는 자기 것으로 하거나 또는 손안에 넣어 가짐[24]을 의미하나 법률적으로는 소

23) 이창석, 「부동산관리론」, 신광문화사, 2007, p. 23.
24) 동아새국어사전, 「두산출판BG」, 1999, p. 223.

유권의 변동을 의미한다. 즉 취득이라 함은 법률적으로 온전한 소유권의 이전과 소유권의 객체를 현실적으로 명도 받아 전면 지배하는 사실상의 직접점유와 간접점유를 포함한 상태를 의미한다. 빌딩자산관리 개념의 취득은 자산처분과 함께 투자자 또는 소유자에 의하여 실행되며 빌딩관리 측면의 AM과 유사하다.[25)]

나. 빌딩의 운용관리(Operating of property)

운용(Operating)의 사전적 의미는 물건의 기능을 부리어 이용하는 것을 의미하나 빌딩관리 측면에서의 운용관리란 빌딩을 용도대로 활용하여 수익을 극대화하는 경영활동을 의미한다. 주로 빌딩의 임대를 통하여 현금흐름(Cash Flow)을 개선하고 수익의 극대화를 꾀하며 임대관리, 수지관리, 세입자관리, 수지분석, 시설관리까지를 포함하여 빌딩관리 업무를 수행함으로서 자산의 경제적 가치를 증가시키는 경영행위를 운용관리라 한다. 빌딩관리 측면에서는 OM에서 주로 이 업무를 담당하며 자산관리 중심의 자산경영활동을 의미한다.

빌딩의 유지관리(Maintenance of property)와 빌딩의 보존관리(Conservation of property)가 있다.[26)]

다. 빌딩의 개량관리(Improvement of property)

사전적 의미의 개량(Improvement)이란 물건이나 사물을 좋게 하는 것을 말한다. 그러나 빌딩관리의 개량이란 경제적, 법률적, 기술적, 행정적, 안전적, 환경적 측면의 문제점이나 하자, 흠결 등을 발견하여 관리자가 개선을 가함으로서 빌딩의 유용성을 극대화하기 위한 활동을 의미한다. 기술적 개량은 시설관리영역에서 수행되고 FM에 의해서 주로 처리된다.

라. 빌딩의 처분관리(Disposition of property)

처분(Disposition)이란 취득과 함께 빌딩 투자자의 요구나 목적을 달성하기 위한 투자활동의 핵심 업무로서 투자자가 위임한 AM에 의해서 주로 실행된다. 성공적인 처분을 위해서는 OM이나 FM 모두가 체계적이고 효율적인 경영활동과 관리활동을 해야 하며, 특히 OM의 경우 AM의 매각활동에 유리하도록 출구계획까지 준비해 두어야 한다. 자산의 처분은 빌딩관리 마지막 과정으로서 손익측면에서 자산관리 승패가 결정되기 때문에 자산처분 과정은 취득과정 못지않게 중요한 자산관리 과정이다.

---

25) 김일효, 전게논문, p. 28.
26) 이창석, 「부동산 관리론」, (서울 : 신광문화사, 2007), p. 23.
27) 민규식, 부동산자산관리의 구조 및 기능, 한국부동산분석학회, 부동산연구 제7집 제1호, 2001, p. 163.

② 빌딩관리의 내용

빌딩관리는 빌딩의 상대적인 운용성과와 전반적인 포트폴리오에 대한 개별 빌딩의 관계에 관심을 기울인다. 금융의 재조달, 지분의 매입, 주요시설의 수선 또는 매각과 같은 이사 결정이 포트폴리오에 의하여 결정된다. 빌딩관리의 기능은 투자자의 궁극적 목표를 달성하기 위한 자산의 운용에 초점을 두고 있다.[27] 중요한 것은 투자자가 빌딩을 소유하는 목적이다. 빌딩의 소유 목적에 따라 운용계획이 수립되고, 이를 달성하기 위한 전략이 도출된다. 빌딩운용은 소유자의 투자 목적을 이해하고, 목적에 적합한 관리를 하는데 그 의의가 있다.[28]

가. 취득단계(acquisition)의 자산관리

첫째, 관리계획의 수립이다.

관리계획 수립이 빌딩투자자에게 주는 장점은 취득 전 의사결정 단계에서 전문적인 평가뿐만 아니라 투자이행 계획서를 검토 · 분석한 결과를 부동산관리자로부터 제공받음으로써 투자의사 결정에 도움이 된다는 것이다. 또한 이미 취득 대상 빌딩이 결정된 경우에는 투자 대상 빌딩이 시장 내에서의 가치에 대한 평가와 최유효이용(the highest and best use)에 대한 전문적인 분석을 할 수 있는 것이다.[29]

따라서 빌딩관리자는 당해 빌딩의 기존 외관, 동선, 물리적 조건 등을 평가하고, 최유효이용으로 인하여 산출되는 수익과 비용을 추계하여야 한다. 또한 보다 나은 용도로 변경하는 데 드는 비용과 그 변경으로 인한 수익과 위험관계를 추계할 수 있어야 한다. 이러한 분석을 바탕으로 부동산관리 계획(real estate management plan)이 수립되어야 하며[30], 현금흐름 관리전략(cash-flow management strategy)이 수립되어야 한다.[31]

효과적인 빌딩관리 계획을 수립하기 위한 준비단계로서 첫째, 지역 및 근린분석이 행해져야 한다. 이는 지역의 특성 및 상권 분석을 통하여 지역 내에서의 당해 빌딩의 입지상황을 파악하고, 당해 지역 빌딩시장의 변화추세와 그 영향을 분석하는 것이다. 특히 당해 빌딩에 대한 잠재임차인의 유형과 임대료를 확인한다. 둘째, 빌딩자체를 분석하는 부동산분석(property analysis)을 행함으로써 당해 부동산의 물리적 상황을 파악하여 가치 하락요인을 확인한다. 또한 당해 건물의 연면적에 대한 임대가능 면적의 비율을 측정하고 모든 공간의 위치를 정확히 나타내는 건물의 배치도를 작성한다. 이미

28) 오병호 "부동산 자산관리의 특성과 과제", 한국감정원, 부동산 리서치, 2001, p. 7.

29) Alvin A. Arnold, Real Estate Syndication Manual, Boston, Warren, Gorham & Lamont, 1984, pp. 9~12.

30) 미국의 부동산 관리업 협회(IREM: The Institute of Real Estate Management)는 취득하기 전 부동산에 대한 평가를 위해서 수익용 부동산의 포괄적 경제적 분석을 위한 관리 계획의 틀을 만들었는데, 그 경제적 분석을 공간의 이용에 초점을 맞춤으로써 투자자가 자본의 추가 지출에 대한 포괄적 계획과 유지 관리 전략을 개발할 수 있게 한다. 취득 전 관리 계획의 수립은 그것이 취득 가격이나 취득 의사 결정에 영향을 미칠 수 있기 때문에 반드시 필요하다; James C. Downs Jr., Principles of Real Estate Management, Chicago, Institute of Real Estate Management, 1980, pp. 157~167.

31) 민규식, 전게논문, pp. 163~165.

임대된 빌딩인 경우에는 임차인의 구성(tenant composition)과 공실 공간의 정확한 면적을 확인하고 현재 진행되는 빌딩관리 상태를 파악한다. 셋째, 소유자의 투자 목적을 확인하고 시장분석을 해야 한다. 빌딩관리자는 시장분석을 통하여 당해 입지에서의 공간에 대한 임차인의 수요와 경쟁 대상 빌딩이 제공하는 공간의 공급을 분석해야 한다. 이러한 분석을 통하여 잠재 임차인의 관심을 끌기 위한 임대료[32], 쾌적성, 서비스 등의 수준을 결정하여야 한다. 이러한 분석 결과와 소유자의 투자 목적을 확인하여 빌딩의 최유효이용에 대한 전략을 마련해야 한다. 즉, 현재의 용도를 계속 유지할 것인가 아니면 리모델링, 재건축, 용도 변경 중 어느 것이 시행되어야 하는가를 결정해야 한다.[33]

둘째, 현금흐름 관리계획(cash-flow management strategy)의 수립이다.

현금흐름은 빌딩투자에서 발생하는 현금흐름을 규제하고, 나아가 빌딩관리자의 성과를 측정할 수 있는 기준을 마련하기 위한 것으로 이는 부동산관리자의 본질적인 의무중의 하나이다. 빌딩을 취득하기 전에 현금흐름 관리전략을 수립하기 위해서는 현금흐름 분석이 요구되는데, 특히 이 분석 결과는 투자자가 당해 빌딩에 대한 투자 실행 여부를 판단하는데 기준이 된다.

현금흐름 분석(cash-flow analysis)을 위한 기초로서 임대료의 추계치는 당해 빌딩의 과거 사례와 시장 분석으로부터 도출된다.

추계된 임대 소득에 기타 빌딩으로부터 발생하는 기타소득을 합하여 잠재임대수입(Potential Rental Income)을 구한다. 이 잠재임대수입에서 공실 등 임료 손실을 공제하여 유효임대수입(Effective Rental Income)을 도출한다. 유효임대수입으로부터 운영비용을 공제하면 순운영이익(Net Operating Income)이 구해진다. 운영비용은 전기 · 수도 등의 사용료, 유지 · 수리비, 관리비, 화재 및 책임 보험료, 재산세, 광고비 등이 포함된다. 도표 5.5

순운영이익에서 연간부채상환액(Annual Debt Service)과 감가상각비를 공제한 금액이 세전현금흐름(Before-Tax Cash Flow)이며, 여기에서 소유자의 소득세 또는 법인세를 공제하여 세후현금흐름(After-Tax Cash Flow)이 도출된다. 이러한 현금흐름 분석으로부터 자산의 투자 성과를 측정하는 순현재가치(Net Present Value), 내부수익률(Internal Rate of Return), 자기자본 수익률(Return on Equity), 부채감당률(Debt Coverage Ratio)등을 구하여 투자실행 여부를 판단하고 투자이행 계획서도 검토된다. 자산의 투자 성과를 측정하는 도구로써 투자자의 입장에서는 순현재가치, 내부수익률, 자기자본 수익률 등이 이용되고, 대출자의 입장에서는 부채감당률이 이용된다.[34]

32) 임대료는 시장분석에 의하여 그 추계치가 산출되고, 이를 기초로 당해 부동산으로부터 발생할 수 있는 장래의 임대료 소득을 극대화하기 위하여 임대료 조사표(rent schedule)가 작성된다; [Stephen A. Pyhrr, James R. Cooper, Larry E. Wofford, Staven D. Kapplin, and Paul D. Lapides, Real Eastate Investment, New York, John Wiley& Sons, 1989, p. 542.]

33) 리모델링은 기능적으로 노후화(functional depreciation)된 건물의 노후시설을 수선 · 교체하는 것이며, 재건축은 물리적으로 노후화(phisical depreciation)된 건축물의 구조를 현재의 디자인 또는 용도를 변경하지 않고 새롭게 재건축하는 것이다. 용도 변경은 다른 용도로의 전환으로 그 성질상 물리적인 변화를 주는 경우와 컨셉의 변화를 주는 경우까지 포함한다; [민규식, 전게서, p. 165.]

34) Magaret A. Soen and Robert Kevin Brown, op. cit, pp. 284~292.

도표 5.5 현금흐름 분석 모델(Cash Flow Model)

구 분	산출내역	흐 름
세후현금흐름(ATCF)	잠재임대수입(PRI) – 공실 및 임료손실(V/C) 유효임대수입(ERI) + 기타수입(Other Income) 총운영수입(GOI) – 운영비용(O · · E) 순운영이익(NOI) – 연간부채상환액(ADS) 세전현금흐름(CFBT) – 소득세(Tax Liability) 세후현금흐름(ATCF)	
세후순매각액(SPAT)	매각가격(Sale Price) – 매각비용(Costs of Sale) – 대출잔액(Mortgage Balance) 세전순매각액(SPBT) – 양도세(Tax Liability on Sale) 세후순매각액(SPAT)	
초기투자비 (Initial Investment)	매입가격(Purchase Price) – 저당대출금(Mortgage) + 기타 취득경비(Other Cost) 초기투자비(Initial Investment)	

자료 : Financial Analysis for Commercial Investment Real EstateReference Manual, Chicago, CCIM Institute, 2005, p. 24. 재정리.

나. 보유 · 자산운용단계(Operation)의 자산관리

빌딩관리자는 빌딩의 유리한 운용성과에 대한 책임을 지고 있으므로 운용관리자를 선정하고 감독할 책임이 있다. 운용관리자가 빌딩관리에 관한 빌딩의 일상적 운영에 관련된 모든 거래와 의무를 감독하고 지시할 책임이 있다면, 빌딩관리자는 거시적인 관점에서 빌딩관리자의 보다 광범위한 관리정책에 대한 감독 및 규제, 관리 과정상 일상적이지 않은 의사결정과 거래의 감독, 소유자와 빌딩관리자간의 연결 고리로서의 역할, 그리고 빌딩 관리 계약에 따른 빌딩관리자의 활동에 대한 감독 등을 수행한다.[35] 보유 · 자산운용 단계에서 중요한 것은 빌딩의 가치증대이다. 빌딩 가치에 대한 빌딩관리자의 전문지식은 가치증대에 큰 영향을 미친다. 특히 수익환원법에 의한 가치추정의 이해와 지식이 필요하며, 빌딩 유형에 따른 수입 · 비용의 관리 방안이 수립되어야 한다.[36]

첫째, 임대활동(leasing)이다.

빌딩관리자는 공실 상태의 빌딩공간을 적절한 임차인에게 시장임대료에 의하여 임대하고, 임대공간의 회전율을 최소화하며 임대료 징수율을 높임으로써 그 능력을 평가받는다. 이러한 점에서 임대

35) 민규식, 전게서, p. 167.
36) 오병호, 전게서, pp. 8~9.

CHAPTER 05

활동과 마케팅은 부동산관리자의 중요한 업무이다. 임대 활동과 마케팅의 목적은 양호한 잠재임차인(prospective tenants)이 당해 빌딩에 관심을 보이도록 하고, 시장 임대료에 의하여 임대차 계약서를 작성하도록 하는 것이다.

마케팅에 영향을 미치는 요인들은 빌딩의 외관과 입지, 빌딩의 명성, 빌딩 관리회사의 평판, 임대료 구조 및 빌딩의 쾌적성, 관리 요원의 외관 · 태도 · 훈련 등이 거론된다.[37] 마케팅의 첫 단계로서 우선 타켓이 되는 임차인에 대하여 기본적인 윤곽을 정하고, 시장분석을 통한 적정한 임대료 수준을 결정하여야 한다. 임대료의 결정은 객관적인 과학과는 거리가 있으며, 주관적 판단에 근거한 경험의 산물이다.[38] 즉, 비교대상 빌딩의 임대료율과 임대가능 공간에 대한 분석뿐만 아니라 대상 빌딩과 경쟁빌딩의 공간상의 특징, 기능, 편익 등의 분석에 따라 판단하는 것이다.

다음 단계는 적절한 매체 신문 · 라디오 · TV · 메일 등을 통하여 빌딩 공간을 광고함으로써 잠재임차인들의 관심을 끌어 들여 그 공간을 직접 볼 수 있도록 하는 것이다. 빌딩공간의 임대전략은 빌딩의 유형, 규모, 입지에 따라 시간과 예산의 제약이 다양하게 나타날 수 있다. 일반적으로 빌딩의 테마적 이미지를 개발하여 표지판과 팜플렛 등을 이용한 선전 프로그램이 활용된다. 이어서 양호한 임차인을 선정하여 경쟁빌딩 보다 우선하여 임대차 계약을 체결하는 것이다. 임차인을 주의 깊게 선정하는 것이야 말로 자산관리의 매우 중요한 요소이다. 양호한 임차인은 안정적이고 적절한 소득흐름의 잠재적 근원이 될 뿐 아니라 좋은 빌딩 이미지를 창출할 수 있는 기반이 되기 때문이다.[39]

마지막으로 선정된 임차인과 임대차 계약의 특정 조항에 대한 협상이 전개된다. 상업용 및 공업용 빌딩의 경우에는 임대차 계약조건이 투자자와 사용자 간의 위험을 전가하는 수단으로 이용되기 때문에 자산관리자의 협상기술이 특히 중요하게 된다. 일반적으로 아파트와 같은 주거용 빌딩의 경우에는 표준 임대차 계약서에 따르면 되지만 상업용 및 공업용 빌딩의 임대차 계약은 상대적으로 복잡한 요소들이 많기 때문에 종종 변호사와 소유자의 노력이 요구된다.[40]

둘째, 시설관리(facility management)이다.

물리적 유지관리는 내구 기간이 상대적으로 단기인 빌딩의 시설을 교체 · 수선하는 것이며, 이것에는 예방적 유지관리(preventive maintenance), 고장수선(corrective maintenance), 이연수선(deferred maintenance), 응급수선(emergency maintenance), 일상적 유지관리(custodial maintenance)등이 포함된다. 이중에서 예방적 유지관리가 장기적으로 비용절감에 효과적이기 때문에 빌딩의 성공적인 운용을 위한 중요한 도구 중의 하나로 인정된다. 즉, 빌딩에 문제가 발생하기 전

37) Stephen A. Pyrr, et ai., op. cit., p. 543.
38) Charles H. Wurtzebach, Mike E. Miles, and Susanne Ethridge Cannon, Modern Real Estate, New York, John Wiley & Sons, 1994, p. 322.
39) Stephen A. Pyhrr, etal., op.cit., p. 545.
40) 민규식, 전게서, pp. 166~167.

시설의 교체 · 수선에 대하여 규칙적인 점검을 함으로써 장래에 발생할 수 있는 상대적으로 고비용의 고장수선이나 응급수선을 사전에 방지할 수 있다는 것이다. 건물 및 시설관리는 기술적인 분야로서 건물의 효율적 사용으로 운영비를 절감하고 건물의 설비의 생산성을 향상시키는 것이다. 여기에는 전기, 기계 설비, 시설 운영 및 엔지니어링, HVAC(Heating, Ventilation, Air Conditioning), 방재, 방범 예측, 화재, 예방 관리, 안전 관리, 에너지 관리 등이 주요 기능이 된다. 여기에 부가적으로 최유효이용의 측면에서 주변 상황과의 조화, 수요 변화에 따른 기능저하, 수익성 및 효율성 감소를 유발하는 사항의 보수 및 리모델링을 수행한다.[41]

셋째, 자본적 개량(capital improvements) · 자산가치 증대(value enhancement)이다.

자산의 물리적 상태는 그 자산의 경제적 판단에 중요한 역할을 한다. 빌딩자산은 사용자의 물리적 구조의 이용에 대한 대가로서 얻는 임대료로부터 소득이 발생하는데, 이러한 잠재적 경제수익에 의하여 빌딩의 가치가 측정된다. 최적의 현금흐름을 달성하는 것은 그 물리적 구조의 특성을 자본화 할 수 있는 자산관리자의 능력에 의존한다. 일반적으로 물리적 구조와 그 외관이 노후화되어 가고 있다면 시간이 갈수록 점차 그 경제적 수익은 감소된다.[42] 즉 임차인들은 질적 수준이 낮은 자산을 이용하면서 높은 임대료를 지불하지는 않을 것이기 때문이다. 자산관리의 효율성은 빌딩의 유지 · 관리를 위한 운영비용을 최소화하면서 그 전반적인 성과를 최대화함으로서 달성된다. 따라서 빌딩의 유지 · 관리는 빌딩 시장 환경에 적합한 수준으로 행해져야 하며, 비용 편익 분석에 의한 결정에 따라야 한다. 특히 자본적 개량은 그 투자에 의하여 달성되는 수익이 개량에 소요되는 자본 비용과 같거나 초과하지 않는다면 이를 시행해서는 안 된다.

또한, 빌딩의 운영이익을 향상하기 위해서는 사용하지 않는 공간을 임차하고, 임대조건을 변경하여 임차인의 질을 높이거나 자동화 및 에너지 절감 기자재 도입으로 운영경비를 절감한다. 그리고 빌딩의 잠재 가치를 높일 수 있는 건물의 개조와 공간의 재배치, 외벽 개 · 보수 등을 통하여 임대료를 상승시키고, 운영 관리비를 절감하여 빌딩의 가치를 증가시킨다.

자본적 개량은 빌딩의 가치를 증가시키기 위하여 빌딩을 개 · 보수하거나, 공간의 재배치를 하기 위하여 추가적인 자본 지출이 요구되는 수선을 말한다. 따라서 추가적 자본 지출에 대비하기 위하여 미리 일정한 금액을 적립하여 기금을 마련해야 한다. 기금을 적립하지 않은 경우, 투자자는 수선에 필요한 자본을 공급하거나 금융기관의 대출금으로 충당하기도 한다. 자본적 개량은 임대료를 상승시키고 운영비용을 절감하여 궁극적으로는 빌딩의 잠재가치를 상승시킬 수 있다. 특히 관리비 절감 등

41) 오병호, 전게서, p. 9.

42) 자산의 물리적 상태가 그 가치의 결정에 영향을 미치지 않는 경우도 있다. 즉 수요 공급이 균형을 이루지 않는 부동산 시장에서는 물리적 구조의 이용에 대한 대가로써 임대료가 외부 요인에 더 큰 영향을 받게 된다는 것이다. 부동산 공간에 대하여 수요가 공급을 초과한다면, 그 자신의 임대료는 물리적 구조에 의존하기 보다는 수요 공급의 법칙에 의하여 결정된다; [민규식, 전게서, p. 167.]

으로 빌딩에 대한 사용자의 선호도를 높여 임대기간의 장기화를 유도할 수 있고, 이는 마케팅측면에서도 좋은 효과를 갖게 할 수 있다.[43] 특히 이 기능은 시장의 활동이 저하되고, 주변 환경의 변화가 많을수록 중요한 부분이다.

이상의 기능 이외에도 대출 금리가 낮아졌을 경우 기존 차입금의 금융비용을 낮추기 위해 금융기관과 협상하여 차환하는 방식으로의 변화를 강구하거나, 기존 빌딩의 차입금 조건을 변경하여 레버리지효과를 증가시킬 수 있다. 또한, 옥외 광고판 설치, 이벤트 개최 등 다양한 방법으로 보유 빌딩의 수익과 가치를 증대시킬 수 있다.[44]

다. 매각단계(disposition)의 자산관리

빌딩관리자는 당해 빌딩의 매각 또는 매각 후 대체 취득 및 그 시기에 대한 타당성 분석을 위하여 주변 환경을 점검해야 한다. 빌딩의 매각 또는 대체 취득은 최초 취득단계에서와 같이 시장분석과 지역 및 근린분석, 빌딩분석 등에 의하여 매각 및 재투자의 타당성을 검토해야 한다. 따라서 빌딩관리자는 대상 빌딩의 시장분석과 매각의 적절한 시기를 결정, 대체 취득의 타당성을 검토하기 위해서는 중개업자들과 주기적으로 접촉하여야 한다.

빌딩의 소유자는 빌딩의 매각결정에 앞서 기대했던 투자성과에 대한 평가를 해야 한다. 또한 매각 후 대체 취득하는 경우에는 대체취득 빌딩에 대한 경제적 타당성 분석과 소유자의 자금여력 등에 대한 검토가 선행되어야 한다. 매각 의사결정 후 자산관리자는 당해 빌딩을 시장에 매물로 내놓고 유효한 매각정보를 잠재 매입자에게 제공하여야 한다. 또한 자산실사(due diligence)를 위하여 당해 빌딩의 유지관리에 만전을 다하고, 재무제표, 임대차 현황 및 임대차 계약서 등 보유기간 동안의 자산관리에 관련된 기본적인 보고서를 준비하여야 한다. 이밖에도 매각빌딩의 시장가격 조사, 소유자에 대한 매각전략의 자문, 매입 희망자의 신용 및 자금 등을 확인해야 한다. 특히 빌딩시장의 침체기에는 공매를 통하여 매각하거나 매도자가 직접 금융을 지원하여 매매를 촉진시키는 방법도 고려할 수 있다.[45]

3.3 부동산자산관리의 성과측정[46]

투자분석은 지금의 투자에 대한 수익률[47]을 분석하는 것이다. 투자가치는 미래가치를 현재가치로 환가하여 기회비용을 감안하여 산출하기 때문에 투자결정의 객관성과 정확성을 기할 수 있다. 부동

43) Richard Kateley and M. Leanne Lachman, "Asset Management: the Key to Profitable Real Estate Investment", Commercial Investment Real Estate Journal, Fall1986, p. 51.
44) 오병호, 전게서, pp. 9~10.
45) 민규식, 전게서, p. 171.

산 투자가치 분석방법은 투하된 자본과 이익의 단순비교방법과 화폐의 시간가치[48] 개념을 도입한 할인현금흐름분석법(DCF : Discounted Cash Flow)으로 구분되어진다. 단순비교방법으로는 투자수익률(ROI : Return On Investment), 자기자본수익률(ROE : Return On Equity), 자본회수기간법(PP : Payback Period), 지렛대효과(Leverage Effect), 자본환원율(Capitalization Rate) 등이 있고 할인현금흐름분석방법으로는 순현재가치법(NPV : Net Present Value)과 내부수익률법(IRR : Internal Rate of Return) 등이 있다.

부동산 자산관리 사업에 관한 투자가치를 분석하는 기준은 객관적인 설명력과 합리적인 타당성을 갖추어야 하는 것은 당연하다. 이런 필요에 따라 객관적인 검증과 합리적인 의사결정을 위해 이용되는 것이 투자가치분석방법이다. 도표 5.6

도표 5.6 자금흐름도

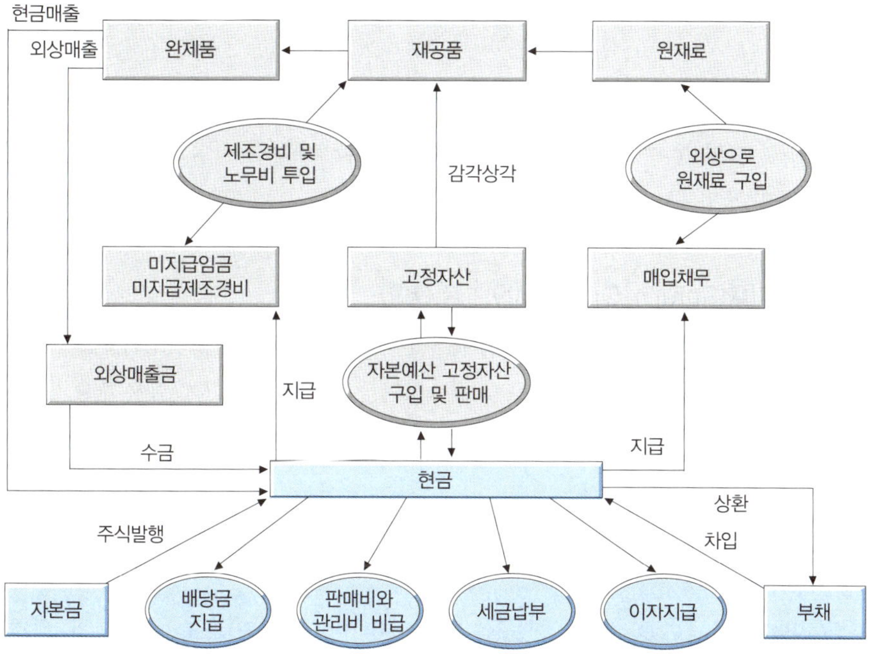

자료 : 정한규, 「재무관리 원론」, (서울 : 경문사, 2004), p. 524.

46) 고재식 · 유원상 · 이창석, "성과측정모형을 통한 부동산관리의 영향분석" 사회과학논총, 제24호, 강남대사회과학연구소, 2008, pp. 35~42.

47) 기대수익률이란 투자로 인해 기대되는 수익률 즉, 투자여부 결정 시 중요 판단지표이며, 요구수익률은 투자하기 위해 충족되어야 할 최소한의 수익률 즉, 위험의 기회비용이다. 실현수익률이란 투자 후 현실적으로 달성된 수익률 즉, 실제수익률, 사후수익률 또는 역사적 수익률이라고도 한다. [이창석, 「알기쉬운 부동산컨설팅」, 형설출판사, 2008, p. 263.]

48) Brueggeman, Fisher, 김규진 등 역, 「부동산 금융과 투자」, (서울 : 부연사, 2003), pp. 99~130.

3.3.1 단순비교방법

① 투자수익률(Return On Investment : R.O.I)

투자수익률(Return On Investment : R.O.I)[49]은 부동산의 총투자수익성을 분석하는 지표중의 하나로, Free-and-clear Rate of Return(무채무 투자수익률)과 유사한 개념이다. 이는 부동산에 투자된 총투자금액(자기자본+부채)이 최종적으로 얼마나 많은 이익을 창출하는지를 측정하는 것으로 이는 곧, 시장가치(Market Value)를 나타내는 척도가 된다. 따라서 투자수익률은 유사한 투자대안을 비교할 때 가격이 수익대비 적절한 것인지를 판단하기 위하여 사용되는 비율이다. 이 방법은 시간가치의 개념이 없다. 산출식은 다음과 같다.

* ROI = 수익(총수입 – 총지출) / 총투자자본(자기자본 + 타인자본)
* ROI = 순운영소득(NOI) / 총자산가치(Total Property Value)[50]

여기서 총투자자본은 자기자본과 타인자본 등 투하된 모든 자본을 말한다. 총투자자본이기 때문에 TPV(Total Property Value)의 개념으로 시장가치로 해석되며 투자가치와 비교하여 좋은 투자 여부를 판단하는 훌륭한 판단 근거가 된다.

② 자기자본수익률(Return On Equity : R.O.E)

자기자본수익률(Return On Equity : R.O.E)은 순수한 자기자본에 대한 수익률을 분석할 때 사용된다. 차입경영을 하는 부동산 투자의 경우의 투자성과를 나타내는 지표로 유용하게 사용된다. 순현금 투자수익률(Cash-on-Cash Return)이라는 용어를 사용하기도 한다.

* R.O.E = 수익(총수입 – 총지출) / 자기자본×100

자본배당수익률(Equity Dividend Rate of Return : E.D.R)로도 표현되며 세전현금흐름(Before-Tax Cash Flow : BTCF)을 순 투자금액으로 나누어 산출한다. 세전현금흐름은 부동산 자산관리사업의 임대사업을 할 경우 순운영수익(Net Operating Income : NOI)에서 연간부채상환액(Annual Debt Service : ADS)을 공제한 값으로 한다.

49) 현충효 등, 「부동산금융의 이해」, p. 39.
50) IREM(Istitute of Real Estate Management : 미국부동산관리협회), FIN 402부동산 재산 관리자를 위한 재무 관리 및 운영전략의 이해, p. 213.

* E.D.R (=R.O.E) = 세전현금흐름 / 순투자금액×100

ROE(EDR)와 ROI를 비교[51]하는 것은 투자가치분석에 매우 유용하다. ROE는 자기지분수익률이므로 투자가치로 해석되고 ROI는 총투자에 대한 수익률이므로 시장가치로 해석되어진다. 따라서 투자가치가 시장가치보다 높다면 좋은 투자로 분석하여 효율적으로 투자의사를 결정할 수 있다.

* ROE (EDR) 〉 ROI : good (투자 채택)

③ 레버리지 효과(Leverage Effect : L.E)

지렛대효과라고도 불리는 레버리지 효과(Leverage Effect)는 최대한 타인자본을 유치하여 수익률을 극대화하는 효과를 말한다. 일정부분 차입경영[52]의 속성을 갖고 있는 부동산 자산관리사업에 있어 무조건 차입하는 것보다는 차입의 효과가 긍정적인지 부정적인지를 분석하는 것이 중요한 관리요소이다. 레버리지 효과의 긍정성 여부의 판단은 ROE, ROI, K(대출상수)와의 상관관계에서 찾을 수 있다. 상관관계 산출식은 다음과 같다.

* EDR(=ROE) ＞ ROI ＞ K(대출상수) : 레버리지 효과 긍정적 요소
* K = ADS(연간 상환 부채액) / L(loan : 대출금 잔액)

즉, 대출상수보다 투자수익률(ROI)이 크고 투자수익률보다 자기지분수익률(ROE)이 크다는 것은 타인자본을 유치하여 수익률의 극대화를 이루었다는 의미이며 레버리지 효과가 긍정적이라고 평가하는 근거가 된다.

④ 자본환원율(Capitalization Rate : C.R)

소득률 총자본액으로 전환하는 데 사용되는 이율(rate)은 모두 환원율(Capitalization Rate)이라 볼 수 있다.[53] 이자율은 영구환원법에서의 환원율로서 사용될 수 있다. 종합률은 또 다른 형태의 환원율이다. 종합률 역시 소득을 자본총액으로 전환하는데 사용될 수 있으므로 종합환원율(Overall Capitalization Rate) 혹은 간단히 환원율(cap rate)이라 한다.

51) IREM, 전게서, p. 213.
52) 부동산 개발사업이 차입 경영하는 이유는 포트폴리오 위험감소, 세금감면(비용처리), 잠재이익 극대화(EDR 높을 때 레버리지 효과 긍정적)에 있다.
53) Akerson, Charles B., MAI, (코리아리얼에스테이트네트웍 역), 「부동산 자본환원 이론과 기법」, (서울 : 부연사, 2003), p. 42.

부채구성요소 자본 전환율과 자기지분 구성요소 자본전환율을 합하여 구할 수 있다.[54]

* 가치(V) = 소득(I) / 환원율(R)

시장가치(Market Value)를 산출하는데 소득자본환원율(Income Capitalication)이 사용된다. 자기지분과 부채지분을 포함한 종합환원율을 적용비율로 사용했기 때문이다. 순운영소득(NOI)을 종합환원율(OAR)로 나누어 그 결과로 시장가치를 구한다. 투자가치(Investment Value)의 산출에는 자기자본환원율(Equity Capitalization)을 사용한다. 자기자본 해당수익률을 적용비율로 사용하기 때문이다. 세전현금흐름(BTCF)를 자기자본수익률(EDR)로 나누어 그 결과로 투자가치를 구한다.

* 시장가치(V) = 소득(NOI) / 종합환원율(OAR)
* 투자가치(V) = 소득(BTCF) / 자기자본수익률(EDR)

자본환원율을 이용하여 가치산정의 의사결정을 효율적으로 접근하기 위해 소득자본환원율과 자기자본환원율을 한눈으로 비교할 수 있게 도식화하면 다음과 같다. 도표 5.7

도표 5.7 자본환원율의 일람

종 류	적용비율	자본화 된 요소	결 과
소득자본환원율	종합환원율 (OAR)	순운영소득 (NOI)	시장가치 (Market Value)
자기자본환원율	자기자본배당수익률 (EDR)	세전현금흐름 (BTCF)	투자가치 (Investment Value)

자료 : IREM, 전게서, 2005, p. 318.

투자가치와 시장가치를 대비하여 합리적인 투자 의사결정을 할 수 있다. 자기자본환원율을 통해 투자가치를 구할 수 있게 되고 소득자본환원율을 통해 시장가치를 구하게 됨으로써 투자의사를 결정하는 데 자본환원율이 유용하게 사용될 수 있다.

* 투자가치 > 시장가치 : 투자결정

  (Investment Value > Market Value : good)

54) 부채구성요소 자본전환율은 LTV비율×대출상수로 구하고 자기지분구성요소 자본전환율은 자기지분비율(1−LTV비율)×자기자본배당률(순현금투자수익률)로 구한다. [현충효등, 전게서, p. 51]

부동산 자산관리사업의 투자분석에는 투자수익률(ROE)보다는 오히려 자기자본수익률(ROE)이 자본환원율과 함께 사용되어 도출한 투자가치에 더 유용하게 사용된다.

3.3.2 할인현금흐름분석법

할인현금흐름분석법(Discounted Cash Flow Analysis : DCF)은 장래 기대되는 투자수익과 지출을 현재가치로 할인하여 이를 서로 비교하여 투자여부를 결정하는 기법이다.

분석절차[55]는 예상되는 수입과 지출을 추계하여 순현금유입액을 추정한다. 추정된 현금유입액을 현재가치로 환산한다. 환산을 위한 할인율은 요구수익률을 사용한다. 이렇게 계산된 추정 현금유입액의 현재가치와 투자를 위한 현금유출액의 현재가치를 비교하여 투자 여부를 판단한다.

① 순현재가치(Net Prosent Value : NPV)

순현재가치(Net Prosent Value : NPV)는 투자로 인하여 발생할 미래의 모든 현금흐름을 적절한 할인율로 얻은 값(순현가 : NPV)을 투자의 준거로 투자결정을 하는 방법이다. NPV는 각각의 현금흐름이 현시점의 가치로 할인된 합을 의미한다.

＊ 순현가(NPV) = 현금유입의 현가액 – 현금유출의 현가액

NPV는 유사한 투자의 이익에 대한 투자자의 요구할인율을 사용하여 계산한다. 이때 사용하는 할인율을 요구수익률, 최저수익률, 외부수익률이라고도 한다. 수익률에 의해 발생된 순자산가치(NPV = PV−Investment Base)인 것이다. NPV의 값이 (+)[56]이면 투자채택, (−)이면 투자기각으로 판단할 수 있다, 긍정적(+) NPV는 요구수익률을 초과하는 이익을 나타내며, 부정적(−) NPV는 요구수익률보다 낮은 이익을 나타내고, 0의 NPV는 요구수익률이 IRR과 같다는 것을 나타낸다. NPV를 이용한 투자평가[57]는 다음과 같다.

＊ NPV = 0, 투자기대 충족×투자결정

＊ NPV > 0, 투자기대 초과×투자결정

＊ NPV < 0, 투자기대 불충족×투자기각

55) 이창석, 「부동산학개론」, (서울 : 형설출판사, 2007), p. 774.

56) NPV 값이 양(+)이면 모든 현금유입과 유출의 현재가치 합이 기회비용을 감안한 가치보다 크다는 의미이므로 긍정적인 투자 안으로 분석 평가할 수 있다.

57) IREM, 전게서, p. 510.

② 내부수익률(Internal Rate of Return : IRR)

어떤 투자계획에서 현금투자원금(PV)과 미래유입현금흐름(FV)을 추정하여 알고 있지만 투자 실행시 투자수익률을 모를 때 투자자 입장에서는 이 투자수익률을 알 필요가 있다. 이미지의 수익률은 화폐의 시간가치를 통해 알 수 있다. 이 이자율은 일정기간 후의 추정된 미래가치를 얻기 위해 투자되는 현재가치(원금)가 되게 하는 "숨은" 복리이자율인 것이다. 이 복리이자율은 투자수익률의 개념이 되어 내부수익률(Internal Rate of Return : IRR)[58] 이라 한다.

IRR(내부수익률)은 부동산 자산관리자에게 투자지침 혹은 비교를 제공해 준다. 내부수익률을 알 경우 자산관리자는 투자결정을 보다 쉽게 할 수 있다. IRR(내부수익률)은 투자의 재무 수익성에 대한 척도이다. IRR은 향후 현금흐름이 투자비용과 동일해지도록 할인될 수 있는 암시적인 비율이다. 결과적으로 투자안의 NPV가 0이 되는 할인율이다. 이때의 할인율은 특정한 투자안을 수행하기 위해 지출한 투자비용이 향후 벌어들이는 투자수익을 산출할 때 적용되는 평균이익률이다.

IRR을 이용한 투자가치분석의 평가는 요구수익률(ROR)과 비교하여 결정하게 된다. 도표 5.8

도표 5.8 IRR을 이용한 투자안의 평가기준

독립적인 투자안	상호 배타적인 투자안
IRR > 희망 ROR : 채택	IRR > 희망 ROR인 투자안 중에서 IRR이 가장 높은 투자안 선택
IRR < 희망 ROR : 기각	

또한 이 분석은 비교대상 관계에 있는 투자의 선택 시 사용될 수 있다. 복수의 투자대상의 NPV가 양(+)으로 분석되어 모두 투자기대를 초과할 경우 투자안 선택의 문제는 IRR을 이용하여 보다 합리적으로 결정할 수 있다. 비교 대상이 되는 여러 투자대안들이 있을 때 선택의 문제는 NPV가 양(+)으로 요구수익률을 초과하는 안들 중에서 IRR의 값이 가장 큰 것을 추천되는 최적투자대안으로 선택하게 된다.

* IRR#1 > IRR#2 > IRR#3 : IRR#1선택(최적투자안)

③ NPV와 IRR의 비교

순현재가치(NPV)와 내부수익률(IRR)은 모두 화폐의 시간적 가치를 고려한다는 장점을 지니고 있기 때문에, 비할인접근법(단순비교방법)에 비해 우수하다. 회계적인 수익보다는 현금흐름에 더 초점

58) 이의경, 「재무관리(이론과 응용)」 3판, (서울 : 경문사, 2005), p. 108.

을 맞추고 있다는 장점을 지닌다. 그러나 두 접근법이 유사하기는 하나 언제나 같은 투자결정 조언을 제공하리라는 보장은 없다. 따라서 어느 것이 더 우수한지를 비교[59]해 볼 필요가 있다.

IRR은 경영자들에게 선호도가 높은 분석기법인데 이는 경영자들이 사업을 수이률의 관점에서 생각하기 때문이다. 그러나 어떤 경우에는 IRR이 부적절한 투자결정을 초래할 수도 있다. 현금흐름의 패턴에 영향을 받기 때문이다. 이른바 정통현금흐름[60]에서는 문제가 되질 않는다. 그러나 비정통적인 현금흐름[61]에서는 IRR의 값이 하나 이상(다중IRR)[62]이 될 수 있다.

이런 경우 어느 값을 사용해야 할지 결정하기가 쉽지 않다. 이때 IRR법의 개선으로 수정된 IRR(MIRR)을 이용한다. 즉 공통된 재투자수익률을 가정하여 평가 비교하여 선택하는 과정을 거쳐야 한다. 이와 반대로 NPV접근법에서는 오직 하나의 값만을 가진다. 또한 투자대안을 비교할 때 NPV와 IRR이 서로 상반된 결과를 가져오는 경우가 있다. 투자규모, 투자수명, 현금흐름의 양상 등이 다른 투자대안에서는 서로 상반된 결과를 가져올 수 있다. 결론적으로 경제성을 평가하는 방법으로는 NPV가 더 우수한 평가방법이다.

그 이유로는 첫째, 재투자수익률에 대한 가정이 합리적이다. NPV법은 유입되는 현금이 자본비용과 동일한 수익률로 재투자된다고 가정하고 IRR법은 내부수익률로 재투자된다고 가정한다. 투자안 수행시점에 산출된 IRR법의 수익률을 변화된 투자환경으로 적용하기에 문제가 있다. 둘째, 가치의 가산원리가 성립한다. NPV법은 여러 투자조합 시 각 투자안의 NPV를 구하여 합하면 투자조합의 NPV를 바로 구할 수 있으나 IRR법은 산식이 복잡하다. 셋째, IRR은 복수로 존재하거나 존재하지 않는 경우가 있다. 비정통현금흐름시 복잡해지므로 경제적 의미가 없을 수 있다. 투자금이 미미할 경우 현금흐름이 조금만 변해도 IRR은 별 의미가 없으므로[63] IRR을 이용하여 투자의사를 결정해서는 안 된다.[64] 그러나 IRR의 한계점들을 잘 파악하여 대안들(MIRR)을 잘 활용한다면 IRR은 유용한 투자분석 방법이 될 수 있다. 의사결정자가 IRR의 한계점을 인지하고 대안적 분석방법을 알고 있다면, IRR은 가치있는 분석방법이 될 수 있다. NPV와 IRR의 정확한 분석과 이해가 필요하다는 반증이기도 하다. 각 분석법의 장 · 단점에 맞는 활용법은 다음과 같다. 도표 5.9

59) Phil Holmes, Investment Appraisal, 나상수 역, 「부동산투자분석과 가치 평가」, (서울 : 부연사, 2002), pp. 98~118.

60) 정통현금흐름 : 초기 현금지출 후 현금유입만 있는 흐름, 예) −+++++

61) 비정통현금흐름 : 한 번 이상의 부호 전환이 있는 현금흐름, 예) −++−+−

62) 수학적으로는 부호전환 횟수만큼의 IRR이 존재할 수 있음이 Descartes' rule of signs으로 증명되어 있다. 이의 해결방법으로 현금유출은 대출로 현금유입은 차입으로 이루어지는 금융활동으로 간주하여 완료시점에서 주의 누적값이 0이 되도록 하여 해결한다. [이의경, 전게서, pp.120~121.]

63) 국내 일반적인 시행사(토지 취득계약금만 자기자본 투자하고 잔금과 사업비는 대출과 시공사 대여금등 차입으로 조달하는 경우)의 투자분석 현금흐름의 경우는 IRR이 산출되지 않거나 수십%에서 수백%에 이르기도 한다.

64) 박경섭 · 최성만, 「Excel을 활용한 부동산 금융과 투자」, (서울 : 부연사, 2005), p. 280.

도표 5.9 IRR, NPV, PV의 비교

Type	가장 적절한 경우	사용하지 말아야 할 경우
IRR	• 할인율을 모르는 경우 • 최초 투자규모가 다를지라도 투자대안들 중 중복해서 선택이 불가능한 투자안들의 비교	• (−)의 현금흐름을 수반하는 투자안 • 타이밍과 현금흐름의 금액크기가 매우 다른 투자안들의 비교
PV	• 최초 투자액을 모르는 경우	• 최초 투자액을 아는 경우
NPV	• 투자안이 매우 변동성이 심한 현금흐름을 갖는 경우	• 최초 투자규모가 매우 다른 투자안을 비교하는 경우 • 할인율을 모르거나 부정확한 경우

자료 : 현충효등, 「부동산금융의 이해」, (서울 : 부연사 2005), p. 46. 재인용

04 수익성 비율

수익성 비율(Profitability Index : PI, Benefit/Cost Ratio)[65]은 이익의 현재가치와 자본지출의 현재가치를 요구수익률을 할인율로 사용하여 계산한다. 수익성 비율 계산을 위하여 비용의 현재가치로 이익의 현재가치를 나눈다. 수익성 비율의 계산 결과가 1보다 크다는 것은 투자기회에 대한 수익성 실현이 가능하다는 것을 의미한다. 1보다 작다면 요구수익률만큼 수익성 실현이 이루어지지 않는다는 것을 의미한다. 수익성 비율을 계산하기 위해 선택된 할인율은 최소 요구수익률 혹은 위험을 고려한 이익률이다.

* PI = 이익의 현재가치 / 비용의 현재가치 　　* PI ≥1 : 투자기대 충족 　　* PI <1 : 투자기대 불충족

STORY TIP 5.2 시장의 종류와 특징

시장이란 사람들이 물건을 사고 팔게 해 주는 매개체이다. 일상적으로 사람들이 물건을 사고 파는 장소를 시장이라고 부른다. 그러나 시장은 단지 지리적인 장소에 국한되는 것이 아니다. 경제학에서 시장이란 상품의 매매 · 거래가 성립되는 제도(institution) 혹은 기구(mechanism)를 의미한다.

시장에는 많은 소비자들이 존재한다. 개별 소비자 한 사람의 수요를 개별수요(individual demand)라 하고, 시장 전체의 수요를 시장수요(market demand)라고 할 때, 사람들의 수요가 상호 독립적이라고 가정하면 시장수요는 개별수요의 합이라 할 수 있다. 재화를 공급하는 공급자 또한 공급자 한 사람의 공급을 개별공급(individual supply)이라고 한다면, 시장 전체의 공급을 시장공급(market supply)이라고 할 수 있으며, 개별공급의 합계로 이를 구할 수 있다. 특정의 재화 혹은 용역시장에서 시장수요량과 시장공급량이 일치할 경우, 이때의 가격수준에서는 소비자들이 사고 싶어 하는 것을 모두 살 수 있고, 공급자 또한 팔고 싶어 하는 수량만큼 팔 수 있게 된다. 이 때 소비자와 공급자 모두 만족하게 되고 시장수요량과 시장공급량이 일치하는 수준에서 형성되는 가격을 시장균형가격(market equilibrium price)이라고 한다.

자료 : 권기철, 이창석, 「부동산이론」 (서울 : 형설출판사, 2006), p. 91.

Ⅱ 부동산 시장분석과 소유자의 목표분석

01 부동산시장분석

부동산에서 공간을 임대하거나 매입할 목적을 가진 두 사람 이상이 모이면 시장이 형성된다. 즉, 시장이란 경쟁을 통한 거래가 이루어지는 곳으로 보다 구체적으로 말하면 시장지역 내에서 이루어지는 상업활동으로 정의할 수 있다.[66]

계약의 주체가 개인이냐 관련조직이냐에 따라 이 계약은 전국적, 지역적 수준에서 발생할 수 있고 사무용 건물, 공장, 창고, 상점, 주택, 아파트 등의 형태를 포함한다. 어떤 경우이건 모든 부동산은 전국적 부동산경제의 한 부분이며 동일한 주기적 추세 하에 움직인다.

소유자의 대리인으로서 부동산관리자는 특정 시장에서 특정 부동산의 가치에 대한 주요 경제동향과 그 효과를 파악해야 하는 책임이 있다. 부동산관리자가 대형쇼핑몰, 사업단지, 대형아파트 건물, 단독주택 중 무엇을 관리하건 책임문제는 똑같이 적용된다.

종합적인 시장분석은 대규모 주변지역에 대한 전반적인 정보와 부동산이 위치해 있는 특정지역에 대한 자세한 정보를 종합시킨다. 특정 지역에 대한 자세한 정보에는 토지이용, 교통과 공공서비스의 이용가능성, 지역편의시설에 대한 정보 등이 포함된다.[67]

1.1 지역시장분석[68]

부동산관리자가 작성하는 지역시장분석 보고서는 대상 부동산이 위치한 지방 혹은 수도권 지역에 대한 인구통계학적, 경제적 정보를 포함해야 한다. 일반적으로 소개되는 정보들은 다음과 같다.

1.1.1 인구통계와 동향

인구규모의 변화는 토지가치에 직접적으로 영향을 미친다. 단위면적당 인구가 증가할 때, 토지 가치는 상승한다. 토지의 양은 고정되어 있으나 수요만 증가될 경우 지가 상승이 유발된다. 인구성장은

65) Akerson, Charles B., MAI, 전게서, p. 235.
66) Alfred A. Ring & J. Dasso, Real Estate, 9th ed, (N, J. : Prentice-Hall Englewood Cliffs, 1981), p. 402.
67) 권기철 · 이창석, 「부동산이용론」, (서울 : 형설출판사, 2006), pp. 90~94.
68) 전용수 · 이창석, 전게서, pp. 74~94.

직업을 창출하는 새로운 산업 구성의 직접적인 결과이다. 새로운 제조 산업은 가능한 직업의 수의 증가로 지역 경제를 활성화시키고 인구 규모를 변화시키기도 한다.

지역인구가 쇠퇴할 때 – 만약 대다수의 사람들이 다른 곳으로 이사하고 그 자리에 다시 되돌아오는 사람들이 없을 때 – 토지의 수요는 감소하고, 토지의 가치는 하락하며, 가격은 더 낮아진다. 기간산업이 폐쇄되었을 때, 공유하던 시장이 쓸모없게 되거나 없어졌기 때문에 인구 쇠퇴의 결과를 가져온다. 기간산업에 의존하는 위성비즈니스는 공급이 더 이상 필요 없거나, 상품이 유통되는 것이 끝나버렸기 때문에 일찍 폐쇄된다.

이러한 산업의 변화는 임의로 소비가 가능한 수입의 증가나 감소로서 인구의 규모뿐 아니라 지역경제에도 영향을 미친다. 인구의 특징에서의 변화는 토지의 사용에 영향을 미칠 수 있으며 토지의 가치에 충격을 줄 수 있다.

급여가 인상될 경우 개인은 더 많은 가처분소득을 확보하게 된다. 주택에 대한 수요는 곧, 임차인에게는 구매나 혹은 더 높은 가격의 임대의 선택으로서 더 좋은 질의 주택의 수요가 되지만, 그것은 단지 어떤 쾌적함의 교환일 뿐이다. 일하는 날이 적어질수록 레저시간이 증가하며 일반적으로 가처분소득이 소비되는 휴양과 오락 시설의 수요가 증가된다(예를 들어, 골프 코스나 스포츠 센터).

충분한 가처분소득과 준비된 신용의 유용성은 쇼핑을 촉진시키고, 쇼핑센터의 수요를 창출한 수요에 따라서 특별한 쇼핑 환경과, 푸드코트(food court)를 포함한 주요 쇼핑몰, 극장, 그리고 오락시설이 만들어진다. 미국의 경우 인구가 급속도로 고령화되고, 더 많은 사람들이 전보다 더 오래 생존하여, 다양하고 세심한 노년의 계획 때문에 은퇴 이후의 높은 수입이 제공되며 노년인구의 증가는 단지 실버타운의 수요뿐 아니라 간호시설과 헬스케어와 같은 보호시설까지 확장되었다.

1.1.2 교통시설

새로운 간선도로는 원거리의 토지의 접근을 제공하며 새로운 지역개발을 유발한다.

초기의 개발은 단순히 도시의 과잉 인구로 인해 도시지역으로부터 떨어진 거주자의 주택건설을 목적으로 발생된다. 궁극적으로 주거지역이 개발된 지역에는 상업적인 개발이 일어날 것이다. 상업활동자는 사무실과 제조공장을 도시에서 교외로 이전하거나 그렇지 않더라도 일단은 교외지역으로의 이전을 고려할 것이다. 그러한 지역이 주요 도시로 둘러싸이는 동안 노동의 과잉과 혼잡은 도시에서 같은 급여의 크기로 같은 크기의 수요를 가지지 못하게 되며, 다른 요소들이 이러한 변화로 몰고 간다. 컴퓨터와 전자통신은 모든 업무가 한 지붕 밑에서 관리될 필요성을 줄였다. 본부는 중심업무지구(Central Business District)에 설치할 필요가 있는 반면에, 보조 기능을 가지는 사무실은 어디에든 설치할 수 있다.

의류 등 생활필수품만 아니라 광범위한 상품의 제공으로 쇼핑몰의 교외거주자의 수요에 대응하는 것뿐만 아니라 근처의 지역사회와 도시의 쇼핑객들을 끌어들인다.

간선도로가 교외 거주자들을 도시로 근접시키는 반면, 반대의 움직임도 나타난다. 도시에 사는 어떤 사람이 도시에서 직장을 구할 수 없고, 교외 상업지역에서는 항상 필요한 노동력을 근방의 지역사회로부터 모두 구할 수는 없다. 그래서 반대로 사람들은 도시에서 교외로 일을 찾아 떠나게 된다.

간선도로는 개발된 토지에만 국한된 것이 아니고, 특별한 토지의 사용을 주도한다. 도시와 도시를 여행하는 여행객은 대로변의 시설의 수요자이며, 대로변에는 주유소, 레스토랑, 그리고 다양한 일시적인 숙박시설(호텔, 모텔 등)의 시장이 형성된다.

결국 대로변의 시설의 운영자에게 간선도로의 교차로는 다른 사업을 유발하고, 이러한 사업은 이 지역의 주민에게 새 일거리를 창출하게 된다. 이러한 모든 요소는 토지개발을 이끌며 또한 토지의 가치를 더한다.

1.1.3 공급과 수요동향

일반적으로 주어진 시장에서 부동산의 가치는 투자로부터 파생되는 미래의 이득의 현재가치에 기초한다. 안정된 가치는 주어진 부동산 사용의 공급과 그 사용의 경제적인 수요가 균형을 가질 때의 결과이다. 공급은 한계가 있을 것이고 단기간에 증가하지 않는다. 공급은 가치하락, 위험요소(예를 들어, 화재) 와 같은 파괴의 결과로서 쇠퇴하며 다른 공급이 더해지는 사이에 소비의 변화는 한 사람이 사용하는 공급을 줄인다.[69] 존재하는 부동산공급 총량은 변화하기 어렵다.

그러나 수요는 변하고 수요를 좌우하는 많은 요소들이 있다. 인구, 수입, 신용, 개인적인 취향과 선호도, 정부의 행동, 세금, 그리고 비용 절감 또한 수요에 큰 영향을 미친다. 공급과 수요 간의 불균형은 부동산투자가 예측가능한 시장의 투자형식보다 좀 더 위험하다는 것을 의미한다.

부동산의 과잉공급이 있을 때(예를 들어, 사무공간이나 쇼핑센터 등) 그런 부동산의 가치는 하락한다. 너무 많은 공급이 이루어지는 시장은 임차인의 시장이 된다. 그 시장에는 그러한 공간을 요구한 임차인들의 수요량보다 더 사용가능한 공간이 있기 때문에, 장래의 임차인은 더 낮은 임대료로 협의할 수 있다.

반면에 수요에 비해 공급량이 작은 시장은 부동산 소유자의 선호 때문에 좀 더 투자자들이 탐내게 된다. 수요가 공급을 넘어설 때, 사용가능한 공간은 경쟁공간이 줄어듦으로써 더 높은 임대료의 값어치가 있다. 도표 5.10

69) 수요와 공급이론에 있어, 케인즈(Caynes)가 수요측면을 중시하여 총수요관리정책을 주장하는데 비하여 래퍼(Laffer) 등은 공급측면을 중시한 이론을 제기하였다.

도표 5.10 수요 · 공급관계의 토지시장 구조

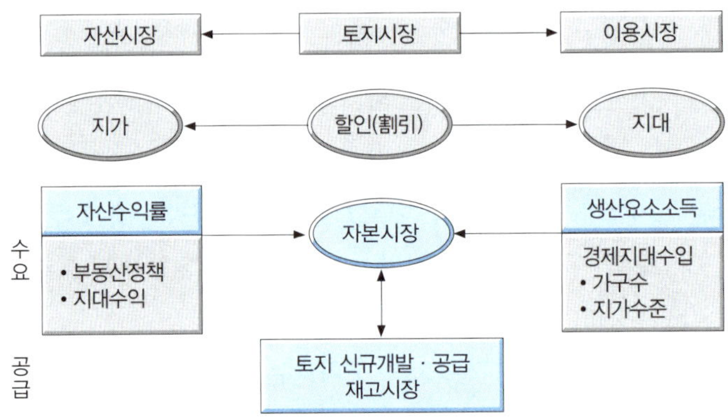

자료 : 이창석, 「주거복지의 이해」, (서울 : 형설출판사, 2008), p. 113.

1.1.4 도시의 경제기반

공업과 상업의 변화는 토지의 가치에 영향을 미친다. 유용성에서의 인플레이션, 큰 폭의 흥망과 대출금의 소비, 그리고 외국 원유의 소비와 유용성은 지역적, 국내적, 세계적 수준에서 부동산시장에 영향을 미치는 요소이다. 지역수준에서 도시 외곽에서 빈 공장과 창고는 더 이상 공업부동산이 유용하지 않다는 것을 의미한다. 개발업자와 건축가의 창조는 보통 다른 사용으로 전환의 방법을 찾는다. 빈 창고는 팔거나 초기의 목적으로 더 이상 사용할 수 없으므로 주택으로 수선하거나 전환해야 한다. 공장, 우체국, 철도역, 역사적인 건물은 쇼핑센터로 변경할 수 있다. 그러한 변화는 부동산으로부터의 수입을 증가시키는 경향이 있으며, 그럼으로써 부동산의 가치가 증가하고 또한 역사적 건물을 보호하고 미개발 토지를 보존할 수 있다.

지역적 변화는 토지의 사용에 영향을 미친다. 미국의 경우 1990년대의 소위 남서부의 Sunbelt 발생과 같은 성장은 전국적으로 강한 영향을 주었다. 많은 공업시설은 미국 남동부로부터 남서부로 재위치 되었다. 그들이 뒤에 남긴 것은 Rust Belt로서 알려지게 되었다. 하이테크놀로지와 석유는 Sunbelt 비즈니스의 붐이 되었다. 그들은 새로운 사무공간의 수요를 창출하여 일을 가져 왔다. 공업시설의 다른 형식을 제외하고 그들에 의존하는 시설들은 지역적으로 가혹한 영향을 주었다. 원유수입이 증가하고 국내 탐사와 생산을 줄였다. 고가의 국내 석유는 그것으로부터 파생된 상품의 생산비를 증가시켰다. 석유와 하이테크놀로지산업이 쇠퇴할 때, 많은 도시들 특히 텍사스(Texas)주의 달라스(Dallas)는 결과적으로 갑자기 사무실이 비는 현상이 나타났고 사무실 건설이 중단되었다. 부동산 가치는 급격하게 쇠퇴했다.

1990년대에는 다른 변화를 가져왔다. 미국에서 제조업이 쇠퇴하는 동안에 서비스 산업이 번창했고, 상품의 생산에 의지하여 어디에서나 증가했다. 상업의 방법은 인터넷이 상품의 구매와 판매, 부동산시장과 임대, 주식과 채권의 거래와 유사한 거래 작업의 기회를 제공함으로써 계속적인 변화를 이끌었다. 소위 말하는 가상비즈니스는 적은 공간이나 전통적인 비즈니스와는 다른 공간 사용을 필요로 하게 되었다. 반면에 회사 설립-소매업, 주식거래 등-은 전통적인 시장과 판매방법으로의 부속물로써 인터넷을 사용하게 되어 전통적이지 않은 상대에게 효과적으로 경쟁할 수 있게 되었다.

1.1.5 미래 경제전망

미래의 도시 확장 계획이나 소득 증가 등의 잠재적 가능성이 보이면 부동산의 수요는 증가하게 될 것이다. 따라서 상업 및 산업용 부동산의 소유자에 대해서는 지역 시장분석을 준비해 주는 것이 가장 중요할 수도 있다. 그러나 전반적인 지역경제가 모든 입주자에게 영향을 미치기 때문에 지역시장에 대한 전망은 다세대건물 소유자와 단독주택 소유자들에게도 마찬가지로 중요하다. 이 분석은 매년 실시되어야 한다.

1.2 근린지역분석[70)]

어떤 상품과 서비스의 구매자와 판매자가 그러한 상품과 서비스를 제공하거나 구매하려한다면 어느 곳에든 시장은 발견될 수 있다. 상품과 서비스를 제공하는 사람들은 한 지역에서 다른 지역으로 이동할 수 있기 때문이다. 토지는 특정 위치에 고정되어 있는 반면에 부동산의 소유자는 지역에 국한되지 않는다. 특별히 대규모의 상업부동산은 국내 차원과 국제 시장 안에서 거래된다.[71)]

지역시장에서 토지의 가치는 그것의 사용과 개발에 의존한다. 토지의 사용은 공업, 인구와 고속도로 등의 많은 요인들과 공급과 수요에 의해서 영향을 받는다.

일반적으로 부동산관리는 지역수준에서 실행된다. 부동산관리자는 건물에 대해 최고 소득을 결정하기 전에 우선 지역부동산시장의 경제 상태를 점검해야 한다. 지역 분석은 해당지역을 분석하는 것부터 시작된다. 지도, 용도지역 규제, 적용 가능한 건물 통계, 인구 통계자료 등을 통해 부동산관리자는 시장지역의 교통과 공공시설, 지역 경계와 토지 이용, 공급과 수요, 경제, 주변 편의시설 등의 5개 주요 요소를 평가해야 한다.

70) 전용수 · 이창석, 전게서, pp. 78~83.
71) 근린지역 또는 인근지역(neighborhood)이란 대상 부동산이 속하는 용도지역으로, 더 큰 규모와 내용을 갖는 지역인 도시 혹은 농촌 등의 내부에 있다.

1.2.1 교통과 공공시설

아파트, 창고, 사무실단지, 쇼핑센터 그 무엇이건 교통시설은 가장 중요한 요소이다. 통행량은 관련 행정기관으로부터 간단히 획득할 수 있다. 주요 도로의 변화가 가져오는 효과는 간과되어서는 안 된다. 도로를 넓히거나 교각을 개폐하거나 고속도로를 신축하는 등의 작업은 한 지역을 발전시킬 수도 있고 쇠퇴시킬 수도 있다. 이러한 사항들의 분석을 위해 부동산관리자는 해당 정부기관으로부터 장래의 도로, 고속도로, 도로확충계획에 관한 유용한 정보를 제공받을 수 있다.

대중교통에 대한 접근 용이성은 자가용을 갖고 있지 않은 대도시의 아파트주민과 출퇴근을 위해 주로 공공교통을 이용하는 직장인에게 필수조건이다. 주요도로에 대한 접근성, 교통패턴, 근린지역의 교통량 등은 쇼핑센터나 쇼핑몰과 같은 상업시설에 있어 중요한 사항이다. 산업시설은 상품을 유통시키기 좋은 교통시설을 갖추어야 한다. 즉, 철도터미널, 주요 고속도로, 공항으로의 접근성은 입주 산업체에게 있어 중요한 요인 중의 하나이다.

거의 대부분의 부동산 사용자들은 (상업, 산업, 주거용 부동산) 주차장에 관심을 갖는다. 상업용 부동산은 고객을 위한 적절한 주차공간이 반드시 필요하며, 산업체는 직원을 위한 주차공간뿐만 아니라 물건선전을 위한 공간도 필요하다. 도심지재개발이 광범위하게 행해졌던 도시의 주요문제 중의 하나가 주차공간의 부족이기도 하다.

근린지역의 관련 시설 서비스의 비용과 질적 문제 또한 모든 종류의 부동산 선호도에 영향을 끼친다. 주거용 혹은 상업용 빌딩은 기본적인 설비(전기, 가스, 수도, 난방, 냉방)를 갖추어야 입주자를 유인할 수 있다. 산업용 건물사용자는 특히 튼튼한 전력선, 스프링클러, 분리된 하수도 시스템과 그 밖에 사업에 필요한 다른 특수한 관련시설 서비스에 관심을 가질 것이다.

1.2.2 지역경제와 토지이용

근린지역은 공통적인 토지이용과 특성을 보유한 지역으로 정의된다. 강, 호수, 철로, 공원, 대로 등이 근린지역의 경계를 규정하는 데 자주 사용된다. 어떤 분명한 물리적 경계가 없을 경우 부동산관리자는 얼마나 많은 토지가 공통적 용도로 사용되고 있으며, 비슷한 집단을 형성하고 있는지 결정하기 위해 관찰력을 동원해야 한다.

또한 근린지역의 규모는 고정되어 있지 않다. 한 예로 농촌지역에서는 근린지역이 10평방마일(반경 약 3km)을 둘러싸고 있을 수도 있고, 반대로 5평방블록(반경 약 60m)으로 도시근린지역이 형성될 수도 있다. 심지어 쇼핑패턴도 근린지역을 규정짓는 데 사용되기도 한다. 소형 매장은 몇 평방블록을 판매 대상으로 하겠지만, 약국, 세탁소, 기타 편의시설을 모두 갖춘 초대형 상점은 훨씬 넓은 지역을 판매 대상으로 할 것이다.

일단 근린지역의 경계가 규정되면 부동산관리자는 공원, 휴게소, 고속도로, 철로, 강과 같이 앞으로의 지역성장에 제한을 줄 수 있는 지형에 대한 별도의 기록을 만들어야 한다. 개발허가가 가능한 지역이나 제한된 지역과 같은 사항들도 표시되어야 한다. 구역의 용도제한은 해당 부동산의 형태에 따라 긍정적 혹은 부정적 효과를 갖는다.

예를 들면, 상업지구나 공업지구의 경우 한정해 놓은 용도제한에 의해 주거용 건물 건축에는 역효과가 발생될 수 있을 것이고, 반대로 산업개발지구로 지정한 용도제한으로 인해 산업용 도로의 토지개발을 반대하는 이웃주민들의 반대를 물리칠 수가 있게 된다.

1.2.3 수요와 공급

특정 유형의 부동산의 입주율은 현재의 임대수준에서 특정 공간에 대한 수요와 공급의 관계를 반영한다. 입주율과 공실률은 임차인 집단(주거용 부동산이든 상업용 부동산이든 간에)의 공급과 수요를 반영하며 계속해서 변화한다.

첫 단계는 입주동향을 파악하는 것이다. 이 정보를 통해 부동산관리자는 시장성장률을 분석할 수 있다.

지역부동산 및 시민협회 회원들은 특정 지역에 대해 잘 알고 있다. 지역 유틸리티(수도, 가스, 전기 등)서비스회사들은 입주율에 관한 또 다른 유용한 정보의 원천이다. 작동하지 않는 계량기의 대수로써 대략적인 공실상태를 특정할 수도 있다.

부동산관리자는 주어진 형태의 부동산에 대한 입주율이 증가하거나 감소하는지, 그리고 얼마나 빨리 변화하는지를 알아보기 위해 비교부동산(유사부동산)을 조사할 수 있다. 근린지역의 기존 공산과 공실 수준이 건물의 형태, 건축년도, 크기, 위치, 특성, 임대 일정별로 기록되어야 한다. 신축도 역시 기입되어야 한다.

입주동향을 분석하는 두 번째 단계는 지역 임차인 인구와 가능한 공간을 서로 비교하는 것이다. 여기서의 관심사로는 임차인의 수와 밀도, 임차능력과 임차 의사, 그리고 그들의 재정자원 혹은 소득의 안정성과 경향 등이 된다. 높은 입주율은 공간이 부족하고, 따라서 임대율이 증가한다는 것을 반영한다. '임대 사무실' 이라는 안내 광고로 알 수 있는 낮은 입주율은 더 낮은 임대료를 원하는 임차인이 많다는 것이며, 임차인에게 건물 개수(改修)를 허가하거나 일정 기간 임대료를 무료로 하거나 가구등을 서비스로 제공하는 등 임대인으로부터 갖가지 서비스를 받기 원하는 임차인이 많다는 것을 알려준다.

낮은 입주율을 초래하는 부동산의 과잉공급은 특성에 따라 기술적 과잉공급과 경제적 과잉공급으로 분류된다. 기술적 과잉공급은 임차인보다 부동산이 더 많은 경우 나타나고, 경제적 과잉공급은 미래 임차인이 부동산가격을 지불할 능력이 없다는 사실을 반영한다. 도표 5.11

도표 5.11 수요 · 공급동향 파악을 위한 주택시장구성

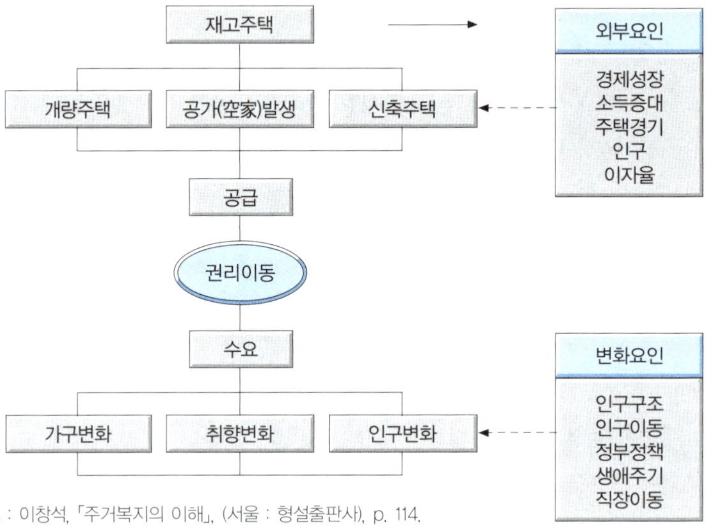

자료 : 이창석, 「주거복지의 이해」, (서울 : 형설출판사), p. 114.

1.2.4 근린지역경제

부동산관리자는 근린지역경제의 건실함을 평가하는 데 도움이 될 수 있도록 여러 기관이나 전문가로부터 통계정보를 수집할 수 있다. 부동산중개업자와 감정평가사는 풍부한 정보의 원천이 된다. 지역신문과 지역상공회의소는 지역 업체의 수, 형태, 활동력 정도에 대한 자료, 과거 성장의 일반적 동향에 관한 자료를 공급할 수 있다. 지역금융기관 또한 지역경제에 관한 정보를 얻을 수 있는 중요한 원천이다.

다양하고도 잘 통합된 사업영역을 지닌 지역을 하나의 주요 산업과 그 지원에 의존하는 지역보다 경제적으로 더 건실하다. 만약 그 주요 회사가 이동을 한다면 그 지역의 경제적 틀은 붕괴할 수도 있기 때문이다.

부동산관리자는 또한 커뮤니티 내에서 성장잠재력을 평가하도록 노력해야 한다. 자연적 혹은 인공적 경계, 지역의 용도제한, 개발억제정책 등이 없다면 성장의 기회는 지역 내 기존경쟁의 정도나 건물 증축을 위한 융자의 가능 여부에 달려있게 된다. 부동산 구입 융자(mortgage) 이자율과 사업 활동 사이에는 반비례 관계가 존재한다.

즉, 이자율이 오르면 사업 성장률이 하락한다. 부동산관리자는 지역상공회의소와 금융기관에 이러한 중요한 정보를 확보할 수 있다.

현재 근린지역의 임대율은 부동산시장의 현재 경제력을 알려주는 또 다른 척도이다. 부동산의 공급이 부족하면 임대율은 오른다. 한국은행이 발행하는 도시소비자물가지수는 표본도시에서의 임대료 동향을 보여준다. 과거 2~3년간 지역신문에 게재되었던 주택광고는 특정 지역에 대한 정보를 제공해 줄 것이다. 물론 최상의 믿을 만한 정보는 지역사업가에게 전화 설문을 하거나 경쟁상대를 둘러보면서 얻을 수 있다. 조사 대상 지역에서 임대억제정책이 효과를 보인다면 이 정책의 사용도 고려해야 한다.

1.2.5 근린지역 편의시설

근린지역에 대한 부동산관리자의 조사에서 마지막 점검 사항은 상업용 혹은, 산업용 부동산관리자보다 주거용 건물 부동산관리자에게 더 관련이 있다. 근린지역을 잠재적 임차인에게 더 매력적으로 보이게 하는 모든 편의시설은 잠재고객이나 노동력을 제공해 줌으로써 간접적으로 비즈니스나 산업에 혜택을 줄 것이다. 근린지역을 돌아볼 때 부동산관리자는 공원, 운동장, 극장, 식당, 학교, 대학교, 교회 그 밖의 잠재적 임차인에게 매력을 줄 만한 다른 사회 · 문화적 기관들의 숫자와 위치를 기록해 놓아야 한다.

1.3 데이터 평가

일단 지역 및 근린지역시장분석이 끝났으면 부동산관리자는 교통시설, 경제상태, 유사한 공간의 형태와 양, 임대일정, 인구구성과 관련된 정보를 분석해야 한다. 이러한 데이터를 검토할 때 부동산관리자는 특정 유형의 부동산의 특성과 잠재적 임차인의 요구사항들을 명심하고 있어야 한다.

공업용 부동산관리자는 증축, 교통시설, 특별한 관련시설 서비스, 원자재, 잠재적 노동력에 더 많은 관심을 두게 될 것이다. 교통량과 패턴, 경쟁자의 위치, 대중교통시설, 주차공간, 인구의 평균소득은 상업용 부동산관리자에게 중요한 평가요소이다.

주거용 부동산관리자는 가족단위의 크기, 평균소득 수준, 인구동향, 현재 고용률, 사회 · 문화적 시설에 더 관심을 둘 것이다. 시장에서 수집된 데이터와 특정 자산이 갖는 특성과 결합시켜서 부동산관리자는 시장지역 내 해당 형태 자산의 표준단위에 대한 최적의 가격을 결정할 수 있다. 이 방법으로 부동산에 예상되는 기본수입도 도출될 수 있다. 간단히 말해 지역 및 근린지역분석의 신뢰 여부는 그 배경에 대한 판단에 달려있다. 시장의 미래 경기 동향에 대한 효과를 판단하기 위해서는 부동산경기

순환주기에 대한 지식이 있는 부동산관리자가 필요하다. 그러한 평가 없이는 수집된 데이터로부터 충분한 효과를 기대할 수 없다.

02 부동산분석과 소유자의 목표분석

2.1 부동산분석[72)]

시장분석이 해당 지역의 표준공간의 최적 임대료를 결정짓는 반면, 부동산분석은 부동산관리자에게 특정한 건물의 성격과 상태 그리고 근린지역 내 유사부동산과 비교한 상대적 상황을 알려 준다. 이 정보를 얻기 위해서 부동산관리자는 대상 부동산을 철저히 검사하고 유사 부동산의 데이터를 사용해 대상 부동산의 가치를 평가한다. 부동산관리자는 또한 건물의 평균운영비를 특정할 수 있도록 충분한 자료를 보유하고 있어야 한다.

부동산분석을 완성하기 위해 부동산관리자는 대상 부동산을 최적의 경쟁력을 갖춘 공간으로 만들기 위해 비용이 얼마나 드는지 측정해야 한다. 물론 그러한 지출에 대한 결정은 소유자에게 있다.

2.1.1 임대차계약

새로운 부동산의 관리업무를 시작할 때 부동산관리자는 모든 임대계약과 서류의 내용을 파악해야 한다.[73)] 각 임대차계약서 조건들은 임대수입의 액수와 지속가능성을 나타내 줄 것이다. 부동산관리자는 차후 당황하지 않기 위해 임차인에게 제공되는 양보의 내용[74)], 재계약 조건[75)], 계약종료 등에 대해 꼼꼼히 살펴보아야 한다.

공실률과 임대료수금손실률(credit loss)은 이전의 부동산관리가 어떠했는지에 대한 통찰력을 제공하기도 한다. 임대차 갱신율이 저조했다면 임차인에 대한 서비스가 부족했거나 임대료가 시세보다 높았다는 것을 말해준다. 반대로 임차인의 변동이 없었다면 아마도 임대료가 낮았고 따라서 임대료를 더 높게 책정해도 된다는 가능성을 말해준다. 회계 프로그램으로 이러한 정보를 요약하는 것은 부동산관리자에게 방법적 분석을 위한 자료정리를 가능하도록 한다.

72) 전용수 · 이창석, 전게서, pp. 83~85.
73) 임대차는 당사자 일방이 상대방에게 목적물을 수용 · 사용하게 할 것을 약정하고, 상대방이 이에 대하여 차임을 지급할 것을 약정함으로써 성립하는 계약이다.
74) 예를 들면 임대차 개시 후 6개월 무상임차, 또는 임대차 종료 전 3개월 무상임차, 또는 임대차 개시전 인테리어 비용 5,000원/평 제공 등을 말한다.
75) 임대차 종료 후 로열층의 open space가 확보된, 보다 좋은 공간으로의 이전 등을 말한다.

2.1.2 공간의 양과 질

'첫 인상에서 두 번째 기회는 존재하지 않는다' 는 격언은 특히 부동산관리 분야에서 꼭 들어 맞는다. 임차인들이 처음 건물에 들어설 때 그들이 무엇을 보느냐에 따라 첫 인상이 형성된다. 따라서 부동산관리자는 통로, 조경, 건축년도, 형태를 포함해 전반적인 건물 외관부터 신경 써야 한다.

대상 건물이 지역 내 다른 건물처럼 깨끗한 외관을 가지지 못했다면 부동산관리자는 외관을 개수하기 위해 시정조치를 제안할 수 있다. 또한 부동산관리자는 건물 내에서는 사용 가능한 공간 총량이나 개별적인 임대 단위를 결정한다. 건물이 최적의 조건을 갖기 위해서는 디자인뿐만 아니라 내부 시설의 질도 중요하다. 공간이 상업 및 산업용, 혹은 주거용 등 어느 용도이건 기본구조, 배관, 벽면, 전기시설의 상태가 간과되어서는 안 된다.

주거용 부동산관리자는 방의 숫자와 크기, 방 배치, 옷장의 크기, 전망을 조사해야 한다. 부서진 가구, 낡은 카펫과 커튼, 더러운 벽은 주거용 공간의 선호도를 떨어뜨린다. 대상 부동산을 지역시장 내에서 최고의 공간으로 만들거나, 매력적인 임대 대상으로 만들기 위해서 교체되거나 수리되어야 하는 항목들은 일일이 기록해두어야 한다.

2.1.3 건물의 물리적 상태

건물 외관, 내부, 장비에 대한 철저한 조사는 부동산관리자에게 장래 유지 · 관리비를 측정하는 데 필요한 부가적인 정보를 제공한다.[76] 그리고 외관 검사는 부동산관리자에게 전 주인이나 부동산관리자가 하지 않았던 보수를 하도록 만든다. 장애인이용시설을 만들거나 불필요한 벽이 있다면 제거할 필요가 있다. 또한 벽돌공사, 창문, 지붕, 현관, 마당, 주차장, 화재 비상구 등도 결함이 없는지 꼼꼼히 살펴보아야 한다. 뿐만 아니라 건물의 기계, 설비, 편의시설을 둘러보는 동안 건물의 상태, 사용연수, 보수할 곳, 직원 수, 효과적으로 관리에 소요되는 물품 등을 알 수 있다. 냉난방공조시스템(모두 합쳐 HVAC[77]라고 부른다)과 배관, 난방장치, 제설장비와 잔디 깎는 기계, 그리고 휴게실, 수영장, 테니스 코트 등 편의시설도 점검해야 한다. 관리 목록을 정리하면서 수리가 지체된 부분이나, 수리 가능한 노후화된 부분을 발견할 수 있다. 이때 건축법과 주택법 등을 참조하여 보수 및 개수(改修)해야 한다.

76) 한동의 건물을 구분하여 수인이 그 일부분씩 소유할 수 있다. 이를 건물의 구분소유라 하며, 그 내용을 구체적으로 정하기 위하여 "집합건물의 소유 및 관리에 관한 법률"을 두고 있다.
77) Heating, Ventilating, and Air Conditioning의 약어이다.

건물의 입구, 홀, 지하실, 세탁실, 보일러실, 다른 일반 내부 공간들은 주의 깊게 점검되어야 한다. 이 때 일상적 청소업무와 유지보수를 위한 직원 임금과 함께 개수 및 교체비용까지 계산할 필요가 있다. 특히 부동산관리자는 부동산을 조사하면서 안전문제의 중요성을 무시해서는 안 된다.

예를 들면, 부동산관리자는 항상 납페인트, 석면, 지하저장탱크, 라돈, 그 외의 유해 요소가 존재하지 않는지 검사해야 한다. 만약 유해요소가 발견된다면 관리계약을 체결하기 전에 소유자에게 안전문제를 제기해 전문적 청소업체를 통해 철저한 검사를 의뢰하도록 해야 한다. 종종 보험회사나 소방서에 요청하면 무료로 안전 및 화재 검사를 해주기도 한다.

2.1.4 비교부동산 평가

비교부동산의 평가(evaluating comparable)를 통해 부동산관리자는 부동산의 경쟁력에 대한 통찰력을 얻을 수 있다.[78] 고려할 점은 건물 크기, 임대율, 공실률, 위치, 건축, 연령, 특색, 편의시설, 건물상내, 건물 부동산관리 자원의 수, 그리고 가능하다면 비교부동산의 관리비용들이다. 또한 전문부동산관리회사로부터 수집가능 한 다양한 형태의 부동산에 대한 산업 기준도 가치가 있다.

모든 정보는 부동산관리자에게 매년 정기적으로 소요되는 관리비용에 대한 좋은 정보를 제공한다. 예를 들면 관리직원에 대한 봉급, 광고 및 관리비용, 임차인에게 청구되지 않는 공공요금비용, 물품과 장비, 계약 서비스, 즉 잔디 깎기, 엘리베이터 유지 · 보수, 청소 안전요원 배치이다.

부동산관리자는 이제 소유자의 목적에 부합하여 부동산으로부터 순이익을 창출해 내기 위해 소요되는 비용을 산정하면서 대상 부동산의 관리를 위해 임대 일정과 관리예산을 짜게 된다. 또한 지역 내 비교부동산보다 더 나은 경쟁력을 갖기 위해 자금의 지출이 필요하다면 그 추정치를 소유자에게 보고해야 한다. 물론 이러한 지출은 소유자의 목적에 부합되어야 한다. 끝으로 부동산관리자는 수행할 업무의 우선순위를 설정함으로써 소유자를 도울 수 있다.

2.2 소유자의 목표분석[79]

관리계획은 부동산관리자가 소유자의 목표를 이해하고 분석하고 나서야 완전히 수립될 수 있다. 소유자의 목표는 개인, 법인, 신탁회사 및 정부기관 등 종류에 따라 크게 달라진다. 부동산관리자는 만일 다른 대안의 사용이 더 생산적이라고 판단될 때 관리계획을 통해 현재의 운영방법에 변화를 제

78) "감정평가에 대한 관한 규칙"에 의하면 비교방식으로서 거래사례비교법이란 대상물건과 동일성 또는 유사성이 있는 다른 물건의 거래사례와 비교하여 가격시점의 대상물건의 현황에 맞게 시점수정 및 사정보정을 가하여 가격을 추정하는 방법을 말하고 있다.
79) 전용수 · 이창석, 전게서, pp. 86~87.

안할 수 있다. 이때는 재건축, 개수(改修) 등을 포함한 선택 가능한 적용 대안들을 소유자와 함께 모색해야 한다.

2.2.1 법인 및 기관의 목표

대부분의 기관 및 법인 투자자들은 부동산관리자가 쉽게 입수할 수 있는 정책진술서나 투자가이드라인에 그들의 목표를 잘 기술해 놓고 있다 또한 소유의 형태를 봄으로써 목표가 결정될 수 있다. 법인 소유자의 경우 크게 2가지로 구분된다. 리츠(REITs, Real Estate Investment Trusts)와 신디케이트(Syndicate)와 같이 투자 대상으로 부동산을 소유하는 경우와, 자신들의 편익을 위해 부동산을 소유하거나 사용하는 경우가 있다. 이 때 이익에 일부는 투자가치의 유지에 관심을 갖는다. 아파트관리사무소에서는 임차인을 끌기 위한 설비에는 관심이 없을 수 있으나, 투자가치를 유지시키기 위해 필요한 비용지출에는 관심을 보일 것이다.

신탁회사(fiduciary institution)는 두 가지 방법으로 부동산에 개입하고 있다. 하나는 계약신탁과 유언신탁 혹은 자산집행자로서 부동산을 운용하는 신탁부서의 서비스를 통해서다. 다른 하나는 이익을 창출하는 부동산을 구입하는 투자결정에 관련된 것이다. 수탁자의 최대 관심사는 수익자에게 합리적인 유용수익을 제공하는 동시에 수탁 부동산의 가치를 유지시키는 것이다.

2.2.2 개인소유자의 목표

많은 개인 소유자들은 그들의 투자로부터 이익이나 현금흐름을 추구하는 개인 사업가들이다. 아마도 이들 대부분은 장기계획을 세우지 않았을 것이기 때문에, 부동산관리자는 그들의 목표수립을 작성하는 것을 도와줌으로써 그들을 도울 수 있다. 부동산관리자는 관리계획을 수립하는 것 뿐만 아니라, 그러한 계획의 필요성을 설명해 줌으로써 소유자에게 도움을 줄 수 있다. 부동산관리자는 소유자가 준비금을 설정하고, 적절한 유지 보수일정을 수립하도록 유도할 수 있다. 소유자에 따라서는 부동산을 보존하는 것에는 관심이 없고 오직 임대료를 받아내는 것에만 관심을 가지며, 이것은 임차인이 이에 따른 비용을 지불하게 한다. 이것이 어쩔 수 없는 상황이라고 판단되면 부동산관리자는 해당 부동산의 관리를 포기하는 경우도 있다.

마지막으로 부동산관리자는 소유자로부터 연간 재산세 등의 조세 부담액과 채무상환비용, 보험료 등에 대한 명세서를 받아내야 한다. 이러한 수치들은 부동산관리자의 시장분석, 비교 부동산실사에 대한 자료와 함께 관리계획을 수립하는데 필요한 모든 정보를 제공한다.

2.2.3 정부의 목표

중앙이나 지방정부 기관은 주고 그들이 관리하는 부동산의 가치를 유지시키는 데 관심이 있다. 대부분의 정부건물은 높은 임대수입을 추구하지 않는 저소득 주택건물이다.

공공서비스나 자산가치의 유지는 부동산에 관련된 대부분의 정부기관의 주된 목표이다.

Ⅲ 부동산관리계획의 정보와 운영계획

01 재무기획보고서와 정보[80)]

1.1 재무기획보고서

관리계획을 준비하는 것은 지역 및 근린지역을 조사해 정보를 분석하고 소유자의 목표에 따라 관리계획을 수립하기 위해 부동산을 분석하는 것이다. 운영예산(대개 1년 단위), 5년간의 예측, 비교, 수입비용분석 등 세 가지의 재무기획보고서가 관리계획의 주된 분야이다.[81)]

1.2 운영예산을 수립하는 데 필요한 정보

재무기획보고서를 만들기 위해서는 최적 임대료, 연간 총 예상임대수입(gross annual scheduled rental income), 예상되는 시장추세를 반영한 조정수입, 연간 운영경비, 필요교체충당금(necessary reserve funds), 소유자의 목표에 따른 현금흐름 등의 정보가 고려되어야 하며, 다음과 같이 이러한 정보를 활용하여야 한다.

80) 전용수 · 이창석, 전게서, pp.87~94.

81) 예산은 재정활동의 표현이며 계획표이다. 예산에는 재정의 목표인 자원배분, 소득재분배, 경제안정, 경제성장등이 포함됨으로 계획적인 수지관계에 기능을 한다.

1.2.1 최적 임대료

다른 부동산의 임대료를 조사한 후에 부동산관리자는 특정 공간(방 하나에 욕실 하나, 방 둘에 욕실 하나, 방 둘에 욕실 둘 등)에 대한 최적 임대료를 결정할 수 있다. 그러나 각 부동산은 임대료에 영향을 미치는 특정 장 · 단점을 갖고 있기 때문에 부동산관리자는 다음과 같은 차이점을 반영하면서 임대료를 조종해야 한다.

첫째, 아파트 건물이 대중교통접근성이 양호하지 않다면 최적 임대료율은 낮아져야 한다.
둘째, 테니스코트나 수영장 등 지역의 표준이 아닌 특별시설을 갖추고 있다면, 최적 임대료는 인상될 수 있다.
셋째, 창고가 인터체인지에 가깝게 있다면 최적 임대료는 올릴 수 있다.
넷째, 구식 건물이라면 최적 임대료는 인하되어야 한다.

모든 장 · 단점을 고려한 결과로 나온 수치가 건물 내 모든 형태의 공간에 대한 기본 기대 임대료이다. 그러한 결과가 적절해 보인다고 하더라도 부동산관리자는 임대료가 잠재임차인의 소득 수준을 초과하지 않는지 확인해야 한다. 입주자가 임대료 지출능력이 없다면 임대료는 더 현실적인 수준으로 재조정되어야 한다.

부동산에 대한 임대료율을 결정할 때 부동산관리자는 특정 공간이 좋은 전망이나 중심시설에의 접근성 등 개별 특성을 갖는지를 고려해서 더 높은 임대료를 받을 수 있도록 해야 한다.

이러한 사항이 별도의 임대관리를 필요로 한다 하더라도 많은 경우 노력 이상의 임대료를 받을 수 있다.

1.2.2 연간 총 예상 임대수입

총 임대수입은 공간의 형태별 기본임대율을 건물 내 공간의 수에 곱하는 것으로 결정된다. 이러한 계산법은 주거용 공간과 상업용 공간 사이에 다소 차이가 있다. 아파트 임대료는 방의 숫자로 계산한다. 따라서 주거용 부동산관리자는 임대료가 상승한 특정한 공간을 염두에 두면서 스튜디오(원룸형 아파트), 원 베드룸, 투 베드룸의 수와 각 형태의 임대료를 곱한다.

상업용 공간은 면적에 의해 계산된다. 따라서 상업용 부동산관리자는 건물 각층의 면적과 면적당 적절한 임대율을 서로 곱해준다. 이렇게 계산되는 총 추정치가 전체 부동산에 대해 연간 기대되는 총 임대수입이다.

1.2.3 예상되는 시장추세를 반영한 조정 수입

100%의 입주와 100%의 임대료 수금을 기대한다는 것은 비현실적이다. 따라서 부동산관리자는 공실, 임차인의 계약파기, 임차인의 교체 등으로 생기는 임대료 손실비용을 결정할 필요가 있다.

계약 갱신 시 임대료가 상승될 수 있고 임대경기가 좋지 않아서 임대료가 더 낮은 수준으로 하락할 가능성도 있다. 이러한 추정치는 총 임대수입에서 차감되어야 한다. 이것은 임대료 손실 후 실제로 수금될 수 있는 금액을 반영하기 때문에 수금 가능한 총 임대수입(총 조정 임대수입)이 된다.

자산수입의 다른 요소 또한 총 수입의 한 부분이기 때문에 수금 가능한 총 임대수입에 추가되어야 한다. 잠재적 추가수입은 주차장, 자판기, 세탁소 등 편익시설서비스 판매(법률상 허가되는 지역의 경우), 임차인 서비스 판매 등으로부터 모아진다. 이러한 수입요소 또한 예산년도 동안의 예상 비용, 입주, 이용 변화 등에 맞춰 계산되고 조정되어야 한다. 수금 가능한 총 임대수입과 추가수입의 합산은 다음 연도의 총 수입에 대한 효과적인 추정치가 된다.

1.2.4 연간 운영경비

예산을 준비하는 다음 단계는 비교 부동산의 운영경비와 대상 부동산의 유지보수의 필요 등에 근거해 연간 운영경비를 계산하는 것이다.

우선 부동산관리자는 재산세, 급여, 유틸리티비용, 계약 서비스비, 소모품비, 세세한 정기보수 및 교체 비용, 보험료, 일반관리비를 항목별로 구분해야 한다. 이러한 운영비를 계산하기 위해 부동산관리자는 몇 가지 정보를 이용할 수 있다. 근린지역분석 및 부동산의 분석을 통해 부동산관리자는 지역 내 유사부동산의 평균 운영경비를 계산할 수 있다. 지역적 평균치는 관련 협회, 잡지, 지역 전문 부동산관리조직을 통해 수집할 수 있다. 이러한 수치들은 부동산관리자의 경험에 비추어 조정 · 평가되어야 할 것이다.

다음으로 부동산관리자는 그 해의 일반적인 운영경비비율을 염두에 두고 전년도의 운영경비기록을 살펴볼 수 있다. 부동산관리자는 이 때 전년도의 실제비용과 업계의 평균치로 판단되는 기준비용을 서로 비교하면서 어떤 운영경비가 과다 지출되었는지 규명하고, 다음 연도에 절감되어야 하는 운영경비부문을 파악해야 한다.

운영예산의 비용부문은 부동산관리자가 특정 부동산에 대한 현실적이고 신뢰할 수 있는 예상운영경비를 산출하는 능력이 있는가를 반영해 준다. 운영경비를 계산하기 전에 부동산관리자는 해당 연도 운영경비의 각 부문에 예상되는 인상비율을 결정해야 한다. 일반적인 산업경제동향은 운영경비에 대해 상당한 영향을 미칠 것이다.

1.2.5 필요대체충당금[82]

부동산관리전문가 사이에 예상되지 않은 비용이 예상될 수 있다. 'Unexpected expenditures may be expected'라는 속담이 있다. 지붕보수, 보일러교체, 외부 벽돌 보수, 보험으로 커버되지 않는 홍수 등 자연재앙으로 인한 비용은 예상하지 못한 우발비용의 극히 일부분에 불과하다. 미국의 경우 연방정부 프로그램하의 많은 부동산구입자금대출(mortgage loan)은 교체비용(reserve funds)에 대한 예비자금 확보를 필수사항으로 명시하고 있다.

그러므로 운영예산이든 5년 계획예산이든 모든 예산계획은 비용부문에 대체충당금을 준비해 놓아야 한다. 대형건물에서 대체충당금은 소모품과 유지 · 보수에 드는 총 비용의 10~15%로 계산된다. 그러한 부동산의 크기, 연령, 다른 특성들에 따라서 실제 필요한 교체충당금의 액수는 많은 차이가 난다. 부동산관리자는 현실적으로 필요한 대체충당금을 경험을 통해 계산할 수 있다.

별도의 항목에 속해 있던 유지 · 보수부문에 속해 있든 간에 대체충당금은 항상 전체적인 예측의 한 부분이 되어야 한다.

1.2.6 소유자의 목표에 따른 현금흐름

현금흐름은 비용과 대출금(mortgage)을 상환한 후에 사용가능한 금액을 말한다.

현금흐름은 다음 연도의 기대수입에서 총 조정 운영경비와 부채상환액을 차감하여 구한다. 만약 연간 현금흐름이 부동산에 드는 비용과 기대하는 투자수익을 반영하지 못한다면, 운영예산은 가능한 한 수정되어야 할 것이다.

02 부동산관리의 운영과 계획 등[83]

2.1 운영과 계획

부동산관리자는 앞서 설명한 재무기획보고서 항목을 동원해 현 상태에서 1년 동안의 부동산운영예산을 작성한다. 부동산의 잠재수입을 보다 효과적으로 알 수 있도록 해 주는 것은 예상 가능한 변화를 근거로 한 장기비용 · 수입투정계획서인 5개년 예측(five-year forecast)이다. 장기계획을 준

82) Reserve for Capital Expenditure라고도 한다.
83) 전용수 · 이창석, 전게서, pp.90~94.

비하기 전에 부동산관리자는 모든 수입과 비용요소를 꼼꼼히 살펴보고 그것엔 영향을 주는 시장동향을 연구해야 한다. 예측기간 동안의 중간수입(median income)을 결정하기 전 부동산관리자는 해당 지역의 현재 임대료 인상률, 해당 지역의 성장 및 쇠퇴 가능성, 부동사 개수(改修)를 통해 기대되는 임대료 상승 등을 고려해야 한다.

5개년 계획을 준비할 때는 가정을 세워야 한다. 예를 들어, 임대료 상승은 현재 10%를 유지하고 모든 계약기간은 1년으로 이루어진다는 가정이다. 임대료의 손실 요소 또한 변동없이 지속될 것이라고 예측한다.

운영경비의 변동이 미래 5년 동안 일반 산업경제에 흐름에 따라 달라진다고 할지라도, 그것들은 추정 비율에 따라 상승할 것이라고 가정한다. 5개년 예측의 제일 오른쪽 줄은 안정화된 예산(stabilized budget)을 나타낸다. 이 수치는 미래 5년 동안의 각각의 수입과 비용항목을 평균화해서 도출한 것이다.

5년 동안의 운영경비는 관찰 가능한 동향에 근거해 현실적으로 계산되어야 한다. 물가상승률, 노동과 소모품 비용 상승률, 세율 인상, 보험료 인상 등이 고려해야 할 주요 요인이다.

2.2 비교수입 · 비용분석과 소득증가 및 계획서

2.2.1 비교수입 비용

관리계획을 수립하는 마지막 단계는 비교수입 · 비교분석(comparative income and expense analysis)이다. 즉 소유자의 목표에 일치하고 최적의 임대료를 받기 위해 필요한 개선비용, 개수(改修)비용, 리모델링비용을 계산하는 것이다. 지역시장 내 다른 건물에 대해 경쟁력을 갖추거나 지역수요를 충족시키기 위한 구조변경을 위해서는 공간을 리모델링하는 데 필요한 자본지출이 계획되어야 한다.

이것은 구조개선과 관련된 건축, 자재, 노동 비용에 대한 연구를 필요로 하는 복잡한 업무이다. 부동산관리자의 자본지출 추정치는 정확한 정보를 바탕으로 한 것이어야 한다. 부동산관리자는 건물의 개선으로 인해 유발되는 임대수입의 증가 혹은 비용의 감소를 계산해야 한다. 개선 후 창출되는 소유자 현금흐름은 개선 이전의 현금흐름과 비교되어야 한다. 부동산관리자는 이러한 비교분석을 통해 제안된 자본지출이 장래이익으로 상환되는데 소요되는 시간을 소유자에게 설명할 수 있다. 비교분석은 또한 개선작업에 의해 추가로 창출될 추정 연간소득이나 소유자 현금흐름을 보여주기도 한다.

2.2.2 소득 증가

소득 증가를 위해 총 $ 15,000의 비용을 들여 로비를 개수(改修)하고 세탁실을 설치하고 오락공간을 추가할 때 예상되는 것에 대한 사례를 설명한다. 건물의 개수된 외관, 추가된 세탁실과 오락공간의 편리함을 근거로 하여 모든 임대료를 매달 $ 45씩 인상할 수 있다.

세탁실로부터 얻는 소득은 연간 $ 2,000이 된다. 그러나 수도요금이 매년 $ 500씩 오를 것으로 예상되기 때문에 인상된 수도요금에 의해 부분적으로 소득이 상쇄된다.

관리비는 부동산으로부터 얻는 연간 총 수입에 비례하여 인상될 것이다.

개수의 결과로서 현금흐름의 증가는 연평균 대략 $ 7,500이 되고, 따라서 초기 투자금 $15,000은 2년 안에 회수될 것이다. 5년 후엔 소유자가 개수(改修)에 대한 투자로 $ 22,500의 이윤을 얻게 된다. 많은 소유자들이 투자이익에 대해 다양한 기준을 가지고 있기 때문에 소유자의 결정에 도움을 주는 분석내용을 제시하는 것은 매우 중요하다. 어떤 소유자들은 3년 내 자금회수가 불가능한 개수(改修)에는 투자하지 않고, 다른 소유자들은 7년, 10년 심지어 15년 내에 회수되는 장기투자를 수락하기도 한다.

2.2.3 관리계획서 제시 및 계약체결

부동산관리자는 운영예산과 5개년 예측, 개수(改修) 제안서의 작성을 마치게 되면 소유자에게 검토를 위한 제안서를 제출한다. 많은 소유자들은 제출된 서류의 모양과 정확성에 의해 부동산관리자의 능력을 판단하기 때문에 제안서는 철저하고 깔끔하게 준비되어야 한다. 소유자에게 제출하기 전에 전문가에게 점검을 부탁하는 것도 도움이 될 것이다.

부동산관리자의 부동산관리계획은 소유자의 목표에 따라 다음의 여러 가지 다양한 방법 중 하나를 선택한다.

첫째, 장기소득을 증가시키고 세금을 줄이기 위해 제안된 모든 보수 및 개수를 허가한다.

둘째, 추가운영자본을 편성하지 않고, 부동산의 가치를 보전하기 위하여 단지 지연된 유지 보수 작업만 이행한다.

셋째, 어떠한 변화도 없이 자본적 지출도 없이 단기간에 해당 부동산으로부터 얻을 수 있는 가능한 한 많은 수입을 얻도록 한다.

마지막 결정을 통해 부동산관리자는 소유자가 유동자금이 부족하거나, 용도지구변경(zoning

change)이 계류 중이거나, 경제적 유용성보다 건물이 오래되었거나, 토지가 곧 고속도로나 새 건물 등 다른 목적을 위해 사용될 예정이라는 것을 알 수 있다.

대개 소유자들은 부동산의 수입을 근거로 개선작업을 위한 융자를 받는 것을 선호하며, 부동산에 추가적인 자금을 투자하는 것은 꺼려한다.

그러므로 소유자의 목표는 관리계획을 채택하는 데 결정적인 요소가 된다. 만약 부동산관리자가 성공적으로 소유자의 목표에 부합하도록 관리계획을 구축하지 못한다면 부동산관리자와 소유자는 관리계획을 재협상하기 위해 노력해야 한다. 부동산관리의 가장 도전적인 측면 중 하나는 주어진 문제에 대해 하나 이상의 해결책이 있다는 것이다. 부동산관리자와 소유자가 일단 부동산의 관리계획에 합의했다면 관리계약[84]이 체결되어야 한다.

STORY TIP 5.3 분배냐 효율이냐

지금을 '시장의 시대'라고 한다. 시장이 진리를 규정하며, 시장에 반항하면 도태 당하는 시대라고 한다. 정확히 말해 미국식 시장이며, 두 가지 일화가 있다. 첫째 일화, 1964년 영국 파운드화가 위기를 맞았을 때 그 유명한 프리드먼 교수가 은행에서 돈을 빌리고자 했다. 투기하기 위해서였다. 은행창구의 대답은 'No' 였다. '그런 목적에는 돈을 빌려 주지 않는 것이 젠틀맨'이란 설명이었다. 프리드먼은 엄청나게 화가 났다. '눈앞에 돈벌 기회가 있으면 실행하는 것이 젠틀맨'이라고 분통을 터뜨렸다. 당시 그의 사부는 프랭크 나이트 시카고 대학에 자유주의 경제학을 창립한 거두다. 제자 프리드먼이 내뱉은 말을 전해들은 나이트 교수는 제자들을 불러 모은 뒤 말했다. "프리드먼은 이제 내 지도 아래 학위를 받았다고 말해서는 안 될 것이다." 타인의 불행을 이용해 자신만의 이익을 올리는 행위는 '자유주의 경제'의 기본원칙에 반한다는 것이 그의 신념이었고, 제자를 파문한 이유였다. 둘째 얘기, 1991년 세계에서 가장 오래된 경제학회지 「이코노믹 저널」이 1백 주년을 맞았다. 이를 계기로 세계 20여 저명한 경제학자에게 "2백 년 뒤 경제학의 운명"을 물었다. 모든 학자들의 견해가 일치한 것은 '수리경제학의 붕괴' 였다.

이유는 다음과 같다.

"기업과 개인이 합리적으로, 경제학적으로만 행동하리란 것이 수리경제학의 대전제다. 그 전제 위에서 그릴 수 있는 세계는 서유럽과 미국 일부 지역에 국한된다. 그러나 1백 년 뒤 경제는 아시아, 아프리카, 혹은 문화가 다른 국가가 주도할 것이며, 비서구의 모습을 그려야 한다. 당연히 수리 경제학은 붕괴한다."

지난 2백 년간 경제이론은 분배와 효율 사이를 오갔다고 한다. 분배가 중시돼 효율이 떨어지면 "나눠 먹을 떡의 크기가 중요하다"하고, 반대 상황에선 "경제학은 결국 인간을 위한 도덕학문"이라는 이론이 판을 쳤다. 지금은 효율이 중시되는 시기다. "자유방임만이 좋다"는, 즉 "실력대로 하자"는 주장이 진리로 존경받는 시대가 지금이다.

자료 : 「조선일보」 1998. 5. 8

84) 계약은 사법상 효과의 발생을 목적으로 하는 당사자 사이의 합의, 즉 복수의사 표시의 합치인 법률행위를 뜻하며 단독행위나 합동행위와 구별된다. 계약의 성립은 청약자와 승낙자의 의사표시로 성립하고 광의의 계약과 협의의 계약으로 분류되기도 한다. 특히, 협의의 계약은 일정한 채권의 발생을 목적으로 하는 채권계약만을 의미함에 유의하여야 한다.

용어 정리

- 개량관리 (改良管理 : Improvementofproperty)
- 건물자산 (建物資産 : Building property)
- 공유재산 (共有財産 : Common property)
- 국유재산 (國有財産 : Nationa property)
- 대처방안분석 (對處方案分析 : Analysis of alternative)
- 부동산분석 (不動産分析 : Propertyanalysis)
- 순영업소득 (純營業所得 : Net operating income)
- 시장분석 (市場分析 : Marketanalysis)
- 연간보고 (年間報告 : Annualreport)
- 운용관리 (運用管理 : Operating of property)
- 유효임대수입 (有效賃貸收入 : Effective rental income)
- 인력관리 (人力管理 : Personnel management)
- 임대계약 (賃貸契約 : Leasing)
- 임차인관리 (賃貸借管理 : Tenant management)
- 자산취득 (資産取得 : Acquisition of property)
- 잠재임대수입 (潛在賃貸收入 : Potential rental income)
- 재무관리 (財務管理 : Financial management)
- 점유율 (占有率 : Occupancy rate)
- 처분관리 (處分管理 : Disposition of property)
- 현장관리 (現場管理 : Site management)

CHAPTER 05

생각해 볼 문제

1. 부동산관리계획의 의의와 그 절차에 관하여 논하시오.
2. 토지 등 공유재산 등의 관리계획에 관하여 설명하시오.
3. 빌딩 등 건물자산관리의 계획 및 내용에 관하여 설명하시오.
4. 부동산자산관리에 있어 성과측정 방법을 설명하시오.
5. 부동산시장분석에 관하여 시장성 분석과 함께 개괄적으로 논하시오.
6. 부동산관리계획의 정보와 운영계획에 관하여 설명하시오.

CHAPTER

06 법률적 측면의 부동산관리

I 부동산소유자관계의 관리

01 부동산소유자관계의 성격과 관리계약

1.1 소유자관계의 성격[1)]

부동산관리자는 부동산소유자와 여러 가지 다양한 관계 중 하나의 관계를 맺게 된다. 많은 관리자들은 대형개인건물의 소유자에 의해 직접 고용된다. 이러한 개인적 관리자들은 소유자의 대리인으로 행동할 수 있는 권리를 보유하고 있지만, 그들의 활동 대부분은 종종 독점적으로 고용인의 목적만을 위하도록 제한된다.

관리회사가 수많은 개인 또는 법인 소유자들을 대신해 많은 건물들을 관리할 때 관리자는 관리회사를 위해 일한다. 이러한 상황에서는 회사의 소유자의 대리인으로서 일하고 관리자는 관리회사를 대표한다.

미국의 경우 관리자는 부동산중개 관리부서를 위해 일하기도 한다. 통합서비스를 제공하는 부동산중개회사는 그들의 의뢰인에게 계약 서비스, 보험중개, 판매, 상담, 평가, 금융조달과 부동산 대출(mortgage) 외에도 부동산관리 서비스를 제공한다. 관리회사와 관리부서 모두 부동산 소유자와 본인 – 대리인관계를 가지며, 부동산을 관리하는 개인들 관리업체 – 이 피고용인들이다.

관리자와 소유자가 원칙, 목표, 타당한 관리계획에 상호 동의했다면 문서화된 관리계약을 체결해야 한다. 관리자와 소유자는 관계의 구조, 구체적인 책임과 의무, 관리자의 권한의 범위, 급여, 관리계약기간 등을 결정해야 한다. 또한 소유자는 관리자의 자산관리를 돕기 위해 부동산관리기록과 정보들을 넘겨주어야 한다. 관리자는 소유자와 명확한 의사소통을 할 수 있도록 최선을 다해 모든 노력을 기울여야 한다.

1) 전용수 · 이창석, 「부동산자산관리론」(서울 : 형설출판사, 2004), pp. 96~99

부동산관리자와 건물의 개인 또는 법인 소유자 사이에 고용인, 대리인 관계 등 세 가지 기본적 관계가 존재할 수 있다. 모든 범주에서 관리자는 전문직업인으로 간주되고 그들의 책임은 거의 비슷하다.

1.1.1 고용인과 피고용인의 관계

고용인과 피고용인의 관계는 대부분 부동산에 대한 관리서비스가 필요한 은행, 대학, 대기업과 기타 개인 투자자에게서 나타난다. 피고용인인 관리자는 소유자 – 고용기업이나 조직의 상관에게 직접 책임을 진다.

일반적으로 고용인 – 피고용인 관계에는 어떤 공식적인 계약은 필요없다. 단지 본인 – 대리인 사이에 일반적으로 맺는 관리계약을 대신한다. 피고용 관리자와 소유자와의 업무관계는 독립 대리인으로 일하는 관리자와 소유자의 관계와 동일 선상에서 형성되어야 한다. 관리자는 계약서 대신 고용기업으로부터 임대차계약서에 서명할 수 있는 위임장을 받아야 한다. 이 위임장은 때로는 임대차의 금액이나 기간에 따라 제한을 받기도 한다. 많은 임차인들, 특히 정부기관이나 기업의 경우에는 피고용 관리자에게 이 위임장의 사본을 요구한다.

1.1.2 자산의 신탁

신탁(信託, trusts)은 개인이나 조직이 제3자의 이익을 위해 자산을 보유하거나 관리하도록 법적 소유권을 다른 사람에게 위임하는 장치이다. 신탁은 공식적인 신탁관계를 설정하는 문서 합의로 성립된다. 예를 들면, 많은 은행이나 신탁회사, 종업원복지연금 등은 전통적인 주식과 채권에 대한 투자 외에도 수익 창출을 위해 부동산을 구입하다. 또한 많은 투자자들은 투자목표를 달성하기 위해 일정형식의 신탁을 사용하기 때문에 관리자가 필요한 것이다.[2)]

수탁자는 동등한 수익권을 갖는 수익자의 이익을 위해서 자산을 맡는다. 그러한 상황에서 관리자는 보통 수탁자의 관리인 혹은 피고용인이 되는 것이다. 모든 경우에 관리자는 수탁자의 대리인이 되고 신뢰 원칙에 따라 자산을 관리해야 한다. 신탁은 생전에 설정되는 생전신탁(신탁계약) 또는 유언장에 의해 설정되는 사후신탁(유언신탁)이 될 수 있다.

수탁자는 신탁상품의 조건 자체에 의해서, 그리고 관련 법률(신탁법)에 의해 통제된다. 이 분야에 기회를 찾는 관리자는 법적 책임과 관계 조건에 대해 특별한 주의를 기울이며 공부해야 한다.

2) 공식적 신탁관계에서는 위탁자(trusts)라고 불리는 부동산 소유자가 자산에 대한 법적 소유권을 수탁자(trustee)에게 이전하며 동등한 수익권(equitable title)을 한 사람 혹은 그 이상의 수익자에게 이전한다. 수익자는 신탁인, 신탁인의 가족, 자선단체나 피고용인 단체와 같은 제3자를 포함한다.

1.1.3 본인-대리인 관계

가장 보편적인 관계는 본인 - 대리인 관계(principal - agent relationship)이며 쌍방이 서명한 계약서에 의해 설정되나 대리권은 본인(위임인)과 대리인(수임인) 사이의 특별한 관계를 설명하기 위해 사용되는 단어이다. 이 관계를 성립시켜 주는 합의서를 관리계약서라고 부른다. 즉, 관리계약서는 관리자가 특정한 상황에서 소유자 혹은 위임인을 대신하여 대리인으로 행동할 수 있는 권한을 부여하는 문서이다. 대리인은 위임인에게 전문적 조언을 하는 전문가로 간주된다. 대리인은 제 3자와 법적 관계를 맺는 일에 위임인을 도와 일을 한다. 대리인은 대리인 관련법의 법적 · 윤리적 고려사항에 의해 통제된다.

① 대리권한의 범위

대리권한의 범위에 따라 대리인은 일반대리인과 특별대리인으로 나뉜다. 일반대리인은 일정범위 문제에 대해 위임인을 대리해서 일을 하고, 대리인은 업무범위 내에서 대리인이 서명한 계약에 대해 소유자가 책임을 지는 경우도 있다. 이 관계는 대개 장기적인 것이다. 특별대리인은 단지 특정문제나 거래에 대해서만 위임을 대표할 수 있다. 즉, 특별대리인의 권한은 범위와 기간의 제한을 받는다. 그리고 일단 업무가 종료되면 대리권은 사라진다. 일반적으로 특별대리인은 위임인을 대신해 계약서에 서명할 권한은 없다.[3)]

② 수탁자 의무

특별대리인이건 일반대리인이건 간에 이 둘은 관습법과 성문법에 의해 부과되는 특정한 의무를 갖는다. 대리인은 위임인에 대해 수임관계(fiduciary relation)를 가지며, 이것은 대리인측에게 최상의 충성도를 요구하는 신뢰와 확신으로 표시되는 관계이다. 신뢰관계에 있어 관습법상의 또 다른 의무는 관리, 복종, 공개, 회계보고이다.

충성도란, 관리자는 항상 자신의 이익보다 소유자의 이익을 먼저 생각해야 한다는 것(선량한 관리자의 주의 의무)을 말한다. 관리자는 이기심 없이 행동해야 한다. 예를 들어 관리자가 아파트 임대계약에 대한 수수료를 받는다고 할 때 관리자는 수수료를 챙기기 위해 아무 임차인이나 마구잡이로 받아들여서는 안 된다. 관리자는 소유자의 이익이 최대화될 수 있도록 계약시 임차인을 살펴야 한다.

복종(Obedience)의 의무란 관리자는 자산 소유자의 지시를 충실하게 따라야 하는 것을 말한다. 그러나 만약 자산 소유자가 관리자에게 불법적이거나 비윤리적인 것을 행하도록 시킨다면 관리자는 관

3) 예를 들면, 주택 매매를 위해 고용된 부동산대리인은 대개 특별대리인인 반면, 관리자는 대개 일반인이다.

계를 즉시 종결해야 한다. 예를 들면, 소유자가 관리자에게 임대계약시 특정한 인종이나 국적의 사람에게만 계약할 수 있게 한다면 관리자는 그것을 거부하고 대리관계를 즉시 종결해야 한다. 또한 공정주택거래법(fair housing law)의 위반사실을 해당 기관에 보고해야 한다.

주의(care)의 의무(신의 · 성실 · 의무)란 자산을 관리하는 동안 관리자가 합리적 수준의 기술을 행사할 것을 요구한다. 업무수행 시 관리자가 부주의했다면 관리자는 자신의 부주의에 의해 발생한 피해에 대해 자산 소유자에게 책임을 지우게 되는 것이다.

공개(disclosure)의 의무란 관리자에게 자산관리와 관련된 중요한 사실들을 소유자가 모두 알 수 있도록 하는 의무를 말한다.

회계보고(accounting)의 의무란 관리자가 자산 소유자를 대신해 받은 모든 자금의 상황을 정확히 보고해야 함을 의미한다. 미국의 주 부동산면허법은 관리사가 명백히 준수해야 하는 위탁자금에 관하여 자세한 회계조건을 포함하고 있다. 실제로 이 법은 항상 관리사가 자신의 사업자금 혹은, 개인적 자금과 위탁자금을 혼합 사용하는 것을 금지한다.

관리자에 대한 이러한 많은 의무와 책임에 관한 사항은 자산관리계약서에 자세하게 기록되어야 한다.

STORY TIP 6.1 계약서 작성의 기본사항

계약서에는 계약당사자가 누구인가, 어떠한 내용의 권리인가, 의무는 어떻게 처분되는가, 어떻게 이행되는 것인가에 대한 내용을 언급해야 하고, 당사자의 의사표시를 더욱 구체적으로 표시하기 위하여 정확 · 간결 · 평이 · 명료한 것이 좋다.

즉, 가급적이면 법률용어나 거래상 확실한 용어를 사용하여 정확성을 기하고, 간결하게 계약사항의 요점만을 기재하며, 계약서에 사용되는 문자가 난해하지 않고 통상적으로 이해할 수 있어야 할 뿐만 아니라, 계약서상에 나타난 권리자가 누구이며, 의무는 누가 어떠한 방법으로 이행하는가를 분명하게 전달하여 명료하게 하는 것이다.

계약서는 당사자의 의사해석의 기준이 될 뿐만 아니라, 분쟁이 발생할 경우 가장 중요한 증거자료가 되는 것이다. 또한, 강행규정과 임의규정의 여부를 확인하여야 한다. 강행규정은 당사자의 의도와 관계없이 강제로 적용되는 규정을 말하며, 임의규정은 당사자의 마음대로 그 적용을 배제할 수 있는 규정을 말한다.

자료 : 이창석, 「부동산창업론」(서울 : 고원출판사, 2007), p. 723~724.

02 관리계약[4)]

모든 계약(契約)의 기본은 당사자 이름과 계약목적, 계약기간을 기입하는 것이다. 관리계약서에는 부동산관리부서와 계약기간이 기술된다. 관리계약서에서의 부서를 명명하고(부동산소유자와 관리회사나 독립적인 부동산관리자), 협상과 그러한 계약에 서명하는 권한을 정립하는 것이 중요한 일이다. 특히 파트너나 연합으로 대표되는 개인은 특별하게 계약서에 권한을 부여하여 서명해야 한다. 부동산은 주소에 의해 유일하게 확인되지만 그러나 공적장부의 표제를 따라서 부동산의 법적인 설명을 포함해 두는 것이 적절할 것이다. 만약 부동산이 특별한 이름을 가졌다면, 역시 목록화해 두어야 할 것이다. 만약 부동산이 특별한 이름을 가졌다면, 역시 목록화해 두어야 할 것이다. 계약기간은 그 계약이 영향을 미치는 기간이다. 종종 초기 기한이 만기될 때 기본적으로 매년 자동적으로 재계약하기 위한 조항이 계약서에 포함된다면 초기 기한은 공식적인 만기가 아니다. 계약기간과 재계약은 모두 다른 기간과 상태로서 협의될 수 있다.

많은 방법에서 부동산관리자는 부동산의 일상의 비즈니스를 지도하는 것은 소유자에게 당연한 역할이다. 대부분의 임차인은 관리인을 주인이라고 생각하며, 종종 부동산의 실제적인 소유자가 누구인지조차 알지 못하는 경우도 있다. 임차인은 관리자가 임대를 계획하고, 월세를 놓으며 부동산을 보호하는 법적인 권한을 가진다고 생각하기 때문에 이러한 생각은 맞는 것이다. 관리자는 소유자의 이익을 위해서 부동산을 운영하고 임차인과 부동산에 관련된 다른 비즈니스 양측을 소유자에게 대표한다. 이러한 관계를 승인하는 것은 소유자와 관리자의 기간과 책임의 다양한 동의가 있어야만 한다.

관리계약은 형식적인 것이며, 부동산 전반의 관리자에게 법적인 권한을 부여하는 서류상의 계약을 맺는 것이다. 관리자는 보통 소유자의 대리인으로 소유자의 자금과 부동산과 연관되는 강점들로 소유자의 신용이나 수탁을 서비스한다.

법적 계약으로서 관리계약은 문서화되거나 법률가와 상담이 준비되어야 한다. 계약은 고정된 기간으로 소유자와 관리자 간의 관계가 성사되고 관리자의 제공 서비스를 위한 권한과 보수가 결정되어, 어떤 절차로서 윤곽이 드러나며, 관리자의 권위와 행위가 특별하게 한정되고, 재정상태와 다른 부동산 소유자의 의무를 지정한다. 관리자와 소유자(혹은 소유자의 대표위임자) 쌍방이 서명한 계약서는 양자의 관계를 규정하고, 부동산의 관리를 위한 지침으로 사용되며, 미래의 분쟁해결을 위한 근거가 된다.

일반적으로 관리계약서의 내용에는 다음이 포함된다.

바람직한 관리계약은 또한 일반적으로 적법한 수많은 관련 조항뿐 아니라 특별한 상황 하에서 협

4) 전용수 · 이창석, 상게서, pp. 98~111.

정의 만기를 위한 조항도 포함된다.[5)]

관리계약의 조건은 부동산의 형태와 부동산소유권의 형태에 따라 다르다. 특수한 상황을 제외하면, 대부분의 관리계약은 공통적으로 양 당사자와 부동산의 증빙서류, 계약기간, 관리자의 권한과 책임, 소유자의 책임, 관리비와 임대·매매 수수료, 쌍방의 서명 등의 필수요소들을 가지고 있다. 도표 6.1

도표 6.1 계약성립 요건

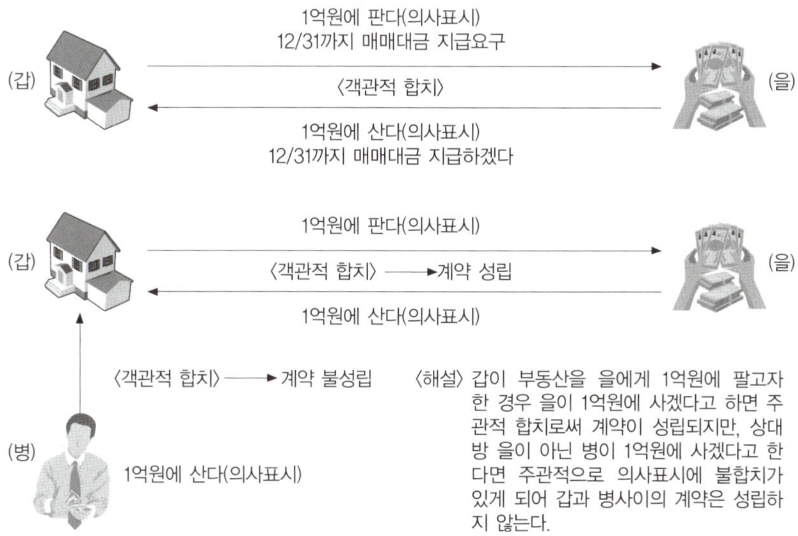

자료 : 이창석 · 정기영 외, 「부동산계약의 이론과 실무」, (서울 : 형설출판사, 2009), p. 17.

2.1 계약당사자들과 부동산의 증빙서류

대부분의 관리계약은 계약체결 당사자들의 신원확인으로 시작한다. 부동산등기부에 기재된 것과 정확하게 같은 소유자의 이름이 계약서상에 나타나야 한다. 부동산이 둘 이상의 동업자에 의해 소유된 것이라면 각각의 이름이 명기되어야 하고, 각자 서류에 서명해야 한다. 법인 소유라면 기업명이 명기되어야 하고, 정식으로 등록된 임원이 계약서를 작성하며 경우에 따라 기업의 날인이 서류에 첨가되어야 한다. 상업·산업용 부동산과 대형 아파트단지는 대개 법인 소유이고, 분산된 주택은 대개 개인 소유자의 이름으로 되어 있다.

5) IREM은 가능한 많은 다양성과 첨가들과 함께 계약의 종류별 요소를 포함한 관리계약서 형식을 제공한다. 많은 기관투자가는 대리인보다 독립적인 계약자로 부동산관리자를 선호한다. 독립적인 계약의 상태와 부채는 그러한 대리자와 차별되며 관리자는 그러한 계약에 동의하기 전에 변호사와 협의하여야 한다.

가능하다면 부동산을 책임질 관리자 개인보다는 관리회사가 계약서상에 명기되어야 한다. 미국의 경우 관리사면허법은 모든 명부와 관리계약서에 중개인의 이름을 서명하도록 되어 있다. 관리자가 관리회사를 대표한다면, 관리자는 그 회사의 위임대표로서 서명해야 한다. 관리자의 이름 옆에 회사의 이름을 표기하는 것이 일반적인 관행이다.

비록 부동산에 대한 모든 법적 설명이 필수적이라고 하지 않더라도, 의심을 남기지 않기 위해 신원, 위치, 규모에 관해 면밀히 기록되어야 한다. 개인주택의 경우에는 종종 부동산의 번지만으로도 신원을 파악하기에 충분하다. 상업용 부동산의 경우에는 번지 외에도 정확한 토지구역에 대한 상세한 설명과, 관리를 맡고 있는 본 건물, 보조건물이 함께 기록되어야 한다. 부동산이 특별한 이름을 갖고 있는 경우에는(대개 고층 아파트단지나 쇼핑센터의 경우에 해당된다) 계약서에 이름을 명시해야 한다. 특수한 예외사항은 필히 기록되어야 한다.[6)]

2.2 계약기간

소유자, 관리자, 특정 부동산에 대한 신원 파악 외에도, 계약은 관리대행 서비스기간을 결정해야 한다. 관리계약에 대해 일정하게 규정된 표준기간은 없다. 계약기간은 부동산의 크기와 관리자에게 위임된 책임, 소유자와 소유기관의 미래 목적에 따라 달라진다.

2.2.1 기간의 다양성

여러 가지 이유로 장기간의 계약은 흔하지 않다. 소유자는 취소 조항이 없이 장기간 법적 계약을 맺는 것을 당연히 꺼려할 것이다. 가까운 미래에 부동산을 매각할 생각을 하고 있는 소유자는 취소가 불가능한 장기간 관리계약 때문에 매각에 지장을 받는 것을 원하지 않는다.

반면, 대형 신축 부동산의 관리를 맡아서 건물을 임대하고 관리체계를 세우기 위해 초기에 상당한 노력을 해야 하는 관리자는 그의 추가적 노력에 대한 충분한 보상을 받고 싶어한다. 그러므로 관리회사는 대개 최소 1년의 계약기간을 원할 것이다. 계약조건하에 요구되는 추가적인 시간은 건물 관리를 맡고 이익을 남기는 임대율을 확보하기 위해 얼마나 많은 조기노력이 필요한 것인가에 따라 달라진다.

이러한 이유로 표준관리계약의 조항은 계약기간을 빈칸으로 두어서 상호 만족스런 기간을 삽입할 수 있도록 하고 있다. 계약은 제한된 기간이 명시될 수도 있고 계약종료를 알리는 통지가 따로 없다면 1년 단위로 재계약되는 조항을 포함시킬 수 있다.

6) 예를 들어, 만약 1층에 식당과 바(Bar)가 있는 사무실건물의 소유자가 식당경영자와 직접 계약하기를 원한다면 관리계약서상의 부동산을 기술할 때 특별히 특정지역을 제외시켜야 한다.

2.2.2 계약 종료

일반적으로 소유자나 관리자가 관리계약 종류는 적절한 통지를 함으로써 이루어진다. 소유자가 적용 법률이나 정부규제를 위반하여 관리자가 피해를 입고 책임을 지게 되는 경우에는 대부분 관리자에 의해 계약만료일 이전에 계약이 종료될 수 있다. 이러한 경우, 취소는 소유자가 계약을 종료하겠다는 관리자의 의사의 통지를 받았을 때 효력을 발생한다.

통지의 방법으로는 직접 찾아가서 말하거나 계약서상의 주소로 등기우편을 보내는 우편통보가 있다. 통지사항이 상대방에게 도착했을 때 취소가 발효하는 것으로 간주된다. 소유자의 불법행위에 근거한 관리자에 의한 계약종료시, 소유자는 계약조건에 따른 의무로부터 벗어날 수 없다.

계약이 길어질수록 상황은 변하기 마련이다. 변화된 상황에 계약을 맞추기 위해서 차후 계약의 개정절차가 관리계약에 포함되어야 한다. 도표 6.2

도표 6.2 계약체결상의 과실

- 우리 민법은 원시적 불능에 한해서만 규정하고 있다.
- 악의 또는 과실 있는 당사자는 상대방(선의 및 무과실)이 그 계약의 유효를 믿었기 때문에 입은 손해(신뢰이익)를 배상하여야 한다. 다만, 이행이익을 하도록 한다.
- 그러나 학설은 원시적 불능에 한하지 않고, 계약체결 준비단계에서 계약체결상의 과실, 계약이 유효한 경우 계약체결상의 과실, 계약이 무효·취소된 경우 계약체결상의 과실을 인정하고 있다.

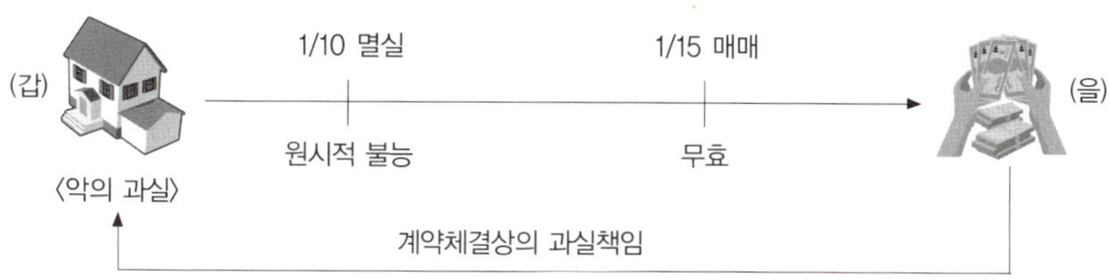

〈해설〉 갑이 1/10에 이미 멸실된 사실을 알면서도 1/15에 을과 매매계약을 한 경우이다.

자료 : 이창석 · 정기영 외, 「부동산계약의 이론과 실무」, (서울 : 형설출판사, 2009), p. 33.

2.3 관리의 책임

관리자는 해당 부동산에 관련된 정보를 소유자에게 전달할 책임이 있다. 다음 보고서들은 소유자에게 부동산의 현황과 효과성에 대한 통찰력을 제공해주는 것들이다.

2.3.1 월간보고서와 지출

관리자의 업무 중 큰 분야가 소유자의 부동산에 대한 소득과 비용을 정리한 월간 수입명세서를 준비하는 일이다. 관리계약에는 보고서를 받기 위해 사람의 이름과 주소, 회사나 운영진(아파트의 경우), 제출되어야 하는 날짜까지 명기되어야 한다. 이름, 주소, 관리자가 매달 지불금액을 보내야 하는 모든 수취인의 할당액 등이 대게 이 시점에서 계약서에 명시된다.

지출이 수입을 초과한 달의 관리자의 책임도 명시되어야 한다. 어떤 계약서의 관리자에게 지불날짜와 다음 달 임대수입이 들어오는 날짜 사이에 생길지 모르는 비용 소모에 대비에 일정 금액을 적립할 수 있는 권한을 준다. 이 적립금의 액수는 부동산의 크기별로 비례 배분되어야 한다. 일반적으로 부족분을 보충하기 위해 관리자가 개인자금으로 우선 지급할 필요는 없다.

2.3.2 보증채권

일반적으로 돈을 다루는 관리자의 직원들의 신용은 관리자의 비용으로 취득되는 보증채권(surety bonds)으로써 보증보험에 의해 담보되어야 한다.

2.3.3 자금관리

재정관리, 보고, 그리고 일반적인 부동산 관리업무는 부동산관리자의 표준적인 의무들 중에 몇 가지이다. 이러한 일들은 상호관계에 있다. 보고와 기록보존은 재정관리와 일반적인 부동산관리의 양측에서 필수적인 기능이다. 관리계약은 관리자의 이러한 기능으로 정식으로 승인되며, 종종 뒤따르는 특별한 절차를 제공하고 때때로 다양한 의무의 수행을 위한 시간적 간격(월 단위나 년 단위로)을 두기도 한다.

은행에 운영할 통장을 개설하는 것은 관리계약에서 중요한 일이다. 관리자는 비록 소유자의 결정을 포함하게 되지만, 보통 재정적인 관례를 선택하여 거래를 성사시킨다.

경영상의 거래는 영수와 소비의 흐름을 통하여 나타난다. 관리계약은 항상 경영시의 거래의 여분으로 최소의 합을 필요로 할 것이다. 이는 소유자에게 관리자가 첫 번째 달에서 소비한 것과 같은 총액을 요구하게 될 것이다. 충분한 자금의 필요성을 떠나서 경영비는 지불되어야 하며, 은행에 최소의 잔고가 필요하게 될 것이다. 이는 상업적 거래를 체크하는 것처럼 어떤 경영거래를 위해서 필요한 것은 아니다.

관리자와 소유자는 하나 이상의 은행거래를 유지해야 할 것을 동의해야 할 것이다. 임차보증금과

남겨진 자금은 운영자금에서 불리해 두어야 할 것이다.[7]

관리계약은 소유자와 관리자의 자금이 분리되도록 명확하게 규정해야 한다. 이는 법적인 요구뿐 아니라 전문가적 윤리와 좋은 비즈니스관습이다. 모든 직접적이거나 간접적인 자금은 소유자에 속한 부동산으로부터 창출된다. 관리자는 부동산의 수입으로부터 보수를 받을 권리가 있으며, 소유자의 대리로(혹은 신용으로써), 종종 그 자신에게 그런 지불을 할 권한을 가진다. 모든 재정적인 업무에 있어 충분히 소유자에게 노출시키는 것은 중요하다.

관리계약은 관리자가 임대료를 수금하고 정당한 수입의 권한을 포함한다. 관리자는 또한 연체를 위한 요금을 부과하는 권한을 가지며, 불충분한 자금, 신용체크, 그리고 다른 관리상의 작업을 확인하여야 한다. 이러한 서비스를 위한 임차인으로부터 수수된 요금은 정규적인 관례를 제외하면 보수로써 관리자에 의해 유지되거나 혹은 관리자의 보수로 분리되어 수수된 요금으로 지불되게 될 것이다. 비록 법적 상황에서는 그것을 금하고 있지만, 그러한 수수에 관한 보수는 관리자와 소유자 간에 협의될 것이며 관리계약에서는 특별하게 설명된다.

비용의 지출은 관리자의 또 다른 의무이다. 이러한 지출은 표준적인 운영비는 물론 부채 서비스액을 포함한다. 징수된 모든 수입과 지출된 지출(현금의 흐름) 이후의 잔액은 관리계약에 설정된 스케줄대로 소유자에게 보내진다. 만약 하나 이상의 소유자가 있다면, 관리계약은 이러한 자금의 분배의 균형을 진술해 두어야 할 것이다. 관리자는 어떠한 이유에서든 부동산을 담보로 대출을 받지 않는 것이 좋다. 관리의 적자의 사태는 소유자에게 어떤 다른 즉각적인 결정을 하게 할 것이다.

그러나 소유자는 관리자에게 관리자금상의 일시적인 적자를 만들 것을 요청하고, 만약 법률이 허락한다면 관리자는 그렇게 하도록 결정할 것이다. 이러한 상황을 허락하는 것은 관리계약에 그러한 총액이 특별한 이자율의 대부금으로서 간주되도록 규정되어야 한다. 부동산소유자는 보통 부동산경영 거래에서 그러한 적자를 피하고 최소의 균형을 유지하도록 강요한다.

소유자는 비록 정기적인 감사일정이 약정되었더라도 보통 아무 때나 부동산거래를 감사할 권한을 갖는다. 결산은 비록 미리 계산된 한도를 초과하는 손실을 발견했을지라도 소유자의 비용으로 집행되며, 만일 관리자가 오류를 범하고 한도보다 더 큰 손실을 가진다면 관리자는 회계감사의 결과로 재정적인 책임을 져야 할 것이다. 관리계약은 비록 일상적으로 그것들이 관리자의 권리라고 할지라도 소유자에게 속한 기록을 설명해야 할 것이다. 계약이 만기될 때, 기록은 소유자에게 인계된다.

7) 미국의 경우 많은 주에서 임차보증금은 분리된 계좌로 유지되도록 법이 정하고 있다. 부동산자금의 만족스러운 유지는, 관리계약에서 보통 보증금이 연방정부가 지시하는 금액 이상으로 유지될 것을 요구한다. 관리자는 또한 만약 어떤 임대차 계약에서 잔고가 연방정부가 규정한 거래액을 넘는 부동산이 있을 때에는 소유자에게 정보를 제공할 의무가 있다.

2.3.4 부동산의 임대, 운영 및 관리 권한

계약서에는 대리인의 권한을 임대계약, 임대료징수, 임차권의 종결, 보증금 반환, 부적절한 임차인의 퇴거, 임대료 손실을 만회하기 위한 소송제기 등이 나열되어 있어야 한다. 이 권한들 중 가장 두드러진 것은 임대계약서에 서명하는 권한이다. 미국의 경우 대부분의 주에서 사기방지법상 특정기간 이상(대게 1년 이상)의 임대계약에 대해서 구두계약을 인정하지 않는다.

일부 소유자는 특정한 액수를 정하거나 최대 계약기간을 5년 정도로 정함(상업용 부동산의 경우 기간이 더 짧은 경우가 많다)으로써 관리자의 계약서 서명권한을 제한하기도 한다. 주거용 부동산의 관리자는 일반적으로 소유자의 방침에 따라 설정된 최대 계약기간의 표준 임대차계약에 서명할 권한을 갖는다.

2.3.5 지출

유지 · 보수, 직원, 서비스를 위한 지출은 부동산관리의 고유한 특성이다. 그러나 관리자가 소유자와의 상의 없이 지출할 수 있는 자금액수가 계약서에 명시되어야 한다. 대개 관리계약은 다음과 같은 문구를 포함한다.

"관리자는 한 가지 품목당 최대 ○○만원을 넘는 모든 비용에 대해 소유자의 허가를 받는 것에 동의한다. 단 매달 정기적으로 발생하는 관리비용과 또는 갑작스런 문제가 발생해 수리가 필요한 경우, 관리자의 판단에 수리가 자산의 피해를 줄이고 임차인의 요청에 부응하는 것이 불가피하다고 판단될 때는 위의 액수를 초과할 수 있다."

일부 계약서는 관리자에게 관련시설 서비스, 쓰레기 관리, 유리창청소, 그 외의 서비스의 사용에 대해서 특정 금액을 초과하지 않는 계약을 맺을 수 있는 권한을 부여하는 조항을 담고 있다. 관리자의 보호를 위해 그러한 조항은 계약종료시 소유자가 그 계약에 대한 책임을 지도록 하는 보호절차를 포함해야 한다.

2.3.6 마케팅 비용

광고는 많은 부동산에 대해 기본적인 운영경비의 일부분으로 간주되기 때문에 소유자의 부담이 된다. 그러나 필요 이상으로 많은 광고비를 투자하기 원하지 않는 소유자는 광고예산의 상한액을 정하기도 하며 운영경비 제한과 유사한 문구가 광고비를 통제하는데 사용된다. 그러나 예외적으로 개별적인 소유자들이 소유한 다수의 단독주택을 관리하는 경우 대개 필요하다면 각각의 소유자에게 광고비가 부담된다.

2.3.7 관리자의 직원관리

관리계약은 관리자가 관리직원을 고용하고 해고할 수 있는 권한을 자세히 명시해야 한다. 이 문제에 대한 부분은 계약서마다 다르다. 그러나 일반적으로 직원에 의해 수행된 일에 대해 책임을 져야 하는 관리자는 그들을 고용하고 감독하는 권한을 갖는다. 직원들은 종종 그들에게 최고 권위자가 되는 관리자에게 더 큰 충성을 보인다. 관리직원을 고용할 수 있도록 허락받은 관리자는 대개 빌딩 직원들에게 보증보험과 의료보험 등을 가입하는 것뿐만 아니라 정부가 고용자들에게 요구하는 소득세 신고서와 기타 보고서를 정리하는 일을 맡는다. 또한 직원을 고용하고 감독하는 관리사는 건물직원과 경리직원의 급여를 당해 건물 거주민에게 부담시켜야 할지 관리비용에 포함시켜야 할지를 결정해야 한다. 이것은 재무재표와 수입에 중대한 영향을 끼치기 때문에 이러한 사항은 계약서에 명기되어 있어야 한다.

2.4 소유자의 책임

관리계약을 위한 협상의 중요한 논점은 보전이 아니라 자금의 설립과 유지이다. 만약 그러하다면 총액은 항상 부동산의 총 수령액(gross receipts)의 백분율로 나타내거나 혹은 정규적인 기본자금에서 따로 두지는 않을 것이다.

관리계약에는 부동산의 정부규범을 따르고 적용하는(예를 들면, 환경법, 건축법 등) 소유자의 책임과 어떤 필요한 보험에 계약할 것을 명시해야 할 것이다.

또한 법을 준수하지 않음으로써 나타난 손해에 대하여 대리 배상해야 할 것이다. 만약 소유자가 불법행위를 발견하고 개선하지 않을 경우에, 관리자는 소유자의 대리인으로서 책임을 지게 될 수도 있다. 그러나 계약은 관리자가 발견된 어떤 불법행위에 소유자에게 조언하도록 요구된다. 그리고 나서 소유자는 수단의 변경이나 정정을 결정하고 관리자에게 권한을 주어야 한다.

관리계약은 잡다한 관리비용에 대한 소유자의 책임을 명시해야 한다. 따라서 관리계약은 관리와 유지 · 보수비용의 각 항목에 대한 책임자를 지정하는 분명한 근거를 포함시켜야 한다. 도표 6.3

도표 6.3 부동산소유관련 매매의 의의

민법 제563조 [매매의 의의] 매매란 당사자 일방이 상대방에게 재산권을 이전할 것을 약정하고 상대방이 그 대금을 지급할 것을 약정함으로써 그 효력이 생긴다.

매매란 당사자의 일방(매도인)이 어떤 재산권을 상대방(매수인)에게 이전할 것을 약정하고 상대방(매수인)이 그 대금을 지급할 것을 약정함으로써 성립하는 계약을 말한다. 이때 대가가 금전이라는 특징이 있으며, 금전 이외의 다른 물건이나 권리로써 급부되는 경우에는 매매가 아니고 교환이다.

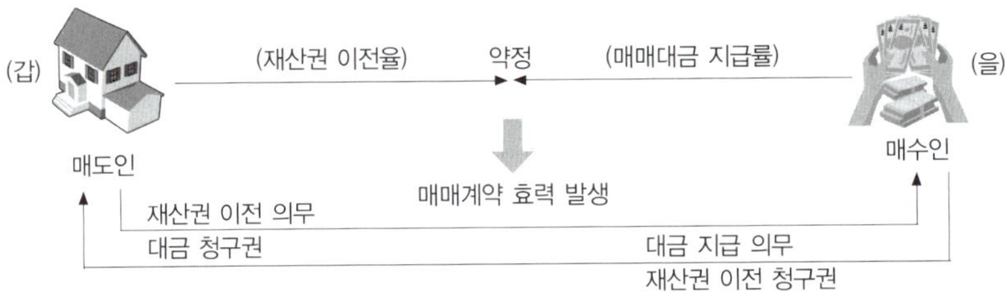

자료 : 이창석 · 정기영 외, 「부동산계약의 이론과 실무」, (서울 : 형설출판사, 2009), p. 81.

2.4.1 보험

관리계약은 또한 소유자가 자신의 비용으로 충분한 책임보험과 근로자에 대한 각종 보험에 가입할 것을 포함해야 한다. 소유자와 관리자는 이 보험증권상에 공동 피보험자로 기재되고 소유자는 관리자에게 보험적용범위에 대한 증명서를 주어야 한다. 관리자가 보호받기 위한 이 보험증명서를 합당한 기간 내에 제공받지 못했다면, 관리자는 소유자의 비용으로 보험에 가입할 수 있도록 하는 조항을 제시해야 한다. 소유자는 소송이 발생할 경우 문제해결을 위해 보험회사와 관리자가 함께 일할 것을 기대하기 때문에 보험 가입 조건에 대해 검토하는 것은 관리자에게 중요한 관심사가 된다.

2.4.2 구매

소유자는 대출금 상환, 세금, 특별 부과세, 보험료 등에 대한 지불일정표를 관리자에게 제공할 것을 계약서상에 동의해야 한다. 이 때 관리자는 이러한 항목들에 대한 예산을 세우고 적립금을 책정할 수 있다.

2.4.3 건물

관리계약에 소유자는 건물을 현재 상태로 유지하고 효율적으로 관리하기 위해 필요한 보수나 교체를 해야 한다는 조항이 반드시 포함되어 있어야 한다. 그러므로 소유자는 임대차계약의 조건, 최소한의 건축법, 기타 다른 적용 법률을 준수할 책임이 있다.

2.4.4 임차인을 위한 광고

관리계약은 광고책임을 명시해야 한다. 일반적으로 소규모의 분산된 주택에 있어서는 광고는 소유자의 책임이다. 광고비는 대규모의 아파트 건물과 상업용 부동산에서는 관리비용에 포함된다. 광고비가 소유자의 비용일 때에는, 그 한계가 설정되어야 한다.

2.4.5 수수료

일반적인 부동산관리 서비스의 보수는 관리된 부동산의 총수령액(gross receipts, effective gross income)의 일정 비율로 계산된다. 특별한 비율은 항상 협상 가능하며, 그리고 일반적으로 협상된 타당한 월 기본급으로 관리자의 보수를 보장하는 계약을 시작한다. 자택 소유자의 조합을 위한 관리는 균일요금으로 책정되기도 한다. 관리자는 서비스 제공의 충분한 범위를 위한 어떤 적절한 보수의 요금을 설정하는 데 조심해야 한다. 이는 새 빌딩의 임대나 건설감독을 위한 분리요금의 협상으로써 적절해질 수 있거나, 혹은 관리자에게 의해 다른 서비스를 제공하여 일반적으로 정규적인 관리 의무의 부분이 되지 않도록 하는 것이다.

이 사항이 먼저 다루어지지 않았다면, 관리계약의 다른 조항에서 관리자나 소유자 중 누가 빌딩직원을 고용하고 감독하는 데 책임이 있는지를 분명히 해야 한다. 계약조건이 무엇이든 소유자와 관리자 양자의 책임은 분명히 언급되어야 한다.

능률적 관리가 곤란한 경우는 소유자가 건물에서 일할 직원을 직접 고용, 감독, 해고하는 권한을 가지고 직원을 장기간에 걸쳐 고용할 때이다. 만약 이러한 경우라면 관리자는 지원이 관리사가 아닌 소유자의 피고용인임을 밝히는 조항을 첨가해 보호를 받아야 한다. 이 조항은 모든 해결, 판단, 피해, 벌금, 체불임금 지급, 법정비용, 변호사비, 노동법의 위반에 대한 소송, 조사, 재판으로부터 초래되는 모든 비용에 대한 책임이 소유자에게 있음을 명시해 준다.

직원관리에 있어서 혁신적인 방법은 임금을 포함해 모든 고용인 - 피고용인 관계에 대한 법적 요구사항에 대처하기 위해 필요한 문서작업을 담당할 제3자를 고용하는 것이다.

03 관리비

관리업무는 제각각 다르다. 아파트건물은 사무실건물과 같은 관리문제를 갖고 있지 않으며 도심 부동산을 관리하는 것과 도시 외곽지역의 부동산을 관리하는 것은 별개의 문제이다. 그렇지만 공통적으로 모든 계약은 지불해야 하는 관리비의 액수를 명시해야 한다.

3.1 관리비의 개념[8)]

3.1.1 집합건물법상 관리비의 의의

집합건물법에서는 입주자[9)]와 관리주체[10)]에 관한 규정을 두고 있다. 그러나 관심의 대상이 되는 관리비에 관한 규정을 두고 있지 않다. 다만「집합건물법」제18조에 "공유자가 공용부분에 대하여 다른 공유자에 대하여 가지는 채권은 그 특별승계인에 대하여도 행사할 수 있다."라고 규정하고 있다.[11)] 따라서 이 규정을 근거로 관리비의 의의를 살펴보면, '관리비'란 규약 또는 집회의 결의에 따라 관리단 등이 정기적으로(일반적으로 매월마다) 각 구분소유자에게 건물과 대지 또는 부속시설의 관리 또는 사용을 위하여 청구하여 징수하는 채권을 의미하는 것이라고 할 수 있다.[12)]

3.1.2 「주택법」에 있어서 관리비[13)] 등의 의의

「주택법」에서는 "공동주택의 입주자 등은 당해 공동주택의 유지·관리를 위하여 필요한 관리비를 관리주체에 납부하여야 한다."라고 규정하고 있다(동법 제45조). 여기서 말하는 '관리비'란 집합건물의 입주자 등이 한 달 또는 일 년 동안 집합건물의 관리활동을 지속적으로 유지하는데 필요한 인력·기술·장비에 소요되는 일체의 비용(협의의 관리비) 및 사용한 전기·수도 등의 제반비용(광의의 관리비)을 말한다.[14)] 이러한 관리비를 근거법인 주택법에 근거하여 살펴보면, '협의의 관리비'에는

8) 박태신, "집합건물의 관리비에 관한 연구", 집합건물법학, 제1집, 집합건물법학회, 2008, pp. 52~54.

9) '입주자'란 ① 주택을 공급받은 자, ② 주택의 소유자 및 ③ 주택의 소유자 또는 그 소유자를 대리하는 배우자 및 직계존비속을 말하고(주택법 제2조 제10호) '사용자'란 ① 주택을 임차하여 사용하는 자를 말한다(동법 제2조 제11호).

10) '관리주체'란 공동주택의 관리사무소장, 관리업무를 인계하기 전의 사업주체, 주택관리업자를 말한다(주택법 제2조 제12호).

11) 대판 2001. 9. 20. 2001다8677.

12) 日本マンション學會法律實務硏究會, マンション紛爭の上手な對處法, (東京 : 民事法學會, 平成 14(2002), p. 192.

13)「주택법」제58조의 표제를 "관리비 등"으로 붙이고 있다. 이는 상술한 집합건물의 유지·관리차원에서 직접적으로 소요되는 협의의 관리비와 집합건물의 유지·관리차원에서 간접적 또는 지원적 성격을 지닌 광의의 관리비를 함께 포괄적으로 규정하고 있기 때문에 "관리비 등"으로 표현한 것으로 생각된다.

14) 한국가정생활개선진흥회,「전국 아파트관리비표준부과내역해설설」, 행정자치부, 2001, pp. 1~2.

일반관리비, 청소비, 경비비, 소독비, 승강기유지비, 난방비[15], 급탕비, 수선유지비(냉 · 난방시설의 청소비를 포함한다)(주택법 시행령 제58조 및 별표 5 관리비의 세부내역) 등이 있고, '광의의 관리비' 에는 협의의 관리비 이외에 장기수선충당금, 「시설물의 안전관리에 관한 특별법」 제6조의 규정에 의한 안전점검의 대가, 동법 시행령 제62조의 규정에 의한 안전진단 실시비용 및 동시행령 제62조의 규정에 의한 안전점검비용이 있고(주택법 시행령 제58조), 관리주체가 징수를 대행하는 비용으로 전기료(공동으로 사용되는 시설의 전기료를 포함한다), 수도료(공동으로 사용하는 수도료를 포함한다), 가스사용료, 지역난방 방식인 공동주택의 난방비와 급탕비, 정화조오물수수료, 생활폐기물수수료, 공동주택단지 안의 건물 전체를 대상으로 하는 보험료, 입주자대표회의의 운영비(동법 시행령 제58조) 및 인양기 등 공용시설물의 사용료 및 보수를 요하는 시설이 2세대 이상의 공동사용에 제공되는 보수를 요하는 시설에 대한 보수비용 등이 있다(동법 제58조).

3.2 관리비에 관한 사항

3.2.1 고정관리비 대 비율관리비

고정관리비로 지불할 것인가, 혹은 총 수입의 몇 퍼센트 비율로 관리비(flat or fixed fee versus percentage fee)를 내는 변동비율관리비로 지불할 것인가 하는 것은 각각의 상황에 달려 있다. 고정관리비는 아파트 단지를 관리할 때 가장 적절하다. 소유자자들은 관리비에 운영경비가 포함되는 것을 원한다.

비율관리비(percentage fee)는 비록 빌딩수입이 감소하면 관리비도 함께 감소하지만 빌딩의 수입을 증대시키기를 원하는 관리자에게는 훌륭한 인센티브이다. 그러므로 관리계약은 비율관리비를 요구하지만 때로는 가구당 혹은 구좌당 최저 관리비가 정해진다.

수탁자로서의 관리자의 법적 · 직업적 책임과 의무는 업무에 대한 보상의 액수와 관계없이 같다. 사실 보상을 전혀 받지 않는 무보수의 관리자도 태만으로 인한 임무수행 실패에 대해 책임을 져야만 한다. 관리자는 부동산을 관리하면서, 특히 저수익 부동산을 관리할 때는 자신이 수행할 업무를 분명히 규정지어야 한다. 저임대료가구들과 소규모 부동산이 종종 대규모의 고임대료 단지만큼 많은 관리시간을 요구하는 경우도 종종 있기 때문에, 같은 관리비라도 대규모 부동산보다 소규모 부동산이 더 높은 수익률을 나타낼 수도 있다.

관리자는 그런 부동산에 대해서는 관리에 드는 시간과 노력에 대해 적절한 임금을 보장받기 위해

15) 여기서 말하는 '난방비' 란 「주택건설기준 등에 관한 규정」 제37조에 의하여 난방열량계 등이 설치된 공동주택의 경우에는 난방열량계 등의 계량에 의하여 산정한 것을 말한다.

최저 관리비를 설정하는 것을 고려해야 한다.

3.2.2 외부 임대차대리인에 대한 수수료

관리비를 정할 때 점검해야 하는 또 다른 항목은 임대차 활동에 의한 별도의 수수료 가능성이다. 관리자의 모든 활동에 대해서는 단일보상의 비율로 지급이 가능하지만, 때로는 소유자가 새 계약이 달성되었을 때 추가적인 금액을 지불할 수도 있다. 경우에 따라 계약 목표를 달성했을 경우에는 보너스가 지급되기도 한다.

관리자는 부동산관리에 총 책임을 지고 있긴 하지만, 부동산에 대해 단일 임대차 대리인이 아니라는 것을 기억하는 것이 중요하다. 이것은 특히 상업용 부동산에 적용된다. 개별적인 임대수수료 계약하에 또 다른 중개업자가 건물에 임차인을 소개한다면, 계약수수료는 관리자와 임대중개업자가 반반씩 나누거나 중개업자에게 전부 지급해야 한다. 때로는 외부 중개업자나 에이전트가 개입되어 소유자가 추가적인 금액을 지불할 것을 각자 약속하는 경우도 있다. 관리자가 단일비율의 보상을 받고 다른 중개업자가 소개하면 중개업자는 관리자의 수수료분을 받거나, 관리자의 표준수수료에다 소유자가 지급하는 별도의 수수료를 받을 수도 있다. 다시 말하면 각 당사자들 간의 사전계약에 따라 보상의 방법이 결정된다.

3.2.3 계약조기종료

소유자가 정해진 계약만기일 이전에 계약을 종결하기 원한다면, 별도 관리비 체제로 돈을 받는 관리자는 자신이 이미 협의한 임대계약에 대해 적절한 보상을 제공받는 조항이 포함되어 있는지를 확인해야 한다. 이 조항으로 인해 소유자는 관리자에 의해 협의된 임대기간을 감안하여 일부를 관리자에게 보상하는데 합의한다. 그로써 소유자는 적절한 통지 후 관리계약을 종결할 수 있고, 관리자는 소유자를 대신해 협의한 임대계약에 대한 금액을 계속해서 받게 된다.

3.2.4 독점금지법

관리비 구조는 반드시 소유자와 관리자 간에 협의되어야 하고, 그 조건은 두 협상 당사자 간의 비밀로 유지되어야 한다는 것을 주의해야 한다. 관리비는 다른 경쟁 부동산관리업체와 함께 논의되어서는 안된다. 만일 어느 관리자들이 단일비율을 부과하려고 한다면 그들은 「독점규제 및 공정거래에 관한 법률」을 위반하는 것이다. 관리자는 항상 회사가 책정한 관리비가 독립적으로 결정되었다는 것을 제시할 수 있어야 하고 어떤 경쟁회사와도 협의해서는 안 된다.

04 인수절차와 관계[16)]

4.1 인수절차

소유자와 관리자 간에 계약이 체결되었으면, 소유자와 현재의 관리자로부터 부동산에 대한 업무를 가능한 빨리 인계받아야 한다. 소유자는 관리자나 관리회사에게 자산의 효율적 운영에 필요한 모든 정보를 제공해야 한다.

4.1.1 최소 요구정보

관리자는 소유자의 이름, 주소, 전화번호, 주민등록번호, 사업자등록번호, 그리고 소유자의 변호사, 회계사, 보험중개인, 그 밖의 부동산 관련 컨설턴트의 이름, 주소, 전화번호를 가지고 있어야 한다. 부동산이 신축된 것이라면 관리자는 건축사와 건설회사의 이름, 일련의 건축 관계 명세서류를 꼼꼼히 챙겨야 한다. 소유자에게 제공받아야 하는 부동산의 융자 관련 자료는 저당권자(mortgagee)와 저당권설정자(mortgagor)의 이름과 주소, 그리고 융자금 지불만기일이 포함된다.

부동산으로부터의 예상수익을 계산하기 위해 관리자는 모든 임대가구의 목록, 모든 임대계약서류, 모든 공간에 대한 임대율의 명세표를 가지고 있어야 한다. 또한 관리자는 배치도, 현 임차인의 이름, 모든 가능한 재무자료, 임대료 징수일, 현재 체납된 금액, 추가수입의 근거와 액수를 알아야 한다. 많은 경우, 소유자들은 잘 정리된 기록을 갖고 있지 않기 때문에 관리자는 이러한 명세표들을 준비하고 있어야 한다.

관리자가 현재 재산세청구서, 가입된 보험증권, 외상매입금원장 등을 소유자나 이전 관리자로부터 인수받지 못한다면 부동산의 운영경비와 일반 유지 · 보수 활동을 적절히 통제할 수 없다. 관리계약이 체결되고 각 당사자가 경비에 관한 특정 책임에 동의할 때 소유자(또는 소유회사의 위임대표)와 관리자는 외상매입금원장을 검토해야 한다. 일부 소유자는 세금청구서와 부동산구입 대출금상환을 포함한 모든 책임을 관리자에게 떠넘기기를 좋아하는 반면, 또 다른 소유자는 자신이 직접 일련의 경비를 지불하려고 고집한다.

16) 전용수 · 이창석, 전게서, pp. 111~115.

소유자는 또한 계약 서비스, 고용기록에 대한 모든 계약서류를 관리자에게 제공해야 한다. 관리자는 배수공, 전기공, 납품업자, 현장 직원 등과 같은 서비스 계약자들의 이름, 주소, 전화번호를 챙겨야 한다. 각 직원의 보수, 월급지급기간, 주민등록번호, 특별급여가 소유자로부터 받는 장부에 기록되어 있어야 한다.

4.1.2 운영자금의 이전

운영자금은 운영에 소요되는 비용을 지불하기 위해 필수적인 것이기 때문에 최소한 그 달의 대출금 상환액과 급여와 같은 고정비용 이상의 액수이어야 한다. 소유자가 이 자금을 공급하는 것이 가장 이상적이지만, 그렇지 않은 경우에는 새 관리자가 부동산의 자산과 부채를 인계받을 때 현재 임대료로부터 운영자금을 인출하는 경우도 있다. 예비적립금을 만들기 위해 처음 일정기간의 운영이익을 유보하는 방법도 취할 수도 있다.

4.1.3 임차보증금

임차인의 임차보증금에 대한 회계는 모든 인수업무 중 가장 본질적인 부분이다. 소유자로부터 필요한 정보를 얻은 후에 관리자는 회계기록을 정리하고 모든 납품업자, 서비스 계약자, 현장직원, 임차인들에게 업무인수사실을 통보해 주어야 한다. 관리자는 인수절차로써 직접 해당 부동산들을 꼼꼼히 실사해야 한다.

4.2 소유자와 관리자관계의 유지

부동산에 대한 책임을 맡았다면 관리자는 이 때 소유자와 상호 만족스러운 관계를 유지해야 한다. 소유자(혹은 소유자의 위임대표)는 실제로 부동산을 관리할 관리자에 대해 파악하기 시작해야 한다. 관리자와 소유자가 협상을 통해 계약서에 서명했기 때문에 이것은 불필요하게 보일지도 모른다. 그러나 많은 대형관리회사의 경우에는 법인의 임원들이 계약을 맺고, 그런 다음 개별 섭외부장에게 해당 부동산을 관리하도록 인계한다. 이러한 경우, 해당 영업부장을 소유자에게 소개시키는 것이 현명하다. 또한 관리회사의 단 한 사람만이 소유자와 거래하도록 해야 한다. 이렇게 함으로써 여러 사람이 소유자와의 문제를 다루면서 일어날 수 있는 혼란과 문제발생을 방지할 수 있다. 부동산에 대한 이모저모를 충분히 알림으로서 영업부장은 소유자와 관리회사 사이에 부드럽고도 생산적인 관계를 건설할 수 있다.

4.2.1 월간 보고서

관리자와 소유자 혹은 소유기업 간의 규칙적인 대화는 월간 보고서를 통해서 이루어진다. 소유지에 대한 이 보고서는 임대수입, 잡수입, 총 수입, 모든 지출과 운영비, 그달에 투입된 총 비용, 월초 보유현금, 소유자에게 지급된 금액, 보유하고 있는 현금잔액들이 항목별로 기록된다.

관리자는 또한 임대료 체불자 명단을 제출하고 소유자에게 소송문제나 부동산의 회계문제와 관련된 기타 일들에 대해 보고해야 한다. 이러한 정보들은 월간 보고서나 첨부서신으로 소유자에게 통지될 수 있다.

자산에 대한 지속적이고 철저한 주의를 기울이는 것을 나타내기 위해 관리자는 재무보고서에 항상 서신을 첨부해야 한다. 특별한 사항이 없는 달에는 이 표지 서신에 해당 기간 동안의 운영이 정상이었다는 것 외에는 언급될 내용이 없을 것이다. 그러나 보고서가 소유자가 기대했던 것과 다른 내용을 담고 있을 경우에는 이에 대한 자세한 설명을 첨부해야 한다. 만일 정상수입이 소유자가 기대했던 것보다 낮을 경우 관리자가 시장동향이나 다른 지배요소에 대해 합리적이고 명철한 설명을 첨부하지 않는다면 소유자는 어떤 식으로든 관리자가 실패했다고 생각할 것이다. 월 소득이 기대치보다 높을 경우 관리자는 어떻게 자산관리를 성공적으로 수행했는지에 대해 기술적으로 설명해야 한다.

무엇보다도 관리자는 월간 보고서 내에 모든 관련 변수들이 부동산의 소득에 어떤 영향을 미쳤는지 자신이 잘 이해하고 있다는 것을 소유자에게 확신시키기 위해 명석하고 정확하게 보고서를 작성해야 한다.

4.2.2 개인적 면담

소유자 혹은 소유자의 대표와의 개인적 면담은 짧은 방문이나 전화통화를 통해 가능하다. 외지에 있는 소유자와는 서신으로 상의하고 개인적 논의나 전화통화는 이미 결론에 도달한 결정을 확인하기 위해 사용된다.

관리자가 소유자에게 연락해야 하는 빈도는 상황의 긴박성과 소유자의 성격에 의해 결정된다. 일부 소유자는 부동산 소유로 인한 모든 의무와 결정을 전체적으로 위임하고자 하는 목적을 위해 관리자를 고용하는 경우도 있다. 이러한 경우에는 소득 상태와 기타 정보를 제공하기 위해 한 달에 한 번씩 면담하는 것으로 충분하다. 그 이상의 면담은 불필요한 것으로 간주될 수도 있다.

또 다른 소유자는 부동산을 임대하기 위해 애쓰는 것과 임대료의 징수, 임차인 불만의 처리, 기타 일상적인 관리의 부담을 피하고 싶어한다. 그러나 이러한 일상적인 책임을 관리자에게 위임하는 것이 소유자가 해당 부동산에 대한 모든 관심을 외면하고 싶다는 것을 의미하지는 않는다. 사실 이런 범주의 소유자는 특히 큰 금액의 지출을 요하는 결정과 같은 주요 결정에 대해서는 자신이 직접 적극적으로 참여하기를 원하므로 그에 맞게 의논해야 한다.

성공적인 관리자는 인간관계를 관리하는 능력을 키워야 하며 효과적인 대화술은 관리자라는 직업에서 매우 중요하다. 관리자는 소유자가 원하는 대화의 종류와 빈도를 알아야 하고 그 요구를 어떻게 충족시킬 것인가 하는 것도 알아야 한다. 관리자는 어떤 종류의 정보가 어떤 소유자에게 중요한가를 알아야 하고, 소유자에게 알맞은 정보를 제공하고 있는지 확인해야 한다. 그리고 관리자는 다양한 개성과 기질들을 효과적으로 다룰 수 있는 능력을 갖추어야 한다. 각 사람마다 다양한 재치나 일정 정도의 과묵함이 필요하기도 하며, 생산적인 업무관계를 유지시키기 위해 때와 장소를 구별하여 이러한 재능을 사용할 수 있어야 한다.

소유자와 개인적 접촉으로 생기는 친분은 자산을 관리하는 관리자의 능력을 확대시켜 주며 지속적이고 상호이익이 되는 사업적 관계를 형성한다.

Ⅱ 부동산 임대차계약

01 부동산임차권과 임대료의 유형

임대차계약서는 임대인(소유자/관리자)과 임차인의 권리와 의무를 설정하는 서류이다. 임대가 결정되는 방법들뿐만 아니라 임대차에 의해 생기는 임차권들에 대해서도 살펴보기로 한다.[17] 임대차는 계약이기 때문에 특정 필수 요소들을 담고 있어야 하며 이러한 추가적인 일반조항들도 설명될 것이다.[18]

관리자는 계약조건에 따라 그 역할이 다양하나 일반적으로 부동산의 임대차에 대한 책임을 진다. 한 관리자가 전체 빌딩에 대한 단일 임대 대리인일 수도 있으나, 독립적인 임대브로커와 업무를 공유

17) 이창석 외, 「부동산계약의 이론과 실무」(서울 : 형설출판사, 2002), p. 116.

18) 임대차란 당사자의 일방이 상대방에게 목적물을 사용 · 수익하게 할 것을 약정하고, 상대방이 이에 대하여 차임을 지급할 것을 약정함으로써 성립하는 낙성 · 유상 · 쌍무계약이다. 타인의 물건을 사용 · 수익하는 점에서 소비대차 및 사용대차와 같지만, 임차인이 그 임차물 자체를 반환하여야 하고 그 소유권을 취득하지 않은 점에서 소비대차와 다르다. 또한 사용 · 수익의 대가로서 차임을 지급하여야 하는 점에서 사용대차와도 다르다.

할 수도 있다. 몇몇 관리자는 단지 유지 · 보수업무만을 수행하기도 한다.

임대차에 적극적인 역할을 담당하지 않는 관리자들도 임대 조건을 구상할 때는 자문을 얻도록 해야 한다. 부동산을 운영하고 유지 · 보수하기 위한 비용과 필요조건에 대한 그들의 지식은 임대 조건에 직접적인 영향을 줄 것이다. 임대인 당사자들의 변호사들이 법적 기술적 세부조건에 대해 책임을 진다하더라도, 관리자들은 특정 상황에 가장 적절한 임대 조건을 추천할 수 있어야 한다. 관리자들이 변호사 및 임대브로커들과 전문적인 지식을 공유하는데 협조하는 것이 거래에 가장 도움이 될 것이다.

역사적으로 임대차는 소유자의 우월적 협상 지위와, 소유자를 대표하는 변호사와 관리자들이 임대차 조건을 작성한다는 사실 때문에 임대인에게 유리한 것이었다. 그러나 이것은 법률 개정과 임차인에게 유리해진 사법적 판단으로 인해 변화하고 있는 중이다. 관리자들은 자신의 활동영역에 영향을 미치는 법률들에 대해 완전히 이해하고 있어야 한다.

1.1 부동산임차권

부동산임차권(leasehold estates)은 제한된 존속기간을 가지며, 소유자나 관리자(소유주의 대리인으로 일하는)가 어떤 형태의 대가와 교환하여 특정기간 동안 소유자의 재산을 점유하는 권리를 임차인에게 부여할 때 성립된다. 임대차는 양 당사자에게 강제성 있는 계약과 의무를 발생시키며 임차인에게는 소유권이 아닌 한시적 점유권을 부여한다.

임대차는 계약이다. 즉, 계약상의 권리는 개인 고유의 재산권으로 간주된다. 따라서 임대인과 임차인 공히 계약서상에 이전을 금지하는 문구가 없다면 자신의 권리를 이전할 수 있다. 단 권리는 이전될 수 있는 반면 의무는 원 당사자에게 남아 있게 된다는 점을 주목해야 한다. 이것이야말로 대부분의 임대차가 임차인은 소유자의 문서상의 사전승인 없이는 임차사용수익권(leasehold interest)을 팔거나 양도, 저당 잡힐 수 없다고 명기하는 이유이다. 보다 일반적인 예로는 임대된 아파트 건물을 매각하고는 수요자에서 찾아볼 수 있다. 신규 소유자는 아파트건물뿐만 아니라 임대차에 대한 권리와 의무까지도 취득한다.

우리나라의 경우 부동산의 임대차계약에 대해서는 민법 중 임대차 관련 규정이 적용되나, 주택이나 상가건물 임대차에 대해서는 「주택임대차보호법」과 「상가건물임대차보호법」이 적용되는 것으로 관리자는 사전에 이를 법률에 대해 숙지해야 할 것이다. 도표 6.4

도표 6.4 임대인과 임차인

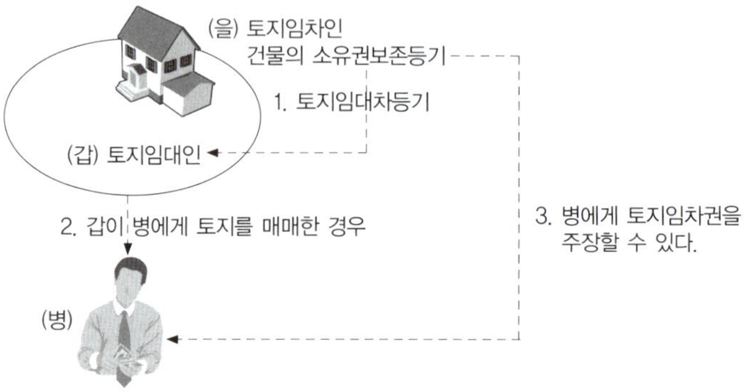

1.2 임대료 지불유형

관리자가 처리할 세 가지의 기본적인 임대료지불형태는 총임대와 순임대, 비율임대 등이다. 이 세 유형은 임대료산정과 지불방법으로 구분된다.[19]

1.2.1 총임대차

스트레이트임대차(straight lease)라고도 불리는 총임대차(gross lease)하에서 임차인은 고정된 임대료를 지불하며, 소유자가 그 부동산에 대한 모든 기타 비용들을 지불한다. 가스, 전기요금, 난방비 등의 비용은 일반적으로 임차인에 의해 지불되거나 당사자 간에 협의 대상이 될 수도 있다. 가장 일반적인 형태의 총임대차(gross lease)는 주거용 임대차이다.

1.2.2 순임대차

순임대차(net lease)하에서 임차인은 결정된 임대료 외에도 부동산의 비용의 일부 또는 전부를 지불한다. 이론적으로 순임대차(net lease)에는 3가지의 변형된 형태가 있다. 즉, net, net – net, triple net lease가 그것이다.

미국의 경우, triple net leases는 보통 장기간 운용되며 때로는 50년 이상인 경우도 존재한다. Net lease는 임차인이 임대료 외에도 가스, 전기요금, 난방비 등의 유틸리티 사용료와 부동산에 부

19) 전용수 · 이창석, 전게서, pp. 137~139

과된 세금과 기타 특정 부과액을 지불할 것이 요구된다. Net – net lease(double net)는 일반적으로 임차인이 net lease에 포함된 모든 항목들 외에도 계약상 합의된 보험료를 추가 지급하도록 요구하는 것이 보통이다. Net – net – net 혹은 tripe net lease하에서는 임차인의 전체 지불 의무액을 결정할 때 net – net의 지불조건 외에 유지 · 보수항목이 추가된다.

실제에 있어서는 이 용어들은 대단히 중첩되어 사용되고 있다. 다시 말해, 순임대차(net lease)와 triple net lease의 차이는 정도의 문제, 즉 얼마나 많은 추가비용을 임차인이 지불해야 하는가의 차이인 것이다. 따라서 자산관리자는 순임대차하에서 임차인이 지불할 비용을 명시해야 하며, 이러한 용어들이 나올 때마다 net, net – net, triple net lease의 명확한 개념정의를 요구해야 한다.

부동산의 이용은 점점 전문화되고 있기 때문에 triple net lease는 보다 광범위하게, 특히 산업용 부동산에 적용되고 있다. 거대 프랜차이즈체인들은 비용을 통제하고 점포간의 일관성을 확보하기 위해 소매점포를 임대할 때 순임대차를 선호한다.

다른 적용사례로는 넓은 지역의 토지 소유자가 임차인이 공장이나 점포 등을 건설할 수 있도록 미개발된 토지를 임대하는 것이다. 이런 순임대차로 이용되는 기간은 임차인의 건설투자를 보상하기 위해 상당히 장기간이어야 한다. 이러한 유형의 임대차는 대지임대(垈地賃貸, ground lease) 또는 토지임대(土地賃貸, land lease)라고 불린다.

1.2.3 비율임대차

때로는 초과임대차(verage lease)라고도 불리는 비율임대차(percentage lease)는 백화점이나 쇼핑센터 같은 소매용 부동산에 사용된다. 이것은 보통 고정된 임대료에 사전에 결정된 최소 판매액을 초과한 총 수입의 백분율을 더하여 지급하는 것이다. 임차인의 시각에서 비율임대차의 장점은 이것이 최저 임대료에 장기임대차라는 점과 사업규모가 적정선을 초과할 때만 임차인에게 추가비용을 요구한다는 점이다. 관리자와 소유자의 관점에서 비율임대차는 입지선정과 운영노력이 요구됨을 의미한다.

비율임대차는 쇼핑몰에 일반적으로 자주 적용된다. 운영진은 광범위한 잠재고객을 끌어들이기 위해 특별한 이벤트를 마련한다. 자동차와 상품들이 내걸리고 다양한 사람들을 끌어들이기 위해 다양한 볼거리가 준비된다. 일단 사람들이 이 행사를 보기 위해 쇼핑몰에 들어오면, 임차인의 점포들을 둘러보게 되고 구매하게 된다. 이것은 윈윈(win – win)상황이 된다.

비록 비율지분이 월별로 안분되어 지불된다 할지라도, 이것은 보통 입지와 입점 사업의 유형들, 일반경기 등에 따라 크게 달라진다. 비율임대차는 드물기는 하지만 판매규모를 고려하지 않고 임차인의 매출 총액에 일정비율을 그대로 적용하여 산정될 수도 있다.

소유자가 일정공간에 대해 기대 임대료를 확보할 수 있도록 비율임대차는 종종 반환조건부계약조항(recapture clause)을 담고 있기도 하다. 이것은 총 판매율에 의해 달성되어야 하는 최저 임대료를 설정하는 것이다.

만일 그 최저 판매액이 달성되지 못하면 임대인이 임대물건을 재 점유하거나 반환 받을 수 있게 된다. 만일 임차인의 사업 성취율이 반환조항에 명시된 최저 임대액을 밑돈다면, 임차인은 임대차계약이 취소되지 않도록 추가임대료를 지불하는 것도 받아들여질 수 있다. 이 규정은 반환조항을 임차인에게도 보다 형평성 있게 적용될 수 있게 할 것이다. 대부분의 임대차계약의 관리자/소유자가 적정 지급액을 결정할 때 임차인의 판매기록을 검토하도록 한다.

02 유효한 임대차계약의 조건들[20)]

2.1 필수요소

임대차는 계약이므로 유효한 임대차계약이 되기 위한 일반조건들은 법적 강제성을 얻기 위한 조건들과 유사하다. 임대차계약의 양 당사자들은 합의하기 위해 법적 자격을 갖추어야 하며, 반드시 상호간의 합의를 보아야 한다. 어떤 계약과도 마찬가지로 임대차계약의 대상은 그 본질에서 합법적인 것이어야 한다. 그 문서는 날짜와 유효한 임대차조건(consideration)을 표시해야 한다.

2.1.1 임대차의 서명

임대차는 계약이며 또한 부동산의 사용 · 수익권(interest)의 이전이다. 그것은 임대인과 임차인 양 당사자의 성명과 부동산 소유자 혹은 소유자의 법정대리인의 서명이 기재되어야 한다. 임대차를 실행할 수 있는 권한은 관리계약조건의 범위 내에서 관리자에게 위임될 수 있다.

관리자는 임대차계약이 서명된 후에도 임차인이 해당 물건을 점유하고 있는지를 확인하여야만 한다. 만일 임차인이 조직이나 회사라면 그 임대차계약은 그 기업의 대표에 의해 서명되고, 날인이 요구된다. 모든 임대차계약은 통지되고 수령되어야 효력이 생긴다.

20) 전용수 · 이창석, 상게서, pp. 140~150.

2.1.2 대상물건에 대한 기술

임대차계약서는 해당 부동산에 대한 법적 기술을 포함시켜야 한다. 사무실이나 아파트와 같이 특정 빌딩의 공간 일부를 임대차계약 한 경우에는 그 공간의 경계를 명확히 기술하여야 한다. 토지임대(ground lease)의 경우에는 필수적으로 토지경계에 대한 정확한 표시를 해야 한다.

아파트 임대차계약에 있어서는 보통번지와 호가 충분한 식별요건이 된다. 상업용 공간에 대해서는 임대차될 구역을 표시하는 평면도가 임대차서류에 포함되어야 한다. 쇼핑센터에서 임대차된 물건을 표시하는 평면도의 예는 다음과 같다. 도표 6.5

도표 6.5 층별 임대계획도

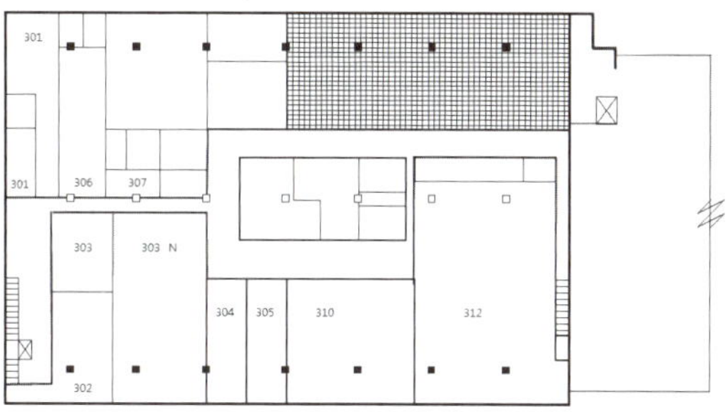

부동산이나 공간에 대한 기술과 계단과 엘리베이터, 홀, 차도, 복도 등 공용면적을 이용할 수 있는 임차인의 권리를 언급하는 것이 필요하며, 임대차계약에 관계된 가구목록이나 개인재산, 그리고 각각의 상태에 대한 기술도 첨부되어야 한다. 계약에 포함되는 차고나 창고와 같은 보조공간도 반드시 구분되어야 한다.

공업 및 상업용 부동산에서 공통적으로 관심사가 되는 임차인을 위한 소유자가 시행하는 개수 내용도 세부적으로 기술되어야 한다. 어떻게 변경을 해야 하고, 비용은 어떻게 분배되며, 누가 그 일을 시행할 것인가를 구체화해야 한다. 예를 들면, 사무실 임대차계약에 있어서는 소유자가 임대될 공간의 파티션과 문짝, 블라인드, 전화기 잭, 전기 스위치 등을 설치한다고 명기할 수도 있다. 이 임대차계약서에는 또한 바닥이나 카펫의 샘플, 붙박이의 사진 등의 사양서가 포함된다. 이러한 정보는 임대차계약서를 두텁게 만들고 갱신을 복잡하게 만들기 때문에 일부 관리자들은 모든 이러한 임차인의 개수 요구조건을 별도 계약으로 다룬다. 이것은 법적으로도 유효하며 개수 사양에 대해 별도 합의를 보게하여 계약을 단순화시킨다.

2.1.3 임대차계약기간

임대차계약은 전체 기간뿐만 아니라 시작일과 종료일을 명확하게 해야 한다. 그것은 '20××년 6월 1일' 개시하여 '20××년 5월 31일' 종료된다거나 3년의 기간 동안 같은 구절로 나타낼 수 있다.

관리자와 소유자는 계약갱신에 대해 소유자가 얼마나 양보할 것인지 주의 깊게 고려해 보아야 한다. 이 구절은 임차인에게 특정한 조건으로 추가 기간 동안 임대차를 연장시킬 권리를 주는 것이다. 이 갱신을 이용하기 위해 임차인은 단지 자신의 의향을 통지하면 충분하다. 이 갱신조항은 임차인이 통지해야 할 기간과 통지의 형태, 어떻게 누구에게 전달되어야 하는지, 그리고 갱신조건과 보상률 등을 언급하고 있다.

계약갱신권은 임차인에 유리하기 때문에 소유자는 종종 이 권리가 포함되면 보다 높은 임대료율을 주장하는 경향이 있다. 예를 들어, 계약갱신과 같은 기간의 소비자 물가상승에 상응하는 인상분을 내야 할 수도 있다. 기간이 확정되지 않은 임대차계약에 있어서는 계약상의 문구와 관련 정황이 당사자들이 그러한 합의를 목적했을 것이라는 것을 명확히 나타내지 않는다면 일반적으로 유효하지 않다고 간주된다. 임대차계약의 최소기간은 법률규정을 따라야 한다.

일부 임대차계약은 위약금을 지불한다면 임차인이 합의된 만기 전에라도 계약을 취소할 수 있다는 조항을 담고 있다. 임차인이 공장을 건설한 공업용 대지 등에 대한 임대차계약의 경우에는 임대차계약 만기시 임차인에게 대지 구입선택권을 주기도 한다. 도표 6.6

도표 6.6 임대차기간

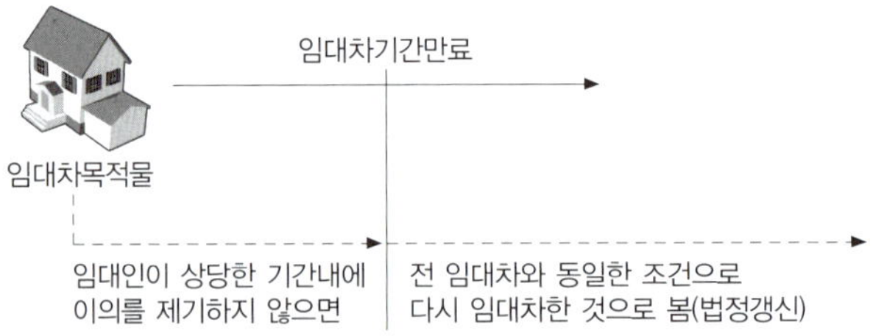

2.1.4 유료급부

모든 임대차계약은 어떤 형태로든 유효하고 유료급부(valuable consideration)를 담고 있어야 한다. 일반적으로 급부는 약속의 교환으로 구성된다. 즉, 소유자는 점유권을 약속하고 임차인은 임대료의 지불을 약속하는 것이다. 그 임대가 총(gross)임대차이든 혹은 순(net)임대차이든 비율(percentage)이든 임대료의 액수와 지불시기는 부동산의 가치에 상응하여 명확히 규정되어야 한다.

2.1.5 부동산의 점유

소유자나 관리자는 임차인이 계약서에 명시된 날에 부동산을 사용할 수 있도록 점유를 이전해 주어야 한다. 따라서 관리자는 임차인의 사용개시일 이전에 사용가능 여부를 확인해 손해가 발생하지 않도록 해야 한다.

2.2 임대료 조정

임대차계약이 길면 길수록 세금과 유틸리티 비용과 같은 운영경비의 부담이 상대적으로 커질 수 있다. 따라서 장기 임대차계약에 있어 이와 같은 가능성을 예견하고 계약을 기초할 때 임대료의 조정을 허락받는 것이 바람직하다. 일부 조항들은 임대료 조정이 가능하도록 원래의 임대차계약에 포함될 수도 있다.

주택이나 상가건물 임대차에 대해서는 연간임대료 인상 횟수와 범위가 정해져 있으므로 관리자는 이를 감안해 임대료 조정약정을 해야 한다.

따라서 임대료는 조건에 따라 몇 가지 방법으로 인상될 수 있다.

2.2.1 기간별 인상조항

총 임대차(gross lease)와 순 임대차(net lease)에서 발견되는 것으로 기간별 인상조항(step-up clause)이 있다. 기간별 인상조항을 갖고 있는 임대차계약은 또한 누진임대차 혹은 체증임대차(graduated or escalation lease)라고도 불린다. 이것은 특정 기간에 대해 특정 인상분을 부담하는 것이다.[21] 또는 전형적인 기간별 인상조항으로 처리한다.[22]

이에 임차인은 언급된 기간 동안 언급된 부동산을 임대하는 데 있어 예를들면, 임대인에게 임대기간 동안 총 36,000달러를 지불할 것을 동의하고 서약한다고 하자. 그 내역은 처음 6개월 동안은 월 400달러, 다음 42개월간은 월 600달러, 마지막 12개월은 월 700달러씩 임대인 혹은 그 대리인의 사무실에 매월 첫째 날에 선수금으로 지급될 것이다.

---

21) 예를 들면, 호화 고층오피스텔의 장기 임대차에 대해 처음 2년간은 월 400달러, 3년째에는 월 500달러, 마지막 2년간은 월 600달러의 임대료를 요구할 수 있다. 기간별 인상조항은 새로운 사업이나 전문직업인이 자신의 일을 시작하는 것을 돕기 위해 상업용 공간에서 자주 발견된다.

22) 임차인은 언급된 기간 동안 언급된 부동산을 임대하는 데 있어 임대인에게 임대기간 동안 총 36,000달러를 지불할 것을 동의하고 서약한다. 그 내역은 처음 6개월 동안은 월 400달러, 다음 42개월간은 월 600달러, 마지막 12개월은 월 700달러씩 임대인 혹은 그 대리인의 사무실에 매월 첫째 날에 선수금으로 지급될 것이다.

2.2.2 비율임대차

비율임대차(percentage lease)는 임차인의 총 수입 혹은 순수입이 증가한 만큼 임대료율을 증가시키는 것이다.

2.2.3 지수연동 임대차

전문가나 서비스 회사, 금융기관, 중개사무소 및 기타 이와 유사한 사업들의 수입은 비율임대차(percentage lease)와 같은 방법으로는 합리적, 효과적으로 임대료에 적용될 수 없기 때문에, 이들에 대한 임대료의 증감은 종종 선택한 경제 지수에 연동시킬 수 있다. 인상 조항을 설정하면서 사용되는 지수는 신뢰할 수 있어야 하며 독립적이고 공신력 있는 기관에 의해 정기적이고 지속적으로 발표되는 것이어야 한다. 그것은 또한 임차인의 사업과 그 성격에서 밀접한 관련을 갖는 것 이어야 한다. 가장 빈번히 사용되는 지수에는 소비자물가지수와 도매물가지수가 있다. 조정의 빈도와 액수는 임대차계약 당사자들 사이의 협상의 문제이다. 어떤 임대차계약은 최저 600달어의 임대료에 한 해 동안 소비자물가지수가 증가할 때마다 1%의 증가분을 추가시킬 것을 요구할 수도 있다. 만일 그 지수가 임대차계약의 첫 해 동안 6차례 증가한다면 다음 해의 임대료수준은 '636달러($600×0.06 = $36 + $600 = $636)' 가 될 것이다.

2.2.4 인상분 반영조항

인상분 반영조항(Escalation Clause)은 경제지수와는 다른 외부 요인들과 연동이 될 수 있다. 노동조합의 임금률, 세금, 유틸리티 비용 및 부동산의 운영경비 등이 종종 비교 대상이 된다. 운영경비가 인상조항의 기초로 사용될 때는 임차인은 일반적으로 평당 협의된 액수를 초과하는 비용에 대해서만 책임을 진다. 이 조항은 사무실 빌딩의 임대차계약에서 가장 빈번하게 발견되며 비용충당(expense stop)이라고 한다. 빌딩의 모든 운영경비가 모두 합산되고 모든 임차인에게 배분 · 부과된다면 이러한 계산법을 전가(pass through)라고 한다. 인상조항이 빌딩 내에 다른 임대료율의 평균 증가분을 기초로 하여 증가분을 결정할 검토, 설정되기도 한다.

2.2.5 재평가 임대차

재평가 임대차(Reappraisal Lease)는 임대료율을 조정하는 또 다른 방법이다. 보통 약 5년이 경과되어 재계약 청구권이 행사되는 기간 말미에 당사자들이 독립적인 감정평가들의 임대료 평가를 받아들일 것에 동의하는 것이다.

2.2.6 세금 및 보험료 지급 조항

세금 및 보험료 지급(tax and insurance participation) 조항은 임대차 기간이 길면 길수록 부동산세액의 증가와 같은 갑작스럽고 예기치 않은 문제에 대비하는 것이다. 이에 따라 많은 임대차계약은 세금 지급(tax participation)조항을 담고 있다. 이 조항들은 매월 임대료 외에도 임차인이 설정 기준연도의 임대료를 초과한 세금이나 부과금에 대한 할당액을 지불한 것을 요구한다. 현재의 경기 상황을 감안하다면 이러한 세금 반영(tax participation)조항은 소유자의 투자를 보호하기 위한 좋은 수단이 될 수 있다. 이와 유사한 보험 지급 조항도 점점 일반화되는 추세이다.

2.3 기타 일반적인 임대차계약 조항

다음 설명에서 다루어질 임대차계약의 조항들은 효과적이고 상호이익이 되는 계약을 성사시키기 위해 결정해야 하는 주요 요소들이다. 이러한 각각의 문제를 다루는 특정 방법은 당사자들의 다양한 욕구로 인해 임대차계약마다 큰 차이를 보일 수도 있다. 관리자는 부동산의 사용권 규제와 전대권 기타 관련 문제들을 규제하는데, 허용범위를 결정하기 위해 소유자와 협의해야 하며 법률을 참고해야 한다. 최고의 임대차계약은 후일 불평이나 오해의 소지로 남기지 않는 것이다.

2.3.1 부동산의 사용목적

부동산의 소유자는 계약서에 특별조항을 포함시켜 임대차 부동산의 사용에 제한규정을 둘 수 있다. 예를 들면, 사무실에 많이 사용되는 제한조항은 임차인이 그 부동산을 단지 일반 보험업무를 수행할 목적으로만 사용되며, 다른 용도에는 금지시킬 수도 있다. 주거용 임대차계약은 해당 부동산이 단지 주거용으로만 사용되어야 하며, (유아원을 여는 것을 비롯해) 사업용이나 불법용도로 사용될 수 없다는 것을 언급할 수 있다.

이러한 조항의 작성은 이후 법원이 이로 인해 권리가 제한당한 당사자의 편을 들어 제한조항의 내용에 의문을 제기하지 않도록 명확하고 모호하지 않아야 한다. 문서화된 제한사항들이 없을 때에는 임차인이 적법한 목적으로 해당 물건을 사용할 수도 있다.

불법적인 활동에 이용되는 부동산의 숫자가 증가하고 있기 때문에 어떠한 불법적인 행위도 임차권의 즉각적인 종료의 원인이 된다는 것을 임대차계약상에 조항으로 언급하는 것이 현명할 것이다.

2.3.2 권리와 의무

임대차계약서는 임대인과 임차인의 권리와 의무를 설명해야 한다. 간략히 말해 임대인은 부동산을 제공할 의무를 지며, 일반적으로 유보된 점유권과 임대료 수령권을 갖고 있다.

임차인은 임대물에 대한 평온한 점유를 기대할 수 있는 반면, 임대료 지불과 부동산에 대한 훼손금지와 기타 임대인의 권리를 존중할 의무를 가진다.

① 빌딩관리규칙

빌딩임대차계약의 대부분은(주거용이든 상업용이든) '빌딩관리규칙'(Building Rules)이라는 제목이 붙은 보조장을 갖고 있다. 이 규칙들은 참고자료로 임대차계약의 부분이 되며, 임차인의 공동구역과 주차장을 이용, 빌딩 운영시간 등과 같은 일상적인 문제에 대한 보다 세부적인 처리방법을 제공한다. 이 규칙들은 빌딩의 상태와 평판, 안정 등을 보호하며 임차인 간의 형평성을 증대시키기 위해 고안된 것이다.

빌딩관리규칙은 같은 유형의 모든 임차인에게 적용된다. 이 규칙은 비록 위층의 주거자에게 적용되는 규칙이 1층의 상업용 점포에 적용되는 규칙과는 차이가 있을 수 있다 하더라도 자의적이거나 선택적으로 강제될 수 없다. 빌딩의 소유자는 임대차기간 동안 적절한 통지 후에 이러한 규칙들을 합리적인 방법으로 추가하거나 변경시킬 권리를 갖고 있다.

이와 같이 많은 주거용 임대차계약은 규칙과 규제사항이라는 제목으로 주차, 가사, 내방객, 파티의 소음 등 규제항목에 대한 가이드라인을 갖고 있다.

② 수용

대부분의 임대차계약은 임차인이 정부의 수용(收用, condemnation) 등으로 인해 해당 부동산의 사용이 거부되는 경우에는 공평한 계약의 취소를 제공하는 조항을 포함하고 있다.

③ 준수조항

모든 임대차계약은 어느 쪽 당사자가 규제법을 준수할 책임이 있는지를 밝히는 준수조항(compliance clause)을 포함하고 있다. 미국의 경우 모든 임대차계약의 서류는 당사자들에게 장애인생활보호법(Americans with Disabilities Act : ADA)에 대한 준수를 요구하는 문구를 담고 있다.

④ 양도와 전대조항

만일 임대차계약의 조건으로 허용된다면 임차인은 그 부동산에 대한 자신의 권리를 양도하거나 전대할 수 있다. 임대차계약의 양도는 부동산에 대한 임차인의 모든 권리를 제3자에게 이전하는 것이다. 반면에 전대는 임차인의 권리의 일부를 이전하는 것이다. 대부분의 임대차계약은 임차인으로 하여금 소유자의 사전승낙서가 없이는 임대된 공간을 양도하거나 전대하는 것을 금하고 있다. 이것은 소유자가 안정적이고 재정적으로 신뢰할 수 있는 임차인이 부동산을 점유하는 것을 보장받기 위한 것이다.

⑤ 화재 및 재해손실

화재 손실과 피해, 그리고 부동산의 피해복구에 대한 성문 규정 및 임대차 계약의 조항들은 광범위하고 다양하다. 임대차계약서를 기초할 때 관리자는 부동산이 가입될 보험의 종류와 보험액과 더불어, 누가 보험료를 지불하고 재해 시 누가 보험금을 수령할 것인가에 대해 잘 기록해 두어야 한다.

농업용 토지나 임차인이 빌딩을 건설한 대지에 대한 임대차계약은 일반적으로 그 빌딩이 피해를 입거나 파괴될 때에도 유효하게 남아 있다. 같은 이유로 빌딩을 단독으로 임차해 사용하고 있는 임차인은 또한 그 빌딩의 대지를 임차하고 있는 것이 된다.

임차부동산이 사용할 수 없을 정도로 피해를 보거나 파괴되었다면 임차인은 즉시 퇴거한 후 소유자에게 점유가 포기된 날로 임대차계약을 종료시키겠다는 의사를 서면 통지할 수 있다. 소유자에게도 그 피해를 수리하고 임차임에게 일정기간 동안의 임대료를 공제하는 선택권이 주어질 수 있다.

만일 부동산의 일부가 아직 거주할 수 있는 상태라면, 임차인은 이용할 수 없는 지역에서 퇴거하고 이에 비례하여 임대료를 감할 수 있다. 만일 그 피해가 소유자 측의 태만으로 인한 것이라면 법률은 임차인에게 손해를 배상받을 수 있도록 하고 있다.

소유자를 보호하기 위해 관리자는 임대차계약서에 임차인에 의해 야기된 손해는 수리기간 중에도 임대료를 수령할 것이며, 소유자가 임차인에 대해 법적 행동을 취할 수 있다는 것을 언급하는 조항이 포함되었는지 확인해야 한다. 대부분의 임대차계약은 만일 화재로 부동산이 완전히 쓸모없게 되었다면 소유자가 임차권을 종료시키는 것을 허락하고 있다.

2.3.3 임차인의 의무

미국의 경우 임차인은 법률에 의해 건강과 안전에 관한 건축법조항(Building and Housing Code)을 준수할 것이 요구된다. 그들은 임대차계약상 임대공간을 성실히 하고 그들이 직·간접적으로 야기한 피해부분을 수리하고, 모든 적용되는 규칙과 법률을 준수할 것이 요구된다. 임대차계약의 조건은 임차인이 모든 배관과 엘리베이터 및 기타 설비를 합리적인 태도로 이용할 것을 요구한다. 임차인은 의도적으로 부동산을 파괴하거나 훼손하는 것이 금지되며 또는 타인이 그런 행동을 하도록 허용하거나 다른 임차인의 평온한 사용을 방해하는 것이 금지된다.

① 임차인의 개수

임차인은 소유자로부터 사전동의서 없이는 개수가 허락되지 않는다. 또한 소유자에게는 개수 내용이 통지되어야 하며 그로 인해 생기는 모든 책임으로부터 보호된다. 일반적으로 대부분의 임차인에 의한 개수는 부속물로 분류되며 그 부동산의 일부가 된다. 그러나 상업 및 공업 임차인의 경우는 사업목적의 동산(trade or chattel fixture)을 설치할 권리가 주어진다. 이것들은 임차인의 동산이며 임차인이 부동산을 점유하기 전의 상태로 회복시킨다면 임대차계약의 종료 이전과 종료시 제거될 수 있다.

임차인에게 사업용 비품의 제거에 관한 조항의 문구 선택은 대단히 중요하다. 일부 계약 형태는 부동산이 임차인이 점유한 시점의 상태로 회복되어야 한다고 명기하는 반면에 다른 계약은 임대차계약 시작시점상태로의 회복을 요구하기도 한다.

문구의 작은 차이가 소유자에게는 큰 영향을 줄 수도 있다. 한 예로, 한 장기 임차인이 첫 번째 임대차기간 동안 동산을 설치하고 임대차시작의 상태로 회복을 요구하는 세 번째 임대차 조건하에서 그것을 철거했다면, 이 임차인은 단지 세 번째 임대차 기간에 이루어진 개수에 대해서만 회복의무를 진다. 첫 번째 임대차기간 하에 이루어진 개수는 나중에 임대차 조건에는 포함되지 않는다. 따라서 소유자가 복구비용을 부담해야 한다.

② 보증금

임대차계약서는 또한 임차인에게서 받은 보증금의 액수와 종류 그리고 반환조건 등을 기재하여야 한다. 보증금은 현금, 양도성 증권(negotiable securities) 혹은 보증채권(surety bond)등이 될 수 있다. 만일 소유자나 자산 관리자가 보증금의 일부 혹은 전부를 보관하고 있다면 보관 이유(미지급 임대료 혹은 부동산의 훼손에 대한 담보 등)를 문서화하여야 한다.

③ 임차인의 동산

임차인이 임대차계약이 끝날 때 부동산으로부터 동산을 제거하고 임대된 공간을 청소하는 것도 소유자에게는 중요한 이해관계가 될 수 있다. 남겨진 동산은 버려진 것으로 간주하여 임차인의 비용으로 부동산으로부터 제거할 수도 있다. 제3자에 대한 임차인의 채무와 화재, 기타 예상치 못한 재해로 인한 재산상의 손실을 보전하기 위해 임차인으로 하여금 보험에 들도록 권유하여야 한다.

2.3.4 부동산 소유의 의무

임대인이나 관리자 또한 특정한 의무를 지닌다. 순임대차(net lease)가 아니라면 소유자는 보통 부동산을 유지 · 관리하고 제설작업 등과 같은 특정 공공장소의 유지 · 관리와 같은 특정 서비스를 제공할 의무를 진다. 도표 6.7

도표 6.7 부동산소유관련 매매의 의의

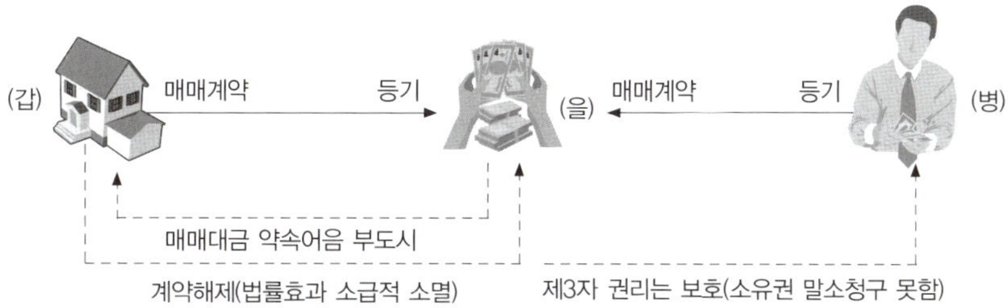

〈해설〉 매매대금을 약속어음으로 받았으나 부도처리되어 갑이 해제한 겨우 그 계약으로부터 생겼던 법률효과는 모두 소급적으로 소멸한다.
그러나 을이 제3자에게 다시 매각하여 소유권이전등기가 된 후에는 갑이 을의 채무불이행을 이유로 병의 명의등기를 말소청구하지 못한다.

자료 : 이창석 · 정기영 외, 「부동산계약의 이론과 실무」, (서울 : 형설출판사, 2009), p. 72.

① 공개와 청구서

임대차가 개시되거나 혹은 그 이전에 소유자는 자신을 대신하여 법적 통지를 수령할 수 있는 권한이 위임된 관리자나 기타 개인의 성명과 주소를 문서로 공개하여야 한다. 임대차계약서에는 또한 임대료 청구서와 기타 통지들이 적절한 기한 내에 발급된다면 등기우편으로 배달되거나, 해당 부동산에 남겨두거나, 개인적으로 전달될 수 있음도 기재되어야 한다.

② 평온한 향유

소유자나 관리자는 임차권에 의거한 평온한 향유를 제공해야 한다. 임차권은 또한 점유권을 내포한다. 임차인은 그것에 의하여 공간에 대한 배타적 사용과 점유권이 주어지기 때문에 임차계약에는 소유자와 관리자가 해당 물건에 대해 행사할 수 있는 행사의 내용이 제한되어야 한다. 대부분의 임대차계약은 소유자가 위험발생시 필요한 수리를 위해 그리고 계약만기시 신규 수요자에게 물건을 보여줄 때에 진입을 허가하고 있다. 또한 해당 부동산의 판매를 위해 시장에 내놓았을 때에도 관심을 지닌 구매 수요자에게 보여줄 수 있다는 조항을 포함시켜야 한다.

상업 및 공업용 부동산을 임대하는 관리자들은 자유자재로 물건에 대한 진입권과 조사권을 갖는다. 이것은 공간이 적절히 활용되어야 하고, 권한 없이 건설과 개수(改修)를 금지하는 임대차조항을 보장받을 수 있는 유일한 방법이다. 예리한 관리자는 임대중인 건물의 임의 확장이나 기타 위반을 예견할 수도 있다.

③ 부동산의 유지 · 보수

임대차계약서나 법률 규정에서 유지 · 보수는 소유자의 의무임을 표시하고 있다. 대부분의 주거 및 상업용 임대차, 그리고 일부 공업용 임대차들은 해당 부동산이 사용에 적합하도록 하는 수선의 의무를 모두 소유자에게 두고 있다. 소유자나 그 대리인은 엘리베이터나 전기, 열, 배관 등의 관련 설비들을 양호한 상태로 유지하는 데 건축법(Building and Housing Code)을 준수하여야 한다. 소유자는 관리자를 통해 공동 구역의 유지, 쓰레기 처리, 창문 세척 등과 같은 임대차계약에서 약속한 서비스를 행하는 경향이 있다. 급수와 필요한 계절 동안의 온수 및 난방 등은 임차인이 이러한 설비를 배타적으로 통제하도록 되어 있지 않는다면 일반적으로 소유자에 의해 제공된다.

일부 임대차계약하에서는 소유자가 반드시 유틸리티비용 일부 또는 전부를 지불해야 한다. 만일 재판매(submetering)가 허용된다면, 소유자는 보다 낮은 요율로 전기 등과 같은 유틸리티를 구입하여 일반 요율로 임차인에게 재판매 할 수도 있다. 이것은 미국의 경우 사무실과 소매점포에 적용되는 일반적 관행이다. 어떤 경우에든 임대차계약서는 서비스를 제공하고 부동산을 유지하는 데 대한 소유자와 임차인의 의무사항을 모두 기재해야 한다.

관리자는 소유자의 통제의 범위를 벗어나 부동산의 관리와 서비스를 제공할 수 없었다면, 소유자의 책임을 경감시킬 수 있도록 노력하여야 한다. 계약서는 좀 더 나아가 부동산의 매각시 보증금을 반환 또는 신규 소유자에 이전한다는 점을 제외하고는 매각 당일을 기점으로 소유자의 의무가 종료함을 언급해 두어야 한다.

2.3.5 불이행에 대한 임차인의 구제방법

임차인은 임대인이 임대차계약상의 의무를 이행하지 않을 때는 이에 상응하는 권리를 갖는다.

① 임대차계약에 대한 불이행

소유자나 관리자가 계약상의 의무를 이행하지 않는다면 임차인은 손해배상 소송을 제기하거나 소유자에게 의무 불이행을 통지함으로써 임대차계약을 종료시킬 수 있다. 많은 임대차계약은 소유자나 관리자가 계약종료 통지문에 언급된 기일까지 위반사항을 해결하기 위한 성실한 노력을 개시한다면 계약의 종료절차를 정지할 수 있도록 하고 있다.

만일 의무 불이행에 대한 시정행위가 정해진 기간 내에 취해지지 않는다면, 임차인은 손해배상소송을 제기할 수 있고, 소유자에게 계약위반사항을 이행하거나 임대차계약을 종료시키도록 하는 법원의 강제 명령을 얻을 수 있다. 소유자의 불이행이 자의적인 것이라면 임차인은 법적 대응에 대한 비용을 청구할 수 있다. 다시 언급하면 법률과 특정 임대차계약의 문구 등이 상황에 따른 절차와 결과에 영향을 미칠 것이다.

② 점유이전의 불이행

만일 점유나 사실상의 점유에 대한 권리가 이행되지 않았다면(Failure to deliver preises) 임차인은 임대료를 지불할 필요가 없다. 임차인은 계약을 종료시키거나 계약조항이행을 요구하는 소송을 제기하고 이로써 점유를 취득하고 합리적인 손해배상과 변호사비용을 보전할 수 있다. 사실 이전 임차인이 퇴거하지 않거나 수리와 개수가 끝나지 않아 점유이전을 이행하지 못하는 것은 드문 일은 아니다. 관리자는 필요하다면 임대차 시작 시점을 연기시키고, 임차인에 의한 점유 시까지 임대료를 면제하여, 이러한 지연에도 불구하고 임차인이 해당 물건에 입주할 것을 요구하는 조항을 삽입시켜 소유자의 이익을 보호해야 한다. 이러한 조항은 다음과 같이 명기할 수 있다.

2.3.6 불이행에 대한 소유자의 구제방법

임차인이 정해진 시간에 임대료를 지불하지 않거나, 임대차목적물의 심각한 훼손, 과도한 소음으로 다른 임차인을 괴롭히는 등 계약조건을 준수하지 않을 때 임차권을 상실할 수 있다.

① 임대차계약의 불이행

소유자에게는 임차인이 임대차계약을 이행하지 못하는 경우에 특정 구제책이 제공된다. 대부분의 임대차계약에 따르면, 소유자는 임차인에 대해 계약위반의 성질을 언급하고, 임대차계약의 종료를 방지하기 위해서는 합리적인 기간 내에 위반 내용을 시정할 임차인 측의 신의 · 성실에 입각한 노력을 촉구한다는 통지문을 전달할 수 있다. 때로 임차인은 또한 변호사비용을 지불할 것을 계약서상에서 동의해야 한다.

계약서는 더 나아가 만일 임차인의 불이행의 내용이 손상된 품목의 수리나 교체에 의해 해결될 수 있으나 통지된 합리적인 기간 내에 이행되지 않고 있다면, 소유자나 그 대리인이 해당 부동산에 들어가 필요한 작업을 수행할 수 있도록 언급해야 한다. 실제 작업과 그에 따른 합리적 비용은 다음 달 임대료 납부시 함께 납부하도록 임차인에게 청구서를 제시할 수 있다.

그러나 만일 소유자가 임대차계약을 종료시킬 것을 결정한다면, 청구서가 제시될 때 비용이 즉각 지불될 수 있도록 계약서에 기재되어야 한다.

② 목적물 반환소송

강제 퇴거 절차(dispossess proceedings)는 임대료 미납, 임대차계약 종료 후의 부동산의 불법점유, 부동산의 불법사용, 임대차계약에 따라 임차인에게 부과된 비용의 미납, 기타 임대차계약의 위반 등과 같은 몇 가지 이유로 발생될 수 있다. 임차인이 이러한 내용 중 하나라도 이행하지 않는다면 소유자는 임차인에게 충분한 통지를 한 후 임대차목적물반환소송(a suit for eviction)을 제기할 수 있다. 만일 법원에서 소유자가 승소한다면 임차인은 평온하게 떠나야만 하며, 불응시 소유자는 집달관으로 하여금 임차인과 임차인의 소유물을 강제로 퇴거시키게 할 수 있다.

③ 지급불이행

현행 민법에서는 임차인이 2회분 이상의 임료를 지급하지 않을 경우 임대인이 임대차계약 해지를 통보하면 계약이 해지된다. 그러나, 계약 서류에는 임차인이 임대료의 지급을 이행치 않으면, 소유자나 관리자가 임차권을 종료시킬 수 있다는 조항을 포함시키는 것이 바람직하다.

④ 파산과 불법행위

파산에 있어서 관리자는 변호사와 파산으로 인한 지급 불이행에 관한 조항들을 검토하여야 하며, 임차인의 파산 선언에 대해 취할 절차에 대한 조언을 구해 두어야 한다.

불법행위는 임대차계약서에는 중범죄, 다른 임차인이나 관리자에 대한 위협과 같은 행위를 금지함을 매우 명백하게 하여야 한다.

03 임대차계약 서식

부동산임대의 시작은 소유자와 임차인 간에 계약을 서명하는 것이다. 임대(lease)란 소유자와 임차인 간의 사용의 계약이거나 혹은 고정될 지불로써 교환하는 특별한 시간의 부동산소유물의 계약이다. 부동산관리자는 소유자의 대리인으로써 임대차계약서에 서명해야 한다. 계약은 양측의 법률상의 의무이며 서명되어져야 한다.

임대차서류는 각 측을 보호하며, 공간이 어떤 기간에 점유되었는지를 소유자에게 보증하며 규정된 수입은 그 기간 내에서 예상이 가능하다. 이론상으로 갑작스러운 공실로 인한 재정상의 손실은 없다. 임차인은 약정된 임대료로 임대기간에서 공간의 점유를 보증 받는다. 또한 임대차계약 갱신(이는 수

년간의 기간으로 임대된 상업용 임대에서 더 일반적이다)에서의 절차를 정할 수 있을 것이다. 임대하의 소유자와 임대차인의 의무 또한 명확하게 할 수 있다.

계약서는 소유자와 임차인 간의 오해를 줄이고 제거해야 하며 조항은 이해하기 쉬워야 할 것이다. 불분명한 어떤 조항은 그 당시에 설명되어야 할 것이다.

관리자는 모든 임차인에게 적절하고 표준의 임대양식을 사용해야 할 것이다. 임대차계약서에서 상세한 내용이 포함되지 않는다면 법률에 대해 충분한 지식이 없는 사람들은 이를 무시하게 될 것이다. 표준임대차서식은 거의 모든 임대차상황에 대처할 수 있도록 부칙과 부록이 작성되어 있어야 한다. 대규모 관리회사와 부동산 소유자들은 대부분의 사태에 대응할 수 있도록 수정할 수 있는 표준임대차계약서류를 개발해 두고 있다. 규모가 큰 빌딩, 특히 상업용 빌딩들은 그들 자신만의 임대차계약서식을 이용할 수도 있다. 표준서식을 이용하는 것의 장점 중의 하나는 관리자가 그것의 조항과 법적 관련 사항에 완전히 익숙해질 수 있다는데 있다. 이것은 관리자들이 단일 대규모 부동산이든 여러 개의 소규모 부동산이든 용이하게 행정처리를 할 수 있도록 도움을 준다.

그러나 표준임대차서식을 이용할 때 관리자들은 임차인의 변호사 의견과 각 임대 잠재임차인의 특수 상황을 존중해야 한다. 표준 임대차계약서류를 이용하는 데 대한 불이익은 이것들이 큰 변경을 요구하거나 오래된 것일 때 발생한다. 또한 대규모 체인망 등에 이용되는 표준계약서식은 때로 협상의 대상이 되지 않을 수 있다.

관리자가 변호사가 아니라면 그 스스로가 소유자를 구속할 수 있는 계약 조항이나 어떤 형태의 법적 진술문은 작성하지 말아야 한다. 관리자나 소유자의 변호사는 임대차계약 내용과 그 부칙에 관해 당사자들에게 조언을 해야 한다.[23]

23) 전용수 · 이창석, 상게서, pp. 155~156.

Ⅲ 부동산의 임대차협상의 관리

01 잠재임차인의 자격 평가[24)]

임대차 공간을 마케팅 하는 목적은 단 하나이다. 즉, 소유자나 관리자와 임차인이 임대차계약에 서명하는 것이다. 광고나 소개는 잠재임차인들의 관심을 유발하고 그들을 사무실로 이끄는 역할을 한다. 잠재임차인이 부동산의 장점과 단점을 살펴볼 때 관리자는 잠재임차인을 평가한다. 이 평가에는 몇 가지 단계가 있다. 첫 단계는 잠재임차인의 재무상태와 기타 적절한 요소들을 조사하여 적격성을 판단하는 것이다. 관리자가 그 잠재임차인의 자격이 있다고 확신할 때는 계약체결로 나아가야 한다. 최종 세부사항을 협의하는 것은 미묘한 문제이다. 즉, 지나친 양보는 장기적으로 소유자에게 피해를 줄 수 있어 잠재임차인이 임차 부동산을 원하거나 확신시킬 수 있도록 친절하고 조용하며 탄력적인 자세가 요구된다. 상황이 요구하면 다양한 계약체결의 기법이 사용되어야 한다.

잠재임차인이 계약체결 결정을 내린 때에는 판매 활동의 마지막 단계가 완료될 수 있다. 즉, 임대차계약의 조건들이 제시되고 협의되어 계약서로 작성된다. 임차인은 소유자가 최종적으로 승인한 계약서에 서명한다. 일단 관리자나 소유자가 그 임대차 계약에 서명하면 이 계약은 완료되고 마케팅 목표는 달성된다. 도표 6.8

도표 6.8 주택임대차의 대항력

임대차에 있어서 임차인은 임차권을 등기하여야만 대항력을 취득하게 되나 주택임대차보호법에서는 임차인이 임차권의 등기를 하지 않은 경우에도 주택의 인도와 주민등록을 마친 때에는 그 익일부터 제3자에 대하여 효력이 생긴다고 규정하여 대항력을 인정하고 있다. 대항력이란 임차주택이 매매 · 경매 · 공매된 경우 새로이 소유권을 취득한 양수인이나 담보물권을 취득한 물권자 등 제3자에 대하여, 임차인이 임대차 기간이 만료될 때까지 점유하고 사용 · 수익할 수 있는 권리를 주장할 수 있다는 것이다.

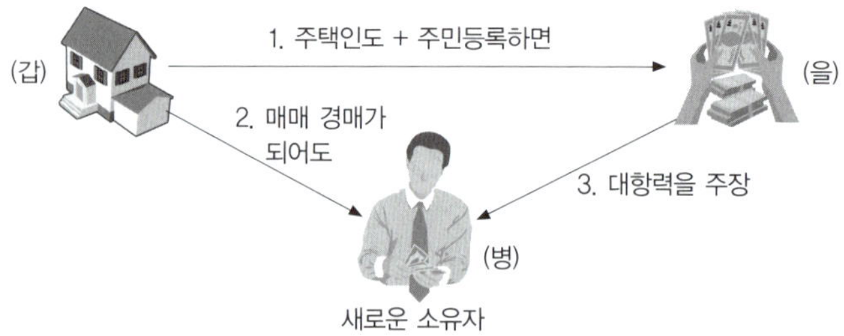

자료 : 이창석 · 정기영 외, 「부동산계약의 이론과 실무」, (서울 : 형설출판사, 2009), p. 169.

24) 전용수 · 이창석, 상게서, pp. 156~161.

1.1 방문객의 등록과 요구사항 및 지원서

잠재임차인의 적격성 평가의 과정은 본질적으로 주거, 상업, 공업용 잠재임차인 모두에게 동일하다.

1.1.1 방문객의 등록

문 안으로 들어온 모든 잠재임차인들은 방문객 등록서식을 작성하여야 한다. 이것은 대화를 위한 출발점이다. 모든 사람이 다 이 서식을 작성하는 것은 아닐 수도 있다. 이 등록서식은 모든 사람이 동일하게 다루어졌다는 증거 자료로 사용되는 것 외에도 마케팅 자료로 사용될 수도 있다.

1.1.2 특별한 요구사항

종종 공간배치나 요구사항이 임대차에 지원하기 전에 논의될 수도 있다. 이 지원서는 관리자가 특정 지원자에게 임대를 줄 것인지 결정하기 전에 추가적인 정보가 필요할 때 대단히 중요하다. 이 서식은 명확, 간결하고 일관되며, 관리자나 소유자가 이 지원자를 수용할지 거절할지를 결정하기 위해 필요한 만큼의 항목들을 포함하고 있어야 한다. 기업이나 조직을 상대로 할 때는 관리자는 그 기업이나 조직을 대신해 계약을 체결할 권한을 가진 사람과 작업을 하여야 한다.

1.1.3 임대차지원서

주거용이든 상업용이든 공업용이든 모든 관심을 가진 잠재임차인들은 임대차지원서를 작성하도록 해야 한다. 관리자는 이 작성된 지원서를 임대차 기간 동안 보관해야 한다. 이 서류는 임차인이 입주하지 않더라도, 이 후 관리자가 불법적인 차별이 아니라 정당한 사업상의 이류로 임차인을 선정했다는 입증자료가 되므로 반드시 보관되어야 한다. 이것은 주거용 임대차에서 특히 중요하다.

지원에 요구되는 정보의 범위는 관련된 임차인의 유형과 소유자의 요구조건에 따라 달라진다. 최소한 잠재임차인은 어떤 형태로든 신원(개인이나 회사 또는 조직), 임대기록, 재무상태와 몇 가지 참고사항을 제공해야 한다. 사업을 하고 있는 잠재임차인은 그들의 장기 사업 목표의 요약이 필요할 수도 있다.

상업 및 공업용 임대차의 경우에는 임대료 액수가 상대적으로 크기 때문에 임차인이 재무적으로 건전하다는 것이 중요하다. 임차인의 경제적 성장 패턴은 쇼핑센터에 소매공간을 임대할 때 특별한 중요성을 갖는다. 왜냐하면 각 사업장은 이익을 내기 위해 방문을 요하는데 이는 거주자의 규모와 소득에 의존하기 때문이다.

1.2 데이터의 평가

관리자는 임대차 지원 서류의 정확성을 신원뿐만 아니라 재무적 소개 자료(data)에 대해 면밀히 검토해야 한다. 관리자가 임대료를 지불하지 못하거나 이웃에 피해를 주는 임차인을 받아들인다면 아무도 만족할 수 없을 것이다.

1.2.1 신원 확인

오늘날 거주용 지원자든 상업용 지원자든 그 신원을 입증하는 것은 중요한 일이다. 상업용 부동산, 특히 소매점포에서 임차인의 조화는 대단히 중요하다. 따라서 잠재임차인의 사업의 성격은 다른 임차인과의 조화에 직접적인 연관성을 갖는다.

예를 들어, 전당포는 주로 변호사들이 입주한 빌딩에는 적합하지 않을 것이다. 또한 소매 쇼핑몰에는 임차인의 구성이 특히 중요할 것이다. 더구나 기존 임차인 중에는 경쟁점포 제한조항이 있는 임대차계약을 맺고 있는 임차인도 있을 수 있다.

1.2.2 임대차기록

임차인의 안정적인 임대차기록(rental history)은 관리자나 소유자의 최종 결정에 영향을 미칠 것이다. 합당한 이유 없이 빈번이 주소를 변경하는 사람이나 기업은 좋지 않은 잠재임차인(a poor rental risk)으로 분류될 것이다. 임차인들의 빈번한 교체에는 비용이 소요되므로 관리자는 장기간 입주할 사람이나 기업을 찾아야 한다.

특히 입주 전 임대인의 선택 사양에 따라 개수가 요구되는 상업 및 공업용 공간에서는 잠재임차인의 안정적인 종전 기록이 대단히 중요하다. 장기사업목표도 살펴보게 되는데, 그 이유에는 장래의 확정 계획을 알기 위한 것도 포함된다. 이러한 계획들은 몇 명의 적격 잠재임차인 중에서 임차인을 선택하는데 영향을 미칠 것이다. 만약 좋은 잠재임차인들 중에서 선택한다면 관리자는 빠르게 성장하는 기업을 피하길 원할 수도 있다. 지금은 적합한 공간이 1~2년 후에는 너무 작아질 수도 있기 때문이다. 물론 관리자가 이런 상황에 대처할 계획이나 조치를 갖고 있다면 보다 합당한 쪽으로 갈 것이다. 관리자는 그런 상황을 주의 깊게 평가하고 모든 가능한 세부사항을 고려해야 한다.

1.2.3 재무상태

지원서상의 재무관련 사항을 파악하는 것은 소유자에게는 가장 큰 이해관계가 된다. 잠재임차인의 재무기록을 살펴보는 이유는 간단하다. 더디거나 변덕스러운 사람은 임대료를 지불할 때에도 비슷한 패턴을 보이며, 반면에 신속하고 성실한 사람은 자신의 의무를 이행하는데도 일관된 모습을 보이기 때문이다. 변덕스럽고 태만한 지불기록을 지닌 잠재임차인은 제외되어야 한다. 한 두 번의 지체를 제외하고는 만족스러운 기록을 갖고 있다면 이 잠재임차인은 최종 결정을 내리기 전에 그 지체 사유를 청취해야 한다.

주거용 임대차에서 잠재임차인이 다른 모든 것에서 자격이 있다고 판단되며, 임대금액과 조건들의 차이가 크지 않다면 기재된 은행과 참고인에 대한 간단한 통화면 충분할 것이다. 미국의 경우 잠재임차인에 대한 보다 깊은 분석을 원하는 관리자는 신용조사 서비스를 제공하는 회사에 신용조사서를 공식적으로 요청할 수 있다.

상업 및 공업용 임대 대상 기업의 기업구조도 재무능력을 고려할 때는 중요하다. 관리자는 먼저 그 기업이 독립기업인지 프랜차이즈에서 가입된 회사이거나 모기업에 소유된 계열사인지 등을 살펴보아야 한다. 일부의 경우 이 기업이 임차를 보증하거나 손실에 책임을 질 수 없을 때에는 잠재임차인이 소유기업에 관한 정보를 제공할 수도 있다. 상업 및 공업용 부동산의 관리자들은 프랜차이즈 회사와 그 가맹점 사이에 혹은 모기업과 그 계열사 사이에 재무적 연관관계가 있는지를 발견함으로써 이 함정을 피할 수 있다.

02 조건의 협상과 계약[25)]

2.1 조건의 협상

협상 과정은 잠재임차인이 해당 부동산에 확정적 관심을 표시할 때 시작된다. 협상 자체는 소유자에게도 만족스러운 임대차계약에 대한 잠재임차인의 동의를 얻는 것으로 구성된다.

그 목표는 소유자와 임차인 모두에게 이익이 되는 계약에 서명하는 것이다. 임대차협상은 보통 조건에 대한 일련의 절충이 필요한 몇 단계로 나뉘어지며 관리자는 각 과정을 지속적으로 살펴보아야 한다.

25) 전용수 · 이창석, 상게서, pp. 161~170.

2.1.1 서설

관리자가 통제력을 잃는다면 임대차계약은 성사되지 못할 수도 있다. 협상 과정을 통제하는 열쇠인 관리자의 프로정신이야말로 소유자와 임차인 상호간에 만족스러운 임대차계약을 이끌어 낼 것이다. 그 과정은 주택이든 소매점포나 창고이든 동일할 것이다.

관리자의 책임 중 또 다른 일부는 거래를 지연시키거나 해칠 수 있는 성격 차이에서 오는 갈등을 피하게 하는 것이다. 대부분의 경우에서 소유자와 잠재임차인은 최소한 협상이 끝나고 계약서에 서명을 할 때까지는 떨어져 있도록 해야 한다. 현명한 임대차 대리인은 대개 소유자가 즉각적인 협상결과에서는 떠나 있도록 하는 협상전략을 이용한다.

임대대리인은 잠재임차인과 직접 일을 하며, 소유자에게 취할 행동을 조언한다. 이것은 잠재임차인의 요구조건을 분석하기 위한 보다 많은 시간을 가질 수 있게 하며, 주요 쟁점에 대해 보다 호의적인 절충안을 협의할 수 있게 한다. 대부분의 경우에 대리인은 단지 소유자가 그것을 승인하지 않을 것이라고 말하며 양보를 피해 나갈 수 있다.

2.1.2 과정통제의 내용

① 협력 중개업자

외부의 중개업자도 종종 사무실이나 소매점포, 산업용 부동산을 임대하는 데 관계할 수 있다. 일부 시장에 있어서는 부동산중개업자는 주거용 부동산에만 관계를 가질 수 있다. 이 제3자와의 이해관계는 관리자가 적절히 조정하지 않는다면 협상 과정을 복잡하게 만들 수도 있다. 예를 들면, 관리자는 사전에 누가 잠재임차인들과 대화할 것인가를 결정해야 할 것이다. 관리자는 협력 중개업자를 곤란하게 하지 않고 잠재임차인과 직접 협상을 조속히 추진하기 위하여 이것을 확실히 해 두도록 노력한다. 특히 임차인의 선택의 폭이 넓은 시장에서는 잠재임차인의 마음을 잡는 일이 중요하다. 협력 중개업자는 해당 부동산의 관리자나 소유자에 특별한 충성심을 갖고 있지는 않을 것이기 때문에 가격과 조언을 언급하지 않도록 교육시켜야 한다.

② 변호사의 역할

관리자의 일은 협상을 통제하고 당사자들 사이에서 합의를 이끌어 내는 것이다. 미국의 경우 변호사의 일은 합의가 이루어진 뒤에 그것을 법률적인 용어로 바꾸어 합의를 공식화 시키는 것이다. 관리자의 가장 큰 이해관계는 변호사들에게 임대차계약 서류를 넘기기 전에 소유자와 잠재임차인 혹은, 중개업자들 사이에서 임대차의 기본적인 조건들(예를 들면 임대료, 기간 등)에 대한 합의를 확보하는 것이다.

당사자들의 의도를 반영하기 위해서 변호사는 계약 내용을 검토하고 계약서를 고안한다. 유감스럽게도 일부 변호사, 특히 임차인들의 변호사들 중에는 너무 빨리 거래에 개입하거나 자신의 사업적 판단을 의뢰인에게 밝혀 진행을 지연시키거나 성고적인 결론을 이끌어 내지 못하게 할 수도 있다. 많은 소유자나 임차인들이 변호사를 고용하여 협상에 임하게 하거나 과정을 통제하며, 이들의 인내 없이는 움직이려 하지 않기 때문에 관리자는 자신의 특기를 살려 각 상황을 면밀히 평가해야 한다.

③ 임차보증금

실제 임대료와는 별도로 임차인이 임대료를 지불하지 않거나 해당 부동산에 심각한 피해를 주었을 때를 대비하여 보증금(security deposits)이 요구된다. 보증금 액수는 협의가 가능하고, 총 임대기간과 임대료에 따라 달라진다. 일반적으로 임대보증금은 월 임료의 10배 이상이 되는 것이 좋다. 미국의 경우, 상업 및 산업용 부동산의 경우 기업의 순자산가치가 전체 임대차기간의 임대료의 2~3배에 달한다면 보증금은 요구되지 않는다.

④ 양보

양보(concessions)는 소유자가 기존보다 조건을 낮추는 것이기 때문에 임차인에게는 이익이 된다. 모든 양보는 소유자에게는 금전적인 비용이 되고 임대차계약 전체의 경제적 가치에 영향을 준다. 양보는 잠재임차인이 임차인이 되도록 유도하기 위하여 부여된다. 가치 있는 양보는 잠재임차인이 느끼는 기본적인 문제나 재정적 압박을 완화시켜 주는 역할을 한다. 소유자에게 이것이 얼마나 중요한가에 관계없이 임차인에게 작은 것이나 무가치한 것을 주어서는 아무것도 얻을 수 없다.

반면에 많은 임차인에게는 양보가 소유자에게는 그다지 비용이 들지 않는 것일 수도 있다. 따라서 의뢰인을 평가하고 그들의 욕구를 아는 것이 강조되는 것이다. 관리자는 소유자의 입장을 반드시 기억하고, 소유자가 줄 수 있는 것 이상을 협의하는 것은 금물이다. 모든 경우에 있어서 양보는 임차인의 시각에서 그것의 가치를 높이기 위하여 망설이는 자세로 주어야 한다. 또한 한 임차인에게 한 양보는 기존임차인을 포함하여 모두에게 주어져야 한다.

⑤ 양보의 시기

상업 및 상업용 임대차에 있어 따라야 할 양보의 일반 규칙은 임대 규모가 크면 클수록, 임대기간이 길면 길수록 보다 많은 양보를 하라는 것이다. 신규 상업 또는 공업 사용자에 맞추기 위하여 공간을 준비하고 개수하는 소유자의 비용은 임대료에 감안되어야 한다. 이 비용은 개수를 위해 차용한 돈의 이자를 포함시킬 수도 있다. 임대차계획은 소유자에게 소요된 비용이 임대차기간 동안 완전히 상각될 수 있는 것이어야 하며 더 이상 길게 걸리지 말아야 한다.

임대차계약의 거의 모든 항목들이 협의의 대상이 될 수 있다. 관리자와 잠재임차인의 입장이 상대적 우위에 따라 잠재임차인이 계약서에 서명하도록 유도하기 위해 양보 대상의 숫자가 결정될 수 있을 것이다.

⑥ 임대차계획과 할증

임대차 조건을 협의할 때 첨예화되는 가장 중요하고 복잡한 문제점 중의 하나는 임대료이다. 비록 기본적인 임대차 계획에서 벗어나는 것이 소유자나 관리자의 관점에서는 바람직하지 않더라도, 경쟁적인 시장상황에서는 필수적일 수 있다. 그러나 모든 상황에서 관리자는 임대료에 대한 중요한 양보의 장단점을 잘 분석해야 한다.

임대료 할인과 할증에 관한 모든 협의는 개별적으로 이루어져야 한다. 모든 임차인이 같은 임대료 인하를 기대하는 것도 아니고 모두가 그럴만한 자격이 있는 것도 아니다. 유감스럽게도 한 임차인과의 절충은 또한 다른 임차인들과의 절충을 필요하게 된다. 여러 사람이 입주해 있는 빌딩은(상업용이든 주거용이든) 소문이 빨리 퍼지게 마련이며 악한 감정과 일련의 운영상의 문제를 야기시킬 수 있다. 관리자는 기본적인 임대계획 수행의 실패가 전반적인 임대 구조의 질적 저하와 심각한 수입의 손실을 가져올 수 있다는 것을 곧 알게 될 것이다.

사무실 임대에는 평 또는 m^2를 기본단위로 계산한 표준 임대료에 누진율을 더하는 임대료 구조가 사용된다. 예를 들면, 미국의 경우 고층사무실 빌딩의 표준 임대료는 층수에 따라 인상한다. 보다 조용한 30층 공간은 평방피트당 23.80달러에 임대될 수 있는 반면에, 선호도가 낮은 14층의 같은 공간은 21.20달러에 나갈 것이다. 코너 공간은 2달러의 추가비용이 들 수도 있다. 경관이 좋은 방향은 기준 임대료가 증가할 것이다. 마찬가지로 소매점포 및 산업용 공간은 그 위치에 따라 임대료를 달리할 것이다.

시장정보를 근거로 하여 결정을 내릴 때에는, 임대될 공간의 가치와 임대차기간에 대해, 보다 낮은 임대비용을 적용하는 것을 고려할 수도 있을 것이다. 매우 좋지 않는 시장에서는 일정 기간 부동산을 비워 두었다가 후에 높은 임대료율을 적용시키거나 월 단위로 임대하는 것이 가장 좋은 방법이 될 수도 있다. 운영경비를 확보하지 못할 정도의 낮은 임대료나 거의 이익을 낼 수 없는 장기임차인을 받는 것은 소유자에게는 비워 두는 것보다 불이익이 될 수도 있다.

주거 임대료는 보통 한 빌딩의 특정부분들에 대해 각기 다른 수요를 반영하여 책정한다. 기본적인 누진임대구조는 모든 공간에 대한 균형있는 임대를 용이하게 한다. 예를 들어, 승강기가 없는 빌딩의 관리자는 1층은 월 375달러를, 덜 편리한 3층은 월 335달러를 부과할 수 있다. 호화 고층 아파트의 관리자는 전경을 내려다보는 최고층의 코너 공간에는 최고요율을 정하고, 중앙에 위치한 아파트는 보다 낮은 임대료를 책정한다.

⑦ 무료임대

임시 무료임대는 임차인의 욕구와 지배적인 시장조건에 균형을 맞추기 위해 제공 되는 주요 양보이다. 예를 들면, 만약 공실률이 높을 경우 관리자는 잠재임차인의 계약 체결을 유도하기 위해 2개월의 무료임대를 제안할 수 있다. 무료임대는 임차인이 입주 후, 임대료를 지불하지 않고 강제 퇴거 절차를 진행시키는 동안 무료로 거주하는 것을 방지하기 위해 보통 계약기간의 말미에 적용되는 것이 보통이다. 그러나 관리자는 한 차례의 단기 양보를 제안할 때도 기본적인 임대료 구조를 유지하도록 노력해야 한다. 임대기간 전체에 대해 임대료를 낮춤으로써 입은 총 손실은 임시 무료 임대비용을 초과할 것이며 해당 부동산의 가치를 하락시킬 것이다.

⑧ 임대차 기간

임차인의 교체에는 비용이 든다. 해당 부동산에 대한 청소, 보수, 단장이 필요하고 임대료의 손실이 따른다. 또한 신규잠재임차인에 대한 광고, 적격성 검토, 협상 등에 따른 시간과 비용이 소요되므로 보다 긴 임대차 기간을 협의하는 것이 경제적 이익이 된다. 반면에 그 임대차계약에 비용증가를 보전하기 위한 인상조항을 포함시키지 않는다면 소유자는 장기 임대차계약으로 손실을 볼 수도 있다. 그럼에도 불구하고 재개발지역에 새롭게 단장된 빌딩의 관리자는 신규임차기업이 그 빌딩과 그 지역의 평판을 증대시켜 줄 수 있고, 재정적으로 자격이 있다면 2~3년의 임대기간을 설정할 수도 있을 것이다.

사무실과 소매점포에 대한 임대차는 그 경우가 달라 미국의 경우, 보통 최소 5~10년의 기간이 설정된 반면에 공업용에 대한 임대차는 10~25년 혹은 그 이상의 기간이 설정된다. 상업용 부동산의 관리자들은 특정 임차인을 위해 공간을 개수(改修)하기 위해 든 비용을 보전시키기에 충분한 임대차기간을 협의하고자 한다. 인상조항을 포함한 장기 상업용 임대차계약은 분명히 소유자에게 이익이 된다. 그러나 관리자는 그 잠재임차인이 재정적으로 건전하고 입증된 평판을 갖고 있지 않다면 장기 비율임대차(percentage lease)를 주는 것은 원치 않을 것이다.

추가 임차기간의 청구권이 때때로 임차인에 대한 양보로 부여될 수 있다. 소유자는 그 입주로 인해 명성이 높아지고 상업 및 공업지역에 고객의 방문을 증가시킬 수 있는 임차인의 기간 갱신을 원할 것이다. 그러나 그 이외의 업체들에게는 보다 높은 임대료이나 기타 협상 조건에 대한 반대급부로 이러한 선택권이 주어질 것이다.

높은 공실률을 보이는 기간에는 임차인들이 계약서상에 계약 취소 선택권(cancellation option)을 삽입시킬 것을 주상할 수 있다. 이것은 임차인이 사전에 결정된 기간의 종료시점에 계약을 취소시킬 수 있는 조건이다. 침체된 시장경기 하에서 나올 수 있는 또 다른 조건은 설정된 기간이 끝날 때 전체 임대공간을 줄일 수 있게 하는 것이다. 이 조건은 임차인에게 위약금을 부과할 수도 있고 부과하지 않을 수도 있다. 이 조건들 중 어느 한 조건이 계약서에 포함된다면 임차인에게 이와 관련된 비용의 일부 혹은 전부의 지불을 요구해야 한다.

⑨ 임차인에 의한 개수와 수선

신규임차인들은 입주 전에 매우 다양한 개수나 수선을 요구할 수 있다. 내용면에서 임차인의 개수를 위해 비용을 지불하는 소유자는 결국 임대료의 형태로 임차인에게서 되돌려 받을 비용을 단지 융자해 주는 것이라고 말할 수 있다. 관리자는 잠재임차인에게 빌딩의 기본 구조를 설명하고 이것을 넘어선 개수는 임차인이 즉시 지불하거나 아니면 임대료에 반영된다는 것을 설명해야만 한다. 공간을 정기적으로 단장하거나 수선하는 것도 임대차 시장의 여건이 좋지 않거나 임차인이 원할 때에는 계약조건에 포함시킬 수 있다. 예를 들어, 새로운 오피스빌딩에 입주하는 일류 상장 회사에게는 3년마다 해당 공간을 페인트 칠하고, 6년마다 카펫을 다시 깔아 주는 조건이 주어질 수도 있다.

주거 임차인들의 요구는 보통 페인트칠, 커튼 세탁, 카펫 새로 깔기와 같은 인테리어 비용에 제한된다. 사실 많은 신규입주단지들은 임차인이 입주하기 이전에 홍보 전략의 일환으로 단장을 선택할 수 있도록 하고 있다.

오래된 빌딩을 단장하는 결정은 보통 시장상황과 소유자, 임차인의 상황의 긴박성과 연결된다. 아파트는 보통 임차인이 입주하기 전에 도배를 하지만, 만일 그 지역의 공실률이 낮거나 임차인이 그곳에 입주하기를 꼭 원한다면 임대인은 자재를 제공하고 임차인이 그 일을 하도록 할 수도 있다. 그러나 이런 조치는 조심스럽게 취해져야 한다. 비록 주거용 부동산을 단장하는 일이 관리자와 신규임차인 간의 비공식적 구도 합의로 이루어질 수 있다고 하더라도 현명한 관리자라면 오해를 피하기 위해 세부사항을 문서로 작성할 것이다.

임차인의 개수비용은 상업 및 공업용 임차인과의 협상에서 주요 관심사가 된다. 이 문제에 대해 양보를 했을 때, 관리자는 요구된 개수의 유형 뿐 아니라 소유자가 부담할 전체 비용을 고려해야 한다. 협상은 보통 특정 항목간의 상호 교환과 관련된다. 관리자는 개수비용의 상한선을 결정해 두어야 하며, 임차인이 바라는 내용을 구체화하도록 해야 한다. 이 상황에서 잠재임차인은 임대인이 얼마를 지불하려고 하는가를 깨닫지 못해야 하며, 단지 그가 특정 욕구를 충족시켜 주려 한다는 것만을 알게 해야 한다.

상업용 및 공업용을 위한 부동산은 그 사업 활동에 따라 요구되는 필요를 충족시킬 수 있도록 맞춰져야 한다. 이러한 개수의 성격과 비용, 그리고 지불에 책임을 질 당사자를 정하는 일은 임대차계약서상의 조건에 포함되어야 한다. 대부분의 상업용 및 공업용 빌딩은 특정 숫자의 콘센트, 형광등, 창문 등 소유자의 비용으로 설치된 표준구조를 갖고 있을 것이다. 이 표준에 추가되는 계단, 파티션, 문짝 등과 같은 비품이나 설비는 임차인이 지불해야 한다.

만일 임차인이 소유자가 제공한 것보다 호화스럽고 비싸게 마감된 공간을 원한다면, 평당 추가비용이 부과될 수 있다. 관리자는 임차인이 무엇을 하려고 하는지를 정확하게 판단해야 하며, 그 목적에 따라 임차인이 공간을 완비시킬 수 있을지를 확실히 해 두어야 한다. 임대차 목적물의 수선은 그 부동산에 속한 자산이 되며, 그 일의 결과로 유치권의 문제가 발생하지 않아야 한다.

임차인의 사업유형과 빌딩의 기본 구조를 넘어서는 개수의 규모 사이에는 명확한 상관관계가 있다. 보험회사는 보통 표준설비와 비품을 받아들이지만, 법률회사는 개별 사무실 공간과 좋은 내부 장식을 강조하기 때문에 기본구조를 넘어서는 요구를 한다. 병원이나 사무실은 특히 비싼 요구사항들을 갖고 있다.

⑩ 확장조항

확장조항(expansion options)은 임차인이 임대차 기간 이후 그 부동산의 인접공간을 추가적으로 임대차하는 것을 보장해 주는 것이다. 이러한 조건은 주거용 임대차 계약에서는 일반적인 것이 아니지만, 성장하는 점포 및 공업체에게는 양보조건일 수 있다. 이 양보의 한 단점은 얼마나 오래 사용할지에 대한 보장이 없는 다른 임차인에게 사용중인 공간을 임대하는 것이 어렵다는 것이다. 명백히 상업 및 공업용 부동산이 임대가 보다 잘 될수록 대부분의 공간이 다른 임차인에게 임대될 것이기 때문에 확장조항이 있을 필요는 없어진다.

⑪ 경쟁업자 입주제한조항

경쟁업자 입주제한조항은 임차인이 해당 부동산에 경쟁업자 없이 운영할 수 있도록 배타적 권리를 주는 것이다. 대부분 상업용 임대차(특히 소매점포)에서 발견되는 이 조항은 이발소와 같이 단골 고객을 확보하려는 서비스 업종에도 적용된다. 일반적으로 경쟁업자 입주제한조항은 소유자의 이해관계에는 영향을 주지 않고 임차인에게 혜택을 줄 수 있을 때나, 임차인이 높은 임대료를 지불하려 할 때 양보해야 한다.

일부 직업들은 경쟁업자와 인접해 있는 것에는 신경을 쓰지 않는다. 의원이나 변호사 사무실이 모여 있는 것은 드문 일이 아니다. 대형 쇼핑몰의 관리자들은 어떤 대가가 있더라도 독점적 권리를 주는 것을 피해야 한다. 대형 도매상가에서 유사 점포의 입주는 경쟁을 부추기고 사업을 촉진하는 효과가 있다.

⑫ 이사비용의 지불

임차인을 관리자가 운영하는 새로운 곳으로 이사하도록 비용을 지불하는 것은 상당히 저렴한 양보에 속한다. 이사비용의 부담을 덜기 위한 보다 간접적인 방법은 상업 및 공업용 임차인에게 변경된 주소를 기재할 사무용품이나 간판을 제공하는 것을 제안하는 것이다. 망설이는 잠재임차인들도 그 기업의 새 주소를 반영하는 광고 간판을 무료로 제공한다면 마음을 굳힐 수도 있을 것이다.

⑬ 기존 임대차계약의 매입과 인수 및 전대

우수고객과 장기임대차계약을 확보하기 위해서, 소유자는 임차인의 기존임대차계약을 매입(lease buy - out, assumption and subletting)할 것을 제안할 수 있다. 상황에 따라서는 임차인의 끝나지 않은 임대차계약을 인수하는 것(assume)이 경제적으로 타당성이 있을 수도 있다. 이것은 단지 임차인과 부동산 소유자 혹은 대리인으로서의 관리자 사이에서의 거래이다. 여기에서 후자는 임차인이 자신의 빌딩을 임차한다는 조건으로 그 임차인에게 남아있는 임차계약의 지불조건을 인수하는 데 동의한다.

임대차계약인수의 가능성은 현재 임대차계약의 조건, 잔여기간, 전대 가능성 등과 더불어 잠재임차인이 이사할 빌딩의 공간 넓이와 가치에 달려 있다. 물론 임차인은 기존 공간을 양도하거나 전대할 권리를 갖고 있어야 한다.

인수를 결정하기 위해 고려할 다른 요인들에는 취소에 따른 위약금이 있는지의 여부, 인수될 임차의 비용에 영향을 미치는 인상조항이나 기타 조항이 있는지의 여부 등이 있을 수 있다.

대부분의 주거용 임대차계약은 2년이므로, 임대차계약의 인수와 전대는 장기상업 및 산업임대차계약에서 대부분 사용된다(이런 경우에 관리자는 현 계약 하에서 해당 부동산을 전대하는 것이 가능할 만큼 충분한 기간이 남아 있는지를 확인해야 한다). 관리자는 또한 임차인이 점유할 공간의 넓이, 임대료율, 신규임대차의 전체 가치 등을 고려해야 한다. 이러한 요소들이 임대차계약의 인수로 입게 될 손실과 관리자의 노력을 보상해 줄 수 없다면 그런 양보는 하지 말아야 한다. 일반적으로 임차권을 이수한 임차인에게는 임대료 환불이 주어지지 않는다.

2.2 계약서의 서명

계약 과정에서 잠재임차인이 해당 부동산에 대해 호의적인 반응을 보인 뒤의 관기자의 행동만큼 성공에 영향을 미치는 것은 없다. 이 시점에서 관리자는 임차인의 지원서류를 확인하고 평가하게 된다. 만일 임차인이 관리자의 기준을 충족시킨다는 것을 발견하면, 협상 대상임대차조건의 경제적 타당성이 고려되어야 한다. 만일 계약의 경제적 가치가 양보에 따른 비용을 정당화 시킬 수 있다면, 소유자(혹은 그 대리인으로서의 관리자)는 계약서에 서명하고 임차인에게 그 사본을 교부한다.

2.2.1 잠재임대인의 판단관계

계약서에 서명할지를 결정하기 전에 잠재임차인은 이것이 옳은 결정인가를 판단하기 위해 잠시 망설일 수 있다. 그는 아마도 스스로에게 다음과 같이 물을 것이다.

첫째, 이 공간이 그 가격에 적절한 것인가?
둘째, 그 양보가 나의 요구를 충족시키는가?
셋째, 나는 지금 즉시 계약해야 하는가?

2.2.2 계약체결 기법

임차인이 그 세 가지 의문에 긍정적으로 반응하도록 영향을 미치는 것은 관리자의 일이다. 관리자는 성공적인 계약 체결로 임차인을 이끌기 위해 몇 가지 계약체결 기법을 사용할 수 있다.

질문을 통한 체결방법(question close)이라고도 불리는 기법에서 관리자는 긍정적인 결론을 끌어내기 위해, 예를 들어, '어느 쪽 공간이 좋으세요?' 와 같이 직접적인 질문을 던진다.

다른 방법은 해당 부동산의 장점을 요약하고, 그 부동산이 임차인의 요구에 맞는다는 것을 강조하여 계약을 체결하는 것이다. 그 관리자는 둘러 볼 때와 계약 체결과정 내내 장점들을 반복하여 설명함으로써 그 공간이 이상적인지를 결정하지 못하는 잠재임차인들을 안심시킬 필요가 있다.

관리자는 모든 사전부과금, 임차보증금, 기타 비용 등에 대한 영수증을 반드시 교부하고 이 사전지불이 왜 요구되는지를 밝혀야 한다.

2.2.3 후속조치

관리자가 시작부터 명확한 지침을 설정해 두면 임대인과 임차인 간의 많은 오해는 피할 수 있다. 관리자는 또한 신규임차인에게 빌딩 관리 규칙의 사본을 제공하고 그것에 대해 모두 설명해야 한다. 임대차계약 조건하에서의 당사자들의 권리와 의무에 관한 의문사항 입주 이전에 해결되어야 한다. 마침내 계약서의 서명, 해당 금액의 수령, 영수증 교부, 의무에 대한 설명 등이 끝나면 목표는 달성된 것이다. 이 시점부터 임대차 기간 동안의 성공적인 임대인과 임차인의 관계를 유지시키는 의무는 대부분 관리자에게 돌아가게 된다. 도표 6.9

도표 6.9 계약의 효력발생

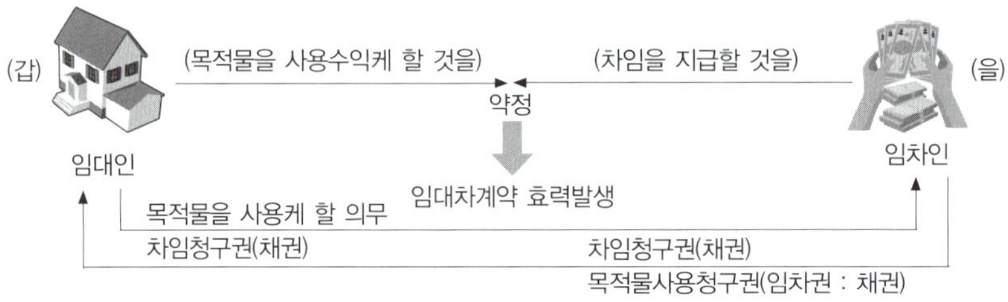

Ⅳ 부동산의 보존관리

01 토지의 보존활동

1.1 토지의 보존

보존이란 관리상의 주의를 계속하면서 토지의 가치를 증가시키는 행위와 토지의 권리를 확보하고 실태를 파악하는 행위를 말한다.[26] 운용은 토지소유자 자신이 사용하거나 또는 수익하고 타인에게 이용시킨다든가 개발하는 등의 행위를 말한다.

1.2 토지보존활동

토지의 보존활동은 대상 토지의 현상유지를 위한 행위 또는 작업이 주체가 된다. 토지의 보존활동은 토지가 지니는 본래의 상태를 유지함으로써 그 토지가 갖는 기능을 계속시키고자 하는 노력이라고 할 수 있다. 이러한 성격을 지니고 있는 보존활동은 토지의 취득으로부터 행정적 내지 법률적인 면에서의 관리를 의미하며, 이는 곧 토지의 경제적인 면에서 수익과 안전을 보호하고자 행정상의 절차와 처리를 하고 법적인 보장을 최대한 구하려는 관리행위이다. 여기에는 기술적인 면도 중요하다.

또한 부동산의 현상유지 및 예방관리라는 측면을 강조하여 물리적 내용연수 및 경제적 내용연수

26) 이창석, 「부동산학개론」(서울 : 형설출판사, 2007), 참조

등에 있어서의 관리라는 측면으로 구분하는 경우도 있다.

다음은 이와 같은 토지의 보존활동에 관하여 설명해보고자 한다.

토지의 법률적 보존활동은 소유권 기타 권리관계에 대한 권리이익의 진정성이니 인진성을 조사 분석하여야 하며, 이 분석된 판단에 따라 유익한 권리는 계속 보전하고 불리한 제약이나 불합리한 권리는 제거하거나 최소한으로 함은 물론 소유권 및 기타 권리보전상의 불리한 여러 요인은 발생치 않도록 하는 것 등이다.

예를 들면 행정청의 토지대장, 건축물대장의 확인, 등기부상에 미등기된 경우에는 보존등기를 한다든가 지적도상에 경계와 실제와의 차이가 있을 때에는 이를 정정 또는 확인한다든가, 대상토지에 불법점유 당한 부분이 있으면 이를 원상복구토록 하는 일체의 법률적 관리활동이다.

토지의 경제적 보존활동은 우선 토지가격을 정확히 파악한 후 그 가격에 비추어 볼 때 토지에서 발생하는 이익이 불합리하다고 판명되면 경제적 하자로 인정하고 그 토지의 경제적 가치를 보호하도록 대책을 세워야 한다. 현재의 가격이 적정수준 이상의 것이라면 이를 계속 유지시키거나 또는 향상시키려는 노력으로써 경제적 관리 행위를 강구함으로써 토지의 경제적 가격을 계속 보존하려는 관리행위이다. 또한 토지의 기술적 보존활동은 대상토지에 대한 기술적인 유지보존으로서의 관리행위를 말한다. 이와 같이 토지의 보존활동은 토지의 3측면을 중요시하여 이에 대하여 취득 및 유지 등에 이르는 활동을 의미하는 것이다.

따라서 토지의 보존활동은 과거에 비해 고도로 발달되고 복잡해진 관리 여건을 감안할 때 부동산학의 종합적 접근방식의 시스템에 의해 법률적, 경제적, 기술적 측면에서 보존활동이 관리되어야 한다.

02 토지이용규제

2.1 토지이용규제의 의의

종합적인 토지이용계획(土地利用計劃)이나 규제가 일반적으로 널리 행하여지게 된 것은 나라에 따라 다소의 차이가 있더라도 제2차 대전 이후의 일이다.

제2차대전 후 선진제국에서는 대도시의 과밀화, 생활권역의 확대, 개발과 보전의 조화 등의 문제가 공통적으로 나타났다. 이를 제반문제에 대처하기 위하여 토지이용 계획의 중요성이 강조되게 되었다.

따라서 토지이용계획에 의거한 토지이용규제는 종래와 같은 소극적인 질서유지목적에서 나아가 한정된 자원으로서의 토지를 경합용도간의 합리적으로 배분하기 위해 적극적 수단으로 행하여지게

되었으며 이를 위한 제도적인 수단도 다양하게 개발되어 가고 있다.[27]

토지시장에 대한 정부 개입의 성격과 수준은 국가별, 지역별로 정치 · 경제 및 사회전통에 따라 다양할지라도 토지에 대한 정부 정책의 중요성은 여러 나라의 공통적인 관심사가 되고 있다. 일반적으로 정부가 토지정책 또는 토지이용규제를 통하여 추구하는 정책목표는 다음과 같이 정리될 수 있다.

첫째로, 가장 중요한 목표는 추구이다. 이는 시장경제기능이 제 구실을 다하지 못하는 외부 경제 또는 비경제 효과를 반영하는 배분적 효율성(allocational efficiency)의 추구를 지칭하는 것이다.

둘째로, 건강 · 안전 · 복지의 추구이다. 이는 정부의 보호적 기능에 속하는 것으로서 과밀억제, 적절한 설계기준 및 시설물량의 규정, 건축규제에 의한 건축물의 안전보장, 기타 환경의 질에 영향을 주는 공해의 허용가능한 수준결정, 나아가서 공해를 차감한 순사회후생을 증대하는 방식의 토지이용을 포함하는 것이다.

셋째로, 형평성의 증대이다. 이는 정부의 자의적 수용 기타 침해에 의하여 효과적인 토지이용이 저해되는 경우 당해 토지의 소유권을 보호하는 것은 물론, 사회후생을 증대시키는 일정활동이나 사람들이 일정지역내의 토지이용으로부터 배제되거나 고용 · 교통 등과 같은 여타활동 및 서비스에 대한 적절한 토지이용으로부터 배제되지 않도록 보장하는 것이다.

넷째로, 적응성의 보장으로서 이는 공간이용패턴이 인구성장과 경제활동의 새로운 전개에 쉽게 적응될 수 있도록 보장하는 것이다.

다섯째로는, 용도간 갈등해소를 들 수 있다. 이는 토지이용과 관련한 사회가치체계내의 목표의 상충이나 토지이용의 경합을 해소하는 것이다.[28]

토지이용규제는 문자 그대로 토지이용에 관한 규제이며 일반적 · 정적인 관리나 지배하에 동적 · 기술적인 억제 · 제어 즉, 방치하면 무질서하게 되기 쉬운 대상물을 스스로의 의지하에 둔다는 것이다. 법제화된 토지이용규제에서는 특정의 공공주체가 규제자가 되어 토지이용계획을 통한 의지를 토지이용의 계획(plan)이나 법규(regulation) 등의 형태로 설정하고 토지이용의 변경을 허가제로 하는 것이 보통이다. 이러한 의미에서 볼 때 토지이용규제는 개발규제와 같은 뜻을 지닌다.[29]

2.2 토지이용규제의 구분

토지이용규제는 재산권의 제한(restriction of private property)이라는 법적 의미를 가지고 있다. 적용 법률에 따라 사법적 규제와 공법적 규제로 구분할 수 있다. 사법적 규제는 신의 · 설실, 권리남

27) 국토개발연구원, 「국토이용계획제도의 정비 개선에 관한 연구」(서울 : 국토개발연구원, 1989), pp. 15.
28) 국토개발연구원, 토지이용규제의 합리화방안에 관한 연구 (서울 : 국토개발연구원, 1986), pp. 4f.
29) 中田 淳, "土地利用計劃の 制度" 土地問題講座, [土地利用計劃], (東京 : 島出版會 1979), p. 277.

용 금지의 원칙에 입각한 사익보호를 우선 목적으로 하여 민법 등에서 규정하고 있고[30] 공법적 규제는 헌법을 비롯 각종 토지이용관련법에서 공공복리의 원칙에 입각한 공익보호를 우선으로 하고 있다. 그러므로 토지이용 규제는 개인 상호간을 통한 사익의 보호와 개인과 공공 또는 공공 상호간의 이해조정을 통한 공익보호가 조화를 이룸으로써 토지이용의 효율성을 제고하고 국민경제의 활성화를 모색하는데 그 목적이 있다. 따라서 토지이용을 통한 재산권의 규제가 불가피하고 이에 대한 정당성을 갖는 근거에 대한 여러 가지 주장들이 나타나고 있다.[31] 도표 6.10

도표 6.10 토지이용의 사법적 규제와 공법적 규제

첫째, 토지재산권은 재산권의 보장 가운데 가장 기본적인 것이지만 다른 재산권과는 달리 특별한 제약에 복종하여하는 성격을 지니고 있다.

30) 우리나라 민법 제211조에 의하면 "소유자는 법률의 범위에서 그 소유권을 사용, 수익, 처분할 권리가 있다"고 규정함으로써 소유권의 내용을 명시하고 있는데, 여기서 사용 · 수익이란 토지가 가지는 이용가치를 실현하는 것이며 처분이란 토지가 가지는 교환가치를 실현하는 것이라 할 수 있다.

31) 渡邊詳三, 土地と 財産權(東京 : 岩波書店, 1997), pp. 80~92 : 허영민, "토지소유권의 범위와 한계" 공법연구, 1980, pp. 80~83. : 상게논문, pp. 31~115.

둘째, 토지소유에 대한 제약은 권리남용 등 타인의 토지소유권과의 조정 혹은 안전 · 방화 · 위생 등 재산권에 내재하는 제약만이 허용될 수 있는 제약이라고 하는 종래의 견해는 바뀌어졌다. 보다 많은 사람에게 토지의 이용기회가 주어지기 위해서는 토지의 재배분이 행하여져야 하고 일정한 계획에 따라 토지이용을 의무화할 것이 요청되고 있다. 그러므로 토지이용질서의 확립이라는 적극적, 정책적인 견지에서의 제약에 대하여도 그 목적에 객관적인 합리성이 인정되는 한 공공복리에 적합하게 재산권에 대한 사회적 제약이 합헌적으로 행해질 수 있다고 보아야 한다.[32]

셋째, 헌법에서 말하는 재산권의 보장은 일반적인 자유권의 보장이 아니라 사유재산제의 제도적 보장이고 법률로 단위를 정하거나 제약을 가하는 것은 합헌이다. 그러나 재산권의 본질적 내용은 법률에 의해서도 침해할 수 없는 한계가 있다. 그렇다고 하면 토지이용계획에 의한 제한이 결코 본질적 내용을 침해한다고 볼 수 없으므로 합헌이란 결론이 나올 수 있다.[33] 우리나라 헌법에서 보장하고 있는 재산권은 먼저 헌법상 보장이 전제되고 공공복리 · 안전보장 · 질서유지 · 경제적 민주화 · 국토의 효율적 이용 · 개발 · 보전 그리고 국방상 · 국민경제상 긴요한 필요에 의하여 공적 규제가 가능하며 그 표현으로서 토지이용계획이 가장 일반적으로 나타나고 있다.

2.3 토지이용의 헌법상의 제약

우리나라의 헌법 제 23조는 '모든 국민의 재산권은 보장된다. 그 내용과 한계는 법률로 정한다. 재산권의 행사는 공공복리에 적합하도록 하여야 한다. 공공필요에 의한 재산권의 수용 또는 제한은 법률로써 하되 보상을 지급하여야 한다. 보상은 공익 및 관계자의 이익을 정당하게 형량하여 법류로 정한다.' 라고 규정하고 제9장 경제조항 제121조 내지 제 124조에서 국가의 효율적이고 균형있는 발전을 위한 제한을 규정하고 있다.[34]

2.3.1 재산권의 제약내용

우리나라 헌법 제23조에 '재산권의 내용이나 한계는 법률로 정하며 재산권의 행사는 공공복리에 적합하여야 한다.' 고 규정하여 재산권에 대한 법률의 제한 가능성 및 재산권 행사의 의무성을 명시하고 있다. 재산권의 내용과 한계를 법률로 정한다함은 첫째, 일정한 사실 또는 존재가 재산권으로서의 권리를 구성하고 어떤 내용의 권리이냐 하는 것과 둘째, 그 사실 또는 존재에 대하여 재산권으로

32) 成田頼明, "計劃法と 土地問題" 土地問題と 都市計劃(東京 : 東京大學出版會, 1981), p. 98.
33) 국토개발연구원, 토지이용규제 합리와 방안연구, pp. 13~18.
34) 공대식, 「도시토지이용론」(서울 : 범론사, 1989), p. 48.

서의 권리가 미치는 한계는 법률로서 정한다는 것이다. 재산권의 행사를 공공복리에 적합하도록 하여야 한다는 것은 자기의 권리인 재산권을 행사함에 있어서도 이것을 남용하지 않음으로써 공공복리를 유지하고 증진시켜야 한다는 뜻으로 공공복리라 함은 각 시대에 있어서 사회전반이 사정을 고려하여 판정할 것이 언제나 사회적 법치국가의 견지에서 고착되어야 한다.[35]

2.3.2 재산권 제약의 한계

재산권에 대하여 보다 강력한 정책적인 제약이 가능하더라도 재산권의 본질적인 내용까지 침해할 수는 없는 것이다. 우리나라 헌법도 제23조 제2항에서 제한의 한계를 규정하고 있다. 따라서 재산권의 제한은 법률에 의해서만 가능하다. 그러나 재산권을 법정한 경우에도 그 본질적인 내용은 침해할 수 없다. 사유재산제도의 최소한의 본질을 침해한 이법은 위헌이라 할 것이다.[36] 재산권의 내용과 한계는 명령에 의해서도 정할 수 없을 뿐 아니라 조례로서도 정할 수 없다. 내용과 한계는 명령에 의해서도 정할 수 없을 뿐 아니라 조례로서도 정할 수 없다. 다만 예외적으로 긴급조치로서 과도적인 규제는 가능하다. 또한 소급입법에 의한 박탈도 금지되어 인간의 존엄과 가치평등의 원칙이 지켜져야 하고 비례의 원칙, 과잉침해의 금지 및 보상의 원칙이 적용되어야 한다. 또한 우리 헌법은 제도적 보장으로서 사유재산제를 철폐할 수 없는 것이다.[37] 이는 민주주의에서의 재산권은 개인의 자율적이며 책임있는 생활을 영위하기 위한 불가결한 생활의 기초이기 때문이다.

그러나 재산권제한의 한계는 법리론상 확연히 판단할 수 있는 질적인 것이 아니라 구체적인 경우에 그 정도에 의하여 위헌여부를 결정해야 하는 최적인 문제라는 점을 주의해야 한다.[38]

2.4 토지이용의 사법상의 제약

헌법의 공공복리 원칙의 파생으로 민법은 신의성실원칙과 권리남용금지의 원칙을 규정함으로써 일반적으로 소유권을 제약하고 있다. 또 소유권은 법률의 범위 내에서 인정한다고 하여 법률에 의한 소유권의 제약을 예정하고 있다. 민법에서 구체적으로 소유권을 제한하는 주된 것은 '토지소유권은 정당한 이익이 있는 범위 내에서 토지의 상하에 미친다.' 는 민법 제212조의 규정과 인접하는 부동산간의 범위를 제한하는 상린관계의 규정을 두어 소유자에게 인용의무, 부작위의, 작위의무 등을 명하고 있다.

35) 김철수, 「헌법학 개론」(서울 : 법문사, 1973), p. 243.
36) 김철수, 상게서, p. 328 ; 공대식, 전게서, p.48~49.
37) 김철수, 상게서, p. 243.
38) 안용교, "재산권의 법구조", 고시계(서울 : 국가고시학회, 1970. 12), p. 28 ; 공대식, 전게서, p. 49.

2.4.1 신의성실원칙과 권리남용금지의 원칙

민법 제2조는 '권리의 행사에 의무의 이행은 신의에 좇아 성실히 행하며 권리는 남용하지 못한다.' 라고 규정하여 근대 민법의 기본원리를 수정, 공공복리의 실천원리 내지 행동원리로서 신의성실원칙과 권리남용금지의 원칙을 명문화하였다.[39] 그러므로 토지소유권의 사회성, 공공성의 원칙에 입각하여 토지소유권의 행사는 신의성실과 권리남용금지의 원칙에 반하지 않을 것이 요청된다.

신의성실원칙의 구체적인 내용은 개개의 경우에 재판을 통하여 실천될 것이며, 그것은 사회생활상의 필요와 사상의 변천에 언제나 일치할 수 있으므로 시대의 정의관, 윤리규범과 관련하는 탄력성과 영속성을 가지고 부단한 진화 속에 살아있는 법으로서 토지소유권 행사의 제한규범으로 군림한다.[40]

2.4.2 상린관계

상린관계(相隣關係)란 인접하고 있는 토지 소유자 상호간의 이용을 조절하기 위하여 민법에서 정한 그들 사이의 권리관계를 의미한다. 인접한 토지의 소유자가 각자의 소유권을 무제한으로 주장한다면 그들 토지의 완전한 이용을 바랄 수 없게 된다. 여기서 각 소유자가 가지는 권리를 어느 정도까지 제한하고 각 소유자에게 협력의 의무를 부담케 함으로써 인접하는 부동산 상호의 이용의 조절을 꾀하려는 것이다. 이러한 의미에서 말한다면 상린관계의 규정은 소유권의 제한이라고 할 수 있다.

상린관계는 인접지의 일방의 소유권을 제한하는 동시에 타방의 소유권을 확장한다. 그러므로 이 관계는 지역권의 내용과 비슷하다. 그러나 지역권과는 다음과 같은 점에서 차이가 있다.

첫째, 성립상의 차이이다. 상린관계는 법률상 당연히 발생하는, 즉 법률의 규정에 의하여 소유권의 내용을 당연히 확장 · 제한하나 지역권은 계약에 의해 발생한다.

둘째, 기능상의 차이로 상린관계는 반드시 서로 인접하는 토지의 이용에 대하여 최소한의 조정을 할 수 있다.

셋째, 존속상의 차이로 상린관계는 그 자체만을 소유권과 분리하여 포기하지 못하고 소유권과 그 운영을 함께 하기 때문에 단독으로 소멸시효에 걸리지 않는다. 그러나 지역권은 그 불행사로 인하여 소멸시효에 걸린다.

넷째, 존립 상황의 차이이다. 상린관계는 그 객체가 상린지란 것을 필연적으로 전제로 하는데 대해 지역권은 반드시 그럴 필요가 없다. 다시 말하면 지역권은 요역지와 승역지(承役地)가 반드시 서로 접하여 있을 필요는 없다.[41]

39) 공대식, 전게서, p. 49.
40) 상게서, p. 49. ; 곽윤식, 「대륙법」(서울 : 박영사, 1962), p. 150.

① 건물의 구분소유자의 상린관계

여러 사람이 한 동(棟)의 건물을 구분하여 각각 그 일부분을 소유한 때에는 건물 중의 공유하는 부분(예컨대 복도 · 지붕 등)과 부속물 중의 공유하는 부분은 구분소유로 하여 그들이 공유로 추정하게 된다(민법 제215조). 공용부분의 관리에 관한 비용 기타의 부담은 각자의 소유부분의 가액에 비례하여 분담한다. 공유물의 분할은 단독으로 청구하지 못한다(민법 제268조 제3항). 그런데 최근에 와서는 공동주택 등을 규제하기 위하여 이 법의 보완으로 '집합건물의 소유 및 관리에 관한 법률' 이 제정되어 구분소유권의 대상과 한계, 구분소유자 상호간의 법률관계, 구분소유권과 그 공동이용부분 및 그 대지에 대한 소유와 이용관계를 분명히 하였다.

② 인지사용청구권

토지소유자는 그 근방에서 담 또는 건물을 축조하거나 수선하기 위하여 필요한 범위 내에서 이웃 토지를 사용하는 청구를 할 수 있고(민법 제216조 제1항) 만약, 이에 불응할 때에는 법원에 그 승낙의 갈음을 청구할 수 있다(민법 제389조 제2항). 그 상대방은 인지소유권 뿐만 아니라 지상권자 · 전세권자 · 임차인 등의 인지이용자도 포함된다. 인지의 주거에 들어가려면 이웃사람의 승낙을 받아야 한다. 그런데 이웃사람이 주거의 출입을 거절할 수 없는데도, 만약 거절한다면 판결로써 승낙에 갈음할 수 있다. 다만, 정당한 이유없이 거절하는 때에는 권리남용이 될 수도 있을 것이다.

만약, 이웃사람이 손해를 받은 때에는 사용자에게 보상을 청구할 수 있다(민법 제216조 제2항). 이렇게 권리를 인정하면서 보상을 지급할 의무를 지우고 있는 것은 손해분담사상의 표현이라고 할 수 있다.

③ 주거방해의 금지와 인용

주거의 방해라 함은 이른바 '임밋시온' 을 말한다. '임밋시온' (immission)은 매연 · 열기체 · 액체 · 음향 · 진동 기타 이에 유사한 것이 타인의 토지로부터 유입하여 토지의 사용을 방해하거나 또는 거주자의 생활에 고통을 주는 것을 말한다. 방해의 방법은 공기나 지표를 통한 자연적인 전파라야 한다. 그러므로 파이프 · 도랑 등의 특수한 시설에 의하여 전달되는 것은 이에 해당하지 아니한다.

민법의 예시하는 발산물로는 매연 · 열기체 · 액체 · 음향 · 진동 이외에 '기타 이에 유사한 것' 을 들고 있다. 민법은 이들로 하여금 이웃 토지의 사용을 방해하거나 이웃 주거자의 생활에 방해를 주지 않도록 적당한 조치를 취한 것을 규정하고 있다(민법 제217조 제1항).

이 때 금지되는 것은 토지의 통상의 용도에 적당한 정도를 넘어서 전술한 유해물이 방산되는 경우

41) 정권섭, 「부동산법총론」(서울 : 법원사, 1991), p. 137f. ; 곽윤직, 물권법(서울 : 박영사, 1982), p. 272.

이며, 이들이 이웃 토지의 통상의 용도에 적당한 것인 때에는 이웃 거주자는 이를 '인용할 의무가 있다(민법 제217조 제2항).

④ 수도 등의 인지통과시설권

토지소유자는 타인의 토지를 거치지 않으면 수도 등의 시설을 할 수 없거나 과다한 비용을 요하는 경우에는 타인의 토지를 통과하여 시설할 수 있다. 수도 · 전기 등은 오늘날 문명생활에 필수적인 공익시설로서 당사자의 일방적 의사로써 방해되는 일이 없도록 인정된 권리이다(민법 제218조).

⑤ 주위토지통행권

어느 토지와 공로와의 사이에 그 토지의 용도에 필요한 통로가 없어서 주위의 토지를 통하려면 과다한 비용을 요하는 때에는 그 토지소유자는 주위의 토지를 통행할 수 있고 또 필요한 경우에는 공로(公路)를 개발할 수 있다(민법 제219조 제1항).

이것은 공로와의 사이에 통로가 막혀 있다는 사실만으로 법률상 당연히 주위의 토지에 대하여 통행권을 가지며 당사자의 의사를 불문하고 주위 토지 소유자에게는 일종의 인용의무를 지우며 포위된 토지의 기능을 확대하여 준다.

그리고 다른 토지를 통행하거나 또는 통로를 개설할 때에 통행지 또는 통로개설지에 손해가 가장 적은 장소와 방법을 선택하여야 한다. 그리고 주위토지의 통행자는 통행소유자의 손해를 보상하여야 한다.

⑥ 물에 대한 상린관계

배수, 유수, 여수 급여청구에 관한 상린관계이며 특히 공유하천 용수권은 관습상의 독립한 물권이라 하는 견해가 있으나 상린관계라고 보아야 할 것이다(민법 제221조~236조).

⑦ 경계에 관한 상린관계

경계선에 관한 관계는 경계표 · 담의 설치권은 인접하여 토지를 소유하는 자는 공동의 비용으로 통상의 경계표나 담을 설치할 수 있다(민법 제237조 제1항). 그 비용은 특별한 관습이 없는 한 쌍방이 절반씩 부담하고 측량비용은 토지의 면적에 비례하여 분담한다(민법 제237조 제2항). 인지소유자는 자기의 비용으로 담의 재료를 통상의 것보다 양호한 것으로 할 수 있는 담의 특수시설을 가지는 경우가 있다. 이 경우, 그 높이를 통상보다 높게 할 수 있고 방화벽 기타 특수시설을 할 수 있다(민법 제238조). 경계표 등의 공작물의 소유권과 관련된 것으로 경계에 설치한 경계표 · 담 · 구거 등은 상린자의 공유로 추정한다(민법 제239조 본문). 그러나 그 공작물이 상린자 일방의 단독비용으로 설치된 때에는 그 지출자의 소유로 되고 담이 건물의 일부인 때에는 건물소유자의 소유로 한다(민법 제239조 단서).

수지 · 목근의 제거권에 있어 인접지의 수목의 가지(枝)가 경계를 넘는 때에는 그 소유지에 대하여 가지의 제거를 청구할 수 있다(민법 제240조 제1항). 이 때 소유자가 이 청구에 응하지 아니할 때에는 청구자가 직접 이를 제거할 수 있다(민법 제240조 제2항). 인접지의 수목의 뿌리(根)가 경계를 넘어도 아무런 해를 끼치지 않음에도 불구하고 그 제거의 청구 또는 스스로 이를 제거한 대에는 권리남용의 문제가 되고 제거된 수목의 가지나 뿌리는 제거자의 소유에 속한다.

경계선 부근의 공작물설치에 관한 제한은 건물을 축조함에는 특별한 관습이 없으면 경계로부터 50cm 이상의 거리를 두어야 한다(민법 제242조 제1항). 그러나 건축에 착수한 후 1년이 경과되거나 건물이 완성된 경우에는 이를 청구하지 못한다. 다만, 이때는 손해배상을 청구할 수 있다(민법 제242조 제2항 본문). 경계로부터 2m 이내의 거리에서 이웃 주택의 내부를 관망할 수 있는 창이나 마루를 설치하는 경우에는 적당한 차면시설을 하여야 한다(민법 제243조). 차면시설의무는 상린자 간의 사생활 보호에 그 목적이 있다. 지하시설 등의 제한도 있다. 우물(지하수)을 파거나 용수 · 하수 또는 오물 등을 저치할 지하시설을 하는 때에는 경계로부터 2m 이상의 거리를 두어야 하며, 저수지 · 구거 또는 지하실 공사를 할 때에는 토사가 붕괴하거나 하수 또는 오액이 이웃에 흐르지 않도록 적당한 조치를 하여야 한다(민법 제244조 제2항). 토지소유자는 인접지의 지반이 붕괴할 정도로 자기의 토지를 심굴하지 못하도록 하는 토지심굴금지의무가 있다(민법 제241조 제1항). 그러나 충분한 방어공사를 한 대에는 무관하다(민법 제241조 단서).

2.5 토지이용의 공법상의 규제

2.5.1 토지이용과 지역지구제

토지이용은 도시계획의 일부를 구성하면서 도시 장래의 공간구성, 토지이용형태의 표시와 더불어 도로 · 철도 등의 교통시설 · 상하수도 등의 공급처리시설, 기타 공공시설의 정비계획의 기준이 되는 점에서 가장 기본적 부분을 형성한다. 이 때문에 토지이용계획은 master plan과 동의어로 이해되기도 한다.

이에 비하여 용도지역지구제는 개인에 의한 토지이용을 규제함으로써 지역이용계획이 정한 목표를 실현하는 하나의 법적 수단이다. 즉 용도지역, 지구는 토지의 자연적 조건 및 토지이용의 동향을 감안하여 주거, 상업, 공업, 녹지 등 용도를 적정하게 배분함으로써 토지의 경제적인 이용과 공공의 복리증진 및 도시기능을 유지 증진시키고, 각종 용도의 혼합사용에 의하여 불편, 불리, 능률의 저하,

혼잡, 비위생과 불유쾌, 도시발달의 악화를 방지하는데 그 의의가 있다.

용도지역지구제는 도시계획구역의 내부에 도시기능으르 배분하고 그 도시기능에 적당한 상태를 토지에 부여하여야 하며 토지의 유효한 이용방법, 즉 토지이용계획을 통해서 이루어진다. 이 지역의 현상으로부터 목표에의 이행을 질서있게 가장 합리적으로 행하는 것으로 그 목적은 다음과 같이 요약될 수 있다.[42]

① 도로의 혼잡 완화

용도지역제에 의하여 건물의 용도, 용적률 등의 규제되면, 그 지역으로부터 발생하는 교통량은 스스로 한정되는 것이며 도로의 정비상황, 또는 정비계획에 의한 허용 교통량에 대응한 용적률을 정함으로써 도로의 혼잡완화에 기여하게 된다.

② 화재 기타 위험으로부터의 안전성 확보

방화지역의 설정이나 공업지역과 주거지역의 분리 등에 의하여 화재의 확대방지에 기여가 가능하고 발화성약품, 연료저장고 등을 주거지역내에서 배제함으로써 위험을 최소한으로 줄일 수 있다.

③ 건강, 도덕, 일반적 복지의 증진

주택과 공장의 혼재에 의한 소음, 진동, 악취, 대기오염 등의 공해를 방지하기 위해 토지이용의 전문화가 필요한 것이며, 예를 들어 공해공장의 집단이전 등, 용도지역지구제에 의하여 생활환경을 서서히 개선해 나갈 수 있게 되고, 주거지역으로부터 불건전영업을 배제함으로써 청소년의 도덕교육상으로도 효과가 있다.

④ 충분한 일조와 통풍의 제공

용도지역제 본래의 목적의 하나가 주거 환경의 보호에 있기 때문에 일조, 채광, 통풍 등을 보호하기 위하여 여러 가지 용도지역의 특성에 적합한 건폐율이나 용적률이 결정되고 있다.

⑤ 토지와 건물의 혼잡완화

이는 용도지역의 본래의 목적에 해당되고, 건축물의 용도, 건폐율, 용적률의 규제에 의하여 달성되는 것이다.

42) 堀内亨一, 「都市計劃と 用途地域制」(東京 : 西田書店, 1978), pp. 10~13.

⑥ 과도한 인구집중의 억제

용도지역제에 의한 인구의 과도집중억제는 지금까지 제시된 목적으로부터 파생하는 부차적 목적이다. 우리나라의 개발제한구역(green belt)과 시가화조정구역이나 일본의 시가화지역과 시가화조정구역 등은 결과적으로 어느 정도 인구집중의 억제효과를 나타내고 있는 것으로 이해되고 있다.

미국의 표준주용도지역지정법(standard state zoning enabling act)은 각 지방자치단체의 지역지구조례의 모법(母法)이 되고 있는데 여기에서 규정된 지역지구제의 목표도 위에 제시된 것과 유사하나, 한 가지 상이한 것으로 추가의 필요가 있는 것은 개인의 재산가치의 보호를 위한 지역의 특성에 맞는 용도제정을 들 수 있다.[43]

2.5.2 기타 토지이용의 공법적 규제

토지이용규제란 정부 공권력에 의하여 사적 토지이용 및 개발행위를 억제 또는 지도하기 위하여 활용되는 각종 제한조치로서 토지정책분야에 있어서 하나의 수단체계로 이해된다. 정책의 하위수단체계로서 토지이용규제는 시장개입방식이 직접적이라는 점에서 간접적 개입수단이 되는 조세 및 보조금과 구별되고, 또한 적극적 시장참여방식과는 같은 직접개입수단이면서도 소극적이라는 점에서 구별된다. 이러한 토지이용규제체계는 용도지역지구제 이외에 가구분할통제, 건축규제, 개별 인·허가 및 각종 개발계획이라는 다섯 가지 보편적인 수단유형으로 구성되어 있다.[44] 도표 6.11

도표 6.11 기타 토지이용규제의 체계화

유 형	내 용	비 고
가구분할통제	용도지역지구제보다 상세하게 인접 필지들간의 직접적인 관계도 포함.	이들은 보통 서로 연결되어 사용되며, 가끔 독특한 형태를 취하기도 함.
건축 규제	가장 상세한 것으로 개개의 필지에 허용되는 건축물의 성격(종종 용도도 포함)을 통제.	반드시 같은 그룹의 의사결정자들에 의해서 결정되는 것은 아님.
개별 인·허가	위의 두 가지 규제수단에서 규정한 제반 규제를 시행하는데 부수적으로 관여하는 일상적인 절차 및 방법.	이들 인·허가절차는 당해 규제를 결정한 계획기관과 전혀 무관하나 또는 그 이상의 기관에 의해 운용됨.
각종 개발계획	국토계획, 도시계획 등과 기타 개별법상 개발계획 등은 각종개발과 관련한 조세 및 보조금, 공공투자 기타 직접적 참여수단을 활용함은 물론 위의 제 수단유형을 포함하는 종합적인 수단이 되고 있음.	

43) 국토개발연구원, "용도지역지구제의 개선에 관한 연구", 1987, p. 17.
44) John. M. Courtney, "Intervention through Land Use Regulation", in Harold B. Dunkerley, ed., pp.156~168.

03 갱지 · 별장지의 관리

3.1 갱지의 관리

토지에 지상건물 없는 상태로 볼 때는 갱지(更地)나 나지(裸地)는 같다고 볼 수 있겠으나 법률적으로 그 개념은 다소 다르다.

토지 위의 건물 기타의 정착물이 없고 또한 타인에 의하여 사용 · 수익 제약되는 권리가 붙어있지 않는 상태의 토지를 갱지라고 한다. 이를테면 토지의 임차권이라든지 지상권이라든지 지역권이라든지 하는 제한이 붙어있지 않은 토지를 말한다. 물론 「국토의 계획 및 이용에 관한 법률」이라든지 건축법 등 공법상의 제한을 받는다.

3.1.1 권리의 보전

최근에는 토지의 경계에 관한 관리가 상당히 개선되어 있기 때문에 그리 흔한 일은 아니지만, 과거에는 타인 소유의 토지를 불법적으로 이용하는 사례가 많았다. 그러나 현대에 있어서도 이러한 현상이 아주 사라진 것은 아니므로 토지경계에 대한 관리에 있어서 경계선을 상징화해둘 필요성이 있다.

그리고 여전히 등기제도의 허점을 노려 타인 소유의 토지를 사취하려는 사례는 많이 발생한다. 이로 인해 제3자로서 선의의 피해자가 발생하는데, 이러한 문제의 예방을 위해서는 등기절차상에 있어서 좀 더 실질과 부합하는 공적 관리가 피해자들의 발생에 대한 예방에 상당한 개선을 가져올 것이다.

3.1.2 이용상의 문제

갱지, 나지를 그대로 방치할 것이 아니라 건물을 건축할 때까지 주차장 · 건축자재 취급 장소 · 하치장 · 테니스코트 · 골프연습장 등으로 일시 이용해서 수입을 도모하는 방법도 일상시의 감시를 겸한 관리방법이라고 할 수 있다.

별장지역에 있어서는 유원지 시설이나 승마연습장 등으로도 일시 이용하는 방법도 생각할 수 있다. 최근 대도시권에서는 나지 신탁행위가 있는데 "스프로울(sprawl)"화가 심한 대도시 주변의 주택지역에서 나지를 특정인 등이 토지소유자로부터 빌려 관광농원이나 꽃나무 재배장 등으로 이용하는 예가 있다.

토지 소유자측에서 말하면 토지를 매도하는 것이 아니고 어느 특정인에게 토지를 빌려주는 셈이다. 그리고 특정인측에서 보면 용지를 매수하기에는 자금이 부족하여 토지확보가 곤란한 경우 토지 이용의 단기사업을 적은 자본으로 할 수 있을 것이다.

3.2 별장지의 관리

3.2.1 별장지의 개념

외국의 경우 '유형별 부동산의 관리'를 크게 토지의 관리, 건물의 관리 및 별장지의 관리로 구분하고 있다.[45] 선진국들은 경제발전으로 그만큼 생활여건이 좋아지고 또한 자기 자신의 충분한 생활을 향유하기 위하여 조직체에서 벗어나 홀가분한 환경 속에 지내기를 원하며 개인의 생활과 밀접한 계획 속에 제2의 생산을 낳기 위한 별장지의 필요성을 가지게 된다.

별장지란 여가 또는 휴식을 위하여 주로 경관이 좋은 곳에 따라 마련한 주택지를 말한다. 그러나 좀더 포괄적인 개념으로서는 주택(별장)과 택지(별장지)를 포함한다. 그리고 여기에서의 주택이라 함은 생존을 위해 필수적으로 제공하는 공간이라기 보다는, 주로 일시적인 휴식이나 여가의 소일을 위한 공간이라고 볼 수 있다. 그렇지만 점점 생활에 여유를 지닐 때 별장지와 일반주택의 기능상의 구별이 곤란할 수도 있을 것이다.

3.2.2 경제성장과 레저활동

현대인은 고도경제발전과 분업화된 사회 속에서 단순한 자기분야의 일만 반복적으로 계속하면서 살아가고 있다. 따라서 전문분야에 종사하는 사람일수록 때로는 인생을 보는 시야가 좁아지게 되기 쉽다.

자기분야의 일에만 열중하다보면 그 외의 일이 자기에게 닥쳤을 때 그것을 어떻게 해결해야 할지 모르게 되고 따라서 불안을 느낀다. 요컨대 기계적으로 반복적인 일상을 살다보면 사소한 일일지라도 자기분야의 일이 아닌 것을 만나면 스트레스를 느끼게 되기 쉽다고 할 수 있다. 아마도 이러한 스트레스를 해결하기 위하여 현대인은 강박적으로 각종 레저활동에 탐닉하게 되는 것으로 생각된다.

이러한 현상은 tour시대에서 tourism시대, mass tourism시대로 나아가 social tourism 시대로 발전하고 있는 것이다. 휴양, 관광을 필요로 하는 것은 이외에도, 사람이란 주거지를 떠나 속박에서 벗어나고 싶은 심리적 요소가 있고, 미지의 동경심에 대한 인간본능이 있기 때문이다.

45) 松田剛, 「不動産の管理」(東京：住宅新聞社, 1980), 1980, p. 1.

3.2.3 별장지의 일반적 관리

① 권리의 보전

별장 및 별장지의 관리는 상당히 광범위한 것이다. 따라서 어떻게 관리업무를 하여야 할 것인가를 우선 정확히 정하여 둘 필요가 있다.

나지로서의 별장지는 현재로서 건물을 세울 수 없는 공간이기 때문에 방치되는 일이 많고 토지소유자의 권리가 현실적으로 보존되지 않는 경우도 많다. 그래서 우선 필요한 것은 분양한 토지 등의 구획도면을 완전보존토록 비치하여야 한다.

② 위탁관리

관리비용을 되도록 적게 하려면 분양 별장지의 주변의 농가에 관리업무를 위탁함이 좋다. 그 외의 방법으로 분양업자가 사원을 시킨다든가 정기적으로 사원을 파견하는 방법이 있지만 인근농가에 위탁하는 것보다 비용이 많이 들고 인적 요소를 필요로 하고 있다.

별장지 분양업자는 별장지의 매매계약을 행함에 있어 매수자가 희망할 경우 인근 농가에 관리를 수탁토록 중개하여 주는 방법이 있으며 관리비용은 농가와 상의하면 된다.

③ 시설의 관리

보통 개인적으로 소유하는 휴양지며 옛날 선조들의 모습을 그대로 담은 민속적인 가치를 지닌 고상한 별장이라든가 또는 현대에 들어와서는 별장지 및 별장의 전문 · 대중화로 인하여 집단적으로 분양, 공동 소유하는 별장지 등의 시설의 관리에는 관리를 위한 다양한 노력이 필요하게 된다.

부동산 상품에도 고급화 · 제품의 다양화가 있는 것과 마찬가지로 휴양지 시설도 예외는 아니다. 하물며 별장지란 ㅇㅇ등의 피서지, ㅇㅇ등의 피한지처럼 계절적으로 이용하는 방법이 있고, 일년 동안 계속 이용하는 경우도 있다. 이용빈도가 높으면 높을수록 관리방법에 효율적으로 대응하여야 한다.

휴양지시설의 수요형태 변화나 레저(leisure)활동의 대중화가 증가하는 원인인 소득수준향상, 휴일의 확대 등도 생각하여야 한다. 최근에는 시설을 단순히 분양하는 경우 등은 감소되어 가는 실정이며, 냉 · 난방기기의 발달 · 보급으로 단순히 더위를 피하기 위한 목적이 아니라 레저활동으로서 시설을 이용하는 경우가 더 많다.

그러므로 시설에는 다양화를 필요로 하고 있으며 변화에 대응하기 위한 시설의 계획, 즉 기업관리를 하여야 한다. 별장지 개발계획은 단순히 별장지로서 조성하여 분양하는 것만이 아니고, 수시로 다른 사업이 필요하다. 기업에 있어서 생각하여야 할 점은 내용(what), 대상(who), 목적(why), 방법(how), 시간(when), 시설 · 용구(where) 등의 5W와 1H구성 요건이 요구된다.

용어 정리

- **계약기간** (契約其間 : Contract year)
- **계약종료** (契約終了 : Termination)
- **고용인** (雇傭人 : Employer)
- **관리계약** (管理契約 : Management contract)
- **관리자** (管理者 : Administrator)
- **대리인관계** (代理人關係 : Agent relationship)
- **보증채권** (保證債權 : Surety bond)
- **부동산임차권** (不動産賃借權 : Leasehold estate)
- **소유자** (所有者 : Owner)
- **증빙서류** (證憑書類 : Documentary evidence)
- **피고용인** (被雇傭人 : Employee)
- **수수료** (手數料 : Commission)
- **수익권** (受益權 : Profit rank)
- **수임관계** (受任關係 : Fiduciary relation)
- **수탁자** (受託者 : Trustee)
- **운영** (運營 : Operation)
- **위탁자** (委託者 : Truster)
- **인수절차** (引受節次 : Factor formality)
- **임대** (賃貸 : Lease)
- **재산권** (財産權 : Propertyright)
- **증빙서류** (證憑書類 : Documentary evidence)
- **피고용인** (被雇傭人 : Employee)

생각해 볼 문제

1. 부동산소유자관계의 성격에 대하여 법리적으로 설명하시오.
2. 부동산 관리비의 의의와 그 내용에 관하여 설명하시오.
3. 부동산 임대차계약에 있어 임대료지불유형에 관하여 설명하시오.
4. 부동산 불이행에 대한 임차인의 구제방법에 관하여 논하시오.
5. 부동산 임대차협상 관리에 있어 유의점을 설명하시오.
6. 효율적인 부동산의 보존관리에 관하여 약술하시오.

CHAPTER

07 경제적 측면의 부동산관리

I 부동산의 경제적 측면과 마케팅

01 경제적 측면과 부동산마케팅[1)]

1.1 준비와 추천

부동산의 경제적 측면이란 주로 부동산의 가격 형성과정과 가격에 관한 측면이다. 이와 관련하여 부동산의 마케팅 활동은 경제활동과 매우 밀접하다. 그러면, 마케팅에 대한 공식적인 정의는 1960년 미국 마케팅협회(American Marketing Association)에 의해 처음으로 제시되었다. 이 정의는 마케팅을 '생산자로부터 소비자 또는 사용자에 이르는 제품 및 서비스의 흐름을 통제하는 기업활동(business activities that direct the flow of goods and service from producer to consumer or user)' 으로 설명하였다.[2)]

부동산 마케팅 또한 생산된 부동산의 소비에 이르는 과정을 통제하는 활동이다.

마케팅의 기본원칙 두 가지는 "상품을 알아라"와 "새 사업의 가장 좋은 기반은 현재 당신의 고객이다"이다. 상품에 대해 알기 위해 철저한 준비를 해야 하며, 기존 임차인의 추천을 최대한 활용하는 것은 마케팅에 필수적이다.

1.1.1 준비

시장에 부동산을 내놓기 전에 관리자는 먼저 모든 것이 깨끗하고 좋은 상태인지 확인하는 것이 필요하다. 임대공간을 잠재임차인에게 소개하기 전에 청소 페인팅, 보수가 완벽해야 한다. 관리자는 임

1) 이창석, 「부동산학개론」(서울 : 형설출판사, 2007), pp. 115~192. ; 전용수 · 이창석, 「부동산자산관리론」(서울 : 형설출판사, 2005), pp. 115~132.

2) American Marketing Association Committee on Definition, Marketing Definition: A Glossary of Marketing Terms(Chicago: AMA, 1960), p. 14.

대공간을 검사하면서 건물의 특징을 관찰하고, 다른 임대 대상물에 비해 어떤 장점과 편의시설이 있는지 살펴보아야 한다. 관리자는 부동산을 시장에 내놓을 때마다 검사해야 되고, 최근에 시장에 내놓지 않았다면 정기적으로 검사해야 한다.

관리자는 주로 상업 및 산업용 부동산의 경우 독립적인 중개업자와 같이 일을 할 수도 있다. 이 경우 관리자는 빌딩을 소개하려고 하는 중개업자가 빌딩의 특정과 구조에 대해 알고 있는지 확인해야 할 것이다. 중개업자가 부동산에 대해 적절한 설명을 해줄 수 없다면 임대계약의 성사를 놓치게 될 수도 있다.

1.1.2 추천

해당 부동산에 만족한 기존임차인으로부터 신규임차인을 추천받는 것은 부동산을 임대하는 최선의 방법이며 가장 비용이 적게 드는 방법이다. 신규임차인을 추천하는 기존임차인은 해당 부동산에 대한 자신의 만족도를 기준으로 부동산을 추천할 것이다. 때로 신규임차인을 소개시키는 것에 대가로 기존임차인에게 감사의 표시로 하여금 현금 인센티브를 주기도 한다. 임대부동산을 추천하는 방법은 다수의 임차인이 있는 부동산에 있어서 가장 효과적인 방법이며 주거용, 상업용, 공업용 부동산 모두 똑같이 사용될 수 있다.

이러한 추천은 관리자가 잠재임차인을 임차인으로 확보하는 데 크게 기여할 수도 있다. 만약 소개받은 잠재임차인과 계약이 성사된다면 관리자는 개인적으로 소개를 한 기존 임차인에게 감사의 표시를 해야 한다. 이러한 감사의 표시는 더 많은 잠재임차인을 불러들일 수 있다.

1.2 부동산마케팅 활동과 광고

1.2.1 마케팅활동

일반적으로 좋은 디자인의 광고와 광고프로그램 등이 지원되는 좋은 상품은 시장에서 보다 빠르게 여타 경쟁상품보다 더 높은 값에 임대될 수 있다. 부동산경기가 좋을 때 광고를 효과적으로 한 부동산은 최고의 임대료를 받고 임대될 수 있다. 완벽한 마케팅 활동은 광고전략과 방법, 판촉활동(promotional efforts), 개인적 판매활동 등 세 가지의 구체적인 요소에 따라 세부계획을 결정할 필요가 있다.

광고는 잠재임차인의 욕구와 행동을 자극하기 위해 이용되는 대중매체와 마케팅 방법과 관련이 있다. 판촉활동은 직접 광고비용을 지불하지 않고 널리 알리기 위해 사용되는 것으로 홍보 활동은, 외부 중개업자나 정기간행물과의 협력 등을 의미한다. 개인적 판매활동은 부동산을 보여주는 것에서부터

계약서에 서명하는 것까지 잠재임차인과 직접 개인적 접촉을 하는 것을 말한다. 각각의 마케팅 활동은 좋은 임차인에게 좋은 값에 빨리 임대하고자 하는 관리자의 목표달성에 도움이 된다. 도표 7.1

도표 7.1 마케팅 전략 수립과정

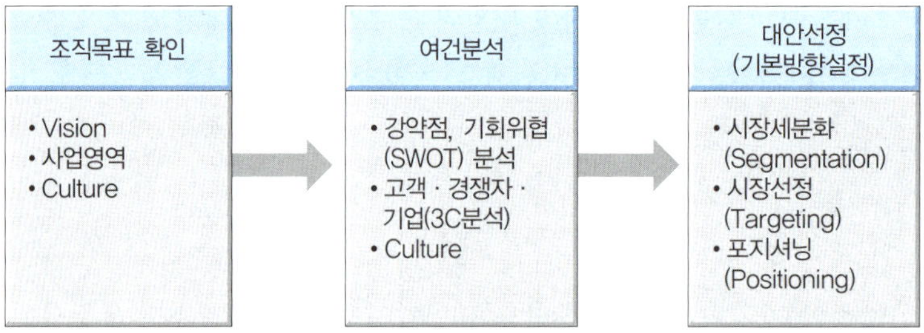

자료 : 서성무 · 이지우, 「경영학의 이해」, (서울 : 형설출판사), p. 292.

1.2.2 부동산광고전략과 광고방법[3]

① 광고전략

임대용 부동산은 각각 독특한 성격을 지니고 있기 때문에 마케팅 방법에 옳고 그름은 없다. 관리자는 광고의 내용을 결정하기 전에 부동산 상품의 유형, 부동산의 수요와 공급, 이용 가능한 자금원 등 세 가지의 구체적인 요소에 따라 세부계획을 결정할 필요가 있다.

가. 부동산상품의 유형

주거용, 상업용, 공업용 부동산은 각각 독특한 잠재임차인층을 가지고 있기 때문에 판촉 대상 부동산의 유형은 마케팅 전략을 구상하는데 가장 중요한 영향을 미친다. 또한 신축이거나 공실 상태의 부동산은 이미 입주율이 높고 명성이 나있는 기존 빌딩보다 초기임대마케팅을 더 적극적으로 해야 한다.

각기 다른 유형의 부동산에 사용되는 광고방법은 반드시 잠재적인 잠재임차인의 성격이나 규모와 관련된다. 예를 들면, 창고를 찾고 있는 제조업체는 신문의 부분 광고보다는 공장 중개업자와 상담할 가능성이 높다. 그들은 종종 소규모 모임 등을 통해 은밀히 부동산을 찾는다. 주요 도로에서 쉽게 눈에 띄는 산업단지 근처의 대형 간판도 이러한 잠재임차인의 주의를 끄는 데 도움이 된다.

상업용 부동산의 관리자는 임차인 구성과 교통량의 중요성을 이해해야 한다. 상업용 부동산의 관리자는 임차인을 찾기 위해 심지어 다른 지역의 사업체에도 임대를 의뢰해야 한다. 관리자들은 시민

3) 전용수 · 이창석, 상게서, pp. 117~124.

단체나 상인단체에 참여하기도 하고 종종 다른 도시의 부동산 중개업자들과도 폭넓은 연계활동을 해야 한다. 사무용 건물이나 비어있는 상점의 창문에 걸려있는 대형 간판, 지역에서 발간되는 주간지나 신문의 경제면에 실린 광고도 상가 임차자에게는 효과적인 광고수단이 될 수 있다.

또한 아파트를 임차하고자 하는 가정에서는 신문의 임대정보란을 뒤지거나 인근에 공실이 있는지 알아본다.

주택을 임차하고자 하는 사람들의 경우 직정이나 학교등이 가까운 지역을 찾기 때문에 가장 효과적인 광고 방법은 임대 대상 부동산에 임대광고판을 설치하는 것이다.

나. 부동산의 수요와 공급

한 지역 내에 부동산의 공급과 수요 간의 균형은 부동산에 대한 두 가지 마케팅 환경을 만들어 낸다. 관리자는 지역 내의 공실률을 판단하고 이에 따라 임대 계획을 수립해야 한다.

낮은 공실률의 경우를 보자. 임대부동산의 공급이 해당 지역 수요와 거의 같은 수준이며 소비자가 현재 임대료를 지불할 능력이 된다면 대규모의 마케팅프로그램을 계획할 필요는 적어진다.

임대료를 인상시킬 계획이 있다면 소비자 수요와 보다 높은 임대료를 창출하기 위해 건물의 품격을 높이기 위한 판촉활동을 해야 한다. 공실률이 낮은 부동산에 고급 이미지를 제고하기 위해서는 인상적이고 디자인이 잘 되어 있으며 종종 비용이 많이드는 광고가 필요하기도 하다.

높은 공실률의 경우이다. 부동산의 공실률이 높다면 가능한 빨리 많은 잠재임차인을 끌어들이기 위해 광고를 하는 것이 필요하다. 중요한 광고캠페인을 위해 자본을 투자하고 비용을 증가시키는 것은 사업이 어려울 때 비용을 줄이려는 관리자의 자연스런 심리와 상충된다. 그러나 사실 더 큰 손실을 막기 위한 최선의 방법은 부동산을 더 많이 선전하고 광고하는 것이다.

공실률이 높은 시장에 사용되는 광고의 초점, 강도, 빈도 등은 안정적인 시장에서와 차이가 있다. 신속히 공실률을 낮추기 위해 잠재임차인을 끌어들이는 것이 부동산의 이미지를 높이는 것보다 더 긴급한 사안이 된다. 이러한 상황에서 광고캠페인의 중점은 질에서 양으로 전화되어야 한다. 단기간의 결과가 장기간의 혜택보다 더 큰 경제적 의미를 지니기 때문이다.

② 광고예산과 광고전략

가. 광고예산

부동산의 재정상태 즉 부동산이 창출하는 수입은 대개 부동산의 광고 선전을 위해 투입 가능한 자본의 규모에 따라 직접적 효과를 갖는다.

관리자는 관리안을 제출하기 전에, 잠재임차인의 규모와 지역 내 특정한 형태의 부동산의 수요에 대해 보다 명확한 예측을 시장과 부동산의 분석으로부터 도출해내야 한다. 관리자는 효율적으로 잠재임차인을 끌어내기 위한 최상의 기법을 선택하기 위해 이러한 정보와 광고의 예산액, 판촉활동을 동원한다.

관리계획안은 위와 같은 사항들을 꼼꼼히 포함하고 있어야 한다. 만약 전체 광고 예산이 관리계약내용에 명시되지 않고 전체 금액이 적절하지 않다면 관리자가 사용할 수 있는 전략은 제한받을 것이다.

나. 광고방법

관리자는 광고의 회수, 판촉방법, 목표대상에 도달할 수 있는 매체종류를 선택할 수 있다. 주어진 시장 상황을 위한 광고에 대한 선택은 부분적으로 부동산의 유형에 달려있다. 특정한 유형의 부동산을 마케팅하기 위해서는 어떤 기술과 어떤 매체가 효과적인지에 대해서는 다음 장에서 설명할 것이다. 이번 장에서 설명되는 마케팅 기법은 일반적인 시장에서 관리자의 역할을 명확하게 하기 위한 것이다.

광고방법은 간판, 정기간행물과 출판물, 신문광고, 텔레비전, 라디오, 브로셔, 직접우편, 전단, 인터넷사이트 및 혼합매체 등의 방법이 있다.

STORY TIP 7.1 핵심인재되기 1%의 비밀

직장인 처세서인 '회사가 붙잡는 사람들의 1% 비밀' 이 화제다. 출간된 지 6개월만에 10만부 이상 팔려나갔다. 순수한 노력과 열정, 패기만으로는 성공할 수 없는 대한민국 직장의 내밀한 속사정, 그곳에서 고군분투하는 직장인 군상과 그들의 생존 노하우를 시원스레 공개한 이 책은 한국의 현실을 잘 분석한 '토종형' 처세서로 인기를 얻고 있다.

하지만 '1%' 신드롬은 대한민국 직장인들이 늘 불안감에 시달리고 있다는 방증이기도 하다. 직장인 처세술을 담은 책이 항상 베스트셀러의 반열에 오르고, 온라인에는 '이태백', '삼백선', '사오정', '오륙도' 등 직장인의 처지를 자조하는 신조어와 처세 관련 체크리스트가 수두룩하다. 불안한 직장인들은 자의 반 타의반 '샐러던트(salaryman + students)' 의 길로 접어들고, 개인의 커리어 관리를 도와주는 '커리어 코치' 와 '헤드헌터' 는 인기 직종으로 자리잡았다. 최근에 직장인 스트레스를 전문적으로 다루는 직장인 심리상담가도 관심을 받고 있다.

'글로벌 마인드를 가져라!', '커뮤니케이션 스킬을 키워라!', 'T자형 인재가 돼라', 'CEO처럼 생각하라', '평판관리에 신경 써라' 등 처세와 관련한 온갖 문장이 머릿속을 헤집어 놓는다. "How to survive!" 에드바르트 뭉크의 '절규' 가 떠오를 지경이다.

하지만 너무 두려워할 필요는 없다. 아무리 경제위기가 닥쳐와도, 구조조정이 사작돼도, FA 선수로 황무지에 툭 떨어진다고 해도 '회사가 붙잡는 사람들' 은 늘 존재하게 마련이며 이들은 어디서든, 어떻게든 살아남는다.

'회사가 붙잡는 사람들의 1% 비밀' 의 저자인 신현만 커리어케어 대표이사는 "회사가 붙잡는 인재는 우리와 99% 똑같고, 단지 1%가 다를 뿐" 이라며 "회사라는 조직에 대한 관점만 바꾸면 누구나 핵심 인재가 될 수 있다" 고 강조한다.

자료 : 「주간동아」 No, 696 2009.

02 관리홍보노력과 활동[4)]

2.1 관리홍보노력

2.1.1 이익단체

잠재임차인은 종종 관리회사나 빌딩의 명성 때문에 임차부동산을 선택한다. 따라서 관리자가 부동산업계, 신문, 일반 대중과 좋은 관계를 유지하는 것은 중요하다. 이러한 관계 유지는 다양한 이익단체에 강연을 자원하거나 전문지식을 공유함으로써 가능하다.

2.1.2 보도자료

관리자는 상업이나 부동산의 지역 신문 편집장과 방송 매체에 보도거리가 되는 항목에 관하여 보내는 것을 주저하지 않아야 한다. 새로운 개발이나 리모델링을 한 부동산에 관한 정보는 임대의 문의를 유발한다. 보도자료(press release)를 배포할 기회를 증가시키는 것은 편집자의 주목을 이끌게 된다.

특정 부동산으로 주의를 끌기 위해서 지역신문사에 게재되는 뉴스자료는 크기, 편의시설, 역사적 중요성, 용도변경, 건물외관 등 부동산의 중요한 특성을 강조해야 한다. 이러한 형태의 자료는 특히 대형 신규상업 및 주거용 부동산의 초기임대를 위한 선전에 효과적이다. 주제에 따라 부동산 잡지와 업계 잡지는 임대자료의 정보를 기사화시키는 데 관심을 갖는다. 새 프로젝트 발표, 준공식(Ribbon cutting), 오픈 하우스를 위해 텔레비전방송 취재를 의뢰하는 것도 좋다.

이러한 방식의 선전은 사실상 무료라는 장점이 있다. 기사를 작성하는 데 드는 관리자의 시간과 노력이 전부다. 보도 자료는 잠재임차인에게 부동산과 관리회사의 명성을 지속시키며 때로는 유료광고보다 더 신뢰감을 줄 수 있다. 보도 자료를 통한 광고의 이점이 너무 많아 많은 대형 관리회사들이 지역 내에 그들을 위해서 일하는 독립적인 광고회사와 계약하기도 한다.

2.2 개인적 판매활동

비록 모든 판매 활동의 궁극적인 목표는 판매계약이나 임대계약을 체결하는데 있다고 하더라도 관리자는 개인적으로 고객을 만나기 위해 모든 기회를 이용하고자 할 것이다.

4) 전용수 · 이창석, 상게서, pp. 124~132.

즉, 관리자의 판매 활동은 잠재임차인을 다루는 중개업자뿐만 아니라 잠재적인 부동산 구입자나 임차인에게까지 직접 영향을 미치게 된다.[5)]

2.2.1 중개업자를 배제한 임대

주거용, 상업용, 공업용 부동산을 마케팅 하는 가장 효과적인 방법 중 하나는 외부 중개업자와 협조하는 것이다. 중개업자의 협조는 신규 또는 대형 부동산을 임대할 때 특히 도움이 된다. 관리자는 해당 부동산에 대한 전단이나 소식지를 보낼 때 오직 중요 중개업자에게만 보내야 한다. 무차별적인 우편발송은 비용이 많이 들고 비생산적이다. 관리자는 수수료 분배나 다른 수단을 통해서 외부 중개업자와 법적 · 재정적으로 협조할 의사를 표시해야 한다. 관리자는 부동산의 특징과 편익에 대해서 개인적인 발표나 오픈 하우스(open house)의 후원을 통해 중개업자가 인식하게끔 해야 한다.

적당한 잠재임차인을 확보한 외부 임대차중개업자는 종종 관리자에게 잠재임차인을 관리자의 건물에 보내기 전에 수수료를 분할해 줄 것을 제의한다. 대개 지역 기준의 의해 영향을 받는다고 할지라도, 협력 중개업자에게 지불하는 임대수수료는 최종적으로 소유자가 결정한다. 일부 소유자는 외부 중개업자가 개입했을 때 임대된 공간에 대해 추가적인 수수료를 지불한다.

그러나 만약 관리비가 높다면 소유자는 외부 중개업자에게 수수료를 지불하려고 하지는 않을 것이다. 그러한 경우에 관리자는 수수료를 나눠서 협력 중개업자에게 일정비율을 주어야 한다. 관리자에게 임차인을 데려오는 중개업자에게 소개비를 주는 방법 또한 많이 사용되는 방법이다.

오늘날 관리자와 중개업자와의 협조는 일반적인 방법이다. 그러나 이 공조체계는 외부 중개업자가 때때로 임차인과 짜고 관리자를 제외시키려 하기 때문에 충돌이 발생할 수도 있다. 관리자와 중개업자가 다른 종류의 충성심, 즉 관리자는 소유자를 위해서 일하고 협조 중개업자는 잠재임차인을 위해서 일하기 때문에 둘 사이에 충돌은 예상 가능한 일이다. 그들 각자는 자신이 계약을 더 성공적으로 성사시킬 수 있다고 믿는다. 관리자가 모든 잠재임차인을 만나서 협상하는 것은 이를 막으려는 협력 중개업자의 노력에서 불구하고 부동산 소유자와 관리자 둘 다에게 최대의 관건이 된다. 소유자는 이러한 노력에 있어서 관리자를 적극적으로 후원해야 한다. 부동산 종사자를 위한 많은 전문 조직들은 상호협조 속에 소개 네트워크를 구축하고 있다. 이 마케팅 전략은 관리자로 하여금 더 광범위한 지역을 목표 대상으로 삼을 수 있게 해주기 때문에 가장 실제적이다. 주거용 임대부동산의 관리자들은 주거용 부동산 중개업자와 공조할 수 있고, 또한 반드시 공조를 해야 한다.

왜냐하면 중개업자는 장기주택융자의 자격에는 미달되나 주택이나 아파트를 임대할 능력이 되는

5) 이창석, 「부동산학개론」, pp. 546~553.

잠재임대인을 알고 있기 때문이다. 다시 말하지만, 관리자는 협력 중개업자에게 소개비를 분명히 제시하고 신속하게 지불해야 한다.

2.2.2 직접 판매기술

잠재임차인이 관리자의 사무실을 방문할 때 마케팅 과정의 첫 단계인 잠재임차인 조사가 완료된다. 이미 부동산에 대해 일부 관심을 표명한 이 소비자에게 이 공간이 그 지역의 다른 공간보다 더 좋다는 것을 이해시키는 것이 관리자의 일이다. 그렇게 하기 위해 관리자는 판매기술이 있어야 한다.

판매기술은 자격심사, 흥미와 욕구유발, 반론 다루기, 협상과 계약체결 기술을 포함한다. 관리자는 부동산을 소개하는 방법을 알고 있어야 하며, 협상 시 몇몇 부분은 계약도출을 위해 협의대상이 될 수 있다는 것을 현명하게 제시하는 방법들을 알고 있어야 한다.

또한 관리자는 질문에 대답하고 잠재임차인에게 당해 공간의 두드러진 특성을 설명하기 위해서는 관리하는 공간에 대해 상세하게 알고 있어야 한다. 마지막으로 임대차의 조건들이 협의되고 계약서상에 작성되어야 한다.

2.2.3 잠재임차인의 자격심사

잠재임차인을 심사하는 것에는 필요 면적, 임차의 긴급성, 이사동기, 재정적 자격 등 많은 요소들이 포함된다.

① 공간

공간을 보여 주겠다고 약속을 하기 전에 관리자는 임차인의 공간적 요구를 정확히 판단해야 한다. 예를 들면, 상업적 잠재임차인은 면적을 질문할 것이고, 주거용 임차인은 방이 몇 개인지를 질문할 것이다. 당사자들은 독립건물이 좋은지 다세대건물이 좋은지, 희망하는 가격대, 주차장, 대중교통시설, 다른 지역정보와 편의시설 등을 질문할 것이다. 상업용 건물과 주거용 건물 사이에 질문은 다르다 할지라도 논의과정은 똑같다.

때때로 잠재임차인은 그들이 필요한 공간에 대해 확실한 결정사항을 갖고 있지 않으며 관리는 해당 공간이 고객에게 적당하지 않으면 초기에 정직하게 이야기해야 한다. 관리자는 공간을 보여 주는데 시간을 낭비하는 것보다는 잠재임차인의 이름과 주소를 적어 놓았다가 차후 적당한 공간이 나타나면 연락을 취하는 것이 좋다. 건물과 관리회사에 대해 좋은 인상을 가지고 있는 잠재임차인은 차후 계약을 위해 관리자를 방문할 수도 있기 때문이다.

② 긴급성

긴급성이 있는가, 없는가를 알기 위해 여러 질문을 할 수 있다. 재배치는 꼭 필요한가, 혹은 선택사항인가? 이사를 언제 할 계획인가? 이사의 이유는 무엇이며, 단기 입주인가? 장기 입주인가?

③ 동기부여

관리자는 주거용, 상업용, 공업용 부동산임차인들의 반응이 모두 다르기 때문에 잠재임차인의 동기와 그 표현방법을 연구해야 한다. 주거용 부동산을 임차하는 것은 사무실 공간을 선택하는 것보다 훨씬 더 감정적인 결정에 따르기 때문에, 주거용 부동산의 관리자는 건물외관의 심리적 요소에 중점을 두는 것이 중요하다. 상업용 부동산과 산업용 부동산의 관리자는 금액을 우선 고려하는 잠재임차인들은 대할 때 현실적인 사실들을 우선 고려하여야 한다.

④ 의사결정

또 한 가지 고려할 점은 잠재임차인이 의사결정자인지 아니면 단순히 초기답사를 위해서 온 사람인지 살펴보아야 한다. 특히 상업용, 공업용 임차인의 경우 관리자는 어떤 중요한 협상에 들어가기 전에 임차결정권한을 가진 사람이 누구인지를 알아야 한다. 관리자가 처음 연락하는 회사대표는 결정권한을 가진 사람일 수도 있고 아닐 수도 있다. 임차결정은 때로는 이사회에서 결정되는 경우도 있기 때문이다. 관리자는 계약시 가능하면 빨리 주요 의사결정권자와 만나도록 노력해야 한다. 이 때 그 자리는 의사결정에 중요한 영향력이 있을지 모르는 사람이다. 이 때 그 자리는 의사결정에 중요한 영향력이 있을지 모르는 사람이 소외되지 않도록 기술적으로 다루는 것이 중요하다.

⑤ 관심과 욕구 유발

관리자의 사무실에서 부동산에 대해 자세하게 논의하는 것은 때로는 비생산적일 수 있다. 잠재 임차인은 말로 설명되는 것과는 완전히 반대로 부동산의 모습을 상상하고 실제 부동산을 본 후 실망할 수도 있다. 부동산을 보여주기 위해 관리자가 잠재임차인을 직접 대동하고 부동산을 보여주는 방법이 가장 좋은 방법이다.

⑥ 반론 다루기

관리자가 공간을 미리 검사했고 잠재임차인의 자격을 평가했다면, 질문과 반론에 대해 신속하고 지혜롭게 대처할 수 있다. 질문에 대답할 수 없다면 관리자는 그것을 인정하고 메모해서 나중에 가능하면 빨리 잠재임차인에게 정보를 제공해야 한다. 수긍하고 후속조치를 취하는 것은 정직과 직업정신을 반영한다.

⑦ 협상과 체결

판매 활동에서 가장 중요한 부분인 협상과 계약체결은 매우 중요하다. 임대 대리인과 임대센터가 전체 과정에서 관리자에게 도움이 될 수도 있다.

⑧ 임대대리인

'부동산대표' 나 '고객유치인' 으로 불리기도 하는 사내 임대대리인들은 때로 마케팅 활동의 필수적인 부분을 담당하며, 관리자에 의해 고용되기도 한다.

⑨ 임대센터

비용에도 불구하고 위치가 좋고 전문 인력을 갖추고 있으며, 잘 관리되는 임대센터(rental centers)는 종종 대형 주거용, 상업용 단지를 광고하기 위한 가장 좋은 방법이다. 임대센터는 매력적인 시설과 가구까지 갖추고 있는 완벽한 공간이다. 또한 잠재임차인에게 완벽하게 완성된 공간이 어떤 모습인지를 보여주는 데 도움이 된다.

2.3 부동산관리자의 마케팅활동

부동산관리자는 마케팅활동의 효과성을 측정하기 위해 다양한 광고매체, 선전노력, 판매활동에 투입되는 비용을 계산하여야 한다. 부동산을 마케팅하는 비용은 종종 비용 : 잠재임차인 : 임대 비율(cost-per-prospect-per-lease basis)로 표시된다. 관리자는 이러한 기록을 정리함으로써 건물을 구경할 잠재임차인의 수를 예측하고 이를 기본비용 결정계수로 사용할 수 있어야 한다. 미국의 경우를 통하여 여기에 몇 가지 예를 들어보자.

- 매달 600달러의 임대료를 받는 고층아파트(ⓐ)는 임대되기 전 5명의 잠재임차인에게 소개되어야 한다. 일렬구조의 쇼핑센터(strip shopping center)내 작은 상점(ⓢ)은 20명의 v에게 소개되어야 한다. 고층아파트(ⓐ)건물의 관리자는 임차인을 찾기 위해 전시광고에 200달러를 투자한다고 가정하자. 잠재임차인 : 비용은 일인당 40달러가 든다(ⓐ = 200÷5). 그러나 작은 상점(ⓢ)에 대한 임차인을 찾는 데 같은 200달러의 광고비가 소비된다면 한 명의 잠재임차인당 오직 10달러만 든다(ⓢ = 200÷20). (물론 이 예는 200달러의 광고비를 들이면 필요한 숫자의 잠재임차인을 찾을 수 있다는 가정하에 이루어진다.)
- 같은 고층아파트(ⓐ)를 임대하는 과정에서 관리자가 임차인을 찾기 위해 5일 연속으로 항목별 광고를 내는 데 25달러를 투자한다. 잠재임차인당 소요되는 총 비용은 25달러가 된다(ⓐ = (25

×5주)÷5명). 건물 소유자는 이것이 꽤 비싸다고 생각한다. 그러나 그 비용은 1년에 7,200달러(600달러/월÷12개월)의 임대료를 벌어들이기 때문에 합당하다.

- 관리자가 일주일에 오직 한 번, 신문 일요판에 광고를 낸다고 가정하자. 잠재임차인 5명을 모으는데 필요한 5회의 광고는 역시 125달러의 비용이 든다. 그러나 임차인을 찾는 데 5주가 걸리므로 결과적으로는 광고비 125달러에 임대료 750달러[600달러/월+(600달러/월÷4회)]를 손해보게 된다. 이러한 상황하에 신규임차인을 찾는 데 약 875달러의 비용이 든다. 이것은 많은 금액이어서 관리자는 다른 방법을 모색할 것이다.
- 관리자는 매달 임대료를 50달러씩 인하해서 한 달에 550달러씩 임대료를 받고 광고를 한 번해서 다섯 명의 임차인을 끌어들일 수도 있다. 1년 동안 임대료 인하로 인한 비용은 600달러가 된다(50달러×12개월). 그리고 광고비용은 25달러이다. 이 방법을 사용하면 임차인을 찾는 데 오직 625달러가 든다(바로 전 논의된 875달러와 비교해보라). 이것은 임차인 한 명당 250달러를 절약하는 것을 의미한다.

관리자가 마케팅을 결정할 때 판단을 잘 해야 한다는 것은 분명 필수적이다. 광고비에 더 많은 돈을 들이는 것보다는 임대료를 낮추겠다고 결정하기 전에 관리자는 가구당 임대료 인하가 건물 내 유사한 공간에 미치는 영향을 생각해 보아야 한다. 임대료를 인하함으로써 건물의 전체 임대계획이 변경될 수도 있기 때문이다.

Ⅱ 주거용 부동산관리[6)]

여기에서는 부동산관리자에 의해 관리되는 부동산의 형태가 이러한 관리 기능에 어떠한 영향을 미치는지를 주거용 임대주택으로부터 설명하기로 한다.

주거용 임대주택은 단독세대용 주택에서부터 수천 세대의 아파트 단지, 이용기간별로 임대가 가능한 리조트맨션, 정부주택, 공공주택, 장기체류자용 아파트형 호텔 등이 해당한다. 대부분의 주택임차인들이 아파트에 거주하기 때문이다.

6) 전용수 · 이창석, 상게서, pp. 172~217.

하지만 아파트를 성공적으로 관리운영하기 위해 사용되는 기법들은 모든 유형의 주거용 임대주택에 적용될 수 있다.

부동산관리자들은 해당 부동산이 위치한 지역의 법과 규제를 알아내고 준수하여야 한다.

01 주거용 시장분석

비교가능한 주거용 부동산 및 인접지역의 경제상황에 대한 시장조사는 아파트나 단독주택의 임대일정을 수립하기 위한 경우 소득을 창출할 수 있는 투자로써 부동산의 가치를 측정하기 위한 경우의 두 가지 이유에서 절대적으로 필요하다. 도표 7.2

도표 7.2 국부(國富)와 국민소득

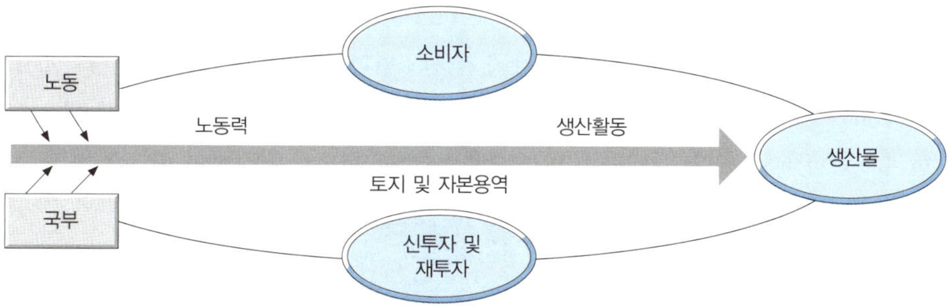

- 국부 : 그 나라 국민이 이용할 수 있는 자원의 총체로 소득개념일
- 국민소득 : 플로(flow) 개념

1.1 임대계획수립

주거용 부동산관리자는 그 지역의 비교가능한 부동산의 임대가치를 분석해야 한다. 많은 관리자들은 임대가치, 임대될 공간, 제공되는 편의시설을 알기 위하여 다른 부동산들을 둘러볼 것이다. 경쟁자의 광고를 보는 것도 경쟁적인 시장가치를 알 수 있는 한 방법이다.

이 비교분석(comparative analysis)은 해당 주택과 유사한 주택의 크기, 위치, 편의시설, 임대구조 같은 자료를 측정 · 기록한다. 그리고 나서, 공간의 상대적인 시장가치가 결정되고 각 아파트의 종류에 따라 기본임대료가 결정된다. 기본임대료는 선호되는 위치, 경관, 방위, 크기, 설계를 반영, 조정되어야 한다. 인근지역의 점유율이 95% 이상이면 소비자의 수요가 높은 것을 나타내며, 임대료의 인상이 정당화될 수 있다.

인근지역의 고용상태와 소득자료는 주거용 임대계획을 수립하는데 기준이 되어야 한다. 소득의 25%를 주택에 사용한다는 이론은 더 이상 보편적으로 받아들여지지 않는다. 비용상승, 맞벌이 부부와 핵가족 추세로 많은 사람들은 보다 나은 주거시설에 많은 소득을 투자할 것이다.

1.2 수익성 측정

인구통계정보를 수집하면 관리자가 수익성을 증대시키기 위해 부동산을 추천하는데 도움이 될 수 있다. 인구조사통계는 특정 인근지역 내의 인구밀도에 대한 전반적인 아이디어를 제공할 수 있다.

그러나 관리자가 단순히 지역민의 총 수를 파악하는 것만으로는 충분하지 않다. 즉, 필요한 주택가구의 형태와 수를 결정하기 위하여 평균 가족의 크기를 반드시 알아야 한다.

예를 들어, 젊은 미혼자 혹은 자식이 없는 부부가 주로 거주하는 지역과 일반가정이 거주하는 지역에서 방 하나의 공간에 대한 수요 예측은 아주 다를 것이다.

관리자는 해당 지역의 가족 구조뿐만 아니라 현재 인구변화를 알아야 한다. 현재 사회에서 일반적인 현상인 인구이동은 증가된 유동성, 불안한 경제상황, 가족크기와 구조의 변화, 향상된 사회보장제도로 인한 수명 연장 때문이다. 관리자는 토지 사용 및 소득 수준과 관련하여 해당 지역의 구성 변화를 주의 깊게 분석하여야 한다. 확장되는 지역사회로 중간소득계층이 유입되어 인구가 증가하는 것과 늦은 임대료로 인해 인구가 유입되는 것은 상당한 차가 있다. 도표 7.3

도표 7.3 마케팅 관리과정과 주요 변수

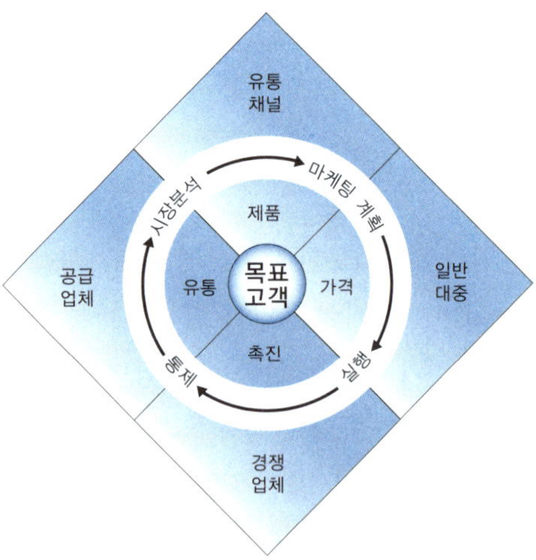

자료 : 서성무, 이지우, 「경영학의 이해」, (서울 : 형설출판사), 2007, p. 228.

1.3 부동산 마케팅방법과 임차인 관계관리[7]

1.3.1 이용 가능한 마케팅방법

아파트 단독주택 등의 부동산은 소비재이고, 따라서 자동차나 의복을 마케팅하는 것과 같다. 그렇지만 몇 가지 차이는 있다.

① 간판과 건물외관

잠재임차인은 해당지역을 조사하고 나서 부동산을 둘러보기 때문에 간판(sign)과 건물외관(curb appeal)의 유지 · 보수가 중요하다. 건물외관은 거리에서 건물을 처음 보았을 때 생기는 인상이다.

건물외관은 좋은 임차인을 유치하는 데 도움을 줄 뿐 아니라 현 거주자 사이의 긍정적 태도 유지에 도움을 준다. 보존을 잘하는 것도 효과적인 마케팅방법이 될 수 있다. 둘러보는 것만으로는 잠재임차인이 필요로 하는 모든 것을 제공할 수 없을 것이다.

공간 자체가 깨끗하고, 매력적으로 장식되어 있으면서 좋은 상태일지라도 시장 상황으로 인해 어떤 부동산은 임대되지 않을 수 있으므로, 예민한 임대차관리자는 어떤 것이 빨리 임대될 것인지를 재빠르게 인식하고 가격을 조정하거나 광고나 전시 방법을 변경한다.

② 임대대리인

소규모 부동산에서는 관리자가 직접 잠재임차인의 전화와 방문을 받지만 대규모 부동산의 관리자는 임대대리인을 이용할 필요가 있다.

유능한 임대대리인(leasing agents)은 종종 임대되는 가구에 따라 보상을 받고, 그래서 그들 자신과 부동산을 어떻게 가장 효율적으로 제시할 수 있는지를 알고 있다. 또한, 그들은 잠재임차인의 기본적 욕구를 파악하고, 아파트를 임대하기 위하여 이의제기를 어떻게 다루고 극복해야 하는지를 알고 있다.

③ 가격조정

임대계획을 수립하는 목적은 각 부동산에 대해 최대의 시장가격을 실현하는 것이다. 각 유형의 아파트 가격이 종류별로 정확히 책정되었다면 해당 부동산들에 대한 수요는 동일할 것이다.

7) 전용수 · 이창석, 상게서, pp. 177~184.

④ 제시목록

합리적인 임대일정을 수립하기 위하여 관리자는 제시목록(show list)을 만드는 것과 같이 조직적 절차를 따라야 한다. 제시목록은 아파트의 경우, 잠재임차인이 조사 가능한 빌딩 내의 아파트를 구체적으로 열거해야 한다.

언제든지 그 목록에는 각 종류와 크기별로 최대 3채의 아파트를 보여줘야 한다. 한 아파트가 임대되면 임대할 다른 빈 아파트로 교체한다.

제시목록을 적절히 활용하는 것은 여러 가지로 도움이 된다.

첫째, 제시목록은 마케팅 프로그램의 통제지침으로 사용될 수 있다. 만일 방문자수가 제시목록에 표시되면 성공이나 실패의 검토 자료로 사용될 수 있다.

둘째, 유지 · 보수직원이 건물 내의 비어 있는 부동산을 모두 유지 · 보수한다는 것은 거의 불가능하지만 목록의 12~15가구를 최고 상태로 유지하는 데는 문제가 없어야 한다.

셋째, 제시목록의 몇 가구는 선호도가 높으므로 결정이 빨라야 한다는 점을 설명해두어야 한다.

넷째, 각 부동산의 특징이 제시목록에 항목별로 표시되면 관리자는 효율적으로 업무를 수행할 수 있다. 목록은 간단하고 읽기 쉬우므로 잠재임차인은 관리가 입주 가능한 아파트 목록을 보는 동안 불필요하게 시간을 지체할 필요가 없다.

제시목록과 통행자 수는 어느 가구가 임대되지 않는지를 결정하기 위해 매주 검토되어야 한다. 그리고 나서 관리자는 왜 임대되지 않는지를 개인적으로 조사해야 한다. 낡은 카펫과 쓸모없게 된 비품같이 모든 해결 가능한 것은 수리되어야 한다. 건물외관(curb appeal)이 나빠 몇 번 잠재임차인에게 보여도 임대되지 않을 수 있다. 그러나 입구의 페인트 칠, 깨끗한 청소, 잔디 깎기와 관목 손질작업 등을 통해 임대될 수도 있다.

⑤ 광고와 전시

자산의 가격이 적정하게 책정되었어도 잠재임차인과 사용인이 부동산을 적극적으로 보도록 유인하지 않는다면 공실률이 높을 것이다. 이런 이유로 관리자는 광고를 개발, 실행, 모니터해야 한다. 따라서 부동산의 종류, 수요공급, 소유자의 이용 가능한 재원을 고려하여 광고를 개발해야 한다.

⑥ 신문광고

신문광고는 넓은 독자층 때문에 임대아파트의 주요 광고수단이다. 광고 구성 시 잠재임차인의 욕구를 염두해 두어야 한다.

예를 들면, 방 세 개의 아파트를 임대하기 어려운 지역에서는 서재(작업실)가 있는 방 둘의 아파트라고 홍보한다면, 보다 많은 고객층의 흥미를 끌 것이다. 단독주택에 가장 빈번하게 이용되는 마케팅 방법은 신문 광고이다. 광고의 목적은 잠재임차인의 주의를 유발하여 잠재임차인이 전화를 하거나 혹은 아파트를 보러 오도록 하기 위한 것이다.

이런 이유로 예산이 허락하는 한 여러 가지 서체와 보다 큰 지면배정이 선호된다. 독자의 주의를 끈 후 위치, 크기, 임대료를 강조함으로써 흥미가 유지될 수 있다.

신문광고는 임대료, 부동산의 규모, 주소, 입주가능일, 관리자의 전화번호를 포함해야 한다. 광고에 임대료를 포함해야 그 부동산을 임차할 수 없는 사람은 전화하지 않게 되므로 시간상 효율적이다. 광고비용과 광고예산이 허락하는 한 주요 편의시설이 언급되어야 한다.

⑦ 아파트잡지

일부 지역에서는 지역 아파트 잡지가 아파트에 대한 광고매개체로서 신문을 신속히 대체하고 있다. 매월 발행되고, 일반적으로 무상으로 배부되는, 이들 잡지는 소매상이나 편의점 가판대 혹은 길거리의 신문 가판대에서 이용 가능하다.

⑧ 디스플레이광고

더욱 유명한 주거용 단지들은 특별히 새로 오픈될 때, 디스플레이광고(display ads)로 hd종 효과를 볼 수 있다. 보다 큰 광고들은 즉각적인 주의를 끌고, 잠재임차인의 자부심에 호소하면서 건물에 제공되는 많은 편의시설들을 강조해야 한다.

⑨ 임대센터

임대센터(rental centers)는 부동산개발단지에 위치한 특별 분양사무소이다. 임대센터는 전시지역, 가구 및 편의시설이 비치된 모델하우스, 임대차 계약을 위해 이용될 수 있는 지역을 포함한다. 미국의 경우, 임대센터는 건설하는데 비용이 많이 들 뿐 아니라 직원 배치 등으로 별도의 운영비가 들기 때문에 100가구 미만의 주거지 개발에는 거의 이용되지 않는다. 주거용 임대센터의 기본목적은 가능한 한 더욱 효율적으로 아파트를 임대하는 것이다. 임대센터는 개발초기단계 동안에만 임대 완료시간을 줄일 수 있다. 분양이 끝난 후 신규임차인을 위해 센터를 계속 운영해야 하는지를 결정해야 한다. 예를 들어, 한 해에 50가구 정도의 아파트가 비게 된다면 모델아파트의 운영이 비용적으로 효율적일 수 있고 매년 200가구 정도의 아파트가 임대되어야 한다면 임대센터가 필요할 것이다.

⑩ 관련 법규

관리자는 눈에 띠면서 효과적인 광고를 작성하는 방법을 아는 것 외에도 관련법규를 준수해야 한다. 우리나라의 경우 「표시 · 광고에 관한 법률」에서 분양광고를 규제하고 있다.

1.3.2 임차인의 관계 관리

① 아파트 임대차의 설명

임차인과 좋은 관계를 유지하려면 임대차계약에서 나타난 것처럼 의무를 이행할 수 있고 이행할 의도가 있는 임차인을 선택해야 한다. 임차인과 대화채널을 개설함으로써 관리자는 상호 만족스러운 임대인 – 임차인 관계를 구축할 수 있다. 많은 임차인들은 자신들이 서명하는 임대차계약서를 주의 깊게 읽지 않으므로 관리자들은 언제 어디서 어떻게 임대료가 지불되고 연체시 초래되는 결과와 같은 주요 조항을 강조해야 한다. 허용되지 않는 애완동물 등에 관한 벌금조항 등을 재차 강조하면서 주차문제, 장기방문자의 체류기간(며칠, 몇 주, 몇 달), 다른 임차인의 권리가 존중되어야 할 필요성(소음, 시끄러운 음악)과 같은 조건도 임대차 조건에 포함할 수 있다. 입주 잠재임차인에게 임대차 조건을 설명할 때 빌딩 관리 규칙도 제시해야 한다.

② 정기적인 커뮤니케이션

거주자와 규칙적으로 커뮤니케이션하는 한 방법은 간단하지만 정보를 주는 월간 혹은 격주간 정보지를 발행하는 것이다. 워드프로세서 프로그램은 경험이 없는 관리자도 상당히 보기 좋은 서류를 만들 수 있는 서식을 제공한다. 만약 대규모 개수와 같은 큰 변경을 계획하고 있다면 관리자는 내용과 시기를 설명하는 회의를 열어야 한다.

02 부동산의 유지 · 보수와 운영[8)]

2.1 아파트의 유지 · 보수

부동산을 유지 · 보수하는데 관련된 모든 종업원의 의무는 빌딩의 규모와 설비, 부동산의 상태와 관리계약의 조건에 달려 있다. 유지 · 보수의무는 관리인(수위), 현장 유지 · 보수직원과 여러 외부 서

8) 전용수 · 이창석, 상게서, pp. 184~188.

비스 계약업자를 포함하는 대형조직에 의해 유지된다.

소규모 부동산의 관리자는 현장직원의 지원 없이 유지 · 보수책임을 맡아야 한다. 정규직 혹은 서비스 계약직을 고용할 것인지를 결정하는 것은 관리자가 필요로 하는 서비스의 양과 소유지의 비용효율성을 근거로 하여 판단해야 할 사항이다. 고용 결정은 신청인의 경험과 능력을 보고 판단하여야 한다. 많은 현장 관리인과 유지 · 보수인력은 신속하고 적절하게 비용을 절약하면서 가벼운 배관작업, 전기수리, 페인트작업을 할 수 있다. 막힌 배수구, 누수되는 수도 및 작동되지 않는 화장실 변기는 전문 배관공을 필요로 하지 않는다. 전등설비, 전구, 퓨즈, 스위치 판과 스위치도 비용이 많이 드는 전기기술자보다 건물 유지 · 보수직원에 의해 처리될 수 있다.

2.2 아파트 운영보고서

아파트건물의 소유자는 상업용, 공업용 자산의 소유자와 같이 운영보고서를 요구한다. 따라서 보고서는 부동산 관리자를 평가하는데 필요한 모든 기본 자료를 소유자에게 제공, 투자가치를 결정하고 최상의 행동방향을 결정한다.

2.2.1 아파트 운영예산

아파트 점유율은 인원삭감이나 시장에 새로운 부동산의 건설과 같은 경제상황 때문에 항상 변화하게 된다. 그러므로 예산을 수립할 때 부동산관리자는 점유율에 영향을 미칠 수 있는 추후 예산연도 동안 시장에 예상 가능한 영향력이 있는지를 결정해야 한다. 예를 들면, 높은 점유율 기간 동안에는 어떠한 새로운 사업계획이 진행 중인지 그리고 언제 임대차가 가능한지를 아는 것이 중요하다. 한 지역에서 오랫동안 점유율이 낮으면 대개 새로운 아파트가 건설되게 된다. 그러한 상황에서 임대차 만기일을 조사하여 임차인이 새로운 다른 부동산으로 이주할 가능성이 있다면 그 취약성을 분석하여야 한다. 관리자는 비정상적인 것, 계획된 예산과 중요한 차이를 찾아야 하고 그 차이를 분석하고 설명할 수 있어야 한다. 특정 상황에서 관리자는 과거에 왜 그 변동사항이 발생했는지를 안다면 대비할 수 있다.

2.2.2 비용절감

필요한 유지 · 보수를 연기함으로써 현재의 현금흐름을 증가시키는 것은 바람직하지 않지만 대량구매나 에너지 보존 프로그램을 통해 상당한 금액을 줄일 수 있다. 일반적으로 아파트 부동산에서 에너지 보존 프로그램은 건물직원이나 사용인의 협조 없이는 성공적으로 실행될 수 없다.

철저하게 전문적인 에너지보존분석과 비용감소프로그램이 부족하므로 증가하는 운영경비를 제한하기 위해 상식적인 주의를 기울일 수 있다. 미국의 경우 유틸리티 회사에는 관리자가 협의할 수 있는 에너지 컨설턴트가 있다(컨설턴트가 유틸리티 관리 매뉴얼을 참조하여 비용을 줄일 수 있는 방법을 찾아내어 제시하면 실행하는 것도 중요하다).

2.2.3 현금흐름표 분석

현금흐름예측은 대개 아주 복잡하게 보이지만, 기본적으로 현금흐름분석은 투자 부동산이 세제상 이익에 의하여 소유자의 수입에 미치는 효과를 보여준다. 보고서는 소유자가 실제 세후 투자이익을 분석할 수 있게 하고, 부동산을 보유하는 것이 경제적으로 이익이 되는지, 해당 부동산에 추가로 투자해야 하는지, 재융자를 해야 할지, 매각해야 할지를 결정하게 한다. 또한 소유자는 관리자의 운영보고서를 특별히 현금 흐름표, 보고카드 혹은 기간간의 비율을 비교함으로써 관리자의 업무를 측정하는 자료로 사용할 수 있다. 현금흐름을 계산하는 데는 여러 방법이 있고 계산적으로 선호하는 방법이 있을 수 있다.

2.2.4 최종선택

임대료가 시장허용한도 내에서 최고로 높다면 지출비용은 최대한 억제되어야 한다. 이를 판단하기 위한 것이 운영경비비율이다. 운영경비를 유효조소득으로 나눈 것으로 다른 부동산과 비교하여 높을 경우 관리자는 이를 낮출 수 있는 방법을 강구해야 한다. 그럼에도 불구하고 여전히 만족스러운 수입을 얻지 못한다면 소유자는 매각, 보조금 지급, 부동산의 시장성을 높이기 위한 대규모 자본 투자 등 최종 3가지 선택에 직면한다.

예를 들면, 중앙집중식 에어컨을 설치하거나, 임대가 잘 되지 않는 부동산은 구조적으로 시장 요구에 맞게 전환되거나, 편의시설을 추가할 수 있다. 그런 지출은 주의 깊게 분석한 후에 이루어져야 한다. 이 경우 개량으로 인한 소득증가가 감가상각비용을 초과해야 한다.

Ⅲ 업무용 부동산관리[9)]

01 부동산 시장분석[10)]과 부동산 분석

비록 입주자나 임대업자 또는 개발업자에 의해 설립된 소규모 회사가 몇몇을 소유하고 있지만 원래는 개인투자가들이 대부분의 사무실 부동산을 소유한다.

그러나 건축, 설비, 서비스와 노동이 비용 증가로 개인이나 소규모 회사가 도시지역에 평균규모의 사무실 빌딩에 자금을 조달하고 유지하는 것은 실제적으로 불가능하게 되었다. 미국의 경우 결과적으로, 많은 고층업무용 빌딩을 Sears and Prudential, Equitable and John Hancock 보험회사와 같은 대규모 기관 투자가인 투자 신디케이트가 소유하고 있다. 투자에 대한 현금수입이 최소인 초기 년도 동안 빌딩을 개발 유지할 재정능력이 있는 대기업도 소유하고 있다. 대기업과 경쟁할 수 없는 많은 소규모 개발업자들은 교외지역에 사무실 공간을 개발한다.

1.1 시장분석의 제요인

1.1.1 지역분석과 근린분석 및 흡수율

지역분석 및 근린분석은 특히 상업용 부동산과 관련이 있지만 업무용 부동산에서도 중요하다. 한 지역에서 사무실공간의 수요 및 공급을 평가할 때 현재의 경제동향 만큼 현재의 시장상황도 중요하다.

① 지역분석

업무용 빌딩의 건축이 주기적 특성에 의해 결정되는 것처럼 임대료는 사무실 공간이 이용 가능한지 부족한지의 여부를 반영할 것이다. 관리자는 지역의 새로운 사업체 수, 전형적인 새 사업이 요구하는 공간, 현재의 장소에서 새로운 시설로 이주하기를 원하는 입주자의 수와 유형을 간과하지 않아야 한다. 일반적으로 성장지역에서는 연간 10% 내지 20%의 비율로 확장될 것으로 예상되기 때문에 현 입주자의 확장도 또한 고려해야 한다. 사무실빌딩의 지역분석(regional analysis)은 지역 경제의 성장 분야를 강조하여 대기업이 그 지역으로 이주하거나 새 사무소르 개설하도록 만들 수 있다.

9) 용어 정의상 업무용 부동산은 상품이 제조, 판매되는 시설과 반대로 특별한 서비스가 제공되는 빌딩이나 방이다. 다수층의 업무용 빌딩은 사무실공간의 가장 일반적인 형태이지만, 유일한 형태는 아니다. 수천 개의 회사가 상업쇼핑지역 혹은 공업단지에 위치한 1층에서 3층 건물에 위치한다.

10) 전용수 · 이창석, 상게서, pp. 220~222.

② 근린분석

업무용 부동산을 취급할 때 근린분석(neighborhood analysis)은 교통, 주차, 사업과 서비스에의 근접성을 강조한다. 그 지역의 개선, 개수(改修), 새로운 건축이 강조되어야 하는 것처럼 지역의 명성이 강조되어야 한다.

③ 흡수율

사무실 공간에 대한 수요를 분석하는 데 있어서 관리자는 흡수율(Absorption Rate) 혹은 그 시장 지역에서 역사적으로 임대되었던 면적을 결정하여야 한다.

1.1.2 업무용 빌딩의 분류와 위치선정

① 업무용 빌딩 등급

사무실공간은 미국의 경우를 보면, 미국 빌딩소유자 및 관리자협회(BOMA : Building Owners and Managers Association International)에 의해 발행되고 BOMA가 연 2회 사무실시장 상황조사를 하는 데 사용하는 비공식지침에 기초하여 A, B, C 혹은 D등급으로 구분된다. 비록 빌딩등급은 도시마다 다르지만 건물연령, 위치, 시장 포지션(임대료)의 세 가지 요소에 의해 결정된다.

가. A등급 : 상대적으로 신축, 최상의 위치, 높은 점유율, 높지만 경쟁적인 임대료

나. B등급 : 오래됨, 현대적 기준으로 완전 개축, 최상의 위치, 높은 점유율, 경쟁적인 임대료, 최고 위치는 아니지만 신축빌딩인 경우 B등급일 수 있다.

다. C등급 : 오래됨, 개축되지 않은 빌딩, 상당히 좋은 상태, 도시 평균보다 다소 낮을 수 있는 좋은 점유율, 임대료는 상대적으로 낮다.

라. D등급 : 기능적 수명이 마지막에 달한 빌딩, 상태가 나쁘고, 임대료 점유율이 낮다.

지역의 다른 업무용 빌딩의 공실률은 의미가 있는 통계치이다. 오해를 피하기 위해 다시 말하면 시장은 부분으로 나뉘어야 하고, 거물들은 등급-위에 약술한 A, B, C 혹은 D에 따른 그룹으로 그리고 건물연령, 상태, 위치, 설비와 편의시설에 따라 분류된다. 예를 들면, 관리자가 노후된 건물의 공실률이 16~20%인 반면에, 새 건물의 공실률이 2% 정도로 낮다는 것을 인식하지 않으면, 12%의 평균 시장 공실률은 오해의 소지가 있다. 일단 한 지역의 수요형태가 분석되면 그 시장 내의 특정 건물의 임대 구조가 결정될 수 있다. 공실률을 줄이고, 총 이익을 증가시키는 효과적인 방법을 발견한 많은 부동산관리자는, 비용 효과적인 개선을 하도록 하는데 부동산소유자를 확신시킬 것이다. 건물개량은

부동산의 등급을 올릴 수 있다(예를 들어, C등급 건물에서 A등급 건물로). 그리고 나서 부동산관리자는 경쟁 부동산에 대한 장점을 강조하면서 부동산을 마케팅할 수 있다.

② 위치선정

미국의 부동산관리저널(JPM : Journal of Property Management)에서는 업무용 빌딩에 영향을 주는 4가지 중요 요소를 조사했다. 평균적으로 대부분의 응답자의 최우선 관심사항은 비용이었다. 그 다음이 버스와 고속도로에 접근가능성, 부동산과 노동시장, 환경 순이었다.

회사규모에 따라 조사반응을 세분하면 유사하지만 그들의 순위는 다소 다르다. 비록 3가지 집단 중에서 비용이 우선이지만 대기업은 노동시장, 버스와 고속도로에 접근가능성을 작은 회사보다 더 강조한다. 이것은 작은 회사들이 큰 회사보다 생산성을 위해 종업원에 대한 의존도가 낮다는 것을 제안한다. 세 집단 모두 환경을 동일하게 취급했다.

노후 부동산에서 신축 부동산으로의 임차인의 이동을 분석하면 신축 부동산이 노후 부동산을 대체할 수 있는 정도와 노후 부동산의 다른 용도를 밝힐 수도 있다. 새 구역으로 이동한 임차인으로 인해 비게 되는 공간은 대개 상대적으로 고객과의 접촉이 적은 회사가 입주하게 된다.

그들에게 있어 사무소 위치의 유명도는 편리한 배치와 적당한 임대료에 비교해서 별 가치가 없다. 이런 이유로 많은 대도시지역의 오래된 사무소 건물은 상대적으로 공실률이 높다.

1.2 업무용 부동산분석[11)]

부동산분석은 관리자가 부동산의 수입과 비용을 측정하고, 잠재임차인의 반응을 예상하여 임대 일정을 정하는 기초가 된다. 기본적으로 관리자는 내부와 외부의 면적을 측정하고 이 수치와 이전에 언급된 미국 빌딩소유자 및 관리자협회(BOMA) 사무실 분류를 근거로 해서 그 공간에 대한 적정 임대료를 산출할 수 있다. 그러므로 부동산분석의 첫 단계는 임대될 공간의 정확한 크기를 결정하는 것이다.

1.2.1 바닥면적을 측정하기 위한 표준방식

BOMA는 업무용 빌딩에서 건축면적, 임대면적, 사용면적 및 창고면적을 측정하는 바닥(floor)면적을 측정하는 표준방법을 개발했다. 협회표준은 American National Standards Institute에 의해 승인되었다. 그 내용을 설명하면 다음과 같다.

11) 전용수 · 이창석, 상게서, pp. 223~226.

① 건축면적

영구 외부 빌딩 벽의 외부 완성표면까지 측정하여 계산된다. 빌딩, 지하실, 기계설비실과 다락방을 둘러싼 모든 바닥면적을 포함한다. 이 절차는 때때로 '뉴욕방식(New York Method)' 이라고 불린다.

② 임대면적

외부 빌딩 벽의 마감 처리된 부분의 표면까지 측정하여 계산된다. 그러나 화장실, 관리인 옷장과 건물 운영에 필요한 전기실도 임대면적이다.

③ 내부면적

이것은 영구 빌딩 외벽의 내부 완성부분의 표면을 측정한다. 내부면적(dominant portion)으로 측정되는 부분은 바닥에서 천장까지 수직치수의 50% 이상이다. 벽이 없거나 수직이 아니면 바닥면의 끝과 교차하는 영구 외부 건물 벽의 표면까지 측정될 것이다. 유틸리티 배관, 계단실, 엘리베이터와 같이 바닥에 두드러지게 수직으로 관통되면 제외된다. 건물에 필요한 건물 기둥이나 돌출물은 제외되지 않는다.

④ 전용면적

실제 입주할 수 있는 면적의 수치이다. 전용면적은 복도와 다른 영구벽의 사무소 측의 완성표면까지, 사무실을 다른 인접전용면적과 분리시키는 구획의 중심까지, 영구 외부 건물 벽의 내부 완성표면까지 측정함으로써 계산된다. 보통은 건물의 핵심과 관련된 건물의 부분(복도, 로비, 화장실, 건물을 위한 기구를 포함하는 바닥과 방의 주요 침투부분)은 제외된다.

⑤ 임대가능면적의 계산

다수 임차인이 사용하는 층에 있는 사무실의 임대면적을 결정하는 데 있어, 그 층에 대한 임대면적과 전용면적비율(R/U ratio, Rental Area/Usable Area Ratio)이 먼저 계산되어야 한다.

전환공식은 다음과 같다.

임대면적 / 전용면적 = R/U ratio

사용면적 × R/U ratio = 임대면적

임대면적 / R/U ratio = 사용면적

전체 층이 한 회사에게 임대되면, 임대부분은 그 회사에게 부과되는 부분으로 간주되고(그 층의 화장실과 복도는 임차인공간의 일부분으로 간주된다) 전환할 필요가 없다.

R/U 비율은 때때로 손실요인(loss factor)으로 간주되고, 단독 임차인 층의 공간 활용효율성을 반영한다. 다수 임차인 층에서는 증가요인(load factor)으로 간주된다.

손실 및 증가요인은 전용공간의 비용계산에 포함된다. 미국의 경우 예를 들면, 20,000평(sqft)의 임대 가능한 면적이 평(sqft)당 $20에 제공되고, 단지 18,000평(sqft)이 사용가능하면 손실요인은 1.11(20,000/18,000 = 1.11)이다. 사용 가능한 평(sqft)당 임차인에 대한 비용은 $20($20×1.11 = $22.22), 혹은 임대료견적으로부터 평(sqft)당 $2.20 차이이다. 공간 활용의 효율성은 건물의 임대계획을 수립할 때 고려되어야 한다. 높은 손실요인을 가진 공간은 낮은 임대료로 보상되어야 한다.

1.2.2 임대계획수립과 임대료

① 임대계획수립

임대비용은 사무실 공간을 선택하는데 관련된 요소이다. 실제 지불되는 임대료는 궁극적으로 시장에서 정해지지만 일관되고 현실적인 임대계획은 임차인이 관습적으로 임대가치의 부분으로 생각하고 있는 모든 특징을 이용한다. 다음의 현금흐름표를 작성하여 운영하는 것도 중요하다. 도표 7.4

도표 7.4 현금흐름표 작성

구 분	1년차	2년차	3년차	4년차	5년차
잠재조소득	14,126	14,385	14,649	14,919	15,194
(연간 추정 인상률)		1.8%	1.8%	1.8%	1.8%
– 공실 및 대손	2,119	1,439	732	597	456
= 유효조소득	12,007	12,947	13,917	14,322	14,738
– 운영경비	3,996	4,075	4,155	4,237	4,321
전년대비 인상률		2.0%	2.0%	2.0%	2.0%
= 순운영소득	8,011	8,872	9,762	10,085	10,417

② 최소 임대료

임대계획을 수립하는 데 있어 최초 단계는 운영 경비를 보상하고 소유자에게 투자수입을 제공하기 위하여 부동산에 부과될 수 있는 절대 최고액을 결정하는 것이다. 다음 공식은 최소 임대료 계산을 위해 사용될 수 있다.

(운영경비 + 부채상환액 + 순자산에 대한 소유자 수입) = 최소 임대료

③ 빌딩의 임대면적

빌딩의 임대면적에 있어 예를 들면 $6,000,000의 시장가치를 가진 업무용 빌딩에 60,000평(sqft)의 임대가능 공간이 있다. 소유자는 부동산에 20%를 먼저 지급하고, 연간 총 $100,000의 대출금을 상환해야 한다. 운영비는 연간 약 $350,000이고 소유자는 투자나 순자산에 최소 10%의 수익을 필요로 한다. 위의 공식을 따라 최소 임대료를 계산하라.

$$\frac{\$350,000 + \$100,000 + (\$1,200,000 \text{ 최초 지급분의 } 10\%)}{60,000\text{sqft}} = \text{sqft } \$9.50\text{의 최소 임대료}$$

이 수치는 경제적 생존을 위해 부과될 수 있는 절대금액을 나타낸다. 이것은 공실에 따른 손실과 같은 우발상황을 고려하지 않고 임대계획을 수립하는 데 있어 가장 중요한 결정 요소의 현재 시장상황과도 관련이 없다. 그럼에도 불구하고, 이 계산은 시장분석 및 부동산 분석에 의해 제안되는 기본 임대료와 기본비용을 부담하기에 충분하다는 것을 보증한다.

④ 기본임대료 결정

다음 단계는 건물 내의 전형적인 공간을 위해 단위면적(sqft)당 현실적인 기본임대료를 설정하는 것이다. 기본임대료는 앞서 도달했던 최소 임대료보다 상당히 높다. 또한 이것은 부동산의 특징과 지역 내 유사 건물에 대한 현재가치를 반영한다.

그래서 임대계획의 건물외관, 로비의 스타일, 엘리베이터 서비스, 복도상태, 관리서비스와 현재의 임차인집단과 같은 일반건물의 특징에 의존한다. 건물 내의 전형적인 사무실 공간을 위해 일단 기본임대료가 설정되면 각 공간 형태에 따라 각 사무실공간은 표준 이상, 표준, 표준 이하로 기본임대료의 등급이 부여된다. 궁극적으로 임대계획은 빌딩의 높이, 엘리베이터에 관한 층의 위치, 내부 배치와 장식, 자연채광 및 전망과 같은 변수를 반영할 것이다.

02 사무실공간 마케팅[12)]

2.1 사무실공간 마케팅의 내용

잠재임차인을 유인하여 그들의 공간 욕구를 분석하고 그들의 예산과 요구사항에 맞는 부동산을 제시하기 위해서는 체계적이고 계속적인 프로그램을 필요로 한다. 사무실 공간을 매각하는 데는 여러 가지 방법이 있지만 지역시장과 특정 부동산에 대한 철저한 지식이 필수적이다. 잠재임차인을 확인시키기 위해서 여러 가지가 제시될 수 있다.

즉 상당한 가격의 이점, 접근가능성, 환경, 노동시장, 증가된 효율성, 명성, 새 위치 경제 등이 그것이다.

업무용 빌딩에 입주 잠재임차인을 유치하기 위해 가장 일반적으로 사용되는 방법은 간판, 브로셔, 디스플레이광고, 직접우편, 선전, 홍보활동노력, 소개, 전화를 통한 권유, 임대대리인과 임대센터이다. 부동산관리자는 각 사무실 공간에 어떤 방법이 가장 적절한지, 잠재임차인의 흥미를 끌 수 있는 광고 전략을 어떻게 개발할 것인지, 공간에 대한 수요를 어떻게 높일 것인지를 결정해야 한다.

전술적인 면에서 마케팅의 전략적 계획 진행은 기계적인 일상의 업무로 움직인다. 전술행동은 직접적인 특별한 전략을 성취하기 위한 단기간의 행동이다. 각각의 목표를 지원하는 여러 전략들과 마찬가지로 몇 가지 전술행동은 각 전략이 시행되기 위해서 개발된다.

부동산관리자는 매일 일과업무를 다루기 때문에 보통 꽤 편안하게 전술적 계획을 만든다. 작전 행동은 다음 네 가지 질문을 해결할 수 있도록 개발되어야 한다.

첫째, 오늘, 이번 주, 이 달에 끝마치기 위해서 무엇이 필요한가?
둘째, 어떤 업무를 누가 처리할 것인가?
셋째, 효과적이기 위해서 판단된 이 행위가 어떻게 될 것인가?
넷째, 당장 투입될 어떤 자원이 필요한가?

이를 위해 간판, 브로셔, 광고, 직접우편, 홍보, 소개, 전화 유치, 임대센터 등을 활용할 필요가 있다.

12) 전용수 · 이창석, 상게서, pp. 226~233.

2.2 잠재임차인의 자격심사

2.2.1 공간에 대한 자격심사

광고와 판촉 활동은 부동산에 대한 문의를 유발하지만 궁극적인 부동산 마케팅은 빌딩 잠재임차인과 개별적 접촉에 의해 이루어진다. 사실상 부동산에 대한 요구조건은 자격심사의 최초 영역 중 하나이다. 사전공간계획은 관리자가 잠재임차인의 요구사항에 대해 관심을 가지고 있고 전문적인 서비스를 제공할 것이라고 잠재임차인을 확산시킬 수 있어야 한다. 관리자는 잠재임차인 자격심사시 획득한 모든 정보를 영구 기록해야 한다.

잠재임차인의 요구를 평가하는 시발점은 잠재임차인 사업의 특성을 이해하는 것에서 출발한다. 그리고 나서 그것이 요구하는 직원이 유형, 각 직급별 인원 수, 각자가 수행하는 업무를 이해하는 것이다. 사무실공간에 대한 수요는 필요에 따라 다양하다. 즉 비서와 관리직원은 서로 다른 공간형태에 배치될 것이다.

이것에서 출발하며 미국의 경우 다음의 4가지 다른 범주로 분류된다.

① 단독 사무실공간

단독 입주자를 위해 둘러싸인 혹은 반 정도 둘러싸인 지역을 말하고 사무실에 접근을 제공하기 위한 통행지역을 포함한다. 사무실공간은, 예를 들면 중간관리자에게 적합한 약 100 sqft(2.81평)의 개인사무실에서부터 회사 대표를 위한 345sqft(9.7평)의 개인사무실까지 크기가 다양하다.

② 다수 직원 업무공간

한 사람 이상을 위한 공개되거나 폐쇄된 작업공간이다. 개인의 지위, 회사방침, 하나의 폐쇄공간을 공유하는 지원 수에 따라, 지역의 표준 허용치는 1인당 55~90sqft에 달한다. 일반적으로 많은 공간을 제공해서 1명의 직원이 작업하는 자리가 서로 방해받지 않고 근무지역을 통행할 수 있다. 사무실 배치의 추세는 보다 큰 집단에 보다 큰 유연성을 줄 수 있도록 공간배치가 개방적으로 되고 있다. 대략 직원이 15명 이상인 경우 1인당 45sqft(1.3평), 직원이 6인 이하인 경우에는 80sqft(2.2평)의 개방지역이 필요하다.

③ 특별시설

한 사람 이상을 위해 고안된 이들 작업공간은 작업 중에 사용될 특별 도구를 두기 위해 설계되었다. 이 범주는 특별 사용 구역에 다양한 집단을 받아들이기 때문에, 표준공간할당은 결정되기가 어렵다. 그러나 사업에 필요한 특별시설을 위한 지침이 확립되었다.

예를 들면, 네 사람을 위한 회의실은 약 200sqft(7평)를 필요로 한다. 세 사람의 방문객과 한 명의 접수원을 위한 안내지역도 동일 면적을 필요로 한다. 네 사람을 위한 간이식당은 250sqft(7평)를 필요로 한다.

④ 기타 지역

배정된 근무지역을 포함하지 않는 기타 지역(miscellaneous area)은 도서실, 소모품실, 우편실, 저장소, 컴퓨터실 등이 있다. 기타로 분류되는 두 가지의 가장 보편적이고 필수적인 공간은 서류 공간과 통행흐름 허용지역이다. 복도와 기타 내부 순환 공간은 종종 총 사무소공간의 15%로 예상되고, 반면에 5%가 보통 서류보관을 위한 공간이다. 순환동선의 필요성은 내부 통행흐름 허용지역을 가지고 상황에 따라 나중에 결정될 수 있다.

비록 여기서 언급된 공간 표준은 정확하게 필요한 면적을 제시하지는 않지만 잠재임차인은 그들의 현재 욕구를 충족시킬 수 있는가의 측면에서 공간을 평가할 것이다.

그러므로 관리자나 임대대리인이 특정 사무소공간을 보여주기 전에 잠재임차인의 공간 필요성을 분석하는 것이 필요하다.

2.2.2 요구되는 공간의 질 수준

관리자는 예상입주자의 양적 욕구를 결정한 후에 또한 어떤 질의 사무실 공간이 필요한지를 결정할 것이다. 입주회사의 사업이미지는 공간의 외관에 의해 영향을 받을 것이다. 잠재임차인이 필요로 하는 공간의 질을 살필 때는 특정 층의 직업의 구성과 사무원과 임원의 구성도 고려해야 한다.

대부분의 위신을 중시하는 입주기업은 같은 층의 다른 입주자의 방문고객에 민감하므로 그들이 경쟁회사이든지 아니든지 간에 비슷한 수준의 입주자를 원할 것이다. 가장 이상적인 것은 각 층이 다른 사업에 종사하지만 같은 수준의 회사에 의해 임대되는 것이다.

잠재임차인의 공간에 대한 욕구와 기타 요구를 파악하는 가장 좋은 방법은 잠재임차인의 변화 및 확장에 대한 욕구를 파악하는 것과 함께 그 회사가 현재 입주하고 있는 공간을 방문하고 현재 운영사항을 검토하는 것이다. 직접적인 정보와 그에 다른 유연성을 대체할 수 있는 것은 없다.

2.2.3 자격의 추가 심사

잠재임차인이 필요로 하는 공간을 결정한 후 관리자는 관련 정보를 찾을 것이다. 즉 입주동기, 임대료 예산, 주차장 및 교통 욕구, 편의시설과 변경에 대한 선호도, 계획하고 있는 입주일과 원하는 특별 임대차 항목 등이 그것이다. 또한 입주 대상 회사대표의 회사 내 지위, 의사결정권한과 관련하여 대표를 자격 심사하는 것도 중요하다.

때때로 임대공간을 찾는 임원은 그가 특정 공간에 흥미를 느낄 때까지는 적절한 자격심사를 위해 필요한 모든 정보를 제공하지는 않을 것이다. 그러한 경우에는 관리자가 잠재임차인이 원하는 공간을 제시하여야 한다. 적절한 공간이 있다면 관리자는 회사의 실제욕구를 철저히 수용하기 위해 잠재임차인을 심사해야 한다.

자산관리자는 모든 잠재임차인에게 다음 질문을 해야 한다.

- 당신의 현재 임대차계약은 언제 만료되는가?
- 현 부동산에는 얼마 동안 입주했는가?
- 어느 정도 넓이의 임대공간을 필요로 하는가?
- 새 공간에 대한 예산은 얼마인가?
- 당신의 재정상의 장점은 무엇인가?
- 현재의 임대료는 얼마인가?
- 새 공간에 흥미가 있는가?
- 이주 이유는 무엇인가?
- 언제 새 공간이 필요한가?
- 얼마나 많은 직원이 이주할 것인가?
- 누가 결정을 내리는가?
- 누가 임대차계약에 서명할 것인가? 이 사람의 위치는?
- 당신은 어디에 위치하기를 원하나? 그 이유는?
- 필요한 개선사항과 편의시설의 종류는?
- 필요한 주차공간은? 주차비는 누가 지불하는가? 회사인가, 종업원인가?
- 어떤 특정 교통수단에 대한 욕구가 있는가?
- 언제 공간을 볼 수 있는가?
- 임대에 관심이 있는가?

2.2.4 공간제시

공간 그 자체는 대개 잠재임차인을 임차인으로 바꾸는 요인이 된다. 만약 공간이 기술적으로 제시되지 않거나 그것의 장점이 강조되지 않으면 사전광고와 적격심사노력은 헛된 것이 될 것이다.

모든 대규모 업무용 빌딩에는 빌딩을 운영하고 잠재임차인과 외부 임대대리인을 접대할 관리자 사무소가 있다. 관리사무소는 잠재임차인이 볼 첫 번째 사무실이기 때문에 잘 갖추어져 있어야 한다.

관리자는 공간을 보여 주기 전에 지역분석 및 근린분석에서처럼 건물현장의 특성을 기술해야 한다. 만약 교통패턴이나 주차가 주요 관심사라면 이 지역의 이점이 강조되어야 한다.

관리자는 임차인이 해당 부동산에 입주해 있는 그들 회사를 시각화할 수 있도록 돕는 한편 각 특징과 이익에 대한 각 잠재임차인의 반응을 주의깊게 청취하여야 한다.

상업용 잠재임차인의 경우에는 관리자(혹은 임대대리인)가 긍정적, 부정적 반응을 주목할 만한 가치가 있다. 고객의 반응은 관리자에게 잠재임차인에게 적합한 공간을 만들려면 어떤 변경이 필요한지를 말해준다. 이러한 정보는 최종적으로 가장 중요한 단계인 임대차 계약협상으로 갈수록 필요불가결하다.

2.2.5 계약 체결

관리자는 거래를 종결시키기 위해 모든 노력을 하면서 사무실공간을 보여 준 이후에 임대차 계약조건을 논의하기 시작해야 한다. 잠재임차인이 조건협상 권한이 부족하거나 더 많은 시간을 필요로 한다면 부동산에 대한 브로셔가 유용한 정보원이 된다. 관리자는 가능한 한 많은 추가자료를 제공해야 하며 전화나 방문 등을 통해 지속적으로 노력해야 한다.

다른 도시에 위치한 대기업의 대리인이나 지사의 경우에는 관리자는 본가 의사결정자에게 적절한 정보를 제공함으로써 거래를 촉진시킬 수 있다. 브로셔, 평면도, 사양서 등을 의사결정자에게 우송하고 전화협의를 하거나 본사로 출장방문을 하는 것도 좋은 방법이다.

03 협상과 임대차계약 및 관리[13)]

3.1 협상과 임대차계약

3.1.1 서면 계약

표준 사무실임대차계약은 특정기간에 걸쳐, 임차인과 빌딩관리자(혹은 소유자)사이에 각 당사자의 권리와 의무를 정의하는 서면계약이다. 협상의 목적은 가장 단기간에 양 당사자에게 이익이 되는 서명된 임대차계약을 하는 것이다. 협상의 일반규칙은 전문가적 태도로 행동하고, 확신을 고무시키고, 외부 임대대리인과 협조하면서 최초 협상에서 변호사를 배제하는 것 등을 포함한다. 관리자는 양 당사자 간에 만족스러운 계약을 하도록 부동산, 시장, 소유자의 목적, 입주자의 요구 등에 대해 알아야 한다.

경제상황이 나쁠 때 신규 오피스 빌딩은 손익분기점 수준에 도달하는 데 많은 시간이 걸린다. 경제동향을 파악하는 관리자의 진짜 실력이 이 경우에 발휘된다. 보호책으로는 관리자는 경기 호황기 이후에도 임차인을 계속 붙잡아 두는 조건으로 임대차계약을 협상하도록 해야 한다.

사무실 임대 자체는 계약에 대한 법적 요구사항을 충족시켜야 하고 기본항목을 포함해야 한다.

3.1.2 사무실임대차에 적용되는 양보

양보(어떤 사람들은 유인이라는 말을 사용함)는 사무실 공간을 임대하는 데 있어 일반적이다. 양보란 잠재임차인에게 유리하게 결정되는 임대차조건에서 협상 가능한 사항이다. 양보는 임대계약의 거의 모든 항목을 포함할 수 있다. 양보(concessions)가 매력적으로 보이기 위해서는 기본적인 문제를 완화시키거나 잠재임차인의 특정 욕구를 충족시켜야 한다. 양보는 소유자에게는 자금손실을 의미하고 임대차계약 전체의 경제적 가치에 영향을 미친다. 임대차 계약조건을 협상할 때 관리자는 시장상황과 연계하여 잠재임차인의 욕구와 소유자의 목적 사이에 균형을 맞추어야 한다.

모든 임대차 상황은 고유의 교섭 기준이 있다. 그리고 협상가로서 관리자는 양 당사자들의 의중에 고려중인 양보에 대해 어떠한 순서가 있는가를 판단해야 한다. 협상은 주고받는 과정이고, 성공적인 협상가의 우선조건은 일방에게 더 큰 가치가 있다고 판단되는 것을 대가로 상대방에게 어떤 양보가 주어져야 할지를 인식하는 것이다.

13) 전용수 · 이창석, 상게서, pp. 233~243.

사무실 부동산을 임대할 때 부동산관리자는 협상기간이 길어지는 것이 예외적인 것이 아니라 일반적이라는 것을 알고 있어야 한다. 다음은 모두 협상의 대상이 되는 항목들이다.

- 임대료 인상항목
- 양도(Assigning)와 전대(Subletting)
- 징수항목
- 리모델링
- 건물표준(Building Standard)
- 임대인에 의한 서비스
- 점유(Possession)

① 임대료 인상항목

대부분의 사무실 임대차계약 기간은 1년 이상이기 때문에, 보통 인상(인상 혹은 전가)항목이 계약조건에 삽입된다. 전가 항목의 목적은 피할 수 없는 부동산세 및 운영비의 연간 상승분을 커버하기 위한 것이다. 인상률 항목의 원칙은 일반적으로 납득이 되는 표준이 되고 있으나 계산방식은 크게 다르다.

명시된 기준년도의 금액보다 세금과 비용이 증가하면 그 증가분은 입주된 총 공간대비 임차인 공간에 근거하여 안분되고, 별개의 비용으로 청구, 지불된다. 어떤 경우에는 기본 임대요율이 직접 조정될 수도 있다.

어떤 임대차계약은 완전입주를 반영하여 조정된 기준년도 수치를 참조하여 증가분을 계산한다. 이것은 특히 기준년도가 건물의 첫해이고 임대가 계속 진행 중일 경우에는 입주자에게 매우 유리하다. 예를 들면, 50% 입주된 건물의 기준년도 비용이 총 $600,000이고, 다음 연도에 75% 입주 시 운영경비가 $1,200,000이면 입주자들 사이에 안분되는 증가금액은 $600,000이다. 그러나 기준년도 수치가 완전점유상태를 반영하기 위해 $1,000,000으로 조정되면 첫 해 이후에 안분되는 금액은 입주자에게는 상당히 절약되는 금액은 $200,000에 불과할 것이다.

인상의 다른 방법은 사무실 임대차 관행에는 독특한 비용충당(expense stop)을 사용하는 것이다. 이 방법으로 임대인은 연간 단위면적(sqft)당 정해진 금액까지의 비용을 지불할 의무가 있고 초과분만 입주자 사이에 안분된다.

② 양도와 전대

임대한 부동산을 양도 · 전대(轉貸)할 권리는 임차인에게는 중요할 수 있기 때문에 협의를 해야 한다. 이것은 사업의 급속한 팽창과 붕괴로부터 입주자를 보호한다. 공간이 양도 전대(轉貸)되어도 임차인의 책임은 그대로지만 큰 재정적 손실 없이 부동산에서 퇴거할 수 있다. 많은 임대차계약은 임차인이 임대인의 서면승인을 받고 사전 통지를 하고 나서야 부동산을 양도 · 전대(轉貸)할 수 있도록 하고 있다. 어떤 경우에는 전대(轉貸) 시 임대요율의 증가분을 임대인과 나누기도 한다. 이것은 임대인이 임차인에게 선택권을 주면서 임차인을 통제할 수 있게 한다.

③ 징수항목

양도 · 전대 항목 내에 징수항목이 삽입될 수 있다. 이 항목은 임차인이 점유할 수 없거나 전대할 수 없는 공간을 되찾을 권리를 부여한다. 그리고 임대인은 다른 임차인에게 임대할 수 있다.

징수항목에 대한 반응은 임차규모, 재정능력, 공간 필요성에 따라 다양할 것이다. 임대차계약에서 보다 높은 임대료에 전대할 가능성을 보이는 임차인은 반대할 것이다. 반면에 임대인은 임대차계약의 기간과 임대차계약항목에 동의하지 않는다면 계약이 서명되기 전에 협의되어야 한다.

④ 사무실공간의 리모델링

경제상황의 영향을 반영하는 협상의 한 단면을 초기 입주시 변경과 개량에서 발견할 수 있다. 과거 임대공간의 수요가 많았을 때는 임차인의 필요에 따라 구역 변경하는 비용을 임차인 측에서 부담한다. 그러나 교외지역으로의 이전이 시작되자 많은 도시 중심의 사무실들은 빈 상태로 남겨졌다. 임차인의 확보가 필요했던 이들 부동산은 임차인을 유치하기 위해 임차인 개량(tenant improvement) 비용을 기꺼이 지불하게 된다. 이렇게 임차인에게 유리했다가 임대인에게 유리했다가 하는 반복적인 순환은 사무실 임대 사업에서는 통상적인 현상이다. 이것은 한편으로는 경제상황과 계획, 건축하고 임대하는 데 소요되는 긴 지체 시간(공급시차) 때문에 발생한다.

대부분의 고층 사무실 빌딩은 입주자가 개량할 수 있는 허용 한도에 대한 미리 정해진 기준이 있고, 그것은 개량될 면적의 단위(sqft)당 금액으로 표시될 수 있다.

⑤ 빌딩표준

잠재임차인에게는 금액을 미리 말하지 않아야 한다. 잠재임차인은 단지 소유자가 추가비용 없이 기꺼이 제공해 줄 빌딩표준, 즉 편의시설과 공간계획변경의 특정 조합만을 알아야 한다. 표준목록의 항목 이외의 변경이나 추가를 원하는 임차인은 임대인의 승인을 얻은 후에 독립적으로 계약하고 지불해야 한다. 빌딩표준은 다음 예에 나오는 항목의 일부 혹은 전부를 포함할 것이다.

- 벽과 내부 칸막이에 두 번의 페인트 덧칠
- 임대된 각 15sqft당 1피트의 칸막이 장식
- 각 30피트의 내부 칸막이당 문 하나
- 임대가능공간의 150sqft당 하나의 전화 잭
- 임대가능공간의 100sqft당 하나의 전기 플러그
- 모든 창문에 베니스식 블라인드
- 실내에는 카펫, 개방되고 교통이 많은 구역에는 아스팔트 타일
- 흡음 타일 천장
- 공기조절장치

계속 활발하게 변경, 개량되는 많은 대규모 빌딩은 개량계획을 위해 기사, 건축사, 건설노동자와 계약하고, 그들의 협조, 감독하는 데 책임이 있는 그들 자신들의 건축팀 혹은 관리집단을 운영하고 있다. 그런 경우에는 대부분의 빈번한 개량작업에 대한 비용견적 계획표가 임차인에게 제공될 수 있다. 임차인에게는 또한 임대차 기간동안 건축비용을 상각할 수 있는 선택권이 주어진다.

⑥ 임대인에 의한 서비스

유틸리티 서비스(utility service)를 제공할 임대인의 의무는 이것이 임대인과 임차인 모두에게 중요한 경제적 효과를 미치므로 명확하게 명시되어야 한다. 어떤 임대차계약에서는 업무시간에만 냉난방을 제공한다고 명시할 것이다. 임대인이 야간이나 주말에 공급을 줄이더라도 냉난방을 적절히 조절하여 공급한다면 임차인의 시각에서는 보다 좋은 조건으로 비칠 것이다.

업무시간 이후의 냉난방은 때때로 임차인이 비용을 추가 부담해야 이용 가능하다. 이 경우 기본비용이 계약에 명시되어야 한다. 전기서비스에 대한 책임 또한 정해져야 한다. 대규모 업무용 빌딩의 임대인은 어떤 제한된 수준까지 전기서비스를 제공한다. 어떤 경우에는 임대인이 임차인에게 전기를 재판매하거나 각각 미터기로 측정되어 입주자에게 청구된다.

⑦ 점유

임대인이 정해진 날짜에 부동산의 점유(possession)를 인도하지 못해도 대개의 사무실 임대차계약은 취소되지 않는다. 한 지역을 임차인의 특정 요구에 맞추는 일 때문에 건축 시한에는 약간의 여지가 있다. 소유자 역시 수입과 훌륭한 임차인을 원하고 있기 때문에 상황이 허락하는 한 최대한 빨리 입주가 가능하도록 노력할 것이 분명하다. 그러나 임차인은 지연에 대해 시간상 제한을 둘 수 있다. 공간을 변경하는데 있어 임차인의 협조는 중요하다.

어떤 임대차계약에서는 임차인이 회사의 공간이용계획을 정해진 시간 내에 주지 않는 경우라도 입주 전에 임대의무기간을 시작할 수 있도록 하고 있다.

3.1.3 관계법령의 준수

부동산관리자는 임차인이 원하는 개선작업을 토의, 계획할 때 관계 법령의 준수가 필요하다.

3.2 업무용 빌딩의 유지 · 보수와 직원배치

일반적으로 건물 유지 · 보수 및 관리직원은 효율적이고 비용 효과적인 패턴에 적합해야 한다. 정식직원인 페인트 공, 창문 청소부, 목수, 전기 기술자, 배차 공, 주차 관리인 및 보안요원이 필요 여부는 건물 크기와 임차인 요구사항에 달려있다. 많은 이런 종류의 일들은 계약을 통하여 더욱 경제적으로 수행될 수 있다. 최근에는 점점 많은 수의 업무용 빌딩이 관리 업무를 수행하는 전문회사에 맡겨지고 있다.

3.2.1 이주방지와 유지 · 보수 요구사항

① 이주방지(移住防止)

협상과정이 성공적으로 완료되어 새로운 임차인이 임대차계약에 서명하고 부동산에 입주하면 관리자는 임차인과 좋은 관계를 유지하는데 초점을 맞추어야 한다. 높은 이주율은 마케팅 비용, 개량비용과 소득상실로 인해 소유자에게는 손실을 의미한다. 효율적인 유지 · 보수는 임차인을 만족시킴으로써 잦은 이주로 인해 생겨나는 높은 비용을 피할 수 있다.

또한 적절한 유지 · 보수는 소유자의 또 다른 목표 중의 하나인 부동산 가치를 보전한다.

정규적인 조사와 예방차원의 유지 · 보수는 수리와 교체비용을 삭감할 수 있고, 임차인에게 계속적인 서비스를 확실하게 제공한다.

② 특이한 유지 · 보수 요구사항

유지 · 보수의 세 가지 분야는 사무실부동산과 관련될 때는 그 중요성이 증가된다. 즉 사무업무용 부동산의 엘리베이터 운영, 일상적인 청소와 신축은 주거용 빌딩의 경우와는 다르다. 보일러와 대규모 냉 · 난방장치도 반드시 아주 숙련된 사람에 의해 관리되어야 하는 것도 추가적으로 고려해야 한다.

3.2.2 엘리베이터 운영과 청소업무 등

① 엘리베이터 운영

일반적인 고층 업무용 빌딩은 주거용 빌딩 보다 높으므로 업무용 빌딩의 엘리베이터는 더 많이 운행되고 좋은 서비스, 안전과 청결을 보장하기 위해 더욱 계속적인 유지 · 보수를 필요로 한다. 만족스러운 엘리베이터 서비스 일정과 아침, 저녁 출근시간 동안 많은 수의 사람들의 효율적인 이동이 관리자의 두 가지 주요한 관심사이다. 엘리베이터 사이의 최소 호출 간격은 1층과 엘리베이터 통로 꼭대기에서 엘리베이터를 규칙적으로 보냄으로써 각 층을 위해 확보될 수 있다.

② 청소업무

주거용 부동산과 달리 업무용 빌딩은 하루 동안 왕래가 아주 빈번하다. 그러므로 대부분의 공동의 장소는 야간에 청소되어야 한다. 그러나 세면실, 로비, 복도와 기타 공동장소의 관리업무가 낮에는 필요 없다는 뜻은 아니다. 소규모 건물에서는 주간관리인 또한 입주자가 요청하는 사소한 수리는 해야 한다. 대부분의 업무용 빌딩은 개량 관리인, 각 조의 감독과 모든 관리인의 업무를 조정하기 위해 일반 유지 · 보수 감독을 필요로 한다. 엔지니어 팀장은 주로 물리적 설비와 기구를 관리한다.

③ 신축

대부분의 임차인들은 자신들의 욕구에 따라 공간의 변경을 원하기 때문에 사무실 관리자는 입주자가 이주할 때마다 신축(new construction)을 예상한다. 어떤 방법이 경제적으로 유리한지에 따라 관리자는 외부 전문가와 계약하든지 숙련된 현장직원을 고용하든지 선택해야 한다. 어떤 경우든 임대할 공간을 준비할 때 종종 시간이 아주 중요하기 때문에 관리자는 계약업자나 건설감독과 좋은 관계를 맺어야 한다. 많은 관리자는 현재 입주자에게 건축 및 개축작업을 해줌으로써 부동산으로부터 수익을 보충한다. 입주자는 종종 그들 자신의 비용으로 소규모개량을 하는데 관리자의 현장직원 혹은 외부 계약회사를 이용하는 것이 편리하다. 서비스는 다소의 이윤을 더하거나 임차인에 대한 추가적인 혜택으로 원가에 제공될 수 있다.

3.3 인텔리전트 빌딩 및 회계

3.3.1 인텔리전트 빌딩

때때로 스마트빌딩(smart building)으로도 불리는 인텔리전트빌딩(intelligent building)은 많은 사람들이 완전 새로운 개념이라고 믿도록 하면서 많은 인기를 끌고 있지만 사실 그 구성요소들은 이미 20년 이상 사용되어 온 것이다. 그러나 인텔리전트 빌딩은 계속 증가할 것이다.

① 기본 정보서비스

인텔리전트빌딩은 다음 세 가지의 기본정보서비스 중에 하나 이상을 통합해야 한다.

가. 자동화시스템

이 시스템은 건물통제, 유지 · 보수 및 운영을 처리하는 것이다. HVAC운영, 엘리베이터, 채광조절 및 생명안전시스템이 여기에 포함된다. 이들이 최초로 공동적으로 적용된 대상이다.

나. 첨단 통신시스템

음성통신만을 위한 시스템 혹은 음성과 자료의 동시 전송을 허용하는 시스템을 포함한다. 극초단파와 인공위성수신을 위한 접시형 수신기도 또 다른 특징의 부분이 될 수 있다.

다. 사무자동화

자료처리와 워드프로세싱은 효율성을 높이기 위해 건물 전체에 통합될 수 있다. 새로운 개념은 아니지만, 하나의 통합된 네트워크로 하나 이상의 임차인에게 그들 시스템을 적용하는 것은 인텔리전트빌딩 건물의 전형이 되고 있다.

② 공동임차인 서비스

이들 세 가지 정보 서비스 영역에는 공동임차인 서비스(STS : Shared Tenant Services)로 알려지게 된 것도 포함된다. 공동임차인 서비스가 지방 유틸리티 규정에 의해 허용되는 곳에서는 빌딩 내의 둘 이상의 서로 연관 없는 입주자에게 서비스를 제공함으로써, 전화통신과 전자자료 전송에서 큰 절약이 가능하다. 어떤 경우에는 건물의 수익 센터가 될 수 있다.

③ 시설관리인

시설관리인이 인텔리전트 빌딩관리에 관련될 수 있다. 시설관리인은 임대차되는 공간의 내부 배치와 가구 및 기타 설비에 책임을 지고, 때로는 임대차된 공간의 유지 · 보수를 하는 건물점유자의 고용인이다. 이 관리인은 건축가, 설계사, 기사, 통신 전문가 등의 일단의 전문가를 관리하는 일반관리자이다. 일반 부동산관리도 하나의 입주자가 빌딩의 유일 혹은 대부분을 차지할 경우 업무에 포함될 수 있다.

3.3.2 보안과 생명안전 및 회계처리

① 보안과 생명안전

보안과 생명안전은 모든 유형의 부동산관리에 있어 점점 중요해지고 있다. 특별히 큰 구조물인 업무용 빌딩은 지상에 입주자가 밀집되어 있기 때문에 특이한 문제를 제시한다. 지진, 화재, 강풍, 정전, 단수, 폭발, 폭파위협과 심각한 부상이나 심장마비 등에 대비하여 응급절차가 준비되어야 한다. 이러한 모든 절차와 가용인력은 빌딩의 전기, 기계, 통신과 통제 기구와 조화를 이루어야 한다.

안전과 보안장치는 매일 발전하고 있고 전문적인 부동산관리자는 이 중요한 책임 분야의 발전상황을 숙지하고 있어야 한다.

② 관리 및 회계처리

건물 규모와 상관없이 부동산 운영 정책의 관리를 감독하기 위해 중앙사무실이 설치되어져야 한다. 관리사무실의 설치가 경제적으로 타당하지 않은 소규모 건물에서는 빌딩 입주자와 기타 사람들에게 감독이나 관리자를 어디에서 만날 수 있는지를 알려주어야 한다. 보다 큰 규모의 건물에서는 관리사무실은 중앙에 위치해야 하고 좋은 내부 장식을 갖추고 직원을 배치시켜 두어야 한다. 업무용 빌딩관리는 임차인에게 설명하고 부과해야 할 여러 가지 변수가 있기 때문에 관리자측에게 면밀한 감독을 요구한다. 미국 빌딩소유자 및 관리자협회(BOMA)는 부동산관리자가 이용할 수 있는 수입비용회계의 가장 포괄적인 표준체계 중 하나를 개발했다. 이 표준회계방식의 이점은 핵심적인 통제사항을 보여주고 산업 내 비교를 용이하게 하는 것이다. 협회는 회계차트는 내부적으로 일관된 기업의 관리회계형식을 제공하고 지역적으로 또는 전국적으로 한 관리자와 다른 관리자의 운영을 용이하게 비교해 볼 수 있게 한다. 협회는 또한 다양한 규모의 업무용 빌딩운영수익의 지방, 지역, 전국평균과, 기타 정보를 포함하는 업계사례보고서(experience exchange report)를 매년 발행한다. 표준협회회계차트를 사용하면 부동산의 운영보고서를 경험에서 나온 수치와 비교하여 확인할 수 있다. 그러고 나서 부동산관리자는 지나치게 높은 비용부문을 발견할 수 있고, 다른 관리자의 것과 자신의 운영효율성을 비교 평가할 수 있다.

③ 관리비산정

관리비산정(Management Pricing Worksheet)의 방법은 단위당 비용의 방법처럼 같은 원리에 연관되지만 접근방식은 완전히 다르다.

다음은 미국의 사례이다.

가. 항목 1

첫 번째 항목으로 서비스의 목록을 부동산 최고관리자에게 제공하고 월별에 기초한 특별한 부동산을 위해 얼마나 많은 시찰, 방문, 회의와 다른 것들이 필요한지 기록을 제공한다. 이러한 계산은 각각의 행위의 빈도와 시간으로써 증가시켜 소비될 것이며, 부동산관리자 인원의 합으로 매달 부동산에 지출하게 할 것이다. 현장으로의 출장 소모시간과 보고서 준비와 확인 역시 합산되어야 한다. 그리고 나서 총 시간의 항목의 표로 부동산관리자의 시간의 소비를 곱해야 한다.

나. 항목 2

다음 항목은 부동산을 기준으로 행정적인 부동산관리의 행위를 항목별로 기입하는 것이다. 비록 행정적인 관리자가 보통 시간당 더 높은 비용을 지불하지만 총 시간 소요와 총 소비는 앞의 방식과 같게 계산해야 한다.

다. 항목 3과 4

항목 3은 관리회사가 시간의 총 수를 결정하여 신용과 징수, 지불하거나 받아야 하는 거래, 봉급, 재정적 보고 준비와 관련된 문제들에 대하여 월별 지출을 하는 것이다. 이러한 행동에서 시간의 총수는 이러한 서비스의 직접비용의 총합을 계산하여 평균 시간당 봉급과 사무직원 봉급을 곱해야 한다. 조항 4는 모든 직접관리비용의 소계이다.

라. 항목 5

마지막 항목은 총 비용과 소득을 다룬다. 관리회사는 일반적 총 비용(사무실 임대, 시설, 전화, 공급품)과 시장에 따라 수입의 백분율이 어떤지를 경험하여 알아야 할 것이다. 회사는 항목 4에서 소비의 소계를 통해서 총 비용, 시장과 이윤을 위해서 적절한 여분의 이득을 선택해야 한다. 이러한 총계는 항목 5에서 믿을 수 있는 항목으로 기록되어야 할 것이다.

마. 매월 관리비

항목 4와 5를 합치면 항목 6을 볼 수 있다. 항목 6은 실제적인 월별 관리비용으로 균일요금으로 표현된다. 만약 백분율을 희망한다면 월별 요금의 총계를 평균적인 수금할 수 있는 월 잠재 총 수입으로 공실 및 대손요소를 빼고 나누어야 한다. 비율은 관리비의 백분율로 추정된다. 그리고 나서 관리비를 설정하고 적절한 변수를 평가해야 하고 중요한 순서대로 배열한다. 만약 추정된 백분율이 너무 높다면 시장비율과 비즈니스에서 손실을 가져와 경쟁적일 수 없다. 반면에 필요한 관리서비스를 책정하거나 직원의 낮은 관리경영비용을 책정하게 되면 소비를 충당할 수 없거나, 관리조직의 명성을 저하시키게 될 것이다.

Ⅳ 소매용 부동산관리

01 임차인의 역할과 자질[14)]

1.1 임차인의 역할

소매용 부동산의 임차인이란 관리자가 마케팅에 기초가 되는 일정한 면적을 임차하는 계약을 관리자와 체결하고, 쇼핑센터 내에서 상품이나 서비스를 판매 · 제공하는 사업자를 말한다.

일반적으로 물품 판매업, 요식업, 서비스업이라고 불리는 것 외에 금융기관, 의료기관, 서비스 센터, 공공기관 등의 사업자 및 기관이 포함된다. 일반적으로 쇼핑센터 임차인의 임대차계약은 상권 성격이 자기 저모의 마케팅에 일치하고 입주시 보증금, 임대료 등의 경제적 요건이 타당하고, 충분히 채산을 얻어낼 수 있는 매상이 기대될 것 등이 전제가 된다. 관리자 측면에서는 쇼핑센터 마케팅에 알맞은 적합성 높은 자질을 가진 사업자나 기관을 선택할 필요가 있으므로 쌍방의 합의에 의해 임대차계약을 함으로써 임차인이 결정된다. 임차인은 이런 의미에서 관리자와의 관계에 있어서 쇼핑센터 내에서 일정한 권리와 의무를 가지는 존재이다.

1.1.1 임차인의 책임과 역할

관리자와의 계약에 근거하여, 쇼핑센터 내에서 일정한 공간의 점유권리를 가지는 임차인은 독자적인 영업을 통해 쇼핑센터 전체의 발전에 기여함이 필요하다. 다른 임차인과 협조 경합하면서 계약서에 명시되어 있는 조항과 쇼핑센터관리규칙에 정해져 있는 규칙을 준수함으로써 쇼핑센터 질서를 존중하고 전체 활동 안에 자사의 사업을 자리 잡는 협조적인 자세가 필요하다. 즉 관리자에 대한 책임, 의무와 함께 전체 질서를 지킨다는 의미에서 다른 임차인에 대한 책임도 마찬가지로 요구된다.

1.1.2 임차인의 책임

임차인의 판매를 계속하고 영업을 통해 지역사회에 봉사해 가는 가운데 상품의 품질, 시설은 물론,

14) 전용수 · 이창석, 상게서, pp. 251~256.

안정성, 또는 광고, 표시의 허위, 과대행위에도 기업의 절대책임이 필요한 사실은 말할 것도 없다. 담보대출이나 신용대출을 사용하는 고객의 구입수단에 대해서도 신속하고 정확한 책임처리가 수반되지 않으면 안 된다.

쇼핑센터의 경우 개개 임차인의 판매책임은 개별점포와는 달리 쇼핑센터 그 자체의 자세에 관련된 작용이 큰 만큼 한 임차인의 문제에만 머무르지 않고, 다른 임차인의 신용에도 파급되어 결국 그것이 지역주민으로 하여금 해당 쇼핑센터를 기피하게 하는 문제로 발전한다.

따라서 임차인은 항상 쇼핑센터를 구성하는 일원으로서 자각과 책임을 가지고 스스로의 역할을 다하지 않으면 안 된다.

1.1.3 임차인의 역할

관리자의 고유한 마케팅 발상하에 계획된 쇼핑센터 상품계획 안에 위치한 것이 임차인 상품계획이다. 쇼핑센터를 총괄하는 관리자라 하더라도 개개의 임차인 마케팅의 기본을 언급하는 것은 상대가 독립한 기업인 것을 인정한 이상 불가능한 것이다.

임차인 믹스(tenant mix)에 대해 관리자에게 허용되어진 권한은 '어느 업종, 업체의 임차인 마케팅을 선택해 계획화한 소정의 공간에 배치해 가는가?' 에 대한 것뿐이며 이러한 계획이나 구조의 기술이 관리자의 노하우가 된다.

그런 까닭에 임차인 고유의 마케팅을 유지하는 주체성, 그 전개를 위한 상품계획, 프리젠테이션, 매장관리, 제공방법으로서의 판매방식이나 서비스 정책의 변화에 대해서는 개개 임차인 수준에서 원칙적으로 관리자를 비롯 다른 임차인의 합의를 이끌어 내야 한다.

지역과 관리자에 대한 책임과 다른 임차인과의 역할상의 의무가 쇼핑센터 임차인에게 요구되어지고 있는 것을 충분히 이해하는 것이 중요하다.

1.2 임차인의 자질과 임차인

1.2.1 임차인의 자질

① 판매력

임차인의 첫 번째 자질 요건은 판매력이다. 쇼핑센터에 한한 것은 아니지만 판매력이 없는 한 그 기업은 몰락해간다. 매년마다 관리자와 협의해 예측한 매상고를 획득해 가는 것이 임차인의 의무이기도 하다.

② 독자성

쇼핑센터 안에서 경쟁결합을 전개하면서 그 존재성을 높여가는 독자성이 필요하다. 독자적인 점포 Concept을 주장하여 다른 점포와 차별화하여 존재성을 획득해 가는 것이 중요하다.

③ 상품조달력

상품조달력을 위해서는 항상 매력 있는 상품을 매입해 제공하는 것이 제2의 조건으로서 필요하게 된다. 지역사회의 사람들이 필요로 하는 상품의 공급이 계속되지 않는 한 임차인은 물론 그 쇼핑센터의 평가나 존재 이유에까지 영향을 미치게 되는 큰 문제가 발생하게 된다.

④ 상품개발력

임차인은 지역주민의 욕구에 부응해 편리성, 경제성, 정서, 합리성이 높은 새로운 상품을 항상 제공하지 않으면 안 된다.

⑤ 협조성

판매력이 좋다고 해도 전체 운영을 어지럽히는 기업, 자아가 강한 임차인은 쇼핑센터에는 맞지 않다. 계획적인 집단 조직 속의 일원으로서 위치나 인식을 가지고 쇼핑센터의 번영 안에서 자기 점포의 성장을 이루어내는 자세가 요구된다.

⑥ 경영이념

사업철학에 투철한 사명감이 없고 방침이 정해지지 않은 채 끊임없이 시행착오를 되풀이 하는 것만으로는 전체 운영에 악영향을 끼친다. 계약정신의 부족도 이념이 없는 기업에 많이 나타난다.

⑦ 자금력

쇼핑센터는 개발 당시 다액의 투자를 필요로 하며, 출점 시 보증금, 임대료 등의 형태로 임차인에게도 초기비용이 드는 것은 물론 개수 시에는 직접 · 간접적으로 각종 분담금이 필요하다.

⑧ 종업원의 자질

점장에는 점포관리자로서의 식견과 지도력, 일반종업원에게는 판매원으로서의 전문지식이나 접객기술이 필요하며, 동시에 시설내의 다른 종업원과의 친목, 융화에 힘쓰는 자세도 요구된다. 복장, 고객대기, 상품제시, 접객용어, 포장, 금전수수, 배웅 등의 한 가지 한 가지 행동이 쇼핑센터종업원의 자세로서 지역사회의 신용을 높여가는 것이 된다는 의식을 갖는 것도 자질의 하나이다.

1.2.2 임차인의 종류와 기능

쇼핑센터 임차인이 되는 사업은 그 분야가 극히 다양하다. 수요의 강약이나 비중의 차이는 있으나 모두 지역생활에 빠져서는 안 되는 기능이며 이러한 것을 실상에 맞추어 적용하는 것이 바람직하다. 전제가 되는 입지나 용지, 주민특성, 경합 등의 이유에 의해, 경제성을 꾀하는 쇼핑센터 상품계획은 세분화 된 구성으로 계획되는 것이 보통이다. 특히 도심부와 같이 극히 넓은 지역으로부터 사람들의 유입되는 장소 경합이 현저한 지역에서는 차별화를 위해서라도 의도적으로 특화시킨 상품화가 필요하다. 그 경우 임차인에 대해선 관리자의 정책에 의해 우선 업태, 업종 또는 기관이라는 기능이 선택되고, 또 그 기능마다 의도된 등급에 맞는 기업이 선택된다.

문제는 이러한 업종, 업태, 기관을 어떻게 조합하느냐인데, 쇼핑센터 내에 있어서 고객의 회유성을 평가하고, 경제성이 높은 효과적인 배치를 실현하기 위해 관리자는 항상 각 임차의 개별 집객력, 상품화와 서비스 등의 마케팅 효과를 평가해 둘 필요가 있다. 오늘날 업적이 좋은 쇼핑센터에는, 이러한 임차인 평가기준이 확립되어 있고 쇼핑센터 상품화의 계획 · 운영은 이를 기준으로 실시되고 있다.

① 핵심임차인

쇼핑센터의 성격과 경제성에 절대적인 영향을 가지는 대형 소매업으로서 매장면적도 크다. 일반적으로 지명도가 높은 유명기업의 점포를 말한다.

대부분의 쇼핑몰은 그들 자신의 광고로 쇼핑객을 유치할 하나 이상의 대규모 상점인 핵심임차인(anchor tenant)이나 중요 임차인을 갖고 있다. 적절히 구성하면 대규모 상점과, 소규모 상점 모두 이익을 얻을 것이다. 쇼핑객은 한 번 주차하면 한 번에 여러 가지 품목을 발견하거나 여러 가지 일을 할 수 있다.

② 부핵심임차인

부핵심임차인(sub key tenant)은 지명도보다 오히려 업태가 가지는 특성의 상당한 집객력을 유지해 가는 임차인으로 쇼핑센터 내의 고객회유의 균형화를 꾀할 목적으로 배치된 점포를 말한다. 매장은 일반 임차인에 비해 크지만 핵심 임차인만큼은 크지 않는 것이 보통이다.

③ 고객흡인임차인

고객흡인임차인(traffic puller)은 주로 전문점빌딩 등의 전문매장에 비치된 흡인력 높은 임차인을 말하는데, 시설의 이미지 형성에도 효과가 높은 독창적인 상품계획을 전개하는 상품판매계획을 전개하는 상품판매업 및 음식의 서비스업이 대상이 된다. 최근에는 미니영화관, 연예장 등도 traffic

Puller로 불리게 되었다.

④ 일반임차인

업종 · 업태는 여러 가지로 나누어지는데 쇼핑센터에 있어서는 지역 요구(Needs)에 대응하기 위해서도 빠질 수 없는 대상이고, 편성되는 업종의 다양성으로 인해 활기와 판매 공간의 쾌적함을 높이기 위해 불가결한 점포군이다. 일반적으로 매장은 작지만 평당 효율은 핵심 임차인을 능가하는 기업도 있다. 또 직접 쇼핑센터의 매상에는 공헌하지 않지만 공공성이 높은 서비스에 의해 쇼핑센터기능을 증폭시키는 기관도 있다.

어떤 배치가 계획되든 쇼핑센터 임차인이 각각의 바닥평면에 있어서의 역할과 기능분담에 있어 최대 및 최선의 비즈니스효과를 발휘하기 위해 관리자는 컨셉을 견고히 하고, 고객의 수직 · 수평 동선이 쇼핑센터를 구석구석 빠짐없이 이용하여 행해질 수 있도록 배려를 가지고 추진해 가는 것이 쇼핑센터 상품계획의 기본이다.

임차인은 각각의 업종 · 업태의 판매력에 의해, 다채로운 이미지와 경제성을 쇼핑센터에게 가져오지만 관리자에 의한 쇼핑센터 기능계획은 말하자면 그 최선의 상승방향을 구하는 것이라고 해도 좋다. 그것은 쇼핑센터 상품화의 시너지효과라고 한다.

02 부동산마케팅과 임대차 및 관리[15)]

2.1 소매용 부동산의 마케팅

임대는 소매용 부동산관리자의 가장 중요한 활동 중의 하나이다. 쇼핑센터 내의 각 소매점은 다른 소매점에 의해 생겨난 통행량에 의존하고, 비율임대차(percentage lease)가 종종 사용되기 때문에 소매상의 성고에 대해 소유자가 기득권을 부여한다. 자격있는 입주자와 적절한 상점형태의 조합은 소매공간에서 필수사항이다.

비어 있는 상점은 잠재임차인이 그 점포에 매력을 느끼지 않는다면 임대될 수 없다. 다른 종류의 부동산과 같이 간판은 가장 비용 효과적인 광고이다. 소매 공간 또한 신문광고, 라디오광고, 브로셔와 우편에 의해 광고된다. 가장 광범위하게 사용되는 전략은 소책자, 직접우편과 잠재임차인과 개인적으로 접촉하는 것이다. 중개업자 소개와 회사 내 · 외의 임대대리인은 자격 있는 임차인을 구할 수 있는 다른 원천이다. 광고를 위해 현장직원이나 외부 광고대리인의 고용 여부를 결정할 때, 관리자는 광고비용을 센터의 총 운영예산의 20%를 초과해서는 안 된다는 기본원칙을 기억해야 한다.

마케팅 활동상 공고를 함에는 간판, 신문 간지, 브로셔, 디스플레이 광고, 개인접촉, 직접우편, 임대대리인, 광고 및 홍보, 판매촉진 노력 등을 기울여야 한다.

2.2 소매용 부동산의 임대차

모든 형태의 부동산을 임대하는 데 있어 부동산관리자의 가장 중요한 의무는 임차인의 적격을 심사하는 것이다. 그러나 심사 후에 센터의 실제 임대는 반드시 세부적으로 처리되어야 한다. 앞서 언급된 사무실 빌딩 임대차계약과 같이 쇼핑센터 임대차계약도 해가 지나면서 세부적이고 복잡하게 성장해왔다. 임대차계약의 모든 기본 조항은 반드시 포함되어야 하계T지만 다른 조항들 중에서 공동지역의 유지 · 보수와 비율 임대차책임에 관한 조항들은 다른 유형의 임대차에서는 발견되지 않을 것이다. 그러므로 단지 전형적은 쇼핑센터조항만이 제시되었다.

2.2.1 잠재임차인의 자격심사

소매상인은 업무용 임차인이 심사되는 것과 같은 방법으로 자격심사가 되어야 한다. 대상 입주회

15) 전용수 · 이창석, 상게서, pp. 257~273.

사는 재정적으로 지불 능력이 있어야 하고, 센터 내의 다른 임차인과 공존할 수 있어야 한다.

2.2.2 임차인의 구성

관리자는 반드시 시장을 알아야 하고, 임차인의 종류와 위치의 구성은 주된 관심 사항이기 때문에 센터내 임차인의 구성을 결정할 때 잘 판단해야 한다. 미국의 경우, 국제쇼핑센터협회(ICSC, International Council of Shopping Center)에 의해 수집된 산업통계는 각 업종의 상점(백화점, 약국, 여성전문상점, 담뱃가게, 신발가게)에 전형적으로 할당된 총 쇼핑센터공간의 비율을 보여준다.

예를 들면, 대부분의 지역 쇼핑센터는 총 공간의 7% 이상이 음식점에 의해 사용되고, 약 23%는 옷가게, 6%는 신발가게와 4%는 선물과 전문상점에 의해 사용된다. 이 수치는 입주자 수와 가장 좋은 임차인 구성을 선택하는 데 있어 소매용 부동산관리자에게 좋은 지침이 된다. 한 상점에 의해 유발된 고객 통행량의 증가가 다른 상점들에게 도움이 되고 경쟁이 해가 되지 않도록 공간을 배치해야 한다. 대다수의 경우에는 동일 업종의 둘 이상의 사업이 경쟁을 촉진하고 거래되는 사업의 모든 총량에 더해진다.

그러나 다른 경우 고객통행은 단지 두 소매상에게 나누어지고 그 누구도 이익을 얻지 못하게 된다. 예를 들어, 소규모 일렬형 상가에 이미 식료품점이 있다면 그 상가에 위치하는 두 번째 슈퍼마켓은 아마도 실패할 것이다.

2.2.3 위치

쇼핑센터 내 비어있는 상점의 위치 또한 입주자 선정에 중요한 영향을 미친다. 초대형 쇼핑몰에서 남성복가게는 아이스크림가게와 여성복가게 사이에 보다는 남자신발가게와 담뱃가게 사이에 위치하는 것이 더욱 적절할 수 있다. 신발가게, 담뱃가게 혹은 옷가게에 오는 고객은 다른 두 상점으로 연결되어 세 상점 모두의 판매를 증가시킬 것이다.

2.2.4 잠재임차인의 욕구

임차인의 구성과 관련하여 상인을 평가한 후에 관리자는 잠재임차인의 욕구를 찾아야 한다. 주차시설의 적정성, 총 이용 가능한 임대공간과 잠재임차인의 고객시장에 대한 업종의 적합성이 주목되어야 할 관심사항이다. 관리자는 그 잠재임차인이 특정 공간에 가장 적합하고 주어진 시장에서 그 위치에서 가능한 최대 매출을 달성할 것이라는 것을 확실히 해야 한다.

재정 지원도 또한 중요하다. 임차인은 변경, 부착물, 재고품, 광고, 임대, 비율임대차, 보험, 유지 · 보수와 다른 운영경비를 지급 혹은 자금을 지원하기 위해 충분한 재원이 있어야 한다. 주어진 위치에서의 상인의 성공은 정확한 자격심사에 달려있다.

자격심사 후에 임차인이 공간을 둘러본 뒤, 임대 절차는 마지막 협상단계로 진행된다.

2.2.5 임대차의 종류

임대차의 종류는 비율임대차, 최소정액임대차, 초과임대차, 조합형 임대차, 가변척도 임대차 등이 있다. 미국의 사례를 토대로 살펴보기로 하자.

① 비율임대차

임차인의 시각에서 비율임대차(percentage lease)의 장점은 공정한 최소임대료에 장기임대라는 것이고, 판매량이 증가할 때만 추가금액을 지불하도록 한다는 점이다. 관리자와 소유자의 관점에서 비율임대차는 어떤 새로운 사업의 성공은 임차인의 위치, 소유자와 관리자의 마케팅 노력에 달려있다는 것을 의미한다. 소유자는 거래량과 위치로 인해 증가된 가치를 나누도록 허용된다. 그러나 임차인의 매출에 대해 완전하고 정확한 보고를 얻는 데 어려움이 있다.

비율임대차가 잠재임차인과 협의될 수 있는지를 주로 소매거래에 있어 위치의 흡인력에 있다. 미래의 임대가치를 예상하는 것이 어렵기 때문에 미국 등 외국의 경우 비율임대차는 3년 혹은 5년 이상 소매공간을 임대하는 데 이용된다. 비율임대차에는 일정비율임대차, 최소정액임대차, 초과임대차, 조합형임대차, 가변척도임대차, 최대비율임대차 등 몇 가지 유형이 있다. 대부분의 비율임대차는 최소정액임대차 혹은 총 매출 대비 비율임대차 중 큰 금액의 지급을 적용한다.

② 일정비율임대차

일정비율임대차(atraight percentage lease)의 임대차 계약 하에서는 보장된 최소 임대료는 없고 단지 총 이익 대비 비율을 기초로 한다. 이러한 형태의 임대는 흔치않고 압류된 부동산이나 임시 혹은 계절적 이용과 같은 보기 드문 상황에서 이용된다.

③ 최소정액임대차

최소정액임대차는 월 고정 최소정액임대료(fixed minimum lease)가 $500이고 비율임대료가 연간 총 매출의 5%이면, 연매출이 $100,000인 입주자는 그 해 동안 $5,000의 기본임대료만 지불할 것이다.

④ 초과임대차

초과임대차(overage lease)는 매달 지급될지라도 대개 연간 기준으로 조정된다. 보통 입주기념일 혹은 연 단위로 조정이 이루어진다. 그런 임대차계약은 최소보장비율임대차(minimum-guaranteed percentage lease) 또는 초과임대차(overage lease)라고도 불리어진다.

연간 총 매출이 $120,000보다 적으면 기본 연간 임대료는 $6,000일 것이다. 그러나 연간 매출이 $220,000이면 입주자는 기본임대료 $6,000에 초과임대료 $5,000 혹은 총 $11,000($220,000×0.05=$11,000-$6,000=$5,000)을 지급할 것이다.

⑤ 조합형임대차

조합형임대차(combination lease)의 경우는 다음과 같다. 매월 계산되는 비율임대차에 고정 최소 임대료가 월 $500이고 비율임대료가 총 매출의 5%이면, 매출이 $12,000인 임차인은 $600의 임대료를 지불할 것이다($12,000×0.05=$600). 그러나 총 매출이 다음 달에 $8,000이 되면 총 매출 $8,000의 5%는 단지 $400이므로 $500의 최소임대료를 지불할 것이다. 세 번째 달에 매출이 $15,000이면 임차인은 기본임대료에 $250의 초과임대료를 지불할 것이다.

⑥ 가변척도임대차

가변척도임대차(variable scale lease)를 적용할 경우에는 비율임대료는 매출에 따라 변한다. 예를 들면 월 $10,000까지는 6%, 그 이상이면 $10,000까지는 5%, $10,000 이상이면 5.5%로 계약이 명시될 수 있다. 이 증분가변척도는 소매상의 비용이 매출과 반드시 비례하여 증가하지는 않는다는 것을 반영한다. 임대인이 증가된 총 매출의 추가수익을 분배하게 한다.

⑦ 최대비율임대차

최대비율임대차(maximum percentage lease)란 지불되는 임대료에 한도를 정하는 조항이다. 종종 핵심임차인은 고객을 끌어당기는 그들의 광고와 능력 때문에 자신들의 기여도를 주장하면서 그 해 중에 지불할 최대 금액을 협상할 것이다.

2.2.6 임대차협상시 고려사항

① 공간계산

오피스빌딩 내의 소매상점에 이용되는 면적은 매장면적의 정의에 의해 측정된다. 1층 매장면적의 공간계산은 거리와 만나는 면이 빌딩라인으로부터, 내부의 경우에는 복도의 내부면이나 기타 영구적으로 분할된 내부면으로부터 그 분할벽면의 중심까지 측정하여 계산하는 것이다. 건물경계 내의 현관, 기둥 혹은 건물에 필요한 돌출부분은 공제하지 않는다. 건물경계 바깥으로 확장되어 나온 창은 가산하지 않는다.

② 임대료

비율임대차는 다른 임대차방식에서 규정된 임대인과 임차인의 기본적인 권리와 의무의 대부분을 포함한다. 임대료의 계산과 임대료 지불방식에 협상과정이 집중된다. 즉, 최소임대료와 비율임대료의 금약, 총 매출의 정의, 사업운영의 지리적 제한, 업무시간과 재고품 및 인력에 관한 요구사항, 매출을 보고하고 비율 임대료를 지불하는 방법, 환불조항 등 모두가 비율임대차를 협상하는 동안 논의될 수 있다.

③ 총 매출

양 당사자에게 가장 널리 적용되는 총 매출의 표준정의는 현금 반환 시 반환된 상품의 판매금액을 공제한 후에, 임대된 점포에서 이루어진 현금거래와 외상거래를 포함한 모든 매출의 총액이다. 임차인은 비율임대차를 적용하는 모든 거래의 기록을 유지해야 하고 월간 총 매출명세서를 제공해야 한다. 임대만료 시에 임차인은 독립된 공인회계사가 준비한 전체 임대기간 동안의 총 수입명세서를 제시할 수도 있다.

④ 임대료의 설정

협상과정의 첫 단계는 지역시장에서 비교 가능한 다른 공간의 임대료에 기초하여 받아들일 수 있는 최소임대료에 도달하는 것이다. 그리고 나서 최소임대료는 비율임대료와 관련되어야 한다.

⑤ 매출에 따른 임대료

모든 업종은 매출에 따라 임대료가 다르다. 임대료는 각 산업의 사업비용, 이윤폭과 재고회전율에 의해 결정된다. 일반적으로 보석상점에서와 같이 늦은 회전율은 낮은 매출과 높은 이윤을 가리킨다. 급속한 재고회전율은 할인점이나 슈퍼마켓같이 매출이 높고 이윤이 낮은 경우이다.

임대조건을 협상할 때 미국의 국제쇼핑센터협회나 도시토지학회(ULI : Urban Land Institute)와 기타 다른 부동산관리조직에 의해 발행된 비율임대차표가 일반적인 지침이 된다.

⑥ 지급방법

대부분의 비율임대차는 임차인에게 매월 서면으로 총 매출과 보고 후 10일 이내에 지불할 금액을 보고할 것을 요구한다. 많은 사업들은 계절적이며, 총 매출에 있어 계절적 변화가 심한 임차인은 어떤 형태의 조정을 요구할 것이다.

가장 흔한 조정방법은 12개월 동안 지불된 총 임대료가 일년 동안의 총 매출액의 약정된 비율을 초과한다면, 임차인은 지불된 초과임대료를 반환받거나 감면받는 추가조항과 함께 매월 지불될 적정 최소금액 혹은 비율임대료를 조정할 것을 요청한다. 어떤 계약서는 각 임대년도 말에만 비율금액을 지불하고 반면에 매출의 예상변화에 따라 지급기한을 정하는 경우도 있다.

⑦ 경쟁방지조항

대부분의 소유자는 분점의 매출에 의해 총 매출이 줄어드는 것을 방지하기 위해, 임차인이 어떤 반경 내에 또 하나의 분점을 개장하는 것을 허용하지 않으려 한다. 이 같은 조항은 때때로 법에서는 허용되지 않으므로 무효화되고 있다.

⑧ 임차인영업의 규제

비율임대차의 다른 조항은 총 매출에 영향을 주는 임차인의 영업을 규제하는데 맞추어져 있다. 만일 소유자가 부동산의 사용으로부터 최대이익을 받아야 한다면, 가능한 한 임차인이 최대로 자신의 사업을 확정하도록 격려하여야 한다. 만일 영업 개시한 임차인이 매출을 증가시키기 위해 영업시간을 연장한다면 임대인은 비율임대료의 소폭 인하를 고려할 것이다. 그러나 만일 비율임대료가 감소하면 최소임대료는 비율임대료의 감소에도 불구하고 소유자에게 적정한 보상을 보장하기 위해 비례적으로 증가해야 한다.

임차인의 지명도와 재정상태에 따라 임대차계약은 영업시간과 직원구성, 최대매출을 보장하기 위한 재고규모를 명기할 수 있다. 앞서 언급되었던 것처럼, 임차인은 광고에 수입의 일정부분을 지출하도록 요청될 수도 있다.

⑨ 임금채권유치권(Mechanics lien)

임차인이 개선작업을 할 때 비용을 완불하지 않는다면 소유자는 임금채권유치권으로부터 스스로를 보호하는 것이 중요하다. 관리자는 해당 법률을 확인해야 한다. 하나의 확실한 방법은 임대차를 기록하는 것인데, 그 기록이 임차인이 점유권을 갖고 있다는 통지로 추정된다. 책임이 없는 통지를 하는 것도 하나의 방법이다.

⑩ 임차인의 개수공사

대부분의 신축소매공간은 임대인이 거의 개선, 변경하지 않은 사면의 미완성벽, 바닥과 천장으로 구성된다. 비록 이 점은 협상을 해야 하지만 일반적으로 임차인이 영업에 필나 변경작업을 위해 계약하고 비용을 지불한다.

⑪ 임대료회복 조항

임대인은 협상기간 동안 예상된 총 매출수준에 이르지 않으면 보통 일정기간의 말미에 비율임대료를 종결할 권리를 가진다. 이것을 임대료회복조항이라 하고 임대료를 협의할 때 계약조건에 통합된다. 임차인은 예상매출이 달성되었다면 소유자가 받았을 금액으로 최소임대료를 증가시킴으로써 그 임대차계약이 유효하도록 하는 추가조항을 요구할 수도 있다.

⑫ 상업용 부착물

많은 임차인들은, 특히 전국적 지명도가 있는 임차인은, 선반, 계산대와 기타 장식물을 가져와 설치할 것이다. 이러한 개선을 상업용 부착물(trade fixtures)이라 하고, 비록 부착되었더라도 소유자의 동산은 아니며 임차인의 동산이 된다. 임차인은 제거하다가 생기는 손해에 대해 수리할 책임을 질 수 있다고 하더라도 임대차계약 종료시 그것을 제거할 권리가 있다.

보다 노후화된 센터에서는 새 임차인이 이전에 점유했던 공간으로 이동할 때, 임차인의 개선작업 비용 지출에 대한 협상이 복잡해진다. 즉, 단지 임차인의 편의만을 위해 지연된 유지 · 보수를 시정하고 부동산 자체의 내재가치를 증가시키기 위해 지출되는 비용을 구분하는 것은 어렵다.

⑬ 재무감사

임대차계약에는 소유자가 업무시간 동안 임차인의 재무기록을 감사할 수 있는 권리를 명시해야 한다. 비용문제로 대부분의 관리자는 의심이 가는 임차인만 감사하고, 그런 경우에 1년에 한 번만 한다. 감사에서 임차인의 총 매출기록이 정확하다는 것이 밝혀지면 대부분의 임대차계약에서 임대인이 감사비용을 낼 것이다. 그러나 감사에서 임차인이 그 기간동안 실제 지불한 금액의 특정 비율을 초과하여 임대료를 내야 한다는 것이 밝혀지면 임차인은 감사에 의해 결정된 임대료뿐만 아니라 감사 비용도 지불해야 한다.

⑭ 세금지급조항

많은 임대인들은 안정적인 수입을 위해 비율임대차에 세금지급조항을 삽입한다. 재산세가 급속히 증가하면서 장기 임대차계약은 특정기준년도 요율보다 증가된 세금이나 평가액을 입주자가 지급하도록 한다. 세금지급조항은 때때로 임차인에 의해 지불된 초과세금이 임대차 기간 동안의 총 비율임대료에 대해 감면되는 추가조항을 포함한다. 이 조항의 포함 여부는 주로 최소임대료와 지불되는 총 매출의 비율에 달려 있다. 양 당사자는 대개 세금 감면이 주어지기 전에 도달해야 하는 목표매출 총액에 동의한다.

초대형 쇼핑몰의 경우 유사한 지급조항이 보험, 공동지역의 유지 · 보수, 보안시비스, 상인조합 혹은 공동 판매촉진노력을 위한 분담금에도 적용될 수 있다.

⑮ 빌딩개량에 대한 세금혜택

양 당사자를 위한 개선작업의 독립적인 가치와 세금혜택도 협상의 중요한 논점이 될 것이다. 소유자가 그 일을 하고 미래의 임차인을 위해 남겨진 잔존가액 없이 특정임차인만 위해서 행해졌다는 것을 입증할 수 있다면, 소유자는 그 임대기간 동안 감가상각에 대한 단기 세금공제를 기대할 수 있다. 그러나 예를 들어, 새 마루바닥이 현재의 입주자만 위해서라는 것을 증명하는 것이 쉽지 않기 때문에 소유자는 대개 이런 개선비용을 그 자산의 자본적 가치를 증가시키는 것으로 배분해야 하고 이것에 의해 감가상각기간을 연장한다.

임차인이 임대기간에 걸친 개량에 대해 감가상각할 권리를 입증하는 것은 크게 어려운 문제가 아니며, 소유자보다 더 나은 세금우대를 받는다는 것이 협상 중에 고려되어야 한다. 누가 실제로 개선을 위해 지불했느냐에 관계없이 세금과 개선으로 인한 보험료를 보전하기 위해 일정 금액이 기본임대료에 추가되어야 한다.

소매공간의 임대차계약에 통합된 빌딩관리규칙은 상당히 엄격하다. 관리자는 소유자가 비용을 대지 않았어도 건축물, 외관, 간판과 기타 입주상점의 사양에 대해 계속적인 통제를 해야 한다.

1.3 유지 · 보수와 관리책임

1.3.1 소매용 부동산의 유지 · 보수

소매용 부동산의 부동산관리자의 유지 · 보수업무는 센터의 규모와 공동지역 유지 · 보수의 임차인의 부담을 결정해야 하는 필요 때문에 복잡하다. 일렬형 구조의 소규모 상가는 보통 건물의 외장, 구조상의 요소와 주차시설이 유지 · 보수만 필요로 한다.

관리자는 또한 임대차계약 조건을 알아야 한다. 대규모 다수 입주자빌딩의 관리자와 같이 소매센터 관리자는 냉난방, 유틸리티 배분, 쓰레기 처리와 전자보안 시스템을 잘 알아야 한다. 관리자는 이 시스템을 개인적으로 어떻게 유지 · 보수해야 하는지는 알 필요가 없으나, 유지 · 보수절차를 수립하고 그 일을 수행하기 위해 계약업자나 건물종업원을 고용하기에 충분할 정도로는 알아야 한다. 유지 · 보수작업이 계약에 의해 독점적으로 수행된다면 최소 한 사람은 대개 연락대리인으로서 대규모센터에 의해 전임으로 고용되어야 한다. 또한 외부 계약업자에 의해 일회성으로 행해지는 비용이 많이 드는 일상적 유지 · 보수업무를 취급할 수 있어야 한다.

예방적 유지 · 보수 프로그램과 빌딩, 토지 및 설비의 일상적인 검사는 사용 빈도가 많이 때문에 소매용 부동산에서는 특별히 중요하다.[16]

따라서 공동 판촉을 궁리하고 쾌적함 제공에 머리를 짜내는 것도 중요하지만 서비스의 레벨, 청결을 유지하고, 상품 관리, 임차인이 고용한 종업원의 예의범절, 복장교육, 쇼핑객과의 약속을 철저히 지키게 하는 등 고객으로부터 불만이 발생되지 않도록 노력하는 것은 관리의 기본 사항이다. 적극적인 자세는 매우 중요하지만, 기본이 확실히 실행이 되지 않으면, 고객의 이미지 형성으로 이어지지 않는다는 점이다.

1.3.2 관리책임

소매용 부동산관리자의 관리상 책임은 소유자의 목적에 의해 좌우된다. 대규모 법인이나 조합이 소유자이자 고용자일 때는 그것의 목적과 관리자의 책임이 분명하게 조직의 내규에 자세히 설명되어 있다.

다른 경우에는 하나 이상의 쇼핑센터의 법인 소유자들은 모든 권리를 그 부동산의 주 의사결정자가 되는 관리자에게 위임하는 관리계약을 체결할 수 있다. 그러면 관리자는 소유자의 목적에 도달하기 위한 계획을 조직적으로 수립해야 한다.

어떤 경우이든 관리자는 그들의 결정이 세금과 소유자의 수입에 미치는 결과를 고려하지 않고는 이를 효과적으로 수행할 수 없을 것이다. 관리자는 주 소유자 수입의 상세한 내용까지는 알 필요가 없지만, 소유자의 목적이 충족되고 관리자가 적절한 지침을 받아야 한다면 재무정보를 보고하는 경로는 반드시 확립되고 유지되어야 한다.

① 재무보고서

쇼핑센터의 규모, 기능, 배치, 소유권과 임차권의 변동 때문에, 소매용 부동산에 대한 재무보고의 일관된 시스템을 확립한다는 것은 불가능하다. 그러나 일반적인 용어로 공통 보고서를 분류, 설명하는 것은 가능하다. 기본적으로 소유자는 부동산에 대한 두 가지 종류의 정보를 원한다. 즉, 현재 재무

16) 이를 위해서 한 세트의 물리적 검사표를 미국의 국제쇼핑센터협회로부터 입수할 수 있다. 관리 및 운영에 관한 쇼핑센터양식도서관((Library of Shopping Center Forms for Management and Operation)이라고 표제가 붙여진 이런 목록은 아파트 건물 검사를 위해 이전에 보였던 것과 유사하다. 소규모 일렬형 상가는 관리자가 쉽게 검사할 수 있다. 그러나 초대형 쇼핑몰은 더욱 복잡한 영업용 설비를 검사하기 위해 전문가를 필요로 할 수 있다.

상태와 경제적 미래가 그것이다.[17]

쇼핑센터 표준회계시스템하에서는 입주자의 임대차계약에 의해 보장되는 최소임대료, 비율조항에 기초한 초과임대료, 임대료인상조항(escalation clauses)으로부터의 임대료 수입, 유틸리티 판매수입, 입주자에게 서비스를 제공하고 받는 수입 등의 다섯 가지 주요 임대소득항목이 있다.

② 비용항목

소매용 부동산을 회계 처리하는 표준방법하에서 비용항목은 다음 분류 중 하나에 속하게 된다. 즉 건물의 유지 · 보수, 공용부분의 유지 · 보수, 유틸리티, 사무실 유지 · 보수, 융자, 광고와 판매촉진, 부동산세, 보험 혹은 관리비 등이 그것이다.

건물 유지 · 보수비용은 직원임금과 쇼핑센터 내 모든 소매공간에 대한 소모품을 포함한다. 공공지역 유지 · 보수(주차장, 몰, 지면)와 사무실 공간 유지 · 보수는 별개의 범주에 속한다. 유틸리티 비용의 범주에는 입주자에게 냉 · 난방 및 조명을 공급하는데 관련된 임금뿐만 아니라 모든 형태의 에너지 비용이 들어간다.

쇼핑센터 표준 회계시스템하에서 금융비용은 대출원금 상환액은 비용처리 되지 않아야 하므로 단순히 상환하지 않은 대출금액에 대한 이자이다. 보험비용은 화재 및 기타 손해, 보일러와 설비보험, 책임보험, 임대차보험과 종업원 보증보험 등을 포함한다. 관리비, 빌딩사무실 급료, 기타 사무실 비용과 전문가비용은 일반관리비로 간주된다.

③ 실제소득

수입항목은 임대료손실 및 공실 요인을 고려하여, 실제 수입을 현실적으로 예상해야 한다. 가장 예측이 어려운 소득원은 비율 혹은 인상조항에 근거한 초과임대료이다. 초과수입(overage income)정보는 소매용 부동산관리자가 예산 혹은 재무 보고서를 준비할 때마다 수집되어야 한다.

이 정보를 얻기 위해 관리자는 임대차계약에서 명시된 시기에 모든 임차인으로부터 매출명세서를 구해야 한다. 보충 보고서로써 관리자는 각 입주자의 당기 실적과 과거 실적을 비교하고 당해 연도 동안의 증가와 감소 비율을 결정해야 한다. 상점관리자를 만나면 차기 연도의 예상매출을 알 수도 있다.

각 임차인의 실적기록은 한 임차인과 다른 임차인 및 집단 전체를 비교 가능하게 한다. 명백하게도 그러한 보고서는 임대차계약 갱신협상 동안에 가장 명쾌한 입증자료가 된다.

17) ULI에 의해 발행된, 쇼핑센터 운영을 위한 표준회계매뉴얼(standard manual of accounting for shipping center perations)은 소매용 부동산관리자에게 수입과 비용을 보고하기 위하여 표준화된 시스템을 제공한다. 이 방법은 대규모 및 소규모 센터 모두에 적용가능하고 산업 내의 비용 비교가 가능하게 한다. 이 회계시스템은 사무실 빌딩 회계를 위한 빌딩 소유자 및 관리자협회의 표준방식과 유사하다.

④ 자본적 지출

자본적 지출 예산은 자산의 매각수입, 대출금이나 기타 부채의 원금지급, 그리고 수년간에 걸쳐 감가상각될 수리 혹은 증축에 사용된 비용을 포함한다. 자본적 지출예산은 운영예산과 상호 밀접하게 관련되어 있으므로 함께 작성되어야 한다. 그러나 관리자는 자본예산을 준비할 때 다른 기준을 채택해야 한다. 운영예산과 달리, 자본지출예산은 장래 몇 년간을 고려해야 한다. 자본적 지출은 상이한 경제적 원칙에 의해 지배되는 보존과 수익을 창출하는 자본적 지출, 두 가지의 주요 범주로 나누어질 수 있다.

⑤ 운영예산

소매센터의 운영예산 형식은 다른 형태의 수익용 부동산에서 사용된 것과 유사하다. 주요한 차이는 자본적 지출은 구분되어 별도 예산으로 기재되어야 한다는 것이다.

소매센터 운영예산의 또 다른 중요한 측면은 엄격함이다. 주요 비용은 부동산 부채상환액과 부동산세이고 어떤 것도 단기비용통제의 대상이 되지 않는다. 그러므로 총 예산 할당분 중 단지 상대적으로 작은 부분만이 경제적 조치에 영향 받을 수 있다.

⑥ 월 현금흐름 예상표

소유자가 연간 예산을 승인한 후에 관리자는 차기연도의 재무관리를 위한 참고용으로 사용하기 위해 월 현금흐름 예상표를 준비해야 한다.

이런 보고서의 목적을 위해 이용되는 현금흐름은 단순히 매달 수취된 현금과 사용된 현금의 차이(총수익에서 운영비와 대출금상환액의 공제)이다. 월간 예측은 한 해 동안의 현금흐름의 불균형 때문에 필요하다. 청구서가 지급기일 되면 현금이 수중에 있을 수 있도록 비용이 많이 사용되는 달이 반드시 예상되어야 한다. 공실 때문에 그리고 비율임대차는 단순 시간계획으로는 정확하게 예측할 수 없다는 사실 때문에 수익은 어느 정도까지는 변동한다.

월간 예측을 준비하기 위해 관리자는 총 연간 수익을 언제 받고 비용이 언제 지불되는지를 반드시 추정해야 한다. 그러고 나서 그 추정치는 월별로 항목에 기재되고, 운영예산에 포함되는 표준수익과 비용항목으로 나누어진다.

그 예상은 최소한 분기마다 한 차례씩은 상세히 검토되어야 한다. 만일 명백한 불일치가 발견되면 관리사는 예산을 조정하거나 그 이유를 확인하고 수정하도록 노력해야 한다.

⑦ 월간 수입비용명세서

운영보고서 제출빈도는 소유자의 필요성과 쇼핑센터의 크기에 달려있다. 월간 수입비용명세서는 그 달의 현금흐름 예측과 그 달의 수입과 비용을 비교해야 한다. 명세서에는 그 날까지의 실제수입과 비용을 계속해서 집계해야 하고 이러한 수치들을 이 기간 동안에 할당된 예산과 비교해야 한다.

도표 7.5 소매점 원가 현금흐름 예상사례

Property	Dates											
Income	January	February	March	April	May	June	July	August	September	October	November	December
Minimum rental income	$100,000	$ 100,000	$ 100,000	$ 90,000	$ 60,000	$ 70,000	$ 80,000	$ 80,000	$ 98,000	$ 100,000	$ 100,000	$ 100,000
Overage rent	20,000	18,000	18,000	17,000	18,000	18,000	18,000	20,000	90,000	25,000	30,000	40,000
Rental income foom escalation	1,000	1,000	1,250	15,000	1,800	2,200	2,500	2,750	300	3,300	3,600	4,000
Savices to tenants	9,000	9,000	9,000	9,000	9,000	9,000	9,000	9,000	9,000	9,000	9,000	9,000
State of utillies	7,000	7,000	7,000	7,000	7,000	7,000	7,000	7,000	7,000	7,000	7,000	7,000
Other income	1,000	1,000	1,500	1,500	2,000	1,500	1,500	1,500	1,500	1,000	1,000	1,000
Total	$ 138,000	$ 136,100	$ 136,750	$ 136,750	$ 97,800	$ 107,700	$ 118,000	$ 130,250	$ 148,500	$ 148,500	$ 150,600	$ 161,000
Expenses												
Bulding maint	$ 1,000	$ 1,000	$ 12,000	$ 2,000	$ 2,000	$ 2,000	$ 2,000	$ 1,000	$ 1,000	$ 1,000	$ 500	$ 500
Public area maint	9,000	9,000	9,000	9,000	9,000	9,000	9,000	9,000	9,000	9,000	9,000	9,000
Utilides	5,000	6,000	5,000	5,000	5,000	6,000	6,000	6,000	5,000	6,000	6,000	6,000
Office area maint	1,000	1,000	1,000	1,000	1,000	1,000	1,000	1,000	1,000	1,000	1,000	1,000
Flanding and paymenis on ioan prindpal	48,000	48,000	48,000	48,000	48,000	48,000	48,000	48,000	48,000	48,000	48,000	48,000
Administrative	1,500	1,500	1,500	1,500	1,500	1,500	1,500	1,500	1,500	1,500	1,500	1,500
Real estale taxes	–	–	–	–	–	72,000	–	–	–	–	–	–
Insurance	–	–	4,000	–	–	4,000	–	–	4,000	–	–	4,000
Administrative	5,500	5,500	5,500	4,600	4,100	4,600	4,600	5,100	6,100	6,000	6,100	6,300
Miscellaneous	5,500	5,500	5,500	5,500	5,500	5,500	5,500	5,500	5,500	5,500	5,500	5,500
Total	$ 77,000	$ 77,000	$ 80,000	$ 75,600	$ 75,100	$ 153,100	$ 76,500	$ 77,600	$ 80,600	$ 77,000	$ 77,100	$ 153,300
Cash flow	$ 61,000	$ 59,100	$ 56,752	$ 50,400	$ 22,700	$ 545,400	$ 4,400	$ 52,650	$ 67,900	$ 68,300	$ 73,500	$ 7,700
Cumulative cash flow	$ 61,000	$ 120,100	$ 176,850	$ 227,250	$ 49,450	$ 204,500	$ 245,950	$ 298,600	$ 365,500	$ 434,800	$ 508,300	$ 515,000

⑧ 손익계산서

실제결과와 예상된 금액을 상호 비교하는 것 외에도 연말의 손익계산서는 감가상각비용, 자본적 개선비용과 총 부채감소액과 같은 소유자가 세무 신고할 때 필요한 추가정보를 제공해야 한다. 자료는 다음의 세 가지로 나타난다.

- 예산금액
- 실제수치
- 예상예산과 실제비용과의 차이

전년도의 수치를 보여 주는 추가항목은 소유자를 위해 참고기준으로 포함될 수 있다.

⑨ 쇼핑센터를 위한 보험

보험에 가입하기 전에 소유자의 법적 책임과 입주자의 책임은 분명히 구별되어야 한다. 센터의 토지나 빌딩은 소유자가 다를지라도 하나의 실체로서 기능한다. 즉 한 소유자의 손실은 다른 소유자의 운영을 방해할 수 있다.

도로, 인도와 주차지역 또한 소유자가 한 명 이상일 수 있고 특정 임차인이 임대한 공간 내에 있을 수 있다. 이런 시설은 집단으로서 소유자 지분의 구분 없이 쇼핑객에게 이용 가능하기 때문에 공용부분에서 발생하는 사고에 대한 손해배상요구에 대한 책임을 결정하는 것이 어려운 경우가 있다.

관리자가 센터의 공공책임보상을 보증하는데 있어서 따라야 하는 일반규칙은 그들의 이해관계에 별 영향을 미치지 않더라도 모든 소유자와 임차인이 모든 보험에 공동명의로 하는 것이다. 추가로 부동산관리자와 상인연합 또한 책임증권에 보험계약자로 지명되어야 한다.

쇼핑센터 내 각 상인은 재고품과 빌딩개선작업에 적절한 보험을 유지하고 제품책임보험, 일반책임보험, 근로자 재해보상(workers compensation)과 업종에 따라 적합한 기타증권을 유지하기를 원할 것이다. 소유자, 관리자와 상인조합은 입주자가 구입한 책임보험증권에 공동보험계약자로 기재되어야 한다. 가장 비용이 많이 드는 보험증권은 일반책임보험과 화재 및 확장 담보이다. 도표 7.6

도표 7.6 경제순환과 경기순환

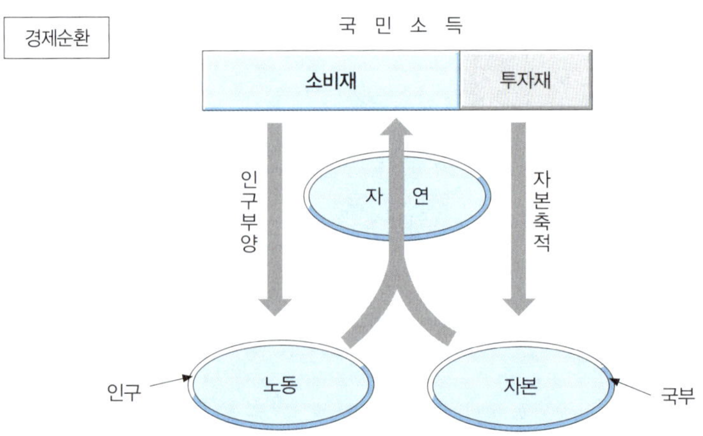

경기순환의 2분법

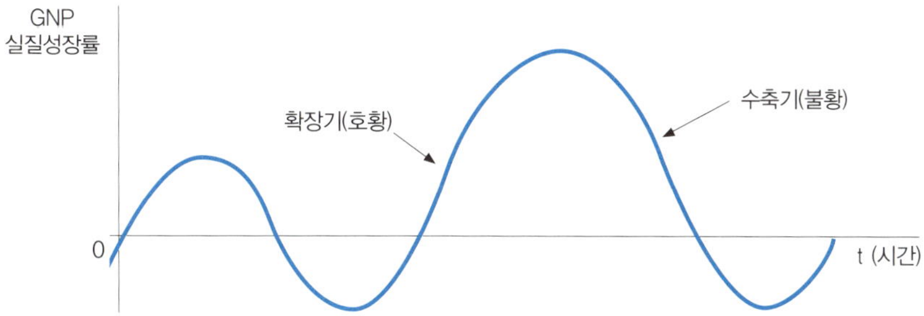

V 산업용 부동산관리[18)]

01 산업용 부동산과 시장특징[19)]

산업용 부동산은 산업체에 의해 사용되거나 사용하기에 적합한 모든 토지와 빌딩을 포함한다. 산업은 무형의 서비스에 대립하는 것으로서 유형의 상품을 생산, 보관, 분배하는 모든 활동을 포함한다. 공업은 원료 혹은 구성요소를 완제품으로 변형하는 것을 말하며 이러한 완제품을 포장, 창고보관, 유통 및 운송시키는 것까지 확대한다. 다음은 미국(美國)의 사례를 통하여 살펴보기로 한다.

1.1 산업용 부동산의 성질

1.1.1 부지사용에 의한 분류

공업용 부지는 산업 활동이 일어나는 장소이다. 빌딩이나 토지의 개선은 임차인의 산업 활동에 가장 효율적인 환경을 제공해야 한다. 적합성에 따라 공업용 토지와 빌딩은 일반목적,특수목적 혹은 단

18) 전용수 · 이창석, 상게서, pp. 274~294.
19) 상게서, pp. 281~294.

일목적으로 분류될 수 있다. 공업용 부동산의 독특한 특징은 그러한 부동산의 관리와 직접적인 관련이 있다.

1.1.2 투자위험

공업용 빌딩과 기타 대규모 부동산의 특성으로 인해 공업용 부동산은 부동산시장에서 유동성이 떨어진다. 이런 부동산은 현금화가 되기 어렵기 때문에 투자 위험을 증가시키고, 그것은 반대로 소유자가 공업용 부동산의 임차인에게 더 많은 것을 요구하게 만든다.

1.1.3 대규모 자본투자

공업용 부동산은 일반적으로 대규모 자본투자를 요한다. 많은 대기업은 하나의 부지를 찾아 그들의 정확한 설계명세서를 충족시킬 공장을 짓기를 원하지만 이런 행위는 회사 운영자금의 상당 부분을 묶어놓을 수 있어 회사의 유동자본의 흐름을 막는다.

1.1.4 매각 후 임대차계약

많은 회사들은 부동산보다는 자신의 사업운영에 자본을 투자하는 것을 선호하기 때문에 장기 임대차계약을 보장하는 부동산에 투자하기를 원하는 투자자를 찾을 것이다. 그리고 나서 그 회사는 투자자에게 선택한 부지를 매각하고 동시에 장기 임대차계약을 실행한다. 이것을 매각 후 임대차계약(sale-leaseback agreement)이라 한다.

이로써 회사는 투자한 자본을 회수하고 그 자금을 사업에 재투자할 수 있다. 이런 합의는 양 당사자에게 유익하기 때문에 공업용 부동산은 종종 제조업자인 임차인이 투자자인 소유자에게 임대료를 지급하는 투자자산이 된다. 일단 설비가 장치되면 임차인에게 맞추어진 부동산이 성질로 인해 임차인의 기계의 운영과 소유자의 자본투자를 분리시킬 수 없는 것으로 만들 뿐만 아니라 부동산과 임차회의 기계장치와 재고품이 통합되어, 관리자가 소유자시설의 가치와 임차인설비의 가치를 구별하는 것은 어렵다.

1.1.5 기능상의 노후화

기술상 변화로 대규모 혹은 전문 전문산업설비들은 급속하게 기능이 쇠퇴되기 쉽다. 이것이 소유자의 투자위험을 증가시키므로 빌딩이나 임차인의 구조적 혹은 기능상 쇠퇴를 최소화하기 위해 주의 깊게 계획해야 한다. 이것은 창고나 보관 장소에는 적용되지 않는다. 이러한 일반 목적의 산업용 공간은 임차인에 따라 공간을 변경할 필요가 없기 때문에 기능상 노후화 될 위험이 적다. 창고와 유통 시설의 인차인은 아주 빈번하게 이동하는 경향이 있어서 투자위험이 낮고 유동성은 높은 편이다.

공업용 부동산의 임차인은 부동산시장의 전문가는 아닐 것이므로 임차인과 부동산을 연결시키는 책임은 공업용 부동산관리자의 책임이 크며, 대부분의 공업용 부동산의 임대차기간은 10년에서 20년 혹은 그 이상이므로 비교적으로 긴 편이다. 무거운 기계장치를 옮기고 많은 재고를 유지하는 고비용 때문에 장소의 빈번한 이동이 어렵고, 그래서 적정한 위치선정이 중요하다.

1.2 산업용 부동산시장

1.2.1 산업용 부동산시장의 경향

입지 선호도에 의한 산업분류산업의 세 가지 주요 범주가 공간을 선택하는 기준에 근거하여 구분될 수 있다.

① 자원지향적 산업

이 산업은 원료수송비를 최소화하기 위해 원료와 보급품의 공급처 근체에 위치할 필요가 있다. 대량의 원료나 철광석 같은 부피가 큰 원료를 사용하는 공장은 대개 자원지향적 산업이다.

② 시장지향적 산업

시장지향적 산업은 개인소비자 혹은 사업체소비자에게 판매한다. 이런 유형의 산업은 많은 수의 소비자에게 의존하고 시장의 성장 경향이나 움직임에 민감하다. 시장지향적 산업은 소비자에게 더욱 빨리 더욱 경제적으로 도달하기 위해 유통 장소근처에 위치하는 것을 선호한다.

③ 노동지향적 산업

특별히 비숙련공을 고용한다면 노동지향적 산업은 노동인력의 이용 가능성 및 비용에 관심을 갖는다. 자동차 제도업자는 반숙련공과 비숙련공을 제공하는 지역시장에 집중할 것이다.

1.2.2 산업용 부동산 시장의 부동산분석

공업용 부동산에 대한 수요는 독립된 요소가 아니라 산업공정제품에 대한 소비자요구에 달려있다. 특별한 형태의 공업용 부동산에 대한 시장수요를 결정하기 위해 관리자는 산업공정의 특성, 지역산업의 성장과 개발에 대한 특성을 알아야 한다. 공업용 부동산의 광고, 임대, 관리의 첫 단계는 그것의 특징과 입주 잠재임차인의 반응을 살피는 것이다.

1.2.3 장소선정기준

공업용 부동산의 수요를 정확하게 해석하기 위해서는 경영자가 왜 그 장소를 선택하는지를 알아야 한다. 공장부지선정시 회사는 생산비용(임대료, 임금, 세금)과 원재료 및 완제품의 수송비용을 최소화하기 위해 노력해야 할 것이다. 회사는 아마도 지역시장의 수요와 수익요인을 비교함으로써 부동산의 수익성을 평가할 것이다. 따라서 아주 경쟁적인 시장에서 가장 낮은 수송, 생산비용이 든다고 하더라도 가장 유리하다고는 할 수 없을 것이다. 왜냐하면 수익은 경쟁자의 위치, 시장지역의 범위, 가격변화에 대한 제품수요의 반응, 소비자 근접성 등에 의해서도 결정될 수 있기 때문이다. 유틸리티 비용 또한 중요한 요소일 수 있다.

1.2.4 필요한 지방시장 정보

부동산관리자는 공업용 부동산 유치선정 요소에 비추어서 지역시장을 분석해야 한다. 공간을 구하는 공업회사는 세대의 규모와 구성, 평균연령, 소득수준, 지배적인 직업과 교육수준을 포함하여 커뮤니티 및 인구수의 경제적 기초에 대한 실제적인 자료를 원할 것이다. 대상 공업임차인은 지역의 운송서비스 지역노동인구의 기술수준, 훈련과 이직률에 대한 자료를 요청할 것이다.

시장조사는 재정적 안정성, 지방정부의 서비스와 태도뿐만 아니라 유틸리티와 연료의 이용가능성, 가격 및 공급처를 포함해야 할 것이다. 소득세율과 산정방침, 자치도시의 서비스와 도시계획법령은 대상 공업임차인에게 극히 중요한 정보이다. 비과세 산업수입채권의 발행을 통한 금융조달의 가능성이 종종 해당 산업이 특정 도시에 위치할 수 있는가를 결정하는 데 고려사항이 될 것이다. 이 재원조달에 대한 조사는 시장분석의 일부가 되어야 한다. 또한 부동산관리자는 상공회의소나 유사한 집단이 공업단지를 설립했는지의 여부를 판단해야 한다. 이 조직은 새로운 산업을 그 도시롤 유치하기 위해 시장요율보다 낮은 가격에 산업용 공장을 위한 토지를 매각하도록 보조금을 지급한다. 그러한 경우에 개인 토자자는 경쟁할 수 없을 것이다.

1.2.5 공장규모와 특징

외곽지역으로 이전한 회사들은 내부 정리가 아주 잘된 단층빌딩을 선호하는 경향이 있다. 그 이유는 단층빌딩에 더 많은 총 사용공간이 있고 건축비용이 일반적으로 싸기 때문이다. 또한 단층짜리 공간은 공간배치와 상품이동이 쉽다. 팔레트와 지게차 등을 이용하여 상품은 다층빌딩에서 엘리베이터를 이용하는 것보다 더 빨리 이동될 수 있다.

1.2.6 운송 고려사항

공업용 부동산의 가장 큰 특징은 시장과의 접근성이 중요하다는 것이다. 입지선정시 시장과의 거리에 따른 운송비부담이 중요한 요소이다. 고속도로, 철도시설, 항공시설, 항만시설의 발달로 산업용 부동산은 혼잡한 대도시를 떠나 한산한 교외로 이전하는 경향이 나타나고 있다. 이런 요소들은 교외지역의 낮은 지가와 함께 외곽지역에 산업단지건축의 촉매제가 되고 있다.

1.2.7 복수임차권의 이점

공업용 부동산관리자는 부동산의 대체 사용안을 반드시 알고 있어야 하는데, 그 중 가장 유리한 것은 하나가 복수임차권이다. 대부분의 회사는 전체 빌딩을 확보해두기를 선호하지만 복수임차의 이점은 소규모 및 초기단계의 사업에 매력적일 수 있다. 복수임차권을 설정할 때, 관리자는 임대계획과 임차인의 적합성을 고려해야 한다.

1.2.8 선적과 수신 설비

원료 배달에서 완제품의 선적에까지 재료취급에 있어 과학기술의 혁신은 공업용 부동산의 선적과 수신 설비를 다시 디자인하도록 변화를 가져왔다. 표준크기의 선적 컨테이너들은 재료를 다루는 운영의 능력과 유연성을 증가시켰다. 이 새로운 방법을 사용하는 공장은 공업용 부동산관리자가 반드시 수용해야 하는 또 하나의 요구인, 전문화 된 부두 및 적재시설을 필요로 한다.

1.2.9 토지 사용 형태

공업용 토지 사용에서 가장 중요하고 새로운 발전은 산업공단(industrial park)이라고 불리어지는 계획단지이다. 사업체를 유치하는 수단으로 많은 산업공단은 철도 옆에 세워졌다. 실제로 공업단지는 상대적으로 소규모 기업에 접근이 용이한 외곽지역의 토지를 제공하기 위해 고안된 교외의 산업구역이다.

02 부동산마케팅과 유지보수

2.1 산업용 부동산의 마케팅

2.1.1 광고 및 판매촉진

공업용 부동산의 관리자는 해당 부동산으로 잠재임차인을 끌기 위해 대개 간판과 브로셔를 이용한다. 보통 공업용 부동산의 브로셔는 그 부동산의 사진, 특징을 강조하는 간단한 광고문과 지도를 포함하고 있다. 이러한 유형의 광고는 특정 부동산시장을 형성하는 기업집단을 선별하여 발송된다. 입주 잠재임차인의 목록선정은 해당 부동산과 그것에 적합한 종류의 산업에 대한 관리자의 지식을 반영해야 한다. 그 지역의 산업체의 물품 구입업체와 납품업체들도 잠재적인 임차인들이다.

2.1.2 산업용 부동산 중개인

산업용 부동산 마케팅의 가장 두드러진 특징은 전문성에 있기 때문에 대부분의 산업용 부동산관리자 및 회사는 부동산을 마케팅하고 혹은 찾기 위해서 외부 임대차대리인에게 많이 의존한다. 입주 잠재임차인은 부동산의 편의시설이나 명성이 아니라 유틸리티에 가장 관심이 있고 그들의 결정은 대개 경제적 사실들에 근거한다. 산업용 부동산 관리자와 중개업자는 전망이 좋은 부동산이나 산업에 대한 기술적인 지식을 반드시 알아야 한다.

2.1.3 임차인 자격심사

산업용 부동산의 잠재임차인이 해당 부동산에 관심을 가지게 되면 관리자는 공간, 운송 및 노동력에 대한 욕구를 반드시 평가해야 한다. 가장 중요한 문의사항 중 하나가 잠재임차인이 필요로 하는 정확한 용도지정상황이다. 이것은 해당 구역의 지정용도가 임차인의 욕구에 적합한지, 혹은 특수 목적으로 사용이 가능한지, 그리고 용도변경이 가능한지 등을 판단하는 것이다. 예를 들어 위험물질을 취급하는 산업에 있어 위험물질처리장의 이용 가능성은 또한 중요한 요소일 수 있다.

2.1.4 필요한 총 토지면적

산업용 부지는 빌딩, 조경, 부두, 주차장 등이 차지하는 지역과 경계 내의 모든 토지지역을 포함한다. 대규모의 토지를 필요로 하는 산업은 자원 혹은 노동지향적인 경향이 있다. 도표 7.7

도표 7.7 준지대

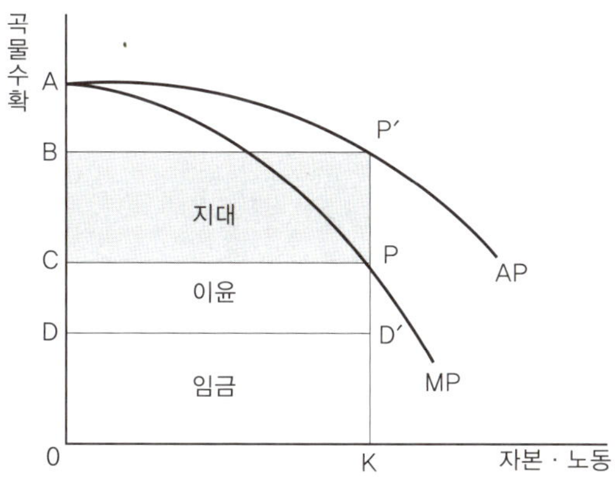

자료 : A. Marshall, Principles of Economics, 8th ed, London, Macmillan & co., Ltd., 1920. foot-note on, p. 426.

2.1.5 환경문제

환경오염의 가능성은 다른 종류의 부동산보다 공업용 부동산에서 더 크다. 이런 이유로 부동산관리자는 잠재임차인이 임대된 부동산에서 위험물질을 취급할 가능성이 있는지를 철저히 조사해야 한다. 또한 폐기물 처리에 대한 조항이 임대차계약에 반드시 있어야 한다. 임차인에 의해 그 부동산에서 부적절하게 처리된 위험물질처리비용은 소유자의 부동산 가치보다 훨씬 높을 수 있다.

2.1.6 공통 접근도

중공업제품 제조업자들은 대개 트럭수송로, 항공화물운송, 철로 혹은 항구에 직접 접근할 수 있어야 한다. 작업인력이 거주하는 주거지역의 중요도로 또한 중요하다. 도매 및 배급업자는 상품 수취와 배달을 위해 교통흐름을 처리할 수 있도록 트럭수송로와 주요 도로시스템에 접근해야 한다.

2.1.7 재정능력

부동산관리자는 상업용 부동산 임차인에 적용되는 것처럼 산업용 부동산 임차인이 생존 가능하고 생산적인 임차인이라는 것을 확인하기 위해 과거 수익기록, 재원들을 조사하여야 한다. 개발업자가 소유자이자 임대인으로서 거래에 관련되기 전에 매각 후 임대차계약(sale-lease-back arrangement)을 원하는 산업용 부동산임차인은 건강한 재정 상태를 제시해야 한다. 일단 산업용 부동산임차인이 부동산을 임차하고 점유를 시작하면 그 임차인이 그 공간에 적합지 않거나 필요한 운영자금이 없다 하더라도 그로 인해 발생되는 문제를 해결하기가 어렵다.

산업용 부동산임차인의 운영을 주기적으로 감시하여 혹시 위험한 행동이 시작되었는지 혹은 부적절하게 취급되고 있는지를 판단하는 것도 부동산관리자의 중요한 임무이다.

2.1.8 부동산의 공개

부동산이 잠재임차인이 필요한대로 용도 지정되지 않았거나 유틸리티 서비스가 운영에 필요한 최소 수준이라면 입주 잠재임차인을 그 장소로 오게 하는 것은 시간 낭비이다. 관리자는 상황을 간단히 설명하고 좋은 관계를 구축하도록 노력하여 나중에 다른 부동산에 관련하여 작업을 할 수 있다.

2.1.9 후속조치

관리자는 추가정보를 구하고 모든 관련 당사자에게 후속 프레젠테이션을 하면서 예상입주자와 접촉하는데 있어 주도권을 쥐어야 한다. 거래에서 기술적으로 사소한 문제들을 극복하고 계획을 실행하면서 관리자는 마케팅 과정의 마지막 단계인 부동산 임대차계약 협성에 도달할 것이다.

2.1.10 연간 요율계산

공업용 부동산의 연간 임대료는 대개 소유자가 투자에 의해 벌어들이기를 원하는 총 수입의 비율을 사용하여 계산하는 임대효율(rent factor)에 근거를 둔다.

2.1.11 기타 협상항목

기간연장, 선택조항 및 빌딩의 변경 또한 협상항목이다. 이러한 요소들이 거래결과에 미치는 영향력은 각 당사자의 입장을 평가할 줄 아는 관리자의 능력과 각자가 타협할 의향이 있는가에 달려있다.

2.2 부동산의 유지 · 보수

산업용 부동산의 관리자는 공간을 임대하고 임대차계약의 조건을 시행하는데 가장 많은 관련이 되어있다. 여러 가지 형태의 순 임대차(net lease)에서는 임차인이 부동산 유지 · 보수의 전부 혹은 일부의 책임을 진다. 임차인이 설비를 유지 · 보수하는 것은 그렇지 않다면 관리자가 해야 할 일인 빌딩 내부의 유지 · 보수의 많은 부분에 대해 책임을 지는 것이다. 많은 임차인은 임대차계약에서 규정된 대로 부동산을 관리하기 위해 관리인을 고용한다. 다른 임차인들 특히 공단에 위치한 업체들은 그들 공단의 관리 일을 위해 전문 서비스업체와 계약을 한다. 토지와 빌딩 외부의 유지 · 보존은 임대차 계약하에서 임차인이 책임지지 않는 유일한 유지 · 보수업무이다. 이 일은 부동산관리자의 영역이 된다. 산업용 부동산의 유지 · 보수에 관련된 조치들은 기본적으로 주거용, 사무실 혹은 상업용 부동산의 경우와 동일하다. 주의 깊은 부동산관리자는 임대차계약의 위반에 대해, 그리고 소유자의 투자재산이 보호되고 있다는 것을 확인하기 위해 정기적으로 검사할 것이다.[20]

20) 전용수 · 이창석, 상게서, pp. 292~294.

용어 정리

- **가격조정** (價格調整 : Price adjustment)
- **경영전략** (經營戰略 : Business strategy)
- **공실률** (空室率 : Vacancy rate)
- **관리홍보** (管理弘報 : Management public information)
- **광고** (廣告 : Advertisement)
- **근린분석** (近隣分析 : Neighborhood analysis)
- **기업활동** (企業活動 : Business activities)
- **내부면적** (內部面積 : Dominant portion)
- **비교분석** (比較分析 : Comparative analysis)
- **손익계산서** (損益計算書 : Income statement)
- **업무용 부동산** (業務用不動産 : Business real estate)
- **유지** (維持 : Maintenance)
- **이익단체** (利益團體 : Interest group)
- **임대대리인** (賃貸代理人 : Lease deputy)
- **임대면적** (賃貸面積 : Lease area)
- **잠재임대인** (潛在賃貸人 : Latency deputy)
- **주거용 부동산** (住居用不動産 : Real estate for residing)
- **지역분석** (地域分析 : Regional analysis)
- **판매기술** (販賣技術 : Sale skill)
- **협상** (協商 : Negotiation)

생각해 볼 문제

1. 부동산의 경제적 분석과 마케팅과의 관계에 대하여 논하시오.
2. 부동산 광고전략과 부동산 광고방법에 관하여 설명하시오.
3. 빌딩에 있어 공실률과 흡수율에 관하여 논하시오.
4. 주거용 부동산의 임대 계획과 수익성 측정에 관하여 설명하시오.
5. 부동산의 유지 · 보수와 운영에 관하여 각 항목별 내용을 설명하시오.
6. 업무용 부동산의 관리에 필요한 제요인과 그 대책을 약술하시오.

CHAPTER 08 기술적 측면의 부동산관리

I 부동산의 기술적 측면[1)]

01 기술적 측면의 의의

기술적 측면(engineering aspect)이라 함은 부동산의 유형적 측면이다. 토지와 건물을 중심으로 하는 물리적인 면을 묘사하기 위해 필요로 하는 기초 분야이다. 주로 부동산공간의 이용기법적 측면으로, 여기에는 지질 · 지형 · 토양과 지적 · 측량 · 토목 · 건축 등과 같은 역학 및 설계 · 시공 · 구조 · 설비 등에 이르는 많은 분야가 이에 속한다. 부동산활동은 토지 위에서 행해진다. 따라서 부동산활동을 담고 있는 토지의 물리적인 성질을 이해할 필요가 있다. 또한 부동산활동은 주로 건물의 건축 · 이용 · 관리활동과 밀접한 관련이 있다. 그러므로 건물에 대한 물리적인 묘사가 가능한 상태에서 그의 공급 · 이용 · 관리활동을 전개할 필요가 있는 것이다. 토지와 건물 위에서 다양하게 전개되는 부동산활동을 능률적으로 전개하기 위해 그들의 묘사를 위한 기초 지식을 숙지해 둘 필요가 있다.

STORY TIP 8.1 삶의 질과 부동산 관리

산업사회 문명의 절정기라고 할 수 있는 20세기 중반부터 산업화와 경제발전에 성공한 국가에서는 점차 '경제성장과 경제적 풍요가 인간의 행복을 증진시켜 줄 것'이라는 종래의 가정에 대한 회의가 일어나기 시작하였다. 경제의 성장과 발전에도 불구하고 빈곤의 문제와 불평등의 문제도 완전하게 해결되지 못했을 뿐 아니라 도시문제 · 범죄문제 등의 사회문제가 더욱 심각해지고 소외문제와 환경문제가 새로운 사회문제로 부각되는 것을 보면서, 사회과학자들과 문명비판가들은 산업사외 문명의 강도 높은 위협들을 경고하기 시작한 것이다. 이와 같은 배경에서 1960년 무렵부터 삶의 질(quality of life)에 대한 논의가 서구학자들 사이에서 제기되었다. 경제발전만으로 인간의 행복이 성취될 수 없는 것이라면, 경제발전은 사회발전 및 문화발전과 균형을 이루는 것이 되어야 한다는 인식에서 삶의 질에 관한 논의와 연구가 시작된 것이다. 바우어(Bauer) 등이 경제지표(economic indicators)에 대응하는 사회지표(social indicators)의 연구에 착수하는 것도 바로 삶의 질의 중요성에 관한 인식에서 비롯된 것이었다. 실제로 바우어 등의 사회지표 조사연구는 1960년대 미국 사회에서 지속적인 경제성장에도 불구하고 국민들의 삶의 질에 관한 만족도는 오히려 낮아지고 있다는 사실을 보여 주기도 하였다.

자료 : 이창석, 「주거복지의 이해」(서울 : 형설출판사, 2009), p. 257.

02 부동산의 기술적 측면

부동산의 기술적인 측면은 다양하게 논의될 수 있다. 그러나 여기에서는 토지의 물리적인 측면과 건물의 그것을 간단히 묘사하기로 한다.

토지의 물리적인 측면은 토지의 위치, 방향, 공간, 토질, 지세 등이 각종 부동산 활동에 있어 고려되는 중요사항이다. 또한 고려되는 중요사항의 묘사에 관한 우리들의 태도를 파악해 둘 필요가 있다.

건물의 물리적인 측면 또한 다양하게 논의될 수 있다. 그러나 여기에서는 건물의 종류, 구조, 설비 등에 대해 살펴보기로 한다. 또한 그의 묘사방법도 파악해 두어야 할 것이다.

2.1 토지의 기술적인 측면

2.1.1 위치, 방향, 공간, 토질, 지세

물리적인 토지로서의 특징 가운데 하나는 위치(site, location, situation)라는 점이다. 토지는 그의 물리적인 특성 때문에 위치가치라는 독특한 가치를 지닌다. 이러한 가치는 개별적인 토지가치와 환경가치로 분리하여 논의가 이루어지는 경우가 많다. 토지의 위치 측면이 지니는 중요성은 크기 때문에 부동산의 개념, 특성, 존재가치, 입지론 등에서 폭넓게 다루어질 것이다.

토지는 방향(direction)을 지닌 존재이다. 방향은 토지의 경사도나 통로, 땅 위의 구축물이 놓인 자리 등에 따라 논의된다. 방향의 절대성에 대한 판단은 선천향(先天向)의 구별표준에 의해 결정된다. 그러나 상대성에 의한 좋고 나쁨은 주변상황에 따라 달라지기도 한다. 토지 위에서 이루어지는 많은 활동들은 온도, 기후, 습도 등과 밀접한 관련이 있다. 부동산활동에 있어 방향은 결정적으로 큰 영향을 미치는 경우가 많다.

토지가 공간(space)인 점 또한 그의 개념이나 존재가치 등에서 널리 다루어질 것이다. 입체이용기법이 점차 발달해 오면서 토지의 공간활용 능력은 전반적으로 증대되고 있는 추세이다. 그러나 개별토지의 입장에서 보면 증대되고 있는 공간활동 능력을 자유롭게 발휘할 수 없게 되어 있다. 토지 공간의 규제행정에 의해 허용되는 공간활용만이 유도되기 때문이다.

토질(nature of the soil)로서의 토지는 각종 토지 이용활동에서 중요하게 교려되는 면이다. 여기에는 흙의 성질, 수분, 공기, 구조, 지온 등에 의해 다양한 성상으로 나타난다. 흔히 토질은 농업이나 임업 등 경작활동에서만 중요시되는 사항으로 여기는 경우가 많다. 물론 기후, 습도, 온도 등과 함께

1) 이창석 외, 「부동산기술론」(서울 : 형설출판사, 2007), pp. 23~29

토질은 농 · 임업활동에서 중요시된다. 그러나 각종 매설공사와 토지의 개량, 부설물 설치 등에 관련되어 토질은 소홀히 할 수 없는 측면이다.

지세(地勢, terrain) 또한 토지이용활동을 결정짓는 중요한 인자이다. 지역적으로 취급되는 지형은 각종 토지이용계획을 수립함에 있어서 필수적으로 고려되는 요소이다. 대상지역이 완경사지역인가, 급경사지역인가는 매우 중요하다.

또한 대상지역을 둘러싸고 있는 지역의 지형 역시 어떠한가를 고려해야 할 경우가 많다. 외부와의 교통관계를 결정하는 데에도 지세가 고려된다. 한편, 지세를 통하여 물(水)의 흐름을 파악할 수 있고, 인위적인 수로변경(水路變更)을 기획할 수도 있다. 또한 강우시에 수량의 측정도 가능하기 때문에 건축가능지역 여부를 진단할 수도 있는 것이다.

2.1.2 물리적 측면의 묘사

① 각종 유형적인 묘사

토지는 용도, 규모, 형태 등에 따라서 다양한 개성을 지니는 물건으로 특정 지어질 수 있다. 동일한 토지라 하더라도 용도에 따라 물리적인 면과의 적합성이 달라진다. 물론 규모가 달라지게되면 그에 따른 적합용도가 변하게 된다.

토지의 형태는 종종 토지의 가치뿐만 아니라 용도 등에 이르기까지 영향을 미친다. 또한 개별 토지의 주변상황 역시 토지의 형태별 차이가 각각의 토지의 용도나 가치를 결정지어 주는 것처럼 많은 영향을 미친다. 심지어는 교통이나 무역, 그리고 통신의 발달까지도 유형물로서의 토지가치에 커다란 변화를 미친다.

② 물리적인 토지의 기록체계

토지의 물리적인 상황을 공적으로 기록 · 관리하는 체계를 지적체계라 할 수 있다. 지적은 토지의 형상을 조사하고, 조사된 사항을 정확하게 등록하며, 등록된 내용을 관리하는 대장이다.

③ 물리적인 토지정보체계

지적제도는 지적법에서 정하고 있는 몇 가지 사항에 대한 조사 · 기록에 그치고 있다. 이러한 기록만으로는 오늘날과 같이 토지이용이나 토지개발이 대량으로 전개되는 시대에 있어서 토지에 관한 필요한 정보를 제공하기에는 턱없이 미흡하다. 도로의 개설, 각종 매설물들의 매설, 공공시설의 설치, 토지이용계획의 수립 등에 있어서 토지소유자의 필지별 분포나 용도 등의 파악만으로는 합리적인 사업의 시행이나 계획수립이 불가능하다.

토질, 지세, 자원의 분포는 물론 기존 매설물들의 매설지점 등에 이르기까지 정밀하게 파악할 수 있는 체계가 구축되어야 한다. 이러한 구축과 관련하여 토지정보체계(GIS 등)가 여러 기관에서 수립되고 있다.

2.2 건물의 물리적인 측면

2.2.1 건축물의 주요 구성부분과 건축설비

건축물을 구성하는 방법에서 그 대상으로 건축물이 어느 것인가에 따라 건축물의 구체(軀體), 각부 구조가 구비해야 할 조건을 고려해야 한다. 체는 기둥(柱), 보(洑), 기초 등과 건축물의 골격이 될 골조로서 바닥 · 벽 등 건축물의 역할을 수학적 · 역학적 · 물리적 관점에서 비롯하기 때문에 건축물의 필요한 모든 성능을 만족시켜야 한다. 도표 8.1

도표 8.1 국내 건설산업의 업역구조

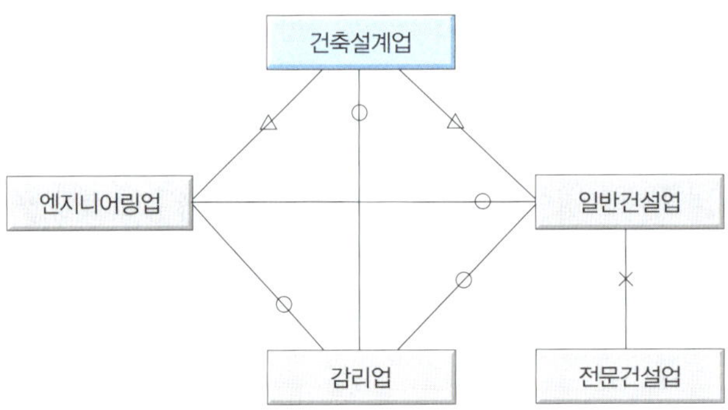

× : 명시적 겸업금지
△ : 명시적 겸업금지 조항은 없으나 [건축사법]의 조항에 의거 현실적으로 제약을 받고 있음
○ : 겸업허용

자료 : 유진근 외, 「건설업역 구조변화에 관한 연구」, (한국건설산업연구원, 2001), 참조.

① 건축물의 주요 구성부문

가. 기초 : 기초는 건축물의 자중(自重)과 적재하중, 풍력, 지진력을 지지하고 이것을 안전한 상태로 지반에 전달하는 지하구조부를 말한다. 이것은 기초와 지정으로 나누어 생각하는 것이 편리하다. 즉, 기초는 기초와 지정을 총칭한 것이다. 건축물의 구조방식 · 중량 · 토질에 따라 여러 가지 형식이 있다.

나. 기둥 : 바닥, 지붕 등을 지지하는 수직물이고 독립기둥, 벽에 붙은 기둥으로 구별되며, 벽에 붙은 기둥은 벽체를 구성하는 주요한 뼈대가 된다.

다. 벽 : 대개 수직물이고 외벽, 내벽으로 구분된다. 외벽은 풍우한서를 방지하는 것이고, 내벽은 건물 내부를 필요에 따라 구획하는 것으로 간막이 벽이라고 한다.

라. 바닥 : 인간이 생활, 작업하기 위하여 또는 물품을 저장할 목적으로 건물 내부를 구획한 수평체이다. 바닥은 하중을 지지하여 이것을 기둥이나 벽에 전달하고 또 기둥, 벽 등의 뼈대를 튼튼하게 묶는 구조체이기도 하다.

마. 지붕 : 우설한서를 방지하기 위하여 건물 상부에 축조된 덮개를 말한다. 경사진 경사지붕과 거의 수평에 가까운 평지붕이 있다.

바. 천정 또는 반자 : 방의 상부를 덮는 구조부분을 말한다. 수평면으로 구성하는 것이 일반적이지만 때에 따라서는 경사면, 곡면으로 할 때도 있다. 어느 경우나 온도조절, 음향효과 이외에 장식적인 역할을 한다.

사. 계단 : 층층대 또는 층계라고도 하며, 고저차가 있는 상하를 연결시키는 통로가 되는 것이다. 층단 없이 경사로로 된 것도 있다.

아. 수장 : 주로 장식을 목적으로 구조체에 붙여 대는 것의 총칭으로서 내부수장, 벽면, 바닥, 천장에 붙여 대는 것을 말한다.

자. 창호 : 출입, 채광, 통풍, 기타 목적으로 벽체, 지붕, 천장 등에 낸 것으로서 건물 자체가 움직이는 부분은 이것이 그 으뜸일 것이다.

차. 마무리 : 마김일 또는 끝막는 일로서 구조체를 덮어 씌워 내구적이고 장식적이면서 더러워지지 않게 하는 일이다. 이것은 수장보다 나중에 하는 부분이 된다.

② 건축설비

건축설비는 지금까지의 건축에 있어서, 건축부대설비 정도로 생각하고 대부분 건축주들이 소홀히 여겨 온 경향이 있었다. 그러나 건축의 발달은 이러한 건축설비에 대한 생각을 근본적으로 바꾸게 하였다. 엘리베이터, 공기정화설비(air conditioning) 등은 건축에 있어서 합리적으로 이용되고 있다. 지금 건축을 시초부터 설비에 관한 여러 문제를 점검해야 한다. 그러므로 건축설비는 부대설비가 아니라 건축물의 구성요소라는 점에서 건축계획과 동시에 설비계획을 하지 않으면 안 된다.

2.2.2 건물의 묘사

① 건축물 관리제도

건물은 토지처럼 독립된 기록관리제도를 갖고 있지 않다. 다만, 건물이 각종 과제의 대상이므로 관련세법에 의한 건축물관리대장이 구성 · 활용되고 있을 뿐이다. 건축물관리대장에는 건물의 소재지, 종류, 구조, 면적, 용도, 소유자에 관한 사항 등이 기록되어 있다. 물론, 기록사항이 실제와 동일하게 부합하지 아니한 경우도 있다.

② 건축물 정보체계

건축물의 구조, 설계, 설비부문의 성능에 관한 정보는 별도의 공적인 기록을 통해 관리되고 있지 않다. 이러한 정보는 건축주의 건축도면, 관리사항 점검기록부, 성능검사서 등을 토대로 관리 · 분석되어지는 사항이 될 것이다.

동일한 종류의 건축물이 같은 시공업자에 의해 동시에 공급되었다고 하더라도 건축물의 성능은 똑같을 수 없다. 따라서 건물별로 구조 · 설비 등에 대한 상태를 항상 파악해 두어야 효율적인 관리활동을 전개할 수 있다.

2.3 부동산의 개량 · 정비

토지나 건축물의 물리적인 상황을 인위적으로 개량 · 정비하는 일은 끊임없이 전개되고 있다. 그 예를 들면 재건축 · 재개발 · 리모델링을 통하여 이루어지기도 한다. 특히 토지의 개량은 필지별로 이루어지는 경우도 있으나 수많은 필지를 통합하여 이루어지는 경우도 많다. 물론 필지의 특정한 일부만 특정한 개량대상이 되기도 한다. 그런데 오늘날에는 각종 사회간접자본의 구축, 지역단위개발 등이 많이 행해진다. 따라서 토지의 개량은 상린성(相隣性)을 전제로 이루어지는 경우가 많다.

한편, 이미 개량된 토지자본은 나름대로 효율성을 높이기 위해 끊임없는 정비 관리가 요구되고 있다. 이러한 요구에 부응하기 위해서는 토지의 물리적인 측면을 관리하는 체제와 상호 보완 · 협력 체계가 구축되어야 할 것이다. 그리고 건물 또한 그를 지탱하는 토지의 부하능력이 고려되어 형성 · 유지되는 것이기 때문에 상호 물리적인 양적 · 질적인 균형관계가 고려되는 부동산 활동이 전개되어야 한다. 도표 8.2

도표 8.2 구조체별 특성과 리모델링의 범위

구조체 종류	특 성	제거 대책	공 간		마감재	설 비
			기 능	면 적		
RC 구조	• 구조체 변경 불가 • 구조방식에 따라 결정됨	△ (×)	●	△ (×)	●	●
철골 구조	• 기둥, 보는 변경 불가 • 리모델링의 범위가 높음	●	●	●	●	●
조적식 구조	• 벽의 변경 불가 • 소규모의 변경 가능	×	▲	×	○	▲
가구식 구조	구조체(기둥과 보) 변경 불가	×	▲	▲	●	●

RC 구조는 철근콘크리트 구조를 의미하며, 괄호 속은 벽식 구조의 경우임
● : 리모델링 범위가 가장 높음　○ : 리모델링 범위가 높은 편임　▲ : 리모델링 범위가 약간 낮음
△ : 리모델링 범위가 매우 낮음　× : 리모델링이 불가능한 경우가 많음

자료 : 이창석, 「주거복지의 이해」, (서울 : 형설출판사, 2008), p. 458.

2.4 도시계획과 도시개발

토지는 그 토지가 지니고 있는 적성을 최대한으로 발휘하여 효율적으로 이용하기 위해 계획적으로 개발할 필요가 있다. 따라서 개발사업은 토지의 효용을 극대화 하여 고도의 토지이용이 이루어지도록 토지의 용도를 전환하는 것을 목적으로 한다.

이와 같은 의미를 갖는 토지개발사업은 토지의 용도에 따라 택지개발 · 공장용지개발 · 관광지개발 · 유통단지개발 · 온천개발 · 위락시설개발 · 농지개발 · 초지개발 등으로 구분할 수 있다. 그리고 개발사업은 목적에 따라 공공시설의 설치사업(도로 · 철도 · 항만 · 공항 · 지하철)을 비롯하여 자원개발 및 환경보존을 위한 사업(댐건설, 공업용수 및 생활용수공급시설, 에너지 자원개발, 간척 · 매립, 농지개량, 산업자원개발 등), 생활환경정비를 위한 사업(택지개발, 주택건설, 상 · 하수도건설, 생활서비스 시설의 설치, 휴양 · 위락시설의 설치 등), 개발촉진지구의 개발과 복합단지개발 등 많은 분야의 사업이 있다.

도시개발사업이라 함은 도시개발구역 안에서 주거 · 상업 · 산업 · 유통 · 정보통신 · 생태 · 문화 ·

보전 및 복지 등의 기능을 가지고 단지 또는 시가지를 조성하기 위하여 시행하는 사업을 말한다. 도시개발법이 계획적이고 체계적인 도시개발을 도모하고 쾌적한 도시환경의 조성을 목적으로 하기 때문에 도시개발사업은 계획적인 도시개발에 주안점이 두어져 있다고 할 수 있다. 따라서 실시계획을 작성할 때 지구단위계획을 포함하도록 하고 있다.

그리고 도시의 성장은 도시가 전문적으로 확대되고 인문규모가 증대되는 도시성장과 토지이용도(혹은 가치)의 제고라든가 기능의 성숙 등 주민의 생활의 질(QOL : quality of life)을 향상시키는 질적 성장으로 나누어 볼 수 있다.[2)]

도시의 공간적 확대는 외면적으로 시역을 확장하는 평면적 확장 외에 수직적으로 건축물이 높아지는 수직적 확장도 함께 고려되어야 한다. 규모의 증대는 절대인구의 증가, 재정규모의 증가, 지역총생산의 증가, 각종 산업시설물의 증가 등으로 구분하여 볼 수 있는데, 가장 중요한 것은 도시로의 인구이동에 의한 인구집적, 즉 도시인구의 증대이다. 통상 일국의 모든 도시에서 나타나는 인구의 집적현상을 도시화(urbanization)라 하는데, 이러한 도시화의 내용에는 시대 또는 나라가 지역마다 그 내용을 달리하고 있다.

Ⅱ 시설관리[3)]

01 구조체관리와 건축물

1.1 하자의 종류와 그 대책

1.1.1 콘크리트구조물의 균열

콘크리트는 낮은 인장강도로 인해 균열이 발생하기 쉽다. 균열은 콘크리트의 경화 전후에 나타나는데 균열이 표면에서 관측될 경우는 이미 콘크리트 내부에 이물질이 침투하여 조직이 상당히 손상

2) R. M. Northam, Urban Geography, 2nd ed. (New York : John Wilet and Sons, 1979), p. 66.
3) 이창석 외, 「공동주택관리실무」 (서울 : 신광문화사, 2005), pp. 123~180. ; 이창석 외 편, 「공동주택관리실무」 (서울 : 경록, 2007), pp. 407~413.

을 입게 되며 콘크리트의 내구성을 저하시키는 원인이 된다. 도표 8.3

도표 8.3 환경오염의 요인과 영향

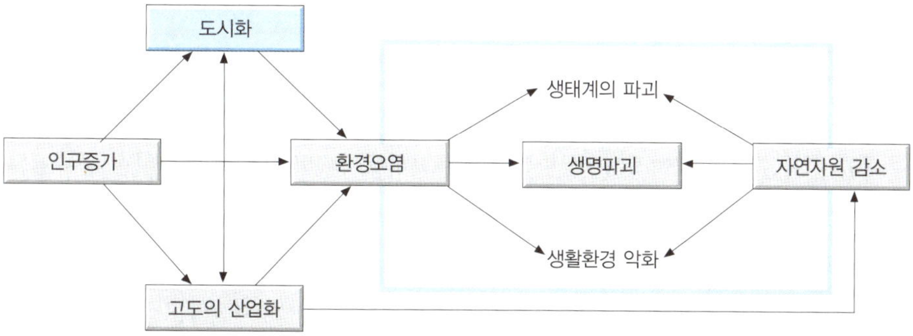

자료 : 이창석, 「주거복지의 이해」, (서울 : 형설출판사, 2008), p. 235.

① 경화전 균열

콘크리트 타설 후 2~3시간 정도에 발생하는 균열로서 배합, 시공방법, 온도, 습도 등의 영향을 받는다.

소성 수축 균열은 콘크리트가 응결을 시작할 때 표면의 급격한 건조수축으로 인해 발생된 균열로서 방향성이 불규칙하며 그 폭도 미세하다.

침하균열은 콘크리트 타설 직후 블리딩에 의해 철근, 골재, 거푸집을 따라 부분적인 침하가 일어나면 콘크리트의 윗면에 균열이 발생한다.

수화열에 의한 균열은 수화열에 의해 내부온도가 상승하여 콘크리트가 팽창하다가 경화가 진행됨에 따라 냉각되어 수축균열이 발생한다. 미리 타설된 콘크리트에 이어서 새로운 콘크리트를 타설할 경우 이러한 작용으로 타설 이음부에 균열이 발생한다.

구조적 균열은 콘크리트 경화 중 지주의 조기 제거 또는 거푸집의 침하, 차량 등에 의한 진동, 충격을 담은 경우에 발생한다. 이러한 균열은 일반적으로 그 폭이 크기 때문에 구조물의 내력이나 내구성을 저하시킨다.

사용재료에 의한 균열은 콘크리트 재료 중 체적변화를 일으키는 재료가 포함되어 있을 경우에 균열이 발생한다. 예를 들어, 알칼리 골재 반응을 일으키는 골재를 사용한 경우나 팽창재를 과다하게 사용한 경우에 나타나는 균열이다.

② 경화 후 균열

콘크리트가 경화된 후에는 물리적, 화학적, 구조적 원인에 의해 다음과 같은 균열이 발생한다.

건조수축, 온도변화에 의한 균열은 부재의 신축이 구속되어 있는 경우에는 건조수축이나 온도변화에 의해 균열이 발생한다.

동결, 융해에 의한 균열은 동결에 의해 그물형의 균열이 발생하며, 동결, 융해의 반복에 의해 균열이 진행되고 표면이 박리된다. 이 균열은 물시멘트비가 콘크리트나 다짐이 불충분한 경우에 발생한다.

구조적 요인에 의한 균열은 인장을 받는 부분의 콘크리트가 인장강도를 초과하는 경우에는 균열이 발생한다. 과다한 하중, 기초의 부동침하, 인접구조물의 시공에 의한 지하수 이동, 설계하중 이외의 하중을 받는 경우 비교적 큰 균열이 발생한다.

콘크리트의 중성화, 철근의 부식에 의한 균열은 콘크리트가 공기 중의 탄산가스에 의해 중성화되면 이 부위의 철근이 녹이 슬어 체적이 팽창하고 이에 따라 콘크리트에는 철근을 따라 균열이 발생한다.

1.1.2 콘크리트구조물 균열의 방지대책

① 침강균열

슬래브가 1차 마무리 후 어느 정도 침강이 진행되고 경화가 시작할 때 다시 한 번 눌러주면 침강균열을 방지할 수 있다. 그리고 보, 기둥은 콘크리트 타설 배관을 풀지 않은 범위 내에서 선 타설하고 침강이 어느 정도 진행된 후 슬래브를 타설하면 보, 기둥, 옹벽의 상부 침강균열은 방지할 수 있다.

② 피복 부족으로 인한 균열

복도, 발코니는 골조로서 무리하게 방수 구배를 잡지 않는다. 화장실과 다용도실은 무조건 골조를 5cm 내려서 시공하는 것이 좋다.

③ 급속 시공으로 인한 균열

콘크리트가 침강할 시간을 충분히 주어 여유를 가지고 타설을 해야 침강균열을 방지할 수 있다.

④ 조기탈형, 지주 빨리 떼기에서 오는 균열

콘크리트 타설 후 2일간을 무조건 양생하고, 슬래브 거푸집을 2벌로 하는 것이다.

⑤ 복도 난간의 균열

브라켓 타입을 트러스 타입으로 바꾸는 것이다.

⑥ 스터럽 규격 불량으로 인한 균열

같은 크기의 보가 교차하는 경우에는 주철근의 배근 순서를 정하여 스터럽을 정확한 크기로 제작 · 시공하는 것이다.

⑦ 보 끝부분에서의 균열

공사감독을 철저히 하여 스터럽을 도면대로 제대로 시공하는 것이다.

⑧ 종합처리 대책

균열의 발생 자체를 방지한다. 단, 균열이 발생한 경우 균열을 분산시켜 그 폭을 허용값 이하로 억제한다.

1.1.3 조적조 외벽의 균열

① 균열 발생원인

구조설계상의 문제는 내력벽의 응력 부족, 벽량 부족, 배치 불균형, 벽돌 자체 균열, 국부보강 문틀 크기의 불합리 및 불균형 배치 등이다.

재료상 문제는 재료의 수축 및 팽창, 건습에 의한 수축, 강도부족, 모르타르 강도부족 등이다.

시공상의 문제는 상인방(lintel) 및 테두리 보 강도부족, 기초 부동 침하, 줄눈 시공 부실, 이질재와의 접합부 처리부실 등이다.

② 균열 발생부위

균열 발생부위는 창호 및 개구부 주위, 콘크리트 등 이질재와의 접합부위 등이다.

③ 균열 방지대책

벽돌 개체의 선택 엄선, 컨트롤 조인트의 시공, 이질재와의 접합부위에 보강재 또는 신축줄눈 설치, 테두리 보 설치, 줄눈 및 익스펜션 조인트의 정밀시공, 기타 시공시의 유의사항은 1일 쌓기 높이 1.2m 이하 준수, 매설물 배관시 충격방지, 흡수성이 강한 개체는 사용 전에 물 축임, 세로줄눈 폭 확보 및 충전, 보강 철물의 철저한 시공 등이다.

1.2 건축물의 백화현상과 대책

1.2.1 발생원인

시멘트 중의 가용성분들을 용해시킨 용액이 시멘트 경화체의 표면 건조에 따라 수분이 증발되면서 표면으로 이동하여 석출된 백색물질을 말한다.

건축물의 백화(白花)현상은 저온, 다습, 바람 혹은 온도차 등 기상조건이나 시공이나 재료적인 측면에서 발생한다.

1.2.2 백화의 종류

① 1차 백화

모르타르 배합시 발생하는 백화로서 물청소와 빗물들에 의해 쉽게 사라진다.

② 2차 백화

조적 중이나 조적 완료 후 외부로부터 스며든 물에 의해 발생하는 백화이다.

③ 기후 조건에 따른 백화

한 건물일지라도 남향면보다 북향면에서 백화가 많이 발생하는 이유는 북향면이 수분증발이 빠르지 않고 적당히 증발되므로 내부에서 백화성분이 녹아 있는 용액이 표면으로 스며 나오기 적당한 조건을 갖추었기 때문이다.

1.3 백화 방지대책

백화(百花)현상은 빗물 등에 의해 쉽게 지워지기도 하지만 근본적인 제거가 아니라 일시적으로 사라지는 현상에 불과하므로 조적시 보다 근복적인 대책이 필요하다.

설계시 경사진 디자인을 피한다. 경사진 부분은 빗물 등의 정체기간이 길어짐으로 인해 내부로 침투할 우려가 많으므로 백화가 쉽게 발생한다.

모르타르는 깨끗한 물을 사용하여 충분히 반죽한다.

조적시와 양생 중 빗물이 침투하지 않도록 한다.

강 상류 모래를 사용한다. 바다모래를 사용할 때는 충분히 씻어낸 후 사용한다.

조적 시기는 겨울과 장마철을 피한다. 만약 건조속도가 빠르다면 약간의 내부까지도 건조되므로 백화성분은 표면에 이르기 전에 내부에서 석출되므로 백화가 억제된다. 반면 겨울이나 장마철 또는 그늘진 북향면은 수분증발이 빠르지 않고 적당히 증발되므로 백하성분이 표출되기 쉽다.

벽돌 현장 야적시 시멘트 취급 요령과 같이 건조가 잘 되도록 하여 빗물로부터 보호해 준다.

조적 시 모르트르는 치밀하게 채운다.

치장줄눈은 깊고 치밀하게 채운다(8~10mm). 치장줄눈은 방수효과가 있는 줄눈용 타일 시멘트를 사용하는게 좋다.

파라펫 상부를 동판으로 덮어 주거나(flashing) 콘크리트 인방으로 보호해 준다. 벽돌 마감시에는 줄눈 부분을 완전 밀실하게 한다.

창호 혹은 타 재료와의 접착 부분은 완벽한 방수처리를 한다.

치장줄눈이 양생될 때까지 빗물 등으로부터 보호한다. 특히 조적기간 중 상부 혹은 외부로부터 내부로 물이 침투되지 않도록 한다.

실리콘, 발수제 등은 백화방지 효과를 확대시킬 수 있는데, 완벽한 것은 아니며 무엇보다도 백화발생 원인차단이 중요하다.

1.4 결로현상과 방지대책

건물 내부의 습한 공기가 실내의 벽, 천장, 바닥의 표면에 접촉할 때 그 부위의 표면온도가 실내공기의 노점 이하일 경우 공기 중의 수분이 그에서 결로(結露)현상을 나타낸다. 그리고 표면에 결로한 수분 또는 수증기 자체 벽체의 틈으로 내부 빈 공간 안으로 침입하면 벽체 내면이 결로한다.

1.4.1 발생종류와 장소

발생 위치별 표면 결로는 실내공기 중 수증기가 벽 등 저온부분 표면에 접촉, 응결의 경우이다. 그리고 내부 결로는 벽체 등 구성재 내부 수증기가 온도저하로 응결의 경우이다.

발생 시기별로는 겨울철의 경우, 외기온의 낮아짐에 따라 실내측에 결로현상이 발생한다. 여름철 결로는 실내측 저온에 의한 부재의 외기측 온도 저하로 실외측 결로를 말한다.

결로현상의 발생장소는 고온다습할 때의 실내의 각 부분, 지하실에 흙에 접한 외벽의 안쪽, 보온재가 속에서 끊어진 부위, 2면이 교차되는 모서리부위, 재질이 달라지는 부위, 외기에 접한 부분, 열전도율이 높은 자재 등의 배관 접합부, 준공한지 얼마 안되는 철근 콘크리트 건물 등이다.

1.4.2 결로 발생원인

① 건물 입지조건에 의한 것

기후(온도, 일사, 바람 등)조건, 건물의 밀집으로 인한 일조량 통풍, 외기의 습도 등이다.

② 건물 조건에 의한 것

콘크리트, 알루미늄, 새시, 방습층에 의한 습밀화와 단열불량, 바닥콘크리트, 지하실 등에서의 상부의 냉열, 방습층의 부족과 노후, 내장재의 흡수 · 방습 능력 부족, 시공시 콘크리트 등의 건조상태, 수납부분(벽장, 다락장)이나 가구 뒷면의 통기불량 등이다.

③ 생활습관에 의한 것

실내 수증기배출, 기밀화된 건물에 대한 인식 부족 등이다.

1.4.3 결로 방지대책

① 단열보강

공기가 노점 이하가 되지 않도록 건물표면을 보온 · 단열하는 것이 가장 중요하고 단열재, 이중창호, 건물 기밀화 등에 의해 실내보온한다. 그리고 실내의 온도변화를 작게 하고 각 실의 온도차를 균일화, 냉교(cold bridge)를 일으키지 않고 단열공법으로 외단열공법이 필요하다.

② 난방

수증기 발생난방, 북쪽 거실난방에 주의, 낮은 온도의 난방을 길게 하고 높은 온도의 난방을 짧게 한다.

③ 생활습관 및 환기

실내 과다 습기발생 억제, 환기에 의한 제습(자연환기 및 강제환기), 북쪽 거실 환기, 욕실, 주방 등 다량의 습기가 발생하는 곳은 환기 철저, 낮에는 실 전체를 open space로 개방한다.

④ 방습층 설치

고온층에 방습층 설치한다.

⑤ 기타

지하실의 경우 2중벽 설치, 실내 표면 마무리재 선별, 장마철에 통풍 및 가열로 습기제거, 천장 단열시 통기구 설치, 열교(heat bridge)현상이 일어나지 않도록 요망된다.

02 영선보수공사(營繕補修工事)

2.1 점검계획

관리책임기술자는 점검의 목적을 정확히 파악 · 숙지 후 여러 조건을 고려하여 영선보수공사(營繕補修工事) 점검계획을 수립하여야 한다. 체계적인 점검계획은 구조물의 현상을 보다 더 정확하게 짧은 시간 내에 파악할 수 있게 된다.

점검을 분류하면 다음의 주요 조사항목과 같다. 도표 8.4, 8.5, 8.6

도표 8.4 현장점검 계획 수립시 고려조건

조 건	내 용
규 모	건축구조물의 연면적, 구조의 특색, 용도, 층수
조사목적	피해(손상), 법에 의한 점검 및 진단, 재건축을 위한 진단, 건설공사의 안전점검
주변환경조건	교통량, 1일 조사가능시간, 일기상태
설계도서	조사를 위한 충분한 설계도서(도면, 시방서, 공사일지, 시설물 관리대장 등), 기존 점검 및 보수인력
인력 및 기술	조사인원, 조사기간, 조사장비 및 기기, 조사자의 기술수준
점검의 난이도	층고, 천장고, 구조물 마감상태, 위험설비, 조사 가설재 설치 · 해체 난이도
조사비용	비용에 따른 조사범위 및 시험항목
기 타	관리주체의 협조

도표 8.5 시설물의 주요 조사항목

구 분		주요 조사항목	비 고
시설물	초기 점검	• 대한 해석적 계산 • 문제점 또는 문제가능성이 있는 구조부위 확인 • 부재 선정 • 시설물 관리대장에 기록하기 위한 자료 • 시설물의 유지관리에 필요한 부대시설의 설치	1, 2종 : 90일 이내
	정기 점검	• 평면 · 입면 · 단면의 용도 변경사항 • 구조부재의 변경사항 • 작용하중조건, 기초 · 지반 · 주변환경조건 등의 변경사항 • 균열발생 상태 • 구조물 혹은 부재의 전반적인 상태 • 구조물의 변위, 변형 및 균열 등의 발생 및 발견시기 혹은 추정시기 • 보수 · 보강실태의 조사 및 기록	1, 2종 : 반기 1회
		• 반발경도기 등에 의한 콘크리트의 강도, 철근의 배근상태 • 기타 점검자가 필요하다고 판단되는 사항	1, 2종 : 3년 1회
	손상 검사	• 일반결함 또는 사고나 자연재해에 의하여 비롯된 건축물의 손상내용 • 건축물의 사용제한 · 금지의 필요성 여부 판단, 보수 · 정도	
	특별 점검	• 부동침하, 주변건축환경, 건축물의 사용조건 변경	정밀점검 항목

도표 8.6 건축시설물의 점검항목

구 분	주요 조사항목
조직도	• 균열, 붙임모르터 강도, 풍화정도, 벽량, 기울기
목 조	• 목재의 부식 및 충해 • 이음철물의 부식 • 습윤상태 및 건조에 의한 부재의 수축 • 골조의 이완과 비틀림
철근 콘크리트조	• 균열, 박리, 박락, 철근의 피복, 중성화 변형, 기울기
철골조	• 부식 및 도막의 노후 • 용접 및 볼트 집합상태 • 변형, 변위, 균열 • 진동, 피로균열, 과제하중, 외부충격에 의한 손상
철골콘크리트조	• 철근콘크리트조, 철골조 조사항목과 유사 • 철골과 콘크리트의 접착상태 • 콘크리트의 충전상태
PC 및 석조	• 연결철물, 누수, 진동, 변형, 변위, 코킹, 철물의 부식 • 변색
복합구조	• 철골과 콘크리트 집합부 • 변형, 변위
특수구조	• 특수구조의 취약부위 결함

2.2 영선공사의 유형별 발생원인

영선공사에 있어 재료상, 시공상, 환경상, 구조상 여러 가지 원인에 따라 공사별 하자 원인이 발생할 수 있다. 영선공사에 있어 유형별 발생 원인과 특징은 다음 도표와 같다. 도표 8.7

도표 8.7 현장점검 계획 수립시 고려조건

조건	내 용		유형 및 특징
재료상 원인	시멘트의 이상응결		콘크리트건조와 함께 불규칙적으로 거미줄 모양으로 발생한다.
	콘크리트의 이상팽창		철근위치부근에 비교적 큰 균열이 생기고 녹즙이 나오는 수가 많다.
	콘크리트의 침하와 브리딩		단면이 큰 콘크리트에서 1~2주간 경과 후 거의 등간격으로 규칙적으로 통과하여 발생하는 경우가 많고 표면에 다수가 발생한다.
	골재에 포함된 검토분		2~3개월 후 콘크리트 건조와 함께 불규칙적으로 거미줄 모양으로 발생한다.
	골재중의 염분		철근위치부근에 비교적 큰 균열이 생기고 녹즙이 나오는 수가 많다.
	시멘트의 수화열		단면이 큰 콘크리트에서 1~2주간 경과 후 거의 등간격으로 규칙적으로 통과하여 발생하는 경우가 많고 표면에 다수가 발생한다.
	콘크리트의 건조수축		2~3개월 후 발생하며 점차적으로 성장한다. 개구부나 기둥보에 둘러싸인 우각부는 비스듬한 형태로 길고 가는 벽이나 바닥, 기둥에서 등간격 수직으로 발생한다.
	반응골재, 풍화암의 사용		다습한 장소에서 많이 발생. 콘크리트내부로부터 폭열상으로 발생표면에 큰 균열이 생긴다.
시공상 원인	장시간의 혼합, 운반타설시의 시멘트량, 수량의 증량		전면에 거미줄모양 혹은 짧고 불규칙하게 발생. 콘크리트침하, 브리딩, 건조수축에 기인된 균열이 발생되기 쉽다.
	철근 피복두께의 감소		배근, 배관의 표면을 따라 발생한다.
	급격한 타설		콘크리트의 침하, 브리딩, 커푸집의 처짐에 기인된 것이 발생하기 쉽다.
	불균일한 타설, 다짐		각종 균열의 발생기점이 되기 쉽다.
	거푸집의 처짐		거푸집에 움직인 방향에 평행해서 부분적으로 발생한다.
	연속타설면 처리불량		연속타설부위나 콜드조인트 부분 등에 발생한다.
	경화전의 진동 충격		외력작용시와 같다.
	지보공의 침하		바닥이나 기둥단부의 상부 및 중앙 하단부 등에 발생한다.
환경상 원인	기온습도의 변화		온도, 습도 변화에 따라 변동한다.
	콘크리트 부재양면의 온도 · 습도차		저온, 혹은 저습측의 표면에 발생한다.
	동결 · 융해의 반복		표면은 박리되어 부슬부슬 떨어진다.
	화재, 표면의 가열		표면전체에 가는 거북등 모양의 균열이 발생한다.
	내부철근의 부식 · 팽창		철근을 따라 발생하며 피복 콘크리트가 떨어져 나오거나 녹즙이 유출된다.
	산 · 염류의 화학작용		콘크리트 표면이 부식되거나 팽창성 물질이 형성되어 전면에 균열이 발생한다.
구조상 원인	과대하중	휨	보나 바닥의 인장측에 발생한다.
		전단	기둥, 보, 벽 등에 45° 방향으로 발생한다.
	단면 철근량 부족		과대하중에 의한 것과 비슷하다.
	구조물 부동침하		45° 방향으로 크게 발생한다.

Ⅲ 건축설비관리[4)]

01 건축설비관리의 개요

1.1 건축설비

건축설비란 건축물에 설치하는 전기 · 전화 · 배수(排水) · 배수(配水) · 환기 · 난방 · 소화 및 오물처리의 설비와 굴뚝 · 승강기 · 피뢰침 · 국기게양대 · 공동시청안테나 · 우편물 수취함 기타 국토해양부령이 정하는 설비를 말한다.

건축설비관리란 건축물에 설치된 각종의 건축설비를 유지 · 관리 특히 그 설비에 대한 합리적 운용을 통하여 그 성능을 최대한 발휘하도록 하는 관리행위를 말한다.

1.2 건축설비관리의 내용

건축설비관리의 대상이 되는 설비는 전기설비, 가스설비, 급수 및 배수설비, 배수렴 · 통기 설비 및 위생설비, 난방설비 및 환경설비, 소화설비, 오물처리설비, 운송설비 등 유형별로 분류하고 있다.

1.2.1 설비관리의 방식

건축설비관리는 크게 유지관리와 운용관리로 나누어 설명할 수 있다.

설비유지관리란 건축설비의 유지 · 보존 행위에 중점을 둔 관리행위를 말하는데, 그 관리자는 건축설비를 「건축법」 또는 「건축법」의 규정에 의한 명령이나 처분과 「주택법」 등 관계 법령이 정하는 기준에 적합하도록 유지 · 관리하여야 한다.

따라서 건축설비는 건축물의 안전 · 방화 · 위생 및 에너지의 합리적 이용에 지장이 없도록 설치하여야 하며, 배관의 피트(관이나 배선을 땅속에 매설하는 콘크리트 도랑 또는 U자형 도랑) 및 덕트(통관(도관)이라고도 하며 유체가 흐르도록 만든 도관)의 단면적과 수선구의 크기를 당해설비의 수선에 지장이 없도록 하는 등 설비의 유지 · 관리가 용이하도록 설치하여야 한다.

4) 이창석 외, 「공동주택관리실무」 (서울 : 신광문화사, 2005), pp. 151~173, ; 이창석 외 편, 「공동주택관리실무」 (서울 : 경록, 2007), pp. 437~607.

설비운용관리는 각종 건축설비가 그 성능을 최대한 발휘할 수 있도록 합리적으로 운용하거나 건축설비의 운용상 안전사고의 발생을 방지하기 위한 제 관리활동을 말한다.

02 전기설비와 보일러설비

2.1 전기설비

전기설비의 설치이다. 지하 저수조에는 정전을 대비하여 발전기를 설치하도록 되어 있으며 이것은 일종의 비상발전 설비이다. 이러한 발전기는 개방형으로 3상 4선식 동기발전기가 많이 사용된다.

비상발전기의 정상시(한전전원 공급시) 운전 순서는 절체스위치를 한전전원측으로 정체시킨다. 그리고 다접점 장치에 의해 급수펌프 그룹 또는 심정펌프 그룹 중 선택 운전한다. 선택된 펌프그룹 중 각 펌프의 장치에 의하여 자동 또는 수동으로 운전한다.

비상시(비상발전기에 의한 전원 공급시) 작동순서는 절체스위치를 발전기측으로 절체시킨다. 그리고 발전기를 무부하 상태에서 일정시간 운전시킨 후 정격전압에 도달했을 때 출력스위치를 투입시키며, 다접점 Selector sw에 의해 급수펌프 그룹 또는 심정펌프 그룹 중 선택 운전한다. 급수펌프 그룹 선택 운전시는 수동으로 1대만 운전한다.

2.2 보일러설비

2.2.1 보일러 내부청소

① 청소시기

급수처리를 요하는 보일러는 연 1회 이상 청소를 실시한다(단, 급수처리를 하지 않는 저압보일러는 연 2회 이상 실시한다). 보일러에 부착된 소케일의 두께가 1~1.5mm 정도시 청소를 하고 보일러 사용시간이 1,500~2,000시간 정도에 이르면 청소를 한다.

② 청소요령

타 보일러와 연결된 경우 수증기 벨브를 닫고 연락을 차단하며, 보일러의 냉각 후 공기빼기를 열고 내부의 물을 완전하게 빼낸다. 보일러내에 환기와 통풍을 하여 유독가스를 배기시키고, 보일러내에 사람이 들어가 청소할 때에는 표시를 반드시 하며, 2인 이상이 청소를 실시한다. 그리고 내부조명시에는 낮은 전압의 전기를 사용하여 감전사를 방지하며 튜브클리너를 사용할 때에는 한자리에서 청소를 9초 이상 하지 않는다. 고온의 전열면이나 구석진 부분은 반드시 청소를 하고 청소 후 물로 깨끗하게 세정 후 사용한다.

2.2.2 보일러 외부청소

① 청소시기

배기가스온도가 갑자기 높아질 때 실시한다. 통풍력이 갑자기 저하될 때 실시하며 보일러의 증기발생시간이 길어질 때 실시한다. 그리고 연소상태가 현저하게 차이가 있을 때 실시한다. 장기간 계속 매연이 발생할 때 실시하고 월 2회 정도 청소를 한다.

② 청소요령

보일러의 노가 완전히 냉각된 후 실시하며, 댐퍼를 열고 환기를 시키고 통풍을 유지 후 실시한다. 청소부위를 고온부에서 저온부로 이동하며 실시한다. 슈트블루를 사용할 때에는 보일러내의 응축수를 제거 후 실시한다. 와이어브러시는 연관의 내경보다 작은 것을 사용하여야 하며 청소가 끝나면 강한 통풍력으로 세정하여 통풍력을 크게 한다.

2.2.3 청관제의 사용

청관제라 함은 보일러의 방청 · 스케일의 발생을 방지하여 배관, 보일러의 효율을 증대시키고 수명을 연장시키기 위하여 보일러용수에 투입하는 물처리의 약제로서 주성분은 인산염이나 규산염 등이다.

① 청관제의 사용

물의 경도성분을 연화시키는 곳에 사용하며, 보일러내의 오니를 조정시켜 주는 곳에 사용한다. 탈산소제를 사용한다. 가성취하억제제로 사용하고 기표방지제를 사용한다.

② 청관제의 사용요령

청관제는 급수배관계통에 주입하며 청관제 사용량은 급수량과의 비율을 고려하여 결정한다. 그리고 청관제는 일시에 많이 주입하면 급격한 농도변화가 발생하고 공동주택 보일러 급수관리시 청관제는 분기별로 사용수량을 산출하고 투입시기는 분기별(3개월)로 실시하는 것이 좋다. 전년도의 급탕

사용량에 따라 청관제의 당해연도 소모량을 산정한다.

도표 8.8 시설물의 주요 조사항목

조사사항	점검기준	적부(O/X)
저수조 주위의 상태	청결하며 쓰레기 · 오물 등이 놓여있지 않을 것	
	저수조 주위에 고인 물 · 용수 등이 없을 것	
저수조 본체의 상태	균열 또는 누수되는 부분이 없을 것	
	출입구나 접합부의 틈으로 빗물 등이 들어가지 아니할 것	
	유출관 · 배수관 등의 접합부분은 고정되고 방수 · 밀폐되어 있을 것	
저수조 윗부분의 상태	저수조의 윗부분에는 물을 오염시킬 우려가 있는 설비나 기기 등이 놓여 있지 아니할 것	
	저수조 상부는 물이 고이지 아니하여야 하고 먼지 등의 위생에 유해한 것이 쌓이지 아니할 것	
저수조의 안의 상태	오물, 붉은 녹의 침식물, 저수조내벽 및 내부구조물의 오염 또는 도장의 떨어짐 등이 없을 것	
	수중 및 수면에 부유물질이 없을 것	
	외벽도장이 벗겨져 빛이 투과하는 상태로 되어 있지 않을 것	
맨홀의 상태	뚜껑을 통하여 먼지 기타 위생에 유해한 부유물질이 들어갈 수 없는 구조일 것	
	점검하는 자 외의 자가 용이하게 개폐할 수 없도록 잠금장치가 안전할 것	
월류관 · 통기관의 상태	관의 끝부분으로부터 먼지 기타 위생에 유해한 물질이 들어갈 수 없을 것	
	관 끝부분의 방충망이 훼손되지 아니하고 망 눈의 크기는 작은 동물 등의 침입을 막을 수 있는 것일 것	
냄 새	물에 불쾌한 냄새가 나지 아니할 것	
맛	물에 이상한 맛이 인지되지 아니할 것	
색 도	물에 이상한 색이 나타나지 아니할 것	
탁 도	물에 이상한 탁함이 나타나지 아니할 것	

03 저수설비(貯水設備)와 가스설비

3.1 저수설비

저수조 배관에 있어 오버플로관의 말단은 방충망을 설치하며 통기관도 방충망을 설치한다. 소화배관의 역류방지변은 확실하게 작동하여야 한다. 그리고 단수 후 조치 관계이다. 단수시 오수의 역류를 방지하기 위해서 미리 조사사항을 주지시키고 단수가 불가피할 경우(공사 등)에는 수조에 만수 후 입구를 잠근다. 그리고 공사 후 통수가 녹물이나 흙탕물이 나올 수 있으므로 일정량을 배수하며 인근에서 화재 발생시에도 같은 방법으로 한다.

저수조 청소는 매년 2회 이상 실시하며. 저수탱크의 점검은 주 1회 반드시 실시한다. 그리고 펌프의 전원스위치를 내리고 제어판에 '작업중'을 표시한다. 맨홀뚜껑을 열고, 저수변을 잠그며 청소전에 수질검사 및 잔류염소를 측정한다. 작업복과 작업도구를 유효염소 50mg/L 농도인 소독약으로 소독하고 저수조 안의 물을 배수한다. 이동용 펌프를 사용할 때는 반드시 접지를 해야 한다. 저수조 안의 적절한 위치에 가드가 붙은 작업등을 단다.

그리고 이동용 환기팬으로 충분히 환기하여 염소중독 사고를 방지하고 저수조 안의 물을 완전히 없앤 뒤에 저수조 안을 조사한다. 필요한 부분을 촬영한다. 특히 벽면의 균열에 의한 오염유무나 녹의 발생상태에 유의한다. 뿐만 아니라 두 번의 청소 후 저수변을 열어 물을 저수조 안에 정해진 수위까지 넣고 이상이 없으면 저수조 안과 급수전 끝의 수질검사 및 잔류염소를 측정한다. 펌프와 기타 기기가 정상적으로 작동하는지를 확인한 뒤, 모두 자동운전으로 전환한다. 그리고 고가수조와 압력수조 등의 청소는 저수조의 청소를 끝낸 뒤에 청소한다.

저수탱크 점검사항은 저수탱크 자체의 부식 · 손상여부 및 방수능력 여부를 점검하며, 저수탱크 부대설비, 즉 볼탭 · 수위조절장치 · 가종 밸브 및 배관 등의 이상여부를 점검한다. 그리고 저수탱크의 오물 · 해충 등의 침투나 침전물 여부를 조사하고 저수조 뚜껑의 방수여부를 점검한다.

3.2 가스설비

3.2.1 가스설비관리의 의의

가스는 각종 유류 · 전기 및 원자력 등과 함께 현대 생활의 주 에너지원이 되고 있다. 특히 가스연료는 무게에 비해 열량이 크고, 연소 후 재나 그을음이 없어 공해를 일으키지 않으며, 보일러 등의 부식이 적은 편리함 때문에 최근 가스사용이 다용도로 증가하는 추세에 있다. 그러나 가스취급 부주의로 폭발 또는 화재가 발생하는 경우 그 피해 규모는 매우 크기 때문에 재해방지의 차원에서 가스설비관리에 세심한 배려가 요구되고 있다.

가스설비의 설치는 사업주체가 100호 이상 집단으로 주택을 건설하거나 16,500m^2 이상의 면적을 일단으로 하여 대지를 조성하는 경우 가스공급시설은 당해 지역에 가스를 공급하는 자가 그 해당 간선시설을 설치하여야 한다. 가스공급시설의 간선시설은 주택단지 밖의 기간이 되는 가스공급시설로부터의 동단지의 경계선까지로 한다.

다만, 그 단지 안에 취사 및 개별난방용(중앙집중식 난방용을 제외한다)으로 가스를 공급하기 위하여 정압조정실을 설치하는 경우에는 그 정압조정실까지로 한다.

3.2.2 가스의 종류

가스의 용도나 성분에 따라 크게 LPG(liquefied petroleum gas : 액화석유가스)와 도시가스로 나누고, 도시가스는 다시 LNG(liquefied natural gas : 액화천연가스)와 Naphtha(납사) 등으로 분류한 LP가스는 주로 일반주택에서 사용되며, 도시가스는 공동주택에서 사용되고 있다.

① LP가스(LPG)

석유 중 액화하기 쉬운 프로판과 부탄 등을 액화한 것으로 일명 프로판가스라고 한다. 무색 · 무취하며 액화하면 용적이 250분의 1로 줄어들고 공기보다 무겁다.

② 도시가스

LNG가스는 석탄가스를 분해 · 개량해서 추출한 메탄을 주성분으로 하며 무독 · 무공해로 열량이 높고 공기보다 가벼워 창으로 배기되기 때문에 LPG보다 안전하다.

납사(Naphtha)는 원유의 상압증류에 의해 얻어지는 비점이 200℃ 이하의 유분으로 도시가스 · 석유화학 · 합성비료로 사용되는 가솔린이다.

③ 가스압력에 의한 종류(도시가스사업법 시행규칙 제2조)

가스압력에 의한 종류는 도시가스사업법 시행규칙 제2조에 의하면 고압, 중압, 저압으로 분류하여 설명하고 있다. 도표 8.9

도표 8.9 가스압력에 의한 종류

종 류	도시가스(kg/cm^2)	LPG(35℃에서의 kg/cm^2)
고 압	10 이상	2 이상
중 압	1 이상 10 미만	0.1 이상 2 미만
저 압	1 미만	0.1 미만

04 소화설비(消化設備)

4.1 소화설비관리의 의의

대규모 건물에서의 화재는 천재지변이나 가스폭파사건 등과 같이 대형 참사를 초래할 수 있으므로 입주자의 생명을 화재로부터 보호하기 위해서는 화재방지 및 소화설비관리에 만전을 기하여야 한다.

소화기구에는 여러 종류가 있다. 포말소화기란 유류에 의한 화재발생시에 연소부위를 포말로 덮어서 산소공급을 차단하거나 약제가 연소하면서 탄산가스를 발생시켜 연소시키는 소화기이다.

분말소화기란 탄산수소나트륨($NaHCO_3$)과 같은 분말약제를 압축 · 저장 화재발생시 실내감지기의 탐지에 의하여 방사밸브가 열려 분사 · 소화하도록 만든 것이다. 소화기에서 분사된 약제가 기기에 손상을 주지 않아야 할 난로 · 자동차 차고 등의 장소에 적합한 소화기이다.

이산화탄소소화기는 탄산가스를 용기 속에 압축 · 저장하였다가 화재시 방출하여 열 흡수에 의한 냉각작용 및 산소차단작용에 의해 소화되는 것이다. 주로 개구부가 막혀 있는 건물이나 도서관의 서고, 통신기계실, 창고 및 유류 저장고 등에 적합하다. 도표 8.10

도표 8.10 가스압력에 의한 종류

소화설비	경보설비	피난설비	소화용수설비	소화활동설비
• 소화기구 • 옥내소화전설비 • 스프링클러설비 • 물분무소화설비 • 분말소화설비 • 포말소화설비 • 이산화탄소 소화설비 • 할로겐화합물 소화설비 • 옥외소화전설비 • 동력소방펌프 설비	• 자동화화재탐지설비 • 비상경보설비 • 자동화재속보설비 • 가스누설경보기 • 비상벨설비 • 비상방송설비	• 미끄럼대, 피난사다리, 구조대, 완강기, 피난교, 피난밧줄, 공기, 안전매트 • 방열복, 공기호흡기, 인공소생기 등 인명구조기구 • 유도등, 유도표지 • 비상조명등	• 상수도 소화용수설비 • 소화수조, 저수조, 기타 소화용수설비	• 제연설비 • 연결송수관설비 • 연결살수설비 • 비상콘센트설비 • 무선통신보조설비 • 연소방지설비

할로겐소화기는 사염화탄소(CCl_4)와 브로모메테인(CH_3Br) 등의 약제를 용기에 압축 · 저장 화재시 방사하여 액체가 증발하면서 냉각작용 및 산소차단작용에 의해 소화하는 것이다. 공기 중 5% 정도의 농도만 되면 10초 이내에 소화되는 첨단소화기로서 전자계산실 · 변전실 · 자동교환실 · 서고 등에 이용된다.

옥내소화전설비는 건물 안에 화재가 발생한 경우 초기에 진압할 목적으로 복도나 홀 등에 소화전을 설치하는 것을 말한다. 연면적 3,000m^2 이상이거나 지하층 · 무창층 또는 층수가 4층 이상인 층

가운데 바닥면적이 600m² 이상인 층이 있는 전층에 설치한다.

스프링클러는 화재 발생시 불꽃이 스프링클러(sprinkler)헤드에 닿으면 72℃ 정도에서 용융편이 자동적으로 녹으면서 물이 분출되어 소화되는 것이다. 고층건물 · 지하층 및 양외 면적이 비닥면직의 30분의 1 이내인 무창층 등 소방차의 진입이 곤란한 곳에 설치되며, 초기에 화재 97% 이상을 진압하는 이상적인 소화설비이다.

물분무소화설비는 감지기에 의해 화재를 감지하면 펌프를 작동시켜 노즐부분헤드에서 물을 미세하게 분무시켜서 냉각작용과 질식작용으로 소화하는 설비이다. 자동차 차고 · 주차장 등의 유류취급소와 전기기기 · 변압기 · 위험물 및 저장탱크 등에 사용한다.

4.2 소화설비의 점검과 안전관리

4.2.1 소화설비의 점검

① 외관점검

소화설비의 파손 및 변형여부를 점검하며, 소방설비 · 경보설비 및 피난설비 공히 3개월에 1회 이상 점검한다.

② 기능점검

소화설비의 작동 · 성능 등에 관하여 점검하고, 소방설비와 경보설비는 6개월에 1회 이상 점검한다.

③ 정밀점검

정밀점검은 1년에 1회 이상 실시한다.

④ 청소점검

소화설비의 청소상태는 수시로 점검한다.

⑤ 기타 점검사항

기타 점검사항으로는 법정 소방설비의 구비현황 여부, 소방용수 확보여부, 송수관의 누수여부, 옥내 소화전의 작동여부, 호스의 부식 및 노즐의 이상여부, 각종 방수구의 상태여부, 방수구의 핸들 및 커버 이상여부, 동절기 동파방지를 위한 준비여부, 수신기의 작동여부 및 파손여부, 예비전원의 확보여부, 지시계기의 정상여부, 소화전 가압펌프의 작동여부, 표시등의 작동여부 등이다.

4.2.2 소화설비의 안전관리

화재발생의 가능성을 제거하기 위한 감시를 게을리 하지 말아야 하고, 수원의 수량은 항상 확보되어 있어야 한다. 각종 소화기의 사용법 및 소화기와 소화전의 설치 위치를 숙지하여 이상 유무를 항상 점검하여야 하며, 각종 소화기는 통행 또는 피난에 지장이 없고 사용할 때에는 쉽게 반출할 수 있도록 설치 또는 비치되어 있어야 한다.

05 운송설비관리

5.1 운송설비관리의 개요

5.1.1 승강기 등의 설치

건물이 고층화 · 대형화함에 따라 사람이나 화물의 운송수단도 발전되어 왔다. 초기의 사람 및 경화물의 운송을 위한 엘리베이터 · 에스컬레이터 등에서부터 이삿짐이나 중화물의 운송수단이 되는 곤도라 등을 거쳐 최근에는 기계식 고가사다리 등이 출현하고 있다. 운송설비는 운송수단의 확보를 위한 목적이외에 재해시 입주자의 구조 수단으로서의 기능도 하고 있다.

① 승용 승강기의 설치

건축주는 층수가 6층 이상으로서 연면적이 2,000m^2 이상인 건축물을 건축하고자 하는 경우에는 정부관계 법규에 정하는 기준에 따라 승용 승강기를 설치하여야 한다. 다만, 층수가 6층인 건축물로서 각층 거실의 바닥면적 300m^2 이내마다 1개소 이상의 직통계단을 설치하는 경우에는 그러하지 아니하다. 공동주택의 경우 연면적 3,000m^2 이하인 경우에는 1대를 설치하여야 하고, 연면적이 3,000m^{2}를 초과하는 경우에는 1대에 그 초과하는 매 3,000m^2 이내마다 1대의 비율로 가산한 대수를 설치하여야 한다. 다만, 승강기의 대수를 산정함에 있어 8인승 이상 15인승 이하의 승강기는 1대로 보고, 16인승 이상의 승강기는 2대의 승강기로 본다.

② 화물용 승강기의 설치

7층 이상인 공동주택에는 이삿짐 등을 운반할 수 있는 기준에 적합한 화물용 승강기를 설치하여야 한다. 다만, 7층 이상 15층 이하의 공동주택에는 화물용 승강기에 갈음하여 인양기를 설치할 수 있다.

③ 비상용 승강기의 설치

높이 31m를 초과하는 건축물에는 승용 승강기외에 비상용 승강기를 추가로 설치하여야 한다.

5.1.2 승강기 등의 구조

① 비상용 승강기의 구조

설치기준 등에 관한 규칙 제6조 각호의 기준에 적합할 것. 그리고 외부와 항상 연락할 수 있는 전화를 설치하여 정전시에는 다음의 기준에 따라 예비전원으로 승강기를 가동할 수 있도록 한다. 승강기의 운행속도는 분당 60m 이상으로 한다.

② 비상용 승강기 승강장의 구조

승강장의 창문출입구 기타 개구부를 제외한 부분은 당해 건축물의 다른 부분과 내화구조의 바닥 및 벽으로 구획하며 승강장은 피난층을 제외한 각층의 내부와 연결할 수 있도록 한다.

그리고 채광이 되는 창문이 있거나 예비전원에 의한 조명설비를 한다. 승강장의 바닥면적은 비상용 승강기 1대에 대하여 6m^2 이상으로 할 것.

다만, 옥외에 승강기를 설치하는 경우에는 그러하지 아니하다. 피난층이 있는 승강장의 출입구(승강장이 없는 경우에는 승강로의 출입구)로부터 도로 또는 공지(공원 · 광장 기타 이와 유사한 것으로서 피난 및 소화를 위한 당해 대지에의 출입에 지장이 없는 것을 말한다)에 이르는 거리가 30m 이하이어야 하며, 승강장 출입구 부근의 잘 보이는 곳에 당해 승강기가 비상용 승강기임을 알 수 있는 표지를 한다.

5.2 설비유지 및 운용관리

승강기는 승용 · 화물용 · 비상용의 용도를 불문하고 정비 · 보수하여야 한다. 전동기의 이상여부, 제동기 및 감속기의 정상작동여부, 견인구차의 공회전여부, 로프의 마모상태여부, 견인구차 및 로프의 주유상태여부, 승강기 상부의 청소상태여부, 승강기 출입구의 작동여부, Limit Switch의 정상작동여부, 경보장치 및 외부연락설비의 작동여부 등을 수시로 점검하여 정비 또는 보수한다.

IV 환경관리[5)]

01 청소관리

1.1 청소관리방식

건물에 있어서 위생적 환경을 확보하기 위하여 정해진 기준에 의하여 일상적으로 행하고 있는 청소를 말한다. 건물의 안팎에는 매일 여러 가지 일로 더럽혀지고 쓰레기가 생긴다. 이것을 그대로 놓아두면 쌓여서 나중에는 살기 적합하지 않은 환경으로 변한다. 모든 구조물은 사용하지 않아도 시간이 흐름에 따라 낙후되고, 사람이 사용하면 신발의 흙, 모래가 묻어 들어오고 휴지, 쓰레기, 먼지, 손때 등으로 더럽혀진다. 생활환경의 청결한 상태 유지, 위생환경 조성, 시설 및 설비의 정리 정돈, 건축물의 노화 예방, 안전사고 예방(제설, 빙판, 수해 등의 예방)하기 위해서는 청소라는 것이 꼭 필요하다.

도표 8.11 생활환경권과 환경공간의 대응관계

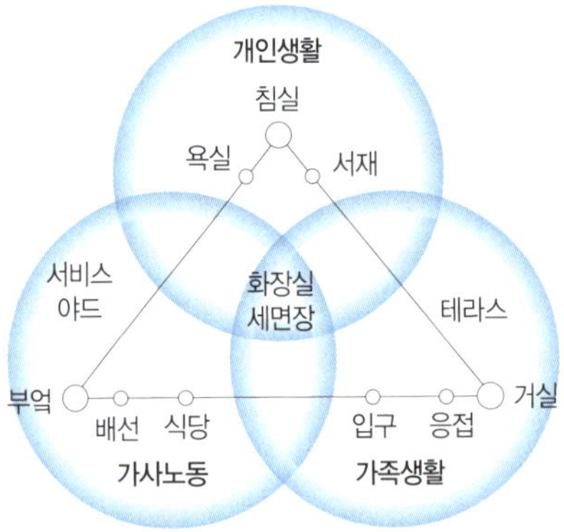

자료 : 이광노 외, 「건축계획」, (서울 : 문운당, 1995), p. 27.

1.1.1 일상 · 정기 · 특별청소

일상청소, 정기청소와 특별청소가 있다. 일상청소는 현관, 계단, 복도 등의 공용부분과 도로, 관리

5) 이창석 외, 「공동주택관리실무」 (서울 : 신광문화사, 2005), pp. 181~213. ; 이창석 외 편, 「공동주택관리실무」 (서울 : 경록, 2007), pp. 635~649.

사무소, 주차장 등의 부대시설 및 어린이놀이터, 노인정, 주민운동시설 등의 복리시설에 대해 매일 실시되는 청소를 말한다. 정기청소는 계단, 바닥 등에 대한 세정작업, 시설 및 설비의 금속부분에 대한 녹 제거작업 등과 같이 청소작업계획에 의하여 정기적으로 실시되는 청소를 말한다.

특별청소는 외벽, 내벽 등의 오염정도에 따라 실시되는 청소, 강우, 강설 등에 의하여 부정기적으로 실시되는 제설, 제빙작업 등을 말한다.

1.1.2 용역회사(用役會社)와 일반직원에 의한 청소

용역회사에 의한 청소는 청소전문업체와 용역계약을 체결하여 용역업체로 하여금 청소하게 하는 방식으로 주로 대규모 청소 또는 정기 · 특별청소에 많이 이용되는 방식이다.

일용직원에 의한 청소는 청소전담직원을 고용하여 청소를 하는 방식으로서, 대규모 아파트에서 일상 청소를 하는 경우에 이용하는 방법이다.

1.2 청소요원의 소요인원산정과 계약

1.2.1 청소요원의 채용

청소요원의 적격요인으로는 고학력보다는 정신적으로 확고한 사람이라야 하며 청소상태에 예민한 감각을 가진 사람이어야 한다. 청소소요인원의 산정은 건물의 용도, 입지조건, 규모와 구조, 중요 건축자재의 종류, 요구되는 청소의 질에 따라 결정된다.

1.2.2 청소관리내용과 용역

① 제진작업

먼지, 때 등을 제거하여 먼지 등으로 인한 피해를 방지하기 위한 작업을 말한다.

가. 먼지 유입의 방지법

출입구에 에어커튼을 설치하고, 출입구에 자동문 또는 회전문을 설치한다. 그리고 출입구에 신발털이나 깔개를 설치한다.

나. 제진작업의 방법

물 또는 세제를 사용하여 세척하는 방법, 사포, 칼, 꼬챙이 등으로 긁어내는 방법, 암모니아, 알코올, 브로민산(취소산), 석유 등을 이용하여 얼룩을 제거하는 방법, 진공청소기 등의 기계를 이용하는 방법 등이 있다.

② 오물수거작업

오물이란 일정한 형태나 부피를 지닌 인간활동에서 파생된 폐기물을 말하며, 작게는 담배 꽁초, 폐지 등에서부터 폐기처분되는 냉장고, 가구 등이 있다.

가. 민간전문업체와의 계약에 의한 수거방법

관할시 등이 민간전문업체와 계약을 체결하여 오물을 수거하는 방법으로서, 보다 합리적인 수거작업이 이루어질 수 있으나 공공성에 대한 인식부족, 지나친 이윤추구 등의 문제점이 있다.

나. 관할기관의 관리사항

관할기관 등이 직접 수거작업을 실시하는 방법으로서 공공성은 강하나 합리적 운영이 이루어지지 않을 가능성이 있다.

1.2.3 청소용역계약체결

① 용역계약사항의 분석

청소용역계약은 공개입찰방법에 따라 선정하되 관할시가 제정하는 오물수거료 징수조례를 참작하여 가장 유리한 조건으로 체결하도록 노력하여야 한다. 용역계약에 포함된 사항은 세대당 또는 톤당 단가, 수거횟수, 폐기방법, 계약기간, 작업계획서(장비, 인원, 수거방법 등), 반출량 확인방법 및 절차, 위약시의 조치, 수거 후 쓰레기집하장 주변 및 이용도로의 청소, 막힌 쓰레기통의 개통작업, 쓰레기집하장의 소독 등이다.

② 계약이행여부 감독

관리주체는 오물수거횟수, 방법 등이 용역계약에 정해진 대로 제대로 이행되고 있는지를 수시로 감시 · 감독하여야 한다.

1.2.4 쓰레기 수거

1994년까지의 재산세 또는 영업장면적을 기주으로 하는 고정률제에서 1995년 1월 1일부터 쓰레기 배출량에 따라 차등 부과되는 원인자 부담원칙인 종량제로 전환하였다. 이는 발생단계에서부터 쓰레기량을 줄이고 재활용품을 늘려 나가기 위한 제도이다.

02 위생관리와 환경보전관리

2.1 환경관리

2.1.1 서설

주거의 적당한 온도유지, 식생활의 고급화는 주거생활의 불청객인 바퀴벌레, 파리, 모기, 개미 등 해충과 쥐의 대량번식에 가장 알맞은 조건을 제공하고 있다. 특히, 공동주택에 있어서의 집단주거생활은 개개인의 세대의 방역만으로는 해충방제가 불가능하므로 방역은 충분한 연구와 함께 집단적 또는 정기적으로 일정한 장소를 살충하여야만 작게는 해충을, 크게는 전염병을 예방할 수 있다.

살충, 구서제는 극독약이므로 오용하면 인체에도 위험할 뿐 아니라 물체에도 손실을 입게 될 위험이 있다. 때문에 공동주택에서의 방역업무는 전문방역업체에 용역을 해주고 있다.

2.1.2 구서법(拘鼠法)

① 구서방법

쥐를 잡는 구서방법에는 덫을 놓아 잡는 방법, 독극물을 놓아 잡는 방법 등이 있다.

② 사전예방조치

배수구나 하수구를 15mm 이하의 철망 등으로 봉쇄한, 지표나 바닥을 콘크리트로 하여 땅굴을 파지 못하도록 한다. 창문이나 출입문의 개폐시 쥐가 들어오지 못하도록 감시하며, 쓰레기장 주변을 청결하게 하고 그 주변에 틈이 생기지 않도록 한다.

③ 구서제 배치

사전조사로 그 곳 쥐들이 좋아하는 먹이로 쥐약을 만든다. 쥐약을 놓는 데는 우선 쥐의 경계심을 해소시키기 위해 먼저 쥐약이 없는 먹이를 놓는다. 또 놓을 부근에 쥐의 먹이가 될 수 있는 것을 없애고 평상시에 자주 와서 먹는 곳에 놓는다. 쥐약의 효력이 없어질 때까지 계속 놓아둔다.

④ 기피제 사용

어떤 설비가 있는 곳이나 실내에 쥐가 접근하는 길을 막고 싶을 때, 기피제를 살포해두면 어느 정도는 효과를 거둘 수 있다. 약제로는 시크로 헤키시미드를 주제로 한 것이다.

2.1.3 바퀴벌레 구제 등

① 바퀴벌레 구제

가. 바퀴벌레의 특성

바퀴벌레는 다른 해충보다 면역성이 강하고 군거성이며 어두운 곳을 좋아하여 주로 야간에 활동하며 번식력이 강하다. 눈에 잘 보이지 않는 곳에 숨어 악취를 풍기고 음식물을 먹어 치우며 전염병인 콜레라, 이질, 소아마비, 식중독의 병원체를 매개시키는 벌레로서 공동주택의 위생관리에 가장 문제가 되는 해충이다.

나. 조사

서식장소나 종류, 약품의 효과적 사용방법 등 작업구역 전반에 대한 정밀조사를 한다.

다. 방제

구제 전에 번식장소, 바퀴의 종류, 약품의 효과적 사용방법 등 작업구역 전반에 대한 정밀조사를 하며, 서식장소에서 서식경로에 이르는 전 구역을 동시에 구제하여 도망가서 살지 못하도록 한다. 완전구제효과를 얻기 위해서는 수회에 걸쳐 구제하는 것이 좋다. 최근에는 다양한 약제가 발명 · 시판되어 있으므로 구제장소, 살충방법 등을 고려하여 적당한 약제를 살충한다.

② 기타의 해충관리

가. 파리

파리는 수명이 30일이며 일생동안 2,000여개를 산란할 정도로 번식력이 강하다. 주간에 활동한다. 재래식 변소나 비위생적 장소에서 발생하여 사람의 음식물을 전전하여 장티푸스, 콜레라, 이질,

식중독 등 갖은 전염병을 퍼뜨린다. 파리의 서식지 발생 시 미 주간 야간의 이동경로를 사전에 조사하여 쓰레기장, 지하탱크, 하수구 등에 집중 살포하여 발본색원한다.

나. 모기

모기는 물을 좋아하며, 방화수 및 욕실에 주로 서식한다. 주로 뇌염, 학질, 사상충증 등의 전염병을 옮기는 매개역할을 한다. 파리와 같이 방제한다.

다. 개미

토양혼합작업으로 건물주변, 기초, 바닥의 주위를 20cm 깊이로 파서 희석액을 혼합하여 매몰한다. 주입작업은 목재에 난 구멍에 약품을 주입한 후 구멍을 메운다. 그리고 침입방지는 건축물 주변의 부근, 개미의 길, 담 등 특히 필요하다고 생각되는 장소에 약액을 살포한다.

2.1.4 방제 · 소독의 특기사항

① 수목 소독

사용약제는 보건사회부의 허가품이어야 하며, 인체 또는 가축에 유해하지 않아야 한다. 소독결과 해충구제는 완전해야 하며, 외부에서 재침입하지 않는 한 지속성이 있어야 한다. 소독 후 최초 1개월까지 특별한 경우를 제외하고 수목에 해충의 기생이 발생하였을 경우 도급자는 지체없이 재소독해야 한다.

② 쓰레기장 소독

고압 콤푸렛샤를 사용하여 내부 구석구석 고루 살포하여 성충구제 및 해충의 알을 구제하고 동시에 살균효과도 겸한다.

쓰레기 통로에 있어 옥상층까지 비상 해충을 구제하기 위하여 가열 증발시키는 특수동력기계로 연무 소독한다.

③ 지하실 소독

고압동력분무기로 고루 살포하여 살균과 동시에 악취를 제거하는 이중효과를 얻도록 한다. 비상해충 및 기어 다니는 해충의 구제를 위하여 전동 미립분무기로 공간에 직접 분무한다.

분무제가 미치지 못하는 심부에 있어 해충을 구제하기 위하여 가열 증발시키는 특수동력기계로 연무 소독한다.

2.2 환경보전관리

2.2.1 일반사항

① 대상범위

관리사무소에서 관리하고 있는 열공급시설, 동력사용시설 및 기기, 발전기 등의 배출시설 및 오수정화시설 등에 대하여 관리하여야 한다.

② 배출시설의 설치허가

배출시설의 설치 시 배출시설 설치허가 신청서에 서류를 첨부하여 관계정부행정부서에 제출하여야 한다. 배출시설의 설치허가를 받은 후 그 시설을 변경하고자 할 때에는 배출시설 변경허가 신청서에 1항의 각 호 서류와 허가증을 첨부하여 관계정부행정부서에 제출하여야 한다.

그리고 사업장의 명칭이나 대표자의 성명 또는 주소에 변경이 있을 때에는 20일 이내에 허가증을 첨부하여 관계정부행정부서에 신고하여야 한다. 뿐만 아니라 배출시설과 방지시설을 설치 · 완료한 때에는 설치 · 완료한 날로부터 15일 이내에 배출시설 설치완료 신고서와 배출시설 검사신청서를 동시에 관계정부행정부서에 제출하여야 한다.

③ 배출시설 관리인의 신고

배출시설의 종류와 기능에 따라 배출시설 관리인을 임명하고 배출시설 설치완료 신고와 동시에 배출시설 관리인 선임신고서를 관할행정관청에 제출하여야 한다. 배출시설 관리인을 교체한 경우에는 즉시, 배출시설 관리인의 변경명령을 받은 경우에는 10일 이내에 새로운 배출시설 관리인을 선임하고 관할행정관청에 신고하여야 한다.

배출시설 관리인을 두어야 할 사업장 및 자격기준은 다음과 같다. 도표 8.12

도표 8.12 배출시설관리인 배정기준

종 별	배출시설관리
1	환경기사 1급 이상의 분야별 기술자격소지자 각 1인
2	환경기사 1급 이상의 분야별 기술자격소지자 각 1인
3	환경기사 2급 이상의 분야별 기술자격소지자 각 1인
4	상기 자격소지자, 전문대학(공업계, 보건계) 이상 졸업자 또는 당해 배출시설 설치허가를 받은 자
5	4의 대상사업장의 배출시설 관리인과 같다.

④ 배출시설 관리인의 관리내용 및 준수사항

가. 배출시설 관리인의 관리내용

관리내용은 방지시설의 관리에 관한 사항, 방지시설의 개선에 관한 사항, 방지시설의 운영에 관한 기록부의 기록보존에 관한 사항, 자가측정 및 자가측정기록부의 기록보존 에 관한 사항, 기타 환경오염방지를 위하여 행정관청비가 지시하는 사항 등이다.

나. 배출시설 관리인의 준수사항

배출시설 및 방지시설의 정상가동으로 오염물질 등의 배출이 매출허용기준에 적합하도록 하여야 하며, 방지시설의 운영에 관한 업무일지를 작성해야 한다. 자가측정은 정확히 하여야 하며 자가측정 기록부에 이를 사실대로 기록한다.

2.2.2 배출방지시설의 운영

배출시설에서는 배출되는 오염물질 등이 배출허용기준에 적합하도록 배출시설의 방지시설을 정상 운영한다. 방지시설 가동메타(적산전력계)를 부탁하여 정상가동의 근거를 유지한다.

방지시설의 고장 시 즉시 수리 및 교체한다. 방지시설의 운영업무 일지를 작성하여 비치한다. 작성 일지에는 방지시설의 고장여부 확인 및 조치내용을 기록하고, 업무내용을 기록 · 유지하여 이를 분석 처리하고 개선에 노력한다.

또한 배출되는 오염물질 등의 배출허용기준은 다음과 같다.

① 황산화물

고유황유는 1,800ppm 이하이고 저유황유는 1,000ppm 이하이다.

② 분진

배출가스량 200,000m^3/hr 이상, 200mg/sm^3 이하이며 상기 이외의 배출시설은 500mg/sm^3 이하이다.

③ 매연

링겔만 비락표 2도 이하이다.

2.2.3 오수정화 유지관리와 산업폐기물

① 오수정화 유지관리

정상적인 기능을 유지하고 있는가를 정기적으로 점검하며, 스컴의 생성 및 오너의 퇴적을 점검하고 방류수의 수질시험을 실시하여야 하고 오수정화시설은 1년에 1회 이상 그 내부를 청소하여야 한다. 처리 대상 인원 500인 이상의 오수정화시설의 방류수에 대하여는 염소 등에 의한 소독을 실시하여야 한다. 또한 악취가 발산되지 않도록 하고 모기, 파리 등 위생해충의 발생을 방지하여야 한다. 그리고 처리대상인원 2천인 이상의 오수정화시설에는 전담관리인을 두어야 하며 오수정화시설의 방류수는 수질기준을 따른다.

② 산업폐기물처리

배출시설의 연도 및 방지시설의 집진장치에서 포집된 분진은 스스로 또는 산업폐기물사업자에게 위탁하여 보관 · 운반 · 처리한다. 다음연도 처리계획은 매년 11월 말일까지, 매년 집행실적은 다음연도 2월 말일까지 산업폐기물 처리계획 및 실적 보고서를 관할행정관청에 제출한다.

2.2.4 점검실시

관리사무소에서는 주 1회 이상 점검을 실시하고 환경오염 배출 및 방지시설 정기 점검표를 비치하고 점검기록 유지와 손실사항을 보수 · 보완하여야 한다. 도표 8.13

도표 8.13 배출시설관리인 배정기준

구 분	대 상	관리부서	방 법
대기오염	• 보일러시설 • 방지시설 • 측정기기 및 장비	관리사무소	검검표
수질오염	• 오수정화시설 • 정수처리시설	관리사무소 수도사업소	검검표
소음 및 진동	• 생활소음발생기 • 송풍기, 모터, 펌프	관리사무소	검검표
악 취	• 오수정화시설	관리사무소	검검표

03 조경관리

3.1 조경의 의의

조경은 주거환경에 중요한 관심사이다. 공동주택관리 분야에서 다소 등한시 되어온 조경분야를 입주민의 쾌적한 주거환경과 정서함양 및 재산 가치를 높이기 위하여 더욱 힘써야 할 분야이다.

식재에 필요한 도구는 삽, 괭이, 못괭이(大), 해머, 지렛대, 해머드릴, 리어카(小)이다. 풀베기에 필요한 도구는 낫, 숫돌(농촌형), 애취기(무동력, 동력)이고 지주에 필요한 도구 및 자재는 각재, 통나무, 반생, 새끼(굵은 것), 못, 신호, 펜치, 카트기, 톱이다. 그리고 전정에 필요한 도구는 전지가위(소, 중, 대), 톱(휴대용), 사다리(1.5m, 2m, 2.5m, 3m), 공구혁대이다.

3.2 전정

3.2.1 전정의 의의

① 일반원칙

일반원칙은 전정(剪定)의 목적을 세우고, 나무의 상부에서 전정을 시작하여 점차 아래로 내려온다. 원 줄기 부근에서부터 전정을 실시한 다음, 가로수는 1.8m 이하의 가지를 기부에서 잘라내어 보행에 지장이 없도록 한다.

② 전정의 효과

특수한 수형을 만들거나 유지시키고, 필요치 않은 가지를 잘라냄으로써 모든 가지를 건실하게 자라게 한다. 노쇠한 가지를 제거하여 가지의 갱신효과를 거둔다. 꽃이 제대로 피지 못하는 꽃나무는 가지와 잎을 줄여 노쇠를 막는 동시에 꽃피는 상태도 향상시킨다.

나무 이식시 지상부의 줄기, 잎 등을 적당히 제거하여 수목 활착에 도움을 준다.

3.2.2 전정의 종류와 전정에 필요한 도구

① 전정의 종류

눈 따주기는 생장이 시작될 무렵 불필요한 눈을 따줌으로써 영양분의 손실을 막는다. 잎 속아주기는 수관내부에 통풍과 햇빛을 잘 받게 하고 수분의 증발을 억제하기 위해서이다.

열매 솎아주기는 불필요한 열매가 있을 때 영양분의 손실을 막기 위해서 열매를 솎아준다. 가지자르기는 전정의 목적에 따라 가지를 잘라준다.

② 전정에 필요한 도구

관목류와 교목의 속가지 등을 제거할 때에는 작은 전정가위나 쪽가위를 사용한다. 샘울타리 및 관목류의 가지다듬기를 할 경우에는 큰 전정가위를 사용한다. 교목을 전정할 때에는 버팀 사다리 및 톱을 준비한다.

3.3 병충해 방제

병충해에 있어 병해로는 소나무잎녹병, 향나무녹병, 가지마름병, 흰가루병 등이 있고 충해로는 흰불나방, 잔딧물 등이 있다.

병충해 방지를 위해 잠복소 설치는 짚 또는 거적 등으로 수간을 감아서 준비한다. 병충해는 월동하기 위하여 수간을 따라 내려오기 때문에 유충을 유인하여 그 속에서 고치를 지어 월동하게 한 다음 불에 태워 죽인다. 잠복소는 10월 상순경에 지상 1.5m 내외 높이로 설치하고 2월 중에 제거하여 불에 태운다.

약제 살포시 제반사항에 유의하여야 한다.

3.4 시비

시비(施肥)는 비료의 사용방법이다. 비료의 시비시기는 수목의 종류, 토양보건, 사용하는 비료의 종류 등을 고려하여 시비시기를 결정해야 한다. 그런데 편의상 복합비료를 사용하여 2월 상순부터 3월 하순까지와 7월에 각 1회씩 시비한다. 비가 올 때나 비오기 직전 또는 강풍 시에는 시비하지 않는다. 이슬이 없는 오전 10시부터 오후 5시 사이에 시비한다.

시비방법에 있어 식혈시비는 뿌리주위에 환상으로 도랑을 파서 시비하며, 시비구멍의 지름은 수목근원 직경의 3~6배, 폭은 20~30cm가 적당하고, 길이는 10~20cm이면 충분하다.

전면시비는 수관 밑을 가볍게 파고 전면에 시비한다. 시비할 때의 유의사항은 비료업자가 식물체에 직접 닿지 않도록 하며 인분, 계분, 퇴비 등은 완전히 부식된 것을 사용해야 한다. 그리고 과다한 양을 주지 말아야 하며 장마기간, 늦여름, 늦가을에는 가급적 시비하지 말아야 한다. 뿐만 아니라 사전지식 없이 화학비료와 유기질비료를 혼합하여 사용하지 말아야 한다.

3.5 월동대책

대상 수종은 중부지방의 장미, 배롱나무, 목련, 수국, 오동나무, 모란, 포도나무, 백철쭉 등과 당년 가을식재분 각종 묘목 및 어린 묘 등이 있다.

시기는 일반적으로 짚을 싸주는 시기는 11월 하순부터 12월 초순이 적당하다. 짚의 제거 시기는 3월 초순부터 3월 중순이 적당하다.

3.6 한발대책과 고사목 보식 및 잔디관리

3.6.1 한발대책

① 관수

관수 대상은 식재한지 2년 미만의 수목이 적당하다. 관수의 수질은 빗물, 하천수, 지하수 등을 고려하여야 하며 수량은 지표로부터 15cm 정도까지 물이 스며들 수 있도록 충분히 한다.

관수 시기는 오전 10시 이전 및 일몰전후가 적당하며 관수방법은 근원주위에 물집을 만들어 물의 유실을 방지한다.

② 근원부 덮기

짚, 낙엽 등을 근원부 지표 5~15cm 정도 덮어준다.

③ 중경

나무주위 겉흙을 깊이 3~5cm 정도 호미를 긁어준다.

④ 줄기감기

수간을 새끼, 마대 등으로 감아 수피에서의 증산작용을 억제한다.

3.6.2 고사목 보식

식재공사 하자보수 의무기간은 준공 후 2년이다. 처리방법으로는 매월 정기적으로 수목 생육상태를 점검하며 고사목 발생 시 수량을 파악하여 즉시 시공자에게 보식을 요청한다.

그리고 시공자 불응시 예치된 하자보증금을 인출하여 관리사무소에서 시행하며 동절기 및 하절기에 발생한 고사목은 수급자와 합동으로 수량을 파악한 후 지상 10cm에서 고사목을 절단하여 제거하고 봄과 가을에 일괄 보식한다.

하자 보식 대상은 하자 기간 내 고사하거나 그 원형을 잃었을 경우를 말하며, 보식수목은 기식재된 수목과 동등품을 시제한다.

3.6.3 잔디관리

① 시비

1년 2회(4월, 7월) 시비하며 복합비료를 평방미터당 20g씩 시비하면 무난하다. 그리고 비료가 땅에 떨어지도록 잔디 깎기를 실시한 후에 시비하며 비오기 전후, 이슬이 마르기 전인 오전에 시비하는 것은 피해야 한다.

② 제초작업

제초작업을 하지 않을 경우 잡초와 잔디가 양분 및 수분 등의 경합을 일으키며 결국 생장력이 우수한 잡초만 남게 되므로 제초작업을 철저히 한다.

③ 잔디 깎기

시기는 5월부터 9월까지가 적당하며, 횟수는 최소한 월 1회 이상 실시하여 잔디의 높이가 5cm 내외가 되도록 한다.

④ 배토

흙 또는 비료분이 혼합된 흙을 비교적 다량 사용함으로써 잔디의 지하경과 토양과의 분리현상이 일어하는 것을 막고 잔디면을 평탄하게 한다.

이는 잔디의 질을 좋게 하며 잔디 깎기를 용이하게 한다. 이와 같이 잔디밭에 다량의 흙을 사용하는 것을 배토 또는 뗏밥주기라 한다. 도표 8.14

도표 8.14 부동산관리와 실내에서 발생되는 열의 이동

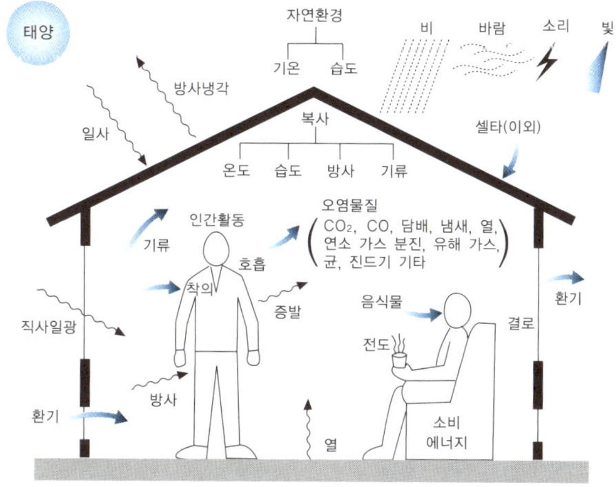

자료 : 空氣調和 · 衛生工學會 편, 최우식 역, 「알기 쉬운 주택설비 – 난방과 냉방」, (2001), p. 2.

V 안전관리[6)]

01 안전관리개요

1.1 서설

주택법에 의하여 건설된 20세대 이상 공동주택의 소유자 등 관리주체는 건축물의 수명연장 및 각종 안전사고를 미연에 방지하기 위하여 안전관리를 한다. 건축물 부대 각종 시설에 대한 지속적인 안전점검 및 보수 · 보강 등의 유지관리를 실시하여야 한다. 도표 8.15

6) 이창석 외, 「공동주택관리실무」(서울 : 신광문화사, 2005), pp. 241~229. ; 전용수 · 이창석, 「부동산자산관리론」(서울 : 형설출판사, 2005), pp. 296~316. ; 이창석 외 편, 「공동주택관리실무」(서울 : 경록, 2007), pp. 674~694.

도표 8.15 공동주택관리규칙상 안전진단 기준

구 분		발생 원인	제거 대책
정기진단	해빙기진단	석축, 옹벽, 법면, 교량, 우물, 비상저수시설	연 1회(2월 또는 3월)
	우기진단	석축, 옹벽, 법면, 담장, 하수도	연 1회(6월)
	월동기진단	연탄가스배출기, 중앙집중식 난방시설, 노출배관의 동파방지, 수목보호	연 1회(9월 또는 10월)
	안전진단	변전실, 고압가스시설, 소방시설, 맨홀(정화조 뚜껑을 포함한다.), 유류저장시설, 펌프실, 승강기, 인양기	매분기 1회 이상(다만, 승강기의 경우에는 승강기제조 및 관리에 관한 법률에서 정하는 바에 따른다.)
	위생진단 및 청소	비상저수시설, 우물	연 2회 이상
수시진단		노후시설, 위해 발생의 우려가 있는 시설	매 분기 1회 이상

1.2 관리주체의 안전관리 업무

관리주체는 시설별 안전관리책임자를 임명하여 책임점검을 실시하고 안전관리진단(정기 및 수시진단) 실시 및 각 시설에 대한 진단결과를 기록 및 보관한다. 위해가 발생될 우려가 있는 시설은 사용을 제한하고 보수 등의 필요한 조치를 한다.

02 시설물 안전관리

2.1 안전점검의 의의

관리주체는 공동주택의 경우, 반기마다 안전점검을 실시하여야 한다. 안전점검의 결과 구조 · 설비의 안전도가 취약하여 위해의 우려가 있을 때에는 관계행정기관의 장에게 그 사실을 보고하고 당해시설의 이용제한 또는 보수 등 필요한 응급조치를 하여야 한다.

1 · 2종 (16층 이상) 공동주택의 안전점검은 「주택법 시행령」 제65조에 해당하는 자에게 「시설물안전관리」에 관한 특별법 제13조의 규정에 의한 지침에 따라 실시하여야 한다. 관계행정기관의장은 위해의 우려가 있다고 인정되거나, 관리주체로부터 구조, 설비의 안전도가 취약하다고 보도를 받은 공동주택에 대해서 건설부령에 근거하여 관리하여야 한다.

2.2 안전점검 실시대상

공중의 이용편의와 안전을 도모하기 위하여 특별히 관리할 필요가 있거나 구조상 고도의 기술이 필요하다고 인정하는 대상물이다. 대통령령이 정하는 1 · 2종 시설물은 시설물의 안전관리에 관한 특별법에 의한 안전점검을 실시하여야 한다(시설물의 안전관리에 관한 특별법 · 시행령 · 시행규칙, 안전점검 및 정밀안전진단세부지침).

2.2.1 종별 시설물의 정의

공중의 이용편의와 안전을 도모하기 위하여 특별히 관리할 필요가 있거나 구조상 유지 관리함에 있어 고도의 기술이 필요하다고 인정한 시설물이다.

1종 시설물은 21층 이상의 공동주택과 공동주택외의 건축물로서 21층 이상 또는 연면적 5만m^2 이상의 건축물이다.

2종 시설물은 16층 이상의 공동주택과 공동주택외의 건축물로서 16층 이상 또는 연면적 3만m^2 이상의 건축물 그리고 연면적 5천m^2 이상의 공항청사 · 철도역사 · 자동차여객터미널 · 종합여객시설 · 종합병원 · 판매시설 · 관광숙박시설 및 관람집회시설 등이다.

기타 1 · 2종 시설물은 상기 시설 외에 공중의 안전확보를 위해 관계행정기관의 장이 1 · 2종 시설물로 지정할 수 있다.

2.2.2 부동산의 관리주체

부동산의 관리주체란 관계 법령에 의하여 해당 시설물의 관리자로 규정된 자 또는 해당 시설물의 소유자를 말한다.

2.2.3 시설물의 안전 및 유지관리계획 수립

계획수립의 주요내용은 시설물별 안전 및 유지관리체계, 조직 · 인원 및 장비의 확보에 관한 사항, 안전점검 및 정밀안전진단의 실시에 관한 사항, 비용 및 예산의 확보에 관한 사항, 긴급사항 발생 시 조치체계에 관한 사항, 설계도서의 수집 및 보존에 관한 사항, 시설물별 안전 및 유지관리실적(전년도 시행실적을 포함)에 관한 사항 등으로 철저하게 확인과 준비가 필요하다.

2.3 안전점검의 종류와 내용

안전점검의 목적은 건축물에 발생할 수 있는 구조적 기능장애나 재료의 성능저하 현상 등 건축물에 내재되어 있는 위험요인을 제거함에 있다. 이를 위해 소정의 경험과 기술을 갖춘 자가 육안검사 또는 간단한 점검기구 등에 의하여 조사하고 그에 대한 적절한 조치를 취함으로서 건축물의 구조적 안전 및 기능을 체계적으로 유지관리 하는데 있다.

2.3.1 정기점검

정기점검은 건축물의 관리주체나 유지관리 책임자에 의하여 일반적으로 행하여지는 순찰과 유사한 점검을 행한다. 관리자는 건축구조물의 기능적 상태를 판단하고 현재의 사용요건을 지속적으로 만족시키고 있는지를 확인 관찰한다.

① 시기와 방법

시기는 반기별 1회 이상 실시, 다만 공동주택은 주택법 시행령에 의한 안전점검으로 갈음한다.

방법으로는 원칙적으로 육안과 간단한 측정기구에 의해 검사한다.

② 점검자

점검자는 건축기사 1급 이상의 자격자, 건축기사 2급 자격자로 당해분야 3년 이상 근무자, 고등학교 이상 졸업자로서 건축 · 시공, 건설재료 및 건축 품질시험, 토질 및 기초의 학력 · 경력자, 고등학교 이상 졸업자로서 공공관리주체에 소속된 유지관리업무 종사자 등이다.

③ 정밀점검

정밀점검사항은 건축물의 평면, 입면, 단면용도 변경사항과 구조부재의 변경사항, 작용하중조건, 기초 · 지반조건, 주변 환경조건 등의 변경사항이 있으며 균열 발생상태, 발생위치, 유형 및 형상, 크기, 진행상황, 균열부위의 누수 구조물 혹은 부재의 전반적인 상태와 보수 · 보강 실태의 조사 및 기록 등이다.

2.3.2 정밀점검

건축물의 현재 상태를 정확히 판단하고 최초 및 이전에 기록된 상태로부터 변화를 확인한다. 방법으로는 구조물이 현재의 사용조건을 계속적으로 만족시켜주고 있는지를 확인하는데 필요한 면밀한 육안과 간단한 측정기구에 의한 검사로 이루어지는 정기적인 점검이다. 준공 후 90일 이내에 실시하는 정기점검과 3년에 1회 이상 실시하는 정기점검으로 구분된다.

2.3.3 긴급 등의 점검

긴급점검은 일상점검 결과에 의하거나 관리주체가 사고나 자연재해에 대하여 건축물의 안전 · 유지관리에 필요하다고 판단하였을 때이다. 이와 관계행정기관의 장이 필요하다고 판단하여 긴급히 실시하는 비계획적인 점검으로서 구조물의 손상이나 재료의 급격한 성능저하에 대해서 평가하고 그에 따른 긴급한 사용제한이나 금지의 여부판정, 응급보수 · 보강 등의 안전조치를 판단하기 위하여 실시한다.

손상점검은 일상점검 결과에서 발견되었거나 사고나 자연재해에 의하여 비롯한 건축물의 손상을 평가하기 위하여 실시한다. 손상점검의 범위는 건축물의 사용제한 및 금지의 필요성 여부의 판단과 긴급한 보수 · 보강정도를 판단하는 것으로 한다.

특별점검은 비정기적 점검이다. 부동침하, 주변의 건축환경, 건축물의 사용조건의 변경 등으로 인하여 구조물의 안전성에 영향을 끼칠 우려가 있어 안전성을 확인하거나, 사용 제한 중인 건축물의 지속적인 사용여부를 판단하기 위하여 실시한다.

2.4 정밀안전진단

정기점검 과정에서 쉽게 발견하지 못하는 결함부위를 발견하기 위하여 실시하는 것으로 정밀한 육안검사 및 검사측정장비에 의하여 실시되는 근접점검이 있다. 이의 실시에 있어 건축물의 노후화 또는 손상정도에 따라 구조물의 기능이나 잔존수명을 예측하기 위하여 상태 및 안전성 평가가 포함되어야 한다. 비파괴시험이나 재료시험 및 재하시험은 건축물의 상태평가나 구조부재의 내하력을 결정하는데 필요한 보조수단으로 이용할 수 있으며 필요한 경우 모의실험도 할 수 있다. 그리고 진단의 결과 필요한 경우 보수 · 보강법을 제시하여야 한다.

2.4.1 정밀안전진단의 실시기관과 자격등

실시기관은 안전진단전문기관(건설교통부 지정), 시설안전기술공단 등이다.

점검자의 자격은 건축구조, 건축시공, 건축품질시험기술사, 건축기사 1급자격자로 당해분야 10년 이상 근무자, 건축기사 2급자격자로 당해분야 13년 이상 근무자, 5,000m^2 이상 설계 또는 감리실적이 있는 건축사, 전문대학교 이상 졸업자로서 건축구조, 시공, 건설재료 및 건축품질시험, 토질 및 기초분야의 학력 · 경력자 등이다.

정밀안전진단 보고서에 포함해야 할 사항은 개요, 정밀안전진단계획수립(진단범위, 필요한 재료시험, 내하력측정 여부), 전체부재의 조사결과 분석, 안전성 평가(구조적 안전성 평가), 전체부재 조사결과 요약보고, 보수 · 보강법 제시, 건의사항, 부록(육안점검사진, 육안검사개략도, 재료시험결과, 보수 · 보강공법 등 조사자료) 등이다.

2.4.2 정밀안전진단의 종류

① 정기진단

완공 후 10년이 경과된 1종 건축물에 대하여 5년에 1회 이상 정기적으로 안전진단전문기관이나 시설안전기술공단에 의뢰하여 실시한다.

② 긴급진단

안전점검을 실시한 결과 건축물의 재해예방 및 안전성 확보 등을 위하여 필요하다고 인정하는 건축물에 대하여 관리주체가 안전진단전문기관이나 시설안전기술공단에 의뢰하여 비정기적으로 실시한다.

③ 하자담보진단

하자담보 책임기간이 만료되는 1 · 2종 건축물에 대하여 하자담보책임기간 만료일 6개월 이전에 관리주체가 안전진단전문기관 및 시설안전기술공단에 의뢰하여 실시한다.

2.4.3 점검 및 진단결과의 보고

관리주체는 안전점검 및 정밀안전진단을 실시한 자로부터 점검(진단)결과를 통보 받으면 그 결과를 7일 이내에 행정관청에게 보고하여야 한다. 또한 일상점검도 매분기 1회 이상 결과를 보고해야 한다. 도표 8.16

도표 8.16 노후와 상태와 안전 및 조치에 관한 내용

등급	노후화 상태	안전성	조 치
A	문제점이 없는 최상의 상태	최상의 상태	정상적인 유지관리
B	경미한 문제점이 있으나 양호한 상태	균열이나 변형이 있으나 허용범위이내인 상태	지속적인 주의관찰이 필요함
C	문제점이 있으나 간단한 보수, 보강으로 원상회복이 가능한 보통의 상태	균열이나 변형이 있으나 구조물의 내하력이 설계의 목표치를 초과한 상태	지속적인 감시와 보수, 보강이 필요함
D	주요부재에 발생된 노후화정도가 고도의 기술적 판단이 요구되는 상태로 사용제한 여부의 판단이 필요함	균열이나 변형이 허용범위를 초과하고 있거나 구조물의 내하력이 설계의 목표치를 요구되는 상태로 사용제한 여부의 판단이 필요함	사용제한 여부의 판단과 정밀 안전진단이 필요함
E	주요 부재의 노후화 정도가 심각하여 원상회복이 불가능하거나 안전성에 위험이 있어 즉각 안전성에 위험이 있어 즉각 사용금지하고 긴급한 보강이 필요한 상태	균열이나 변형이 허용범위를 초과하고 있고 구조물의 내하력이 허용범위에 미달하여 붕괴가 심각히 우려되며, 안전성에 위험이 있어 즉각 사용 금지하고 긴급한 보강이 필요한 상태	사용금지 및 긴급보강 조치가 필요함

2.4.4 안전점검 및 정밀안전진단 실시자의 의무

결과 보고서는 안전점검 및 정밀안전진단지침에 따라 성실하게 의무를 수행하고 지체없이 그 결과를 관리주체에게 통보하여야 한다. 관리주체는 안전점검 및 정밀안전진단 결과 중대한 결함이 있다고 통보받을 때에는 이를 즉시 관계행정기관의 장에게 통보한다.

중대한 결함의 종류는 건축물의 기둥 · 보 또는 내력벽의 내력상실, 조립식 구조체의 연결부실로 인한 내력상실, 주요 구조부의 과다한 변형 및 균열 심화, 지반침하 및 이로 인한 활동적인 균열, 누수 · 부식 등에 의한 구조물의 기능 상실 등이다.

안전점검 및 정밀안전진단에 소요되는 비용은 관리주체가 부담한다. 단, 하자담보 책임기간 내에 시공자의 귀책사유로 인하여 정밀안전진단을 실시하여야 하는 경우 그에 소요되는 비용은 시공자가 부담한다.

관리주체가 점검 및 진단예산을 확보하거나 안전진단전문기관 및 유지관리업체에 점검 및 진단을 위탁할 경우 적용되는 비용산정기준은 시설안전기술공단이 관계 장관의 승인을 얻어 고시한다.

2.4.5 상태평가 및 조치

① 상태평가

건축물의 주요구조부에 대한 재료 및 육안검사에 조사된 상태에 대한 평가를 포함한다. 점검자는 안전점검 결과 각 부재로부터 발견된 결함의 범위 및 정도(심각도)에 따라 A, B, C, D, E의 5가지 단계로 상태등급을 매긴다.

② 위험시설물에 대한 안전조치

안전점검결과 등에 의거 재난이 발생할 우려가 있다고 인정되어 필요한 경우에는 관계법에 의거 응급조치를 시행한다. 인명 또는 신체에 대한 위해를 방지하여야 하고 시설물안전관리에 관한 특별법상 긴급조치를 취한다.

관리주체는 시설물의 구조상 공중의 안전에 미치는 영향이 중대하여 긴급한 사용제한 · 사용금지 · 철거 등의 조치를 취하여야 한다. 관리주체는 시설물에 대한 사용제한 등을 하는 경우에는 미리 그 사실을 관계 행정기관의 장에게 통보하여야 하며, 통보를 받은 행정기관의 장은 이를 공고하여야 한다.

행정관청은 민간시설물에 대하여 재해의 위험이 있다고 인정되는 때에는 시설물의 사용금지 등의 조치를 명할 수 있다. 그리고 시설물의 사용제한 명령을 받은 자가 그 명령을 이행하지 아니하는 때에는 행정대집행법에 의하여 대집행을 할 수 있다.

03 시설물안전관리의 내용

3.1 석축 · 옹벽의 안전관리

공동주택 단지 내 옹벽 · 석축은 건축구조물을 지지하거나 건축물 배면의 경사면으로부터 시설물 등을 보호하는 역할을 수행하기 때문에 다른 시설들보다 안전관리에 더욱 유의해야 한다. 이 옹벽이나 석축은 높이가 다른 2개 이상의 대지를 조성할 때 절토 및 성토의 측면에 시공하거나 산비탈, 경사지 등의 붕괴를 방지하고자 시공하는 것이다.

흙의 하중 및 건축물 등의 상재하중에 의한 수평토압에 저항하여 붕괴 및 유실 등을 방지하는 기능을 갖고 있다.

3.1.1 유형별 특성

시설물 안전관리의 유형별 특성은 다음과 같다. 도표 8.17

도표 8.17 유형별 특성과 관리상 유의사항

종 류	구조설명	특 성	관리상 유의점
중력식 옹벽	구조체 콘크리트자중에 의하여 토압에 저항하는 형식의 옹벽	높이 5m정도 이하에서 설치하는 콘크리트 옹벽 중에서는 시공이 가장 쉬운 형식	• 옹벽 전면벽 콘크리트의 균열정도 • 옹벽전면의 직선성 · 옹벽전면 및 배면정부지반의 상태 • 배수공의 통수상태 • 침하현상 발생여부
비자립식 옹벽	자립이 불가능한 중력식 옹벽으로서 원지반 또는 뒷채움재에 기대어 자중으로 토압에 저항하는 형식으로 일종의 중력식 옹벽	높이 10m 이하 정도가 많으나 15m까지 사용한 예가 있다. 산악도로의 확폭등에 유리하며 자립되지 않으므로 시공상 주의해야 한다. 기초지반이 견고한 장소에 시공	• 옹벽콘크리트의 균열정도 • 옹벽 배부름 및 전도의 위험성 여부 • 신축줄눈 개소의 상호 연속성 • 옹벽전면 및 배면정부지반의 상태 • 배수공의 통수상태 • 철근 노출상태 • 침하현상 발생여부
캔틸레버식 옹벽	벽체의 자중과 저판 위의 흙의 중량으로 토압에 저항하는 형식의 옹벽으로 중력식 옹벽에 비하여 구체콘크리트 양이 적다.	뒷판상의 흙 중량을 옹벽의 안정에 이용하여 보통의 기초지반에 사용하며 기초지반이 좋지 않은 경우에 사용한 예도 있다(저면반력은 비교적 작다).	• 옹벽 전면벽, 저판, 부벽콘크리트의 균열정도 • 옹벽 배부름 및 전도의 위험성 여부 • 신축줄눈 개소의 상호 연속성 • 옹벽전면 및 배면 정부지반의 상태 • 배수공의 통수상태 • 철근 노출상태 • 침하현상 발생여부 • 건축물 적정거리 이격상태
부벽식 옹벽	벽체와 저판사이의 강성을 부벽으로 유지하는 형식의 옹벽	높이 10m정도 이상에서 설치하며 구체의 콘크리트량은 캔틸레버식 옹벽에 비해 적으나 시공에 어려움이 있다. 기초지반이 좋지 않은 경우에 사용한 예는 있다. (저면반력은 비교적 작다)	• 옹벽 전면벽, 저판, 부벽콘크리트의 균열정도 • 옹벽 배부름 및 전도의 위험성 여부 • 신축줄눈 개소의 상호 연속성 • 옹벽전면 및 배면 정부지반의 상태 • 배수공의 통수상태 • 철근 노출상태 • 침하현상 발생여부 • 건축물 적정거리 이격상태
특수 옹벽	U형 옹벽, 선반식 옹벽, 상자형 옹벽, 혼합형 옹벽, 보강토 옹벽 등 형태 및 구조에 따라 다양	특수옹벽은 일반적으로 설치하기 어렵고, 현저히 비경제적으로 사용하고자 하는 개개의 설계자료, 실시예 등을 참고하여 전문가의 지도와 충분한 검토를 할 필요가 있다.	구조형식에 따라 주요부위에 대한 정기적 관리필요

3.1.2 유지관리 등

관리주체가 보관하고 있는 각종 설계도서(준공도면, 내역서, 시방서 등)를 활용하여 옹벽의 기본구조를 파악한다. 그리고 일상적인 안전검검을 확인하여(육안관찰) 옹벽외형의 균열, 변형여부를 확인한다.

안전점검시의 착안사항은 옹벽 전면벽, 저판, 부벽콘크리트의 균열정도, 옹벽전면의 배부름 및 전도의 위험성 여부, 신축줄눈 상호 연속여부, 옹벽전면 및 배면정부지반의 상태, 배수공의 통수상태,

철근 노출상태, 침하현상 발생여부 등이다.

옹벽의 보강은 일반적으로 고형철물로 고정시키는 방법. 고정철물(Earth anchor)의 시공에 의한 보강법을 사용하며, 기초의 보강은 연약지반 개량공법 사용, 기반개량(말뚝, 석회 등)을 한다. 그리고 외력저감은 상대하중, 배면토사의 제거, 배수개량 등을 한다. 재시공은 보수 · 보강이 불합리할 경우 전면 재시공한다.

점검결과 과도한 균열, 변형 등이 발생하면 일차적으로 통행제한이나 통행안전을 확보한다. 옹벽 본체 뿐만 아니라 지반이나 외적용인에 의할 수도 있으므로 전문가와 협의하여 안전진단 전문기관에 의뢰하는 등 종합대책을 강구한다.

3.2 어린이놀이터 안전관리

공동주택 단지 내에는 어린이들이 자유롭게 지낼 놀이공간이 제한되어 있고, 놀이 시설물 관리가 소홀하면 안전사고 발생소지가 크므로, 어린이를 보호하고 안전하게 이용할 수 있도록 설치 · 관리되어야 할 것이다.

시설물에 있어 놀이기구와 놀이기구 사이의 간격은 최소한 2.5m 이상을 유지하여야 하며, 유희 시설물의 기초콘크리트가 지면위로 올라오도록 설치하여서는 안 된다. 또한 놀이시설 단위에 한 줄로 된 케이블, 철사줄 등의 차단물을 설치하여서는 안 된다. 그리고 놀이시설 설치장소에는 30cm 이상의 모래를 포설하여야 한다.

계단오르기 시설의 파이프는 동일색상으로 도색하지 않아야 하며, 의자 각목의 재료, 파이프 절단면 등은 매끄럽고 둥근 모서리로 만들어져야 하고, 볼트, 조임나사 등이 노출된 부분은 날카롭지 않게 하여야 한다.

미끄럼틀 설치 시 미끄럼판은 가급적 북쪽을 향하도록 하여 시설하여야 한다.

다음은 어린이놀이터 시설물 기준사항은 그네, 미끄럼틀, 시소, 오르기 시설 등이 있다. 그 내용은 다음과 같다. 도표 8.18

도표 8.18 어린이놀이터 시설물 기준

시설물의 종류	시설기준
그 네	• 그네 줄과 지지대 사이 간격 50cm 이상 • 그네 보호대 설치(전면, 후면) • 그네 안장밑 흙파임 방지판 설치 • 그네 높이 2m 이상 • 그네안장 높이 18~30cm
미끄럼틀	• 높이 2m 이상 • 상계판 넓이 22m² 이상 • 활자면 넓이 50cm 이상 • 착지판 길이 60cm 이상 • 착지판 높이 15cm 이하 • 활주면 경사도 30° 이하 • 상계판 난간 높이 100cm 이상 • 답판의 높이 15cm, 답판길이 25cm 이상 • 단판은 미끄럼 방지처리가 된 재료 사용 • 손잡이 파이프 직경 4cm
시 소	• 높이 5cm 이하 • 시소판의 길이 3m 이상 • 시소와 시소 사이 50cm 이상
오르기 시설	• 손잡이 파이프 굵기 4cm 이상 • 오르기 시설의 각도는 75°~90° • 파이프의 간격 15~25cm 사이로 일정한 간격 유지

3.3 각종 시설물의 안전점검

공동주택단지 내에 있는 각종 시설물의 안전진단은 매우 중요하다. 하자를 사전에 방지하는 측면에서도 정기 또는 부정기적으로 시행할 필요가 있다. 따라서 시설물의 중점점검사항, 안전점검표, 건축물안전점검내용 및 점검결과표 등을 작성하여 안전점검을 시행하여야 한다.

04 하자처리(瑕疵處理)실무[7)]

4.1 하자의 개념과 범위

집합건물이든 공동주택이든 하자담보책임을 논의하기 위해서는 그 전제로 하자가 발생하여야 한다. 물론 공동주택의 하자담보책임규정은 민법, 집합건물법, 주택법, 건설산업기본법 등에 규정되어 있지만, 하자담보책임의 전제가 되는 하자의 개념에 대해서는 정의하지 않고 있다. 통상적으로 도급계약상 목적물의 하자란 목적물 자체에 흠결이 있는 것을 말하는데, 이것은 물건의 상태가 물건이 통상 갖추어야 할 상태를 갖추지 못한 것을 의미한다. 그리고 하자는 물건이 갖추어야 할 상태의 기준을 어디에 두느냐에 따라 객관적 하자와 주관적 하자로 구별할 수 있다. 주관적 하자란 목적물이 갖추어야 할 상태가 계약상 당사자가 합의(명시적 또는 묵시적으로)한 성상을 가지고 있지 못한 경우 즉 목적물의 성상이 계약의 내용과 다른 경우를 의미한다. 객관적 하자란 목적물이 갖추어야 할 상태가 그런 종류의 물건이면 일반거래관념상 보통 가지고 있다고 기대되는 성상을 가지고 있지 못한 경우를 의미한다. 그런데 하자의 개념은 객관적 하자와 주관적 하자를 모두 포함하는 것이라고 보아야 한다. 즉 거래통념상 기대되는 객관적 성질 · 성능을 결여하거나, 당사자가 예정 또는 보증한 성질을 결여한 경우를 말한다.

이렇게 객관적 하자와 주관적 하자를 포함하는 의미에서 하자의 개념을 파악한다면 설계도, 시방서 등이 하자판단의 기준이 될 수 있다. 따라서 아파트 분양자는 특별한 사정이 없는 한 설계도서의 내용대로 아파트를 건축할 의무가 있고 수분양자 역시 사업주체가 사업계획의 승인을 받을 때에 제출한 설계도서의 내용대로 아파트가 건축될 것을 당연한 전제로 하여 분양계약을 체결하는 것이므로, 설계도서와 달리 시공된 부분은 하자라고 볼 수 있다. 그런데 설계도서와 일치하지 않는 공사를 모두 하자로 판단할 것이 아니라 불일치의 내용, 정도, 계약의 목적에 비추어 신중하게 판단할 필요가 있다.

4.1.1 하자의 개념과 범위

공동주택의 하자란 공사상의 잘못으로 인한 균열, 처짐, 비틀림, 침하, 파손, 붕괴, 누수, 누출, 작동 또는 기능불량, 부착 또는 접지불량 등으로 건축물 또는 시설물 등의 안전상, 기능상 또는 미관상 지장을 초래하는 것을 의미한다.

따라서, 하자는 시공자가 관계 법규의 규정에 따라 시공하지 않았거나 설계도면이나 시방서대로 건축하지 않은 부실공사와 관련법규와 설계도서 등에 의하여 시공을 하였다 하더라도 시공이 잘못되어 건축물이 지녀야 할 고유한 기능을 발휘하지 못하는 것 외에 미관상, 안전상 지장을 초래하는 모든 경우를 말한다.

7) 하자는 건물의 균열, 처짐, 비틀림, 들뜸, 누수 등과 같은 물리적 하자뿐만 아니라 건폐율, 용적률에 현저하게 위반하여 건축관계법상 철거, 이전, 개축 등의 조치를 면할 수 없는 것과 같은 법률적 하자, 일조, 통풍, 관망, 소음, 진동, 악취 등과 같은 환경적 하자로 분류할 수 있는데, 그 책임의 소재에 따라 설계상의 하자, 시공상의 하자, 감리상의 하자로도 분류할 수 있다. [이창석 외, 「공동주택관리실무」 (서울 : 신광문화사, 2005), pp. 233~288. 박종두, "분양집합주택의 하자와 담보책임", 법조 44권 12호, 1995, p. 67: 김도균, "아파트 분양자의 하자담보책임과 대한주택보증주식회사의 하자보수보증", 실무연구, 서울지방법원 남부지원, 2003, p. 50. 윤인태, "집합건물 분양자의 하자담보책임", 「판례연구」 12집, 부산판례연구회 2001, p. 174.]

4.1.2 용어의 정의

하자처리제도를 이해하기 위하여, 하자의 개념 또는 하자의 범위를 정리하면 다음과 같다.

첫째, 결함이란 자연적인 요인, 지리적인 요인, 환경적인 요인뿐만 아니라 설계에 의한 것이든 시공에 의한 것이든, 아니면 사용에 의한 것이든 건축물이나 건축물에 설치된 기기나 부재 · 부품 등이 원래 목적한 성능을 충족시키지 못하는 상태를 말한다. 결함의 법률적인 용어는 하자로서 「민법」과 「주택법 시행령」 등에서 찾아 볼 수 있다.

둘째, 하자란 주택의 결함에 대해 소비자 또는 주택공급업체가 의의를 제기한 대상으로 주택을 공급하는 주체와 구매하여 사용하는 소비자 사이에 인정되는 주택의 품질, 성능, 효용상의 가치를 감소시키는 결함을 말한다. 주택의 결함이 발생할 경우 이를 전부 하자로 볼 것이 아니라 결함 중에서도 설계, 시공, 자재, 그리고 유지관리상의 부주의로 인해 제공된 원인으로 나타나는 결함을 하자로 보는 것이다.

셋째, 결함의 원인은 각각의 결함이 발생하게 된 원인으로 하나의 결함에 대하여 여러 가지 원인이 있는 경우도 있고, 여러 가지 결함이 하나의 원인에 의한 경우도 있다.

넷째, 결함현상은 구조적, 재료 특성적, 환경적, 사용상의 원인에 의하여 결함이 발생한 상태를 말하며, 균열, 누수, 결로, 변형 등과 기타 경미한 결함으로 나눌 수 있다.

다섯째, 변형(휨)은 철근의 부식, 균열, 강조저하 외에 설계, 시공결함, 구조적 외력작용, 열작용 등에 의해 쥐로 수평부재가 변형하는 현상(단기하중은 제외)이다.

여섯째, 균열은 콘크리트부재에서의 균열은 콘크리트에 허용응력도 이상의 응력이 작용하여 발생되는 콘크리트의 거시적, 부분적인 파괴현상과 타설연결부, 콜드조인트 등에서 발생하는 현상이다.

일곱째, 누수는 물이 부재단면을 투과해 베어 나오거나, 혹은 부재내 및 부재간의 틈새부분을 통해 물이 누출되는 현상을 말한다. 틈새부분은 콘크리트 부재내에 발생한 균열이나 콜드조인트 등외에 부재간의 타설 이음부, 접합부 등을 총칭하며 외벽에 발생한 균열로 우수가 침투하는 경우도 누수에 해당된다.

여덟째, 보수는 결함이 발생한 부재의 성능 및 기능을 사용상 지장이 없는 상태까지 회복시키는 것이다.

아홉째, 보강은 건축물에 있어 구조체의 변형과 내력을 개량하여 증가시키는 것으로 사용상 지장이 없는 상태로 복구하는 것이다.

4.1.3 하자의 범위

하자의 범위는 크게 구조적 결함과 차단적 결함으로 나눌 수 있다. 구조적 결함이란 건축물이 지녀야 하는 가장 근본적인 성능인 구조안전에 관한 결함을 의미하며 차단적 결함이란 구조안전과 관계없는 벽체 등의 균열, 차음 또는 단열성능의 결함, 누수, 결로, 도색부위 결함, 창틀 등의 뒤틀림 등을 말한다.

[별표 7] 내력구조부의 하자보수대상 하지의 범위 및 하자보수책임기간(제26조 제1항 관련)

1. 하자의 범위
   가. 내력구조부에 발생한 결함으로 인하여 당해 공동주택이 무너진 경우
   나. 제62조 제3항의 규정에 의한 안전진단 실시결과 당해 공동주택이 무너질 우려가 있다고 판단된 경우
2. 내력구조부별 하자보수기간
   가. 기둥, 내력벽(힘을 받지 않는 조적벽 등은 제외한다) : 10년
   나. 보, 바닥 및 지붕 : 5년

'주택법 시행령' 제62조 제1항 [별표 7]에는 내력구조부의 하자의 범위를 '기둥, 내력벽, 보, 바닥, 지붕 등에 발생한 결함으로 인하여 당해 공동주택이 무너진 경우와 안전진단 실시결과 당해 공동주택이 무너질 우려가 있다고 판정이 되는 경우' 로 정하고 있다.

그 외의 주요시설 등에 대한 하자의 범위를 주택법 시행령 제62조 제1항 [별표 7]에는 '설계, 건축자재 또는 시공상의 잘못으로 인한 균열, 처짐, 비틀림, 들뜸, 침하, 파손, 붕괴, 누수, 누출, 작동 또는 기능불량부착 또는 접지불량 및 결선불량, 고사 및 입상불량 등으로 건축물 또는 시설물의 미관상 또는 안전상 지장을 초래할 정도' 로 정하고 있다. 또한, 설계도서와 상이하게 건축되었고 분양계약서 또는 모델하우스와 다르게 시공된 모든 사항을 하자로 보아야 한다.

4.1.4 발생원인별 하자

공동주택의 하자는 설계단계, 시공단계, 유지관리단계 등에서 발생한다. 하자의 발생은 자재의 규격, 시공, 설계상에서 복합적으로 작용하여 발생하는 것으로 하나의 용인이 결정적으로 영향을 미치는 것은 드물다. 즉, 다수의 요인들이 건물이 완성되고 이용되는 과정 속에서 복잡한 구조와 가중치로 영향을 미치는 것이다.

원인별에 의한 하자는 그 원인으로 인하여 하자가 발생되었을 경우 하자라고 할 수 있다.

4.1.5 하자의 유형분류

건축물에서 결함의 발생은 건축물의 기획, 설계, 시공, 사용단계에서의 부주의로 인해 나타나는 결과적인 현상이다. 하자유형의 분류방식은 다양한 기준에 따라 여러 가지 형태로 분류할 수 있으며, 이들은 각각에 따라 장단점을 지니고 있다. 그러나 발생된 하자유형을 분류하는데 있어서는 기획, 설계, 시공, 유지관리단계에서의 분류체계를 기초로 하여 건축물의 준공 후 나타나는 결함을 일정한 방식으로 분류하는 것이 필요하다. 이것은 결함의 원인을 역추적하여 시공 및 설계단계에서 하자원인을 제거하는 것이 용이하기 때문이다. 뿐만 아니라 건축물의 결함은 준공이후에 나타나는 현상이므로 사용단계에서 발생된 결함을 우선적으로 분류할 수 있는 방식이 요구된다.

주택에서 발생하는 결함에 대한 하자평가를 효율적으로 수행하기 위해서는 하자의 유형분류가 필요하다. 이것은 하자유형별로 증상 및 조사방법을 제시함으로써 조사과정 및 동일하자의 발생을 방지하는 관련기술의 개발, 적용하는데 효율적이기 때문이다. 건축물의 설계, 시공단계에서의 공사는 다양한 형식으로 분류되고 있다. 각국은 사회적 여건 및 공사의 효율성을 위해 다양한 형태의 공사분류방식을 사용하고 있다.

우리나라는 「건설산업기본법」, 표준품셈, 「공동주택관리규칙」상에서 공사를 분류하고 있다.

「건설산업기본법」상에서의 공사의 분류는 건설업자의 공사가능 부분에 대한 사항을 제도적으로 정하기 위한 분류방식이다. 표준품셈에 의한 분류방식은 설계단계에서 공사의 물량을 산출하기 위한 분류체계이다. 표준시방서상의 분류체계는 설계자의 의도를 시공자에게 효율적으로 전달하기 위해 분류한 것이다. 「공동주택관리규칙」상에서의 하자분류체계는 건축물의 준공 후 발생되는 결함을 분류하기 위한 것으로 볼 수 있다. 이 규정에서는 공동주택의 결함 발생시 이를 평가하고 조사하는 기술적인 지침을 제시하기 보다는 제도적인 운용측면의 성격이 강하다.

4.2 하자의 점검

4.2.1 하자점검의 주체 및 도면확보

① 하자점검의 주체

공동주택은 입주민의 공동재산이다. 따라서 입주민이 주체가 되어 하자문제를 해결하여야 한다. 주민 과반수가 입주를 완료하면 즉시 입주자대표회의를 구성하여 하자문제를 본격적으로 다루어야 한다. 다만 입주자대표회의 구성원은 직장인이 대부분이기에 입주자대표회의에서 의결된 하자점검 계획을 관리사무소 주관 하에 입주민들의 참여 속에 입주자 대표회의와 긴밀히 협의하여 하자보수업무를 처리해야 한다.

② 도면의 확보

시공회사로부터 받은 도면 중「시설물의 안전관리에 관한 특별법」제17조에 정해진 설계 도서목록에 빠진 것이 없는지를 점검하는 것이 급선무이다. 만약 정확한 도면을 갖추지 못하였다면 하자의 점검은 시작부터가 곤란을 겪을 것이 분명하기 때문이다.

4.2.2 하자증권의 명의변경

'주택법 시행령' 제60조 제1항에는 '공동주택 등을 건설 공급하고자 하는 자는 사용검사권자가 지정하는 금융기관에 사용검사권자의 명의로 하자보수보증금을 예치하고, 그 예치증서를 사용검사신청서를 제출할 때에 사용검사권자에게 함께 제출하여야 한다.' 고 규정하고 있다.

또한 동령 동조 제4항에는 하자보수보증금은 현금만을 의미하는 것이 아니라 '은행의 지급보증서 또는 이행보증보험증권, 건설공제조합이나 대한주택보증주식회사가 발행하는 보증서로 대신하는 것도 가능하도록 규정하고 있다. 따라서 모든 사업주체나 시공사에서는 현금을 은행에 예치하는 하자보수보증금을 선택하기 보다는 건설공제조합 등의 보증회사에서 발행하는 하자보증서로 대신하고 있다.

동령 동조 제2항에는 '사용검사권자는 입주자대표호의가 구성된 경우에는 지체없이 하자보수보증금의 예치명의를 당해 입주자대표회의의 명의로 변경하야야 한다' 고 명시하고 있다.

따라서 입주자대표회의가 구성되는 즉시 하자증권의 보증채권자 명의를 확인하고 사용검사권자와 사업주체에 하자증권의 명의변경을 요청하여 하자증권의 명의가 '입주자대표회의' 로 명시된 하자증권을 반드시 보관하고 있어야 한다.

4.2.3 공용부분 하자점검

① 공용부분 하자점검 중점사항

가. 토목 · 건축 분야

구조체의 불완전한 시공에 의한 균열, 처짐현상이나 도면과 상이한 마감재나 공법 사용으로 인한 사용상 · 미관상의 이상발생 그리고 방수시공 불량으로 인한 누수현상 또는 배수시설(바닥 구배불량 포함)불량으로 인한 침수 및 물고임 현상

나. 전기 및 소방시설 분야

전기실 각종 제어장치의 작동불능 및 오동작 그리고 승강가의 잦은 고장 및 소음, 화재감지 및 경보 · 소화 장치의 이상 공청설비 및 방송 · 인터폰 설비의 오동작 및 잦은 고장.

다. 배관 및 기관분야

설계도서상의 배관자재와 다르게 시공된 경우와 급수 및 옥상물탱크의 용량부족 그리고 기관실 제반설비의 작동불량 및 성능불량

라. 기타

어린이 놀이터 안전설비(모래를 적당량 깔 수 있도록 턱의 높이를 확보하지 않은 것 포함)의 불량 그리고 오수정화조의 용량부족 및 성능 불량 또는 설계도서와 다르게 조성된 조경 및 수목식재, 모델하우스와 다르게 시공된 경우와 계약서보다 좁은 대지지분 및 전유면적

② 공용부분 하자점검 요령

가. 건축구조물

건축구조물은 사용기간 동안 계속 반복되는 하중작용과 외부여건의 변화(굴착공사, 지하수위의 변동, 진동, 소음, 매연, 용도변경)에 의하여 구성재료가 약해지고 점차 그 성능을 잃어가고 있다는 관점에서 주의 깊게 점검하여야 한다. 콘크리트와 같은 다상의 취성복합재료는 타설 후 경화 초기단계에서부터 미세한 균열이 발생하고 계절의 변화, 습도의 변화, 하중의 변화, 화학적인 변화 등이 수시로 작용하여 미세균열의 상호결합, 강성저하, 처짐, 균열, 골재노출, 철근부식으로 진행되어 구조물의 안전성을 위협한다. 건축구조물의 안전점검은 소정의 경험과 기술을 갖춘 자가 적절한 점검방법과 장비를 이용하여 점검하는 것도 중요하겠지만, 비전문가의 육안확인을 통하여 알 수 있는 부분도 많이 있다. 예컨대 건물이 기울어진다든지, 백화현상이 일어난다든지, 균열이 발생한다든지, 골재가 노출되고 철근이 녹스는 것 등은 관심을 가진 사람이면 누구나 발견할 수 있는 현상이다. 관리사무소에서 건축물과 시설물에 대하여 관심과 애정을 가지고 지속적으로 점검하는 것은 큰 도움이 된다.

나. 승강기

하자가 발생하면 심각한 결과를 초래할 수 있는 부분이다. 승강기사고는 곧 바로 인명사고와 직결되는 결과를 초래하기 때문이다. 승강기는 하자보수기간이 3년이고 무상점검기간이 3~6개월이다. 무상점검기간동안에는 승강기를 시공한 회사가 소모성 자재까지도 무상으로 교체해주는 기간이고, 그 이후 하자보수기간까지 용역계약에 명시된 소모성 자재를 제외한 자재는 유상으로 교환해준다.

소모성 자재 외에 쉬브나 로프, 모터 등의 자재는 승강기를 시공한 회사나 사업주체가 부담한다.

하자점검시 살펴보아야 할 사항에는 승강장과 승강기내부의 버튼, 층표시장치, 비상호출장치의 상태점검, 누전차단기, 도어상태, 내부도장상태, 운행 중의 소음과 진동, 승강장과 도어의 높이 차이, 고장에 의한 운행정지 현황조사 등이 있다. 승강기 고장일지를 기록하고 보존하는 것도 중요하다. 승강기 고장일지는 승강기의 고장이 자주 발생하여 주민의 피해가 있는 경우, 하자보수를 요청하고 손해배상을 청구할 때 중요한 증거자료가 된다.

다. 기관실설비와 변전실 설비

국민주택 이하의 규모로서 벙커C유를 사용하는 보일러는 집진장치의 정상작동 여부를 점검하는 것이 필요하고, 도시가스를 이용하는 경우 안전장치의 점검을 위주로 점검을 실시한다. 수관 및 연관의 상태를 수시로 점검하고, 안전규정에 적합하게 가동되는지를 철저하게 감독하여야 한다. 각종 밸브류와 모터 및 펌프류가 정상적으로 작동하며 비정상적인 소음이 발생하지 않는지도 살펴보아야 한다. 변전실과 기관실의 중앙감시반의 상태점검은 물론 비상발전기 등의 점검도 빠뜨리지 말아야 할 것이다.

라. 급수공급장치의 점검

건설기준에 따라 적정용량으로 설계되었고 시공되었는지 점검한다. 그 외에 급수배관의 시공상태, 급수모터의 기동상태, 지하저수조와 오폐수관의 이격거리, 저수조 천장 및 벽면의 균열여부와 오수의 함입여부, 사다리의 설치상태, 환기장치, 출입문의 시건장치 등을 점검한다. 지하 및 옥상저수조는 주민의 건강과 밀접한 관계가 있으므로 준공도면과 시방서를 활용하여 주의 깊게 확인하여야 한다.

마. 방수시공 상태의 점검

옥상의 방수공사가 잘못된 경우 누수로 인하여 세대의 피해가 발생하므로 옥상의 바닥구배와 물빠짐장치를 점검하고 바닥면의 균열여부를 점검한다. 옥상의 파라펫과 중간 수직이음부분에서는 옥상 파라펫 부분의 콘크리트 이어치기를 한 부분, 아스팔트 방수층과 루프드레인의 연결부분, 루프드레인의 균열부분, 옥상난간이나 배관 통관부위의 둘레와 방수층의 이음매 부분에서 누수가 발생하기 쉽다.

옥상중간부분은 아스팔트 방수층 자체의 손상이나 노후화의 영향이 가장 많고 슬라브의 균열이 발생한 부분과 옥상매설물부분(곤도라 설치부분 등) 등의 부위에서도 누수가 발생하기 쉽다.

바. 배수시설의 점검

배수시설의 하자발생은 지하나 저층의 침수피해를 유발할 수 있기에 오수관 및 오폐수관의 시공상태와 오수정화조의 작동상태 등을 점검한다. 관계법령이 정하고 있는 배출기준(40ppm)을 초과하지 않는지 수시로 점검한다.

사. 기타

가스배관의 누출여부 확인과 전기부식방지장치가 제대로 되어 있는지를 점검한다. 또한 소방설비, 석축공사, 옹벽공사, 포장공사, 조경의 식재상태와 수종, 전화단자함, 공청설비 등을 점검한다.

4.2.4 전유부분 하자점검 요령

전유부분(專有部分) 하자점검 요령은 다음의 내용과 같다.

첫째, 세대의 전기 · 수도계량기 및 가스계량기의 점검이다. 입주시에 검침수치를 미리 적어두고 관리사무소의 확인을 받아놓은 후, 모든 전원을 끈 상태에서 전기계량기의 지침이 돌아가는지 확인하고 모든 밸브를 잠근 상태에서 수도계량기의 지침이 돌아가는지를 확인한다.

둘째, 방화문(현관문)은 도장상태, 개폐상태, 시건장치를 점검한다.

셋째, 현관은 마무리상태와 바닥구배(물청소 할 때 물이 고이는 곳이 없는지 살펴본다. 욕실, 베란다도 마찬가지다)와 타임스위치의 작동상태를 살펴본다.

넷째, 인터폰 및 홈오토메이션의 경우 인터폰의 정상작동여부(경비실과의 통화를 통하여 확인한다)를 확인하고, 관리사무소에서 보내는 방송 상태, 홈오토메이션의 정상작동여부를 점검한다.

다섯째, 가스설비는 가스밸브의 작동상태와 가스누출 여부를 비눗물 등을 이용하여 점검하고 레인지 후드의 정상작동 여부도 확인한다.

여섯째, 주방은 싱크대의 마감상태 및 문과 서랍의 개폐상태, 물 빠짐, 수도꼭지의 작동상태를 점검한다.

일곱째, 방의 내부는 장판과 벽지의 마무리 상태를 살펴보고, 균열이나 누수 · 습기 · 곰팡이가 없는지 살펴본다.

여덟째, 욕실은 변기의 마감상태 및 균열여부를 확인하고 배수핸들의 작동상태 등을 살펴본다. 세면기의 균열여부, 배수상태, 트랩의 부탁상태 및 수도꼭지와 샤워기의 정상부탁 및 정상작동 여부를 살펴본다.

아홉째, 온도조절기를 사용하여 최대치와 최저치를 대비하는 방법으로 온도조절기와 열량계의 정상작동 여부를 실험해 본다.

열째, 벽면의 균열여부와 보온 및 방음상태를 확인해 본다. 보온의 경우 외기와 직접 접하는 부위의 시공 상태를 위주로 점검하고 화장실 등의 점검구를 통하여 방음 및 보온상태, 배관의 시공 상태를 살펴본다.

열한째, 공청설비 및 기타설비에 있어서 텔레비전 수상기를 연결시킨 후 각 채널별로 방송상태를 확인해 본다. 가스 및 화재감지기의 부착여부와 작동상태를 점검하는 것 외에 장식장, 기타설비를 확인하는 것을 순서로 하여 점검한다.

열둘째, 사업주체가 계약서상 아파트 분양계약서보다 실제로 분양한 면적이 작은 경우에도 넓은 의미에서의 '하자'라 할 수 있다. 즉 계약한 면적보다 실제로 공급된 면적이 부족한 경우 부족한 면적분에 대한 공사비 등에 대하여 반환을 요구할 수 있다.

4.3 하자보수의 청구방법 및 절차

4.3.1 하자보수의 청구기한

① 주택법 시행령상의 하자보수 청구기간

'주택법 시행령'에 부문별 하자보수기간 이내에 하자보수를 청구하여야 한다. 물론, '집합건물의 소유 및 관리에 관한 법률'이나 '민법'에 따를 경우 그 기한이 5년 이상으로 늘어날 수 있다. 그러나 이는 집단소송의 민사재판 절차이기에 각 세대별(소유자에 한함)로 위임장을 받아야 하고 변호사 선임비, 재판기간의 장기화 등의 어려움을 각오해야 한다.

② 민법 및 집합건물의 소유 및 관리에 관한 법률상의 하자보수 청구기한

'집합건물의 소유 및 관리에 관한 법률(이하 '집합건물법'으로 약칭)' 제9조에 "집합건물을 건축하여 분양한 자의 감보 등에 관하여는 '민법' 제667조 내지 제671조(수급인의 담보책임)의 규정을 준용한다"라고 규정하고 있다. 따라서 아파트는 집합건물이며 아파트를 건축하여 분양한 자는 사업주체이기 때문에 동규정에 의해 수급인의 하자보수 의무는 사업주체에게도 준용되는 것이다.

집합건물법상의 하자보수 의무기간은 집합건물법(제9조) 및 민법(제671조 제1항)에 토지 건물 기타공작물의 수급인은 목적물 또는 지반공사의 하자에 대하여 인도 후 5년간 담보의 책임이 있는 것으로 보아야 한다.

4.3.2 하자발생의 입증

하자보수 신청을 위해서는 하자에 대한 입증을 하여야 한다. 보통의 경우에는 관리사무소 또는 입주민이 육안으로 확인한 하자내용을 문서나 사진으로 사업주체에 보수하도록 요구하고 있다. 그러나 하자조사는 육안으로 발견된 것 외에 눈에 보이지 않는 더 중요할지 모르는 하자의 존재를 인식하고 보이지 않는 하자의 색출에 더 큰 관심을 가져야 한다. 눈에 보이지 않는 하자가 더 많을 수도 있으며, 주민에게 더 큰 피해를 입히는 중요부위의 하자일 가능성이 많다. 각종 설계도면을 바탕으로 전문인력과 첨단장비를 사용하여 시공상태를 철저히 조사하지 않으면 숨어있는 하자를 완벽하게 발견하기가 어렵다.

실례로 배관의 자재를 스텐 파이프로 시공하도록 설계되어 있으나 일반적인 백관으로 시공한 경우도 있고, 눈에 보이지 않는 부분이라고 해서 설계도서 상에 표시된 규격에 미달되도록 부실하게 시공하였거나, 설계도서 상에 시공하도록 되어 있는 것을 아예 시공하지 않은 경우도 있다.

이러한 보이지 않는 하자가 주민들에게 더 큰 손실을 유발할 수도 있다. 보이지 않는 하자발견이 늦어져서 하자보수 책임기간을 넘길 경우에는 입주민의 부담으로 하자를 보수하여야 하므로 철저히 조사하여야 한다. 숨어있는 하자를 발견하기 위해서는 첨단장비와 전문인력을 갖춘 신뢰할 수 있는 전문기관에 의뢰하는 것이 바람직한 방법 중 하나라고 하겠다.

4.3.3 하자의 판정

하자의 판정을 둘러싸고도 많은 분쟁이 발생하고 있다. 입주민은 하자임을 주장하여 하자보수를 요구하지만 사업주체는 하자가 아니라며 하자보수를 거절하는 사례가 잦아지고 있다. '주택법 시행령'이 개정되기 전에는 시, 군, 구청장 등 사용검사권자가 1차적으로 하자여부를 판정할 수 있도록 하여 사용검사권자가 하자라고 판정하면 일정기간 이내에 하자보수를 하도록 명령할 수 있는 제도가 있었으나 1998년 12월 31일 주택법 시행령이 개정되면서 이 제도가 폐지되었다.

① 현행 주택법 시행령상의 하자 판정

입주자대표회의 등이 요구한 하자보수에 대해 이의가 있는 사업주체는 하자여부의 판정을 의뢰할 수 있고 이의 하자 판정을 한 자는 그 결과를 지체없이 사업주체와 입주자대표회의 등에게 통보하여야 한다.

② 입주자

사업주체에서 하자보수 의무를 차일피일 미루고 성의 없이 하자에 대응하여야 한다. 입주자대표회의에서 하자보수보증금을 청구하거나 민사소송을 통하여 하자를 처리하기 위하여 객관적으로 이를 증명하고자 기술사사무소, 안전진단전문기관, 유지관리업체와 계약하여 하자조사와 판정, 하자보수 비용산정을 의뢰하여 하자 판정을 하는 경우가 증가하고 있다.

③ 구속력 있는 하자 판정

사업주체가 하자 판정을 의뢰할 경우 대부분 사업주체와 친분관계를 유지하고 있는 기술사 등에게 의뢰하여 공정하지 못한 하자 판정결과가 나올 수도 있기(표면적으로 공정하게 나왔더라도 최대한 사업주체에게 유리한 하자 판정결과가 나올 것은 자명한 사실이다)에 해당 아파트에서는 이를 결코 수용할 수 없으리라고 본다. 또한 입주자대표회의에서 전문가에게 의뢰한 하자 판정결과를 사업주체에서도 수용하지 않는 경우가 대부분이다. 따라서 이 경우 최종적인 하자 판정은 법원을 통하여 할 수밖에 없다. 법원의 하자 판정은 법원의 명령을 받은 감정인의 판정에 따르게 된다. 즉, 개정된 '주택법 시행령' 상의 하자 판정규정은 사업주체의 주장이 합당함을 인정받을 수 있는 기회를 제공할 뿐이기에 이를 부인하고 소송을 제기하면 아무런 법적 효력이 없으며, 입주자대표회의에서 전문가에게 의뢰한 하자 판정 역시 최종적인 하자 판정이라 볼 수 없다. 결국 법원이 지정한 감정인의 하자조사에 의하여 하자여부 및 하자보수금액의 최종적인 판정이 이루어지게 된다.

4.3.4 하자보수 작업의 확인

하자보수 청구를 받은 사업주체가 하자보수를 실시하였으나, 하자보수를 부실하게 실시하여 또다시 하자를 발생시키는 경우가 있다. 그러므로 하자보수의 이행 여부를 철저히 확인하여야 한다.

'주택법 시행령'이 개정되기 전에는 사용검사권자가 하자보수 의무이행 여부를 확인하는 절차가 있었으나, 개정 후 폐지되었으므로 각 아파트에서 스스로 확인하여야 한다. 그러나 일반적으로 대부분의 입주민은 건축분야에 대한 전문가가 아니고 관리사무소에서도 이 방면의 전문 지식을 갖춘 인력이 없을 경우에는 전문가에게 의뢰하는 방법도 생각해 볼만하다.

4.3.5 하자종료의 확인

입주자대표회의 등에서 요구한 하자보수가 완벽하게 이루어졌을 경우에는 사업주체에 하자 종료 확인서를 교부한다. 대부분의 경우 사업주체에서 하자보수가 이행되지 아니하였음에도 이를 요구하나 하자종료 확인서는 하자보수 이행사항을 철저히 확인한 후 하자보수의무가 완전히 이행되었다는 결론이 얻어진 후에 사업주체에게 교부하여야 한다. 간혹, 하자보수의 의무이행이 완전히 종료되지 않았음에도 사업주체에게 하자종료확인서를 교부하여 하자보수보증금 청구소송에서 패소하는 경우도 있다. 하자보수의 의무이행이 완전히 이루어지지 않았음에도 불구하고 하자종료확인서를 발행하는 입주자대표회의와 관리소장은 업무상 배임혐의로 처벌받아 마땅할 것으로 본다.

4.3.6 사업주체의 하자보수 미 이행시의 대처방안

공동주택에서 하자가 커다란 사회적 문제로 대두되는 것은 사업주체에서 만족할만한 하자보수의 이행의무를 다하지 않고 있기 때문이다. 따라서 많은 공동주택에서는 사업주체의 하자보수 미 이행에 대한 문제가 심각하다 할 것이다. 공동주택에서는 하자보수보증기간 종료이전에 이에 대한 대비를 철저히 하여야 한다.

① 주택법 시행령상의 규정

'주택법 시행령' 제59조 제5항에는 '입주자대표회의 등은 사업주체가 하자보수를 이행하지 아니할 때에는 하자보수보증금으로 직접 보수하거나 제3자에게 대행시킬 수 있다. 이 경우 입주자대표회의 등은 하자보수보증금의 사용내역을 사업주체에게 통보하여야 한다.' 고 규정하고 있다.

그러나 모든 건설회사에서는 하자보수보증금이라는 현금 대신에 건설공제조합이나 대한주택보증주식회사에서 발행하는 하자보수 보증증권으로 하자보수보증금을 대신하고 있기에 위의 주택법 시행령의 위 조항은 아무런 의미도 효과도 기대할 수 없는 사문화된 조항이라고 보아야 한다.

② 하자보수 보증회사를 통한 하자보수보증금의 청구

위에서 살펴보았듯이 사업주체는 하자보수보증금 대신에 하자증권으로 이를 갈음하기에 사업주체에서 하자보수의 이해의무를 불성실하게 할 경우엔 보증회사에 이를 청구할 수 있다. 이 경우 입주자대표회의는 사업주체에서 하자보수를 이행하지 아니한 하자내역을 명시하여 보증사에 내용증명으로 통지하여야 한다. 단, 하나보증서의 보증기간을 확인하여 그 보증기간 내에 이를 청구하여야 한다.

보증사는 접수한 하자내역을 확인하기 위하여 현장실사를 하기도 하고 사업주체에게 미 이행된 하자보수를 시행하지 아니할 경우 그 하자보수에 소요될 예정인 하자보수비용을 보증채권자(입주자대표회의)에게 지급하겠다는 통지를 하기도 한다. 물론 이 경우 보증회사는 사업주체에게 구상권을 행사한다.

그러나 하자를 판정할 수 있는 법적 능력을 가진 기술사 등의 하자조사 및 하자비용 산출이나 소송을 통하지 아니하고 단순히 문서를 통해 보증회사에게 하자보증금의 청구를 통한 하자이행을 요구하는 것은 사업주체에게 이를 직접 요구하는 것보다 약간의 효과는 더 있을지는 몰라도 보증회사로부터 입주민들이 원하는 만큼의 하자보수의 이행과 하자보수비용을 받아내기에는 곤란하다 할 것이다. 보증회사도 가능한 한 하자보수비용의 지급보다는 사업주체와 보증채권자 사이에 적당한 합의를 통해 이를 마무리 지으려 하기 때문이다.

따라서, 입주자대표회의에서 법으로 인정한 기술사 등의 하자진단 보고서를 통해 보증회사에 하자보수비용을 요구하여도 이를 인정하지 아니하고 합의를 종용하거나 소송에서 패소해야만 이를 인정하지 아니하고 합의를 종용하거나 소송에서 패소해야만 이를 지급하려고 하는 경우가 많다.

③ 한국소비자보호원을 통한 하자의 청구

입주민이 아파트의 하자에 대하여 피해구제신청을 하면 한국소비자보호원은 사실조사 등을 통하여 피해사실을 확인한 후 확인된 피해사실에 대하여 합의 권고안을 제시한다.

그러나 사업주체가 이를 받아들이지 않을 경우 소비자분쟁 조정위원회에 조정을 요청하고 소비자분쟁 조정위원회는 조정결정을 한다. 그러나 사업주체가 조정결정에 응하지 않을 경우 결국 민사소송으로 이어지게 된다.

④ 공정거래위원회에 제소하는 방법

계약서의 내용이나 각종 약관이 불공정하게 작성되었을 경우에 공정거래위원회에 제소하여 불공정한 부분에 대한 시정명령을 얻어낼 수 있다. 공정거래위원회가 아파트 분양 계약서를 심사한 후, 계약서상에 명시된 면적보다 작더라도 공유부분 면적의 0.3%, 대지공유 지분의 2% 범위 내에서는 정산하지 않는다는 조항에 대하여 반드시 정산하도록 조치한 사례 등이 있다.

⑤ 소송을 통하여 하자보수 비용을 청구하는 방법

사업주체 및 시공회사, 하자보수 보증회사 등이 하자보수 이행과 하자보수 비용의 지급에 미온적일 경우 결국은 소송을 통해 이를 해결할 수밖에 없다. 그 소송은 하자보수 보증금 청구소송과 손해배상 청구소송으로 나눌 수 있다.

용어 정리

- 개량 (改良 : Improvement)
- 건물 (建物 : Building)
- 건축 (建築 : Construction)
- 건축설비 (建築設備 : Building equipment)
- 결로 (結露 : Condensation)
- 공간 (空間 : Space)
- 균열 (均一 : Crack)
- 기술적 측면 (技術的側面 : Engineering aspect)
- 기초 (基礎 : Slab)
- 난방설비 (煖房設備 : Heating arrangements)
- 방향 (方向 : Direction)
- 영선 · 보수 (營繕 · 補修 : Maintenance)
- 위치 (位置 : Location)
- 정비 (整備 : Maintenance)
- 지세 (地勢 : Terrain)
- 지적 (地積 : Land register)
- 토목 (土木 : Engineering works)
- 토질 (土質 : Nature of the soil)
- 환경 (環境 : Environment)
- 환경설비 (環境設備 : Environment equipment)

생각해 볼 문제

1 토지의 기술적인 측면의 의의와 그 내용에 관하여 설명하시오.
2 건물의 물리적인 측면의 의의와 그 내용에 관하여 약술하시오.
3 건축물의 백화현상요인과 그 대책에 관하여 논하시오.
4 토목공사의 의의와 그 내용에 관하여 설명하시오.
5 건축공사의 의의와 개요에 관하여 설명하시오.
6 환경공사의 의의와 개요에 관하여 설명하시오.

CHAPTER 08

Real Estate Management

PART 03

공동주택관리

CHAPTER

09 공동주택관리의 기초

I 공동주택의 의의와 제도

01 공동주택의 의의

1.1 공동주택의 의의와 단점

1.1.1 공동주택의 의의와 공동주택의 분양

① 공동주택의 의의

공동주택이라 함은 일반적으로 한 동의 건물을 수직적 · 수평적으로 구획하여 각각의 독립된 세대가 주거생활을 할 수 있도록 건축된 주택을 말하며 독립된 세대마다 각각의 소유권을 인정한다(구분소유권). 또한 대지, 복도, 계단 및 설비 등의 전부 또는 일부를 공동으로 사용하는 각 세대가 하나의 건축물 안에서 각각 독립된 주거생활을 영위할 수 있는 구조로 된 주택을 말한다(주택법 제2조 2항).

'건축법' 에서는 학교 또는 공장 등의 학생 또는 종업원 등을 위하여 사용되는 것으로서 공동취사 등을 할 수 있는 구조로 독립된 주거의 형태를 갖추지 아니한 기숙사도 포함시키고 있다.[1]

② 공동주택의 분양계약

공동주택의 분양계약의 법적 성질이 무엇인지를 검토할 필요가 있다. 특히 분양자가 아파트의 평형과 구조, 개수, 위치 등의 제반사실을 광고하고, 분양신청자 중에서 분양세대만큼의 일정한 수를 추첨으로 선정하여 사전에 분양계획을 체결한 다음, 그 계약에 기하여 분양자는 공사를 진행하고 수분양자는 중도금을 수회 납부하고 건물의 완공 후 잔금지급과 함께 입주하는 선분양의 경우에는 그

1) 이창석 외, 「공동주택관리실무」(서울 : 신광문화사, 2005), pp. 16~17. ; 이창석 외 편, 「공동주택관리실무」(서울 : 경록, 2007), p. 7.

법적 성질과 관련하여 견해의 대립이 있다. 제1설은 건물이 신축되었거나 신축중이라고 하더라도 계약의 목적이 일정한 대가의 반대급부로서 재산권(소유권)을 취득하는 것이므로 그 법률적 성질이 매매라고 보는 견해이다.[2] 제2설은 건물이 완공되기 전에 또는 구분소유권의 성립 이전에 이미 상당부분의 분양대금을 계약금, 중도금, 계약보증금 등의 명목으로 분양자에게 지급하고 분양자는 미리 이를 받아서 건축자금에 충당하고 있는 점을 들어 도급계약이라고 볼 수도 있다는 견해이다.[3] 제3설은 아파트의 분양계약은 목적물이 대체할 수 없는 특정물이고 신축중이거나 신축된 집한건물의 재산권을 취득하는 계약이므로 도급계약이라고 할 수는 없지만, 분양자와 수분양자의 거래관계는 제작물공급계약의 형태를 취하므로 도급적 성질을 배척할 수 없는 것이라고 하며 그 법률적 성질을 매매와 도급의 중간적 형태의 융합계약이라고 하는 견해도 있다.[4] 따라서 분양자는 약정기간 내에 건축물을 완성해야 할 의무와 이를 인도하여야 할 의무를 함께 지고, 건축물을 완성해야 할 의무에 관하여는 수급인의 지위를, 목적물을 인도하여야 할 의무에 관하여는 매도인의 지위를 가진다. 공동주택의 완공 전 분양계약은 매매와 도급[5]의 성격이 복합된 혼합계약이라고 할 수 있다. 도표 9.1

도표 9.1 주택가격과 관심비율

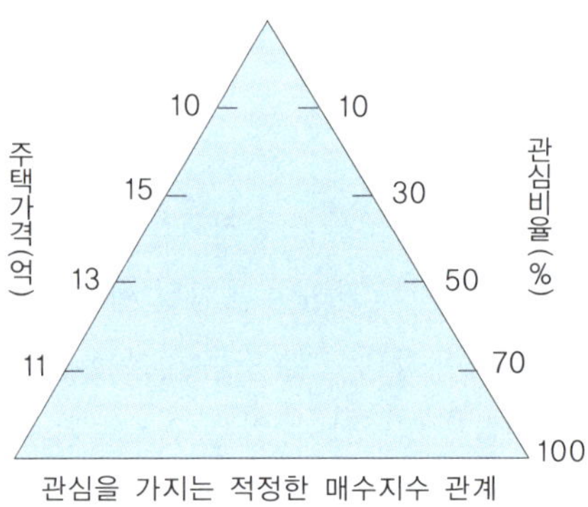

자료 : 이창석, 「주거복지의 이해」, (서울 : 형설출판사, 2008), p. 54.

2) 이러한 분양계약은 장차 완성될 아파트의 특정부분에 대한 구분소유권의 양도를 직접적인 목적으로 한다고 보아야 할 것이므로, '장내의 특정물에 대한 매매계약' 이라고 본다(김대정, "아파트분양계약의 사법상의 법률관계", 「한독법학」 제13호, 한독법률학회, 2002, p. 534 ; 안정호, "아파트 분양공고보다 공유대지면적이 감소된 경우의 법률관계", 민사판례연구(X XI), 1999. 7., p. 235. ; 권대우, 「공동주택수분양업자의 하자담보책임에 관한 연구」, 한국소비자보호원, 1988, p. 15.

3) 淡路剛久, "製作物供給契約マンツヨン. 建賣住宅を中心として", 現代契約法 大系 7, 1984, p. 355.

4) 박종두, "분양집합주택의 하자의 담보책임", 법조, 44권, 12호, 1995, p. 67.

5) 매매는 이미 완성된 목적물을 급부의 내용으로 하지만, 도급에 있어서는 매매와 달리 수급인 스스로가 일을 완성하여야 할 의무가 있다. 즉 매매에서는 목적물의 하자가 매도인의 행위에 의하여 발생한 것이 아니지만, 도급은 목적물에 대한 재산권을 이전하는 것에 핵심이 있는 것이 아니라 수급인이 목적물을 제작하여 도급인에게 공급하여야 하는 의무를 부담하므로 완성물에 존재하는 하자는 수급인의 행위에 기인한 것이다. 따라서 매매계약에서의 담보책임의 주된 내용은 대금감액과 해제이지만, 도급에서는 하자보수가 된다는 점에서 매매와는 다른 특수성이 존재한다. [김성욱, "공동주택의 하자와 관련된 민사책임", 집합건물법학, 제2집, 한국집한건물법학회, 2008, p. 107.]

1.1.2 공동주택의 장 · 단점

① 공동주택의 장점

공동주택은 한정된 토지에 다량의 주택을 공급할 수 있어 토지를 경제적으로 이용할 수 있을 뿐만 아니라 구조의 동일성으로 인한 전기, 통신, 가스, 상하수도 시설 등의 설치가 용이해 건설비용을 절감할 수 있다. 뿐만 아니라 사용자들은 적은 경비로 다양한 시설들을 이용할 수 있다. 즉, 집적이익(集積利益)을 거주자들이 향유하게 된다. 일반적으로 공동주택은 교통이 편리한 단지에 형성되며 근린생활시설 등이 가까운 곳에 마련되어 일상생활에 편리하다.

관리면에서도 공동관리가 이루어지기 때문에 직접적으로 신경 쓸 필요가 없고 부대시설 및 복리시설을 다양하게 갖출 수가 있다. 도난방지 및 건물의 유지 및 수리 등의 문제가 쉽다.

② 공동주택의 단점

단독주택보다 비교적 사생활보호가 어렵고 규격화 및 획일화에 따른 정서적 안정감이 결여되기 쉽다. 단독주택과 같이 정원을 가꾼다든지 개인의 취향에 맞는 다양한 환경조성이 어렵고 단지에 대한 소속감이나 소유감이 약화되기 쉽다. 또한 단독주택에 비해 방음 등 소음공해가 크며 구조변경 등이 거의 불가능하다. 고층의 경우는 입주자 상호간에 사회적 접촉의 기회가 적고 고독감과 사회적 격리감을 느끼게 만든다. 이밖에도 일조, 채광, 통풍이 원활하지 못한 것도 공동주택이 갖고 있는 문제점이다.

1.1.3 우리나라의 공동주택 현황

1985년에는 전체 주택 수에서 단독주택이 차지하는 비율이 77.3%로 4,719천호였으며, 아파트의 비율은 13.5% 822천호에 불과했다. 그러나 이 비율은 1989년 시작된 주택 200만호의 건설을 계기로 아파트의 공급이 획기적으로 늘어나면서 2000년에는 단독주택의 비율이 37.1%, 4,069천호로 절대숫자에서조차 감소한 반면, 아파트는 6배 이상 늘어난 47.7%, 5,231천호로 급등하였다. 연립주택과 다세대 주택을 합하면 공동주택이 드디어 전체주택재고의 60%를 넘어서게 된 것이다. 특히, 신규로 공급되는 주택 중 아파트 비율이 80% 이상임을 감안하면 아파트의 수는 더욱 늘어날 것이므로 2005년부터 아파트가 전체주택의 50%를 넘고 있다. 아파트는 1970년대 전반까지는 대부분 5층 이하의 저층이었으나, 1970년대 중반 이후 아파트 건설이 늘어나면서 고층화되기 시작하여, 1970년 이전까지 10층 이하의 아파트가 92.8%를 차지하던 것이 1991년 이후 5.7%로 절감하였다. 1999년 기준으로 전체 아파트 중 10층 이하는 26.1%를, 11층 이상은 73.9%를 차지하고 있다. 200만호 건설의 일환으로 계획된 5개 신도시에서는 20층 이상의 초고층 아파트가 주로 건설되었으며, 최근 활발

하게 공급되는 철골조 아파트 중에는 최고 66층까지 건설되는 사례도 있다.[6] 도표 9.2

도표 9.2 준공년도별 아파트 층고 변화

준공년도 \ 층고	5층 이하	6~10층	11~15층	16~20층	21층 이상	계
1970년 이전	7,661 (57.5)	4,697 (35.3)	282 (2.1)	399 (3.0)	273 (2.1)	13,312 (100.0)
1971~1980년	78,362 (53.5)	12,346 (8.4)	55,511 (37.9)	278 (0.2)	(0.0)	146,497 (100.0)
1981~1990년	67,468 (21.6)	15,154 (4.9)	216,696 (69.5)	10,402 (3.3)	2,078 (0.7)	311,798 (100.0)
1991년 이후	6,927 (2.3)	10,403 (3.4)	194,102 (63.4)	59,689 (19.5)	34,935 (11.4)	306,056 (100.0)
계	160,418 (20.3)	42,600 (5.5)	466,591 (60.0)	70,768 (9.1)	37,286 (4.8)	777,663 (100.0)

자료 : 정의철, 고밀아파트 재건축비용 조성방안, 서울시정개발연구원, 1999

1.2 공공임대주택의 의의 및 특징

1.2.1 공공임대주택의 일반적 개념

우리나라의 공공임대주택은 소유주체와 관계없이 재정이나 국민주택기금의 자금을 지원받아 건설하는 임대주택으로 정의할 수 있다.

공공임대주택은 협의의 개념과 광의의 개념으로 구분할 수 있으며, 우선 협의의 공공임대주택은 공공의 재정으로 공공부문이 건설 소유 관리하는 주택이다. 광의의 공공임대주택은 공공자금 지원으로 건설된 민간임대주택을 포함하는 개념이다.

다시 말해서 공공임대주택이란 정부가 저소득층의 주거안정을 위하여 공공기관 또는 민간업체가 재정 또는 국민임대주택기금을 지원받아 전용면적 85m^2 이하로 건설 임대하는 주택으로서, 임대주택법등 관련규정에 의해 공급방법, 기금지원, 임대조건 등이 규율된다.

임대주택시행령 제2조 1호에서는 공공임대주택의 개념을 국가 또는 지방자치단체의 재정으로 공공부분이 건설하거나, 민간사업자가 국민주택기금을 지원받아 건설하는 주택을 말한다고 하고 있다.

또한 공공임대주택건설 및 관리지침에 따르면 국가, 지방자치단체 및 주택공사 등의 공공주체와 주택건설사업자가 정부재정과 국민주택기금을 지원받아 건설공급하는 주택을 공공임대주택이라 하였다.[7]

다음은 공공임대주택에 관한 내용이다.[8]

6) 한수진 · 박신영 · 윤영호, 국내외 공동주택의 안전 및 유지관리 현황, 제도개선세미나, 건설교통부건축 안전기획단, 2003. 4. 17, pp. 2~5.
7) 이동영, "공공임대주택의 효율적 관리를 위한 이해당사자의 갈등구조", 강남대학교 박사학위논문, 2009. pp. 9~13.
8) 대한주택공사, 「공공임대주택정책의 발전방향에 관한 연구」, 1996, p. 31.

첫째, 공공임대주택은 이윤추구를 목적으로 공급되지 않는다. 소유자는 '비영리 기관' 이거나, 혹은 '제한된 이윤' 만을 얻도록 한정된다. 따라서 임대료 수준은 동일 수준 주택의 시장임대료에 비해 낮게 책정된다.

둘째, 공공임대주택은 '소요(所要-need)' 라는 개념에 의거하여 행정적으로 배분된다. 지불능력이 고려되긴 하지만 시장에서 공급되는 주택과 비교한다면 결정적인 것은 아니다.

셋째, 공공임대주택의 양, 질, 공급기간 등은 정치적인 의사결정에 크게 영향을 받는다. 또한 공공임대주택에 대한 정부통제는 매우 광범위하고, 국가주택정책의 중요한 특징이 된다.

이상과 같은 개념정의에 의하면 공공임대주택은 정치적인 과정에 의하여 결정되어져 왔다고 볼 수 있다. 이는 공공이 시장기능에 맡기지 않고 주택소요에 근거하여 저소득층의 주거안정을 목표로 건설 관리하는 임대주택을 공공임대주택이라 할 수 있다.

① 공공임대주택의 도입배경

공공임대주택제도는 국가가 저소득계층의 주거안정을 위해 취할 수 있는 가장 적극적이고 실질적인 정책수단으로써, 외국의 선진자본주의 국가에서는 100년 이상의 역사를 가지고 있다.

이러한 선진자본주의 국가에서 공공임대주택제도가 도입된 배경을 살펴보면 직접적인 계기를 정치적인 과정에 의해 결정된 것으로 본다면 저소득계층의 주거불안이 정치적으로 큰 압력을 작용하여 복지정책의 일환으로 노동계급의 주거불안문제를 해결함으로써 사회안정을 기하고자 한 요인이 가장 크다.

또한 사회단체의 적극적인 주거권확보 운동을 통하여 저소득층의 주거불안문제가 사회문제로 대두되자 이를 해결할 목적으로 공공임대주택제도 도입의 필요성을 인식하게 되었다.

반면 우리나라를 비롯한 개발도상국가의 경우, 공공임대주택을 본격적으로 공급한 사례는 싱가포르와 홍콩 등 몇몇 나라를 제외하면 거의 없다고 볼 수 있다. 이것은 개발도상국가의 낙후된 경제사정과 국가주도의 경제성장위주의 정책 및 저소득층의 주거안정을 위한 시민사회의 미성숙 때문이기도 하지만 저소득층의 주거특성에 나타나는 것처럼 무허가 거주지가 광범위하게 존재하여 저소득계층의 주거문제를 상당부분 완화시키는 역할을 해 왔기 때문이다.

그러나 개발도상국가에서도 점차 경제가 성장함에 따라 도시로의 급속한 인구이동과 도시개발에 따른 무허가 정착지의 철거로 인해 주택문제가 심각해지자 공공임대주택을 공급해야 될 필요성을 인식하게 되었다. 우리나라의 경우 공공임대주택은 1982년 임대주택 육성방안이 마련되어 국민주택기금이 지원되면서 활성화되었고, 1984년에는 임대주택건설촉진법이 제정되면서 제도적인 장치가 마련됨에 따라 공급이 확대되었다.

그러나 공공임대주택의 연원은 1971년부터 시작되었다고 볼 수 있다. 당시 대한주택공사는 서울시개봉지구에 300호의 임대주택을 공급하였으며, 1975년에는 잠실 대단지 개발로 6,000호를 건설하는 등 1980년까지 총 64,947호를 건설하였다.[9)]

우리나라 공공임대주택 정책의 핵심은 1989년에 발표된 주택 200만호의 일환으로 계획된 25만호의 영구임대주택이라고 할 수 있다. 이것은 4년에 걸쳐 5조원을 지출한다는 계획이었으며, 정부의 커다란 정책변화라고 할 수 있는 것이다.

1980년대 말 당시 극심한 부동산 투기와 주택가격 상승은 토지부문에서 '토지공개념의 도입' 과 '5.8 부동산투기 억제조치' 를 가능하게 했고 주택부문에서는 '200만호 주택건설계획' 과 '영구임대주택 공급정책' 을 구상하는 직접적인 계기가 되었다.

1980년대 말 사회적인 문제가 되었던 주택가격 상승추세는 정부의 이러한 일련의 정책으로 1990년 하반기부터 안정세를 찾았고 공공임대주택 정책도 후퇴하기 시작하였으며, 당초 25만호를 계획했던 영구임대주택건설계획을 1991년에 19만호로 축소 조정하여 1992년 잔여분 2만호를 건설하는 것을 끝으로 추가 건설을 중단하였다.[10)]

따라서 영구임대주택은 기 계획분에 한해서만 예산지원을 하고 더 이상 추가건설은 하지 않고, 임대주택의 명칭을 영구임대주택에서 공공임대주택으로 변경하고 대신 1992년 이후 25만호의 공공주택건설계획이 수립되어 청약저축 가입자를 대상으로 하는 공공임대주택과 제조업체 근로자를 대상으로 한 사원임대주택을 5년 임대와 50년 임대주택으로 공급하였다.

한편, IMF이후 전 월세난으로 고통받는 서민들에게 시중가격의 절반수준의 거주할 수 있는 국민임대주택을 확대 공급하기 위해, 2001년 8월 20일에 2003년까지 국민임대주택 20만호를 건설한다는 계획을 발표하였다.

이러한 계획은 저소득층의 주거안정을 위해 당초 1998년부터 2003년까지 10만호를 건설할 계획이었던 것을, 2001년 초반이후 전세가격의 급등으로 저소득층의 주거 불안감이 심화되자 10만호를 추가하여 총 20만호를 건설하기로 하고 약 8조 4천억원의 자금을 재정 및 국민주택기금에서 지원하기로 한 것이다.[11)]

1.3 공공임대주택의 유형

공공임대주택은 소유주체에 따라서 구분하기도 하고, 공공자금의 지원여부에 따라서 분류되기도 한다. 현재 공공임대주택에 범주에 포함되는 주택은 영구임대주택, 국민임대주택, 50년 공공임대주

9) 건설교통부, 『주택백서』, 2002, p. 367.
10) 한국도시연구소, 『공공임대주택정책의 재평가와 발전방향』, 1995, pp. 35~43.
11) 건설교통부, 『주택업무편람』, 2002, p. 99.

택, 5년 공공임대주택, 사원임대주택, 재개발임대주택, 주거환경개선사업 임대주택, 매입임대주택 등이다. 본 연구에서는 공공임대주택의 유형으로 영구임대주택, 50년 공공임대주택, 국민임대주택으로 그 범위를 한정하였다.

그 이유는 위의 3가지 주택이 공공임대주택정책에서 주로 논의되어 왔던 내용이었으며, 분양전환이 가능한 5년, 10년 공공임대주택의 경우 분양전환 후 일반분양주택와 유사한 성격으로 전환되었을 가능성이 높았기 때문에, 장기간 동안 공공임대주택의 성격을 유지하는 3가지 주택을 공공임대주택으로 설정하였다.

02 외국의 공동주택의 관리제도

2.1 외국의 공동주택의 관리제도

2.1.1 일본

① 일본의 공동주택

일본의 소유관계별 주택은 일반적으로 지가(持家), 차가(借家)로 구분되며, 차가중에 공공기관이 공급한 것을 공적 차가라 칭하며, 공적 차가는 일본주택 · 도시정비공단(日本住宅 · 都市整備公團), 지방의 주택공급공사(住宅供給公社), 지방정부가 직접 공급한 임대주택을 의미한다.

일본의 공동주택 중 맨션이란 구분소유 된 집합주택으로 자가(분양주택)를 의미하며, 집합주택으로 공동생활이 이루어지고, 구분소유 된 주거전유부분과 공유부분이 있다. 도표 9.3

나머지 공동주택은 상당수가 임대주택으로 공공기관이 공급한 공적 차가(公的 借家)와 민간 차가로 구성되어 있다. 공적 차가는 철근 콘크리트 구조체로 설비나 시설이 양호한 단지형 공동주택이나, 민간 차가의 경우는 목조, 방화 목조 등 시설이나 설비가 상당히 낙후된 것에서부터 고층 고급 임대주택에 이르기까지 다양하다. 그리고 단지형보다는 1동으로 구성되는 경우가 많다.

일본의 맨션은 우리나라 분양 아파트에 비해 개별단지별 호수가 적으며, 층수도 우리나라에 비해 낮은 편이다.[12)]

12) 한수진 · 박신영 · 윤영호, "국내외 공동주택의 안전 및 유지관리 현황", 공동주택안전 및 유지관리제도개선세미나, "건설교통부 건축안전기획단", 2003. 4. 17, pp. 5~6.

② 공동주택 관리조직

공동주택 관리의 중요성은 1960년대 후반 분양맨션이 급격하게 증가하여 맨션이 도시형 주택으로 정착되고, 관리에 따라 맨션이 달라진다는 사회적 인식에서 제기되었다. 분양맨션의 경우 거주자(구분주택의 소유자)로 구성되는 입주자 조합에 의해 자치냐 위탁이냐가 선택되나, 일반적으로 전문관리회사에 관리업무의 일부 또는 전부를 위탁하는 경우가 일반적이다. 임대맨션은 가옥주의 관리 하에 두어져 있다는 점에서 자치관리와 위탁관리를 구별하지 않으며, 관리는 가옥주가 책임지도록 되어 있다.

도표 9.3 한국 아파트와 일본 맨션의 물리적 특성

구 분	한국 아파트 특성 (1995.6.30 기준)	일본 맨션의 특성 (관리협회의 샘플조사 1993.8.30 기준)	일본 맨션의 특성 (1999년 3월 300조합대상)
평균규모	21.2평(분양면적)	20.2평(전용면적기준)	
단지당 평균 주택수호	283호	124호	• 30호에서 200호 분포 • 29호 이상 : 27.6% • 30~50호 : 16.4% • 51~100호 : 24.6% • 101~200호 : 24.6% • 주동구성은 單棟이 7할 정도
층수분포	• 10층 이하 : 38.3% • 11~15층 : 50.7% • 16층 이상 : 11.0%	• 6층 이하 : 32% • 7~10층 : 34.5% • 11~16층 : 22.7% • 17층 이상 : 0.3% • 불명 : 10.3%	• 5~6층(25%) 약 8할 승강기 설치전혀 없는 것은 2할

자료 : 住宅金融綜合研究會, マンショストックのを住宅性向上と有效活用に調査研究, 2003.

관리조직에 있어 관리조합은 구분소유자로 구성되어 있다. 조합원의 합의에 따라 「주택관리조합 규약」, 「건축협정」, 「공동생활의 질서와 유지에 관한 협정」을 제정하고, 이에 따라 이사 등 임원을 선출하고 조합비를 징수하여 공동부분의 유지관리를 행하고 있다. 미국과 달리 이사회의 권한은 형식적이며, 구체적인 의결은 관리조합회의(총회)에서 이루어진다. 따라서 일본의 관리조직, 즉 관리회사는 총회가 의결한 내용을 형식적으로 집행하는 역할을 담당하고 있다. 이러한 점이 관리인을 구분소유자의 사용인으로 간주하도록 하는 것이며, 관리의 질을 떨어뜨리는 원인이 되는 것이다.

이러한 현상은 우리나라의 경우와 마찬가지라고 할 수 있다.[13] 도표 9.4

13) 윤영호, "국내외 공동주택의 안전 및 유지관리 현황", 공동주택안전 및 유지관리제도개선세미나, 건설교통부 건축안전기획단, 2003. 4. 17, pp. 15~16.

도표 9.4 부동산의 관리

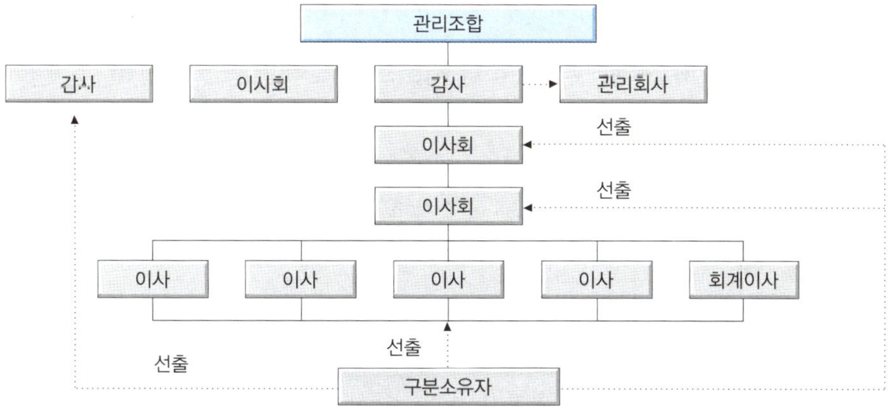

3.1.2 미국

① 미국의 공동주택

우리나라에서 공동주택이라 함은 기본적으로 하나의 건물에 1가구 이상이 거주할 수 있는 건물을 조건으로 아파트와 연립주택, 다세대주택으로 분류하고 있다. 이와 달리 미국에서는 다양한 종류의 공동주택이 존재한다. 하나의 건물에 다수의 가구가 거주하는 경우만을 공동주택이라고 규정하는 우리와 다른 양상을 보인다.[14)]

주택의 특성을 파악하는데 가장 중요한 요인으로 보는 것이 거주하고 있는지, 공가인지 하는 점유상태로 거주하고 있을 경우 자가와 임대로 분류하고, 공가인 경우 연간 공가인 것과 일정 계절동안 공가인 주택으로 분류한다. 1999년 기준으로 전체 주택수 115,253천호 가운데 자가 거주주택의 비율이 59.7%, 임대로 거주하는 비율이 29.5%이다. 여가 공가 상태인 주택이 8.2%, 계절별로 공가 상태인 주택이 2.6%이다. 주택의 유형은 구조적 형태에 따라 단독 세대가 독립되어 있는 단독주택(detached house)과 연립주택(attached house), 이동주택(mobile home), 또는 트레일러(trailer)로 크게 분류된다. 단독주택의 비율이 61%, 연립주택이 31.7%, 이동주택 또는 트레일러가 7.3%로 단독주택이 절대수를 차지하고 있다. 층수는 3층 이내인 주택이 92.6%로 저층주택이 대부분이다.

아파트의 5가지 유형은 가구가 배치되지 않은 아파트(Unfurnished apartment), 가구가 배치된 아파트(Furnished apartment), 콘도미니엄과 조합주택(Condominiums and Cooperatives), 정부보조 아파트(Federally subsidized), 기타 등으로 나누어진다. 가구가 배치된 아파트는 경제적 침체

14) 김인희 · 안태선, "미국 공동소유주거단지개발(CIDs : Common Interest Development) 유형과 관리지원 시스템", 1998, p. 47 ; 「주택」, 대한주택공사, 1998, p. 59.

가 계속되면서 공가의 수가 늘어나게 되어 주택관리자들이 가구를 배치하기 시작하면서 공급된 유형이다. 이러한 주택은 직장으로 인해 이사를 하거나 가구를 살 여력이 없는 거주자들에게 매력적인 요소로 작용함으로써 주택시장에 새로운 유형의 공급형태가 되었다.[15] 그럼에도 불구하고, 가구가 배치된 아파트의 임대는 거주자의 주택에 대한 책임 결여와 무성의한 가구 사용으로 인해 관리자들에게 큰 짐이 되었다. 결과적으로 가구가 배치된 아파트는 끊임없는 보수를 필요로 하게 되고, 3년이 지나면 새 가구의 반 정도가 파손, 오용, 마모, 손실 등으로 인해 다시 교체되어야 했다. 이러한 가구의 교체는 상당한 비용의 지출을 요함으로써 임대료 인상을 초래하였다.[16]

콘도미니엄(Condominium)과 조합주택(Cooperatives)은 미국에서 나타나는 독특한 형태의 공동주택으로 2000년 기준으로 전체 아파트 공급물량의 12%를 차지한다. 콘도미니엄은 단독소유의 전용부분(주호)과 공동소유의 공용부분이 합쳐진 것으로 도시지역에서의 택지부족과 주택가격의 상승이라는 사회적 배경 하에 70년대 중반부터 대량 공급되기 시작했고, 기존의 임대아파트가 분양 전환되면서 콘도미니엄 시장이 활성화되었다. 조합주택(Cooperatives)은 주호뿐만 아니라 토지나 건물 모두를 회사가 소유하는 형태로 개인은 회사의 주식과 건물내의 특정부분에 대한 정용 사용권을 가진다. 1차 대전 말기 저소득층을 대상으로 적정형 주택을 제공하기 위해 건설된 것으로 조합이 입주자를 선별하는 과정을 거치기 때문에 차별적인 입주 제한을 가하는 경우가 있었다. 그러나 현재는 사회적으로 부유한 계층의 주택으로 활용되고 있다.[17]

정부보조 아파트(Federally subsidized)는 주택도시개발부(HUD ; Housing and Urban Development)의 저소득층 주거비 보조(Low Income Housing Assistance)와 고령자 주택 지원자금(Senior Citizens Housing Direct Loans) 등 두 개 프로그램에 의해 지어진 것을 의미한다. 이외 time-sharing units, continuing-care reunits, turnkey units 등의 유형이 있다.[18]

② 미국의 공동주택 관리제도

미국의 공동주택은 협동조합방식으로 지어진 주택을 의미한다. 협동조합이 출자지분을 분양하면 입주를 원하는 자가 출자지분을 구입함과 동시에 협동조합법인으로부터 점유부분을 임대하는 2중의 형태를 통해 공동주택에 입주한다. 따라서 주택의 관리에 있어서도 출자자 전체가 모여 관리조합회의를 개최하여 여러 가지 관련된 사항을 결정하는 형식을 취한다. 관리조직은 관리조합회의가 의결

15) IREM. 「Practical Apartment Management」Edward N. Kelly, CPM. 1990, pp. 118~119.
16) 한수진 · 박신영 · 윤영호, 전게논문, pp. 7~8.
17) 적정형 주택(Affordable housing) : affordable란 적절한 부담(소득의 30% 이내를 지출할 때)으로 적절한 주택에 거주하는 것. 30%라는 기준은 정부보조주택에 거주하는 임차인이 임대료 등으로 지불하는 주택비용을 기준으로 함. 자가의 경우 mortgage 지불분, 고정자산세, 가옥보험, 상하수도 요금, 광열비 포함.
18) 김인회 · 인태선, "미국 공동소유주거단지개발(CIDs : Common Interest Development) 유형과 관리지원 시스템", 1998, pp. 49~52., 「주택」, 대한주택공사, 1998, p. 59.

기관이며, 출자자총회에서 선출된 대표로 구성되는 것이 집행기관인 이사회이다. 아파트 관리는 이사회가 관리회사와 계약을 통해 운영하는 비율이 높다.

그러나 우리나라에서처럼 관리회사에 관리업무를 전적으로 위탁하는 것이 아니라 관리회사로부터 관리에 필요한 인원(관리인, 수위, 청소원)을 직장별 조합으로부터 추천받는 정도이다. 고용계약은 이사회가 직접 체결하는 형태를 취한다.[19] 도표 9.5

도표 9.5 미국의 관리조직

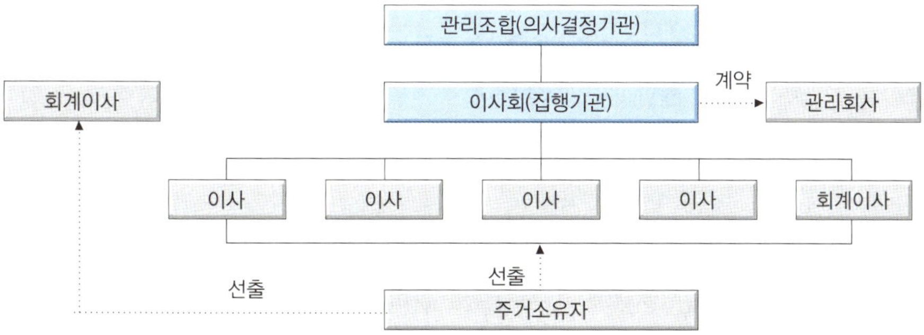

이사회를 구성하는 이사는 보통 5인으로, 임기는 2년이며 보수는 없으나 이사회의 권한이 강한 것이 특징이다. 몇몇 주에서는 예산조차 관리조합총회의 의결 없이 이사회에서 결정하기도 한다. 관리와 관련된 전문관리인으로 매니저(Manager)는 독자의 권한을 가지지는 않으나 전문성과 계약내용에 입각한 관리활동은 보장을 받는다.

매니저의 자격은 부동산중개인들의 조직인 부동산 관리협회(National Association of Realtors) 산하에 주택관리협회(Institute of Real Estate Management)의 정규교육과정을 마쳐야 한다. 또한 5년 이상의 실무경험을 쌓아야 하고, 협회의 규칙을 지킬 수 있다고 인정된 사람이어야만 한다. 주택관리협회는 재교육과정을 두고 있으며, 교육내용도 관리업무의 변화에 대응하는 것으로 계속 수정하고 있다.

매니저의 주된 업무는 주택관리에 대한 장 · 단기 계획의 수립과 이의 실천을 위한 적절한 구매활동, 용역계약 등의 업무와 주택의 가치에 대한 평가 등이다.[20]

19) 윤영호, 상게논문, p. 17.
20) 상게논문, p. 18.

③ 공동주택 관리의 특성

미국의 공동주택 관리는 주택의 노후화를 예방하면서 투자된 자분에 대하여 가능한 한 최대의 이익을 보장하는 것에 있다. 이러한 점에서 공동주택의 관리인을 유자격 재산관리인(Certified Property Manager)이라고 부르는 것이다.

우리나라와 같은 장기수선계획에 입각한 수선적립금제도는 없지만 수선이 필요한 경우 입주자가 그 비용을 분담하지 않을 경우 퇴거조치까지 가능한 심한 제재 규정이 있다.

따라서 미국의 경우 공동주택관리는 공동체의 규범을 통해 적절한 유지관리가 이루어지고 있다고 할 수 있다.

100여 년 전부터 공동주택 관리가 시작되었는데 공동주택을 전문업체에 위탁하여 관리함으로써 공동주택 관리가 질적인 발전을 해왔다. 정부측면에서 지원할 뿐만 아니라 주택의 관리에 있어서도 전문적인 민간단체에 위탁하여 관리하게 하였다. 공동주택 관리제도의 특성을 정리하면 다음과 같다.[21)]

첫째, 공동주택 관리의 유형이 자체관리에서 점차 전문적인 단체를 통한 위탁관리의 형태로 변하고 있다. 소규모 주택의 경우에 입주자들이 자체적으로 관리를 행하는 경우가 많지만 점차 규모가 대형화 · 전문화되어 가면서 전문적인 관리업자나 관리공사에 의해 위탁관리의 형태로 변화되어 가고 있다.

둘째, 전문관리업자의 가장 중요한 목표는 부동산을 양질의 상태로 장기간 유지하고 투자하여 자본에 대한 가치를 높임으로써 최대의 이익을 제공하려는데 있기 때문에 이들 부동산 전문관리업자들은 장기간의 임대차 계획을 체계적이고 효율적으로 수립하고 관리에 필요한 인원을 고용하며 이들로 하여금 효과적인 공동주택 관리를 위한 각종 업무를 부과하여 수행케 한다.

셋째, 부동산 관리를 전문적으로 대행할 수 있는 전문자격인을 양성하는 장치가 제도화 되어 있다. 예컨대 부동산 관리협회가 자격을 갖춘 자에게 주는 부동산 관리사의 호칭이라 할 수 있는 재산관리인(C.P.M.[22)])이나 부동산 관리협회가 전문관리기업에게 인정하는 우량전문기업이라는 의미의 A.M.O[23)]제도 등이 있다.

넷째, 공동주택 관리제도에 관한 정책을 결정하는 경우 참여를 통한 입주자 등의 요구가 반영될 수 있는 제도적 장치가 되어 있다.

---

21) 상게논문, pp. 18~19.

22) Certified Property Manager : C.P.M.의 자격을 취득하고자 하는 자는 IREM의 규정에 의한 소정의 교육을 이수하고 5년 이상의 실무교육을 받아야 하며, 이 협회가 내세우고 있는 엄격한 윤리강령을 지킬 수 있어야 한다.

23) Accredified Management Organization : 부동산 관리협회가 인정하는 우량전문기업으로 C.P.M.이 그 기업의 책임부서에 임용되고 있다.

2.2 외국의 공공임대주택정책[24)]

미국은 자본시장을 중심으로 주택공급이 이루어졌고, 이를 바탕으로 민간자본과 임대시장이 효율적으로 연계되어 있다.

일본은 높은 주택가격과 임대료, 이용 · 개발 가능한 택지의 제한 등 임대시장의 상황이 우리나라와 유사하다. 공공과 민간이 균형을 이루고 있는 영국은 주택정책의 선진국이다.

그러나 보수당과 노동당의 주택정책에 관한 견해차이로 인해 정권이 교체될 때마다 주택정책이 자주 변화되고, 상당부분 정부가 개입하고 있다.

각 국가가 일반적으로 적용하고 있는 공공임대주택의 범위를 정리한 것이다. 공공주택과 민간주택의 구분요소 중에서 소유권과 소유목적을 우선적인 적용기준으로 삼고 있음을 볼 수 있다. 미국은 시장체제를 바탕으로 임대주택을 공급하고 있으며, 공공은 민간이 임대주택사업에 적극적으로 참여할 수 있도록 간접적으로 지원하고 있다.

영국의 경우 민간주택, 개인 소유의 사회주택과 공공당국의 주택을 구분하여 정책을 펴고 있으며, 민간보다는 공공정부가 임대주택 시장에 적극적으로 참여하여 규제 및 보조 정책을 펼치고 있다.

일본도 영국과 유사하게 공공분야의 임대주택 공급정책에 더 많은 지원정책을 제도화하여 유지하고 있다. 도표 9.6

도표 9.6 주요국의 공공임대주택 범위의 설정

구 분	공공임대주택의 범위	공공임대주택의 주요 기준
미 국	공공주택 및 임대료보조주택	소유권 / 정부보조
일 본	주택공영, 주택공단, 지방주택공사에서 공급하는 주택	소유권
영 국	주택협회, 지방공공단체에서 공급하는 주택	소유권

자료 : 국토연구원, 외국의 민간임대주택 공급정책 연구, 2001

2.2.1 미국

미국의 주택정책목표는 주택법 제2조에 따라 「모든 국민에게 적절한 주택과 양호한 주거환경을 제공」하는데 있으며, 주택구입능력을 고려해 자가소유를 촉진하는 정책으로 주거안정을 도모한다. 미국 주택정책의 당면과제로는 자가소유의 촉진, 무주택자 대책, 공공주택 유지보수, 민간투자 활성화 등을 들 수 있다. 이러한 현안들을 바탕으로 정책의 기본방향은 민간시장기제의 활성화를 통하여 임

24) 이동영, 전게논문, pp. 67~73.

대주택 공급정책을 시행하고 있다.

정부는 간접지원을 통하여 주거문제를 해결하고, 시장소외계층에게는 민간자본을 활용하여 일정한 지원을 제공하며, 저소득층의 주거문제를 해결하기 위해 공공주택 공급과 주거비 보조 등의 직접적인 방식을 병행하고 있다.

미국의 임대주택은 1937년 주택법에 근거하여 저소득층 세대에 저렴한 임대료의 주택을 공급하기 위한 제도로 흔히 공공주택(Public Housing)이라고 불려지고 있다.

공공주택정책 HUD(Department of Housing and Urban Development)에서 자금을 지원하고, 지방정부의 주택기관에서 건설 · 소유 · 관리하고 있으며 신규 세입자 중 적어도 40%는 소득수준이 해당지역 중위소득(AMI : Area Median Income)의 30% 이하인 가구가 입주하여야 한다.

또 세입자에 대한 보조정책으로 임대료 부담이 높은 임차인에게 보조금을 지급하는 임대료 보조제도를 통해 저소득층을 지원하고 있다.

이밖에 공공임대주택공급을 위한 여러 가지 지원프로그램을 정리하면 다음과 같다. 도표 9.7

도표 9.7 공공임대주택공급을 위한 주요지원프로그램

Program	사업내용	공급대상
Multi-family Rental	공공임대주택개량 및 건설촉진을 위한 금융지원	지역중위소득 50% 이하 가국 또는 중위소득의 46% 이하 가구
Low Income Housing Tax Credit Program	저소득층 임대주택취득 개량 건설시 연방소득세액 공제	지역중위소득 50% 이하 가구에게 공급호수의 20% 공급 또는 지역중위 소득 60% 이하 가국에게 40% 공급
Metropolitan Housing Resource Program	저소득층 임대주택취득 건설 개발시 기금제공	지역중위소득 50% 이하 가구
Secured Loan Rental Housing Program(SLRHP)	공공임대주택의 건축 취득 개량시 HFA가 면세채권 판매수익을 대출	지역중위소득 50% 이하 가구에게 공급호수의 최소한 20% 배정, 지역중위소득 40% 이하에게 40% 배정
Home Rental Housing Producton Program	공공임대주택의 건설과 영구제원 마련을 위해 보조금지원 및 저리대출 제공	지역중위소득 60% 이하 가구
Housing Assistance Tax Credit Program	비영리기관에게 특수 저소득층 주택의 건설 및 취득비용을 증여하는 기업에게 소득세액 공제	지역중위소득 50% 이하 가구

자료 : 국토연구원, 「주거정책과 복지정책의 연계방안 연구」, 2002

미국의 임대주택정책이 핵심내용 중 하나는 신규주택을 건설하여 공급하기 보다는 기존의 주택을 적극 활용한다는 점이다.[25] 임대용으로 사용하는 주택의 주거상태 개선, 기존주택을 임대주택화하는

25) 국토연구원, 외국의 민간임대주택 공급정책 연구, 2001 참조.

정책에 중점을 두고 임차가구의 주거안정을 유도하고 있다. 지원책으로 첫째, 기존임대주택의 적절한 유지 · 보수 지원, 둘째, 비주거용 건물의 임대주택 전환 권장, 셋째, 대형단독주택의 일부를 임대용으로 사용 유도, 개선 가능한 주택의 임대주택화를 들 수 있다.

미국의 임대주택정책의 특징은 정부가 적극적으로 개입하여 임대주택을 공급하기 보다는 시장체제를 통해 주택을 공급하는 정책이라 할 수 있다. 민간사업자에게 임대주택을 건설하게 하고 정부는 세제 · 금융지원을 통해 민간의 투자를 유도하고 있다.

또 민간자본을 활용하여 임대주택을 공급하고 있는 것이 특징이다. 기존의 민간주택을 지차체 단위에서 구입하거나 임대하여 저소득층에게 공급하거나, 개발사업시 임대주택에 대한 투자를 권장한다. 또한 주택건설을 위한 협력기구를 구성하여 주택공급을 통해 민간자본이 임대주택에 이용되도록 유도하고 있다.

이렇듯 시장체제를 활용한 주택의 공급과 민간자본의 활용 등을 통하여 다양하게 주택공급이 이루어지고 있다.

2.2.2 일본

일본의 주택정책의 목표는 「안정된 생활을 영위할 수 있는 양호한 주거환경을 가진 주택의 확보」에 두고 있다.[26)]

이러한 정책목표를 달성하기 위해 자가소유촉진책을 추진하여 주택공급을 확대하고, 주택금융공고의 장기저리융자를 통하여 민간의 주택건설을 촉진하고 있다.

일본의 주택정책의 특징은 첫째, 공공부문에서 저소득계층의 주거안정을 담당하고, 민간에서는 중 · 고소득층의 주거수요를 담당하여 그 역할이 명확하게 분담되어 있다.

둘째, 신축적인 수급정책을 통해 노인가구 · 독신가구 · 장애인을 비롯한 다양한 수요자의 필요를 충족시킨다.

셋째, 최저거주수준과 유도거주수준, 주거환경수준 등을 마련해 기준에 미달하는 가구의 단계적인 주거향상을 중요한 과제로 삼고 있다.[27)]

일본의 주택정책은 임차가구의 주거수준을 향상시키는데 중점을 두고 있다. 주택재고는 충분하지만 공공임대주택은 최저주거수준에 미달하는 주택의 비중이 높은 것이 문제점이다.

---

26) 상게 논문 참조.

27) 거주수준의 설정은 주택규모, 방수, 성능 설비 같은 다양한 측면에서 안정된 주거생활을 유지할 수 있는 기준을 마련하고, 실현가능성을 검토해 세워졌다. 유도거주수준의 주택규모는 4인 가족의 경우 도시거주형(도시 및 주변의 공동주택 기준)은 전용면적 91㎡, 일반형(교외 및 지방의 단독주택기준)은 전영면적 123㎡로 되어 있다. 최저거주수준은 4인 가족에 대해 전용면적 50㎡로 정해져 있다. 주거환경수준은 기초수준과 유도수준이 각각 설정되어 있다.

또한 일본의 임대주택제도는 상황에 따라 다양한 대책을 수립 · 집행하는 과정이 반복적으로 시행되었기 때문에 그 구조가 상당히 복잡하다. 일본의 임대주택제도는 크게 세 가지의 형태로 나누어 볼 수 있다.

첫째, 공영주택, 지역특별임대주택, 개량주택, 공사임대주택 등 정부가 직접 저렴하게 건설 · 공급하는 공공주택이며 둘째, 자금지원을 받는 공고융자임대주택(公庫融資賃貸住宅)과 세제 · 금융지원을 받는 이자보조임대주택이 공공지원을 받는 민간임대주택이다.

마지막으로, 민간자본으로 건설되는 임대주택을 들 수 있다. 일본의 공공임대주택은 저소득층에게 저렴하게 주택을 공급하는 공영주택제도, 주택지구개량사업으로 인해 발생한 거주곤란가구에게 공급하는 개량주택제도, 중산층근로가구에게 공급하는 공사임대주택제도와 공단임대주택제도의 4가지로 나눌 수 있다.

공공임대주택의 지원내용을 살펴보면, 저소득층에게는 건설비보조, 임대료대책보조 등이 지원책이 있으며, 중산층가구에게는 저리융자, 재정융자를 통해 임대료를 낮추는 정책을 실시하고 있다. 도표 9.8

도표 9.8 일본의 공공임대주택 제도

	공영주택	개량주택	공사임대주택	공단임대주택
대상 계층	주거곤란을 겪는 저소득층 가구	주택기주개량사업의 거주곤란가구	중산층 근로가구에 양질의 임대주택 공급	중산층 근로가구에 양질의 임대주택 공급
지원 내용	건설비 등 보조(1/2) 임대료대책 보조(1/2)	건설비 보조(2/3) 토지취득조성비 보조(2-3) 임대료대책 보조(2/3)	주택금융공고의 저리융자	재정투 · 융자 국고보조
주제	도도부청계, 시정촌	도도부청계, 시정촌	지방주택공급공사	주택도시정비공단
근거법	공단주택법(1951)	주택지구개량법(1960)	지방주택공급 공사법(1965)	일본주택공단법(1955) 주택도시정비공단법(1981)

자료 : 국토연구원, 외국의 민간임대주택 공급정책 연구, 2001 참조

일본의 임대주택정책은 임차가구의 주거수준을 향상시키는데 중점을 두고 있다. 주택재고는 충분하지만 임대주택이 최저주거수준에 미달하는 주택의 비중이 높은 것이 문제점이다. 또한, 주택공급의 활성화를 위하여 금융제도를 많이 활용하고 있다.

이는 민간자본을 임대주택시장에 참여시켜 임대주택을 공급하고, 정부는 개발사업에 대해 보조금 형태로 지원하여 민간개발사업을 유도하고 있다. 그리고 미국과 마찬가지로 민간이 소유한 토지를 활용하여 임대주택을 공급하고 있는 것이 특징이다.

2.2.3 영국

영국의 주택정책은 다른 선진국에 비하여 공공주택을 중시하고 저소득층의 주거안정을 위해 정부의 시장개입이 강화된 유형으로 볼 수 있다. 이는 노동당과 보수당이 주택문제 해결을 주요한 정책과제로 인식하고 지속적으로 주택부문에 관련된 여러 가지 제도를 개발하여 왔기 때문이다.

공공주택의 건설과 임대료 통제를 강화하는 주택법 또는 임대료법의 제정과, 자가와 공공주도의 민간임대주택시장을 중시하는 체제가 순차적으로 반복되면서 구미선진국 중 주거권이 가장 먼저 확립되었다.

영국의 주택의 양적 부족과 저소득층의 주거안정을 도모하기 위해 정부가 직접적으로 임대주택을 공급하고, 임대료통제의 정책을 전개하여 왔다. 영국의 공영주택은 국가의 융자를 받은 지방공공단체가 건설 또는 구입하고, 임대주택으로 공급하는 것으로 영국주택정책의 기본을 이루고 있다.

공영주택의 입주자격은 지방공공단체에 따라 다르지만 수입제한을 하고 있지 않아 중간소득계층에도 많은 부분이 개방되어 있다.

공영주택과 유사한 공공주택으로 뉴타운개발공사[28]에 의해 공급되는 주택과 비영리주택건설단체인 주택협회[29]가 건설하는 주택이 있다.

또한, 정부의 적극적인 시장개입으로 전체 주택가운데 민간임대주택이 점하는 비율이 매우 적다. 민간임대주택에 대한 임대료제도로 공정임대료 제도가 있다. 공정임대료제도는 임차인의 보호와 가구주 이익을 도모하기 위하여 민영차가를 중심으로 적용되고 있다. 이는 지자체에 의해 공공임대료가 조사되면 당해 임대료가 3년간 고정으로 임대료상한이 되는 것이다.

영국의 임대주택은 주거비보조제도가 활성화 되어 있는 것이 특징이다. 주거비보조제도는 1972년 주택금융법(the Housing Finance Act)에 의해 의무화되고, 1988년 주거급영(Housing Benefit)정책으로 정착되었다.

주거와 관련된 보조는 임차가구와 자기가구를 위한 정책으로 나뉘어지고, 일반적으로 임대인의 임대료보조를 목적으로 하고 있다. 주거관련급여는 개조보조금, 장애시설보조금, 주택수선보조금으로 구성된 주택개량보조금이 있으며, 저소득층 자가가구를 위한 정책으로 소득지원제도[30]와 자가소유를 촉진하는 제도[31]가 있다.

---

28) 1946년 뉴타운법에 의해 뉴타운구역이 지정되는 경우 환경성장관에 의해 설립되어 뉴타운지역에 주택을 건설하고, 개발사업이 완료되면 해산되고 뉴타운위원회가 설립된다.

29) 주택협회는 공익적 기금에 근거한 임의단체로 사회복지의 입장에서 저임대료 임대주택의 공급을 도모한다.

30) 소득지원제도에는 모기지 이자부담을 소득보조(Income Support)나 소득기초구직급여(Incom-based Jobseeker's Allowance)가 포함되어 있다.

31) 자가소유를 촉진하는 제도에는 공공주택을 매각하는 구입권(Right to Buy), 획득권(Right to Acquire) 및 지분공유제도, 특별융자제도인 주택구입융자(Home Buy)제도, 자가소유에 대한 보조금인 현금유인(Cash incentive Schemes)제도 등이 있다.

영국의 임대주택정책은 집권하는 정당에 따라 정책적인 변화가 일어났으나, 노동당과 보수당 모두 주택문제 해결을 중요한 과제로 인식하고 여러 제도를 도입하였다.

따라서 정부가 임대주택시장에 적극 개입하여 추진하는 것이 특징이라 할 수 있다. 영국은 국가의 지원을 받은 지방공공단체가 공영주택을 건설 또는 구입하여, 임대주택으로 공급하는 방식이 주택정책의 기본을 이루고 있다. 임대주택을 공급하는 주체로는 공영주택과 유사한 공공주택으로 뉴타운 개발공사와 주택협회가 건설하는 주택이 있으나, 정부의 적극적인 시장개입으로 전체 주택가운데 민간임대주택의 비율은 극히 낮다.

또한 1980년대 신자유주의 경향인 보수당 정부의 등장으로 영국의 주택정책은 큰 변화를 맞게 되었다. 보수당 정부의 주택정책의 목표는 공공지출을 억제하고, 공공부분을 축소하여 시장 의존적인 주택체계를 창출하는 것이었다. 따라서 공공임대주택의 공급이 급격히 축소되면서 주거비보조제도가 중심적인 주거복지정책으로 확대되었고, 주거급여 등 임대료 보조제도가 주거복지를 위한 중심적 제도로 나타나게 되었다.

Ⅱ 우리나라의 공동주택관리제도와 내용[32)]

01 서설

공동주택관리란 일반적으로 공동주택과 그 부대시설을 효과적으로 관리하여 주택을 적정하게 유지하고 내구 사용연한을 극대화함으로써 주택의 재고량을 보전 · 유지하는 모든 업무를 말한다. 즉, 관리주체가 관리비를 이용해 관리객체의 기능회복 및 기능유지를 위하여 행하는 일체의 노력을 의미하는 주로 기술적 관리 측면에서 다루어져 왔다.

그러나 근래 공동주택비율이 급격히 증가하고 있는 반면 이에 따른 입주민들의 사회성이 결여되어 있어 이를 극복하기 위한 관리자의 역할이 큰 비중을 차지하고 있는 실정이다. 즉, 공동주택에서 나타날 수 있는 폐쇄적이고 자기중심적이며 부정적이기 쉬운 입주민의 의식을 참여와 협동으로 유도하여 연대의식과 긍정적인 생활관을 갖도록 적극성을 갖는 것도 공동주택관리자의 중요한 업무로 대두

32) 이창석 외, 「공동주택관리 실무」, pp. 18~25.

되고 있다. 공동주택관리는 입주자로 하여금 편리한 주거생활을 영위하게 하고 나아가 이로 인한 입주자의 자산을 적극적으로 보전 · 유지하여 입주민의 생활을 질적으로 향상하는데 목적이 있다.

또한 건물 및 제반시설물의 적정사용 및 내구 사용연한의 극대화를 꾀함은 물론 관리비 등 입주사 부담은 최소화하면서 서비스는 극대화하는 것이다. 이와 함께 입주자의 이웃관계, 공동체 의식함양과 지역주민간의 융화, 각종 사고의 사전방지를 도모한다.

02 공동주택관리제도와 내용[33)]

2.1 관리업무의 체계와 개요

2.1.1 관리업무의 체계

공동주택의 관리업무는 일반적으로 행정적 관리와 기술적 관리로 대별된다. 행정적인 관리에는 관리홍보나 입주자 실태파악, 대민봉사 등의 업무를 수행하는 입주자 관리와 인사 및 사무관리, 그리고 장기수선충당금, 수입 · 지출, 예산 · 결산 · 세무 등을 다루는 회계관리가 이에 속한다.

기술적 관리는 유지 관리하는 행위로써 장단기 수선계획에 따라 점검하고 수선하는 시설물 관리와 청소업무나 공공시설물을 보호하는 단지 및 환경관리, 보안관리 · 방제관리 · 안전관리를 수행하는 안전 및 방재관리 등이 있다. 다음은 주택관리업의 등록기준이다. 여기에는 자본금, 기술능력, 주택관리사들, 장비 등의 기준이 있다. 도표 9.9

도표 9.9 주택관리업의 등록기준(제68조 제1항 관련)

구 분		등록기준
자본금		2억원 이상
기술적 하자	① 전기분야 기술자	전기산업기사 이상의 기술자 1인 이상
	② 연료사용기기 취급관련 기술자	열관리산업기사 이상이 기술자 또는 보일러시공취급기능사 1인 이상
	③ 고압가스관련 기술자	가스기능사의 자격을 가진 자 1인 이상
	④ 위험물취급관련 기술자	위험물관리기능사 이상의 기술자 1인 이상
주택관리사 등		주택관리사 또는 주택관리사보 1인 이상
장 비		5마력 이상의 양수기 1대 이상 절연저항계(누전측정기를 말함) 1대 이상

33) 이창석 외, 「공동주택의 관리실무」 (서울 : 신광문화사, 2005), pp. 19~23.

STORY TIP 9.1 부동산관리와 직무

직무(job)는 동일하거나 유사한 직위들의 집합으로 직능(function)이라고도 한다. 현 직위(position)에서 수행되고 있는 과업을 토대로 유사한 직위를 묶어 직무(job)를 명확히 하는 직무단위를 형성하는데, 직무단위는 직무의 범위, 목적, 작업방법, 숙련도 등에 따라 다르게 형성된다.

개 념	정 의
과업(task)	• 특정목적을 위해 수행되는 작업활동으로 일을 배분하는 최소단위이다. • 과업을 세분하면 동작(motion)이 된다.
직위(position)	• 한 개인에게 할당된 유사한 과업들의 집합(a group of position)이다. • 한 사람에게 부여된 과업의 집합에 의무와 책임이 가해진 것이다. • 직위의 수는 종업원의 수만큼 존재한다.
직무(job)	• 내용, 지능, 방법이 유사한 직위의 집합(a group of position)을 하나의 관리 단위로 설정한 것이다.

2.1.2 관리업무의 개요

공동주택을 효율적으로 관리하기 위해서는 안전사고의 방지, 주거환경의 보존, 분쟁의 예방과 조정, 자산가치의 유지향상, 주거생활의 안정을 도모하기 위해 다음과 같은 업무를 성실히 수행해야 한다.

첫째, 공동주택의 공용부분, 입주자의 공동소유인 부대시설 및 복리시설의 유지보수와 안전관리
둘째, 관리비 및 사용료의 징수와 공과금의 납부대행
셋째, 공동주택단지내의 경비, 청소, 쓰레기 수거 등의 관리업무
넷째, 특별수선충당금의 징수 및 적립, 장기수선계획의 수립 및 운용
다섯째, 수도 · 전기 · 방화 · 고압가스 등의 업무 감독
여섯째, 관리규약에 의한 공동주택의 제반 경영관리
일곱째, 입주자들의 요구사항에 대한 조사처리 및 하자의 조사처리, 사업주체에 대한 보수 요청
여덟째, 행정관청과의 협조 및 보고 업무처리
아홉째, 단지 입주자간의 분쟁에 대한 조정이나 상호융화 방안모색
열째, 기타 입주자 대표회의 등에서 결정하는 사항의 업무집행

2.2 공동주택관리의 법령체계

2.2.1 법령체계

공동주택의 건설은 주택규모나 사용목적, 시행방법에 따라 적용법규(주택법, 도시 및 주거환경정비법, 임대주택법, 건축법 등)를 달리하여 사업계획승인 또는 일정수의 공동주택에 대해서는 사유재산임에도 불구하고 다수주민의 안정된 공동생활을 도모하기 위해 「주택법 시행령」의 적용을 받도록 강제하고 있다. 도표 9.10

도표 9.10 공동주택관리의 법령체계도

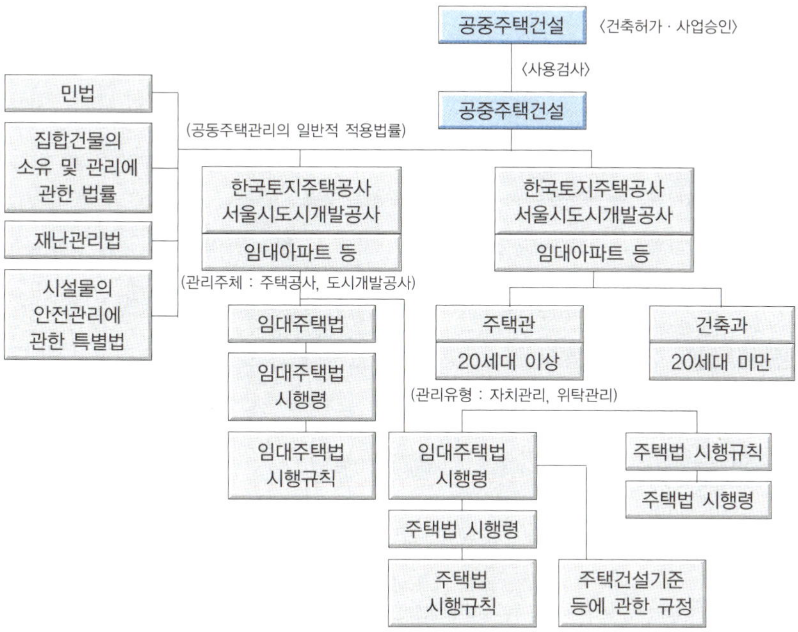

공동주택을 관리하는 근거 법령은 「주택법」 및 같은 규칙, 「집합건물의 소유 및 관리에 관한 법률」, 「주택건설기준 등에 관한 규정」에서 정한 일부 조항을 제외하고는 대부분 「주택법 시행령」에 의해서 운용되고 있다.

현행법상 공동주택의 운영과 유지관리는 「주택법」 및 같은 규칙, 「집합건물의 소유 및 관리에 관한 법률」, 「주택건설기준 등에 관한 규정」에서 정한 일부 조항을 제외하고는 대부분 「주택법 시행령」에 의해서 운용되고 있다.

현행법상 공동주택의 운영과 유지관리는 「주택법」 제42조, 그리고 「주택법 시행령 및 시행규칙」등에 의하여 이루어지고 있다.

이들 법령에서 정하지 않는 사항에 대해서는 「민법」과 「집합건물의 소유 및 관리에 관한 법률」의 간접적인 적용을 받고 있다.

그 밖에 각 단지별로 관리규약을 적용받고 있다. 「집합건물의 소유 및 관리에 관한 법률」은 집합건물의 소유 · 관리와 이들 사이에 일어나는 분쟁을 방지 · 해결하기 위하여 민법에 대한 특별 법률로서 제정되었으며 공동주택뿐만 아니라 2인 이상이 구분하여 소유하는 모든 건축물에 적용되고 있다.

이밖에도 「건축법」과 「시설물의 안전관리에 관한 특별법」이 공동주택관리에 적용되고 있다.

또한 대기오염 방지, 화재방지, 오물수거 등 주거환경개선 및 안전사고 방지에 대한 사항은 「환경보전법」, 「소방법」 등에서 규정하고 있다. 도표 9-11

도표 9.11 공동주택관리의 관계체계

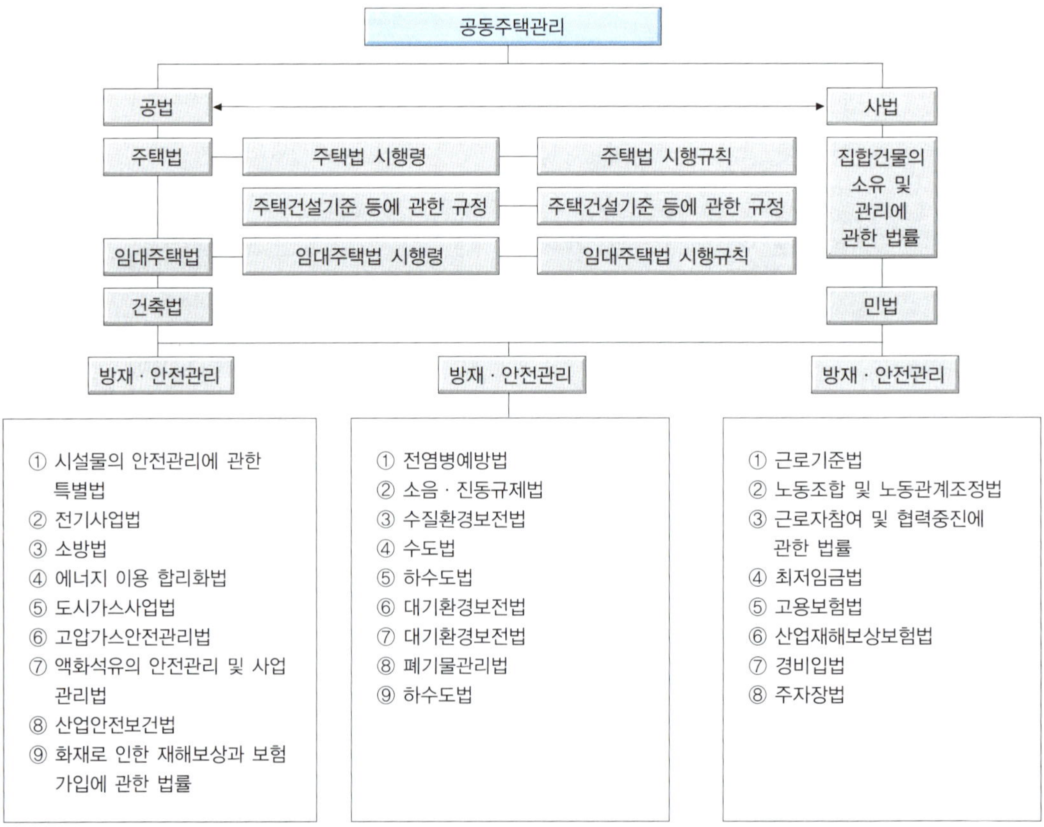

자료 : 이창석 외 편저, 「공동주택관리실무」 (서울 : 경록, 2007), p. 23.

2.3 주택법 시행령의 적용범위

「주택법 시행령」의 적용대상 주택은 공동주택과 그 부대시설 및 복리시설 중 주택법 제15조의 규정에 의한 사업계획승인을 얻어 건설한 공동주택 등이 적용대상이다. 그러나 「도시 및 주거환경정비법」의 규정에 의한 도심지재개발사업으로 건설된 공동주택이나 임대를 목적으로 하는 공동주택(예외적으로 안전관리, 행위허가, 하자보수를 적용), 건축법에 의한 건축허가를 받아 분양을 목적으로 건설한 공동주택 등은 주택법시행령 중 하자보수에 대한 규정(제59조~62조)만을 적용한다.

Ⅲ 우리나라 공동주택관리조직의 구성과 운용34)

01 관리조직의 구성 및 절차

1.1 구성 절차

입주민들에 대한 양질의 관리서비스와 의견수렴을 하기 위한 의결기관이면서 입주민들의 대표기구인 입주자대표회의와 집행기관인 관리주체로 구성되어 있다.

사업주체는 입주예정자 과반수의 입주가 완료된 때에는 입주자에게 공동주택관리를 담당할 관리주체를 결정할 것을 요구하여야 하며 입주자는 그 요구를 받은 날부터 1개월 이내에 입주자대표회의를 구성하여 공동주택의 관리방식을 결정(주택관리업자에 의한 관리방법을 선택한 경우에는 그 주택관리업자의 선정을 포함)하여 이를 사업주체에게 통지하고, 관할 시장 등에게 신고해야 한다.

입주자대표회의가 공동주택을 자치관리 하고자 할 때에는 사업주체의 요구가 있는 날로부터 6월 이내에 대통령령이 정하는 기술인력 및 장비를 갖춘 자치관리기구를 구성하여야 한다.

그러나 사업주체는 입주자의 공동주택관리방법의 결정통지가 없거나 자치관리기구 인가신청이 없을 때에는 주택관리업자를 선정하여야 한다. 이 경우에 사업주체는 입주자에게 그 사실을 통지하여야 한다. 도표 9-12

34) 상게서, pp. 26~27.

도표 9.12 입주자대표회의

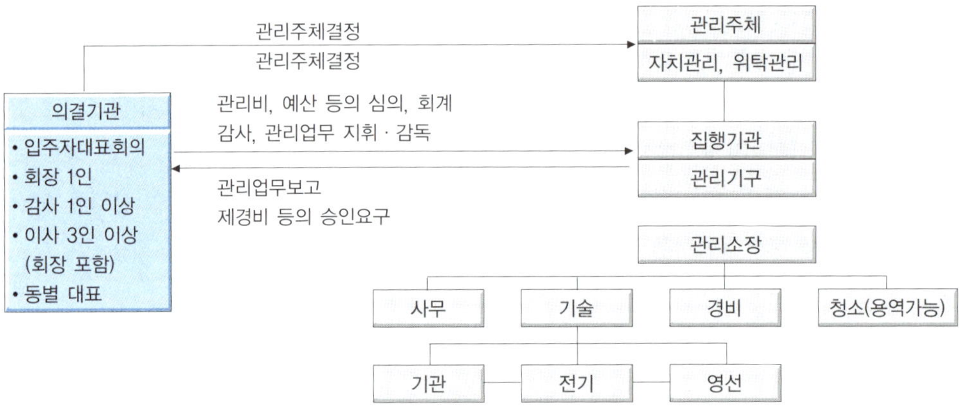

1.2 입주자대표회의

1.2.1 서설

공동주택 및 부대시설 · 복리시설의 소유자, 입주자, 사용자, 입주자대표회의 및 관리주체는 주택법 시행령의 규정에 따라 공동주택을 관리할 것과 주민자치를 위한 의결기구로 입주자대표회의를 구성 · 운영하도록 규정하고 있다.

다음은 입주자대표회의 의사결정의 과정과 관리조직의 구성절차이다. 도표 9.13

사용검사를 받거나 임시사용승인을 얻어 입주예정자의 과반수가 입주를 완료한 경우 동별 세대수에 비례하여 입주자들 스스로 동별 대표자를 선출하여 동대표회의에서 회장 1인을 포함한 3인 이상의 이사 및 1인 이상의 감사를 그 구성원 중에서 선출하여야 한다. 그러나 하나의 공동주택단지를 수개의 공구로 구분하여 순차적으로 건설하는 경우에 먼저 입주한 공구의 입주자 등은 입주자대표회의를 구성할 수 있으나 다음 공구의 입주예정자의 과반수가 입주한 때에는 다시 입주자대표회의를 구성해야 한다.

1.2.2 입주자대표회의의 의결사항

입주자대표회의는 입주자 등이 공동주택의 관리방법을 결정하거나 주택관리 업자를 선정하는 때에는 입주자대표회의(관리방법을 변경하는 경우에는 입주자대표회의 또는 입주자 등의 10분의 1 이상)의 제안에 의하여 입주자 등의 과반수의 서면 동의로 결정한다. 도표 9.14

도표 9.13 부동산의 관리 절차도

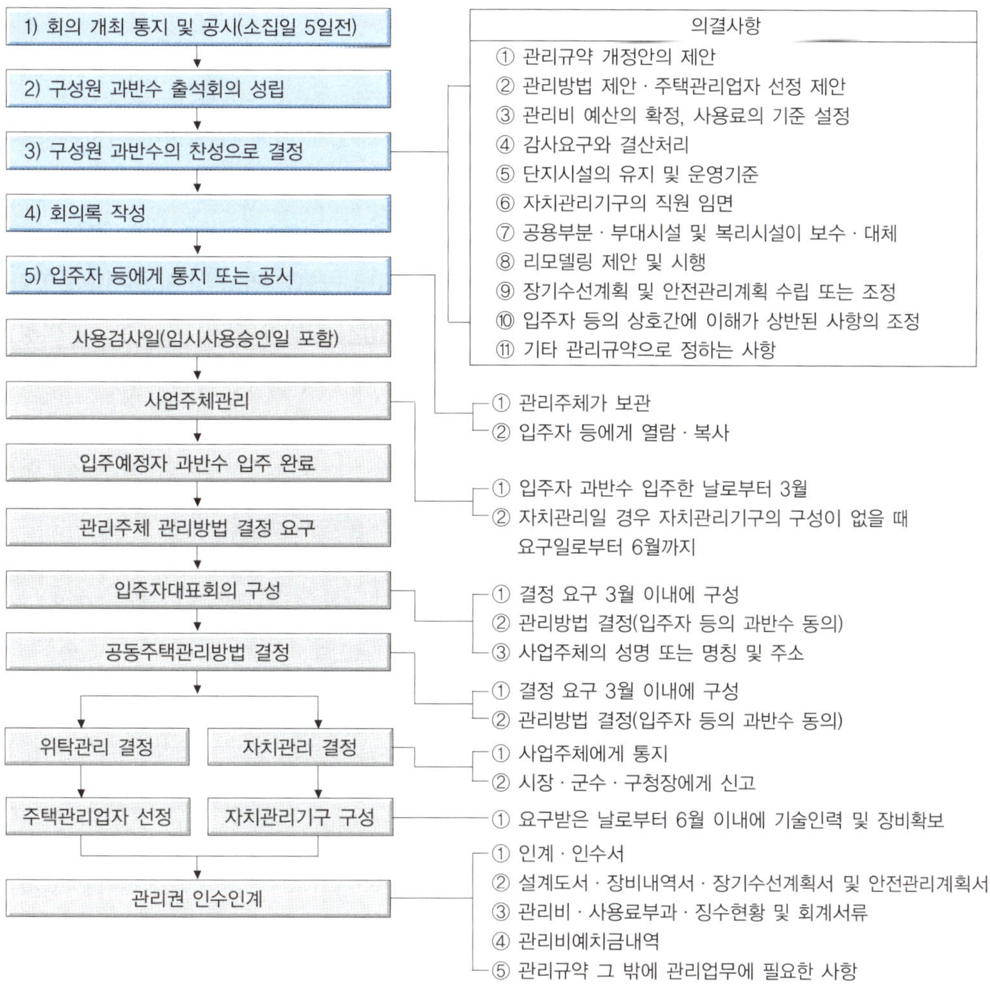

다음의 경우는 구성원 과반수의 찬성으로 결정되는 사항이다.

첫째, 관리규약 개정안의 제안 및 공동주택의 관리에 필요한 재규정의 제정 및 개정

둘째, 관리비 예산의 확정, 사용료의 기준, 감사의 요구와 결산의 처리

셋째, 단지 안의 전기 · 도로 · 상하수도 · 주차장 · 가스설비 · 냉난방설비 및 승강기 등의 유지 및 운영기준

넷째, 자치관리를 하는 경우 자치관리기구의 직원의 임명

다섯째, 공동주택의 공용부분, 공동주택의 입주자의 공동소유인 부대시설 및 복리시설의 보수 · 대

체 및 개량

여섯째, 입주자등의 상호간에 이해가 상반되는 사항의 조정

일곱째, 기타 관리규약으로 정하는 사항

그러나 이 규정은 관리단 소집에 관한 집합건물의 소유 및 관리에 관한 법상 집회소집은 늦어도 1주 전까지 통지하게 하고 있음과 구별된다.

입주자대표회의가 결성되지 않은 경우에도 공동주택을 분양받은 자(입주예정자)들은 10인 이내의 입주예정자대표를 선정하여 시장, 군수, 구청장에게 신고하면 중간검사 및 사용검사에 입회 · 참여할 수 있다. 사업주체가 파산하여 시공을 보증한 자가 사용검사를 받게 된 경우 사업주체 변경없이 사용검사를 받아 보증한 자 명의로 건축물관리대장 등재가 가능하다.

도표 9.14 관리방식 결정과정

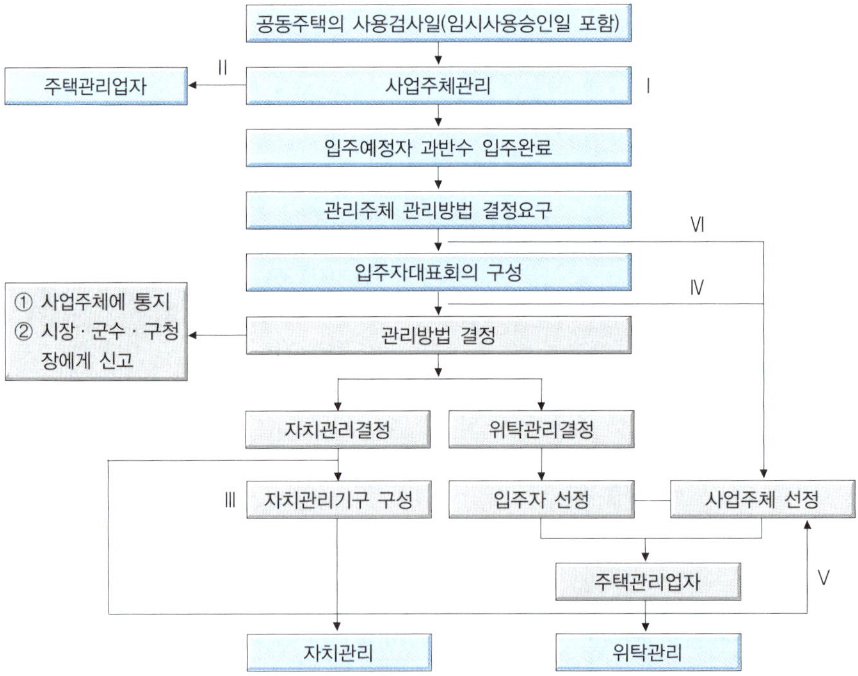

I. 사업주체 직접관리
II. 사업주체관리기간에 주택관리업자에게 위탁관리
III. 자치관리
IV. 입주자대표회의 구성이 없을 때 주택관리업자에게 위탁관리하고 업무를 인수 인계
V. 자치관리기구 구성이 없을 때 주택관리업자에게 위탁관리하고 업무를 인수인계
VI. 관리방법의 통지가 없을 때 주택관리업자에게 위탁관리하고 업무를 인수인계

02 공동주택 관리기구

관리주체란 공동주택을 관리하기 위하여 입주자 등에 의하여 구성된 자치관리기구, 주택관리업자 및 사업주체와 임대주택법에 의한 임대사업자를 말한다. 의무적 관리대상 공동주택은 입주자 등이 자치적으로 관리하거나 주택관리업자에 의하여 관리하도록 하여야 한다.[35)]

2.1 인적구성과 관리기구

2.1.1 인적구성

관리사무소의 인적구성은 주택관리사 등의 자격을 소지한 관리사무소장 1인을 중심으로 경리업무와 행정업무를 처리하는 사무직, 주요시설물을 안전하고 적정하게 유지 · 관리할 수 있는 각종의 면허소지자와 기능인들로 구성된 기술직, 입주자의 생활안전을 담당하는 경비직, 그리고 공용부분의 환경을 관리하는 청소직 등으로 구성된다.

2.1.2 관리기구

공동주택의 관리주체는 관리방식에 관계없이 의무적 관리대상인 공동주택단지 내에 공동주택의 규모와 설비의 종류 및 규모에 따라 필요한 기술인력과 장비를 갖춘 관리기구를 두어야 한다.

도표 9.15

도표 9.15 인적구성과 관리기구

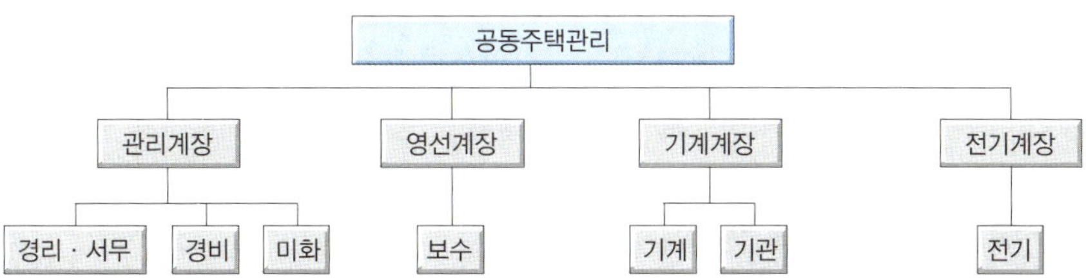

2.2 인력구성 및 장비

관리방식에 관계없이 의무적 관리대상인 공동주택은 공동주택단지 내에 공동주택의 규모와 설비의

35) 상게서, pp. 31~37

종류 및 규모에 따라 다음과 같은 기준의 기술인력과 장비를 갖춘 관리기구를 두어야 한다. 도표 9.16

도표 9.16 공동주택관리기구의 기술인력 및 장비

구 분	기 준
기술인력	다음의 기술인력을 말한다. 다만, 관리주체가 입주자대표회의의 동의를 얻어 관리업무의 일부를 해당 법령에서 인정하는 전문용역업체에 용역하는 경우에는 해당 기술인력을 갖추지 아니할 수 있다. ① 승강기가 설치된 공동주택인 경우에는 「국가기술자격법 시행령」 별표 1의 규정에 의한 기계산업기사 이상의 기술자 도는 「승강기제도 및 관리에 관한 법률 시행령」 제16조의 규정에 의한 승강기자체검사자격을 갖추고 있는 자 1인 이상 ② 당해 공동주택의 건축설비의 종류 및 규모 등에 따라 「전기사업법」·「고압가스안전관리법」·「액화석유가스의 안전 및 사업관리법」·「도시가스사업법」·「에너지이용합리화법」·「소방법」 및 「대기환경보전법」 등 관계 법령에 의하여 갖추어야 할 기준 이상의 기술자
장 비	① 비상용 급수펌프(수중펌프를 말함) 1대 이상 ② 절연저항계(누전측정기를 말함) 1대 이상

03 공공임대주택 관리체계 및 접근방법[36)]

3.1 관리체계

3.1.1 공공임대주택 관리의 법령체계

① 관계법령 체계

임대주택 관리의 관계법령 체계는 임대주택의 건설 공급 및 관리와 임대 주택사업에 필요한 사항을 정한 '임대주택법'을 중심으로, 주택 관리의 적용범위를 정한 '주택법' 및 시설물의 안전점검과 적정한 유지관리를 통하여 재해 및 재난 예방과 시설물의 효용을 증진을 위한 '시설물의 안전관리에 관한 특별법'과 민법의 특별법으로서 임대차계약 등을 규정한 '주택임대차보호법'이 있다.

도표 9.17 공공임대주택 관리의 법령체계

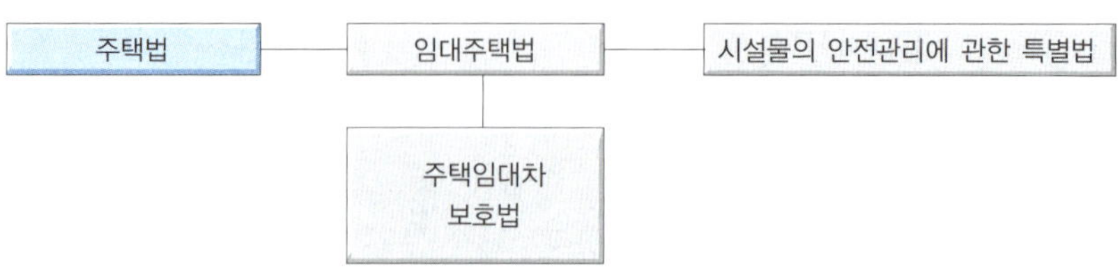

36) 이동영, 전게논문, pp. 13~18.

② 관리주체의 업무 – 주택법령 기준

주택법 시행령 및 규칙에 의하여 관리주체는 다음 각호의 업무를 행하며, 이 경우 필요한 범위안에서 공동주택의 공용부분을 사용할 수 있도록 규정되어 있다.[37]

내용을 보면 공동주택의 공용부분의 유지, 보수 및 안전관리, 공동주택단지안의 경비, 청소, 소독 및 쓰레기수거, 관리비 및 사용료의 징수와 공과금 등의 납부대행, 특별수선충당금의 징수, 적립 및 관리, 관리규약으로 정한 사항의 집행, 임차인대표회의에서 의결한 사항의 집행, 공동주택관리업무의 공개, 홍보 및 공동시설물의 사용법에 관한 지도, 계몽, 입주자 등의 공동사용에 제공되고 있는 공동주택단지안의 토지, 부대시설 및 복리시설에 대한 무단 점유행위의 방지 및 위반행위시의 조치, 공동주택단지안에서 발생한 안전사고 및 도난사고 등에 대한 대응조치 등이다.

③ 임대사업자 고유업무

임대사업자로서 갖는 고유업무를 열거하면 대체로 다음과 같이 정리할 수 있다.[38]

내용을 보면 임대차 계약 및 재계약, 계약해지, 건물명도(임대조건 기준)에 관한 업무, 임대보증금 및 임대료의 조정 · 징수, 임차인의 자격유지에 관한 업무(주택소유자 검색), 부정적 입주민 방지에 관한 업무(임대주택의 전대 제한), 특별수선충당금의 적립, 장기수선계획의 수립 및 시행, 임대주택사업 주체로서의 안전관리, 하자관리에 관한 업무, 관리비, 사용료 징수 대행 및 사용내역의 점검, 임차인대표회의(또는 임차인)와의 관계 협조 및 조정 등이다.

3.1.2 공공임대주택 관리의 행정체계

공공임대주택 관리의 행정체계를 살펴보면 건설교통부 주택국 산하 공공주택과에서 서울시의 경우 주택국 주택기획과에서 각 자치과의 경우는 주택과에서 관리와 관련된 업무를 각과의 일부에서 담당하고 있다. 그만큼 공공임대주택의 건설 공급에 치중하다보니 관리운영체계에 대한 행정력도 크게 미치지 못하는 것이 사실이라 하겠다. 서울시의 경우 서울시 투자기관인 SH공사와 한국토지주택공사 자회사인 주택관리공단에서 공공임대주택의 직영관리를 맡고 있다. 직영관리이든 위탁관리이든 관리업무를 수행하기 위한 관리조직이 각 단지별로 구성되어 있으며 관리조직은 주택법에 규정한 공동주택의 관리업무와 임대사업자로서의 고유업무를 임대사업자인 본사(SH공사, 주택관리공단)의 규정과 지침에 따라 관리하고 있으며 또한 본사로부터 행정지도 감독과 업무집행을 감사받고 있다.

37) 주택법 시행령 제55조(관리주체의 업무 등) 및 같은 법 시행규칙 제25조(관리주체의 업무)참조 재구성
38) SH공사, 내부자료 재구성

3.2 접근방법

임대주택 관리의 이론적 접근방법은 임대주택 관리를 이해하는 관리주체의 태도와 행위에 따라 달라질 수 있으며 임대주택 관리의 개념적 범주를 어떻게 인지하느냐의 인지적 차원과 임대주택이라는 기초적 재화에 대하여 국가가 정책적 과제로서 주택문제를 어떻게 개입하는 것이 효율적이냐의 사회정책적 차원에서 접근방법을 논의할 수 있다.[39]

3.2.1 인지론적 접근법

① 건축학적 접근

건축학적 접근법은 건축과정에 초점을 두어 주택공급업자가 주택을 건설하여 입주자에게 양도하면 주택공급업자의 일은 끝나는 것이 아니라 주택사업의 범위를 건설하여 양도 후 사후 서비스까지를 포함하는 행위로 이해하여 일정기간의 주택관리행위까지를 주택사업으로 파악한다. 즉, 주택사업을 택지개발단계, 주택건설단계, 주택공급단계, 주택관리단계의 4단계로 나누어지는 활동[40]으로 보기 때문에 이 관점에 의하면 임대사업자의 관리행위는 어디까지나 건축후에 일시적인 사후서비스 행위일 뿐이고 계속적인 관리행위로는 볼 수 없기 때문에 임대사업자의 관리행위를 논의하는 데에는 한계가 있다고 할 수 있다.

② 경제적 접근

경제적 접근법은 주택관리를 소유권의 이익을 극대화하는 행위로 이해함[41]으로서 관리인은 임대용 부동산을 관리로 최고의 순이익을 올린다는 것이 주안점으로 임대주택 시장이 발달하지 않은 우리나라의 경우는 수용하기 어려운 면이 있다. 임대주택 관리도 이러한 접근법을 고려하지 않을 수는 없으며, 이 관점에 의하면 공공임대주택 관리도 이익의 극대화 측면에서 고려되어야 하며 적어도 사회정책적 목적을 고려한 최소한의 경제적 수익성의 확보가 전제되어야 한다.

③ 법률적 접근

법률적 접근법은 관리행위의 법률적 해석이 '대리행위' 에 해당하고 우리나라 민법 118조에 의하면 대리인이 할 수 있는 법률행위를 '보존행위' 와 물건의 성질을 변경하지 않는 범위안안에서 '이용 또

39) SH공사(구 서울특별시도시개발공사),「임대주택 관리의 전문화를 위한 직무분석」, 2003, p. 183.
40) 문영기 · 방경식,「공동주택관리론」, (서울 : 범론사, 1999), p.23.
41) 상게서, p. 23.

는 개량하는 행위' 라 규정하고 있다. 이 개념을 부동산 관리에 도입하면 "해당 부동산을 보존하여 성질을 변경하지 않는 범위내에서 경제적 효용성을 향상시킬 수 있도록 이용하고 개량하는 것"[42]이라 한다.

따라서 법률적 관점에서의 주택관리란 주택사업자의 주택시설물에 대한 보존 · 이용 · 개량 행위로서 법률적 · 경제적 · 기술적 측면의 내용을 모두 포함하고 있다고 할 수 있다. 이러한 관점을 임대주택사업에 적용하면 주택소유자로서의 임대행위와 주택소유자로부터 부여받은 대리행위로서 주택관리행위로 나누어 볼 수 있으며 관리주체의 관리행위를 법률적 테두리 안에서 이해하고 있다. 한편, 우리나라의 경우 관리주체가 관리해야 할 구체적인 내용은 주택법령에 규정되어 있다.

④ 부동산학적 접근

부동산학적 접근법은 부동산 관리활동을 보존 이용 개량활동의 총칙으로서 부동산 처분(매각) 활동에 대한 상대적 활동으로 파악하여 부동산 관리는 부동산의 경제적 · 법률적 · 기술적 측면에서 접근하여 부동산의 보존 · 이용 · 개량의 개념을 적용하여 이해하여야 한다.[43] 이러한 관점에서 주택관리를 설명하면 경제적 관리는 경제적 보존 · 이용 · 개량행위가 되고, 법률적 관리는 법률적 보존 · 이용 · 개량행위가 되며, 기술적 관리는 기술적 보존 · 이용 · 개량행위가 된다고 볼 수 있다. 이러한 견해를 임대주택 관리에 적용하면 운영 및 경영관리, 시설물 유지관리 등 관리대상 위주의 물적 접근법이라 할 수 있다.

⑤ 주거학적 접근

주거학적 접근법은 주거관리를 '주거환경이 구비하고 있는 물적 조건을 유지 · 보전함과 동시에 그 주거환경속에서 전개되는 주생활의 인적 · 사회적 조건을 창조하고 정비하는 연속적 행위의 총체' 로 정의하고 있다.[44] 이 견해에 의하면 주거관리를 가정관리와 비슷한 개념으로 이해하여 주생활 과정을 주택에 투영하여 창조적으로 관리하는 행위로 이해할 수 있으며 주택관리 개념을 단순히 주택이라는 재화의 물적인 관리에서 '주거의 관리' 라는 개념으로 확대하여 이해함으로서 인간의 주거생활을 중시한다는 점에 특징이 있다.

이러한 관점에서 보면 임대주택 관리는 단순한 주택관리의 측면을 넘어 입주민의 주거복지를 증진시키는 커뮤니티 관리까지 관리영역이 확장된다고 할 수 있고 오늘날의 임대주택 관리방향을 제시하고 있다고 할 수 있으나 문제는 임대주택 관리의 주거학적 관점에 대한 구체적 내용이 무엇이냐에 대

42) 상게서, p. 24.
43) 상게서, p. 25.
44) 상게서, p. 25.

해서는 관리주체들의 인지태도, 가치관 및 가용재원 등에 따라 달라질 것이다.

3.2.2 사회정책론적 접근법

주택은 국민의 일상적 삶을 영위하는 기초적 재화이나 상당한 자산가치로 인하여 민간주택 시장만으로는 저소득층에게 구매 가능한 저렴한 주택을 충분히 공급한다는 것은 불가하다. 따라서 저소득층의 주거안정을 위해서 사회정책적 측면에서 공공부문의 개입은 불가피하다 할 것이다. 다만, 자유경제체제 신봉자들은 원칙적으로 주택시장에 국가의 개입을 반대하고 시장실패 등 최소한의 경우에만 개입해야 한다고 주장하는 반면 사회복지주의자들은 국가가 적극적으로 공공주택의 공급에 개입해야 한다고 주장하는 차이가 있다. 임대주택도 사회복지 등의 이유로 국가가 개입하는 형태로 간주하고 공공주택에 대한 국가 개입과 관련된 사회정책적 차원에서 살펴보고자 한다.

① 시장중심 접근법

시장중심 접근법은 기본적으로 주택분야에 대한 국가의 직접적 개입을 반대하고 국가의 역할을 최소화 하는데 그 초점이 있다.[45]

이 견해에 따르면 사회정책으로서의 주택정책을 공공정책의 한계적인 역할로 보아 제한적으로 시장이 실패할 경우에 한해 간접적인 통제가 필요하다고 보며 주택서비스의 효율적인 공급을 위해서는 제한적으로 보조금 지급이나 주택융자가 바람직하다고 주장하고 있다. 또한 그들은 경제적 측면이 아니라 이념적 차원에서도 사회복지정책 접근법을 비판하는데 그 이유는 공공주택의 건설, 공급이 기존의 불량주택 재고를 대체하는 경우가 많아 전체 주택재고량 증가에 크게 기여하지 못하며 정부보조에 의한 공공주택의 확대는 민간주택시장에 영향을 미쳐 민간주택의 임대료를 낮출 수 있기 때문에 장기적으로는 주택건설의 위축을 가져온다고 비판적으로 보고있다. 이 관점에 의하면 공공주택은 민간주택에 비하여 일반적인 주택 매력요인들과 관련된 입주민의 선호도를 제대로 반영하지 못한다고 보아 임대주택에 대한 공공성과 공적관리를 배제하고 있다고 할 수 있다.

② 사회복지 접근법

사회복지 접근법은 주택시장에 국가의 개입을 적극 주장한다.[46] 이 견해에 따르면 주택을 이윤추구의 상품이 아니라 인간의 기본적인 인간다운 생활을 위한 필수품으로서 인간의 권리로 파악하고 있다. 이들은 시장기능의 실패에서 출발하며 국가의 개입이 반드시 효율성을 저해하는 것은 아니고

45) SH공사, "시범위탁단지 운영평가 및 임대주택의 합리적 관리방안", 2001, pp. 138~139.
46) 상게논문, pp. 140~141.

오히려 왜곡된 시장질서를 재편하는 효과가 있다고 한다. 즉, 공공주택은 민간주택 시장에서 일반소비자와 구별되는 다른 소비자 계층으로서 저소득층에게 유일한 주택생산 공급방식이라고 주장한다.

이 관점에 의하면 주택 문제의 본질을 자본주의적 생산관계에서 비롯된 체제적 문제로 인식하여 근본적인 해결은 체제 변혁이지만 현실적이고 단기적인 계획으로서 국가 개입을 통한 공공주택 확대 정책에 그 당위성이 있으면 임대주택에 대한 공공성과 공적관리를 적극 요구하고 있다고 할 수 있다.

③ 환경관리적 접근

이 접근법은 주택문제에 대한 역사적 발달과정에서 주목하여 주택의 사회현상과 사회정책적 노력과의 관계를 밝히는데 있으며[47], 영국의 경우 주택문제에 대한 초기 개입은 환경위생의 위협으로 인하여 사회적 노동력과 생산성을 저하시킴에 따라 이를 개선하기 위한 사회정책적 노력이 강조되었다.

이러한 견해는 삶의 질 향상을 위한 주거환경개선으로 이어졌으며 주택문제에 대한 환경관리의 역할에 대하여 영국, 미국, 일본 등 많은 국가에서 강조되어 왔다. 우리나라의 경우도 불량주택 재개발, 주거환경개선사업 등의 도시계획사업을 통하여 기존의 불량주택을 철거하고 공공임대주택을 건립하여 관리하고 있다.

3.2.3 접근방법의 종합적 관점

오늘날 임대주택의 관리는 저소득층의 주거수준 향상과 주거환경개선을 통한 사회정책적 과제라는 점을 기초로 하면서 동시에 임대주택 관리체계의 합리성을 위하여 기능유지를 위한 물적인 유지관리, 경제적 유지관리 및 커뮤니티 조성과 공동생활 관리라는 복합적 관점에서 종합적으로 접근하는 것이 바람직하다고 할 수 있다.[48]

즉, 공공임대주택의 관리는 통상적인 시설물 유지관리의 차원을 넘어서 저소득층을 중심으로한 주거복지정책을 실현하는 중요한 요소가 된다는 점을 인식하여야 한다는 것으로 이러한 정책적 과제를 통해서 단순히 저가 주택의 공급만이 아닌 쾌적한 주거환경의 제공과 건전한 자립기반의 조성을 통하여 입주민이 생산적 활동에 적극 참여하고 생활향상을 이룩할 수 있도록 지속적인 배려와 관심을 기울여야 할 것으로 보여진다. 이상과 같이 공공임대주택의 관리는 여러 측면의 이해가 요구되는 복합적으로 이루어지는 행위로서 물리적 기술적 관리뿐만 아니라 경제적 · 법률적 관리 외에 공동생활 관리까지를 포함하는 포괄적인 이해가 요구된다 하겠다. 중요한 것은 이러한 복합적인 관점의 종합적 접근을 공공임대주택 관리활동의 체계적인 이해를 필요로 한다는 것이다.

47) 상게논문, pp. 188~189.
48) SH공사, 「임대주택 관리의 전문화를 위한 직무분석」, 2003, p. 189.

STORY TIP 9.2 한국(27.8m²) 1인 주거면적 일본(38m²)보다 좁다.

최근 2, 3년간 주택가격이 급등하면서 서민들의 내 집 마련 꿈이 멀어지고 있는 것으로 나타났다. 특히 저소득층의 3분의 1가량은 늘어나는 주거비 부담에 생필품 구입마저 어려움을 느끼는 것으로 드러났다. 또 소득이 높을수록 아파트에 사는 비율이 높았고, 이사할 때 주택가격을 최우선적으로 고려하는 것으로 조사됐다. 소득을 다 모아 집을 장만할 수 있는 기간도 서울이 미국 샌프란시스코와 뉴욕, 일본 도쿄보다 더 긴 것으로 나타났다.

국토연구원은 6일 이런 내용을 담은 '2008년도 주거실태조사' 결과를 발표했다. 이번 조사는 주택법에 따라 2006년 이후 두 번째 실시된 것으로 가구 특성과 주거환경, 주거이동 등 국민 주거생활 전반을 파악하기 위해 전국 3만여 표본가구를 대상으로 이뤄졌다.

■ **내 집 마련 준비기간 길어져**

처음으로 내 집을 장만한 기간은 평균 8.31년으로 2006년(8.7년)보다 0.24년 길어졌다. 수도권이 평균 8.96년으로 0.24년이 각각 늘어났다. 도 지역은 7.19년으로 0.79년 감소했다. 내 집 마련 기간이 늘어난 것은 2006년 이후 2008년 조사 때까지 집값이 크게 올랐기 때문이다. 국민은행에 따르면 이 기간 수도권 집값은 각각 19.5%, 20.6% 뛰었다.

주택 구입 능력을 보여주는 PIR(연소득 대비 주택 가격의 배율)도 커졌다. 전국지역 PIR는 2006년 4.2배에서 지난해 4.3배로 늘었다. 이는 직장인이 4.3년 동안 월급을 한 푼도 쓰지 않고 모아야 집을 살 수 있다는 뜻. 집값 상승폭이 컸던 서울은 7.5배에서 9.7배나 뉴욕(9.3배), 일본 도쿄(9.1배)보다 더 크다.

반면 세입자의 부담 능력을 보여주는 RIR(월소득 대비 임차료의 배율)은 17.5배로 2년전(18.7배)보다 줄었다. 그런데도 임차료를 내거나 집을 구입하면서 받은 대출금을 갚는 가구의 17.26%가 "생필품을 줄일 정도로 어려움을 겪고 있다"고 호소했다. 대출금 상환가구는 2년 전(14.57%)보다 2.69% 포인트 증가했다. 특히 저소득층 가구는 32.41%가 이같이 답했다. 이번 조사를 주도한 국토연구원의 김근용 선임연구원은 "경기 침체 등으로 수입이 줄어든 저소득층이 심리적 부담을 더 크게 느끼는 것 같다"고 설명했다.

■ **1억2327만 원짜리 아파트가 평균**

이번 조사에서 집값은 전국 평균이 1억2327만 원이었다. 수도권은 1억8727만 원, 광역시는 80826만 원, 도지역은 6190만 원으로 지역별 차가 컸다. 집 형태는 아파트가 43.89%로 가장 많았다. 지난번 조사에서는 단독주택이 1위였으나 이번 조사에서는 2위로 내려앉았다. 최근 주택 공급이 아파트 중심으로 이뤄진 결과다.

평균 주택사용면적은 69.29m²로 2년 전(67.33m²)보다 1.96m² 커졌다. 사용하는 주택 총면적으로 인구수로 나눈 1인당 주거면적도 27.80m²로 1.64m² 증가했다. 하지만 미국(68m² · 2005년 기준)과 일본(38m²)의 1인당 주거면적보다는 상당히 적었다. 김 선임연구위원은 "통념과 다르게 일본의 1인당 주거면적이 한국보다 큰 것은 인구수 대비 주택 수는 훨씬 많고 가구당 인원수는 적은 탓"이라며 "개별주택 크기와는 다른 개념"이라고 설명했다.

자가 가구 비율도 56.39%로 0.82% 포인트 늘어났다. 그러나 미국(68%), 일본(66%) 등 선진국보다는 여전히 낮았다. 자가 가구 비율이 늘면서 현재 주택에 거주하는 기간도 평균 7.71년으로 2년 전보다 0.05년이 길어졌다. 평균 가구원 수는 줄었다. 저소득층(2.28명 → 2.14명), 중소득층(3.82명 → 3.76명) 모두 감소했다. 핵가족화와 1인 가구 증가, 출산율 감소 등이 원인이다.

자료 : 황재성 기자
(서울 : 동아일보, 2009. 8. 7.)

04 공공임대주택의 관리[49]

4.1 관리주체 및 방식

4.1.1 관리주체

일반적으로 주택관리는 임대주택법과 주택법을 따르며, 임대주택관리는 임대주택법과 주택공급에 관한 규칙을 근거로 관리되고 있다.

임대주택의 "관리주체"라 함은 주택법 제2조 제4호 및 임대주택법 제2조 제4호에서 규정하는 공동주택을 관리하는 임대사업자로 국가 · 지방자치단체 · 한국토지주택공사 · 지방공사(지방공기업법 제49조 규정에 의하여 주택사업을 목적으로 설립된 경우)를 말한다.

한국토지주택공사의 업무는 주택관리(시설물 및 입주자관리, 유지보수, 공적임대업무수행, 입주민 주거복지서비스 제공 및 커뮤니티 육성 그리고 리모델링 및 유지보수를 수행하고 있다. 지방공사의 경우는 서울시의 SH공사와 인천시의 인천광역도시개발공사 등이 있다.[50]

4.1.2 시행주체

선진국과 같은 개념의 공공임대주택은 현재로서는 영구임대주택이라 할 수 있으므로 국민임대주택의 공급과 관련된 시행주체를 살펴보면, 건교부가 주도적인 역할을 하고 있는 것을 알 수 있다. 이는 우리나라에서는 임대주택의 공급이나 주거정책의 수립주체가 중앙정부이기 때문이다.

업무의 주무부서는 초기에는 건교부 주택도시국 공공주택과가 업무를 담당해 왔다. 그러나 건설물량 증가에 비해 택지가 부족함에 따라, 개발제한구역에서 택지를 개발하기 위해 2001년 8월부터 2002년 3월가지 주택건설촉진팀(과장급)을 한시적으로 구성하여 운영하였다가 2002년 10월 비공식적인 국민임대주택건설지원단(국장급)을 운영하다가 「국민임대주택건설 등에 관한 특별조치법」이 2003년 12월 정기국회를 통과하면서 2004년 7월부터는 국민임대주택건설기획단(국장급)을 운영하고 있다.

이 밖에 국민임대주택 건설이 택지개발에서부터 주택건설까지 복잡하 과정을 거치고, 관계 중앙부처와 지방자치단체와의 협의과정에서 의견조정이 지연되는 사례가 발생하자 2004년 국무조정실이

49) 이동영, 전게논문, pp. 38~51.
50) 건설교통부, 「2007 임대주택업무편람 및 매뉴얼」, 2007, p. 4.

주관하여 관계기관 합동 '주택건설지원협의회'를 매월 개최하면서 의견조정 및 조기 협조체제를 구축하여 범정부적인 건설을 추진하고 있다. 실제로 국민임대주택을 직접 건설하는 업무는 정부공사가 주된 업무를 담당하고 있다. 공사는 국민임대주택 외에 영구임대주택 공급시에도 주된 역할을 담당하고 있다. 공사는 국민임대주택 외에 영구임대주택 공급시에도 주된 역할을 담당한 바 있다. 주택공사는 영구임대주택 19만호의 73.7%인 14만호를 공급한 바 있으며, 2006년까지 공급된 국민임대주택의 91.6%인 43만 5천호를 공급한 바 있다.

지방정부의 경우 서울시를 제외하고는 공공임대주택의 공급에 관심이 없어, 1998년 이후 현재까지 전체물량의 8.4%인 약 4만호의 국민임대주택을 공급하였다.

이처럼 우리나라에서는 공공임대주택의 공급은 공공부문만이 담당하는 것이라는 인식이 모두에게 깔려 있다. 물론 우리나라도 재개발지역 세입자들의 생존권 투쟁으로 공공임대주택의 공급필요성이 주장된 바 있으며 일부 진보적인 견해를 가진 종교인들[51]이 이들의 주장을 뒷받침한 바 있다. 천주교 도시빈민사목위원회가 재개발지역에서의 철거민들의 권리회복과 이들이 50년 공공임대주택에 입주할 수 있도록 하는 간접적인 지원을 했다고 할 수 있을 것이다. '98년에는 한국도시연구소가 중심이 되어 공공임대주택의 공급확충과 주택철거를 반대하는 법으로서 주거기본법을 제정하려고 노력한 바 있으나, 성과를 거두지는 못하였다. 이는 우리사회의 진보성향을 가진 지식인이나 운동가들이 영국이나 독일처럼 정당활동을 하거나 노조와의 네트워크를 구축함으로써 압력집다능로 참여하기 시작한 것이 최근의 일이기 때문일 것이다.[52]

4.1.3 관리방식

공공주택의 관리방식은 관리주체[53]에 따라 자치관리, 위탁관리, 사업주체관리로 나누어지며, 임대주택의 경우 사업주체에 의한 자체관리와 위탁관리[54]로 구분한다.

「임대주택법」 제17조에 근거하여 300세대 이상의 공동주택 등 일정규모 이상의 임대주택에 대해서는 기술인력과 장비를 갖추고 인가를 받은 임대사업자 자체관리하거나 주택법 제53조에 의한 주택관리업자에게 위탁 관리하도록 규정하고 있다.

현재 정부공사는 공공임대주택 관리에 있어 임대업무를 기준으로 자체관리와 위탁관리의 이원화

51) 천주교 도시빈민사목위원회가 재개발지역에서의 철거민들의 권리회복과 이들이 50년 공공임대주택에 입주할 수 있는 역할을 담당했다고 할 수 있을 것이다.

52) 박신영, "공공임대주택정책의 비교", 주택도시연구원, 2007. 6, pp. 38~40.

53) 관리주체(주택법 제2조 제12호)는 공공주택을 관리하는 자치관리기구의 대표적인 공공주택의 관리사무소장, 관리업무를 인계하기 전의 사업주체, 주택관리업자, 임대사업자 등이며, 임대사업자(임대주택법 제2조 제4호)는 국가 · 지방자치단체 · 대한주택공사 · 지방공사 · 주택임대사업을 하기 위하여 등록한 자 또는 임대주택조합 등을 의미함.

54) 2004년 말 기준을 전체 물량 중 203, 674호는 임대업무와 주택관리업무 모두를 자회사인 주택관리공단에게 위탁하고 있는 반면, 국민임대주택 8,846호는 임대업무를 주공에서 직접 수행하고 주택관리업무만을 민간관리업체에게 위탁하고 있다.

된 체제로 운영하고 있다. 도표 9-18

도표 9.18 공공임대주택 관리체제 개요

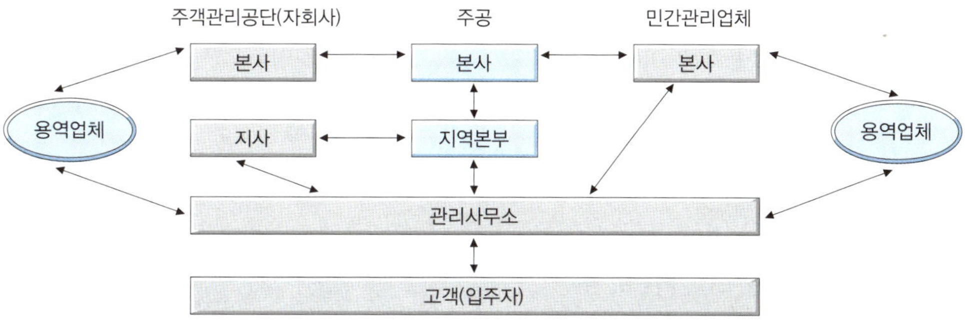

자료 : 김종림 · 박근석, "공공임대주택 대량공급시대의 관리체제 개선방안", 주택도시연구원, 2006, p. 8.

정부관계공사로부터 임대업무 혹은 관리업무를 위탁받은 주택관리공단이나 민간관리업체 모두 단지의 경비, 청소, 소독 및 시설물 보수업무 등은 외부 용역업체에게 아웃소싱을 하고 있는 상태이다.

일반적으로 자체관리와 위탁관리의 방식으로 각각의 유형에 따라 장 · 단점이 있다.[55]

정부관계 공사 경우 공공임대주택의 많은 물량을 자회사에 임대업무와 주택관리업무를 모두 위탁하면서 위탁수수료를 지급한다. 국민임대주택 건설이 완료된 이후에도 막대한 양에 대한 임대주택에 대해 현행과 같이 위탁업무를 수행할 경우 막대한 위탁 수수료 지급으로 임대사업의 수지악화가 불가피하다.

민간관리회사에 관리업무만을 위탁하는 경우도 민간에 최소한의 위탁수수료만을 지급하고 위탁을 하는 구조로 인해 주택관리 산업 전반의 발전동력이 미흡한 실정이다.

4.1.4 장기수선비 조달계획 및 입주자 관리참여

주택은 준공된 날로부터 물리적인 수명의 노후화가 시작된다. 특히 공공임대주택의 경우는 비슷한 기간에 경과된 다른 공동주택단지에 비해 주요설비나 시설물에 대한 파괴행위가 심하여 내주연한이 도래하기 전에 시설물이나 설비를 교체해야 하는 경우가 많다. 따라서 공공임대주택단지의 경우 일반분양주택보다 장기수선계획이 더욱 상세하게 수립되어 있어야 하며, 이를 위한 비용조달은 어떻게 할 것인지에 대한 방법론이 구체적으로 제시되어야 할 것이다.

55) 김종림 · 박근석, "공공임대주택 대량공급시대의 관리체제 개선방안", 주택도시연구원, p. 9.

오랫동안 임대주택의 입주자는 전대 · 전매 금지사항을 준수하여야 하는 의무는 있으나, 주택관리에 대해서는 법적으로나 현실적으로 참여할 수 있는 아무런 권리를 가지지 않았다. 이로 인해 관리업체를 비롯한 용역업체를 선정하는 과정에 주민들이 참여할 수 있는 것은 물론이고, 공용부분이 비효율적으로 관리되고 있어도 주민들이 이를 견제할 방법이 없었다. 특히 관리비의 집행내역에 대해서도 관리주체가 통보해 주는 것 이외에는 전혀 알 수가 없었다. 이로 인해 소독, 청소, 오수정화조 청소비, 난방비 등과 관련된 의혹으로 관리주체에 대해 손해배상과 부당이득금반환 청구소송과 같은 소송을 제기하는 경우도 있었다.

도표 9.19 임차인이 제시한 입주자조직 부재에 따른 피해유형

유 형	빈도수(%)
관리소 횡포	48(10.1)
관리비 부과의 부당성	94(19.1)
세대내 하자처리의 상실성	178(37.8)
공요부분의 관리소홀	147(31.3)
분양전환 준비미흡	6(1.3)
합 계	473(100.0)

자료 : 김영일, "공공임대주택의 공급 및 관리제도 개선방안에 관한 연구", 동국대학교 석사논문, 2006, p. 37.

이러한 점이 임차인으로 하여금 스스로의 권익을 옹호하기 위해서는 자신들을 대표하는 모임을 만들 필요성을 느끼게 하였으며, 이를 지원하는 시민단체들의 노력으로 마침내 2000년 1월 12일 임대주택법의 개정을 통해 20호 이상의 임대주택에서 임차인대표회를 둘 수 있도록 되었다. 이를 근거로 임차인대표회의를 구성하고 관리규약의 제정이나 개정, 하자보수 등 전반적인 관리사항 그리고 관리비 등에 대하여 임차인대표회의를 통하여 관리주체와 협의를 할 수 있게 되었다.[56]

① 필요성[57]

공공임대주택 임차인들의 참여는 말 그대로 자신 주택관리와 관련한 의사결정 과정에 능동적으로

56) 2005년을 기준으로 전국의 공공임대주택의 임차인 대표회의 구성현황을 보면 전체의 40%가 조직되었다. 전체 임차인대표회의 구성단지 중에서 5년 공공임대주택은 55%, 50년 공공임대주택은 45%, 국민임대주택은 30% 끝으로 영구임대주택은 27%의 구성률을 보인다. 관리단지 수와 비교해 볼 경우 국민임대주택의 70%, 50년 공공임대주택이 40개로 국민임대주택의 관리단지 수가 많음에도 불구하고 임차인 대표회의 구성단지 수는 적은 편이다. 영구임대주택도 관리단지 수가 전체 139개 중 126개로 5년 공공임대주택 155개 다음으로 많음에도 불구하고 5년 공공임대주택에 비하여 임차인대표회의 구성단지 비율은 전반에 그쳤다. 그만큼 임차인참여가 낮은 것으로 보아 권리를 행사함에 있어 소극적이고, 임차인과 관리주체 간의 갈등이 커질 수 있는 요인이 된다고 할 수 있다. [양선, "공공임대주택의 효율적 배분 및 관리방안에 관한 연구", 경희대학교 석사논문, 2008, pp. 48~50.]

57) 남원석, "공공임대주택 임차인 관리 참여방안", 주택도시, 제78권, 2003, pp. 63~65.

참여하는 것을 뜻한다. 그리고 이를 통해 임대사업자, 관리주체 등과 협력관계를 형성하여 쾌적하고 살기 좋은 공공임대주택 단지를 만들어 가는 것을 목표로 한다. 공공임대주택 관리에 있어 임차인들의 참여가 필요한 이유를 구체적으로 정리하면 다음과 같다.

첫째, 도덕적인 측면에서 임차인 참여는 정당화될 수 있다.[58] 임차인은 자신의 주택에서 지속적으로 거주해왔고 주택관리와 관련된 여러 결정에 의해 영향을 받기 때문에 자신의 주택이 어떻게 관리되는지에 대해 인지하고 발언할 수 있는 권리를 가지고 있어야 한다는 것이다.

둘째, 임차인 참여는 공공임대주택에 저소득층이 집단화됨으로써 발생할 수 있는 부작용을 해결하는데 기여할 수 있다.[59] 우리나라의 경우, 서구의 공공임대주택처럼 주요 시설물에 대한 파괴행위(vandalism) 등의 반사회적 행위(antisocial behavior)가 심각하지는 않지만, 쓰레기 투기, 방뇨, 배변, 공공시설 및 기물의 파괴행위가 적잖이 발생하고 있다. 서구에서는 이러한 반사회적 행동으로 인해 소득이 다소 높은 계층의 이주가 발생하면서 공공임대주택 단지가 지역사회에서 더욱 쇠퇴하고 고립되는 결과를 낳고 있으며 시설물의 노후화가 촉진되는 현상이 나타나고 있다. 이에 이들 국가에서는 임차인들의 공동체의식을 회복시켜 공동시설물을 포함한 주택관리에 관심을 갖도록 유도하는 방안을 단지 쇠퇴를 막는 대안 중 하나로 삼고 있다.

셋째, 보다 효율적인 주택관리를 위해서는 그 곳에서 생활하고 있는 임차인들의 목소리가 반영될 필요가 있다. 분양아파트에는 입주자대표회의와 같은 주민참여조가 있어 관리주체와의 협력을 통해 주택관리의 효율성을 기하고 있다. 마찬가지로 공공임대주택에서도 임차인 참여구조를 만들어 임차인들이 주민으로서 느꼈던 생활상의 불편과 이를 개선하기 위한 아이디어를 관리주체와 공유하고, 관리주체는 자신의 전문성을 발휘하여 보다 효율적으로 주택을 관리하는 형태의 협력체계를 구축할 필요가 있는 것이다.

② 임차인 관리 참여의 지향

임차인 참여의 수준과 내용은 다양할 수 있다. 아예 임대사업자가 임차인들의 목소리를 무시하는 한 극단이 있다면, 그 반대 극단은 임차인들이 주택관리와 관련한 모든 사안들에 대해 결정을 내릴 수 있는 수준이라 할 수 있을 것이다. 그리고 이 양 극단 사이에서는 매우 다양한 방식과 내용의 참여가 위치해 있는 것이다.

예를 들면, 임대사업자가 임차인들에게 주택관리와 관련한 정보를 소식지나 설명회, 인터넷, 지역언론 등을 통해 제공하는 낮은 수준의 방식도 있을 수 있으며, 중 사안에 대해서 임차인들의 의견을 취합하거나 협의하는 방식은 단순한 정보제공 방식보다 높은 수준의 임차인 참여라 할 수 있다. 또한

58) Pearl, M., ocial Housing Management ; A Critical Appraisal of Housing Practice, London : Macmillan., 1997.
59) 박신영 · 김영범, "영구임대주택 단지에서의 입주자 관리 참여방안", 한국행정연구, 제5권 제3호, pp. 102~122.

영국에서는 임차인들에게 공공임대주택에 대한 관리권(right to manage)을 부여하여 임차인들 스스로 주택을 관리할 수 있도록 하기도 하는데, 이는 매우 높은 수준의 임차인 참여인 셈이다. 이처럼 임차인 참여의 다양한 수준을 도식화하면 아래 도표와 같이 나타낼 수 있다. 도표 9.20

도표 9.20 임차인 참여의 수준

- 임차인들이 모든 사안들에 대해 결정 권한을 가지고 있음
- 임차인들이 일부 결정들을 내릴 수 있는 권한을 가지고 있음
- 의사결정과정에 영향을 미칠 수 있는 실질적인 기회가 임차인들에 있음
- 임대사업자가 결정을 내리기 전에 임차인들의 의견을 구함
- 임대사업자가 임차인들에게 이미 정해진 결정사항을 설명함
- 임대사업자가 임차인들에게 이미 정해진 결정사항을 통보함

자료 : Pearl, M., ocial Housing Management; A Critical Appraisal of Housing Practice, London : Macmillan, 1997.; 남원석, "공공임대주택 임차인 관리 참여방안", 주택도시, 제78권, 2003, p. 64. 재정리.

이처럼 임차인 참여가 다양한 수준의 내용을 포괄하는 의미로 사용되지만, 분명히 짚고 넘어갈 것은 임차인 참여에 대한 형식주의(tokenism)를 경계할 필요가 있다는 점이다. 예를 들면, 이미 결정된 사항에 대해 임차인들에게 의견을 묻거나 통보하는 경우, 혹은 임차인들의 의견을 의사결정과정에 반영하지 않는 것은, 임차인 참여라는 형식을 취하고 있지만 실제로는 임차인들을 주택관리와 관련한 의사결정에서 배제시키는 결과를 낳기 때문에, 진정한 의미에서 임차인 참여라고 보기 어렵다.

결국 임차인 참여는 임차인들이 자신의 주택에 대한 의사결정과정에 실질적인 영향력을 행사하는 것을 지향하면서 낮은 수준에서 높은 수준으로 지속적으로 진화하고 발전하는 동적인 과정으로 이해될 필요가 있다. 정형화된 임차인 참여 모델은 없기 때문에 각각의 사회에 적합한 임차인 참여의 내용과 형식을 갖추어가되, 의사결정과정에서 그 동안 배제되어 온 임차인들이 실질적인 영향력을 행사할 수 있도록 하는 것이 임차인 참여를 바라보는 올바른 관점이라 할 수 있는 것이다.

용어 정리

- **계정주택** (計定住宅 : Account house)
- **고령자주택** (高齡者住宅 : Senior's housing)
- **공동주택** (共同住宅 : Apartment house)
- **근린상가** (近隣商街 : Neighborhood center)
- **단독주택** (單獨住宅 : Detached house)
- **보조주택이용자** (輔助住宅利用者 : Second home users)
- **분양주택사업** (分讓住宅事業 : Condominium project)
- **분양형 소유권** (分讓型所有權 : Condominium ownership)
- **소매업매출액** (小賣業매출액 : Retail sales)
- **연립주택** (聯立住宅 : Attached house)
- **연립주택사업** (聯立住宅事業 : Town home project)
- **완전소유권** (完全所有權 : Fee simple ownership)
- **의료용도** (醫療用途 : Health care)
- **이동주택** (移動住宅 : Mobile home)
- **자유입지선정** (自由立地選定 : Free-standing store)
- **정부보조주택** (政府輔助住宅 : Federally subsidized)
- **조합주택** (組合住宅 : Cooperatives)
- **주택관리체계** (住宅管理體系 : House management system)
- **포획률** (捕獲率 : Calculating capture)
- **흡수율** (吸收率 : Absorption rate)

생각해 볼 문제

1. 공동주택의 의의와 공동주택의 장 · 단점에 관하여 설명하시오.
2. 영국, 미국, 일본 등 외국의 공동주택관리제도에 관하여 설명하시오.
3. 우리나라 공동주택관리의 법령체계에 관하여 설명하시오.
4. 공동주택 관리조직의 구성에 관하여 설명하시오.
5. 입주자대표회의의 법리적 해석과 그 역할에 관하여 논하시오.
6. 우리나라 주택관리사 제도의 문제점과 그 과제에 관하여 약술하시오.

CHAPTER 10 입주자관리

I 입주자관리의 의의와 주요업무

01 입주자관리의 의의

1.1 서설

입주자관리란 공동주택의 관리주체가 입주자들의 민원사항을 파악하여 이를 해결하고 입주자 상호간의 이해관계를 대화와 계몽 등의 방법으로 조정하여 원만한 공동생활을 이루도록 하는 관리활동을 말한다.[1)]

종전의 주택관리업무는 시설물관리에 그쳤으나, 단지의 규모가 확대되고 공동주택의 주거형태가 일반화 · 다양화됨에 따라 입주자관리의 업무비중이 높아지고 있으며, 공동주택의 관리업무에 있어서 입주자관리는 상당히 중요한 비중을 차지하게 되었다.

관리주체가 주택관리업무를 아무리 성실하게 수행한다고 하여도 입주자의 협조가 없이는 효율적인 관리를 할 수 없다.

공동주택의 관리자는 효율적인 관리를 수행하기 위하여 입주자들의 협조와 입주자 대표회의 및 부녀회, 반상회 등을 통하여 주민들의 적극적인 참여가 이루어지도록 노력하여야 한다.

1) 이창석 외, 「공동주택관리실무」, pp. 42~43.

STORY TIP 10.1 갈등 관리

갈등이란 어느 한 사람의 자신의 관심사를 다른 쪽으로 좌절시키려고 한다고 지각할 때 시작되는 과정으로서 자기가 원하는 것을 할 수 없이시 내직으로 좌절을 경험하는 상황을 말한다. 지속적인 갈등은 종업원의 심리적 복지에 큰 부담을 주지만 적당한 갈등은 오히려 도움이 된다.

갈등의 유형	갈등의 원인
수직적 갈등(vertical conflict)	조직의 계층 간에 발생하는 갈등으로서 주로 상위부서가 하위부서의 재량권을 통제하는 과정에서 발생
수평적 갈등(horizontal conflict)	한 조직계층의 동일수준부문 간에 발생하는 갈등으로서 자기부서를 우선적으로 생각하는 경향 때문에 발생
역할갈등(role conflict)	서로 양립할 수 없는 기대가 동시에 한 직위에 주어질 때 발생하며, 주로 하위계층에서 경험하게 되는 갈등
라인-스탭 갈등(line-staff conflict)	양측이 상대방의 업무를 이해하지 못하거나 영역을 침범함으로써 발생하는 라인과 스탭 간의 기능상 갈등

자료 : 김영곤, 오준석, 이창석, 정상철, 「부동산업 경영론」(서울 : 형설출판사, 2009), p. 183.

1.2 입주자관리의 목표와 주안점

1.2.1 관리의 목표와 주안점

입주자관리는 대립과 분쟁의 예방, 공동체의식함양과 주민 상호간의 융화 도모, 공공질서 유지로 쾌적한 주거환경의 조성 등에 있다.

이를 위한 관리업무의 주안점은 입주자의 요구 및 희망사항의 파악, 입주자와의 대화촉진, 입주자의 실태파악, 입주자대표회의 활성화 방안 강구, 반상회, 부녀회, 노인회 등을 통한 관리업무의 홍보 친목 및 유대강화 방안 강구

1.2.2 업무수행시 고려사항

① 관리원은 복무규율을 준수하고 정위치를 지켜야 하며, 친절하고 공손한 자세로 그 직분을 성실히 수행하여야 한다.

② 공동주택단지는 관리원의 생활공간인 동시에 자신의 재산이라는 자세로 사명감을 가지고 관리하여야 한다.

③ 관리원은 입주자들이 안심하고 평온하게 생활을 영위할 수 있도록 공동주택단지를 관리하여야

하며, 특히 노약자들에게 세심한 관심을 가져야 한다.

④ 관리원은 입주자의 사생활과 관련된 민원일 경우에는 그 처리에 있어서 비밀을 유지하여야 하며, 입주자의 사생활과 관련하여 지득한 사실은 제3자에게 공개하여서는 안된다.

⑤ 단지주변의 생활환경과 단지 내의 각종 시설물에 대한 지식을 충분히 갖출 수 있도록 관리원은 소양과 업무처리 능력을 배양하여야 한다.

⑥ 입주자의 자발적인 참여를 유도하기 위하여 관리업무에 대한 홍보를 수시로 하여야 한다.

⑦ 입주자와 관리원 사이에 발생할 수 있는 불만요인을 사전에 분석하여 예방하고, 입주자와의 친목과 유대를 통해 서로의 이해를 도모하여야 한다.

02 입주자관리의 주요업무

입주자관리에 있어서 중점을 둬야 할 사항으로는 대립과 분쟁을 예방하고 공동체 의식의 함양과 주민상호간에 융화를 도모해야 한다. 특히 공공질서의 유지로 쾌적한 주거환경을 조성함은 물론 참여와 협동으로 관리의 효율성을 높여야 한다. 입주자의 실태파악은 물론 이들의 요구와 희망사항을 파악하고 대화를 촉진시켜야 한다. 이와 함께 입주자대표회의의 활성화 방안을 강구하고 반상회, 부녀회, 노인회 등을 관리업무 홍보 및 친목 · 유대강화에 힘써야 한다. 도표 10.1

도표 10.1 부동산관리와 주거여과과정

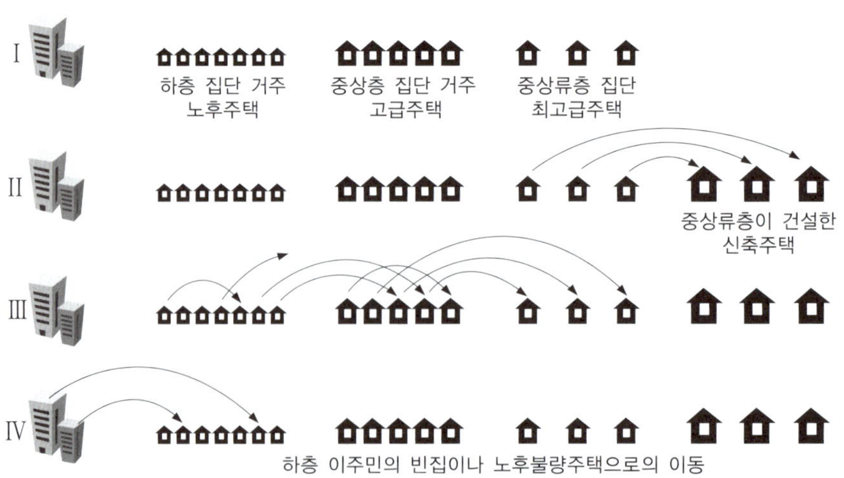

자료 : Johnston, R. J., Urban Residential Patterns : An Introductory Review (G. Bell, 1974), p. 98.

2.1 입주자의 권리와 의무

입주자의 권리로서는 이행요구권, 조직구성 및 의결권, 서면동의권, 사용권, 사용청구권, 관리규약의 제 · 개정권 등이 있다.

입주자의 의무는 다음과 같다.

① 입주자는 관리규약을 성실하게 지켜야 한다.
② 입주자는 공동생활의 질서유지와 공공의 이익을 해하는 행위를 해서는 안 된다.
③ 입주자는 공동주택과 부대시설 및 복리시설을 선량하게 관리 · 보존할 의무를 진다. 즉, 전유부분이 주거용도로 분양된 경우 입주자는 정당한 사유 없이 그 부분을 주거 이외의 용도로 사용하거나 그 내부의 벽을 철거 또는 파손하여 증 · 개축하는 행위를 하여서는 아니된다.
④ 입주자는 관리인의 업무 수행상 필요한 경우 정당한 사유가 없는 한 이에 응하여야 한다.
⑤ 입주자는 관리비를 납부하여야 하며 연체시 배상책임을 진다.
⑥ 입주자는 관리규약에 달리 정함이 없는 한 그 공유지분에 따라 공용부분의 관리비용 기타의무를 부담한다.
⑦ 입주자는 전용부분의 관리 소홀로 다른 입주자에게 손해를 끼쳤을 때에는 그 손해에 대하여 배상책임이 있다.
⑧ 입주자는 공동주택의 생활환경에 주의의무를 다해야 한다.
⑨ 입주자는 관리주체가 징수하는 특별수선충당금을 납부할 의무가 있다.

2.2 입주자의 손해배상책임

입주자의 손해배상책임의 소재이다. 입주자 등이 고의 및 과실로 공용부분 및 시설물 등을 훼손하였을 경우에는 원상을 회복하거나 보수에 필요한 비용을 부담하여야 한다.

그리고 관리업무 수행 상 관리주체의 세대내의 출입을 거부한 입주자 등은 그로 인하여 제3자에게 손해를 끼쳤을 경우에는 그 손해를 배상하여야 한다. 뿐만아니라 입주자 전유부분 실설물의 마모, 자연훼손으로 인하여 타의 전유부분 또는 고유부분에 본의 아니게 피해를 주었을 경우에는 입주자 등은 원상회복에 따른 복구공사에 협조를 하고 이를 변상하여야 한다.

Ⅱ 입주자관리와 점검 및 고정처리

01 입주절차와 점검업무

1.1 입주절차와 입주

1.1.1 입주절차

공동주택의 입주절차는 입주통보로부터 시작되며 다음 내용과 같이 그 절차에 따라 이행된다. 그리고 입주시에는 모든 관리요원을 입주지원 체제로 현성, 업무를 분담하여 조직적으로 입주업무를 수행토록 하여야 한다. 입주자가 이삿짐을 싣고 정문에 도착하면 입주증과 본인임을 철저하게 확인한 후 입주시키되 불친절이 되지 않도록 유의하여야 한다.[2] 특히 동시에 많은 세대가 입주하게 될 경우에는 도난사고에도 만전을 기해야 한다. 도표 10.2

도표 10.2 입주절차

입주통보	→ 사업주체 → 입주자 ① 시기 : 입주개시 1개월 전 ② 내용 : 입주일정, 생활여건 안내 등
↓ 잔금납부 및 입수증 수령	→ 사업주체가 기정하는 장소 ① 인감도장 ② 주민등록증 ③ 입주잔금
↓ 관리계약 제결 및 열쇠 수령	→ 사업주체가 현장사무소(관리사무소) ① 주민등록증 ② 인장지참
↓ 시설을 점검, 인계, 인수 및 입주	→ 전기, 수도, 가스 등 계량기의 검침 확인
↓ 하자 또는 불편사항 신고	→ 사업주체 현장사무소

입주당일 관리계약 등 수속을 하여야 하는 경우 신속 · 정확하게 사무처리를 해야 하며, 입주시 관

2) 이창석 외, 「공동주택관리실무」, pp. 42~43.

리사무소에는 사업주체 직원과 입주자 입회하에 전기, 가스 등 각종 계량기를 검침하여 비용의 부담 한계를 분명히 하여야 한다. 보통 신규로 입부를 하게 되면 관리비예치금을 납부하는데 이는 이사할 때 돌려받을 수 있다.

1.1.2 입주계획 및 입주통보

입주계획은 우선 세부계획을 세워야 하는데 이 세부계획에는 입주일정계획, 입주안내, 지원반의 편성·운영계획, 하자보수 전담창구의 설치 등 민원사항의 신속한 처리를 위한 계획, 생활여건 조성계획이 포함돼야 한다.

입주통보시에는 입주일정, 입주절차(잔금납부, 열쇠교부 등), 주민등록을 이전할 주소, 주택취득에 따른 제세공과금 납부장소 및 구비서류, 본인입주내용 주지, 장판칠 시기 등 내부관리 방법 안내, 기타 입주자가 알아야 할 사항을 통보 내용에 넣어야 한다.

STORY TIP 10.2 부동산관리와 대인관계

조하리의 창(Johari window)이란 루프트(J.Luft)와 잉검(H, Ingham)이 개발한 모형으로 대인 관계에 있어서 타인에게 자신을 어떻게 노출시키고 환류 받는지를 설명해 주는 대인관계의 형태모형이다. 자신의 영역 중에서 타인에게 노출되는 정도와 자기 자신에게 환류되어 알려져 있는 정도에 따라 4가지의 영역으로 분류하여 설명한다.

- 공공(public)영역 : 자신이나 타인에게 잘 알려져 있는 부분
- 사적(private)영역 : 자신에게는 알려져 있지만 타인에게는 알려지지 않은 부분
- 미지(unknown)영역 : 자신과 타인에게 다 알려지지 않은 부분

타인들에게 자신들을 노출시키고 피드백을 받을수록 공공영역은 확장되며, 공공영역이 넓을수록 서로에 대한 이해가 증대되고 갈등이 줄어들 수 있다. 이렇게 참여자들이 상호 공공영역을 늘릴 때 허식과 방어적 행위는 감소한다.

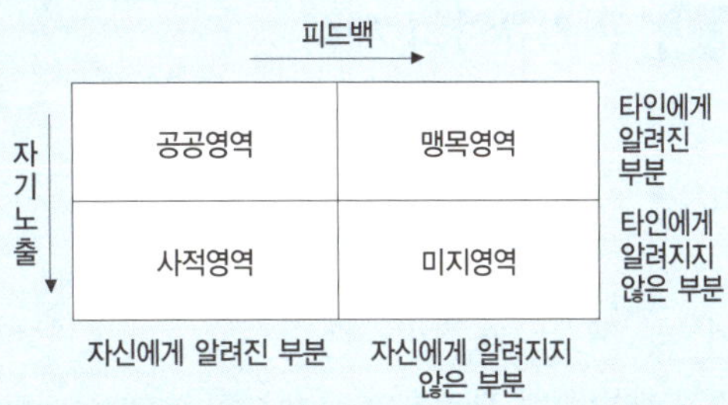

자료 : 김영곤, 오준석, 이창석, 정상철, 「부동산업 경영론」 (서울 : 형설출판사, 2009), p. 181.

1.2 시설점검

공동주택의 입주민들이 공동으로 사용하는 급수시설과 전기, 가스, 통신시설 그리고 조경이나 진입로, 교통, 편익시설 등에 대한 점검이 필요하다. 급수시설은 지하 저수조나 옥상물탱크의 청소생태나 저수량 확인과 펌프실 기기 작동상태, 동절기 입주시 동파 대비 등이 점검사항이다.

전기의 경우는 비상발전기의 작동상태와 정전시 한전과의 사전협조 등을 점검한다. 가스는 도시가스 사용지역의 경우 도시가스회사와 협조, 공급시기 조정 및 안전관리 책임의 한계, LPG 사용세대는 사용상의 주의 및 책임문제 등을 홍보해야 한다.

통신시설의 경우 단지내 공중전화의 설치여부와 일반전화의 수급상황을 확인한다. 진입로나 주경, 토목 등이 완성되지 않은 경우 이유와 완공예정일을 알리고 진입로가 포장되지 않은 경우는 입주시 응급대책을 마련한다.

교통의 경우 지방자치단체와 버스노선의 신설이나 연장 또는 마을버스 운행 등 입주자 교통편의 제공방안을 협의하고 관할 경찰서와 횡단보도, 일단정지, 정류장위치 등 설치를 협의 · 조치해야 한다. 단지내에는 과속 방지턱 등의 시설을 설치해야 한다. 입주민들의 생활편익을 위해 단지내 점포의 개점을 촉진하고 입점이 늦어질 경우 공동구매 주선 등 응급대책을 마련해야 한다.

이밖에도 보건, 의료시설, 교육시설, 금융기관, 파출소, 동사무소 등 공동시설 및 편의시설 점검하고 미진한 사항이 있을 경우에는 이를 보완한다.

1.3 관리규약의 제정

1.3.1 제정시기

최초로 제정하는 관리규약은 사업주체가 주택법에서 정하는 바에 따라 관리규약을 제안하여 입주예정자가 입주시 관리계약을 체결할 때에 서면합의로 결정한다.

그리고 그 재정은 입주후 입주자대표회의가 구성되면 입주자대표회의 또는 10분의 1 이상의 입주자등이 제안하여 입주자등의 과반수의 찬성을 얻어 결정한다.

1.3.2 관리규약준칙에 포함되어야 할 사항

다음은 관리규약준칙에 포함되어야 할 사항들을 정리한 것이다. 이외에도 여러가지 사항을 결정할 수 있다.

그 내용을 보면 입주자등의 권리 및 의무, 입주자대표회의 구성 및 운영과 그 구성원의 의무 및 책임, 동별 대표자의 자격 · 선임 · 해임 및 임기, 입주자대표회의 소집절차, 입주자대표회의 운영비의 지급여부 및 그 금액, 자치관리기구의 구성 · 운영 및 관리사무소장과 그 소속직원의 자격요건 · 인사 · 보수 · 책임, 입주자대표회의 또는 관리주체가 작성 보관하는 자료의 종류 및 그 열람방법 등에 관한 사항, 위 · 수탁관리계약에 관한 사항, 관리주체의 동의 기준, 관리비예치금의 관리 및 운용방법, 관리비등의 세대별 부담액 산정방법 및 징수 · 보관 · 예치 · 사용절차, 관리비 등을 납부하지 아니한 자에 조치 및 가산금의 부과, 장기수선충당금의 요율 및 사용절차, 회계처리기준 · 회계관리 및 회계감사에 관한 사항, 회계관리 임직원의 책임 및 의무(재정보험에 관한 사항 포함), 각종 공사 및 용역의 발주와 물품의 절차, 관리 등으로 인하여 발생한 수입의 용도 및 사용절차, 공동주택의 관리책임 및 비용부담, 관리규약을 위반한 자 및 공동생활의 질서를 문란하게 한 자에 대한 조치, 그 밖에 공동주택의 관리에 필요한 사항 등이다.

1.4 입주관리업무

1.4.1 입주전일 점검 및 준비사항

입주전일 검검 및 준비사항은 간선도로변 입주유도 표지판 설치, 관리계약장소 · 열쇠불출장소 · 하자신고장소 등의 안내표지판 설치, 입주환영 현수막 설치, 입주절차 안내벽보, 입주당일 유의사항, 관리규약내용 등의 게시, 입주현황 등의 준비상태 점검 등이다.

1.4.2 입주시 유의사항

입주시 유의사항은 전 관리요원을 입주지원체계로 편성, 입주당일에 관리계약 등 입주수속을 신속 · 정확하게 사무처리, 입주자 입회하에 각종 계량기를 점검하여 비용의 부담한계, 시설물 확인 및 주택인계인수서에 서명날인 후 입주토록 하는 등이다.

1.4.3 입주당일 벽보로 게시할 유의사항

입주당일 벽보로 게시할 유의사항은 이삿짐 등의 안전운반에 관한 사항, 전열콘센트 사용에 관한 사항, 쓰레기처리에 관한 사항(음식물쓰레기, 재활용품 등의 배출방법), 방문자 신분확인(보수공으로 가장한 도난사고), 보수공이나 각종 기기를 점검하는 사람으로 가장하여 금품을 요구하는 사례발생시 즉시 관리사무소에 신고, 처음 도배는 되도록 종이 도배지 사용(결로현상이 생길 수 있음), 미아 발생예방 등이다.

02 하자관리

2.1 하자의 개념

2.1.1 하자의 의의

하자(瑕疵)란 법률 또는 거래의 당사자가 예견하고 있는 상태나 성질이 결여되어 결점이 인정되는 경우를 말한다. 관련법령상 건축물의 하자란 시공자가 목적물을 설계도서 및 시방서대로 이행하지 아니하여 품질의 규격 및 성능상의 결함과 그 설치가 불안전한 것을 말한다.

「주택법 시행령」에서는 공동주택하자의 범위를 "공사상의 잘못으로 인한 균열 · 처짐 · 비틀림 · 들뜸 · 침하 · 파손 · 붕괴 · 누수 · 누출, 작동 또는 기능불량, 부착 · 접지 또는 결선불량, 고사 및 입상불량 등이 발생하여 건축물 또는 시설물의 기능 · 미관 또는 안전상의 지장을 초래할 정도의 하자(주택법 시행령 제59조 제1항 별표6)"로 규정하고 있다.

2.1.2 하자의 구분

하자에는 잔손보기(보수시 특별한 전문기술이 필요하지 아니하는 사항, 보수시 장시간을 요하지 아니하고 즉시 조치가 가능한 사항, 보수비용이 필요하지 아니하거나 극히 경미한 사항, 자재의 반입을 필요로 하지 아니하는 사항), 시공하자(시공하자는 시공자가 시행한 건설공사의 시공상 잘못으로 인한 하자 중 잔산보기 이외의 하자를 말한다. 잔손보기라 할지라도 생활에 많은 불편을 주는 사항은 시공하자로 본다.), 자재하자(자재의 납품자가 납품 또는 설치한 자재의 하자를 말한다.), 설계하자(설계상 잘못으로 발생된 하자, 기능 및 구조적 결함으로 발생된 하자, 생활에 불편을 주어 설계상의 개선을 요하는 하자, 기타 설계상 개선을 요하는 하자) 등이 있다.

2.2 하자의 점검

2.2.1 입주대비 점검

① 점검시기

입주대비 점검은 건물사용검사 1월전까지 입주자가 점검에 참여할 수 있도록 점검일정을 안내하고 입주 개시 20일 전까지 완료할 수 있도록 세부일정계획을 수립하여 시행하여야 한다.

② 점검내용

입주대비 점검을 통하여 발견된 하자는 시공자에게 통보하여 지체없이 보수를 완료하고, 하자발생 및 처리내용을 하자관리대장에 기재하고 관리하여야 한다.

점검내용은 사용검사시 지적된 사항의 재확인, 각종 시설물의 설치 및 작동상태, 각종 기기의 설치 여부 및 상태, 안전관리상 위해부위의 점검 등이 있다.

2.2.2 입주 후 점검

① 점검시기

하자를 점검하기 위하여 1차 호별 방문은 입주 30일 이내에 하고, 그 다음 매 3개월 단위로 하자만료 1월 전까지 방문점검을 하여야 한다.

② 점검내용

방문점검을 실시하기 전에 순방일정을 방송 또는 안내문을 게시하여 사전에 예고하고, 부재중인 세대는 입주자가 하자사항을 기재하여 제출할 수 있도록 하자신고 용지를 세대 내에 투입한다. 발견된 하자는 시공자에게 통보하여 지체없이 보수 완료하도록 하고, 그 결과를 하자관리대장에 기록유지하고 조사자와 입주자의 확인 날인을 받는다.

점검내용은 입주대비 점검시 지적된 사항의 재확인, 누수 · 결로 등의 발생여부, 각종 시설물의 작동상태, 각종 기기의 유지상태, 기타 입주자가 알려준 사항 등이 있다.

2.3 하자보수요령

2.3.1 입주초기 잔손보기 및 하자보수

입주한 주택의 잔손보기나 하자보수업무를 신속하게 처리하기 위하여 시공업체의 보수원을 6월간 상주시켜야 하며, 하자신고의 창구를 일원화한다.

고사항이 즉시처리가 곤란한 경우에는 늦어지는 사유와 처리가능한 날을 분명히 하여 불신을 사지 않도록 하여야 한다.

2.3.2 보수요구 및 확인

입주자의 신고 및 각종 점검을 통하여 발생된 잔손보기는 즉시 처리하고, 시공상의 잘못으로 인한 하자는 2일 이내에 시공업체에게 문서로 보수를 요구한다. 시공자가 하자보수를 완료하고 보수완료 확인서를 제출하면 관리소장은 해당세대를 방문하여 입주자의 확인을 받아 확인서에 날인을 하고 종결 처리한다.

STORY TIP 10.3 감성적 능력과 부동산관리

업무성과는 지적 능력이나 육체적 능력에 달려 있다고 지금까지 믿어왔지만 심리학자 다니엘 골맨(D. Goleman)은 IQ보다는 EQ(Emotional Quotient)가 경력에 훨씬 더 중요하다고 주장한다. 감성적 능력 또는 감성지능(emotional intelligence)이란 얼마나 똑똑한지 혹은 얼마나 유능한지 나타내기보다는 자신과 다른 사람들을 얼마나 잘 다루는지의 능력이다. 즉 다른 사람의 정서(feeling)와 감성(emotion)을 잘 알아채고 이해하고 조정할 수 있는 능력이다. 이러한 감성적 능력이 창의력을 발휘하는 데 더 결정적이라는 주장이 있으며 상호관계가 생명인 팀워크로 하는 업무에서는 사회성 지수(SQ : Social Quotient)도 높아야 된다고도 한다.

감성적 능력도 역시 사람마다 다르다. 예를 들면 감성지식이 높은 사원들이 판매고를 더 높이고 고객서비스를 더 잘한다는 연구가 있다. 나와 남의 감정상태를 이해하고 접근하면 조직생활이 훨씬 더 효과적일 것이다. 그런데 나와 남의 감정을 인지하고 이해하고 조절하는 능력은 지식이나 지능지수보다는 감정지수가 높아야 한다. 감정지수가 높을수록 조직에서의 대인관계에 성고을 거둘 수 있으며 어려운 감정의 고비를 넘길 수 있을 것이다.

자료 : 임창희, 「조직행동」(서울 : 비앤엠북스, pp. 66~67)

03 입주자의 고정처리

3.1 입주자의 의사전달과정과 입주자관리

3.1.1 입주자의 의사전달과정

공동주택관리에 있어 입주자의 참여는 대단히 중요하다. 이를 위해 관리주체는 입주자의 정확한 실태를 파악하고 있어야 한다. 이는 입주자관리의 기본 자료가 된다.

입주자의 현황을 파악할 때에는 사생활을 침해할 수 있으므로 다음 사항에 유의하여야 한다.[3]

의사전달과정은 다음과 같다. 도표 10.3

도표 10.3 의사전달과정

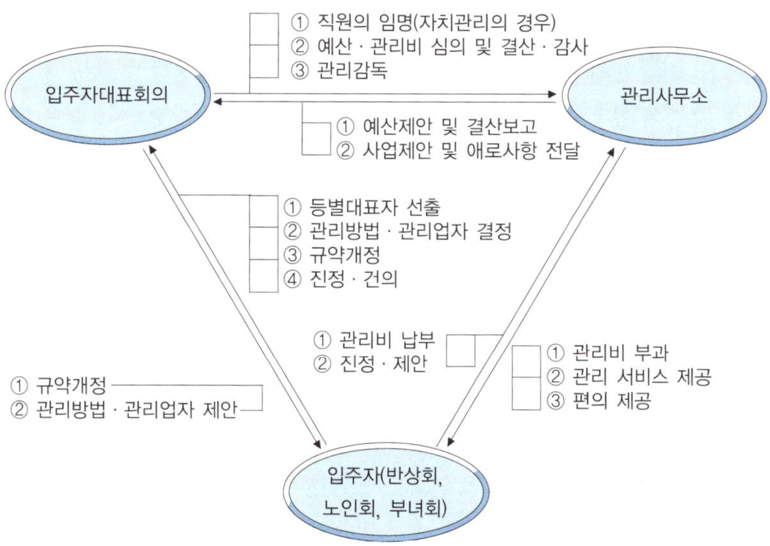

첫째, 실태조사는 입주자 상호간의 이해관계 조정을 위하여 필요한 최소한의 내용이어야 한다.

둘째, 조사활동 내용은 반드시 입주자의 동의를 받아야 한다.

셋째, 조사한 내용은 정당한 사유없이 외부에 공개해서는 안 된다.

3) 상계서, pp. 44~50.

3.1.2 입주자의 실태파악

공동주택관리에 있어 입주자의 참여는 대단히 중요하다. 이를 위해 관리주체는 입주자의 정확한 실태를 파악하고 있어야 한다. 입주자의 현황을 파악할 때에는 입주자의 사생활을 침해할 수 있으므로 유의하여야 한다.

예를들면 실태조사는 입주자 상호간의 이해관계 조정을 위하여 필요한 최소한의 내용이어야 하며, 조사활동의 내용은 반드시 입주자의 동의를 받아야 한다. 그리고 조사한 내용은 정당한 사유없이 외부에 공개해서는 안 된다.

3.2 입주자 카드 작성방법

입주자관리를 위해서는 우선 세대별로 입주자 카드를 작성하여야 한다. 이는 입주자관리의 기본자료가 된다.

입주자 카드의 작성시기와 작성방법은 입주시에 관리사무소에서 작성하게 하는 방법, 입주후 관리요원이 호별 방문하여 작성하게 하는 방법, 동별 대표자로 하여금 작성하게 하는 방법, 통 · 반장을 통하여 반상회 등의 모임이 있을 때 작성하게 하는 방법 등이 있다.

3.2.1 입주자 카드의 관리

관리주체는 입주자의 다음 변동사항을 항상 조사하여 실제의 입주자와 입주자 카드의 내용이 항상 일치될 수 있도록 조사하여 정리하여야 한다. 그리고 그 내용은 가족수별 현황, 세대주의 직업별 현황, 소득계층별 현황, 학교별 학생 현황, 입주형태별 현황, 연령별 입주자 현황, 동호별 자동차보유 현황, 소화기 소유 현황 등이다.

3.2.2 동별로 편철 · 보관

정리된 입주자 카드는 동별로 편철하여 언제나 찾아볼 수 있도록 잘 보관하여야 한다. 편철 · 보관된 자료로 필요에 따라 열람하며, 입주자의 이동에 따른 카드는 별도 보관 · 관리한다.

그리고 필요시에는 카드를 자료로 하여 각종 항목별 통계를 작성하여, 이를 효율적인 입주자 관리를 위한 자료로 활용하여야 한다.

3.3 입주자 카드의 활용

입주자 카드를 이용함에 있어서는 우선 동별 또는 이웃간에 동질적인 화제를 발견하여 입주자에게 공동체인식을 심어주어야 한다. 공동생활에서 상반된 이해관계가 있다면 입주자 카드를 활용하여 공동체의 구심점을 찾아서 입주자 상호간의 대화나 입주자와 관리자와의 관계를 원활하게 유지하여야 한다. 또한, 입주자에게 의하여 단지 내에 구성된 조직의 형태 및 운영실태를 파악해 두는 것 역시 효율적 입주자 관리를 수행하기 위하여 필요하다. 활용항목을 부녀회, 노인회, 테니스회 등의 조직유형, 각 조직의 대표 및 임원 등의 조직의 구성내용, 조직의 운영상태, 입주자에 대한 조직별 영향력 정도, 입주자의 조직에 대한 참여자세 등이다.

04 입주자의 의무와 권리

4.1 입주자 등의 의무

공동주택은 단독주택의 경우와 달리 각 세대의 가족구성원의 생활태도가 다르다. 다른 다양한 계층의 세대들이 벽과 바닥 및 천장을 이웃하여 하나의 건축물 내에서 각종의 시설물을 공동으로 사용하며 함께 살아가야 한다. 때문에 공동생활을 조화롭게 영위하기 위하여 각자에게 부여된 다음의 의무를 성실히 지켜야 한다. 몇 가지를 정리하면 다음과 같다.

첫째, 입주자 등은 공동생활의 질서유지와 주거생활의 향상을 위하여 제반시설을 선량하게 보전 · 유지하여야 한다.

둘째, 입주자 등은 관리주체가 건물을 점검하가나 수리하기 위하여 공동주택 등에 출입하고자 하는 경우 이를 거부할 수 없다.

셋째, 입주자 등은 공동생활의 질서를 문란하게 하는 행위를 하여서는 아니된다.

넷째, 입주자는 공동주택 등의 유지관리를 위하여 필요한 관리비 및 장기수선충당금을 매월 부담하여야 한다.

다섯째, 입주자가 그의 소유인 전유부분을 제3자에게 대여한 경우에도 관리비 등의 납부의무는 당해 입주자에게 있다.

여섯째, 입주자 등은 관계법령에 따라 행정관청의 허가를 받거나 신고한 경우 이외에는 불법 행위를 하여서는 아니된다.

일곱째, 입주자 등은 관리주체의 동의를 얻지 아니하고는 행위를 하여서는 아니된다.

여덟째, 입주자 등은 입주자대표회의가 결정한 사항을 준수하여야 한다.

아홉째, 입주자 등은 관리규약에 의한 조직 이외의 다른 조직을 결성하거나 참가하여 입주자대표회의 및 관리주체의 업무를 방해하거나 규약의 목적달성에 방해되는 행위를 하여서는 아니된다.

4.2 입주자 등의 권리 및 의결권

4.2.1 입주자 등의 권리 및 의결권

입주자등의 권리는 전유부분을 주거의 목적으로 사용하는 권리, 공용부분을 관계규정이 정하는 바에 따라 사용하는 권리, 동별 대표자를 선출하는 선거권, 동별 대표자가 될 수 있는 피선거권, 관리규약의 제 · 개정권, 관리업무 전반에 대하여 입주자대표회의 및 관리주체에게 의견을 진술하는 권리, 관리방법의 결정권 및 주택관리업자 선정권 등이다.

의결권에 있어 입주자 등은 하나의 전유부분에 하나의 의결권을 갖는다. 하나의 전유부분에 2인 이상이 공유하는 경우에는 의결권을 행사할 1인을 선임하여 미리 관리주체에게 서면으로 통보하여야 한다. 입주자는 서면 또는 대리인에 의하여 의결권을 행사할 수 있으며, 대리인에 의한 의결권을 행사하는 경우에는 그 대리인을 증명하는 서면을 관리주체에게 제출하여야 한다. 입주자의 의결은 서명으로 하며 의결에 관한 서류는 관리주체가 보관한다.

4.2.2 행위허가 및 신고

공동주택의 용도외 사용 등에 대하여 허가를 받거나 신고를 하고자 하는 자 허가 신청서 또는 신고서에 관계 서류를 첨부하여 행정관청에 제출하여야 한다.

4.2.3 관리주체의 동의

입주자 등은 다음의 행위를 하고자 하는 때에는 관리주체의 동의를 얻어야 한다. 그 동의기준은 다음과 같다. 다만, 주택법령에서 입주자대표회의 의결을 규정한 사항은 제외하며, 필요한 경우 입주자대표회의 및 이해당사자의 의견을 받아야 한다.

① 행위허가나 신고 대상이 아닌 범위 안에서 주택내부의 구조물과 설비를 증설하거나 제거하는 행위

② 공용부분에 물건을 적재하는 통행 · 피난 및 소방을 방해하는 행위
③ 공동주택에 광고물 · 표지물 또는 표지를 부착하는 행위
④ 가축을 사육하거나 방송시설 등을 사용함으로써 공동주거생활에 피해를 미치는 행위
⑤ 공동주택의 발코니 난간 또는 외벽에 돌출물을 설치하는 경우
⑥ 통제구역인 전기실 · 기계실 및 위험구역인 정화조 시설 등에 출입하는 행위는 관리자가 동행하여야 한다.

05 입주의 불만처리방법과 협조유도

5.1 이해당사자의 갈등구조

5.1.1 입주자간 갈등의 의의와 유형

갈등에 대한 개념 정의는 각 학문 분야에 따라 또는 연구자의 연구목적에 따라 매우 다양하게 정의되어 왔다. 사이먼(March & Simon)은 갈등을 '의사결정의 표준 메커니즘에 이상이 있어 개인이나 집단이 하나의 행동대안을 선택하는데 곤란을 겪는 심리적 상황'으로 보았다. 또 폰티(Pondy)는 '심리적 대립감과 행동을 내포하는 동태적 과정'으로, 로빈(Robbins)는 '개인이나 조직집단이 목표달성을 위한 과정에서 다른 조직 행위자가 의도적으로 방해하는 상태'로 보고 있다. 켐벨(Campbel)에 따르면 정책갈등은 공식적 정책 결정자들 사이에서 발생하는 입장의 차이로 보고 있다.

따라서 이해관계가 단절되거나 조직간 골이 깊어짐에 따라 발생되는 구조적인 측면과 갈등의 소지를 안고 있는 문제를 선불리 다룸으로써 갈등을 확대 또는 재생산하는 가정적인 측면이 동시에 병존한다고 한다.

이처럼 갈등은 개인, 조직, 집단의 수준을 포괄하는 총체적이며 다차원적, 역동적인 개념이며, 이해당사자간의 심리적 불일치를 포함한 일체의 의견 불일치와 대립적 상태를 의미하고 있다. 갈등이란 일반적으로 '양립불가능한 것으로 보이는 이해관계나 목표가 상충되고 있는 상태'로 정의된다.

하지만 갈등은 그 원인과 유형이 다양하고 개개인이 갈등을 느끼는 상황과 정도가 다르기 때문에 갈등을 한 마디로 정의할 경우, 갈등이 지니는 다양한 의미를 충분히 살리지 못할 가능성이 크다.[4]

도표 10.4

4) 이동영, "공공임대주택의 효율적 관리를 위한 이해당사자의 갈등구조분석", 강남대학교 박사학위논문, 2009, pp. 18~29.

도표 10.4 갈등해소책과 부동산관리

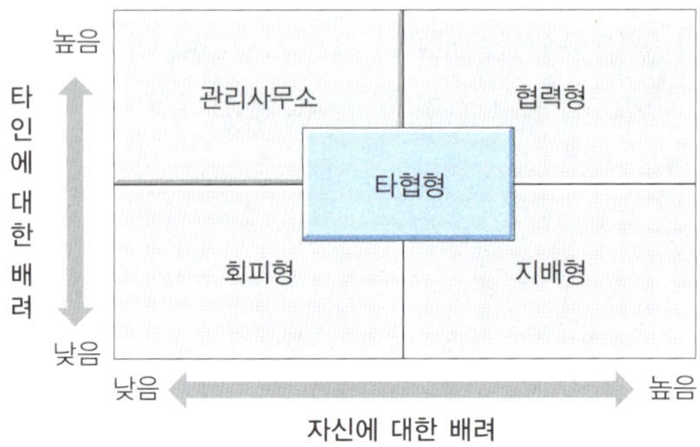

자료 : M. A. Rahim, A strategy for managing conflict in complex organization, Human Relations, January 1985, p. 84.

① 갈등관리의 개념

갈등은 완전히 해결되거나 제거되어지는 것이 아닌 관리의 대상으로 본다. 이에 따라 갈등관리의 개념으로 정의되며, 때로는 갈등해소, 갈등화해, 갈등통제, 갈등규제, 갈등조정 등의 용어로도 사용되고 있다. 베르코비치(Bercovitch)는 갈등관리를 '갈등이 확대되거나 악화되는 것을 막고 갈등이 유리한 결과를 실현하는데 도움을 주는 구조나 조건을 마련하는 것' 으로 정의하고 있다. 크라우스(Krauss)는 갈등관리를 '합의되지 않은 문제가 합의된 절차에 의해 다루어짐으로써 갈등이 수용한계를 넘어 악화되는 것을 방지하는 것' 으로 보고 있다. 이 같은 논의에는 지극히 일상적인 것이며 끊임없이 변화해 가는 동태성을 내포하고 있다. 갈등은 반드시 제거되어야 할 백해무익한 것이 아니라 지나칠 경우 역기능적 · 비생산적 · 파괴적이 되므로, 갈등의 이점을 확보할 수 있는 적정수준으로 관리할 필요성을 담고 있다. 서울시의 청계천복원사업의 경우, 복원사업과 관련하여 갈등의 전개 과정에서 사업의 주체인 서울특별시가 적극적으로 이해당사자와 접촉하고 사업의 효과에 대해 다각적인 홍보에 노력한 결과 사업 시행 초기에 거론되었던 수많은 갈등 사안들이 사업 진행 과정에서 대부분 해소되었다. 이러한 경우는 비교적 성공적인 갈등해결 사례가 된 것을 알 수 있다.

② 갈등의 유형

갈등은 그 수준에 따라 분쟁과 구분되기도 한다. 보통 갈등은 분쟁이 잠재된(latent)상태, 즉, 분쟁의 원인이나 내용을 의미하는 반면, 분쟁은 갈등이 표면화(manifest)된 상태를 말한다.

이러한 구분에 시간개념을 더하면 갈등을 단계별로 세분하는 것이 가능하다. 보통 다섯 단계로 나눌 수 있는데, 갈등 전단계(pre-conflict), 대치국면(confrontation), 위기국면(crisis), 결말(outcome), 갈등 이후단계(post-conflict)가 그것이다. 여기서 대치국면 이전을 갈등으로, 이후단계를 분쟁으로 볼 수 있다. 갈등은 원인에 따라 다양하게 구분할 수 있다. 우선 한정된 자원이나 권력에 대해 서로 경쟁하거나, 경제적 이익의 분배방법 및 절차 등에 대해 서로 다른 입장을 지니는 경우가 있다. 이러한 상황에서 일어나는 갈등을 이해관계 갈등(또는 이익갈등)이라 한다. 그리고 가치관이나 신념체계, 종교와 문화 등에 대한 시각차가 원인이 되는 가치갈등이나 어떤 사건이나 자료, 상대방의 언행에 대한 해석차이로 발생하는 사실관계갈등이 있다. 또 사회구조나 제도 등 갈등당사자 외부의 상황에 기인하는 구조적 갈등도 존재한다.[5] 도표 10.5

도표 10.5 갈등유형의 구분과 해결

구 분	정 의	해결을 위한 접근(예)
사실관계 갈등	사건, 자료, 언행에 대한 사실해석의 차이에서 오는 갈등	객관적 자료나 제3의 개입을 통한 사실증명, 공동조사
이해관계 갈등	한정된 자원이나 지위, 자원을 분배하는 과정에서 생기는 갈등	공정한 분배 시스템, 합리적 의사결정 제도
구조적 갈등	사회, 정치, 경제구조와 왜곡된 제도, 관행, 관습으로 인해 발생한 갈등	제도적 개선과 새로운 문화창출을 위한 교육과 훈련
관계상의 갈등	불신, 오해, 편견 등 상호관계의 이상으로 생겨난 갈등	의사소통의 통로 확보 및 확대, 변환적 조정
가치 갈등	가치관, 신념, 세대, 정치관, 종교 문화의 차이에서 오는 갈등	의견수렴, 평화적 공존을 강조하는 다종교간의 대화, 다문화 이해
정체성 갈등	개인이나 집단이 가진 정체성의 의도적인 훼손이나 강요 때문에 발생하는 갈등	공동역사 연구모임 중립적 이해를 위한 상호이해 교육

자료 : 강영진, 갈등문장 해결 매뉴얼, 성공회대학교, 2000, p. 12.

갈등은 주체에 따라 구분할 수도 있다. 개인 내적인 갈등이 있는가 하면 개인 대 개인 갈등이 있고 집단과 집단간 갈등을 비롯해, 정부와 개인, 정부와 집단, 또는 정부와 정부간 갈등이 존재한다. 이처럼 갈등은 원인과 주체에 따라 다양한 형태로 표출될 수 있다. 나아가 갈등의 대상 혹은 매개가 무엇이냐에 따라 갈등의 성격이 규정된다. 가령 환경문제를 둘러싸고 갈등이 전개되는 경우 이를 환경갈등이라고 부르는 것과 같다.

전통적으로 갈등은 사회에 부정적인 영향을 끼친다고 여겨져 왔다. 이러한 시각은 갈등을 평형상태(equilibrium)의 상실과 부조화(disharmony)로 보는 통합이론으로 상징된다. 하지만 갈등의 구조적 필연성을 강조하는 비교사회학이나 정치사회학에서는 갈등의 적극적이고 통합적인 기능을 강조한다. 즉, 갈등이 사회체제를 안정시키는 과정의 하나로서 사회적 통합과 구성원의 역할을 재배분이라는 순기능을 한다는 것이다. 다음은 갈등 문제에 관한 다양한 접근방법이다. 도표 10.6

5) 이동영, 상게 논문, pp. 18~29

도표 10.6 자산관리자의 주요기능

구 분	정 의	해결을 위한 접근(예)
갈등개입/종식 (conflict intervention/ termination)	갈등을 멈추기 위한 목적으로 갈등 당사자(집단)와 이해관계가 있는 (또는 없는) 제3의 개인(그룹)이 갈등사항에 참여하여 갈등이 증폭 발전되지 않도록 하는 일련의 활동	우월한 힘 제3자의 역할
갈등타결 (conflict setlement)	구속력을 가진 제3자의 결정에 따라 갈등 당사자 간의 문제가 결정되고 해결책이 적용되는 방법	공정성, 권위, 전문성을 가진 제3자, 중재
갈등관리 (conflict mangement)	지속적으로 발생하는 갈등의 확대, 재발을 방지하고 갈등을 효과적으로 관리, 통제하여 조직이나 사회적 손실을 최소화하려는 접근	제도, 시스템, 전문적 운영자
갈등해결 (conflict resolution)	심도 깊은 분석적 접근을 통해 갈등과 관련된 당사자들이 자율적으로 문제를 해결해 나가는 일련의 과정	갈등 당사자, 조정, 상생적 합의 도출
갈등전환 (conflict transformation)	변화하지 않는 갈등은 없다는 전제에서 합의의 성패를 떠나, 갈등이 유용하고 건설적인 에너지로 전환되도록 갈등당사자 간의 관계의 역동성을 중시하는 과정	갈등 당사자, 전환적 조정, 관계의 변화(회복)
갈등예방 (conflict prevention)	갈등발생 이후의 접근은 소모적이므로 미연에 갈등을 예방하고 잠정적 갈등의 원인을 줄여 나가는 접근방법	갈등 예측 조기경보 시스템
평화형성 (peace building)	문제해결식 접근이 아닌 창의적이고 참여적인 방법을 통해 평화적 결과를 생산하는 제도와 문화를 창출하려는 시도	평화문호 창출을 위한 평화교육 Empowerment

자료 : 대통령자문 지속가능발전위원회, 「공공갈등의 이론과 기법(상)」, 2005, p. 85.

5.1.2 갈등관리

갈등이 어느 사회 어느 시기에나 존재하는 것이라면 이는 제거되어야 할 부정적인 것이라기 보다는 관리되어야 할 대상이라는 시각에서 갈등 관리는 시작된다. 갈등의 이해당사자가 서로 윈윈(win-win)하기 위해서는 잠재적인 갈등의 과도한 표출을 정지하고 오히려 그것을 긍정적 역량으로 변환시켜야 한다는 것이다. 갈등 해결에 있어서 교육수준이 하나의 중요한 해결방안이 될 수 있음을 제안한 바 있다. 청계천복원사업을 사례로 한 갈등관리 연구에 따르면 청계천 복원이 처음 논의되고 서서히 공론화 되어가는 시기에는 일반 시민에게 지지를 얻기 위한 전략이 두드러지게 활용되고 있음을 보여준다. 그 예로서 공동 목표와 발전적인 미래상을 제시하고 핵심 우호층의 지지도를 강화하고 반대 여론을 최소화 하기 위해 적극적인 홍보전략을 추진함과 동시에 정책추진체계의 신뢰성을 확보하기 위한 전략을 펼친 것으로 분석하고 있다.

이후 충분한 의견수렴과 절차적 정의 확보와 함께 적절한 체계를 구축한 점이 성공적인 사업 추진의 전략으로 분석되었다. 이 연구는 갈등관리전략을 정치적 관점에서 분석한 것으로 청계천 복원사업과 같은 대규모 프로젝트의 공공갈등관리에 있어 합의 형성이 중요하다는 것을 사례분석을 통하여 밝힌 연구이다.[6)]

5.2 입주자 불만의 유형과 조사방법

5.2.1 불만의 유형

공동주택의 생활에 있어 입주자들은 크고 작은 불만이 있기 마련이다. 공동주택의 생활에서 오는 입주자 불만은 각 세대가 벽 · 천정 · 바닥 등을 이웃하여 생활양태가 다른 입주자들이 한 건물 안에서 생활하기 때문이다. 입주자들의 불만의 유형을 정형화 할 수 없으나 일반적으로 불만을 분류해 보면 사회적 불만, 물리적 불만, 관리요원에 대한 불만, 생활환경에 대한 불만 등으로 분류할 수 있다.

5.2.2 불만의 사전조사

공동주택은 편리한 주거형태이지만 한 건물에 여러 세대가 군집하여 생활을 영위하기 때문에 개인의 생활에 여러 가지 제약이 따르게 되고 불편을 초래하게 된다. 따라서 입주자 관리를 효율적으로 수행하기 위하여 관리주체는 사전에 입주자들의 희망과 요구사항을 파악하고 입주자의 민원사항에 대하여 미리 그 원인과 유형을 조사하고 분석하여 불만이 확산되기 전에 이를 예방하고 해결방안을 강구하여야 한다.

불만의 조사방법은 직접대면 방법과 서면조사 방법이 있다. 직접대면 방법에는 입주자가 각종 서비스를 요청할 때, 매월 열리는 반상회에 참석이 있고, 서면조사 방법에는 방문카드, 우편을 통한 설문지 조사 등이 있다.

5.2.3 불만의 처리방법

① 솔직한 답변

입주자로부터의 불만이 제기되었을 때 가장 중요한 것 중의 하나는 일정한 원칙에 입각한 이유를 가지고 솔직하게 답변하는 일이다.

공동주택을 관리하다 보면 일의 우선순위나 일손부족 등으로 실행되지 못하고 제한되는 경우가 있는데 이러한 제한으로 야기된 불만에 대해서는 그 이유를 분명히 밝히고 상대방의 이해를 구하는 것이 바람직하다.[7)]

6) 이동영, 상게논문, pp. 18~29.

7) 공동주택의 입주자 · 사용자 · 관리주체 · 입주자대표회의 또는 리모델링 주택조합자간의 분쟁을 조정하기 위하여 분쟁조정위원회를 설치, 운영한다.

가. 우선순위

관리주체는 수행할 작업에 대해 먼저 우선순위를 확정하여야 한다. 우선순위를 정하는 기준은 일의 중요도와 시급성이다. 우선순위에 따라 작업을 하는 인원수나 활용하고 있는 자금 모두가 적정한 것이었다면 불만에 대해 관리자가 우선순위를 열거하여 답변을 한다면 입주자의 이해를 구할 수 있을 것이다.

나. 일손부족

서비스 의뢰를 지연시키는 것이 빈번하지 않는 한 입주자는 대체로 일손부족에 대해 수긍한다. 그러나 매번 일손부족을 이유로 하여 불만을 제기한 사람에게 불편을 끼치는 것은 서로 불신감만 조성할 뿐이다. 일손부족에 대한 변명은 정말로 일손이 부족한 경우에만 사용하여야 하며, 반드시 서비스를 희망하는 입주자에 대하여 처리를 약속할 수 있는 일시를 확실하게 말하는 것이 좋다.

다. 실수의 인정

관리자의 실수가 밝혀졌을 때 그 자리를 모면하기 위한 변명을 하게 되는데 이것은 금물이다. 불만을 처리하는 중에 관리자의 실수로 인한 것이었음이 확인되면 그 즉시 잘못을 솔직하게 시인하고 그 문제를 제기했던 입주자에게 답변을 주어야 한다.

라. 관리비와 서비스

관리비는 입주자가 받고자 하는 서비스 수준일 수 있다. 이것에 대하여 입주자와 관리자는 상반된 견해의 차이가 있을 수 있는데 대부분의 입주자들은 많은 관리비를 지불하고 있으므로 24시간 동안의 안전확보 및 보수 등과 같은 모든 서비스를 받는 것이 당연하다고 생각한다.

그러므로 과잉 서비스를 요구하는 입주자의 불만에 대해 관리주체는 관리비의 수준과 서비스 제공한도 내에서 최선을 다하여 문제를 해결할 것을 약속함으로써 불만을 해소해야 한다.

② 합리적 · 논리적인 대화기술

가. 입주자의 의도 파악

입주자로부터 애로사항을 듣기 전에 관리자가 입주자의 의중을 잘 살펴 답변하여야 한다. 이때 관리자가 말하는 것이 입주자가 의도하는 것에 다소 못 미치더라도 대화의 맥을 잘 연결시켜주는 역할을 할 것이다.

나. 긴장감 유발

대화를 나눌 때에는 유발될 문제데 대해 관리자가 미리 인지하여 제반사항에 대한 설명과 함께 사태를 주지시켜 그 가능성과 긴장감을 조성한다. 이러한 상황 아래서 문제를 제기한 입주자는 문제에 대한 불평불만보다는 협조적인 자세로 문제해결에 임하게 될 것이다.

다. 논리적 설명

일반적으로 인정되는 원칙이나 이론적 토대를 가지고, 많은 사례를 들어 설명하여 불만을 제기한 입주자를 관리자가 의도하고 있는 방향으로 리드하면서 상대방으로 하여금 어떻게 하는 것이 바람직한 것인지를 생각하도록 한다.

라. 은밀한 처리

입주자의 불만이 사생활에 관계되는 경우에는 일을 처리하는 과정이 공개되지 않도록 하여야 하며, 타인에게 노출되지 않도록 적절한 방안을 강구하여야 한다.

마. 신뢰감의 형성

관리자가 입주자에게 약속한 것은 꼭 실행한다는 신뢰감을 심어주는 것이 중요하다. 미리는 업무를 처리하다 보면 약속한 일을 실행하지 못하여 신뢰감을 상실하는 경우가 많다. 대인관계에서 신뢰감을 상실한다면 효과적인 공동주택의 관리가 불가능하게 될 것이다.

5.2.4 입주자의 협조유도

① 입주자의 협조유도

가. 의의

관리주체는 입주자의 협조가 없는 한 능률적인 관리가 이루어질 수 없다. 따라서 입주자의 적극적이고 자발적인 협조를 유도해 낼 수 있어야 효율적인 입주자 관리가 달성될 수 있겠다.

나. 입주자의 자발적인 협조

입주자의 협조는 자발적인 의사에 의하여야 한다. 협조의 강제는 성실성이 결여되기 때문에 입주자 관리업무상 큰 도움이 되지 않으므로 필요한 최소한의 범위 내에서 예외적으로 인정되어야 할 것이다.

다. 입주자의 자발적 협조를 얻을 수 있는 전제조건

관리주체와 입주자 및 입주자 상호간에 자유스러운 대화의 분위기와 대화통로가 마련되어야 한다. 또한 관리주체는 입주자로부터 전문 관리자로서의 관리능력과 성실성과 신뢰성을 인정받아야 한다. 그리고 입주자대표회의, 부녀회, 노인회 등 여러조직이 활성화되어 있어야 한다.

② 협조유도 방법

가. 공식적 방법

관리주체는 입주자대표회의, 부녀회, 노인회 등에 의하여 공식적인 업무수행을 요청할 수 있다. 경우에 따라서 강력하고도 효과적인 방법이 될 것이며, 관리주체로 안내방송 및 각종 홍보물 등에 의하여 관리업무에 대한 협조를 요청할 수 있으며 입주자의 참여의식을 이끌어 내는데 적절한 방법이 될 것이다.

나. 비공식적 방법

관리주체가 입주자의 개개의 친분관계를 통해서 입주자의 협조를 유도해 내는 방법이다. 자발적인 협조를 이끌어 낼 수 있는 가장 적절한 방법이나 그 대상에 한계가 있다.

다. 협조 내용

입주자들에게 협조 받을 내용은 관련법령 및 관리규약의 준수, 관리업무에 따른 각종회의 참석, 공익을 위한 입주자 개인의 사생활 침해 및 규제, 공동시설물의 사용방법에 관한 지도 · 계몽에 대한 이해 및 순응, 건물점검이나 수리를 위한 관리주체의 공동주택 등의 출입, 하자보수나 점검 등으로 인한 공용부분의 소음 발생 등이다.

용어 정리

- **계약수요** (契約需要 : Contract demand)
- **기본적 고려사항** (基本的考慮事項 : Fundamental consideration)
- **대상부동산** (對象不動産 : Target real estate)
- **매매거래** (賣買去來 : Sale transaction)
- **민원사항** (民怨事項 : Popular complaint matter)
- **불만** (不滿 : Dissatisfaction)
- **손해배상** (損害賠償 : Compensation for damages)
- **수요추정** (需要推定 : Measuring demand)
- **시현수요** (示顯需要 : Demonstrated demand)
- **신뢰감** (信賴感 : Trust)
- **실태조사** (實態調査 : Research on the actual condition)
- **입주자** (入住者 : Tenant)
- **자료원** (資料源 : Sources of data)
- **주거용도** (住居用途 : Residential)
- **주말투숙객** (週末投宿客 : Getaway)
- **지출잠재력** (持出潛在力 : Spending potential)
- **창출수요** (創出需要 : Created demand)
- **특수용도** (特殊用途 : Special procurements)
- **핵심임차인** (核心賃借人 : Key tenant)
- **협조** (協助 : Cooperation)

생각해 볼 문제

1. 공동주택 입주자관리의 의의와 중요성에 관하여 약술하시오.
2. 공동주택 입주자절차의 순서와 그 내용에 관하여 설명하시오.
3. 공동주택 입주자의 의사전달 과정과 그에 따른 내용에 관하여 설명하시오.
4. 공동주택 입주자의 갈등요인과 갈등 등을 포함한 불만유형에 관하여 논하시오.
5. 입주자의 고충처리수렴방법과 해소방안에 관하여 설명하시오.
6. 입주자 등을 대상으로한 합리적이고 논리적인 대화기술에 관하여 설명하시오.

CHAPTER

11 조직 및 행정관리

I 조직관리

01 조직관리와 관리기구[1)]

인간에게도 개성이 있듯이 조직에도 그 나름의 특성(personality)이 있다. 이와 같이 조직이 갖고 있는 문화적 특성을 조직풍토(organizational climate)라 할 수 있다.

포핸드(G.A.Forehand)와 길머(B.H.Gilmer)는 조직풍토를 조직의 특성의 집합으로 타조직과 구별되며, 비교적 지속적이며, 구성원들의 행위에 영향을 미치는 것으로 정의하고 있다.[2)]

에치오니(Amitai Etzioni)는 "조직이란 특정한 목적을 추구하기 위하여 의식적으로 구성되고 또 다시 재구성된 사회적 단위"라고 하였다.

따라서 조직은 다음과 같은 세 가지에 의해서 특정지어진다.

첫째, 의무 · 권력 및 전달책임의 분화이고

둘째, 조직의 협동적 노력을 통제하고 그 협동적 노력이 조직의 목적을 위하는 것이 되게 하는 하나 혹은 그 이상의 권력중심의 존재이며

셋째, 인원의 교체이다.

[공동주택 분쟁처리위원회]

(1) 분쟁의 조정상황

공동주택의 입주자 · 사용자 · 관리주체 · 입주자대표회의 또는 리모델링주택조합자간의 분쟁을 조정하기 위하여 설치된 시 · 군 · 구의 분쟁조정위원회에 다음 사항을 조정 신청할 수 있다.

1) 이창석, 「부동산관리론」(서울 : 신광문화사, 2005), pp. 312~315.

2) G.A.Forehand & B.Von H.Gilmer, "Environmental Variation in Studies of Organizational Behavior," Psychological, Vol. 62m No.6(Dec. 1964), pp.361~382.

- 입주자대표회의의 구성 · 운영 및 동별 대표자의 자격 · 선임 · 해임 · 임기에 관한 사항
- 자치관리기구의 구성 · 운영 등에 관한 사항
- 관리비 · 사용료 및 장기수선충당금의 징수 · 사용 등에 관한 사항
- 공동주택(공용부분에 한함)의 유지 · 보수 · 개량 등에 관한 사항
- 공동주택의 리모델링에 관한 사항

(2) 조정의 효력

임대사업자와 임차인대표회의가 조정위원회의 조정안을 수락한 때에는 당사자간에 조정조서와 동일한 내용의 합의가 성립된 것으로 본다.

그러므로 관리란 가능한 모든 자원을 유용하게 하여 보다 효율적인 업무의 완성을 목표로 하는 것이다. 따라서 정도의 차이는 있을지라도 거의 모든 인간의 활동부문간에 있어서 여러 가지의 필수요건으로 인정되고 있는 것이다. 이는 개인적 업무관리의 경우에도 마찬가지이나 특히 어떤 집단적 업무달성의 경우에는 더욱 더 그 필요성이 요망된다고 하겠다.[3] 그러므로 직원관리문제는 인적 자원관리문제로 물적 관리보다 다른 차원을 강구하는 계획을 세워야 하겠다.[4]

우선 공동주택의 유능한 관리인이 되려면 제반 관리업무에 숙달하여야 한다. 유능한 관리인은 공동주택을 관리하고 운영함에 있어 고용자인 입주자와 피고용자인 관리요원가의 중간역할 즉, 교량역할을 원활히 수행함에 있다. 공동주택관리에 있어서 아무리 완벽한 시설을 갖추고 있다하더라도, 그것을 관리 운영하는 관리요원의 능력이 따르지 못하면 오히려 입주자들에게 부담감을 초래하고 여러 가지 저해요인을 가져 올 수가 있다. 이러한 인적자원에 관한 문제를 해결하는 수단을 직원관리라 한다. 관리에 있어서 필요한 인원이 얼마나 되어야 하는가에 대하여는 여러 가지 입장이 있을 수 있다. 대체로 관리지구 및 인원에 대한 문제는 단지연면적 · 단지세대수 · 연건평 · 부대시설규모, 단지여건, 자연적 특성 등을 고려하여 관리인원을 책정하여야 한다. 관리기구 조직도와 시설관리를 위한 기구조직도이다. **도표 11.1, 2, 3**

관리인원 책정은 15,000평 내지 50,000평 정도의 공동주택의 경우를 관리업무 경험에 의해 다음과 같은 식의 산출이 성립된다.[5] 이러한 산식은 과거의 관리체제에서 흔히 응용되어 왔으나 지금은 관리체계가 자동화되어 가고 있는 실정이기에 많은 차이점이 있다.

3) 株式會社-ビス, マンション,「管理實務と書式」, pp. 139~143.
4) W.H.Newman, Administrative Action: The Techniques of Organization and Management, 2nd ed. Prentice-Hall Englewood Cliffs, N.J., 1961, p. 56.
5) 여철원,「공동주택관리」, (서울 : 학문당, 1983), p. 75.

$$y = 2.5 \times \frac{1}{1{,}000} \times x \times \pm 4$$

여기서, y = 필요인원 (청소원 : 영선원 포함)

x = 관리평수

그리고 관리기구 조직도 지원분야와 현업분야로 나누어 설명되며 지원분야는 총무 · 영업 · 경리부서이고 현업분야는 시설 · 영선 · 관리 · 경비부서이다.

도표 11.1 관리기구 조직도

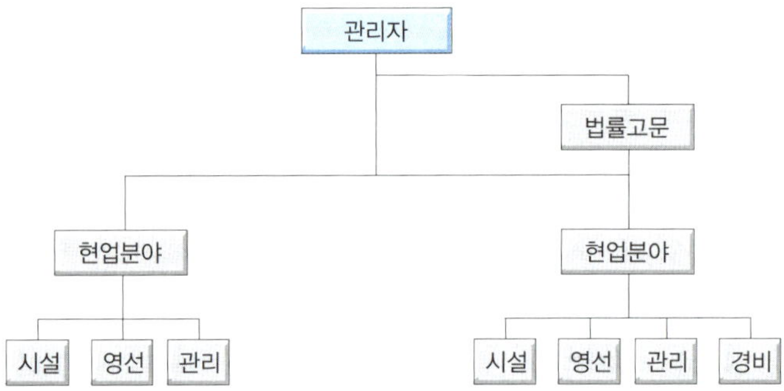

도표 11.2 아파트 관리기구

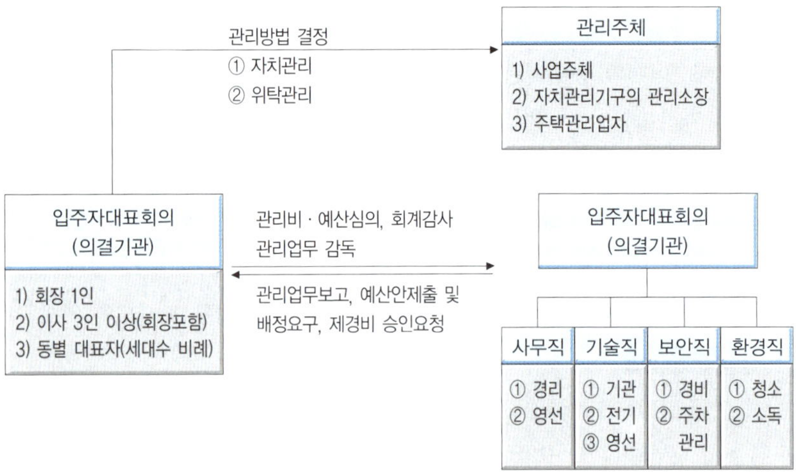

또한 시설관리를 위한 기구조직도는 서무행정 · 기계설비담당 · 전기통신담당 · 소방안전담장 · 영선담당으로 분류한다. 이에 따라 알맞은 조건을 갖춘 노동력에 필요한 인원만큼 산정하면 된다. 선발된 인원은 합리적이고 조직이 되고, 조직 내의 여러사람들이 자발적인 의욕을 가지고 업무를 이해시켜 책임을 가지고 일하게 함으로써 관리목적을 달성할 수 있다. 또한 인사관리와 아울러 교육훈련도 수행하지 않으면 안 된다. 왜냐하면 관리요원들은 비단 공동주택의 물리적인 하자에 대한 보수뿐만 아니라 입주자들이 겪는 여러 가지, 주거로부터 오는 어려움을 해결해 주는데 있어서 협조를 하고, 나아가 신뢰를 받아야 하기 때문이다. 그만큼 관리인은 그 임무와 권리의무가 중요하다.[6]

도표 11.3 시설관리를 위한 기구조직도

STORY TIP 11.1 갈등의 해결과 부동산관리

말할 것도 없이 대부분의 조직에서는 갈등의 해결이 주요 관심사가 되고 있는데 구조적으로 조직에는 갈등이 상조하기 마련이며 갈등의 해결이 주요 관심사가 되고 있는데 구조적으로 조직에는 갈등이 상존하기 마련이며 갈등의 순기능보다 역기능이 더 많이 나타나기 때문이다. 갈등해결을 위한 구체적인 전략을 살펴 보기 전에 우선 갈등 상황에 직면한 사람들이 어떤 양식으로 대처하는지 그 처리방식에 대해 알아보자. 어떤 사람이 상대방과의 불일치에 직면했을 때 취할 수 있는 방법은 두 가지뿐이다. 즉, 계속 자기주장을 하여 자신의 관심사를 충족시키는 방법과 양보를 하여 상대방의 관심사를 충족시키는 방법이다. 이 두 차원의 조합에 의해 다음과 같이 다섯 가지 갈등 처리 방식이 나온다.

- 강요(forcing) : 상대방을 압도하고 자기의 주장을 관철하려고 한다.
- 순종(accommodation) : 상대방의 주장을 수용한다.
- 타협(compromise) : 상호양보를 위하여 양자 약간씩만 자기만족을 꾀한다.
- 협조(collaboration) : 서로의 관심사를 모두 만족시키려고 한다.
- 회피(avoidance) : 갈등현장을 떠남으로써 자신과 상대방의 관심사를 모두 무시한다.

이들 다섯 가지 기본양식 중 어느 것을 택하는 것이 가장 효과적인지는 말할 것도 없이 상황에 의해 좌우된다. 즉 의사결정의 중요성, 조직에서의 직위와 권한에 따라 다르다. 예를 들어 노사양측의 대립에서 노조는 자신들의 권력이 크다고 생각될 때 수용, 협조보다는 강요전략을 사용할 것이다. 이처럼 상황이 어떤 상태인지에 따라 대응 방식이 달라진다.

자료 : R.M.Afzalur, "A stratege for Managing conflict in comlex organization", Human relations, 1985, p. 84. ; 임창희 「조직행동」 (서울 : 비앤엠북스, 2009), p. 460.

6) 株式會社 團地-ビス, 상게서, pp. 116~124.

02 관리인의 임무과 관리업무

공동주택관리인의 임무는 공동주택 기타 복리시설의 수선유지, 경비 및 보안관리, 청소 및 대지, 녹지대의 유지관리, 분양부금, 가임료 등 관리비의 납부독려, 주민의 전출입확인관리, 입주민들의 공공이익을 위한 필요사항 등이다. 도표 11.4

도표 11.4 업무분장표

구분 분야	고유업무	업무내요
지원분야	총 무	기획, 총무, 인사, 교육, 구매, 창구
	영 업	계약, 영업관리, 수금
	경 리	자금, 회계, 세무
현업분야	시 설	설비운전, 설비보수
	영 선	시설보수, 조경
	관 리	청소, 위생 및 방역
	경 비	경비, 안내

관리인의 관리업무는 다음과 같다.

첫째, 관리인은 입주자의 주거생활안정과 공동복지의 증진을 위하여 선량한 관리자로서의 주의의무를 다하여야 하며 공용부문과 부대 · 복리 시설을 성실하게 관리하여야 한다.

둘째, 관리인은 공정하게 관리업무를 수행하여야 하며 그 직무에 대하여 입주자를 대리하고 관리인으로서의 품위를 유지하여야 한다.

셋째, 관리인은 전체 입주자에게 관리업무계획과 그 집행상황을 관리규약에 따라 서면 보고하여야 한다.

넷째, 관리인은 입주자의 권익을 보호하고 입주자에게 봉사하며 하자로 인한 피해는 원상회복 및 배상의 책임을 진다.

다섯째, 관리인은 공동주택의 안전관리와 관리상 하자보수를 위하여 유자격 기술지원을 확보하여야 한다.

여섯째, 관리인은 입주자가 공동생활의 질서유지와 공공이익을 저해하는 행위를 할 경우에는 이를 예방하여야 한다.

Ⅱ 인사관리와 사무 등

01 인사관리의 의의

나이그로(F.A.Nigro)는 인사행정을 “유능한 인력을 획득 · 개발하고 그들로 하여금 최선을 다할 수 있는 조직환경 내지 기초조건을 확충하는 일련의 과정”[7]으로 정의하고 있다.

어느 조직에서도 인사관리(personnel management)를 중요시하는 것은 결국 사람에 의해 조직체가 운영되기 때문이다. 조직의 3대 관리요소인 3M(money : 재정, material : 물자, man : 인력) 중에서 인적요소인 사람을 가장 중요시하는 것도 이러한 이유에서이다.[8]

인사관리(personnel administration, personnel management)란 인간을 대상으로 하는 관리인데 인간의 개성존중과 능력개발 그리고 직업의 인간적 만족이라는 점에서 다른 관리제도와 다른 특징이 있다. 인간은 다른 자원에서는 볼 수 없는 여러 가지 능력, 즉 조정하고(coordinate), 통합하고(integrate), 판단하고(judge), 상상(imagine)하는 능력을 가지고 있다.

따라서 직원의 잠재능력을 최대한으로 살려 스스로가 최대한의 성과를 확보하도록 그들을 처우하고 조직하는 방법에 관한 규범체계가 인사관리라고 할 수 있다. 인사관리의 업무는 사람을 채용하는 데서 출발하기 때문에 채용관리의 합리화는 인사관리의 업무 중에서 대단히 중요시되고 있다.

이러한 채용업무가 수행해야 할 역할도 ① 기업이 필요로 하는 여러 가지 요건을 갖춘 노동력을, ② 필요로 하는 인원수만큼, ③ 필요로 하는 시기에, ④ 알맞게 조달하는 일이다. 따라서 채용활동을 하기 위해서는 다음과 같은 요건이 충족되도록 채용방법을 합리화시켜야 한다.

첫째, 채용해야 할 관리업자가 어떠한 정신 · 육체적 조건을 갖추고 있어야 할 것인가를 판명해야 한다.

둘째, 직무분석에 의하여 그 직무수행을 요구하는 노동력의 인원수(양)를 산정하여 필요인원수를 계획하는 일이다.

셋째, 필요한 자격요건을 갖춘 관리업자를 적절한 방법에 의해서 선택하여 필요한 인원만큼 직무에 배치시키는 일이다.

채용관리에는 모집(recruitment), 선발(selection) 및 배치(placement)의 세 가지 측면이 있다.

7) Felix A. Nigro & Lloyd G. Nigro, The New Public Personnel Administration(Itasca: F.E.Peacock Publishes Inc., 1976), p. 78.
8) 인사고가는 성적평정, 근무평정이라고도 하는 고가로 방식은 서열법(ranking method), 평정척도법(ranking scale method), 대조리스트법(check list method), 강제선택법(force choice method), 강제할당법(force distribution method) 등이 있다.

02 사무관리[9)]

2.1 사무관리의 의의와 특성

2.1.1 사무관리의 의의

① 사무의 협의개념

사무는 사무실에서 이루어지는 문서의 생산, 유통, 보존을 위주로 하는 서류에 관한 작업, 즉 문서작업(paper work) 또는 책상작업(desk work)으로 생각되어 왔다. 이는 사무를 작업적인 측면에서 파악한 것으로서 업무의 부수적인 분야로 취급하고, 업무수행의 부담과 번거로움을 주는 비생산적인 작업으로 경시하는 경향을 나타내는 개념이라 할 수 있다.

② 사무의 광의개념

사회가 점차 발달함에 따라 정보의 중요성이 강조되면서 점차 사무를 통한 정보의 수집능력 등이 요구되었는데, 이로 인한 사무에 대한 인식도 적극적으로 변화되었다. 광의의 사무는 행정활동의 보조 및 촉진, 관련분야의 연계성 유지, 정보처리기능 등 주로 기능적인 면에서 사무의 본질을 파악하고 있으며, 이러한 기능의 수행을 위한 수단으로서, 작업적인 사무의 요구로 파악할 수 있다.

이렇게 볼 때 사무는 행정목적의 달성에 이바지할 수 있도록 정보를 수집하고, 가공하고, 저장하고 또한 활용하는 정보처리기능에 집약된다고 말할 수 있다.

즉, 관리사 등이 그에게 주어진 업무범위내에서 관리책임자 또는 보조자로서 자치관리기구 내지 관리사무소를 효율적으로 경영해 나가기 위한 인적 · 물적 관리행위가 사무관리인 것이다.

2.1.2 사무관리의 특성

① 행정활동의 보조 및 촉진

문서를 작성하고 처리하는 작업인 사무는 그 자체의 목적달성이 아니라 조직체의 목적달성을 위한 업무활동의 과정에서 혹은 그 수단으로 존재하는 것이다.

이러한 사무작업은 업무의 수행의 과정과 내용, 그리고 그 결과를 명확하게 할 뿐만 아니라 사무작업의 결과로 남게 된 각종 자료는 다음 활동의 지침을 주거나, 의사결정에 필요한 정보를 제공하는

9) 이창석 외, 「공동주택관리실무」(서울 : 신광문화사, 2005), pp. 52~55. ; 이창석 외 편, 「공동주택관리실무」(서울 : 경록, 2007), pp. 128~162.

중요한 역할을 하는 것으로 조직체가 그 목적달성에 필요한 활동을 원만히 하도록 보조 또는 촉진의 기능을 하는 것이다.

② 관련분야의 연계성 유지

사무는 기능면에서 조직체가 행하는 수 개의 활동을 각 부문 또는 기관 간에 서로 연결시켜 주면서 상호간의 활동을 협조, 보완하게 하고 때로는 견제, 조정하는 역할을 한다.

이러한 사무의 결합기능은 각 부문의 활동을 원활하게 하며 서로 자기의 위치와 활동방향을 깨닫게 하여 사회유기체의 일원으로서 필요한 활동이 전개되도록 유도하고 촉진하여 관련분야간의 연계성을 유지하도록 한다.

③ 정보처리 기능

위에서 설명한 행정활동의 보조 및 촉진과 관련분야의 연계성 유지의 기능을 종합적으로 살펴보면 결국 사무란 정보처리 기능에 집약된다. 정보처리란 정보를 수집, 생산, 전달, 정리, 선택, 가공, 분석 및 평가하거나 보관하는 활동으로 사무는 조직체의 목적달성을 위한 의사결정에 있어 필요한 정보를 처리하는 것이라고 할 수 있다.

충실한 자료의 신속한 처리로 얻어지는 정보는 의사결정에 있어 최선의 선택을 가능하도록 하여 시행착오를 최소화하는 것으로 사고과정과 의사결정의 합리성 및 정확성은 사무가 만들어내는 정보의 질적 우수성, 양적 충분성, 내용의 정확성에 좌우되는 것이다.

이와 같이 사무는 행정활동에 관련된 여러 가지 정보를 처리함으로써 정책결정을 돕는 중요한 역할을 한다.

④ 업무수행의 수단으로서의 작업

사무의 실체 또는 본질은 작업으로서 모든 업무수행에 있어서 필연적인 수단이 된다. 이러한 사무작업을 요약하면 쓰기(손으로 직접 쓰는 일 뿐만 아니라 워드프로세서의 조작, 복사, 인쇄 등의 작업으로 문서를 생산하는 작업), 읽기(문서 또는 자료의 내용을 읽고 이해하며, 대조 또는 검토하는 작업), 의사소통(면담, 대화, 회의, 문서에 의한 지시, 보고, 의사전달 등), 조사 · 확인(조사, 검사, 교정 등 어떤 상황 또는 사태를 조사 또는 확인하는 작업), 계산(수치의 계산, 통계작업, 회계, 분류 · 정리 : 문서의 편철, 보관, 보존, 이관 및 폐기, 각종 참고자료의 분류 및 정리), 기타(서류나 물품의 운반작업) 등이다.

2.1.3 사무관리의 과제[10)]

① 정확 · 신속한 정보처리

조직내의 모든 활동이 유기적이고 합리적으로 수행되려면 정확한 정보가 신속하게 수집 · 처리 · 분석 · 전달되어야 하며, 이를 위해서는 각 부문에서 문서의 작성 · 계산 · 보관 및 통신 등의 수단이 합리적으로 이루어져야 한다.

② 경제성 확보

정보처리가 가장 저렴한 비용에 의해 이루어져야 한다. 이를 위해서는 사무활동의 분석을 통하여 낭비적인 요소를 제거하고, 사무자동화에 의한 사무능률의 향상과 경제성을 고려하여야 한다.

2.2 문서의 의의

기업에서 사용되고 있는 문서에는 여러 가지가 있다. 일반적으로 장표(도표 포함), 일반문서, 특수문서 등의 세 가지로 나눌 수 있는데, 우리가 보통 문서라 함은 일반 문서의 경우가 대부분이다.

2.2.1 장표

장표란 장부의 '장' 자와 전표류의 '표' 자를 합해서 만든 말이다. 기입을 예측하여 일정한 양식에 인쇄하여 필요한 사항을 쉽게 기입할 수 있도록 만들어진 사무문서이다. 즉, 변화하지 않는 사항을 미리 인쇄해두고 변화하는 사항을 필요에 따라 여백에 기입 또는 인지할 수 있도록 설계된 지면이다. 또한 장표는 일반문서를 표준화한 것이라 볼 수 있으므로 주로 정형적인 업무에 많이 쓰이는 문서이다. 일반적으로 기업 내에서 사무의 처리에 활용되는 전표로는 전표, 장부, 표 등이 있다.

2.2.2 전표

전표는 양식을 일정하게 해 놓고 경영활동을 수행하는데 발생되는 여러 가지 정보를 기록하여 전달하는 용구로 쓰인다. 즉, 담당자를 거쳐 가면서 정보는 전달하거나 작업을 시키거나 한다. 전표는 매상전표, 출고표 등 기업 내에서 쓰이는 것과 주문서 · 납품서 · 청구서 등의 기업 외에서 유통되는

10) 이창석, 「공동주택관리실무」(서울 : 경록, 2009), p. 129~130.

것 등이 있다. 장부는 주로 특지의 정보를 계속적으로 기록하여 전달하기 위해 정보를 분류, 집계하는 데 쓰이는 문서로서, 그 주된 임무는 관리자에게 관리 자료를 제고하는 것이다. 장부에는 회계장부, 봉급 장부, 주주장부 등 여러 가지 종류가 있다.

표 · 그림은 일정기간의 여러 가지 정부를 일정한 기준에 따라 분류 · 정리하여 일람표를 만들어 사용하는 것을 말한다. 이는 숫자나 도형 등을 이용하여 시각적인 효과를 거두기 위해 쓰이는 표기방법이다. 표는 매상이계표, 수입일계표, 그리고 여러 가지 통계 등이 여기에 속한다.

2.3 문서관리[11)]

2.3.1 문서관리의 의의와 원칙

① 문서관리의 의의

정보라는 것은 입으로도 전달된다. 그러나 구두로 하면 내용이 복잡할 때에는 잘못 전달될 수 있을 뿐만 아니라, 기억도 명확치 않을 수가 있으며, 더욱이 증거도 남지 않게 된다. 그러므로 기업에서는 정보를 기록이라는 형태로 전달하고, 그것을 보존해야 할 필요가 생긴다. 이렇게 용지에 기록한 정보를 문서라 한다. 즉, 문자나 숫자 또는 기호를 사용하여 어떤 물체 위에 특정인의 구체적인 의사를 연속적인 상태로 표시한 것으로 업무상 취급되는 일체의 서류를 문서라 할 수 있다. 또한 기업에서는 정보전달의 대부분은 문서를 매개로 하여 이루어지게 되는데, 정보를 문서로 취급하는 일이며, 이를 문서관리라 할 수 있다.

공동주택관리에서 문서라 함은 관리기구의 내부 또는 대외적으로 업무상 작성 · 시행되는 문서 · 그림 · 도면과 관리기구가 접수한 모든 문서를 말한다. 문서관리란 문서를 일정한 원칙에 따라 분류 · 보존하는 관리행위를 말하여 협의의 사무관리는 이러한 문서관리를 의미한다. 문서관리는 회계업무의 근거자료제공, 관리업무의 지속성과 일관성 및 개선가능성 보장, 관리감사 및 감독의 근거자료제공, 관리업무의 전문성과 효율성 보장의 기능을 통해서 공동주택관리상의 최소비용원칙을 구현한다.

② 문서분류의 원칙

문서분류의 원칙은 다음과 같다.

첫째, 종합의 원칙이다. 문서는 그 내용이나 성격이 유사한 것들로 구분하여 그 부문별로 편철해야 하는 원칙을 말한다.

11) 이창석 외, 「공동주택관리실무」(서울 : 신광문화사, 2005), pp. 56~59. ; 이창석 외 편, 「공동주택관리실무」(서울 : 경록, 2007), pp. 130~135.

둘째, 일관성의 원칙이다. 일단 문서분류의 기준이 정해지면 그 기준에 따라 일관성 있게 정리 · 보존하여야 하는 원칙을 말한다.

셋째, 점진의 원칙이다. 문서를 분류 · 정리하는데 있어서는 간단한 내용의 문서로부터 복잡한 내용의 문서의 순으로 편철해야 하는 원칙을 말한다.

넷째, 상호배제의 원칙이다. 문서를 편철할 때에는 애매한 것을 없애고 그 내용이 서로 중복되지 않도록 분류하여야 한다는 원칙을 말한다.

다섯째, 병치의 원칙이다. 문서의 분류에 있어서 모든 단위를 포함하는 것으로서 병렬되게 비치하는 방법을 말한다. 즉, 큰 범주에 종속된 부분이 없도록 문서를 정리하여 그 분류가 모든 문서를 대등하게 구분할 수 있어야 한다는 것을 말한다.

2.3.2 문서의 종류와 보존

① 문서의 종류

가. 문서의 성격에 의한 분류

분류방법에는 법령의 규정에 의한 필요적 문서(법령규정에 의한 문서는 주택법 또는 주택법 시행령에 의하여 반드시 비치하도록 되어 있거나 공시 · 열람에 제공할 목적으로 작성 · 보관되는 문서를 말한다.)와 업무수행상 필요한 임의적 문서(업무수행상 필요한 임의적 문서란 주택관리사 등이 공동주택의 관리업무를 효율적으로 운영하거나 회계 · 감사 등의 근거자료를 마련하기 위하여 필요에 따라 작성 · 보관하는 문서를 말한다.) 등이 있다.

나. 문서분류의 원칙

문선분류의 원칙은 종합(綜合)의 원칙(문서는 그 내용이나 성격이 유사한 것들로 구분하여 그 부문별로 편철하여야 하는 원칙을 말한다.), 일관성(一貫性)의 원칙(일단 문서분류의 기준이 정해지면 그 기준에 따라 일관성이 있게 정리 · 보존하여야 하는 원칙을 말한다.), 점진(漸進)의 원칙(문서를 분류 · 정리하는데 있어서는 간단한 내용의 문서로부터 복잡한 내용의 문서순으로 편철하여야 하는 원칙을 말한다.), 상호배제(相互排除)의 원칙(문서를 편철할 때에는 애매한 것을 없애고 그 내용이 상호 중복되지 않도록 분류하여야 한다는 원칙을 말한다.), 병치(竝置)의 원칙(문서의 분류에 있어서 모든 단위를 포함하는 것으로서 병렬되게 비치하는 방법을 말한다. 즉, 큰 범주에 종속된 부분이 없도록 문서를 정리하여 그 분류가 모든 문서를 대응하게 구분할 수 있어야 한다는 것을 말한다.)이다.

다. 문서의 효력에 의한 분류

효력에 의한 분류는 법규문서(법령 · 규약 · 규정 및 규정세칙에 관한 문서), 지시문서(예규, 일일명령 등 입주자와 소속직원에 대하여 일정한 사항을 통보 · 시달하는 문서), 공고문서(고시 · 공고 등 일정한 사항을 일반에게 알리기 위한 문서), 일반문서(상기 이외의 모든 문서) 등이다.

라. 문서의 내용에 따른 분류

문서의 분류에 관한 종합원칙에 따라 문서의 내용을 유사한 것끼리 함께 정리 · 보관하는 것을 의미한다.

② 문서의 보존

가. 보존기간

문서의 보족기간은 문서내용의 중요도에 따라 영구, 10년, 5년 등으로 나누고, 보존기간의 기산점은 문서작성연도의 다음해 1월 1일이 되는 경우도 있다.

나. 보존기간별 문서유형

보존기간별 문서의 유형은 영구보존문서(단지(시설)계획도 · 부동산권리자료), 10년 보존문서, 5년 보존문서 등이 있다.

Ⅲ 보험관리[12)]

01 산업재해보상보험과 국민건강보험

1.1 산업재해보상보험

산업재해보상보험은 근로자의 과실여부에 관계없이 사업장에서 업무상으로 발생하는 근로자의 재

12) 이창석 외, 「공동주택관리실무」, pp. 60~64.

CHAPTER 11

해에 대해 사용자의 보상책임을 담보해 주는 사회보험제도이다.

보험가입에 있어 산업재해보상보험법은 모든 사업 또는 사업장을 적용범위로 한다. 다만, 사업의 위험규모 및 사업장소 등을 참작한 일정사업은 그러하지 아니하다.

1.1.1 보험관계의 성립 및 소멸

① 보험관계의 성립일

보험관계는 당연가입자가 되는 사업의 경우에는 그 사업이 시작된 날이다. 적용제외 근로자의 과반수의 동의를 얻어 가입한 사업에 있어서는 공단이 그 사업의 사업주로부터 보험가입승인신청서를 접수한 날의 다음날이며, 일괄적용을 받는 사업의 경우에는 처음 행하는 사업이 시작된 날, 보험에 가입한 하수급인의 경우에는 그 하도급공사의 착공일에 해당하는 날에 성립한다.

② 피보험관계의 소멸일

보험관계는 사업이 폐지 또는 종료된 날의 다음 날이다. 보험계약을 해지하는 경우에는 그 해지에 관하여 공단의 승인을 얻은 날의 다음 날이며, 공단이 보험관계를 소멸시키는 경우에는 그 소멸의 결정 · 통지를 한 날의 다음 날, 근로자를 사용하지 아니한 최초의 날부터 1년이 되는 날의 다음 날에 해당하는 날에 소멸한다.

③ 보험관계의 신고

당연히 보험의 가입자가 된 경우에는 그 보험관계가 성립한 날로부터 14일 이내이다. 사업의 폐지 · 종료 등으로 인하여 보험관계가 소멸한 경우에는 그 보험관계가 소멸한 날부터 14일 이내에 공단에 보험관계의 성립 또는 소멸의 신고를 하여야 한다. 보험관계가 성립한 날부터 14일 이내에 종료되는 사업의 경우에는 종료일 전날까지 그 보험관계의 성립신고를 하여야 한다.

1.1.2 보험료 신고 · 납부

① 보험료의 선정 및 부담내역

산재보험의 보험료는 사업주(관리주체)가 전담하며, 사업의 임금총액에 동종사업에 적용되는 보험료율을 곱한 금액으로 산정한다. 이때 보험료율은 각 사업종류별, 재해율을 기초로 하여 주무관청이 정한다.

보험료 = 임금총액 × 보험료율

② 보험료 신고 납부

사업주는 보험년도마다 1년 동안 사용할 근로자(적용제외 근로자 제외)에게 지급할 임금총액의 추정액에 산재보험료율을 각각 곱하여 산정한 금액(개산보험료)을 그 보험연도의 3월 31일까지 공단에 신고 · 납부하여야 한다.

다만, 그 보험연도의 개산보험료 신고 · 납부 기한이 확정보험료 신고 · 납부 기한보다 늦은 경우에는 그 보험년도의 확정보험료 신고 · 납부 기한을 그 보험년도의 개산보험료 신고 · 납부 기한으로 한다.

1.1.3 산재보험급여의 청구

① 보험급여의 종류

산재보험의 급여는 현물급여와 현금급여로 구분된다. 현물급여에는 요양급부가 있고, 현금급여로는 휴업급여, 장애급여, 유족급여, 상병보상급여, 장의비 특별급여가 있다.

② 다른 보상 또는 배상과의 관계

수급권자가 이법에 의하여 보험급여를 받았거나 받을 수 있는 경우에는 보험가입자는 동일한 사유에 대하여 근로기준법에 의한 재해보상책임이 변제된다. 수급권자가 동일한 사유에 대하여 이 법에 의한 보험급여를 받은 경우에는 보험가입자는 그 금액의 한도안에서 민법 기타 법령에 의한 손해배상의 책임이 면제된다.

또한 수급권자가 동일한 사유로 민법 기타 법령에 의하여 이 법의 보험급여에 상당한 금품을 받은 때에는 공단은 그 받은 금품을 손해배상액 산정당시의 평균임금으로 나눈일수에 해당하는 보험급여의 금액의 한도안에서 보험급여를 지급하지 아니한다.

1.2 국민건강보험

국민건강보험은 전국민개보험제(全國民皆保險制)를 추구하고 있기 때문에 자치관리기구는 직장의료보험의 피보험자가 된다. 의료보험은 자치관리기구의 구성원 및 근로자 그리고 그들 가족들의 질병, 부상, 분만, 사망 등에 보험급여를 실시함으로써 국민건강 · 보건을 향상시키고 사회보장의 증진을 도모하는 것이 목적이다.

02 화재보험과 국민연금보험

2.1 화재보험

공동주택의 입주자들은 항상 예기치 않은 여러 가지 우연한 사고에 대비하여 보험에 가입해야 하며 화재 · 폭발 기타 재해사고가 발생할 경우 보험금으로 배상을 받을 수 있다.

보험회사가 계약자에게 보상할 손해의 범위를 파악해야 하는데, 보험회사가 부담하는 것은 화재가 보험의 목적에 미친 직접손해이며 특별히 보험회사와 약정한 것이 없으면 화재로 인한 간접손해는 받지 못하기 때문이다.

따라서 실제로는 법률적으로나 약관에 있어서 보상폭이 제한, 축소되는 경우가 있어 계약 당시의 계약자는 꼭 계약서에 명시된 약관을 세밀히 검토해서 체결해야만 사후에 잡음이 없다. 법률적 견지에서 화재보험은 당사자간의 계약인 점에 비춰 대체로 그 계약의 내용에 표현되고 있다. 화재보험계약은 화재로 인해서 피보험이익에 대한 발생한 손해를 보상하는 계약이다. 경제적 견지에서의 화재보험은 화재에 대한 보험이다.

2.2 국민연금보험

연금이란 일반적으로 산업사회의 구조적 요구에 대한 정책적 대응으로 등장한 것이라 할 수 있다. 연금은 지급사유로부터 장기간에 걸쳐 정기적으로 지불이 행해지는 소득보장을 위한 현금급여의 총칭을 말한다.

그 중 국민연금제도란 가입자의 노령에 달하면 장해 · 사망 등으로 소득능력이 상실, 또는 감퇴된 경우 국민연금관리공단을 통하여 본인이나 그 유족에게 일정액을 지급하는 연금제도이다.

Ⅳ 보안관리[13)]

01 업무내용과 경비업무

1.1 업무내용

1.1.1 입주자 보호와 공동시설의 보호

도난, 화재, 차량 등으로부터의 위해, 추락사고 등 입주자를 각종 사고로부터의 예방책 강구 및 입주자 계몽 및 사고발생시의 신속한 대응조치 등 적극적인 관리를 행하는 것이다.

공동시설의 보호는 급수시설, 보일러시설, 변전시설, 가스저장시설, 엘리베이터, 공중변소, 조경시설 및 기타 입주자 공유시설의 보호이다.

1.1.2 출입자의 통제

고정출입자(우유배달원, 화장품 판매원, 신문배달원, 관리사무소 직원)에 대해서는 미리 신분을 확인해 둠으로써 만일의 범죄행위 등을 예방할 수 있으며, 방문상대가 뚜렷한 방문자는 친절하게 안내하여 선의의 방문자가 피해를 입지 않도록 유의해야 한다.

1.2 경비업무

1.2.1 업무원칙 및 유의사항

경비업무의 범위상 공동주택단지내 공용시설물의 자산보호와 입주자들의 사유재산의 보호책임의 한계를 분명히 규정해 둔다. 그리고 불의의 도난사고가 발생할 시 성실한 태도로 신고 또는 수사지원 및 사후조치에 대한 협조 등으로 입주자와의 유대관계가 소홀해지지 않도록 유의한다.

또한 경비원 부족으로 방법활동이 불충분할 시 입주자와 충분히 협의한 후 지역방범위원회의 협조도 강구할 수 있도록 조치한다. 그리고 단지내 질서문란행위에 대하여는 과잉 단속적인 태도로 인하

13) 이창석 외, 「공동주택관리실무」, pp. 65~69.

여 입주자와 마찰을 일으키지 않도록 유의하여야 한다.

1.2.2 경비방법 등

보안경비는 경비원의 상주방식과 순찰방식이 있다. 상주방식은 공동주택의 주 출입구 경비실에 상주하면서 출입자 등을 감시하며, 순찰방식은 수 개 동의 공동주택을 1개 단위로 묶어서 순회하면서 감시 · 경비하는 방식이다.

보안경비는 순찰용 시계 등 각종 경비용 기기를 필요로 하는데 최근에서 탐지기, 경보장치, 제어기구 등 자동감시 · 경보기기를 보조적으로 사용하기도 한다.

경비원의 당직방법은 24시간 2교대, 12시간 2교대 방법이 일반적이며 경비원의 수, 경비방법 등을 고려하여 당직방법을 정한다.

02 긴급돌발사고의 처리

비상연락망을 비치해야 한다. 긴급돌발사고의 예방 및 신속한 대처를 위해 비상연락망을 비치하여야 하며 연락망에는 유관기관 연락망, 소내직원 비상연락망 등이 있다.

인명사고처리관계이다

인명사고처리는 우선 관할경찰서에 신고하고 현장을 보존하며, 입주자대표회의 또는 본사에 보고한 후 사후처리에 기민하게 대처하도록 한다. 그리고 중요사건에 대하여는 본사(위탁관리사)와 협의하여 지침을 받아 처리하며, 사고처리가 끝나면 사고 및 그 처리경위를 되도록 전입주자에게 상세히 홍보하도록 한다.

도난 · 화재 사고처리이다. 도난 및 화재사고 발생시 관할경찰서에 신고하고 현장을 잘 보존하며, 본사에 전언통신문으로 보고하고 경찰관서의 수사에 협조토록 한다. 또한 자체경비태세의 재점검 및 문제점을 검토 보완하는 등 도난 및 화재사고처리에 잘 대처하여야 한다.

용어 정리

- 경쟁분석 (競爭分析 : Competitive analysis)
- 공실률 (空室率 : Vacancy)
- 목표설정 (目標設定 : Establishing objective)
- 문서작업 (文書作業 : Paper work)
- 보수체계 (報酬體系 : Pay system)
- 보안관리 (保安管理 : Security management)
- 보험관리 (保險管理 : Insurance management)
- 사업개요 (事業槪要 : Project outline)
- 사업경과 (事業經過 : Project outcome)
- 사업배경 (事業背景 : Project background)
- 수요변동 (需要變動 : Fluctuation in demand)
- 수요세분시장 (需要細分市場 : Demand segments)
- 시장성 (市場性 : Marketability)
- 시장수요 (市場需要 : Market demand)
- 연간이용율 (年間利用率 : Annual utilization rate)
- 인구통계분석 (人口統計分析 : Demographic analysis)
- 인사관리 (人事管理 : Personnel management)
- 조직관리 (組織管理 : Organizational management)
- 조직풍토 (組織風土 : Organizational climate)
- 통과운전자 (通過運轉者 : Passing motorists)

생각해 볼 문제

1. 공동주택의 조직관리의 중요성과 조직관리의 의의에 관하여 서술하시오.
2. 인사관리의 의의와 인사관리방법에 관하여 설명하시오.
3. 업무수행상 사무관리의 중요성과 사무관리 내용에 관하여 논하시오.
4. 보험관리의 필요성과 보험관리의 내용에 관하여 설명하시오.
5. 화재보험의 의의와 부동산화재보험의 내용을 설명하시오.
6. 공동주택의 보안관리의 의의와 그 내용에 관하여 약술하시오.

CHAPTER 12 회계관리

I 회계관리의 의의와 공동주택회계관리

01 회계관리의 의의

회계란 경영활동에 의해서 발생한 재산의 증감 변화를 장부에 기록 · 계산 · 정리하고 이를 해석하는 한편 이해관계자 집단이 합리적인 판단을 할 수 있도록 유용한 회계정보를 전달하는 일련의 과정이다. 회계관리란 관리주체가 효율적으로 관리하기 위하여 금전출납, 예산편성, 결산, 관리비수납 등에 따른 업무를 일정한 기준이나 관습에 의해 성실히 수행토록 하기 위한 것이다.[1] 또한 회계관리는 관리활동의 효율성을 확보하기 위하여 일정기간 동안의 관리활동에 의한 손익에 따라 관리활동의 적정성 여부를 판단케 하고 개선방안을 수립하도록 하여 관리활동의 효율성을 보장하는 기능을 하고 있다. 또한 재산의 보안 · 유지를 위하여 일정시점에서의 관리재산의 상태를 계량적으로 나타내주기 때문에 자산이나 자본의 변동을 체크할 수 있다. 끝으로, 회계관리는 예산과 결산, 수입과 지출의 현황을 기록하고 보고함으로써 관리활동의 감사 · 감독을 가능케 하며 부정행위를 방지하는 기능을 한다.

STORY TIP 12.1 부동산관리의 회계

부동산관리회계란 넓은 의미로는 취득 · 건설 · 유지 · 사용활동에 수반되는 자금관리이다. 그러나 좁은 의미로는 부동산의 유지 이용에 따른 자금관리를 의미한다. 그 범위의 크기에 따라서 회계기술상으로 강조해야 될 점들이 달라진다. 또한 관리대상 부동산에 따라서도 약간씩의 관리 회계의 초점이 달라진다. 경제활동에서 발생되는 부동산거래의 합리적 관리는 회계에 의해 가능하다. 부동산의 경제활동은 관리비, 수선비, 제세공과 등 많은 회계적 거래를 유발시킨다. 따라서 효율적인 경제활동으로서 부동산거래의 관리를 위해서는 회계기술이 가장 필요한 것이다. 이와 같은 필요성과 일반적인 부동산 거래의 관리는 다음 그림으로 설명된다.

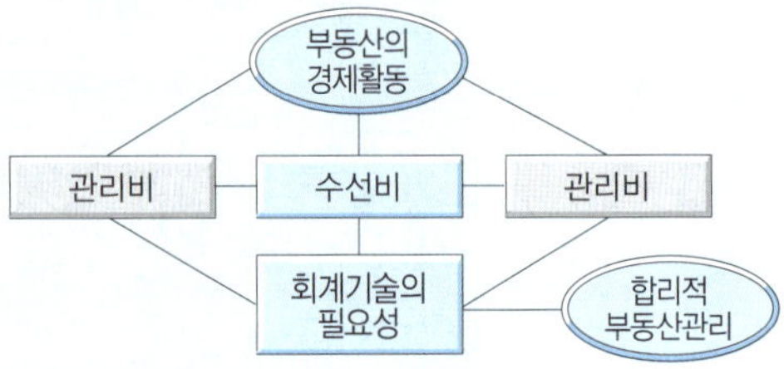

자료 : 이창석, 「부동산창업론」 (서울 : 고원출판사, 2007), p. 642.

02 공동주택의 회계관리

2.1 서설

공동주택의 기능이 확대되고, 대단위 세대가 밀집됨으로써, 많은 물적 · 인적 재원이 투입되고 있으며 이들 재원을 효율적으로 운영하기 위하여 합리적이고 체계적인 관리체계를 필요로 한다. 특히, 의무관리대상 공동주택을 관리함으로써 공정한 회계업무가 수행되도록 하기 위하여 관리주체는 공동주택표준관리규약에서 정하는 바에 의하고 이외 내용은 일반적으로 인정된 회계원칙과 객관적이고 공정 타당한 회계관습에 따라 회계처리를 하여야 한다.

2.2 관리주체의 회계관리

2.2.1 관리비의 개념

관리비란 입주자의 쾌적한 생활환경과 공동자산을 보전하기 위하여 필수불가결한 비용으로서 공동주택의 입지조건, 규모, 설비, 의식수준, 관리정도에 따라 결정하며 입주자의 관리비 부담을 긍정적으로 받아들일 수 있도록 하여야 한다.

관리주체는 관리비 및 사용료 징수업무를 수행함에 있어 선관주의 의무를 다해야 하며(주택법 시행령 제58조 관리비 등) 매월별로 관리비와 사용료의 징수 · 사용 · 보관 및 예치 등에 관한 장부를 작성하여 그 증빙서류와 함께 이를 보관하고 공동주택입주자 등의 요구가 있을 경우에는 이를 열람할 수 있도록 규정하고 있다(시행령 제58조 제6항).

제58조 (관리비 등) ① 법 제45조의 규정에 의한 관리비는 다음 각호의 비목의 월별 금액의 합계액으로 하며, 비목별 세부내역은 별표 5와 같다.

1. 일반관리비
2. 청소비
3. 경비비
4. 소독비

1) 이창석 외, 「공동주택관리실무」(서울 : 신광문화사, 2005), pp. 70~94, ; 이창석 외 편, 「공동주택관리실무」(서울 : 경록, 2007), pp. 200~271

5. 승강기유지비
6. 난방비(주택건설기준 등에 관한 규정 제37조의 규정에 의하여 난방열량계 등이 설치된 공동주택의 경우에는 난방열량계 등의 계량에 의하여 산정한 난방비를 말한다.)
7. 급탕비
8. 수선유지비(냉 · 난방시설의 청소비를 포함한다.)

② 관리주체는 다음 각호의 비용에 대하여는 이를 제1항의 관리비와 구분하여 징수하여야 한다.

1. 장기수선충당금
2. 시설물의 안전관리에 관한 특별법 제6조의 규정에 의한 안전점검의 대가
3. 제62조의 규정에 의한 안전진단 실시비용 및 제65조의 규정에 의한 안전점검비용

③ 관리주체는 입주자등이 납부하는 다음 각호의 사용료 등을 입주자등을 대행하여 그사용료 등을 받을 자에게 납부할 수 있다.

1. 전기료(공동으로 사용되는 시설의 전기료를 포함한다.)
2. 수도료(공동으로 사용하는 수도료를 포함한다.)
3. 가스사용료
4. 지역난방 방식인 공동주택의 난방비와 급탕비
5. 정화조오물수수료
6. 생활폐기물수수료
7. 공동주택단지안의 건물 전체를 대상으로 하는 보험료
8. 입주자대표회의의 운영비

④ 관리주체는 인양기 등 공용시설물의 사용료를 당해 시설의 사용자에게 따로 부과할 수 있다.

⑤ 관리주체는 보수를 요하는 시설이 2세대 이상의 공동사용에 제공되는 것인 경우에는 이를 직접 보수하고, 당해 입주자등에게 그 비용을 따로 부과할 수 있다.

⑥ 관리주체는 관리비등을 통합하여 부과하는 때에는 그 수입 및 집행내역을 쉽게 알 수 있도록 정리하여 입주자등에게 알려주어야 한다.

⑦ 관리주체는 관리비등을 입주자대표회의의 회장과 관리사무소장의 공동명의로 입주자대표회의가 지정하는 금융기관에 예치하여 관리할 수 있다.

관리규약에는 관리비와 사용료의 세대별 부담액 산정방법 · 징수 · 보관 · 예치 및 그 사용절차와 그 미납자에 대한 조치에 관한 사항이 필요적으로 포함되어야 한다. 관리비 예산의 확정과 사용료의 기준 감사의 요구에 관한 사항은 입주자 대표회의의 의결사항으로 하며 이를 지체없이 입주자 등에게 통지 고시하도록 의무화하고 있다.

2.2.2 관리비 구성항목 및 구성내역

① 관리비의 구성항목

관리비는 다음의 일반관리비, 청소비, 오물수거비, 소독비, 승강기 유지비, 난방비, 급탕비, 냉난방 시설의 청소비를 포함한 수선유지비 등 항목 이외에는 어떠한 명목으로도 징수할 수 없으며 월별 금액의 합계액으로 한다.

② 관리비의 구성내역 및 산정방법

관리비의 구성내역과 세대별 부담액 등의 산정방법은 다음과 같다.

관리비의 세대별 부담액의 산정방법은 사용자 부담 및 공평한 부담의 원칙에 따라 관리규약으로 정한다고 규정하여 관리규약의 결정사항으로 하고 있다.

가. 연간예산제

회계연도 단위로 총 소요 관리예산을 설정해 놓고 그에 의하여 매월의 관리비 징수액을 결정 · 징수하는 제도이다.

$$\text{매월 세대별 관리비} = \frac{\text{월별 사용총액}}{\text{총 연건평}} \times \text{당해 주택 평수}$$

장점은 회계처리 간편, 주민의 관리주체에 대한 감시 · 감독 용이, 가계부담의 균형, 잔액발생시 긴급비용의 사용 가능, 인건비 절약 가능 등이다. 단점은 관리행위의 소극성, 예산편성의 경직성, 수혜자 부담원칙에 위배, 물가변동에 대한 적응 곤란 등이다. 도표 12-1

나. 월별 정산제

매월 지출된 관리비용을 다음 달에 정산하여 비용 고지하는 방식을 말하는데 계절적으로 경비변동이 심한 중앙난방 아파트단지에서 많이 사용한다.

$$\text{매월 세대별 관리비} = \frac{\text{연간 총 소요 경비}}{\text{총 연건평} \times 12} \times \text{당해 주택 평수}$$

장점은 수혜자 부담 원칙에 부합, 물가변동에 적응 용이, 매월 정산으로 회계처리에 대한 민원 배제 등이다.

단점은 가계부담의 불균형, 매월 정산으로 사무번잡 등이다.

도표 12.1 관리비의 구성과 내용

비 목	구성내역	세대별 부담액 산정방법
일반 관리비	• 인건비 : 급여, 제수당, 상여금, 퇴직금 및 산재보험료, 고용보험료, 국민연금, 의료보험료, 식대 등 복리후생비 • 제사무비 : 일반사무용품비, 도서인쇄비 교통통신비 등 관리사무소에 직접 소요되는 비용 • 제세공과금 : 관리기구가 사용한 전기료, 전화료, 우편료 및 관리기구에 부과되는 세금 등 • 피복비 • 교육훈련비 • 차량유지비 : 연료비, 수리비 및 보험료 등 차량유지에 직접 소요되는 비용 • 보험료 : 화지보험료 등 • 기타 부대비용 : 관리용품구입비, 회계감사비 및 입주자대표회의 운영비 기타 관리업무에 소요되는 비용	월간 실제 소요된 비용을 분양 면적에 따라 균등배분하거나 월 예산액을 분양면적에 따라 균등배분하고 사용실적에 따라 정산한다. 입주자대표회의가 선정한 주택관리인에 의한 관리인 경우에는 입주자대표회의와 주택 관리인간의 계약으로 정한 월간비용을 분양면적에 따라 균등 배분한다.
청소비	용역시는 용역금액으로 하고 직영시는 청소원 인건비, 피복비 및 청소용품비 등 청소에 직접 소요된 비용	월간 실제 소요된 비용을 분양면적에 따라 균등배분하거나 월 예산액을 분양면적에 따라 균등배분하고 사용실적에 따라 정산한다.
오물 수거비	용역시는 용역금액으로 하고 직영시는 오물수거원 인건비, 피복비 및 오물수거용품비 등 오물수거에 직접 소요된 비용	월간 실제 소요된 비용을 분양면적에 따라 균등배분하거나 월 예산액을 분양면적에 따라 균등배분하고 사용실적에 따라 정산한다.
소독비	용역시에는 용역금액으로 하고 직영시에는 소독용품비 등 소독에 직접 소요된 비용	월간 실제 소요된 비용을 분양면적에 따라 균등배분하거나 월 예산액을 분양면적에 따라 균등배분하고 사용실적에 따라 정산한다.
승강기 유지비	용역시에는 용역금액으로 하고 직영시에는 재부대비 및 자재비등으로 한다. 다만, 전기료는 공동으로 사용되는 시설의 전기료에 포함된다.	• 전기료 : 상시 사용하는 세대별 부담 • 유지관리비 : 승강기 공유세대별 공평부담(공동시설)
난방비	난방 및 급탕에 소요된 원가(유류대, 동력전기료, 난방 및 급탕용수비)에서 급탕비를 뺀 금액	월간 실제 소요된 비용을 분양면적에 따라 균등배분(분양면적에 의한 산정이 심히 곤란한 경우에는 전용면적에 따라 균등배분한다.)하거나, 월 예산액을 분양면적에 따라 균등배분하고 사용실적에 따라 정산하며, 열사용량계측기가 설치된 경우에는 월간사용량에 의한 비용을 세대별 계측기에 의하여 배분한다.
급탕비	급탕유류대, 동력전기료, 급탕용수비	예정원가에 의하여 입방미터당 급탕비 단가를 결정하고 세대별 사용량계측기에 의하여 산출한다.

2.2.3 관리비의 수납과 지출

① 수납

관리비 등 제 수납금의 납부고지서는 동 호수(성명), 관리비 등의 비목별 금액, 납부기한, 납부장소 등을 명시하여 납기일 7일 전에 입주자 등에게 도달하도록 하여야 한다. 그리고 관리비 등 제수납금의 납부기한은 단지여건에 따라 정하되 납입일이 공휴일인 경우에는 다음의 첫 근무일까지로 한다.

② 지출

관리비 등은 예산에서 정하는 범위 안에서 관리주체의 책임 하에 사용한다.

Ⅱ 회계처리실무

01 회계전표 및 예산업무

1.1 회계전표

1.1.1 회계처리와 장표

① 장표의 의의

회계장표는 회계처리내용을 기재한 장부 · 전표 및 증빙서류 등을 말한다.

② 장부

장부란 기업에서 발생한 거래를 효과적이고 능률적으로 처리할 수 있도록 하는 기장 조직을 말한다. 회계장부의 종류, 양식, 규격은 관리주체가 정하되 입주자 대표회의의 승인을 얻어야 하며 회계처리의 내용은 객관적이고 명확하게 표시될 수 있도록 하여야 한다.

③ 회계장부의 종류

주요부는 경영활동에 의해서 발생하는 모든 거래를 총괄하여 기록 계산하는 장부로 분개장과 총계정원장이 있다.

보조부는 어떠한 특수한 거래 또는 계정에 대해서만 그 내용을 상세히 기장하여 주요부를 보충 기장하는 장부로서 각 계정원장 및 명세장으로 한다.

전표 및 일계표를 일차순으로 철하여 분계장에 갈음할 수 있다.

④ 장부의 오기(誤記) 및 정정(訂正)

장부의 오기사항은 당해 부분을 평행 2주선으로 말소하여 정정하여야 하고, 오기로 인하여 공란으로 할 필요가 있을 때에는 당해 부분을 평행 2주선으로 말소하고 "공란"이라 주서한다. 장부가 전면 오기되었거나 공백인 때에도 앞의 내용에 준한다. 금액인 1행 중 일부가 오기일지라도 그 행 전부를 정정하여야 하며 정정 부분에는 반드시 정정자가 날인하여야 하고 정정시에는 약품을 사용하거나 도말(塗抹) 또는 개서할 수 없다. 거래기장의 오류는 동일변에 주기 정정한다.

⑤ 장부의 마감

현금출납장은 매일 마감한다. 총계정원장, 각 계정원장, 기타 명세장은 매월 말에 마감하고 장부 마감시에는 미리 그 마감 잔액을 관계장부와 대조하여 확인하여야 한다. 그리고 거래가 종결되는 장부는 종결시에 마감하며, 회계연도 초에 이월을 필요로 하는 장부는 결산일에 마감한다.

⑥ 장부 폐쇄 · 갱신 · 이월 및 검열

회계장부는 매 회계연도별로 결산 확정시에 폐쇄하여 차기에 사용할 수 없다. 다만 장부의 성질상 계속 사용이 필요한 경우에는 예외로 한다.

장부의 갱신은 회계연도 초에 행하고 회계연도의 기간 중에는 특별한 경우를 제외하고는 이를 갱신할 수 없다.

회계연도 말에 있어서는 대차대조표 계정의 제잔액은 다음 회계연도 1일로 신장부상에 이월하되 미결산계정에 관하여서는 그 명세를 이기하여야 한다. 그 양이 많은 경우에는 일괄하여 이월하고 신 · 구장부를 같이 비치하여야 한다.

1.1.2 전표

① 의의와 회계상 전표처리

전표란 거래 발생시 계정과목, 거래내용, 수량, 금액, 거래처 등이 기입되며 거래의 사실을 입증하고 확인하는 중요한 자료가 되는 것을 말한다.

회계상 전표 처리는 다음과 같다.

첫째, 모든 거래는 전표에 의하여 처리되어야 한다.

둘째, 전표는 입금전표, 출금전표, 대체(입금 · 출금)전표로 구분한다.

셋째, 결의서 또는 증빙서는 전표로 대용할 수 있다. 이 경우 결의서 및 증빙서의 서식에는 전표의 기능이 포함되어야 한다.

넷째, 전표의 합계금액은 이를 정정하지 못하며, 기타 기재사항의 오기를 정정할 때는 반드시 책임자가 날인하여야 한다.

다섯째, 전표에는 기표자와 회계책임자가 날인하며 매월 입금전표와 출금전표를 함께 편철 보관하여야 한다.

② 전표의 종류

금전을 수반하는 거래는 입금전표, 출금전표이며 금전을 수반하지 않는 거래는 대체입금전표, 대체출금전표 등이 있다.

1.2 예산

1.2.1 예산의 의의

예산이란 일정한 기간에 있어서의 수입과 지출의 예정표(豫定表)를 말한다. 수입과 지출의 형태와 그 규모 한계를 명시함으로써 운영관리상 효율성을 기할 수 있고 또한 통제기능도 함께 도모할 수 있다.

모든 수입과 지출은 예산에 편성하여야 하며 관리주체는 회계연도 개시 90일 전까지 예산안을 작성하여 입주자 대표회의에 제출하여야 한다. 예산안에 첨부하여야 할 서류는 수입 · 지출 예산서, 사업계획서, 기타 필요한 서류 등이다.

1.2.2 예산집행상 유의사항

예산 집행상 유의사항은 다음과 같다.

첫째, 입주자대표회의가 필요하다고 인정하여 예산편성 지침을 정한 경우에 관리주체는 이에 따라 예산안을 작성하여야 한다.

둘째, 입주자대표회의는 회계연도 개시 30일 전까지 예산안을 심의 결정하여 관리주체에게 통보하여야 한다.

셋째, 관리주체는 매 분기말을 기준으로 하여 예산액과 대비한 예산집행실적을 입주자대표회의에 보고하여 승인을 받아야 한다.

넷째, 지출예산에 정하여진 예산액은 과목간에 전용할 수 없다. 다만 부득이한 사유가 있을 때에는 입주자대표회의의 승인을 얻어 전용할 수 있다.

다섯째, 예산은 다음연도에 이월할 수 없다. 다만 이월공사인 경우에는 이월할 수 있다.

여섯째, 예산 성립 후 사업계획의 변경 또는 기타 불가피한 사유로 예산에 변경이 필요할 때에는 추가경쟁예산을 편성할 수 있는데 추가경정예산의 편성 및 집행절차는 본 예산에 준하여 처리한다.

일곱째, 예산이 부득이한 사유로 회계연도 개시 전까지 성립되지 아니한 때에는 당해 회계연도 예산안에 계상된 것은 전년도의 실적 범위 내에서 집행할 수 있다.

여덟째, 집행된 예산은 당해연도 예산이 성립되면 그 성립된 예산에 의하여 집행된 것으로 본다.

02 수입과 지출 및 결산

2.1 수입과 지출

2.1.1 수입의 회계처리

수입금을 징수 결정하고자 할 때에는 수입결의서에 의하여야 하며 납입의무자에게 납부고지서를 발부하여야 한다. 그러나 다음에 열거한 위약금 및 해약금, 변상금, 과태료, 반납금, 이자수입 및 배당수입, 기타 관계 법령 및 계약 등에 의한 확정 수입 등은 수입결의서 및 납입고지서에 의하지 아니하고 수납할 수 있다.

2.1.2 지출의 회계처리

지출의 회계처리에 관한 것은 다음과 같다.

첫째, 지출은 채권자가 지정하는 금융기관의 예금구좌 또는 체신관서의 우편대체계좌에 입금함으로써 지급하여야 하는 것이 원칙이다. 그러나 인건비, 여비를 지출하는 경우 또는 기타 채권자 계좌 입금에 의하여 지급하는 것이 특별히 곤란하다고 인정하는 경우에는 예외이다.

둘째, 지출원인 행위는 배정된 예산범위 내에서 하여야 하며 지출원인 행위를 할 때에는 지출원인 행위 결의서를 작성하여야 한다. 다만 지출원인행위 결의서에 의하기 곤란한 경우에는 내부결재로서 이를 갈음할 수 있다.

셋째, 지출원인행위 취소결의서 또는 지출원인행위 증감결의서 작성 지출원인행위자는 계약의 해제, 계약금액의 변경 등으로 인하여 그 지출원인 행위액을 취소하거나 증감하고자 할 때에는 당초의 지출원인행위를 소급하여 취소 또는 정정하지 아니하고 따로 지출원인 행위 취소결의서 또는 지출원인행위 증감결의서를 작성하여야 한다.

넷째, 입주자대표회의 감사는 지출업무의 적정을 유지하기 위하여 수시로 지출에 관한 증빙서를 감사하여야 한다.

다섯째, 관리비 등은 예산에서 정한 범위 내에서 관리주체의 책임 하에 사용하고 입주자대표회의의 회장과 감사는 매월에 지정 금융기관으로부터 예금잔고증명을 받아 관계장부와 대조하여야 한다.

2.2 결산

2.2.1 결산의 의의와 작성

① 결산의 의의

결산이란 한 회계기간이 끝남에 따라 그 기간의 경영성적을 확정하고 그 기말의 채무상태를 명백히 함과 아울러 장부의 형식을 금기와 차기로 명료하게 구별하기 위하여 이루어지는 제반 절차를 말한다.

결산은 당해연도의 회계처리 상태를 명확히 파악할 수 있도록 명료해야 한다.

결산은 회계연도 말을 기준으로 하여 실시하고 재무제표는 매월 작성한다.

② 결산서 작성

결산서는 일반적으로 인정된 회계원칙에 의한 재무제표 중 대차대조표, 손익계산서 및 이익잉여금처분계산서(또는 결손금처리계산서)로 한다. 이 경우 재무제표의 부속명세서로 별지 서식의 예비비적립금 명세서 및 장기수선적립금 명세서를 작성한다.

2.2.2 결산정리와 보고

① 결산청구

결산정리란 결산시 회계장부를 마감할 때 최종적으로 수행하여야 할 절차로 결산시점에서의 재무상태의 확정과 해당 회계기간에 대한 기간손실을 산정하기 위해 분개하여야 할 정리분개를 위한 사항을 말한다. 결산시에는 연도이월이 불가피한 사항을 제외하고는 모든 미결산 계정을 정리하여야 한다.

② 결산보고

관리주체는 결산서를 작성하여 회계연도 종료 후 30일 이내에 입주자대표회의의 승인을 받아야 하고 그 승인일로부터 30일 이내에 공시 또는 입주자 등에게 개별통지하여야 한다.

03 수납회계와 세무회계

3.1 수납회계

3.1.1 개요

관리사무소의 수납회계업무는 조정, 징수 및 기록, 정산, 체납자의 처리, 연체료 등으로 대별된다. 조정이란 발생된 관리비 등을 서면으로 확정하는 절차를 말한다.

3.1.2 징수와 정산 및 체납의 처리

① 징수 및 기록

징수금은 단지의 회계규정이 정하는 바에 따라 징수하며, 각 세대별 관리비 등의 조정 · 징수 내역대장에 기록한다.

② 정산

회계관리책임자는 월말 마감후 미수액을 대조 완료한 후 당월 징수분을 일자별 과목별로 집계표를 작성한다. 또한 관리사무소장은 당월 정산할 금액을 자금별로 구분하여 정산 내역서를 작성하여 매월초 관계 부서 또는 입주자대표회의에게 보고한다.

③ 체납의 처리

제 징수금을 체납한 자에 대하여는 납부를 촉구하는 내용의 체납통지서 및 독촉장을 납부기한 경과 후 7일 이내에 발행함을 원칙으로 하며, 납부의무 이행을 독촉하기 위하여 호별방문, 입주자대표회의에 보고, 전달 등의 독려 및 홍보를 한다.

3.2 세무회계

관리사무소의 세무는 관리사무소 직원의 금여 및 일용근로자의 급여지급등의 업무를 행한다. 이외 자유직업소득자(변호사, 공사감독 등)에게 지급하는 대가에서 징수하는 국세인 갑종근로소득세, 방위세 및 지방세인 주민세의 징수와 납부대행과 복수업무로서 의료보험료, 직장금고, 우편저금 등의

공제 및 납부대행과 재산형성 저축가입자가 있을 경우 저축액의 납부대행이 포함된다. 도표 12.2

도표 12.2 세율인하와 세수효과[2)]

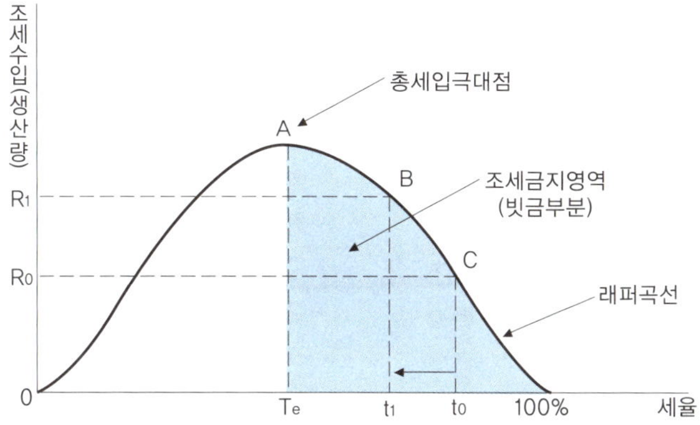

자료 : 정연중, 「경제학 원론」, (서울 : 법문사, 1997), p. 872.

2) 소득세율과 세수와의 실증적 관계를 나타낸 곡선을 래퍼곡선(laffer curve)이라고 부르는데 미국에서 1920년대와 1960년대의 감세조치를 분석하여 얻은 결과이다. 1920년대에는 세율인하폭을 세율의 25%로부터 73%에 이르기까지 인하조정하였었고, 1960년대에는 인하폭을 14%로 부터 70%만큼 인하한 결과, 소득계층에 따라 차이는 있었지만 일정수준 이하의 소득계층에서는 세율인하로 세수가 감소되었으나 그 이상의 소득계층으로부터는 세수가 증대되는 현상을 발견하였다. 그 분기점이 되는 소득계층은 1920년대에는 소득세율이 16~20%인 계층이었으며, 1960년대에는 소득세율이 26%인 계층이었다.

용어 정리

- 가구소득 (家口所得 : Household income)
- 경쟁분석 (競爭分析 : Competition analysis)
- 경제선도자 (經濟先導者 : Economic leader)
- 경제예측 (經濟豫測 : Economic forecast)
- 공급분석 (供給分析 : Supply analysis)
- 권역설정 (圈域設定 : Area fixing)
- 수요분석 (需要分析 : Demand analysis)
- 시장분석 (市場分析 : Market analysis)
- 시장성분석 (市場性分析 : Marketability analysis)
- 시장세분화 (市場細分化 : Market segmentation)
- 시장조사 (市場調査 : Market research)
- 예측흡수량 (豫測吸收量 : Prediction absorption)
- 위치위험 (位置危險 : Location risk)
- 임대가능면적 (賃貸可能面積 : Lease possible area)
- 임대료 (賃貸料 : Rent)
- 재무분석 (財務分析 : Financial analysis)
- 전대차공간 (轉貸借空間 : Sublet space)
- 최종제안 (最終提案 : The final proposal)
- 통근형태 (通勤形態 : Commuting commuting)
- 회계관리 (會計管理 : Accounting management)

생각해 볼 문제

1. 부동산회계관리의 의의와 그 내용에 관하여 설명하시오.
2. 공동주택 관리비의 법리적 해석과 그 개념에 관하여 논하시오.
3. 공동주택관리비의 구성내역과 산정방법에 관하여 설명하시오.
4. 회계업무처리에 있어 예산집행상의 유의사항을 논하시오.
5. 회계결산의 의의와 작성내용을 항목별로 약술하시오.
6. 부동산 세무회계의 의의와 세무회계의 업무내용을 정리하시오.

CHAPTER

13 시설관리

I 공동주택의 기술적 관리의 일반이론[1)]

01 공동주택 기술적 관리의 의의

1.1 의의

기술적인 관리행위란 대상부동산에 대한 물리적 · 기능적인 하자의 발생에 따른 필요한 기술적인 조치를 말한다. 이에 대한 사전방지책으로 대상부동산의 물리적 · 기능적인 하자를 예방하고, 앞으로의 증 · 개축계획을 수립하거나 토지의 경우에는 경계를 확인하기 위하여 경계측량을 실시하여 확정하고 이용의 편의, 가치의 증대, 거래의 촉진, 현상의 보존 등에 대한 일체의 기술적인 관리를 해하는 것을 말한다.

1.1.1 노후화의 의의

① 노후화의 개념

주택의 노후화란 사용이나 시간경과에 따라 또는 부적응화, 진부화에 의해서 당해 주택의 가치와 안정성 및 기능성이 현저히 저하되어 주택본래의 기능을 정상적으로 수행하기 곤란한 상태가 되는 것을 말한다. 도표 13.1

② 노후화의 원인과 신축물의 내용년수

가. 노후화의 원인

일반적으로 건축물들은 계속적인 사용과 시간이 경과함에 따라 노후화가 촉진되어 수명주기를 다

1) 이창석 외, 「공동주택관리실무」(서울 : 신광문화사, 2005), pp. 95~122. ; 이창석외 「공동주택관리실무」(서울 : 경록, 2007), pp. 272~329.

하게 된다. 이와 같은 노후화의 원인은 여러 가지 측면으로 나누어 살펴볼 수 있는데 크게 물리적 노후, 기능적 노후, 사회적 노후, 경제적 노후 4가지로 분류할 수 있다.

도표 13.1 기술적 관리의 개요

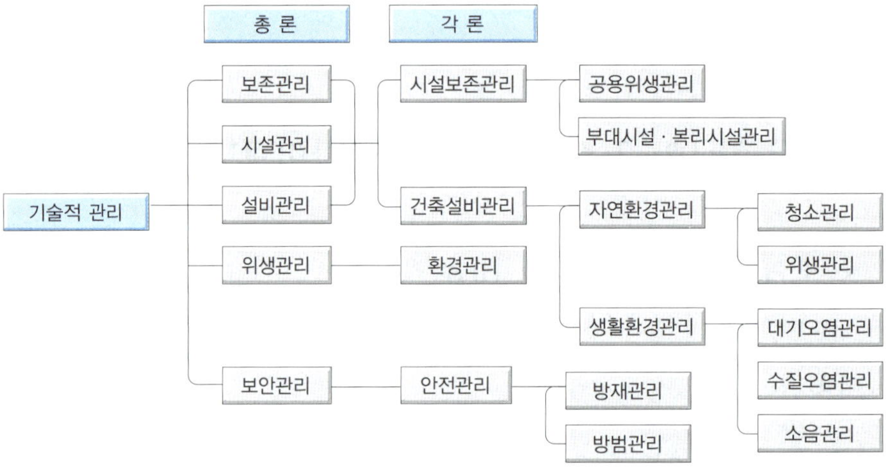

나. 건축물의 내용년수

내용년수란 건물들이 본래의 목적으로 사용될 수 없을 때까지의 기간을 말한다. 내용년수는 학자에 따라 주장하는 것이 다르나 일반적으로 정리하면 크게 물리적 내용년수, 기능적 내용년수, 경제적 내용년수, 법정 내용년수로 구분하는가 하면, 부동산학의 3측면에서 기술적 내용년수, 경제적 내용년수, 법률적 내용년수로 나누기도 한다.

STORY TIP 13.1 미래 주거문화의 전망

미래 주거는 최첨단기술의 적용과 친환경적인 건축, 주거 형태로 초고층 건물과 타운하우스로 발전될 것으로 보인다.

미래 주택은 '유비쿼터스(ubiquitous)' 환경이 일반화된 것으로 내다보고 있다. 예를 들어, 무선인식이 가능한 RFID(전자태크)를 주머니에 넣고 아파트 단지 내 상가에 가면, 별도 결재 없이 쇼핑이 가능하고, 집에서 나가거나 들어올 때 출구 앞 차단봉이 자동으로 열리는 식이다. 모두 전자태그를 감지하는 기술 덕분이다.

미래 주택은 첨단 기술 못지않게 '친환경적' 측면도 적극 고려될 것으로 전망된다. 실제로 세계 최대 주택관련 전시회로 최근 미국 올랜도에서 열린 '2007 국제주택박람회' 에서 최대 화두는 '얼마나 더 친환경적이고, 얼마나 더 에너지를 절감할 수 있느냐' 였다. 한 마디로 친환경적이고, 얼마나 더 에너지를 절감할 수 있느냐' 였다. 한 마디로 친환경에너지가 최대 관심사였던 것이다. 한 예로 생물학적 건축은 집을 지을 때 식물을 사용하는 것이다. 나무와 덩굴, 울타리로 외벽을 구성하는 등으로 집을 지으면 자연적으로 열차단막이 생겨 냉 · 난방에 좋다는 것이다. 생물학적 건축을 장려하기 위해 세금 혜택 등 인센티브 정책이 수립될 것으로 보인다.

자료 : Faith Popcorn, Adam Hanft, 「미래생활사전」(서울 : 을유문화사, 2007). 참조 ; 파이낸셜 뉴스, 박일한, 2007. 3. 2.

1.2 유지관리

1.2.1 개념

관리주체는 관리를 합리적으로 수행할 의무가 있고 이에 대한 대책도 강구해야 한다. 건물이 튼튼하게 건립되었다 하더라도 세월이 경과함에 따라 변화하고 노후화하기 때문에 관리를 철저히 할 필요가 있다. 이때 건축물의 가치를 인위적 행위를 통하여 회복시키고자 하는 관리활동을 유지관리라 한다. 일반적으로 유지 · 보수라는 의미이다. 각종 시설물의 유지관리절차는 다음과 같다. 도표 13-2

도표 13.2 각종 시설물의 유지관리 절차

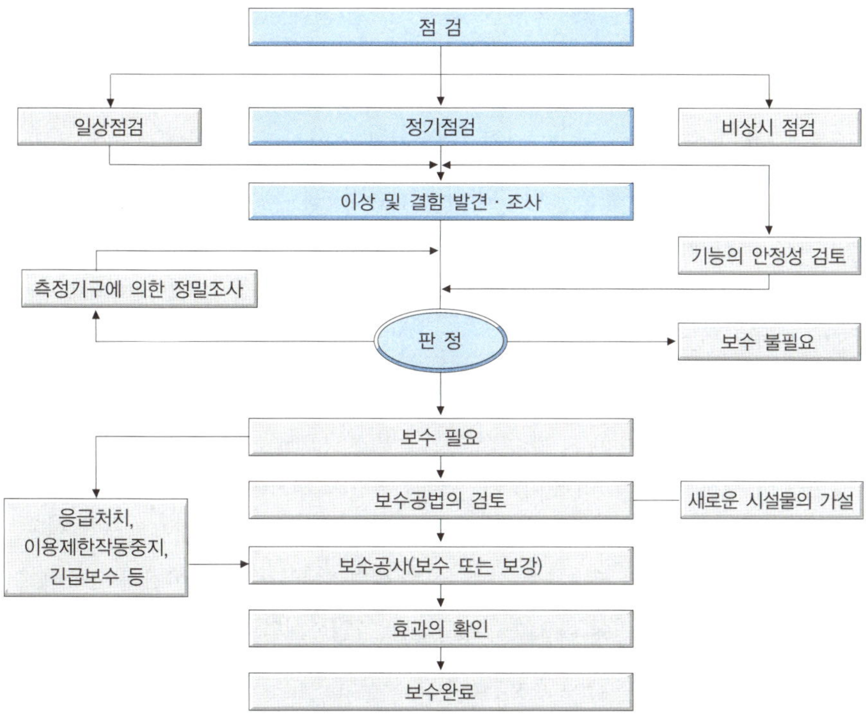

1.2.2 개요

시설물의 결함은 계획, 제작, 시공 및 감리, 시설물의 이용, 청소 및 점검장비 등의 유지관리단계를 거치면서 자연적 요인과 인위적 요인에 의하여 발생하며, 시설물의 유지관리체계는 제반사항을 추구함으로써 순차적으로 구축된다.

1.2.3 유지관리의 종류

① 능률관리

부동산의 구성요소들이 지니고 있는 기능을 발휘 · 유지하도록 행하는 관리로 기능관리라고도 한다. 능률관리의 필요성과 유의할 점으로서는 부동산의 물리적 · 기능적 · 경제적 가치의 결함을 수시로 보전하여 부동산의 기능을 최대한으로 발휘할 수 있도록 함으로써 사용자의 편의를 극대화 하는데 있다.

② 위생관리

부동산의 미관유지와 쾌적한 환경조성을 위한 관리가 위생관리이다. 위생관리에 있어서는 무엇보다도 청소작업의 분석 및 계획수립이 선행되어야 한다. 주거에 있어서 적당한 온도유지, 식생활의 고급화는 주거생활의 불청객인 바퀴벌레, 파리, 모기, 개미 등 해충과 쥐의 대량번식에 가장 알맞은 조건을 제공하고 있다. 특히, 공동주택에 있어서의 집단주거생활은 개개인의 세대의 방역만으로는 해충방제가 불가능하므로 방역은 충분한 연구와 함께 집단적 또는 정기적으로 일정한 장소를 살충하여야만 작게는 해충을 크게는 전염병을 예방할 수 있다. 살충 · 구서제는 극독약이므로 오용하면 인체에도 위험할 뿐 아니라 물체에도 손실을 입게 될 위험이 있다. 때문에 공동주택에서의 방역업무는 전문방역업체에 용역을 주고 있다.[2)]

③ 보안관리

부동산에는 여러 가지의 위험성이 있다. 이 위험률을 감소 내지는 제거하는 것이 필요한데 이것을 보안관리라 한다. 범죄의 유형에는 도둑, 강도, 폭행, 테러, 고의적 파괴, 약물중독 등을 들 수 있으며 이는 부동산의 가치, 평판, 수입 등을 위협한다. 이를 예방하기 위해서는 인접지역의 범죄 행위에 대한 정보수집과 신속한 대책 마련이 필요하며 부동산의 출입통제와 열쇠보관 철저, 적절한 조명제공, 경비, 관리종사원 및 임차인의 철저한 신상파악이 필요하다 할 수 있겠다.[3)]

④ 보전관리

보전관리는 부동산의 현상유지 및 예방관리를 말한다. 부동산의 보전관리는 물리적 내용년수 및 경제적 내용년수 등 두 가지의 측면에서 충분히 고려되어야 한다. 물리적 내용년수로 고려해야 할

2) 이창석 외, 「공동주택관리실무」(서울 : 신광문화사, 2005), pp. 187~188.
3) IREM(2007). MNT402. Chicago : IREM. pp. 8~11.

시설로는 열 공급시설, 동력사용시설 및 기기, 발전기 등의 배출시설 및 오수정화시설 등을 들 수 있다.[4)]

⑤ 조경관리

입주민의 쾌적한 입주환경과 정서함양 및 부동산 가치를 높이기 위해 더욱 힘써야 할 분야이다. 때로는 가뭄에도 충분히 견딜 수 있는 식물을 선택함으로써 지구온난화로 인한 불순한 일기를 극복해 나가는 지혜가 필요할 것이다.

1.2.4 유지관리의 내용

건축물의 기능을 유지하기 위하여 행하는 보전활동은 그 기능을 양화하게 유지하고 안전과 내구성을 확보하기 위한 점검, 진단, 보수, 청소, 수리, 교체, 수선, 개량 등을 말한다.

보전활동은 예방보전을 기본으로 하고 있으며 그 이외에 사후보전, 방임보전을 행한다.

예방보전(preventive maintenance)은 예방적 유지활동으로 건축물의 노후를 방지하기 위한 점검과 보수, 노후의 정도를 측정하는 진단과 노후를 복구하기 위한 예방수선(계획수선)으로 구성되며 결함이 생기지 않도록 예방하는 것이다.

사후보전(break-down maintenance)은 대응적 유지활동으로 건물의 기능과 성능에 확실한 결함이 있을 때 비로소 수선하는 방법으로 안전상의 문제와 운전비 및 수선비가 증가하므로 소모품과 같이 중요도가 낮은 부위 외에는 그다지 바람직한 방법이 아니다.

방임보전(free maintenance)은 건물의 기능과 성능에 확실한 결함은 아니지만 경년에 따라 노후가 진행되어 안전상, 미관상 교체 및 수선을 행하는 경우를 말한다. 이러한 시기의 설정은 확실한 기준을 정하기가 곤란하다.

① 점검

공동주택 공용부분의 기능과 훼손정도를 조사하여 하자의 발생을 사전에 방지하려는 관리행위를 말하며 점검의 방식은 다음과 같다.

가. 정기점검

일정기간을 정하여 정기적으로 점검하는 것으로 대상물에 따라 다르지만, 통상 6개월을 점검주기

4) 이창석 외, 「공동주택관리실무」(서울 : 신광문화사, 2005), p. 192.

로 한다. 점검카드를 비치하여 그 점검내용을 기록하고 점검결과 보수가 필요한 경우에는 즉시 보수한다.

나. 수시점검

입주자 등의 요청이 있거나 관리주체가 점검이 필요하다고 인정하는 경우에 수시로 행하는 점검이다.

다. 특별점검

장마철, 겨울철, 태풍주의보 발효와 같이 특히 사전에 하자발생을 방지할 필요성이 많은 경우에 대비해서 실시하는 점검이다.

② 보수

가. 의의

보수는 시설에 대한 점검 시에 낡은 물품이나 재료 등을 교체하거나 발견된 하자를 손질하여 하자로 인한 피해를 미연에 방지하려는 관리행위를 말하며, 보수는 점검과 병행하여 실시하는 것이 보통이고 대체로 단기적이고 소규모의 공사를 하자 발생 전에 행하는 관리행위이다.

나. 보수의 방식

정비는 정기 점검 시 이루어지는 보수를 말하며, 수리는 점검시 발견되는 하자를 보수하는 것을 말한다.

③ 청소

공동주택 등의 시설 내 · 외부를 청결히 하여 먼지, 쓰레기 등으로 인한 시설물의 훼손을 방지하고 입주자의 쾌적하고 건강한 주거환경을 유지하는 관리행위이며 청소의 방식은 다음과 같다.

가. 정기청소

일정기일을 청소일로 정하여 입주자의 협조아래 또는 청소전문용역회사에 의뢰하여 실시하는 청소로서 계단, 바닥 등에 대한 세정작업, 시설 및 설비의 금속부분에 대한 녹 제거작업 등과 같이 청소작업계획에 의하여 정기적으로 실시되는 청소를 말한다.[5]

5) 이창석 외, 「공동주택관리실무」(서울 : 신광문화사, 2005), p. 183.

나. 일상청소

수시로 공동주택 등의 시설을 대상으로 실시하는 청소로서 현관, 계단, 복도 등의 공용부분과 도로, 관리사무소, 주차장 등의 부대시설 및 어린이 놀이터, 노인정, 주민운동시설 등의 복리시설에 대해 매일 실시되는 청서를 말한다.[6]

다. 특별청소

외벽, 내벽 등의 오염정도에 따라 실시되는 청소, 강우, 강설 등에 의하여 비정기적으로 실시되는 제설, 제빙작업 등을 말한다.[7]

④ 진단

가. 의의

진단은 공동주택 등의 주요구조부와 내력구조부 등과 같이 그 하자여부가 중요한 결과를 초래하거나 그 기능 및 상태를 파악하는데 전문적인 기술이 요구되는 경우에 실시되는 조사행위이다. 진단은 수선을 위한 사전단계에서 이루어지는 것이 보통이다.

나. 진단방식

일반진단은 측정기기의 도움이 없이 사람의 오감을 통해 이루어지는 진단이며, 특별진단은 공동주택 등의 상태를 조사함에 있어 고도의 특정기기를 사용하여야만 하는 진단을 말한다.

⑤ 수선

가. 의의

수선은 비교적 장기간에 걸친 대규모의 공사를 계획적으로 실시하는 관리행위를 말하며, 수선은 진단을 거쳐 수립되는 장기수건계획에 의하여 적립된 장기수선충당금을 사용하여 이루어진다.

나. 수선의 종류

계획수선은 공동주택 등의 시설을 보존하기 위한 장기적인 수선계획에 따라 시행되는 수선을 말하며, 특별수선은 수선계획에서는 예정하고 있지 않았던 우발적인 하자가 발생할 경우에 행하는 수선이다.

---

6) 상게서, p. 182.
7) 상게서, p. 183.

1.2.5 시설별 보존관리

① 지붕옥상

가. 하자형태

외부기상에 수평적으로 노출되어 균열 · 방수층 파손으로 인한 누수 · 녹 · 동해 · 결로 등이다.

나. 하자의 종류

대표적인 하자로는 콘크리트의 균열, 조적조 외벽의 균열, 백화현상, 결로현상, 미장면 균열 및 탈락, 지하실 및 옥상 방수하자, 욕실, 발코니, 다용도실 하자, 기타부위 하자 등을 들 수 있다.[8]

다. 하자의 예방

콘크리트의 균열의 경우 침강균열을 예로 들자면 슬래브는 1차 마무리 후 어느 정도 침강이 진행되고 경화가 시작할 때 다시 한번 눌러주면 침강균열은 방지할 수 있다. 그리고 보, 기둥은 콘크리트 타설 배관을 풀지 않은 범위내에서 선타설하고 침강이 어느정도 진행된 후 슬래브를 타설하면 보, 기둥, 옹벽의 상부 침강균열은 방지할 수 있다. 조적조 외벽의 균열의 경우 벽돌개체의 선택엄선, 컨트롤 조인트의 시공, 이질재와의 접합부위에 보강재 또는 신축줄눈 설치, 테두리 보 설치, 줄눈 및 익스팬션 조인트의 정밀시공, 하루쌓기 높이 1.2m 이하 준수, 매설물 배관 시 충격방지, 흡수성이 강한 개체는 사용 전에 충분한 물 축임, 보강 철물의 철저한 시공 등을 예방책으로 들 수 있다. 백화현상의 경우 설계 시 경사진 디자인을 삼가하고, 모르타르는 깨끗한 물을 사용하여 충분히 반죽하며 바다모래사용을 금한다. 또한 조적시와 양생 중 빗물이 침투하지 않도록 하며 모르타르는 치밀하게 채우도록 한다. 결로현상은 단열보강, 북쪽 거실 난방 주의 과다습기억제, 환기 철저, 열교현상방지 등을 예방책으로 들 수 있다.[9]

라. 하자의 보수

균열은 코킹으로 봉입한다. 누수의 경우 심한 균열은 방수재시공을 하고, 부분적 균열은 그 부분의 방수시공을 하며, 방수층에 무거운 물건의 적재를 금지한다. 난간은 부식 전에 재도장하고 심할 경우에는 교체토록 한다. 지하층 결로의 경우 외벽 공간쌓기 조적면에 약 1.5m 간격으로 상 · 하로 환기구멍을 만들어 주면 공기의 흐름이 자연스럽게 이루어져 결로를 상당히 줄일 수 있다.[10]

8) 상게서, pp. 124~143.
9) 상게서, pp. 126~133.
10) 상게서, p. 133.

마. 옥상방수

아스팔트방수, 시멘트액체방수, 기타 방수방법을 행한다.

② 내벽

하자형태는 기온변화, 습기에 의한 누수 · 결로 · 동해 · 균열 · 훼손 · 노후화 등이다. 하자점검은 벽체파손균열, 오염상태, 도장상태, 내화성, 내수성, 내습성, 방화성 확인 등이 있다.

하자보수는 파손균열은 모르타르 · 코킹충전, 합성수지제도포, 조적재보강, 오염시 중성세제로 세척, 방수용 발수제도포, 내화 · 방화성 재료보강, 외벽에 단열재보강, 방습재도장 등이 있다.

③ 외벽

하자형태는 외부기상에 수직적으로 노출되어 균열부위나 타일줄눈이음새를 통한 우수침투 등이 있다. 하자점검은 균열, 타일 붙임상태, 물받이 배수구상태, 창문틀과 이음부의 균열상태, 외부도장 상태 확인 등이 있다. 하자보수의 경우는 균열은 모르타르나 코킹을 주입하거나 합성수지제로 도포하며, 오물 등으로 인한 훼손은 중성세제로 세척건조 후 방수용 발수제로 도포한다. 그리고 타일방식으로 미관도 살리고 외벽을 보존한다.

④ 천장

하자형태는 빗물, 습기, 온도변화 등에 의한 누수, 결로, 천장 내부에 설치된 기기의 결함 · 위층바닥의 진동으로 인한 파손, 균열 등이 있다. 하자점검은 누수 · 결로 · 파손 · 균열 여부 조사 등이 있다. 하자보수는 천장 내 기기나 배수관의 수리, 천장의 파손균열은 반자를 재구성하고 균열부는 잘라내어 방수용 모르타르나 코킹 등을 주입한다.

⑤ 바닥

하자형태는 구조상 결함으로 인한 균열, 마모 · 파손으로 인한 바닥재의 훼손 · 침하 등이 있다. 하자점검은 바닥균열요철 · 바닥재 오손 · 바닥침하 · 바닥이 지나치게 미끄러운가의 여부에 있다.

하자보수의 경우는 바닥의 균열정도에 따라 전면 재시공하거나 일부 시공한다. 바닥오손은 수시로 청소하고 목재바닥재는 물 사용을 금지하며 고무 바닥재는 오일사용을 금지한다. 그리고 리노륨 · 리노타일바닥재는 유성왁스, 플로어오일 사용을 금지한다. 또한 바닥 침하 시 전면재시공하고 플로어오일, 유성왁스의 지나친 사용을 금지한다.

⑥ 계단

하자형태는 사람통행이나 화물의 이동으로 인한 훼손, 난간두겁, 난간동자, 엄지기둥, 디딤판 등의 훼손, 부식 등이 있다. 하자점검은 계단이나 계단마감재의 훼손 · 오손조사, 난간두겁, 난간동자, 엄지기둥 디딤판의 부식 · 이탈 · 훼손 조사 등이 있다. 하자보수는 항상 청결을 유지하고 심한 균열시 전면보수하고 난간두겁 등을 도장, 교체, 고정한다.

⑦ 타일

하자형태는 균열, 파손 등이 있다. 하자보수는 부분적 재시공이 가능한 경우 시행한다. 타일의 종류는 외장 · 내장 · 바닥 · 모자이크 · 특수타일 등이 있다.

⑧ 도장관리

하자형태는 도막이 퇴색하거나 도막의 광택이 없어지고 흰 가루가 떨어지는 경우, 도막이 부풀어 오르는 경우, 도막에 전 균열이 발생하거나 녹이 발생하는 경우 등이다. 하자보수는 바탕을 만들거나 도장공사시 유의하여야 한다.

⑨ 단열관리

단열관리란 실내의 열이 외부로 빠져나가는 것을 방지한다. 즉, 열손실방지, 결로방지, 방음의 효과가 있다. 단열재는 단열성능을 향상시키는 열전도율이 작은 스티로폼, 유리면 암면, 유레아폼, 우레탄을 쓴다. 단열공법과 단열시공의 방식 등이 있다.

1.2.6 주요 부대시설 및 복리시설의 관리

① 의미

부대시설관리는 도로, 담장, 옹벽, 축대, 관리사무소, 주차장, 조경시설, 안내표지판에 대한 관리행위를 말한다. 복리시설관리는 입주자의 공동소유로서 어린이 놀이터, 주민운동시설, 노인정에 대한 관리행위를 말한다.

② 도로관리

하자의 원인 및 형태는 과적차량통행, 인근공사로 인한 균열, 파손, 침하 등이 있다. 도로관리의 보수에는 아스팔트도로의 보수, 콘크리트도로의 보수 등이 있다.

③ 기타관리

기타관리는 석축 및 옹벽의 관리, 관리사무소 설치, 안내표지판, 동번호, 게시판 설치, 주차장 관리 등이 있다.

1.2.7 유지관리 시스템

시설물의 유지관리는 점검초기에 변형이나 결함을 정확히 파악하여 가장 적절한 순서에 따라 대처하여야 한다. 시설물을 유지관리 함에 있어서 정확한 현보유강도나 안정성 파악, 급격한 기능저하를 가져올 우려가 있는 변형, 누수 등의 결함을 조기에 파악하여 적절한 조치를 취하는 것이 매우 중요하다. 도표 13.3

도표 13.3 부동산관리와 유비쿼터스의 개념적 정의

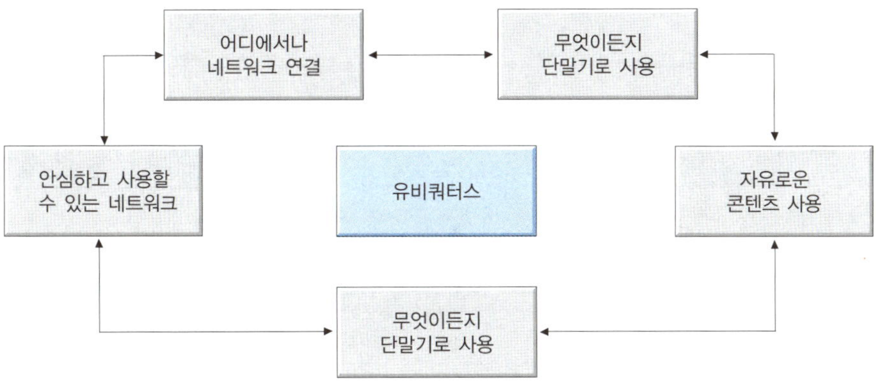

자료 : www.ubiquitousdream.or.kr/htm_kor/ubi_1.htm

02 관리체계와 조직운용 및 점검사항

2.1 관리체계와 조직운용

2.1.1 서설

시설물의 유지관리에 적용하는 일반적인 관리원칙을 가장 적절한 경비로 최선의 방법을 통하여 작업을 수행하는 것이다. 다음은 시설물 전반에 걸친 유지관리체계를 개발하기 위하여 고려되어야 할 사항을 제시한다. 유지관리란 설계, 시공된 형태에 대하여 시설물 각 기능별로 구분한 체계와 그 요소들을 보호, 복구하는 사항으로 그 외 추가되는 부대시설의 관리 및 청소 등의 예방적인 관리 및 방재대책과 기타 서비스 등도 포함된다.

2.1.2 공동주택의 조사점검사항

지붕 및 옥상의 조사점검사항은 지붕 및 옥상의 조사 점검 시 누수(漏水), 지붕 위 재료, 빗물처리 등에 관한 사항에 유의하여야 한다. 그리고 외벽의 조사점검사항에 있어 외벽의 조사 점검 시 외벽의 구조 및 재료, 외벽의 하자점검, 개구부주위에 대한 점검사항에 유의한다. 주택내부의 조사점검사항은 주택내부의 조사 점검 시 바닥, 마루, 내벽, 천장, 욕실 및 부엌 등에 사용된 재료 및 파손이나 결함여부, 마감상태 등에 대한 점검사항에 유의한다. 끝으로 기타의 점검사항은 기타 낙수처리 방법, 울타리 설치에 대한 점검사항 등이 있다.

도표 13.4 업무대상과 업무내용

업무대상개소	업무내용			
	정기적 외관점검 등		정비 · 수리 및 법정점검 등	
1) 건물주변				
– 옥상	표층외부관점검	회/년		
– 내외벽	표층외부관점검	회/년		
– 공동현관주변	표층외부관점검	회/년		
– 공용복도 · 계단	표층외부관점검	회/년		
– 특수건축물 법정개소	표층외부관점검	회/년	법정점검	1회/3년
2) 시설				
– 관리원실	외관점검	회/년		
– 집회실	외관점검	회/년		
– 청소원대기실	외관점검	회/년		
– 급탕실	외관점검	회/년		
– 공동변소	외관점검	회/년		
– 관리용 창고	외관점검	회/년		
– 주차장	외관점검	회/년		
– 자동차보관실	외관점검	회/년		
– 게시판	외관점검	회/년		
– Fence	외관점검	회/년		
– 화단	외관점검	회/년	식목 등 식재손질	
3) 자가용 수변전설비			정기검사	1회/년
– 수전반 · 배전반			보수점검	1회/월
– 변압기류			보수점검	1회/월
– 계전기류			보수점검	1회/월
– 각 개폐기류			보수점검	1회/월
– 기타 부속설비			보수점검	1회/월

업무대상개소	업무내용			
	정기적 외관점검 등		정비 · 수리 및 법정점검 등	
4) 전기설비				
- 동력세어반	외관점검	회/년		
- 전등분전반	외관점검	회/년		
- 동력전등배선	외관점검	회/년	전구교환	
- 조명 · 콘센트기기	외관점검	회/월		
- 자동점멸기(타이머기기)	외관작동점검(시간조정)	회/월		
- 피뢰침	외관점검	회/년		
5) 엘리베이터			보수점검	1회/월
			법정점검	1회/년
6) TV공청설비	외관점검	회/년	조정	
- 안테나	외관점검	회/년	조정	
- 증폭기 · 분기기	외관점검	회/년		
7) 자동화재감시기				
- 수신기				
- 감지기류			법정점검	2회/년
- 표시등				
- 전령				
- 기타 부속설비				
8) 비상경보설비				
- 발신기				
- 수신기				
- 표시등				
- 전령			법정점검	2회/년
- 방송설비				
- 조작반				
- 스피커				
9) 방화설비				
- 방화문 · 감지기	외관점검	회/월	정비	
- 방화문 · 운동퓨즈	외관점검	회/월	정비	
- 방화댐퍼	외관점검	회/월	정비	
10) 소화설비				
- 소화기				
- 가압도수장치				
- 옥내소화전			법정점검	2회/년
- 연결수도관				
- 기타 부속설비				
11) 유도등 유도표지				
- 피난구유도등				
- 통로유도등			법정점검	2회/년
- 유도표지				
12) 비상콘센트설비				
- 플러그저속기				
- 보호극			법정점검	2회/년
- 표시등				

업무대상개소	업무내용			
	정기적 외관점검 등		정비 · 수리 및 법정점검 등	
13) 피난설비 – 피난기구	외관점검	회/월	법정점검	2회/년
14) 방범설비				
– 수신반				
– 벨 · 표시 등	외관점검	회/월	법정점검	1회/년
15) 급수설비				
– 수수조	외관점검	회/월	내청소 · 정비	2회/년
– 중간수조	외관점검	회/월	내청소 · 정비	2회/년
– 고치수조	외관점검	회/월	내청소 · 정비	2회/년
– 압력수조	외관점검	회/월		
– 수질점검				
– 급수관	외관점검	회/월		
– FM변	외관점검	회/월		
– 감압변	외관점검	회/월	정비	
– 양수펌프	외관점검	회/월	정비	
– 압력펌프	외관점검	회/월	정비	
– 자동발정지장치	외관점검	회/월	정비	
– 민감수경보장치	외관점검	회/월	정비	
– 산수꼭지 · 지수꼭지	외관점검	회/월	정비	
16) 급수설비				
– 오(배)수펌프	외관작동점검	회/월	정비	
– 만감수경보장치	외관작동점검	회/월	정비	
– 자동정지장치	외관작동점검	회/월	정비	
– 옥상배수구	외관점검	회/월	정비	
– 배구관	외관점검	회/월	정비	
– 우수 · 배수관	외관점검	회/월		
– 우수 · 통기관	외관점검	회/월		
– 수세변기	외관점검	회/월		
– 로탱크	외관점검	회/월		
– 볼탑	외관작동점검	회/월		
17) 정화조설비				
– 폭기조			보수점검	회/월, 청소
– 침전조			보수점검	회/월, 청소
– 소독조(멸균조)			보수점검	회/월, 청소
– 각 펌프			보수점검	회/월, 청소
18) 공조설비				
– 냉각탑 – 순환펌프			보수점검	회/월, 청소
– 냉각수배관 – 각종밸브				
– 방청제장치 – 히트펌프				
– 열교환기 – 급기팬				
– 필터 – 순환펌프				
– 팽창탱크 – 냉수배관				
– 각종 밸브 – 가습기				
– 타임스위치 – 배풍기				
– 환기팬 – 덕트				
– 동력배전반 – 각종 제어반				

03 하자보수와 입주자 관리

3.1 하자보수와 관련법령 및 하자보수

3.1.1 하자보수와 관계법령 등

① 관계법령

공동주택의 관리는 사용검사 이후부터 당초 사용목적 및 기능에 걸맞게 유지 · 관리되고, 건축공법 및 부자재의 개선으로 기능을 향상시키는데 목표를 두고 있다.[11)]

입주 이후 하자보수 기간 내에 하자발생을 인지한 경우 이에 대한 신속하고 효과적인 치유가 있어야 한다. 다만, 사업주체에 의한 하자보수가 곤란하거나 지연될 경우 입주자의 권리구제를 위해 필요한 조치가 있어야 한다. 하자보수는 관계법령에 의하여 타율적으로 이루어지기도 한다. 구성물의 부위에 따라 하자보증기간은 차이가 난다.

3.1.2 하자보수보증금

① 예치의무자

공동주택 등을 건설 · 공급하는 자(임대를 목적으로 하는 공동주택 등의 경우에는 건설임대주택을 매각하고자 하는 자)

② 보증금액 및 형태

가. 보증금액

일반적으로 보증금액은, 대지조성가격을 제외한 총 공사비의 3/100이다.

나. 보증금 형태

현금 또는 다음 각 내용의 증서로 예치한다. 그 내용은 은행의 지급보증금, 입주자대표회의 또는 그 위임을 받은 자를 피보험자로 하는 여행보증보험증권, 건설공제조합법에 의하여 건설공제조합이 발행하는 보증서, 관계법령에 의한 주택사업공제조합이 발행하는 보증서 등이다.

11) 하자보수요청에 있어 입주자 · 입주자대표회의 또는 관리주체가 하자담보책임기간 내에 하자가 발생한 경우에는 사업주체에게 하자보수를 요구할 수 있다. 또한 하자보수요구를 받은 사업주체는 그 날로부터 3일 이내에 그 하자를 보수하거나 보수 일정을 명시한 하자보수 계획을 통보하여야 한다.

③ 예치

예치는 사용검사권자가 지정하는 금융기관에 사용검사권자 명의로 한다. 이를 위해 사용검사 신청 시 제출하고, 입주자대표회의가 구성된 경우 보증금의 예치명의를 입주자대표회의 명의로 변경한다.

④ 반환

사업주체의 보수책임이 종료된 때 순차적으로 반환한다.
예를 들면 다음과 같다.

사용검사실(임시사용 승인 포함)부터 1년 경과된 때 : 예치보증금의 100분의 20
사용검사일로부터 2년이 경과된 때 : 예치보증금의 100분의 20
사용검사일로부터 3년이 경과된 때 : 예치보증금의 100분의 30
사용검사일로부터 5년이 경과된 때 : 예치보증금의 100분의 15
사용검사일로부터 10년이 경과된 때 : 예치보증금의 100분의 15 등이다.

3.1.3 하자보수절차

① 일반적인 경우

입주자 (입주자대표회의 등)

요구 ↓ ↑ 보수〈3일 이내 보수 또는 보수일정 명시한 하자보수계획 통보〉

사업주택(시공회사 등)

② 입주자대표회의 등이 보수 요구한 하자에 대하여 이의가 있는 경우

사업주체
↓
〈해당분야의 엔지니어링 활동주체, 기술사, 건축사, 한국건설기술 연구원, 시설안전기술공단〉
↓
하자여부 판정의뢰
↓
〈판정결과를 사업주체와 입주자대표회의 등에 지체 없이 통보〉

③ 사업주체가 하자보수계획을 이행치 아니할 경우

입주자대표회의 등

↓

〈하자보수보증금 집행을 위한 증빙자료 제출 : 보증보험회사 등〉

↓

〈하자보수 보증금사용, 직접보수 또는 제3자에게 대행〉

↓

사업주에게 하자보수보증금 사용내역통보

3.2 입주자관리의 내용

입주자의 생활상태 및 그 변동 상황을 카드로 작성하여 조사 · 정리하여야 한다(공적인 목적을 수행하기 위해 필요한 최소한의 범위 내에서 조사활동을 하여야 한다). 입주자로 구성되는 각종의 조직, 예컨대 입주자대표회의, 부녀회, 노인회, 반상회 등의 운영실태를 조사 분석하여 입주자관리를 위한 기초 자료로 활용할 수 있도록 하여야 한다(조사 활동 시에 반드시 입주자의 동의나 허락을 받아야 한다). 관리주체는 입주자의 공동생활을 규제하기 위한 각종의 법령이나 관리규약의 내용을 숙지하고 있어야 한다(조사된 현황이나 정보를 외부에 누설해서는 안 된다).

Ⅱ 장기수선계획 및 장기수선 충당금

01 장기수선계획제도

관계법령에 의하면 300세대 이상의 공동주택이나 승강기가 설치된 또는 중앙집중 난방방식의 공동주택(임대 및 임대사용 제외)에서는 의무적으로 장기수선충당금을 적립하도록 되어 있다. 장기수선충당금은 장기수선계획에서 정하는 때에 의한다. 다만 장기수선계획이 수립되지 아니한 공동주택의 경우 관리비 해당비목(승강기유지비+난방비+급탕비+수선유지비)의 월별금액을 합한 금액의 100분의 3 이상 100분의 20 이하로 하되, 장기수선충당금을 사용하여 대체하여야 할 시설의 내구연한을 감안하여 관리규약으로 정한다. 관리주체는 공동주택 등에 대한 장기수선계획을 시설별 표준수선주기와 노후도를 감안하여 10년 단위로 수립(16층 이상 공동주택은 5년 단위로 안전 및 유지관리계획을 수립하여야 함)하여야 하며, 신규 입주하는 공동주택은 사업주체에게 장기수선계획서를 교부하도록 요구하여 인수하여야 한다.

관리주체는 수립된 장기수선계획을 공동주택 시설별 표준수선주기와 노후도, 물가 등을 고려하여 3년마다 수정하여야 한다. 단, 관리여건상 필요하며 입주자 등의 과반수의 서면동의를 얻은 경우에는 3년이 경과되기 전에 장기수선계획을 조정할 수 있다. 장기수선계획을 수립하여야 하는 대상시설과 그 표준수선주기 및 수선율은 다음과 같다. 도표 13.5

관리주체가 관리업무를 인수 · 인계하는 때에는 사업계획승인 도서 및 장기수선계획과 수선현황을 함께 인수 · 인계하여야 한다.

도표 13.5 장기수선계획의 수립주체

	구분	수립주체	내용
최초수립	'94. 8. 2 이전 사용검사 공동주택	관리주체	• 계획수립 기초자료(설계도면, 시방서, 회계장부 등) 확보곤란 • 계획수립 능력 부족
	'94. 8. 이후 사용검사 공동주택	사업주체	• 사업주체가 사용검사 신청 시 제출 • 사업주체는 관리주체에게 인계
	수정보완	관리주체	• 시설별 표준수선주기와 노후도를 감안 3년마다 수정할 수 있음

02 장기수선충당금의 적립 및 사용

2.1 장기수선충당금의 적립

관리주체는 공동주택의 주요시설의 교체 및 보수에 필요한 장기수선충당금을 관리비 납부의무자(입주자 – 당해 공동주택의 소유자 또는 그 소유자를 대리하는 배우자나 직계존비속을 말함)로부터 징수하여 적립하여야 한다. 매월 세대수별로 부담하여야 할 장기수선충당금은 장기수선계획에서 정하는 바에 의하며, 장기수선충당금의 월간 세대별 부담액은 다음과 같이 산정하다.

$$\text{월간세대별 장기수선충당금} = \frac{\text{장기수선계획기간 중의 수선비총액}}{\text{총분양면적} \times 12 \times \text{계획기간(년)}} \times \text{세대별 분양면적}$$

장기수선충당금 부담액 산정에 있어 장기수선계획이 미수립된 공동주택의 경우에는 관리비 해당 비목(승강기유지비 + 난방비 + 급탕비 + 수선유지비)의 월별 합계금액의 3% 이상 20% 이하로 하되, 대체하여야 할 시설의 내구연한을 감안하여 산정한다. 장기수선충당금은 입주자대표회의 명의로 입주자대표회의에서 지정하는 금융기관에 따로 설치된 계정에 예치하여 관리해야 한다.

2.2 장기수선충당금의 사용

관리주체가 장기수선충당금을 사용하고자 할 때에는 장기수선계획에 따라 장기수선충당금 사용계획서를 작성하여 입주자대표회의 동의를 받아 사용할 수 있다.

이 제도는 건물의 내용년수를 연장할 구 있을 뿐만 아니라 경제적 · 기능적 측면에서도 그 기여하는 바가 크다고 하겠다.

STORY TIP 13.2 주택과 복지

주택은 가구원의 생존을 위한 필수 도구이다. 주택은 인간의 주거권 대상이 된다. 주거권(housing rights)이란 무엇을 뜻하는 것인가? 주거권이란 인간으로서 존엄과 가치를 훼손하지 않는 최소한의 주거생활의 보장이다. 인간이 존엄과 가치를 유지하기 위해서는 '최소한의 주거수준(housing minimum standard)' 이 확보되어야 하고, '적절한 주거(adequate housing)' 는 유지되어야 한다. 적절한 주거란 사생활 보호, 주택의 안정성, 내구성, 기반시설 등을 필요로 한다(UN Committee on Economic, Social and Cultural Rights, 1966 : 김형국 · 하성규, 1998).

헤비타트(Habitat for Humanity)는 비영리, 초교파적인 기독교 집짓기 운동으로 지구상의 열악한 주거환경을 제거하고 무주택자가 거주할 수 있는 안락한 주거환경을 만들기 위한 양심과 행동의 운동이다. 또한 해비타트는 인종과 종교에 관계없이 전 세계 모든 사람들이 집을 필요로 하는 가정과 동역하여 함께 집을 짓는 운동이다. 해비타트는 1976년 미국의 변호사인 밀러드 풀러(Millard Fuller)와 그의 아내 린다 풀러(Linda Fuller)에 의해 설립되어 자원봉사자와 후원금, 그리고 건축자재를 포함한 현물 후원을 통해서 입주가정(Homeowner Partner)과 함께 소박하고, 안락한 집을 짓고 또한 보수한다.

자료 : 이창석, 「주거복지의 이해」 (서울 : 형설출판사, 2009), p. 371.

용어 정리

- **가상사무실** (假想事務室 : Virtual office)
- **건물특성** (建物特性 : Building characteristic)
- **건축허가** (建築許可 : Building permits)
- **고급호텔** (高級호텔 : Luxury hotel)
- **공급분석** (供給分析 : Supply analysis)
- **구매력** (購買力 : Purchasing power)
- **내용년수** (耐用年數 : Durable years)
- **노후화** (老朽化 : Deterioration)
- **매출잠재력** (賣出潛在力 : Sale potential)
- **부지선정** (敷地選定 : Site selection)
- **선매품** (先買品 : Comparison good)
- **시설물** (施設物 : Facilities)
- **시장권역** (市場圈域 : Market area)
- **시장추세** (市場趨勢 : Market trend)
- **입지검토** (立地檢討 : Locational issues)
- **입지결정** (立地決定 : Location decision)
- **전망** (展望 : The outlook)
- **점검사항** (點檢事項 : Checking item)
- **하위시장** (下位市場 : Submarket)
- **휴식시설** (休息施設 : Rest equipment)

생각해 볼 문제

1. 건물노후화의 의의와 노후화 대책방안에 대하여 약술하시오.
2. 공동주택유지관리의 의의와 그 내용을 정리하시오.
3. 시설물보존관리의 의의와 그 내용을 약술하시오.
4. 공동주택시설물에 대한 정기적 조사점검사항은 무엇이 있는지 설명하시오.
5. 공동주택 하자보수의 의의와 하자보수방안에 관하여 약술하시오.
6. 부동산 장기수선계획 및 장기수선충당금에 관하여 설명하시오.

찾아보기

찾아보기

저자 약력

건국대 부동산학석사(M.A) 및 도시공학석사(M.E)

일본 국립 고베(KOBE) 대학 대학원 박사과정 졸업(Ph.D.)

일본 부동산학회 · AREUEA 학술위원

연세대 · 건국대 · 한양대 · 성균관대 · 국민대 · 동국대 · 단국대 · 한성대 · 경원대 등 강사

건설교통부 · 국토연구원 · 한국개발연구원 · 한국감정평가협회 · 한국수자원공사 등 위원 및 위원장

서울특별시 재개발사업평가 · 중개업분쟁조정 · 공동주택분양 심의위원, 대한상사중재원 중재위원

경기지방공사 · 수협중앙회, 수원시 · 용인시 · 시흥시 등 부동산관련위원 및 위원장

강남대학교 사회과학대학장 · 강남문화연구원장 · 제11대학장 등 역임

감정평가사 · 공인중개사 등 국가고시 및 주택관리사보 출제위원장

대한공인중개사협회 · 대한권리분석사협회 · 한국지식재단 · 리얼리치그룹 · 국제디지털대 도시연구원 고문

강남대학교 부동산학전공교수 · 한국부동산학회장 · 대한부동산학회 고문

주요 논문 · 저서

부동산학 교육에 관한 비교연구 / 부동산관리사제도의 필요성에 관한 연구 / 공도주택에 관한 소고 / 부동산 기획에 관한 이론적 고찰 / 택지개발에 관한 타당성 분석 / 부동산 사업의 효율적인 전략에 관한 연구 / 국제화 · 개발화 시대에 대비한 감정평가제도의 개선방안 / 부동산 서비스업의 세계화에 따른 대응전략 등

住居者による住宅團地の評價に關する研究 / 住宅統計の評價と再編成に關する 基礎的 研究 /長壽社會における老人の役割と 住宅 / 韓國の土地 · 住宅問題と 老人住宅 / 韓國の住宅 · 土地問題と宅地開發における公共の役割に關する研究 / 韓國房地産服務業的 現狀與發展方向 · 城市形成政策的 課題 등

The Direction Land Development followed by Real Estate welfare & welfare demand

A Comparative Analysis on Real Estate Education

A Comparative Study on Real Consulting in Major Countries

「부동산학원론」(범론사, 1986. 3. 15) · 「부동산관리원론」(기공사, 1984. 5. 15) · 「부동산감정평가론」(공저, 형설출판사) · 「부동산중개론」(공저, 형설출판사) · 「부동산자산관리론」(공저, 형설출판사) · 「주거복지의 이해」(형설출판사) · 「부동산업경영론」(공저, 형설출판사) · 「부동산 컨설팅 사례분석」(공저, 형설출판사) · 「알기쉬운 부동산컨설팅」(형설출판사) · 「부동산창업론」(고원) · 「부동산창업실무」(공편저, 고원) 등 다수

최신 전정판

부동산 관리론

초　　　판 1쇄발행 / 1984년 5월 15일
개　정　1판 1쇄발행 / 1986년 3월 1일
개　정　2판 1쇄발행 / 1989년 1월 5일
개　정　3판 1쇄발행 / 2001년 1월 10일
개　정　4판 1쇄발행 / 2005년 3월 1일
전　정　판 1쇄발행 / 2007년 7월 7일
최신전정판 1쇄인쇄 / 2010년 1월 5일
최신전정판 1쇄발행 / 2010년 1월 15일

東和技術

저　자　이창석(李昌錫)
발행인　전귀연
발행처　신광문화사
경기도 파주시 교하읍 문발리 파주출판도시 500-13
Tel (031)955-4211~6　Fax (031)955-4217
등　록　1991년 6월 26일/6-130호
홈페이지　www.donghwapub.co.kr
e-mail　donghwae@kornet.net

정가　30,000원
ISBN 978-89-7432-328-8

공급처 도서출판 동화기술